Geschichte der Märtyrer

Geschichte der Märtyrer

Verfolgt für den Glauben

Herausgegeben von
Hannes Gertner

Pattloch-Verlag

Konzeption und Produktion: Artus Verlag GmbH, München
Redaktion: Hannes Gertner, Johannes Kressirer, Thomas Kressirer
Herstellung: Wiener Verlag, Himberg bei Wien
© 1984 Paul Pattloch Verlag, Aschaffenburg
ISBN 3-557-91288-4

Inhalt

Vorwort

Um deinetwillen sind wir den ganzen Tag dem Tod ausgesetzt; wir werden behandelt wie die Schafe, die man zum Schlachten bestimmt hat. Doch all das überwinden wir durch den, der uns geliebt hat. (Paulus, Röm 8, 36–37)

Die Geschichte des christlichen Glaubens ist seit ihren Anfängen auch eine Geschichte seiner Verfolgung und seiner Märtyrer gewesen. Sie beginnt mit dem Auftreten des jungen Christentums im römischen Weltreich, wo es mit der Vielgötterei der Römer und einem staatlich verordneten Kaiserkult konfrontiert wurde. Kaiser Nero war es hier, der als erster eine blutige Verfolgung der Christen ins Werk setzte. Sein Wüten gegen die römische Kirche wird von seinen Nachfolgern fortgesetzt und findet seinen Höhepunkt in den Verfolgungen Kaiser Diokletians.

Der Frieden, den der römische Staat unter Kaiser Konstantin schließlich mit der Kirche schließt, bedeutet aber keineswegs das Ende der Verfolgungen für die christliche Glaubensgemeinde. Sei es bei der Missionierung heidnischer Völker wie der Germanen oder in der Auseinandersetzung mit fremden Religionen wie dem Islam, oder sei es, weit schlimmer noch, sogar im Streit untereinander, wie wir es im 16. Jahrhundert erleben: Wiederholt waren Christen um ihres Glaubens willen verfolgt und haben ihr Leben dafür hingegeben.

Hier enden die meisten Geschichten von den christlichen Märtyrern, jedoch sind es nicht zuletzt Ereignisse unserer jüngeren Vergangenheit, die uns schreckliche Beispiele solcher Glaubensverfolgungen liefern. Wie einst der römische Staat haben die totalitären Staaten des 20. Jahrhunderts die Christen zu Staatsfeinden erklärt und sich die systematische Beseitigung dieser Glaubensgemeinschaft zum Anliegen gemacht. In der Brutalität ihres Vorgehens stehen sie den römischen Diktatoren in nichts nach.

Immer wieder also, das zeigt uns der Blick in die Geschichte, ist es seit den Tagen Neros zu Verfolgungen gekommen, und immer wieder hat es Menschen gegeben, die durch nichts, durch keine Drohung, keine Schmeichelei, kein Versprechen und keine Marter von ihrem gottgefälligen Leben abzubringen waren, und lieber den Tod für Christus auf sich nahmen als ihn zu verleugnen. Von diesen Menschen handelt das vorliegende Buch, von ihrem Leben im Glauben und ihrem heldenhaften Tod. Die Einzelschicksale der hier aufgeführten Märtyrer werden dabei unter der Epoche der Kirchengeschichte aufgeführt, in der sie lebten und starben. Zum besseren Verständnis der jeweiligen Epoche schildert eine kurze Einleitung die grundlegenden politischen und kirchengeschichtlichen Verhältnisse.

Der Darstellung der betreffenden Epoche folgen dann die Viten der einzelnen Märtyrer. Hier werden die jeweiligen Blutzeugen in einer kurzen, biographischen Notiz vorgestellt, woran sich die Wiedergabe der Legenden schließt, wie sie sich oft um das Leben und Sterben der Märtyrer gebildet haben.

In einzelnen Fällen, vor allem für die Zeit der römischen Christenverfolgungen und der des 20. Jahrhunderts, war es möglich, Zeugnisse von der Verurteilung und vom Märtyrertod dieser Helden des Glaubens wiederzugeben, über deren historische Wahrheit keinerlei Zweifel bestehen kann. Gerade die Zeugnisse des 20. Jahrhunderts vermitteln hierbei ein deutliches Bild davon, wie totalitäre Staaten unter dem Schein von Recht und Gesetz die Existenz des christlichen Glaubens in ihrem Herrschaftsbereich auszurotten versuchen.

Den Abschluß des vorliegenden Buches bildet ein alphabetisches Verzeichnis aller aufgenommenen Märtyrer und eine Festtagstafel in der Reihenfolge der im Rahmen des Kirchenjahres gefeierten Fest- und Gedenktage, die den unmittelbaren Zugriff auf einzelne Märtyrer erleichtern sollen.   Der Verleger

Teil I

Die Christenverfolgung
unter der Herrschaft Roms

Eine Stadt wird Weltmacht: die Geschichte Roms bis zum Aufeinandertreffen mit dem Christentum

Der Aufstieg Roms zu politischer Größe

Rom, nach der Sage im Jahr 753 von den Zwillingen Romulus und Remus gegründet, die von einer Wölfin ernährt worden sein sollen, war zum Zeitpunkt, als die ersten Christen sich in ihren Mauern niederließen, Mittelpunkt der damals bekannten Welt. Eine Übersicht über die Gebiete, die von Rom aus regiert wurden, führt uns die ungeheure Ausdehnung und Macht des römischen Reiches vor Augen:

Das römische Kaiserreich

1.–3. Jh.

Größte Ausdehnung unter Trajan 98–117

Grenze des West- und Oströmischen Reiches 395 / Reichsteilung Diokletians

Limes-Anlagen, befestigte Grenzen des Reiches

Limes in Form von Einzelkastellen

Dieses Weltreich ist aus dem kleinen, bäuerlichen Stadtstaat Rom entstanden. Im Jahr 510 vor Christus vertrieben die Römer die etruskische Besatzung und gaben Rom eine republikanische Staatsform. Von diesem Zeitpunkt an verstanden es die Römer, durch eine geschickte Kriegs- und Bündnispolitik ihr Reich ständig zu erweitern. 250 v. Chr. waren sie die Herren Italiens, im zweiten Jahrhundert v. Chr. bereits Beherrscher des gesamten Mittelmeerraums durch die siegreich geführten punischen und makedonischen Kriege. Spanien, Nordafrika, Griechenland, Makedonien und einige kleinasiatische Reiche waren dem römischen Reich eingegliedert worden. Doch diese Entwicklung hatte auch ihre verhängnisvollen Seiten. Im Reichsinneren, vor allem in Rom, kam es immer wieder zu sozialen und politischen Krisen, die sogar zu Bürgerkriegen führten. Erst Cäsar, dem Eroberer Galliens und Britanniens, gelang die Neugestaltung des Staates, die jedoch gewaltsam durch seine Ermordung unterbrochen wurde. Sein Adoptivsohn Octavian führte Rom endgültig aus der innenpolitischen Krise und erhielt dafür den Titel »Augustus«, was soviel bedeutet wie »der Erhabene«. Dieser römische Herrscher vereinigte in seiner Person alle wichtigen republikanischen Ämter und gilt daher nicht nur als erster Kaiser, sondern auch als der Begründer des Kaisertums in Rom.

Jupiter und die Götter der Vorratskammer: die ursprüngliche Religion der Römer

Das römische Volk war ursprünglich ein nach Familien gegliederter Stamm, der hauptsächlich Landbau betrieb. Es verehrte von Anfang an eine Vielzahl von Göttern, als deren Oberhaupt Jupiter galt. Darüberhinaus glaubten die Römer auch noch an besondere Hausgötter, wie etwa an die »penates«, die Götter der Vorratskammer. In ihren Augen war es notwendig, die Götter durch Opfer und Anbetung gewogen zu stimmen; nur dann würden sie Gutes über die Sterblichen ausschütten. So wurden häusliche und bäuerliche Kulte gepflegt, die, geleitet vom Familienoberhaupt, aus peinlich genau vollzogenen Riten und Zeremonien bestanden.

Mit dem Beginn der römischen Eroberungspolitik und der neuen Rolle Roms als politische Macht vollzog sich ein Wandel im religiösen Leben. Neue Kulte, wie der um den Kriegsgott Mars, entstanden. Die Religion selbst trat aus dem familienbezogenen Rahmen der Frühzeit hinaus und umfaßte als Staatsreligion bald das öffentliche Leben. Amtshandlungen der Führer und Könige ebenso wie Beschlüsse des Volkes waren mit religiösen Zeremonien verbunden, die die Götter zum Schutze der Allgemeinheit gnädig stimmen sollten. Die religiösen Riten umfaßten Opfer, die unter Gebeten an den Altären dargebracht wurden, Dankfeste und Gelübde.

Neue Götter und Kulte im Zuge römischer Eroberungspolitik

Der Vielzahl und Verschiedenartigkeit der römischen Götter tat es nach dem Glauben des Volkes keinen Abbruch, wenn sich ihnen Götter und

11

Kulte aus den eroberten Gebieten hinzugesellten. So übernahmen die Römer von den Etruskern die Gottheiten Vulcanus und Saturn und den Kult der Eingeweiden- und Vogelschau, der aus den Eingeweiden geopferter Tiere oder aus der Flugrichtung von Vögeln den Ausgang zukünftiger Ereignisse ableiten sollte. Ebenso geschah es mit dem Kult der Minerva, der bei den Ithalikern verbreitet war, oder mit den griechischen Göttern Apollon und Herkules. Nach und nach wurde auch die strikte Unterscheidung von alten und neuen Göttern aufgegeben, immer mehr sickerten bei stetiger Ausbreitung des Reiches fremdländische, meist orientalische Kulte ein, so der Isiskult oder der Kult der Attis, und lösten allmählich den traditionellen Volksglauben ab.

Menschen als Götter. Der römische Kaiserkult

Die einzige religiöse Neuschöpfung im römischen Reich bildete der Kaiserkult. Er wurzelte in der griechischen Kultur, in deren Sagenwelt bedeutende Helden nach ihrem Tod unter die Götter aufgenommen wurden. So kam es, daß Kaiser Augustus im Orient, wo dieser Brauch noch lebendig war, als Gott angebetet wurde. In Rom allerdings setzte sich diese Verehrung erst mit den folgenden Kaisern durch. Ihnen wurden eigene Tempel errichtet, eigene Priester für den Kaiserkult wurden angestellt und eigene Festtage eingeführt. So wurde der Kaiserkult zum einigenden, die religiöse Vielfalt durchbrechenden Band der verschiedenen Nationen und Kulturen innerhalb der römischen Reichsgrenzen.

Auf diese römische Religion mit ihren Kulten und Göttern trafen die Christen, als sie unter Führung der Apostel begannen, das Evangelium in alle Welt zu tragen. Und trotzdem, die Konfrontation war keineswegs vorgegeben. Denn wie wir bereits gesehen haben, verhielten sich die Römer durchwegs tolerant gegenüber fremden Religionen, ja, übernahmen sie teilweise sogar. Wie also konnte es dann überhaupt dazu kommen, daß die Christen blutig verfolgt wurden?

»Ein duckmäuseriges, lichtscheues Volk«. Römer über die Christen

Die Menschen, die unter der Bezeichnung »Christen« eine neue Religion predigten, waren in den Augen der Römer von vorneherein verdächtig, denn der Gründer der neuen Religion, Jesus Christus, war als Hochverräter hingerichtet worden. Ein weiterer Grund für Vorbehalte der Römer gegenüber der christlichen Religion lag in der Weigerung der Christen, die Vielgötterei auszuüben. Auch daß sie nicht am Kaiserkult teilnahmen und

12

damit in den Augen der Römer einen fundamentalen Grundsatz des römischen Gemeinwesens mißachtete, machte sie verdächtig, zumal sie sich im Verborgenen trafen, um dort das Andenken an Jesus zu feiern. So war, noch ehe die Verfolgungen eingesetzt hatten, bereits der Nährboden dafür geschaffen, daß sie eintreten konnten. Und so urteilt dann auch ein gebildeter Römer, wie uns Minucius Felix überliefert:

»Menschen einer bejammernswerten, unerlaubten, verzweifelten Rotte ziehen gegen die Götter zu Felde, indem sie aus der Hefe des Volkes unwissende Leute und leichtgläubige Weiber, die schon die Schwäche ihres Geschlechts zu Verirrungen treibt, zusammensuchen und eine ruchlose Verschwörerbande bilden, die bei nächtlichen Zusammenkünften, bei hungerleidenden Festen und kannibalischen Speisen nicht durch eine heilige Handlung, sondern durch ein Verbrechen sich verbrüdert; ein duckmäuseriges, lichtscheues Volk, stumm in der Öffentlichkeit, nur in den Winkeln redselig.«

Die Verdächtigungen des einfachen Volkes waren noch schlimmer. Es mutmaßte, daß die Christen einen Menschen mit einem Eselskopf anbeteten, daß sie zu rituellen Zwecken Kinder schlachteten, und daß es in den christlichen Gottesdiensten zu Orgien zwischen den beiden Geschlechtern komme.

Dergestalt war die Meinung im römischen Volk über die Christen beschaffen und nur zu schnell sollten diesen Vorurteilen blutige Taten folgen. Und genau auf diese Vorurteile werden wir auch in den Prozeß- und Märtyrerakten der einzelnen Blutzeugen immer wieder stoßen.

Die Geschichte
der Christenverfolgungen im römischen Reich

Feuersturm in Rom

Im Jahr 64, dem letzten Regierungsjahr des Kaisers Nero, wütete ein verheerender Brand in Rom, der fast die ganze Stadt zerstörte. Sechs Tage lang tobte das Feuer, nur vier der vierzehn Regionen der Stadt ließ es unversehrt. Drei waren dem Erdboden gleichgemacht, in den übrigen standen nur rauchgeschwärzte Ruinen zerfetzter, halbverbrannter Häuser. Immer wieder auftretende Windböen hatten das Feuer im Sturm in alle Richtungen getragen, hilflos war man dem Inferno ausgeliefert. Vor allem die Viertel des gewöhnlichen Volks boten dem Feuer die beste Nahrung, lichterloh brannten die zum größten Teil aus Holz gefertigten Häuser.

In der ganzen Stadt kursierten Gerüchte über die Brandlegung und absichtsvolle Schürung des Feuers. Der Kaiser selbst soll den Brand gelegt haben, um die Stadt in neuem Glanz zum Gedenken seiner Größe entstehen zu lassen. Seine emsigen Hilfsmaßnahmen bestärken diesen Verdacht nur noch mehr.

Christsein – eine Schande!

Da läßt Nero gegen die Christen Stimmung machen, damit sich an ihnen der Volkszorn entlade. Sie müssen nun seinen Größenwahn büßen. Die noch Arglosen werden aufgegriffen und verhört. In der Folterkammer soll ihnen das Eingeständnis der Niederträchtigkeiten abgepreßt werden, derer man sie bezichtigt. Sie selbst sollen die Vorurteile, die man gegen sie hegt, bestätigen und ihre Gefährten verraten. Daß sie der Marter nicht nachgeben, tut dem Urteilsspruch, der sowieso schon feststeht, keinen Abbruch: Die Christen sind des »flagitium« schuldig, d.h. sie haben Schandtaten verübt, einen zügellosen und ausschweifenden Lebenswandel geführt – so sollen sie sich an geheimen Plätzen treffen, um dort wahre Orgien zu feiern –, kurz, sie denken und handeln römischem Geist zuwider, sind eigentlich Un-Menschen. So werden sie dann auch behandelt:

Nach tagelanger Schinderei werden sie aus ihren Verliesen geholt und den wilden Bestien vorgeworfen. Selbst der römische Geschichtsschreiber

Tacitus ist davon zurückgestoßen: » In Tierhäuten steckend, wurden sie entweder von Hunden zerfleischt oder ans Kreuz geschlagen oder angezündet, um nach Eintritt der Dunkelheit als Fackeln zu dienen. Nero hatte seine eigenen Parkanlagen für dieses Schauspiel hergegeben und verband es mit einer Circusaufführung. In der Tracht der Wagenlenker trieb er sich unter dem Volke umher oder fuhr auf dem Rennwagen.« Die Christen waren von der Aktion völlig überrascht worden. Als sie ahnen konnten, was man mit ihnen vorhatte, konnten sie sich dem staatlichen Zugriff schon nicht mehr entziehen. Alles, was ihnen dann noch zu tun blieb, war, unter den größten Qualen die Preisgabe der Namen ihrer Glaubensgefährten zu verweigern. Die besondere Funktion der Christenverfolgung im politischen Kalkül der Herrscher erklärt ihren zunächst nur vereinzelten Charakter unter Nero wie auch Domitian. Naturgemäß traten sie eben immer dann auf, wenn man einen Sündenbock brauchte und waren lokal beschränkt.

»Kann man sie überführen, so müssen sie mit Strafe belegt werden«.
Die Verfolgungen bekommen eine rechtliche Grundlage

Unter Kaiser Trajan (98–117) bahnte sich eine neue Form des Kampfes des römischen Staates gegen die Christen an. Trajan ging es vor allem darum, die alten sittlichen Kräfte, die Rom groß gemacht hatten, zu erneuern und die Ordnung wiederherzustellen. Die Religion sollte diesen Anspruch in der Verehrung des Kaisers und der römischen Götter zum Ausdruck bringen, ein Anspruch also, den die Christen strikt verweigern mußten. Wie nun gegenüber solchen Menschen zu verfahren sei, das ist die Frage, die der Statthalter Plinius dem Kaiser stellt und die Trajan folgendermaßen beantwortet:

»Mein Secundus, beim Untersuchungsverfahren gegen solche, die man Dir als Christen anzeigte, hast Du den richtigen Weg eingeschlagen. Im allgemeinen läßt sich ja keine bestimmte Regel festsetzen. Man soll sie nicht gerade aufspüren. Werden sie jedoch angezeigt und kann man sie überführen, so müssen sie mit Strafe belegt werden. Dabei ist jedoch so zu verfahren, daß jeder, der bestreitet, Christ zu sein und das durch die Tat bekräftigt, indem er unsere Götter anruft, trotz allem Argwohn hinsichtlich seiner Vergangenheit Verzeihung erhalten soll. Jedoch dürfen Anzeigen, die ohne Namensunterschrift eingehen, in keinem Fall berücksichtigt werden; dadurch gäbe man ein sehr schlechtes Beispiel, und das wäre auch unserer Zeit nicht würdig.«

Die unter Trajan eingeleitete Verfolgung der Christen nach Maßgabe des römischen Rechts wurde unter der Herrschaft Marc Aurels (161–180) fortgesetzt. Das Reich hatte zahlreiche Bedrohungen zu bestehen: der Einfall der Markomannen führte zu harten Abwehrkämpfen im Osten und an der Donau, während im Reich selbst die Pest wütete. Nach römischem Glauben konnte diesen, von den Göttern verhängten Schicksalsschlägen nur dadurch begegnet werden, daß das ganze Volk verstärkt opferte und betete, um die Götter wieder gnädiger zu stimmen. Vor diesem Anspruch fielen die Christen, die sich nach wie vor weigerten, an diesen öffentlichen Zeremonien teilzunehmen, nur umso stärker auf. So wurden sie, vor allem in den Provinzen, wiederum Opfer schwerer Verfolgungen.

Decius, der reißende Wolf

Die Christen selbst waren es, die Decius, dem Kaiser (249–251), der nach Zeiten relativer Ruhe eine Verfolgungswelle noch nicht bekannten Ausmaßes einleitete, diesen Namen gaben. Dieser Kaiser war erfüllt von den alten Werten und Tugenden, die Rom einst groß gemacht hatten. Den katastrophalen Zustand des Reiches, das durch Einfälle von Gotenscharen, durch Thronstreitigkeiten und Naturkatastrophen erschüttert wurde, führte er zurück auf das Fehlen dieser alten Tugenden. Durch die Zentralisierung der Verwaltung und die Anordnung zur Verehrung mehrer oder eines besonderen Reichsgottes wollte Decius die alte Ordnung wieder aufrichten.

Ein Opferedikt befahl allen Untertanen, an einem allgemeinen Bittopfer teilzunehmen. Die Bürger wurden aufgefordert, sich am Dorfplatz bei den Beamten des Kaisers einzufinden. Jeder Reichsbürger hatte sodann öffentlich, vor einer amtlichen Kommission den Göttern und dem Kaiser Spenden und Opfer darzubringen, vom Opferwein und -fleisch zu kosten und sich anschließend den Vollzug der Handlung schriftlich in dem sogenannten »libellum« bestätigen zu lassen. Über die Anwesenheit wurde genau Buch geführt und wer nicht erschien, machte sich strafbar.

Die Christen wurden vor die Alternative gestellt, zu opfern und damit ihrem Glauben zu entsagen oder das Opfer zu verweigern und damit ihr Leben aufs Spiel zu setzen. Die unterschiedliche Behandlung von christlichen Laien und Klerikern bezeugt den neuen, politisch berechnenden Charakter der Verfolgung. Indem Decius die Kleriker mit dem Tod bestrafte, während er der großen Masse der Gläubigen mildere Behandlung zukommen ließ, versuchte er letztere von ihren Führern zu trennen. Mit bis ins Detail ausgefeilten Plänen und unter seiner zentralen Leitung setzte erstmals in der Geschichte ein römischer Kaiser mit dem gesamten Staatsapparat denen nach, die sich nicht zum alten Glauben bekennen wollten und damit offiziell den Regenten ihre Fürbitte absprachen.

16

Für die Christen ergab sich mit dem öffentlichen Opfergang ein harter Gewissenskonflikt. Eine einfache Geste hätte ja genügt, um die Urkunde zu erhalten und sich der Exekution zu entziehen. Es gibt sogar Belege dafür, daß sich Christen die Urkunden erkaufen konnten. Gleichzeitig stieg die Zahl der Abtrünnigen angesichts der grausamen Alternative.

Götzendienst oder Tod!

Unter Kaiser Valerian (253–260) war das Reich nicht mehr in der Lage, die Grenzprovinzen zu schützen. Im Westen drangen die Germanen über die Alpen bis nach Italien vor. Im Inneren des Reiches wütete noch immer die Pest. Auch Valerian suchte die Gewogenheit der Götter durch besondere Opferleistungen zu beschwören. Die damit eingeleiteten Christenverfolgungen boten dem Volk, das sich in einer Art Weltuntergangsstimmung befand, ein Ventil für Ängste und Nöte, und der von einer Finanzkrise geplagte Staat brachte sich auf diese Weise in den Besitz von Kirchengütern.

Die leitenden Persönlichkeiten der Kirche wurden gefangengesetzt und ausgeschaltet, während es der breiten Masse der Christen bei Todesstrafe verboten war, religiösen Veranstaltungen nachzugehen. Sie wurden vor die Entscheidung gestellt: Gebet zu den Göttern oder Tod. Hören wir uns diese kaiserlichen Maßnahmen aus der Sicht eines Betroffenen an:

»Valerianus hat die Verordnung erlassen, die Bischöfe, Presbyter und Diakone sollten sofort hingerichtet werden, die Senatoren aber und die angesehenen Männer und römischen Ritter sollten ihrer Würde und ihrer Güter verlustig gehen, und wenn sie auch nach der Einziehung ihres Vermögens noch weiter Christen blieben, sollten sie gleichfalls mit dem Tod bestraft werden. Vornehme Frauen solle man unter Verlust ihrer Güter in die Verbannung schicken, alle kaiserlichen Beamten jedoch, die schon früher das Bekenntnis abgelegt hätten oder es jetzt noch ablegten, solle man absetzen und gefesselt samt den Akten auf die kaiserlichen Besitzungen bringen lassen.«

Cyprianus, der Bischof von Karthogo, von dem diese Worte stammen, wurde selbst Opfer der Valerianischen Verfolgung.

Umfang und Wucht derselben waren zwar gewiß größer als bei der Aktion des Decius, doch trafen sie die christlichen Gemeinden nicht mehr so unvorbereitet wie jene. Selbst die Hinrichtungen ihrer Führer konnten ihrer Glaubenstreue nichts anhaben. Ihre neuerstarkte Haltung zeigte sich im Bewahren der Reliquien von Blutzeugen. Die Gräber der Hingerichteten aber machten sie zu Orten der Verehrung und des Gebets.

17

Der letzte Sturm

In seinem neunzehnten Regierungsjahr kündigte Diokletian (284–305) den Christen den Frieden auf. Dieser Soldatenkaiser schlichten bäuerlichen Gemüts begann den letzten Kampf Roms gegen die Christenheit. Die politische Aufgabe, die von Aurelian mühsam ins Werk gesetzte Reichseinheit zu bewahren, schloß für ihn die Vernichtung der Christen mit ein.

Nachdem es dem Kaiser gelungen war, durch eine bis ins Kleinste durchorganisierte Verwaltung eine dauerhafte Ordnung herzustellen, zu welchem Zweck er unter anderem das Reich in vier regionale Verwaltungseinheiten aufgeteilt hatte, sah er die Zeit gekommen, mit den »Erzfeinden« dieser Ordnung endgültig aufzuräumen. Wenn sich die Christen seit der Duldung durch den Nachfolger und Sohn des grausamen Valerian, Gallienus, eine gewisse gesellschaftliche Stellung erobert hatten, so mußte man nun gegen sie nur umso erbitterter und härter vorgehen. Und das tat Diokletian seit dem Jahr 303.

Kirchen wurden dem Erdboden gleichgemacht, alle heiligen Bücher und liturgischen Gegenstände wurden beschlagnahmt und vernichtet. Bischöfe, Diakone und andere kirchliche Würdenträger fanden sich im Kerker wieder. Die große Masse der Christen wurde vor die Entscheidung gestellt, ihrem Glauben abzuschwören oder nach qualvollen Foltern und Martern für ihn zu sterben. Alles bisher an Grausamkeiten Dagewesene wurde dabei überboten. Eusebius, Bischof von Caesarea, gibt uns hiervon ein Beispiel:

»In der erwähnten Stadt (Nicomedia) wurde ein Mann in Gegenwart der genannten Herrscher (Diokletian und Galerius) vorgeführt. Als er sich dem Gebote zu opfern widersetzte, erging die Weisung, ihn nackt in die Höhe zu ziehen und am ganzen Körper so lange mit Geißeln zu zerfleischen, bis er nachgeben und, wenn auch unfreiwillig, den Befehl (zu opfern) ausführen würde.

Da er aber trotz dieser Martern unbeugsam blieb – die Knochen waren bereits sichtbar –, mischten sie sodann Essig und Salz und gossen ihn in die schwärenden Teile des Körpers. Und da er auch dieser Schmerzen nicht achtete, wurde weiter Rost und Feuer herbeigeschafft, und was von seinem Körper noch übrig war wie Fleisch, das man zum Essen bereitet, von der Flamme aufgezehrt, nicht auf einmal, auf daß er nicht rasch stürbe, sondern nach und nach. Die Schergen, die ihn auf den Scheiterhaufen gelegt, durften ihn nicht eher wegnehmen, als bis er sich, von den Qualen bezwungen, dem Befehl fügen würde. Doch er blieb fest bei seinem Vorsatz und gab als Sieger mitten unter der Pein seinen Geist auf.«

Der heilige Stephanus

gest.: 35/36
Fest: 26. Dezember

Der heilige Stephanus stammte aus dem Kreise der hellenistisch gebildeten Juden. Zwar ist nicht bekannt, wo Stephanus geboren wurde und wer seine Eltern waren, doch wissen wir, daß er von jüdischer Abkunft und ein Schüler des berühmten Schriftgelehrten Gamaliel gewesen ist.

Er tat sich durch großen Eifer für die Sache des Glaubens und tiefe Frömmigkeit hervor. Durch seinen erbaulichen Lebenswandel und seine ausgezeichneten Kenntnisse der heiligen Schriften hatte er sich schon bald bei den Juden einen großen Namen gemacht. So wurde er als erster von der christlichen Gemeinde zu einem der sieben Diakone Jerusalems gemacht und von den Aposteln geweiht. Als solcher hatte Stephanus nicht nur die Austeilung der Almosen unter die Armen zu besorgen, sondern auch den Aposteln in ihren geistlichen Verrichtungen hilfreich zur Hand zu sein. Als gewaltiger Redner und furchtloser Kämpfer für den christlichen Glauben wirkte er auch in dieser Funktion überzeugend und bekehrend. Die heilige Schrift nennt ihn einen Mann »voll Gnade und Kraft«, »der große Wunder und Zeichen unter dem Volke tat«. (Apostelgeschichte 6, 8).

Im Jahre 35 bzw. 36 gab Stephanus als erster sein Leben für die Lehre Jesu Christi hin. Er wird darum Erzmärtyrer genannt. Sein Martyrium ist uns als einziges durch die Apostelgeschichte überliefert.

Die Schriftgelehrten und Pharisäer hatten bald erkannt, daß Stephanus im Gesetze Moses gut unterrichtet war. Es entging ihnen jedoch auch nicht, daß er täglich mehr Menschen für die Lehre Jesu Christi gewann, die er mit großer Freimütigkeit verkündete. Da sie durch spitzfindige Reden seiner Weisheit und seinem Geiste nicht standzuhalten vermochten, suchten sie ihn aus dem Weg zu räumen.

So ließen sie unter das Volk das Gerücht ausstreuen, Stephanus habe Gott und Moses gelästert, um ihn vor den Hohen Rat zu stellen. Dort wurden die falschen Anklagen vorgebracht und von falschen Zeugen bestätigt: »Dieser Mensch«, sprachen sie, »hört nicht auf, Reden zu führen gegen die heilige Stätte und das heilige Gesetz. Wir hörten nämlich, wie er sagte: Dieser Jesus, der Nazaräer, wird diese Stätte zerstören und die Bräuche ändern, die uns Moses überliefert hat.«. Alle Anwesenden sahen

bei diesen Worten dem Stephanus unverwandt ins Angesicht, ob er Furcht und Zaghaftigkeit zeigte. Doch sie konnten kein Zeichen von Furcht an ihm wahrnehmen, sondern »sahen sein Antlitz wie das Antlitz eines Engels«.

In einer kräftigen und scharfen Rede, die im 7. Kapitel der Apostelgeschichte wiedergegeben ist, antwortete Stephanus auf die falschen Vorwürfe. Darin rühmte er den Vermittler des jüdischen Gesetzes und führte auch die mosaische Weissagung über Christus an. Zum Schluß verdammte er die Halsstarrigkeit der Juden und die am wahren Messias begangene Mordtat:

»Ihr Halsstarrigen und Unbeschnittenen an Herz und Ohren! Ihr widerstrebt allezeit dem Heiligen Geiste, wie euere Väter, so auch ihr! Welchen der Propheten haben eure Väter nicht verfolgt? Ja, getötet haben sie jene, die geweissagt haben vom Kommen des Gerechten, dessen Verräter und Mörder ihr nun geworden seid, die ihr das Gesetz auf Anweisung von Engeln empfangen, aber es nicht gehalten habt.«

Damit hatte Stephanus den wunden Punkt der jüdischen Ankläger getroffen. Diese Wahrheit konnten sie nicht ertragen. So kam, was kommen mußte. Als sie dies hörten, berichtet uns die Apostelgeschichte weiter, ergrimmten sie in ihrem Herzen und knirschten mit den Zähnen gegen ihn. Er aber, erfüllt von Heiligen Geiste, blickte zum Himmel, sah die Herrlichkeit Gottes und Jesus zur Rechten Gottes stehen und rief: »Seht, ich sehe die Himmel offen und den Menschensohn stehen zur Rechten Gottes.« Da schrien sie mit lauter Stimme, hielten ihre Ohren zu und stürzten alle zugleich auf ihn; sie stießen ihn zur Stadt hinaus und steinigten ihn. Die Zeugen aber legten ihre Obergewänder zu den Füßen eines jungen Mannes, der Saulus hieß. Und sie steinigten den Stephanus, indes er betete: »Herr Jesus, nimm meinen Geist auf!« Und in die Knie sinkend, rief er mit lauter Stimme: »Herr, rechne ihnen diese Sünde nicht an!« Nach diesen Worten entschlief er.

Der heilige Stephanus.

Der heilige Apostel Jakobus der Ältere

gest.: 44 n.Chr.
Fest: 25. Juli

Der heilige Jakobus, welcher der Ältere genannt wurde, weil er von Christus eher als sein Namensvetter zum apostolischen Amte berufen wurde, war ein geborener Galiläer, Sohn des Fischers Zebedäus und der Maria Salome und älterer Bruder des heiligen Evangelisten Johannes.

Als er einst mit seinem Bruder und seinem Vater im Kahn saß und das Netz ausbesserte, ging Jesus an ihnen vorbei und sprach: »Folget mir nach!« Beide verließen ohne Zögern das Schiff und ihren Vater und verharrten von diesem Tag an bis zu seinem bitteren Ende bei Jesus, der sie wegen ihres stürmischen Eifers »Donnersöhne« nannte.

Aus dem Evangelium ist bekannt, daß Jakobus einer der vertrautesten Apostel Jesu Christi gewesen ist. Bei verschiedenen Begebenheiten war er zusammen mit Petrus als einziger der Apostel gegenwärtig, so zum Beispiel als Jesus die verstorbene Tochter des Jairus wieder zum Leben erweckte, auf dem Berge Tabor verklärt wurde oder im Garten Gethsemane ferne von den anderen sein heiliges Gebet verrichtete und Blut schwitzte.

Nach der Heimfahrt Christi predigte Jakobus in Jerusalem, Samaria und im ganzen Judenland. Der Legende nach soll er auch in Spanien das Evangelium verkündet haben. Als Protomärtyrer (Erstmärtyrer) des Apostelkollegs wurde er um das Osterfest im Jahre 44 auf Befehl des Königs Herodes Agrippa I. enthauptet.

Jakobus gelang es, viele Juden zum christlichen Glauben zu bekehren. Andere aber blieben verstockt und waren ob seines Erfolgs um so mehr gegen ihn aufgebracht und sannen auf Vergeltung. Wir können uns leicht den Neid und die Mißgunst der altjüdischen Gläubigen vorstellen. Bald schon sollte sich eine Möglichkeit ergeben, Jakobus aus dem Weg zu räumen.

Herodes Agrippa, den der römische Kaiser Caligula zum König des Judenlandes gemacht hatte, war ungeachtet seines ausschweifenden, lasterhaften Lebens ein eifriger Anhänger des Judentums. Um nun seinen religiösen Eifer hervorzukehren und sich gleichzeitig die Juden geneigt zu machen, fing er eine blutige Verfolgung der Jünger Jesu Christi an. Als er im Jahre 43 von Caesarea nach Jerusalem reiste, um dort das Osterfest zu

*feiern, wurde der heilige Jakobus das erste Opfer seiner Grausamkeit und
Arglist. Diesen ließ er einige Tage vor dem Osterfeste gefangennehmen
und bald darauf enthaupten. Eusebius erzählt mit dem heiligen Klemens
von Alexandrien, daß der Ankläger des heiligen Jakobus durch dessen Mut
und Standhaftigkeit so gerührt worden sei, daß er sich selbst öffentlich zum
Christentume bekannt habe und zugleich mit dem heiligen Jakobus zum
Tode verurteilt worden sei. Als man ihn mit dem heiligen Apostel zum
Richtplatze führte, bat er den heiligen Jakobus um Verzeihung, daß er ihn
seinen Feinden ausgeliefert habe. Der Apostel stand einen Augenblick still,
wandte sich dann gegen ihn, umarmte ihn und sagte: »Der Friede sei mit
dir!« Sie wurden darauf beide enthauptet. Dieses geschah im Jahre 44
nach Christi Geburt, und zwar an dem Tage, an welchem zehn Jahre
früher Christus gekreuzigt worden war.*

Die heiligen Apostel
Simon Zelotes und Judas Thaddäus

gest.: 1. Juli 47 n.Chr.
Fest: 28. Oktober

Der heilige Apostel Simon stammte aus dem Haus Nephtali oder Zebalon aus Galiläa. Der Beiname Zelotes nennt ihn den »Eiferer«. Die Legende bezeichnet Simon wie Judas Thaddäus als Brüder des Jakobus des Jüngeren und Söhne des Alphäus und der Maria. Als Verwandte Jesu tragen somit beide wie ihr Bruder Jakobus der Jüngere nach orientalischem Brauch die Bezeichnung »Herrenbruder«. Denn ihr Vater Alphäus oder Kleophas, wie er vom Apostel Johannes genannt wurde, war nach der Überlieferung ein Bruder des heiligen Joseph, des Nährvater Jesu, ihre Mutter eine nahe Verwandte der Mutter des Herrn.

Laut Nizephorus hat Simon nach dem Empfang des heiligen Geistes Zypern, Ägypten, Mauretanien und andere afrikanische Reiche durchwandert, ja er soll sogar bis zu den britannischen Inseln gelangt sein. Die Herrlichkeit Jesu Christi habe er auch durch eine große Menge von Wundertaten ausgebreitet. Er soll unzählige Verfolgungen erlitten haben, bis er endlich durch den Kreuzestod, welchen er mit unglaublichem Mut und großer Freude überstand, zu seinem Herrn gelangte.

Auch Judas Thaddäus versuchte mit großem Eifer das Reich Gottes unter den Menschen zu verbreiten. Ehe er sich jedoch auf seinen Missionsweg machte, richtete er an die junge Christengemeinde den in die Heilige Schrift aufgenommenen »Judasbrief«, in dem er sich als energische und kraftvolle Persönlichkeit ausweist.

Mögen die folgenden Geschehnisse auch zum Teil oder vollständig erfunden sein, so finden wir darin doch ein Motiv wieder, das uns auch bei beglaubigten Akten immer wieder begegnet, wenn es um die Ursache der Nachstellungen und Feindschaft den Christen gegenüber geht, die dazu eigentlich gar keinen Anlaß geben.

Als die beiden heiligen Apostel Judas Thaddäus und Simon der Eiferer in Persien ankamen, zog gerade der Heerführer des Königs mit einem großen Kriegsheer gegen Indien zu Felde, um dieses Land zu erobern. Die Götterbilder, die gewöhnlich vor dem Beginne eines Feldzuges um Rat gefragt wurden, schwiegen plötzlich auf alle Fragen. Der Teufel nämlich, der aus den Götzen sprach, mußte verstummen, weil die Apostel überall im Lande den Namen Jesu Christi verkündeten. Darüber ergrimmten die Mithrasdiener und rieten, man solle die Fremdlinge töten. Doch der Feldherr wollte sie vorher selbst hören. Sie erschienen alsbald furchtlos vor dem mächtigen Manne. Da sie auf seine Fragen einen guten Ausgang des Feldzuges und den Frieden im Lande weissagten, gewannen sie nicht nur das Herz des Kriegsmannes, sondern auch das des Königs. Wie sie es gesagt hatten, so geschah es. Da bekehrten sich beide, der König und sein Feldherr, zum Christenglauben und mit ihnen Tausende des Volkes. Aber die heidnischen Zauberer, hierdurch noch mehr ergrimmt, hörten nicht auf, das Volk gegen die Boten Christi aufzureizen. Schließlich lauerten sie ihnen auf und erschlugen den Judas mit einer Keule, Simon zerschnitten sie mit einer Säge.

Der heilige Apostel Andreas

gest.: 60
Fest: 30. November

Der heilige Andreas wurde in Bethsaida in Galiläa geboren. Mit seinem Bruder Simon, dem heiligen Apostel Petrus, wuchs er am Galiläischen Meer auf und verdiente sich wie dieser als Fischer einen kärglichen Lebensunterhalt.

Johannes der Täufer, der im Süden des Landes predigte und taufte, übte auf Andreas eine große Faszination aus. Schon bald hörte er auf, seinen Kahn hinauszurudern und Netze zu flicken und schloß sich stattdessen dem neuen Propheten an. Als dessen Jünger folgte er nach der Taufe Christi dem als Messias Erkannten auf seinen Wanderungen durch Judäa und Galiläa und führte ihm schließlich auch seinen Bruder Simon zu, dem der Herr dann den Namen Petrus gab. Nach dem Tode Jesu Christi am Kreuze soll Andreas das Evangelium in Skythien, Thracien, Galatien und anderen heidnischen Gebieten verkündet haben. Viele Wunder, Heilungen und Erweckungen werden ihm nachgesagt, zuletzt soll er in Achaia Kirchen gebaut und zahlreiche Bekehrungen erwirkt haben, bis er im Jahre 60 zu Patras den Märtyrertod am Gabelkreuz erlitt.

Zu Patras erregte Andreas den Unmut des Statthalters Ägeas. Dieser bemühte sich, den Götzendienst bei seinen Untergebenen zu erhalten.

Der heilige Apostel verwies ihm dieses unerschrocken und sprach zu ihm: »Du willst, daß dieses Land dich für seinen Richter halte; warum willst du denn nicht Christus, den wahren Gott, als einen Richter aller Menschen anerkennen und dein Herz von der verdammungswürdigen Abgötterei abwenden?« »Schweige still,« antwortete Ägeas, »und rede nichts von deinem Christus! Er ist ja von den Juden an ein Kreuz geheftet worden; wie soll er denn ein wahrer Gott sein? Wie kann ich ihn anbeten als einen Gott?« Da fing Andreas an, dem Statthalter das große Geheimnis der Erlösung des menschlichen Geschlechtes zu erklären und zeigte, daß Christus ganz freiwillig und aus lauter Liebe zu uns den schmählichsten Kreuzestod erwählt habe. Der Statthalter wollte nichts hiervon wissen und hören, fiel dem Apostel in die Rede, gebot ihm, den Göttern zu opfern, oder er müsse der grausamsten Marter gewärtig sein. Andreas sprach: »Ich opfere täglich dem allmächtigen Gott, welcher der einzige und wahre ist,

nicht aber das Fleisch der Ochsen oder das Blut der Böcke, sondern ein
unbeflecktes Lamm auf dem Altare; und wenn dessen Fleisch auch von
dem ganzen gläubigen Volke ist genossen worden, so bleibt dennoch das
Lamm, welches geopfert wird, ganz und lebendig.«

Der Statthalter gab vor Zorn den Befehl, den heiligen Apostel in den
Kerker zu werfen. Das Volk, welches ihn als seinen Vater liebte, wurde
gegen den Statthalter erbittert, lief scharenweise dem Kerker zu und
wollte den Apostel daraus befreien. Andreas aber mahnte dasselbe nachdrücklich, von aller Unruhe abzustehen und die ihm bevorstehende, lang
ersehnte Marter nicht zu hindern. Am folgenden Tage ließ der Statthalter
den heiligen Andreas vor seinen Richterstuhl bringen und bot ihm alle
erdenklichen Ehren an, wofern er den Göttern opfere, bedrohte ihn aber
mit den grausamsten Martern, wenn er sich dessen weigere. Der heilige

Apostel sprach unerschrocken: »Die angebotenen Ehren achte ich nicht, weil sie zeitlich sind und bald vergehen; die angedrohten Martern fürchte ich nicht, weil sie nicht ewig dauern. Du aber, o Ägeas, hast jene Pein zu fürchten, welche ewig dauert, wofern du nicht deine Götzen verlässest und Jesum Christum für den wahren Gott erkennest und anbetest.« Dieser aber, ganz ergrimmt, befahl, den heiligen Apostel zu kreuzigen, damit er seinem gekreuzigten Heilande gleichförmiger werde. Letzteres setzte der Statthalter hinzu, um den heiligen Apostel zu verspotten. Allein kein Todesurteil hätten diesem angenehmer sein können.

Das Volk aber liebte den greisen heiligen Apostel und war empört über die grausame Verurteilung. Man hörte einige laut rufen: »Was ist das? Dieser Mann ist gerecht und ein Freund Gottes; warum will man ihn kreuzigen?« Andreas aber sprach abermals zum Volke und bat es inständig, ihn seines unschätzbaren Glückes, für Christus gekreuzigt zu werden, doch nicht zu berauben. Man führte dann den heiligen Apostel zu dem Gerichtsplatze.

Sobald er das Kreuz, an welchem er sterben sollte, von ferne sah, rief er in froher, heiliger Begeisterung aus: »O gutes Kreuz, welches ich so lange ersehnt, so sorgfältig geliebt, ohne Unterlaß gesucht habe und endlich für mich bereitet finde, nimm mich auf von den Menschen und stelle mich wieder meinem Meister zurück, damit der, welcher mich durch dich erlöst hat, auch durch dich mich wieder erlange.« So begrüßte der heilige Apostel das Kreuz. Angelangt bei demselben, küßte er es und gab sich der Willkür der Henkersknechte preis, die ihn mit Stricken auf das Kreuz festbanden. Es ward nun in die Höhe gerichtet, und der seeleneifrige Apostel bediente sich desselben als einer Kanzel. Mit heiligem Eifer ermahnte er die Christen zur Standhaftigkeit und die Ungläubigen zur Bekehrung. Diesen bewies er die Richtigkeit ihres Götzendienstes und die Wahrheit des christlichen Glaubens. Zwei Tage hindurch setzte er seine Ermahnungen und Predigten fort. Das Volk murrte aufs neue wider den Statthalter und wollte Andreas vom Kreuze befreien. Dieser aber bat inständiger als zuvor, daß man ihn am Kreuze sterben lassen möge. Als man ihn dennoch am dritten Tage vom Kreuze abnehmen wollte, rief er zu seinem Heilande also: »Laß nicht zu, o Jesu, daß dein Diener, der nach seinem Wunsche am Kreuze hängt, wieder davon abgenommen werde; sondern nimm mich von demselben auf zu dir, o mein geliebtester Meister Jesu Christe, den ich erkannte und allzeit geliebt habe und noch erkenne und zu sehen verlange. Nimm, o Herr Jesu, meinen Geist in Frieden auf! Ich verlange dich zu sehen.« Während dieses Gebetes sah man einen Glanz von oben hernieder kommen, der den heiligen Apostel eine halbe Stunde lang ganz umgab. Unterdessen gab der heilige Apostel seinen Geist auf.

Der heilige Apostel Jakobus der Jüngere

gest.: 62
Fest: 1. Mai

Jakobus der Jüngere war der Sohn des Alphäus und der Maria und hatte den heiligen Apostel Judas und den heiligen Simon zu Brüdern. Vom heiligen Paulus wurde er Bruder des Herrn genannt, weil er mit Christus nah verwandt war. Wegen seiner großen Heiligkeit erhielt er noch zu Lebzeiten den Beinamen »der Gerechte«.

Mit dem heiligen Judas wurde er im zweiten Jahre des Predigtamtes Jesu Christi zum Apostolat berufen. Daß ihm der von den Toten auferstandene Heiland erschienen ist, deutet eine besondere Gunstbezeugung an. Vor der Himmelfahrt hat ihm Jesus Christus, wie der heilige Klemens von Alexandrien meldet, die Gabe der Wissenschaft mitgeteilt, und zwar zur Belohnung seiner Heiligkeit, die ihm die Verehrung aller Frommen erworben und den Namen einer Stütze des Volkes gegeben. Bei der Himmelfahrt hat ihm der Herr, nach dem Berichte des heiligen Hieronymus und Epiphanius, die Kirche zu Jerusalem empfohlen, und darum haben ihn die Apostel bei ihrer Abreise in die Welt zum Bischofe von Jerusalem bestellt.

Tatsächlich kam die Stunde des ernsten und schweigsamen, ja verschlossenen Jakobus erst nach dem Tode des Herrn am Kreuze, als dessen Anhänger ihres Lebens nicht mehr sicher waren. Um ihn und Petrus sammelten sich die Versprengten, an seiner Festigkeit konnten sich die Furchtsamen wieder aufrichten. Nicht von ungefähr nennt ihn Paulus die »Säule« der palästinensischen Gemeinde. Der Brief an die Glaubensbrüder »in der Zerstreuung« ist Ausdruck seiner bedeutenden Rolle für die christlichen Gemeinden. Auf dem Apostelkonzil zu Jerusalem um das Jahr 50 spielte er eine entscheidende Rolle, indem er sich rückhaltlos auf die Seite des Völkerapostels Paulus stellte, der die aus dem Heidentum kommenden Christen von jeder Verpflichtung auf das mosaische Gesetz befreit wissen wollte. Damit half Jakobus, den entscheidenden Trennungsstrich zwischen dem Judentum und dem Christentum zu ziehen und gleichzeitig der katholischen Kirche den ganzen Weltraum zu eröffnen.

Jakobus war der Überzeugung, daß man seinen Glauben auch leben müsse. Er war Abstinent und Asket, lebte so streng, daß er, nach Anmerkung des heiligen Chrysosthomos, einem Toten gleich sah. Mit seiner

Der heilige Jakobus der Jüngere wird von den erzürnten Pharisäern die Zinne des Tempels hinabgestürzt.

Sanftmut und Demut, die aus allen seinen Handlungen hervorschienen, bekehrte er viele vornehme Juden zum Glauben Jesu Christi, bis er zu Ostern 62 zum Tode verurteilt und gesteinigt wurde.

Der Neid und die Bosheit der Schriftgelehrten, Pharisäer und einiger Ungläubiger mochte Jakobus seinen zunehmenden Erfolg in der Verbreitung des christlichen Glaubens nicht gönnen. Nach dem Tode des Landpflegers Festus rief der Hohepriester Ananus, ein Sohn des gottlosen Annas, den großen Rat zusammen, um auf Mittel zu sinnen, das Evangelium zu Grunde zu richten.

Er ließ unsern Apostel, auf den es besonders abgesehen war, vorführen. Weil er beim Volke sehr angesehen war, brauchte man den Vorwand, man wolle ihn befragen, wie er lehre. Der heilige Apostel gab nur zur Antwort, Jesus sei der Heiland, den man erwartet hätte. Es war Osterzeit, wo eine Menge Volkes zusammengekommen war, dieses Urteil zu vernehmen; sie sprachen darum zu ihm, er solle doch recht viel Volk vom Irrtum abführen und als ein für gerecht angesehener Mann der Wahrheit Zeugnis geben; alle wollten sich nach diesem fügen. Sie führten ihn auf die Zinne des Tempels, damit ihn das ganze Volk hören könnte; dann schrieen die Schriftgelehrten und Pharisäer von unten herauf: »Sage, gerechter Mann, was wir von Jesu dem Gekreuzigten glauben sollen; denn wir alle sind schuldig, deiner Aussage beizustimmen.« Hierauf antwortete ihnen der heilige Apostel mit lauter Stimme: »Was fraget ihr mich von Jesu, dem Sohne des Menschen? Er sitzt zur Rechten der Allmacht Gottes und wird in den Wolken des Himmels zurückkehren.« Auf diese Worte bekehrten sich sogleich einige und fingen an, Gott lobzusingen: Hosanna dem Sohne Davids! Da bereuten es die Schriftgelehrten, daß sie sich auf dieses Zeugnis berufen hätten und fingen an zu schreien: »Ach, der Gerechte irret auch!«

Sie liefen also auf die Zinne des Tempels und stürzten den Heiligen von derselben herab. Von diesem Falle blieb der Heilige nicht gleich tot, sondern richtete sich noch auf die Kniee und betete für seine Feinde. Hierüber entstand ein Geschrei, man solle ihn umbringen; und man fing auf Verordnung des hohen Rats an, ihn zu steinigen. Ein Rechabiter aber sagte zu ihnen: »Was tut ihr? Sehet ihr nicht, wie der Gerechte für euch betet?« Allein die Juden hörten ihn nicht an, sondern fuhren fort, Steine auf ihn zu werfen; und ein Walker schlug ihn mit seiner Walkstange so stark auf den Kopf, daß er tot niederfiel. Dieses geschah den 10. April im Jahre 62.

Der heilige Apostel Markus

gest.: 62
Fest: 25. April

Der heilige Evangelist Markus, dessen Mutter Maria ihr Haus in Jerusalem der christlichen Gemeinde als Versammlungsort darbot, war von Geburt Jude und aus dem Stamme der Levi.

Er soll am Pfingstfest durch den heiligen Apostel Petrus bekehrt und getauft worden sein. Er entwickelte so großen Eifer, daß ihn Petrus zu seinem Reisegefährten und Sprachvermittler wählte. Den Bitten der neubekehrten Gläubigen in Rom, die Petrus, der sich für länger Zeit aus der Stadt begeben mußte, seiner Obhut anheimgestellt hatte, haben wir das Evangelium des Heiligen zu verdanken.

Den heiligen Paulus begleitete er auf seiner ersten Missionsreise und schließlich soll er von Petrus zunächst nach Aquileia und anschließend nach Alexandria geschickt worden sein, um dort das Evangelium zu verkünden. Nach der Überlieferung gründete er die Kirche zu Alexandria in Nordägypten und wurde dort im Jahre 62 zu Tode geschleift.

In der Hauptstadt Ägyptens, Alexandria, traf Markus die hartnäckigsten Christenfeinde an, welche nicht einmal den Namen eines Christen dulden konnten.

Dennoch brachte es der heilige Markus durch sein beständiges Predigen, durch die Heiligkeit seines Wandels und durch die vielen Wunder, welche er an unzählbaren Menschen mit dem bloßen Kreuzzeichen oder durch Anrufung des heiligen Namens Jesu wirkte, so weit, daß das eine und das andere Haus allein für die Neubekehrten nicht hinreichte, um in demselben sich versammeln und die Lehre Jesu anhören zu können, sondern daß viele Häuser dazu bestimmt werden mußten.

Darüber ergrimmt, reizten die Götzenpriester die noch übrigen Heiden gegen den heiligen Markus auf und suchten ihn aus dem Wege zu räumen. Fürchtend, es möchte eine allgemeine Verfolgung der Christen entstehen, in welcher vielleicht manche aus Furcht vor dem Tode vom Glauben abfallen könnten, weihte der heilige Mann den Anianus zum Bischofe, übergab die Christen seiner Obsorge und verließ heimlich auf eine Zeit lang die Stadt. Nach zwei Jahren, während welchen er andere von ihm gestiftete Kirchen besucht hatte, kehrte er wieder zurück. Bald nach seiner

Ankunft, die nicht lange verborgen blieb, begingen die Heiden ein Fest zu Ehren ihres Gottes Serapis, dem sie viele Opfer entrichteten. Die erbitterten Götzenpriester riefen dabei überlaut, man solle vor allen andern den Galiläer, so nannten sie den heiligen Markus, als den größten Feind ihrer Götter aufsuchen und dem Serapis opfern. Ihnen folgte der Pöbel. Man suchte den heiligen Markus auf und traf ihn eben am Altare, wo er das unblutige Opfer der heiligen Messe verrichtete. Alsbald warf man ihm einen Strick um den Hals, stieß ihn nieder auf die Erde, schleppte ihn zur Kirche hinaus durch alle Gassen der Stadt, so grausam, daß der Weg von seinem Blute gefärbt wurde und allenthalben Stücke von seinem heiligen Leibe zerstreut lagen. Am Abend stieß man ihn in einen finstern Kerker.

In der Nacht erschien ihm der Engel des Herrn und sprach zu ihm: »Markus, Diener Gottes, dein Name steht im Buche des Lebens eingeschrieben, dein Andenken wird nie erlöschen. Deinen Geist werden die Erzengel in Frieden aufnehmen.« Kaum war diese trostreiche Erscheinung vorüber, so erschien ihm auch Jesus Christus in jener Gestalt, in welcher er ehedem auf Erden umher gewandelt war und redete ihm mit diesen Worten an: »Markus, der Friede sei mit dir!« Leichter zu denken, als mit Worten auszudrücken ist die Freude, welche der Heilige aus diesen Erscheinungen schöpfte. Unter beständigem Lobe Gottes und unter Anrufung des göttlichen Beistandes brachte er die übrige Nacht zu.

Kaum noch war der Tag, der 25. April, angebrochen, da kamen schon die grausamen Peiniger, schleppten ihn wieder aus dem Kerker und quälten ihn, wie am vorigen Tage, so lange, bis er endlich seinen Geist aufgab. Während seiner Marter lobte er Gott, predigte die Lehre Jesu Christi und beteuerte, daß es seine größte Freude sei, wegen des Glaubens zu sterben. Die Worte, die Jesus am Kreuze gesprochen: »In deine Hände empfehle ich meinen Geist!« waren auch seine letzten Worte. Seinen Leib wollten die Heiden verbrennen; aber ein entsetzliches Ungewitter, das plötzlich entstand, hinderte ihr Vorhaben und gab den Christen Gelegenheit, ihn wegzunehmen und mit gebührenden Ehren in einem ausgehauenen Felsen zu Bucoles an dem Orte, wo sie sich zum Gebete zu versammeln pflegten, zu begraben.

So mutig wie sich der heilige Markus in das christenfeindliche Ägypten vorwagte, um dort für den christlichen Glauben zu missionieren, so tapfer und gefaßt bestand er auch die härteste Prüfung seines Glaubens. Da er nicht für sich, sondern für Gott den Herrn leidet, sind ihm seine Schmerzen keine Klage wert, sondern Dank an Gott, von ihm so wertgeschätzt zu sein, daß er so viel für ihn leiden durfte. Mit seiner würdigen Haltung bis zum Tod beschämt er über diesen hinaus seine Peiniger und Feinde und schafft sich ein ewiges und unauslöschliches Andenken.

Der heilige Apostel Paulus

geb.: um 10 n.Chr.
gest.: 67
Fest: 29. Juni

Der heilige Apostel Paulus, mit seinem jüdischen Namen Saulus, wurde um das Jahr 10 n.Chr. in Tarsus in Cilicien, das ist in Südost-Kleinasien, geboren. Sohn eines strengen Pharisäers, erhält Paulus den üblichen hebräischen Unterricht und erlernt – gemäß der Vorschrift der Thora – das Handwerk seines Vaters als Zeltteppichweber. Von seinem Vater ererbt er auch das römische Bürgerrecht. In seinem Elternhaus erlernt er die griechische Weltsprache, die aramäische Mutter- und die hebräische Bibelsprache.

Um 30 n.Chr. begibt er sich nach Jerusalem, um sich an der Tempelakademie unter dem berühmten Gesetzeslehrer Gamaliel I. als Rabbi, d.h. als Bibeltheologe und -jurist ausbilden zu lassen. Noch verbindet ihn sein durchgreifendes Temperament den fanatischen, die Christen verfolgenden Pharisäern. Auf seine Veranlassung hin wird im Jahre 35/36 der heilige Stephanus gesteinigt.

Zur Leitung weiterer Verfolgungen beauftragt, stürzt er auf dem Weg nach Damaskus kurz vor seinem Ziel, von der übermächtigen Erscheinung Christi getroffen, zu Boden und erblindet. Aus dem bisherigen pharisäischen Gesetzesfanatiker und Christenhasser Saulus wird nun der leidenschaftlichste Christusjünger Paulus, auf welchen Namen in Ananias tauft, der ihn von seiner Erblindung heilt.

Nach Jahren der Zurückgezogenheit in der Arabischen Wüste südlich von Damaskus unternimmt Paulus vom syrischen Antiochien aus seine drei großen Missionsreisen, deren erste ihn zwischen 45 und 48 nach Zypern und Kleinasien führt. In seiner zweiten Reise von 49/50 bis 52/53 begibt er sich in die Provinzen Mazedonien und Adaja nach Europa, bevor er zwischen 52/53 und 56/57 nach Ephesus, südlich von Smyrna, als der Metropole der römischen Provinz Asia gelangt. Von dort reist er 57/58 mit einer reichen Geldspende nach Jerusalem, wo gegen ihn ein Volksaufstand geschürt wird.

Paulus wird in römische Schutzhaft genommen und zwei Jahre hindurch in Caesarea festgehalten, bis er durch seine Berufung an den römischen Kaiser in Rom überführt und nach weiteren zwei Jahren leichterer

militärischer Haft aus der Gefangenschaft entlassen wird. Gemäß der altkirchlichen Tradition hat er noch in Spanien und im Osten missioniert, bis er erneut verhaftet wurde und im Jahre 67 unter Kaiser Nero den Tod durch Enthauptung erlitt.

Der heilige Paulus war sein ganzes Leben hindurch immer wieder Verfolgungen und Martern ausgesetzt. Schon in Damaskus, kurz nach seiner Bekehrung in einer Synagoge predigend, wurde er verfolgt und konnte dem drohenden Tod nur mit Hilfe von Freunden entkommen, die ihn in einem Korb die Stadtmauer herunterließen und ihm somit zur Flucht verhalfen. Als er zu Antiochien in Pisidien viele Juden bekehrte, muße er wegen der daraus entstehenden Verfolgung nach Ikonium in Lykaonien fliehen, wo er ebenso eine Menge Juden und Heiden zu bekehren vermochte, so daß man ihn dort wiederum steinigen wollte. So mußte er wieder weiterziehen. In Lystra wollte man ihm zuerst wie einem Gott Opfer bringen, doch dann griff man auch hier zu den Steinen. Immer wieder wurde er mißhandelt, geschlagen, eingekerkert, gegeißelt. Als selbst zum Christentum Übergetretener war er vor allem von den Juden angefeindet. Oft und oft trachteten sie ihm nach dem Leben. In Jerusalem wurde er jämmerlich von den asiatischen Juden geschlagen und vor dem jüdischen Rat beleidigt. Nur die Berufung auf seine römische Staatsbürgerschaft und die damit vollzogene Überführung nach Rom konnte ihn vor einem noch früheren Tod bewahren.

Wenn auch die Legende, die sich über die Gefangennahme und das Martyrium des heiligen Paulus gebildet hat, nicht mit den Maßstäben der historischen Wahrheit gemessen werden kann, so offenbart sich darin doch das Wesen des Völkerapostels, dessen Weisheit und Frömmigkeit weithin berühmt waren:

Als der heilige Apostel nun eines Tages in Rom von einem Söller aus zum Volke predigte, da stieg ein schöner Jüngling, des Kaisers Liebling und Mundschenk, in ein Fenster, um ihn besser sehen zu können. Aber er verstand seine Worte nicht und schlief darüber ein. Da stürzte er im Schlafe herab und war tot. Der Kaiser war darüber sehr betrübt. Paulus befahl jedoch den Umstehenden, daß sie ihm den toten Jüngling brächten. Er erweckte ihn mit Gottes Hilfe zum Leben und sandte ihn dem Kaiser zurück. Nero fragte ihn: »Wer hat dich lebendig gemacht?« Der Jüngling antwortete: »Jesus Christus der Herr, König der Ewigkeit.« Da wurde Nero zornig und ließ nach den Christen fanden und sie foltern. Unter ihnen wurde auch Paulus gefesselt vor Nero geführt. Der Kaiser sprach zu ihm: »Warum nimmst du mir meine Krieger und machst sie zu Knechten deines großen Königs?« Paulus antwortete: »Ich sammle sie nicht allein aus deinem Volke, sondern aus der ganzen Welt, denn unser König gibt ihnen einen Lohn, der niemals vergeht, so daß sie nimmermehr Armut leiden. Willst du ihm untertan sein, so bist du gerettet. Er wird mit Macht kommen als Richter der Welt und wird die Gestalt dieser Welt mit Feuer auflösen«. Als Nero das hörte, wurde er noch wütender und gebot, alle Christen mit Feuer zu verbrennen, Paulus aber als einen Missetäter wider die kaiserliche Gewalt zu enthaupten: »Schlagt ihm das Haupt ab, damit er sieht, daß ich mächtiger bin als sein König, und ich will sehen, ob er ewig leben wird«. Da sprach Paulus: »Damit du weißt, daß ich nach meinem Tod ewig lebe, will ich dir lebend erscheinen, wenn man mir das Haupt abgeschlagen hat, auf daß du erkennst, daß Christus ein Gott des Lebens und nicht des Todes ist.« Danach führte man ihn zur Richtstätte. Als sie an die Stätte seines Leidens kamen, breitete er die Arme aus, hob die Hände gen Himmel, betete lange und dankte Gott. Dann nahm er Abschied von den Umstehenden, verband sich die Augen mit einem Tuch, kniete nieder und bot sein Haupt dem Henker dar. Als aber das Haupt von seinem Leibe getrennt war, sprang es fort und rief mit klarer Stimme auf hebräisch »Jesus Christi« und schlug dreimal auf, und jedesmal, wenn es den Boden berührte, entsprang eine Quelle, so daß, als es Ruhe auf der Erde fand, drei Quellen sprudelten. In den Lüften aber erschien unermeßliches Licht, und ein süßer Duft verbreitete sich und erfüllte alles. Als Nero vernahm, was geschehen war, versammelte er seine Weisen um sich und hielt Rat. Und wie sie miteinander redeten, da kam Paulus mitten durch die verschlossenen Türen, stand vor dem Kaiser und sprach: »Kaiser, hier bin ich, Paulus, der Ritter des ewigen unüberwindlichen Königs. So glaube nun, daß ich nicht tot bin, sondern lebe! Aber du Elender wirst ewigen Tod leiden, weil du die Heiligen Gottes gegen jedes Recht hast töten lassen.« Nachdem er das gesagt hatte, verschwand er. Nero aber wurde von so großem Schreck erfüllt, daß er von Sinnen ward.

Der heilige Apostel Petrus

gest.: 67
Fest: 29. Juni

Der heilige Petrus, Apostelfürst und erster Papst, wurde in Bethsaida am Nordufer des Sees Genesareth als Sohn eines Johannes, abgekürzt Jonas, geboren. Später wohnte er in Kapharnaum, wo er ein Haus hatte und wie sein Bruder, der heilige Andreas, als Fischer sein Leben fristete.

Bei seiner ersten Begegnung mit Jesus, zu dem ihn sein älterer Bruder als dem von Johannes dem Täufer angekündigten Messias geführt hatte, legte ihm dieser den Namen Petrus zu. Das Evangelium zeigt, daß Christus eine besondere Vorliebe für Petrus hegte. Er stieg in seinen Kahn und lehrte aus demselben das herandrängende Volk. Er nahm ihn mit sich auf den Berg Tabor zu seiner Verklärung. Er wollte ihn bei sich haben, als er die Tochter des Jairus erweckte, wie auch, als er sein Leiden am Ölberg begann. Er versprach, auf ihm seine Kirche zu gründen, ihm die Schlüssel des Himmelreichs zu übergeben, mit dem Beisatz, daß alles, was Petrus auf Erden binden und lösen würde, auch im Himmel gebunden oder gelöst sein sollte. Er betete besonders für Petrus, damit sein Glaube nicht abnähme und befahl ihm, seine Brüder zu stärken. Nach seiner Verleugnung sah er ihn mit barmherzigen Augen an und bewog ihn zur Buße. Er erschien ihm nach seiner Auferstehung und machte ihn vor seiner Himmelfahrt zu seinem Statthalter auf Erden und zum sichtbaren Haupte seiner Kirche. Umgekehrt finden sich im Evangelium auch Zeichen der Demut, des Glaubens und der Liebe des Petrus gegenüber Christus. Als er einst auf dessen Wort hin sein Netz in das Meer geworfen und einen reichen Fischzug getan hatte, hielt er sich der Gegenwart Jesu Christi unwürdig und fiel ihm mit den Worten zu Füßen: »Gehe weg von mir, o Herr, denn ich bin ein sündiger Mensch!« Seinen Glauben an Christus legte er klar an den Tag, da er das berühmte Bekenntnis aussprach: »Du bist Christus, der Sohn des lebendigen Gottes.« Seine Liebe bezeugte er bei verschiedenen Anlässen. Einst trennten sich viele Jünger von Jesus, ihrem Lehrmeister. Bei jener Gelegenheit, als Jesus ihnen die Verheißung gab, daß er ihnen sein Fleisch zur Speise und sein Blut zum Tranke geben werde, fragte er seine Apostel: »Wollt ihr auch fortgehen?« Darauf entgegnete Petrus: »Herr, zu wem sollen wir gehen? Du hast die Worte des ewigen Lebens.« Darin wird deutlich, wie fern Petrus die Vorstellung lag, sich jemals von seinem Herrn und Meister zu trennen.

Nach der Herabkunft des Heiligen Geistes missionierte Petrus zunächst in Palästina, dann in dem halbheidnischen Samaria, vorübergehend im nördlichen und nordwestlichen Kleinasien. Nach einer spätern Überlieferung war er auch eine Zeit lang Bischof von Antiochien. Er war der erste, der auf göttliche Ermahnung hin auch den Heiden das Evangelium predigte. So ist aus der Apostelgeschichte die Bekehrung des Hauptmannes Cornelius bekannt. An seiner letzten Wirkungsstätte, in Rom, wurde er schließlich von Nero zusammen mit Paulus zum Tode verurteilt, den er am Kreuze mit dem Haupt nach unten erlitt.

Petrus ließ sein Leben lang nicht nach, das Evangelium zu verkünden und Christus als den wahren Messias anzurufen, auch wenn er dafür in den Kerker geworfen und scharf gegeißelt wurde, wie zu Jerusalem auf Befehl des Königs Herodes.

Als er in Rom mit Paulus den bekannten Magier Simon überführte, lud er den Zorn des Kaisers Nero auf sich. Simon hatte mit seiner Zauberei und falschen Lehre viele von der Annahme des wahren Glaubens abgehalten. Wie mehrere Heilige berichten, unter ihnen Justin, Ambrosius und Cyrillus von Jerusalem, hatte dieser Zauberer einen Tag bestimmt, an welchem er zum Zeichen, daß er bis dahin die Wahrheit gelehrt habe, sichtbar gen Himmel fahren wollte.

Der Tag war da, und Simon wurde durch Hilfe der Teufel schon in die Höhe gehoben. Petrus aber gebot nach verrichtetem Gebete den Teufeln zu weichen, und siehe, da fiel der betrügerische Zauberer herab auf die Erde und brach seine Beine so, daß man ihn mit Schmerz und Schande bedeckt hinweg tragen mußte.

Dieses herrliche Wunder öffnete vielen Ungläubigen die Augen und sie verlangten deswegen die heilige Taufe. Nero aber, der den Simon sehr liebte, ergrimmte über den heiligen Petrus. Die frommen Christen ersuchten Petrus mit weinenden Augen, er möchte doch entfliehen, damit er sein Leben länger erhalten und Sorge für sie tragen könnte. Die Liebe gegen seine Schäflein bewog den Petrus, ihnen zu willfahren. Als er aber schon bis an das Stadttor gekommen war, begegnete ihm Christus der Herr sichtbar. Petrus fragte ihn: »Herr, wo willst Du hingehen?« »Ich will in die Stadt,« antwortete Christus, »um mich nochmal kreuzigen zu lassen«. Der liebe Apostel verstand diese Worte gar wohl; er kehrte demnach wieder in die Stadt zurück, wo er mit dem heiligen Paulus in den Kerker geworfen und hernach zum Kreuzestode, Paulus aber zum Schwerte verurteilt wurde. Als der hierzu bestimmte Tag gekommen war, wurde der heilige Petrus vorher hart gegeißelt, alsdann an ein Kreuz geheftet. Die Freude, welche er dabei bezeugte, setzte alle Zuschauer in Erstaunen. Er verlangte, daß man das Kreuz so in die Erde eingraben möchte, daß die Füße in die Höhe gerichtet wären, weil er sich für unwürdig hielt, in derselben Stellung wie sein Heiland am Kreuze zu sterben. Sein Verlangen wurde erfüllt. Er wurde mit Nägeln an das Kreuz geschlagen, und so beschloß der heilige Apostel durch einen recht schmerzhaften Tod sein Leben am 29. Juni im Jahre 67. Er wurde auf dem vatikanischen Berge begraben, wo er noch heutzutage in der nach ihm benannten St. Peterskirche von der ganzen rechtgläubigen Christenheit andächtig verehrt wird.

Der heilige Apostel Thomas

gest.: 67
Fest: 21. Dezember

Der heilige Apostel Thomas war vor seiner Berufung wie die meisten Jünger Jesu ein einfacher Fischer aus Galiläa.

Seine Zweifel an der Auferstehung des Herrn, bis er ihm selbst erschien, haben ihm den Beinamen »der Ungläubige« eingetragen. Doch war Thomas keineswegs jener übervorsichtige Zweifler, der ängstlich zaudernde Kopf, welches Bild von ihm sich leicht aufdrängen mag. Unter den zwölf Aposteln tritt er als einer der Selbständigsten und Entschlossensten auf. Als einst Jesus nach Judäa hinausziehen wollte, um den verstorbenen Lazarus wieder zum Leben aufzuerwecken, widersetzten sich einige seiner Jünger und sprachen: »Meister, die Juden haben noch eben dich zu steinigen gesucht, und du willst wieder dahin gehen?« Wahrscheinlich fürchteten sie, mit ihrem Herrn etwas erleiden zu müssen. Thomas aber, herzhafter als die anderen, sprach zu ihnen: »Lasset uns auch hingehen, damit wir mit ihm sterben.« Der Apostel war also bereit, eher mit Christus zu sterben, als ihn zu verlassen.

Nachdem er am Pfingstfest mit den anderen Aposteln und Jüngern Christi den Heiligen Geist empfangen und das Evangelium in Palästina verkündigt hatte, soll er sich in weit entlegene Länder, so zu den Parthern und Persern und zuletzt zu den Indern begeben haben. Die Geschichtsschreiber kommen darin überein, daß er gemartert worden sei, aber wo und auf welche Weise läßt sich nicht mit Sicherheit sagen. Am wahrscheinlichsten wurde er in einem Aufstand, den indische Götzenpriester gegen ihn erregt hatten, um das Jahr 67 bei der Stadt Mailapur durch Lanzenstiche getötet.

Daß der heilige Thomas in Darstellungen häufig mit dem Winkelmaß erscheint, geht auf folgende von ihm überlieferte Legende zurück:

Als Thomas der Apostel sich in Cäsarea aufhielt, erschien ihm der Herr und sprach zu ihm: »Der König von Indien, Gundaphar, hat seinen Verwalter ausgesandt, damit er ihm den besten Baumeister der Welt suche. Darum steh auf, ich will dich zu ihm senden.« Thomas aber sprach: »Herr, sende mich, wohin du willst, aber sende mich nicht nach Indien.« Jesus antwortete: »Thomas, geh hin und fürchte dich nicht, denn ich werde dein Hüter sein. Und wenn du die Inder bekehrt hast, so wirst du zu mir

41

kommen, geschmückt mit der Märtyrerpalme.« Thomas antwortete: »Du bist mein Herr, ich bin dein Knecht, dein Wille geschehe.«

Der Abgesandte des Königs ging unterdes auf dem Markte umher und suchte einen Baumeister für seinen Herrn. Da trat Thomas zu ihm und sagte, er sei ein Meister dieser Kunst. Also stiegen sie miteinander zu Schiff und fuhren über die Meere. Als sie glücklich in Indien angekommen waren, zeichnete Thomas für den König von Indien einen herrlichen Palast, den er für ihn bauen wollte. Der König gab ihm einen großen Goldschatz dazu *und fuhr in ein anderes Land. Während der Zeit, da der König abwesend war, teilte Thomas den Schatz unter die Armen aus und predigte allem Volk im Lande und bekehrte Unzählige zum Christenglauben. Als der König zurückkam und hörte, wie Thomas mit seinem Gute umgegangen war, warf er ihn in den tiefsten Kerker und wollte sich furchtbar an ihm rächen. Zu dieser Zeit starb jedoch der Bruder des Königs. Am vierten Tage nach dem Begräbnis aber erstand der Tote, und alle erschraken und flohen. Der Tote sprach zu seinem Bruder, dem König: »Wisse, daß ein Mensch im Kerker schmachtet, den Gott lieb hat. Im Paradies zeigten mir die Engel einen Palast, der wunderbar gemacht war aus Gold und Silber und Edelsteinen. Und sie sagten mir: dies ist der Palast, den Thomas deinem Bruder gebaut hat. Ich aber sagte, daß ich gern in diesem Palaste wohnen würde. Sie aber antworteten: dein Bruder hat sich unwürdig gemacht dieser Wohnung, darum, wenn du darin zu wohnen begehrst, so wollen wir Gott bitten, daß er dir das Leben wiedergibt, damit du deinem Bruder seinen Palast abkaufst und ihm das Geld wiedergibst, das er wähnt verloren zu haben.« Als er das gesagt hatte, lief er zum Kerker und bat Thomas inständig, er möge dem König verzeihen, und löste seine Fesseln und wollte ihn reich beschenken. Thomas aber wehrte ihm und sprach: »Weißt du nicht, daß diejenigen, die im Himmel leben wollen, nichts Weltliches begehren?«*

Wie nun Thomas aus dem Kerker ging, da kam ihm der König entgegen, warf sich ihm zu Füßen und bat ihn um Gnade. Der Apostel sagte: »Hat Gott euch nicht eine besondere Gnade erwiesen, daß er euch dies alles offenbart hat? Darum glaubet an ihn und lasset euch taufen, damit ihr teilhaftig werdet des ewigen Reiches. Es sind unzählige Paläste im Himmel von Anbeginn der Welt bereit, die man mit dem Glauben kauft und mit den Almosen für die Armen. So mögen euch eure irdischen Schätze nütze sein, daß sie vor euch hergehen zu den himmlischen Wohnungen, denn nachfolgen werden sie euch nimmermehr.« Da bekehrte sich König Gundaphar und er und sein Bruder ließen sich taufen und mit ihnen viel Volks.

Auch in dieser kleinen Legende offenbart sich der heilige Thomas nicht als ängstliche Erscheinung, sondern als tatkräftiger und selbstbewußter Mensch, der treu den Willen seines Herrn verfolgt. Er handelt aus christlichem Geist und nicht nach den Gesetzen der irdischen Welt. Den Goldschatz des Königs verteilt er unter die Armen und spricht das Prinzip seines christlichen Handelns aus, als der König ihn selbst beschenken möchte: Wer im Himmel leben will, begehre nichts Weltliches! Darum muß sich, wer des ewigen Reiches teilhaftig werden will, von seinen weltlichen Gütern trennen.

Der heilige Apostel Matthäus

gest.: 69
Fest: 21. September

Matthäus, vor seiner Bekehrung Levi genannt, war der Sohn des Alphäus und von Beruf Zöllner, wie wir aus dem Markus- und Lukasevangelium wissen.

Matthäus selbst berichtet, wie ihn Christus vom Zolltisch weg zu seinem Jünger berief. Auf den Ruf des Herrn verließ Levi sofort sein Amt und änderte mit seinem Namen auch alle seine früheren Gesinnungen.

Nach der Himmelfahrt Jesu Christi und nach dem Empfang des Heiligen Geistes hat Matthäus gemäß Eusebius und Epiphanius im Lande der Juden und benachbarten Gegenden gepredigt. Auf Ansuchen der bekehrten Juden und auch nach dem Willen der anderen Apostel schrieb er zu dieser Zeit auch sein Evangelium. Nachdem er viele Juden zum wahren Glauben geführt und ihnen also sein Evangelium hinterlassen hatte, machte sich Matthäus auf die Mission Afrikas. Schließlich soll er nach Äthiopien gewandert sein, wo er um das Jahr 69 für seinen Glauben den Tod erlitt.

Nach einer alten Überlieferung soll Matthias 23 Jahre lang in Äthiopien gewirkt und dabei dem Christentum viele Anhänger gewonnen haben. Wie uns die Legende erzählt, soll auf sein Wort hin der König Egippus mit seiner ganzen Familie den christlichen Glauben angenommen haben. Darüber erzählt man sich folgendes:

Eine Tochter dieses Königs, Iphigenia mit Namen, war eine Prinzessin von seltener Schönheit. Aber gerade diese Jungfrau starb nach einer Krankheit und habe tot dagelegen, als Matthäus zum König kam. Der Apostel befahl daraufhin dem toten Mägdelein, im Namen Jesu sich zu erheben. Und siehe da, sogleich stand sie auf und war völlig gesund. Dieses Wunder bewirkte, daß der König und die Seinen die heilige Taufe empfingen. Iphigenia aber faßte den Entschluß, immer im jungfräulichen Stande zu leben. Hirtakus, der Bruder des Königs, war in Liebe zu der Jungfrau entbrannt und wollte sie, nachdem er nach dem Tode ihres Vater sich des Thrones bemächtigt hatte, zur Frau nehmen. Sie aber blieb standhaft auf ihrem Entschluß bestehen, worin sie der heilige Matthäus bestärkte. Als Hirtakus dies erfuhr, gab er voller Wut den Befehl, den Apostel während des heiligen Opfers am Altare zu töten. Ein Lanzenstich endete sein Leben.

Der heilige Apostel Philippus

gest.: zwischen 54 und 90
Fest: 1. Mai

Der heilige Philippus stammte aus Bethsaida in Galiläa. Christus soll ihn am selben Tag zu seinem Jünger berufen haben, an dem er den heiligen Petrus und Andreas zum Apostelamte erwählte.

Der Überlieferung nach wirkte Philippus nach der Himmelfahrt Christi in Vorderasien und Skythien, dem heutigen Südrußland. Zuletzt gelangte er nach Phrygien, wo er in Hierapolis das Martyrium erlitt. Sein Tod wurde zwischen dem Jahr 54 und 90 angegeben. Da Philipp den heiligen Polykarp bekehrt haben soll, der ihn zum Lehrmeister im Glauben hatte, dürfte er nicht vor dem Jahre 80 gestorben sein.

Von einem Triumph des christlichen Glaubens über den Götzenkult, den der heilige Philipp über diesen davontrug, berichtet die Legende. Hierin werden die Hilfsbereitschaft gegenüber dem Nächsten und die Selbstlosigkeit des Apostels veranschaulicht. Keinen Augenblick denkt Philipp daran, sich angesichts seiner Taten in den Vordergrund zu stellen. Er fügt sich in den ihm bevorstehenden Tod und denkt auch da noch an die Stärkung der Hinterbliebenen:

Der Apostel Philippus predigte zwanzig Jahre im Lande der Skythen. Da ergriffen ihn die Heiden und führten ihn vor ein Bild des Mars, dem er opfern sollte. Alsbald kam unter dem Standbild ein großer Drache hervor und tötete den Sohn des Priesters, der den Dienst beim Feuer tat, sowie die beiden Tribunen, deren Knechte Philippus gefesselt hatten. Und der Drache machte alle, die dabeistanden, mit seinem giftigen Anhauch krank. Philippus aber sprach: »Glaubt mir, wenn ihr dieses Götzenbild zerbrecht und an seiner Stelle das Kreuz des Herrn anbetet, so werden eure Kranken gesund und eure Toten lebendig werden.« Da flehten ihn die Kranken an: »Hilf uns nur, daß wir gesund werden, dann wollen wir dieses Bild sogleich zerbrechen.« Nun gebot Philippus dem Drachen, daß er sich an einen wüsten Ort verfüge, wo er keinem Menschen mehr schaden könne. Und der Wurm hob sich von hinnen und wurde nicht mehr gesehen. Danach machte Philippus die Kranken alle gesund und gab den drei Toten das Leben wieder. Sie stürzten die Götzen, und alle wurden gläubig.

Hiernach kam der hl. Apostel in die Stadt Hierapolis in Kleinasien. Dort predigte er gegen die Ketzer. Sieben Tage vor seinem Tode rief Philippus alle Bischöfe und Priester zu sich und sagte ihnen seinen Tod voraus und stärkte sie mit göttlicher Ermahnung. Damals war er sieben- undachtzig Jahre alt. Und wirklich griffen ihn alsbald die Heiden und schlugen ihn ans Kreuz. So ging er ein zum Herrn in die ewige Seligkeit.

47

Der heilige Simeon, Bischof von Jerusalem

geb.: 14 oder 13 v.Chr.
gest.: 106 od. 107
Fest: 18. Februar

Der heilige Simeon stammte aus Galiläa und war ein Sohn des Kleophas und der Maria.

Seine Mutter, von der das Evangelium bezeugt, daß sie sich bei dem Tode unseres Heilandes eingefunden habe, führte, wie die Mutter Jesu, den Namen Maria. Ohne Zweifel war der heilige Simeon einer aus den Jüngern Jesu, hörte dessen Predigten und sah dessen Wunder. Möglicherweise war er jener Simeon, der im Evangelium bei Matthäus 13, 55 als Bruder des heiligen Jakobus des Jüngern, des heiligen Judas und Josephs bezeichnet wird. Als die Apostel sich in die ganze Welt verteilten, blieb Simeon in Jerusalem und bemühte sich mit dem heiligen Jakobus, dem ersten Bischof dieser Stadt, seine Landsleute zu bekehren.

Nachdem der heilige Jakobus durch die Juden um des Bekenntnisses Christi willen des Martertodes gestorben war, verwies der heilige Simeon diesen freimütig ihre grausame Ungerechtigkeit. Einige Zeit nachher wurde er von den Aposteln zum Nachfolger des heiligen Jakobus in der Kirche von Jerusalem ernannt. Dieser stand er mit apostolischem Eifer vor; er stärkte die Christen im wahren Glauben und leitete sie zur Tugend an; den Ungläubigen aber predigte er ohne Unterlaß und bekehrte viele derselben zum Glauben. Bei der Ankunft der Römer, welche die Stadt belagerten, eroberten und zerstörten, floh er nach dem Befehle Jesu mit allen Rechtgläubigen aus der unglücklichen Stadt und begab sich in das Städtchen Pella über den Fluß Jordan. So entging er mit seiner Herde der schrecklichen Rache, die Gott über diese Stadt verhängt hatte.

Sobald die römischen Kriegsheere nach Jerusalems Zerstörung abgezogen waren, kehrte Simeon mit seinen Gläubigen in die Stadt zurück und ließ zwischen den Überresten einige Wohnungen errichten. Groß war seine Mühe und Sorge für das geistliche und leibliche Wohl seiner Gläubigen.

Täglich mehrte sich die Zahl der Gläubigen. Mit der Zahl mehrte sich auch die Andacht und Tugend. Die Freude, welche der heilige Simeon hierüber hatte, wurde durch die Entstehung zweier Ketzereien getrübt. Die Nazaräer und Ebioniten suchten durch ihre gotteslästerischen Lehren die

Gläubigen zu verführen. Der heilige Simeon wachte aber mit größter Sorgfalt für die Reinheit des Glaubens seiner Gläubigen. Er widerlegte mit Nachdruck die Irrlehren und machte die Verkünder derselben so zu Schanden, daß sie davonflohen und ihre Ketzerei keinen Eingang fand.

Nachdem Simeon 45 Jahre Bischof der Stadt Jerusalem und bereits 120 Jahre alt gewesen sein soll, mußte er im Jahre 106 oder 107 den Martertod sterben.

Zur Zeit des Kaisers Trajan entstand eine furchtbare Christenverfolgung. Man suchte in Jerusalem und in der Umgegend besonders jene auf, die vom Könige David abstammten, weil man fürchtete, einer von diesen möchte sich als Messias aufwerfen und eine neue Empörung anfangen. Diese Nachsuchungen hatten schon unter Vespasian und Domitian stattgefunden. Damals aber war der heilige Simeon, der auch von David abstammte, durch Gottes Fügung denselben entgangen. Es wurden alle Juden und Christen, die aus dem Geschlechte Davids waren, ergriffen und hingerichtet. Unter diesen war auch der heilige Simeon. Von Juden und Ketzern ward er bei dem Statthalter Uttikus als Abkömmling Davids und als christlicher Bischof angegeben. Attikus ließ ihn vor sich bringen und fragte ihn, ob es wahr sei, daß er aus dem Geschlechte Juda abstamme und Christus, dem Nazaräer, anhange? Beides bejahte der heilige Mann. Der Statthalter beteuerte, daß er ihm in Ansehung seines ehrwürdigen Alters kein Leid zufügen, sondern ansehnliche Geschenke geben wolle, wenn er nur Christus entsagen und den Göttern des Reiches opfern würde. Aber ernst sprach der ehrwürdige Greis: »Nie werde ich Christus abschwören, nie den Götzen opfern. Deine Götter sind die gottlosesten Menschen gewesen. Jesus Christus ist allein wahrer Gott.« Diese und ähnliche Reden machten tiefen Eindruck auf die Anwesenden. Um dieses zu verhindern, ließ Attikus den heiligen Bischof aufs grausamste geißeln. Das Blut floß auf die Erde, der Heilige aber stand unbeweglich; auf seinem Angesichte konnte man die Freude seines Herzens lesen. Auch die folgenden Tage peinigte man ihn auf grausame Art; aber immer sah man an ihm die nämliche Freude und Starkmütigkeit.

Sowohl Attikus als alle Anwesenden konnten nicht begreifen, wie ein hundertzwanzigjähriger Mann so viele und große Martern ausstehen könnte, denen auch der stärkste Held natürlicherweise hätte unterliegen müssen. Gott aber, der den Heiden schon viele Beispiele des christlichen Heldenmutes an noch zarten Knaben und Jungfrauen gegeben hatte, wollte ihnen auch zeigen, was ein hochbetagter und entkräfteter christlicher Mann durch seinen Beistand im Bekenntnisse des wahren Glaubens vermöge. Der Statthalter, befürchtend, die Zuschauer möchten durch den Mut des christlichen Helden für das Christentum eingenommen werden, verurteilte zuletzt den heiligen Simeon zum Tode des Kreuzes mit den Worten, weil er doch nicht aufhöre, Christum zu predigen, so sollte er auch, wie Christus, des schmählichsten Todes sterben. Keine Todesart hätte für den tapferen Bekenner Christi angenehmer sein können als diese. Nachdem er sein Gebet verrichtet hatte, legte er sich auf das ihm zubereitete Kreuz und reichte Hände und Füße zum Annageln dar. Man heftete ihn nun an und richtete das Kreuz in die Höhe. Groß mußten die Schmerzen sein; aber noch größer war die Geduld des Heiligen. Er bekannte nochmal am Kreuze mit lauter Stimme, daß Jesus Christus der wahre Gott und Heiland der Welt sei. Nach dem Beispiele Jesu bat er auch für seine Kreuziger und empfahl seinen Geist in Gottes Hände. So endigte er sein heiliges Leben.

Der heilige Polykarp

geb.: 70
gest.: 156
Fest: 26. Januar

Polykarp wurde im Jahre 70 geboren. Schon in seiner Jugend, um das Jahr 80, trat er zum Christentum über. Er hatte das Glück, noch mit den Aposteln Umgang zu haben, welche das Wirken Jesu Christi selbst miterlebt hatten, dessen Geist er aus ihren Unterweisungen zu schöpfen vermochte. Der heilige Apostel Johannes, den er besonders schätzte, erwählte ihn um das Jahr 100 zum Bischof von Smyrna am Meer in West-Kleinasien. Polykarp regierte seine Kirche wie ein wahrer Apostel – in Wort und Tat. Seinen Brief an die Philipper, der uns bis zum heutigen Tage erhalten ist, las man zur Zeit des heiligen Hieronymus öffentlich in der Kirche. Polykarp bekehrte eine Vielzahl Ungläubiger und Irrgläubiger und eiferte die Rechtgläubigen zur wahren Tugend an. Die Einheit der Kirche, Reinheit der Lehre und Beharrlichkeit im Glauben waren ihm unverzichtbare Bestandteile christlichen Lebens. Die neue Zeit der Irrlehren und Spaltungen war ihm unbegreiflich. So hielt ihn nichts davon ab, sich 155, im hohen Alter von 85 Jahren, noch nach Rom zu begeben, um mit dem heiligen Papst Anicet über die Festsetzung der Osterfeier zu verhandeln.

Kaum heimgekehrt, wurde er im Jahre 156 von der Christenverfolgung unter Marc Aurel heimgesucht. Das heidnische Volk forderte ihn anläßlich großer Festspiele zum Opfer. Mannhaft bekannte sich der 86jährige vor der gefüllten Arena offen zu Christus und wurde schließlich am 23. Februar 156 mit einem Dolchstoß hingerichtet.

Der für Smyrna zuständige Statthalter Statius Quadratus hatte die Verfolgung damit begonnen, daß er zwölf Christen den wilden Tieren vorwerfen ließ. Polykarps Eifer wurde dadurch nur angestachelt. Er ging von Haus zu Haus, um den Gläubigen Mut zu machen und sie zur Standhaftigkeit im wahren Glauben anzuhalten. Diese jedoch waren mehr um das Leben ihres Bischofs besorgt. Nach langer Gegenwehr fügte er sich ihrem Drängen, die Stadt zu verlassen und sich so der Verfolgung zu entziehen, um ihnen länger beistehen zu können. Drei Tage vor seiner Festnahme sah er jedoch in einer Vision seinen Tod voraus und zweifelte von da an nicht mehr an seinem unmittelbar bevorstehenden Martyrium. Als ihn die abgeordneten Gerichtsdiener aufspürten, nachdem ihnen von einem Sklaven auf der Folterbank sein Aufenthaltsort verraten worden war, machte er keine Anstalten, sich zur Wehr zu setzen oder zu fliehen.

Von dem Martyrium des Polykarp erbat die Gemeinde von Philomelium einen genauen Tatsachenbericht. Darum wurde im Auftrag der Gläubigen von Smyrna an alle Gemeinden ein diesbezüglicher Rundbrief versandt. So ist das folgende Martyrium des Polykarp das älteste Dokument dieser Art. Trotz einer offensichtlichen biblischen Stilisierung des Berichts bleibt doch die sittliche Größe des Apostelschülers Polykarp beeindruckend und lebendig. Folgen wir nun seinem beherzten Einzug in die tobende Arena:

In dem Augenblick, da Polykarp das Stadion betrat, erklang eine Stimme vom Himmel: »Mut, Polykarp, sei mannhaft!« Niemand wußte, wer sprach, aber alle, die anwesend waren, hörten es. Polykarp mußte vortreten, und es entstand ein großer Tumult, als man erfuhr, daß der Bischof festgenommen war. Er wurde vor den Prokonsul gebracht, der ihn fragte, ob er Polykarp sei. Auf seine bejahende Antwort hin bedrängte der Prokonsul ihn, seinem Glauben abzuschwören. Er sagte: »Nimm Rücksicht auf dein Alter«, und noch mehr solcher Phrasen, wie die Richter sie zu verwenden pflegen. Schließlich fügte er hinzu: »Schwöre beim Glück Cäsars, gib nach und rufe: 'Nieder mit den Gottlosen!'«

Mit ernster Miene betrachtete Polykarp die Menge der gottlosen Heiden auf den Stufen des Stadions, wies mit der Hand auf sie, stieß einen Seufzer aus, hob die Augen zum Himmel und sagte: »Nieder mit den Gottlosen!«

Der Prokonsul drang von neuem in ihn und sagte: »Schwöre, und ich lasse dich frei. Schmähe Christus.«

Polykarp antwortete: »80 Jahre diene ich ihm, und er hat mir nie etwas Böses getan. Warum sollte ich meinen Heiland und König schmähen?«

Der Prokonsul ließ nicht nach und wiederholte: »Schwöre beim Glück Cäsars.« Der Bischof antwortete: »Du betrügst dich selbst, wenn du hoffst, ich möchte beim Glück Cäsars schwören, wie du sagst. Und wenn du vorgibst, nicht zu wissen, wer ich bin, so höre meine Erklärung: Ich bin Christ. Willst du die Lehre des Christentums kennenlernen, dann schenke mir einen Tag und lausche.«

Der Prokonsul sagte: »Überzeuge das Volk.«

Polykarp: »Dir eine Erklärung abzugeben, fände ich richtig, denn wir wurden gelehrt, den Beamten und Behörden, die Gott eingesetzt hat, die ihnen gebührende Ehre zu geben, soweit diese Achtung sich mit unserm Glauben verträgt.«

Prokonsul: »Ich habe wilde Tiere hier, denen ich dich ausliefern werde, wenn du deine Worte nicht widerrufst.«

Polykarp: »Gib deine Befehle. Wenn wir diese Welt verlassen, ist es kein Tausch vom Guten zum Schlechten; schön ist es, von der Ungerechtigkeit in die Gerechtigkeit einzugehen.«

Prokonsul: »Wenn du nicht bereust, werde ich dich auf einem Scheiterhaufen elend zugrunde gehen lassen, da du die wilden Tiere verachtest.«

Polykarp: »Du drohst mit einem Feuer, das eine Stunde brennt und dann erlischt. Kennst du das Feuer der künftigen Gerechtigkeit? Weißt du von der Strafe, die die Gottlosen vernichtet? Nur zu, zögere nicht! Entscheide nach deinem Gutdünken!«

Polykarp gab all diese und noch andere Antworten voll Freude und Zuversicht; sein Gesicht strahlte von göttlicher Gnade. Nicht ihn, sondern den Prokonsul verwirrte das Verhör. Schließlich ließ er seinen Herold mitten im Stadion dreimal ausrufen: »Polykarp hat sich als Christ bekannt.«

Unnachahmlich scheint die würdevolle Haltung des Polykarp. Im greisen Alter von 86 Jahre zeigt er sich nicht weniger mutig als jeder jüngere sein könnte. Unbeeindruckt der wütenden Masse, hält er, der eigentlich Angeklagte, den Heiden ihre Gottlosigkeit vor. Keinen Augenblick denkt er auch nur daran, im geringsten von seiner Überzeugung abzuweichen, alle Drohungen lassen ihn kalt. Das macht den Richter hilflos und die Menge um so rasender. Aber ihre Wut ist eine Wut der Verzweiflung: sie spüren, daß sie ihrem Opfer auch mit den schlimmsten Martern eigentlich nichts anhaben können.

Als die Menge der Heiden und Juden, so heißt es weiter, das Bekenntnis des heiligen Polykarp vernahm...

...konnte sie ihre Wut nicht mehr zügeln und schrie: »Da, seht ihn an, den Weisen aus Asien, den Kirchenvater, den Zerstörer unserer Götter, der mit seinen Lehren so viele davon abbringt, ihnen zu opfern und sie anzubeten.« »Ins Feuer mit ihm«, tönte es von allen Seiten. Die Vision des vorhergehenden Tages, da der Greis im Gebet das Kissen vom Feuer verzehrt werden sah und er den Gläubigen seiner Umgebung verkündet hatte: »Ich werde lebendig verbrannt werden«, sollte in Erfüllung gehen.

Dies alles folgte rascher aufeinander, als man es erzählen kann. Der Pöbel begann Holz und Reisig aufzuschichten, das man in den Werkstätten und Bädern holte; vor allem die Juden zeichneten sich wie gewöhnlich durch ihren Eifer aus. Als der Scheiterhaufen fertig war, legte Polykarp seine Kleider ab, löste seinen Gürtel und versuchte, die Schuhe auszuziehen. Gewöhnlich brauchte er das nicht zu tun; die Gläubigen, die in seiner Nähe waren, beeilten sich, ihm zu helfen, denn wer zuerst bei ihm war, konnte seinen Leib berühren. Man ehrte ihn nämlich wegen seiner großen Heiligkeit schon vor seinem Martyrium.

Sofort nun wurde das Material, das für den Scheiterhaufen zubereitet war, um ihn herum gelegt. Als die Henker in annageln wollten, sagte er: »Laßt mich frei; der mir Kraft gegeben hat, dem Feuer zu trotzen, wird mir gewähren, daß ich auch ohne eure Nägel unbeweglich auf dem Scheiterhaufen stehe.«

Sie nagelten ihn also nicht an, sondern banden ihn nur fest. An den Pfahl gebunden, die Hände auf dem Rücken, glich Polykarp dem auserlesenen Widder, der aus der großen Herde zum Opfer ausersehen war. Er hob die Augen und sprach:

»Herr, allmächtiger Gott, Vater Jesu Christi, deines geliebten und gebenedeiten Sohnes, durch den wir dich kennen gelernt haben; Gott der Engel und der Mächte, Gott der ganzen Schöpfung und der Familie der Gerechten, die vor Deinem Angesicht leben.

Ich preise dich, weil du mich würdig fandest dieses Tages und dieser Stunde, würdig, der Zahl deiner Märtyrer zugezählt zu werden und am Kelch Christi teilzuhaben, um zum ewigen Leben der Seele und des Leibes in der Unvergänglichkeit des Heiligen Geistes wieder aufzuerstehen.

Möge ich heute mit ihnen als kostbares und angenehmes Opfer, zu dem du mich, wie du es mich im Bilde sehen ließest, bereitet hast, vor deinem Angesicht aufgenommen werden; du hast dein Versprechen gehalten, Gott der Treue und Gott der Wahrheit. Für diese Gnade und für alles lobe ich dich, benedeie ich dich und verherrliche ich dich durch den ewigen und himmlischen Hohenpriester Jesus Christus, deinen geliebten Sohn.

Durch ihn, der mit dir und dem Geiste lebt, sei dir Herrlichkeit jetzt und in alle Ewigkeit! Amen.«

Als Polykarp mit diesem Amen sein Gebet beendet hatte, entzündeten die Menschen den Scheiterhaufen, und die Flamme stieg heiß und leuchtend auf. Da wurden wir Zeugen eines Wunders; wir blieben verschont, damit wir es den andern berichten können. Das Feuer erhob sich in Form eines Gewölbes oder eines vom Wind geschwellten Segels und umhüllte so den Leib des Märtyrers. Der Bischof stand in der Mitte, nicht wie brennendes Fleisch, sondern wie ein Brot, das goldbraun gebacken, oder wie Gold und Silber, das im Schmelztiegel geläutert wird. Dabei nahmen wir einen köstlichen Wohlgeruch wie von Weihrauch und kostbaren Duftstoffen wahr.

Als die Verbrecher schließlich sahen, daß das Feuer seinen Leib nicht zu zerstören vermochte, schickten sie einen Henker, der ihn mit dem Schwert erschlagen sollte. Eine Taube stieg auf, und ein Strom von Blut ergoß sich, daß das Feuer sofort erlosch. Die Menschen staunten über den Unterschied zwischen den Ungläubigen und den Auserwählten, unter die wir den unvergleichlichen Märtyrer Polykarp rechnen. Als unser Meister weilte er unter uns, erfüllt vom Geist der Apostel und Propheten, der Bischof der katholischen Kirche in Smyrna. Alle Worte aus seinem Mund haben sich erfüllt und werden sich erfüllen.

In dieser Verbrennungsszene offenbart sich die Unsterblichkeit der Seele. Daß kein Feuer der Welt den Geist zerstören kann, nach dieser Einsicht hat der weise Polykarp sein ganzes Martyrium be- und überstanden.

Der heilige Ignatius von Antiochien

gest.: um 110 od. 118
Fest: 1. Februar

Der heilige Ignatius war ein Schüler der Apostel, insbesondere des heiligen Johannes. Von diesem wurde er auch auf den bischöflichen Stuhl von Antiochien erhoben, welchen er als der dritte in der Reihe nach dem heiligen Petrus ungefähr vierzig Jahre innehatte. Er regierte seine Kirche mit großer Weisheit und unermüdlicher Sorgfalt. Zur Zeit der domitianischen Verfolgung verließ er seine Gemeinde für keinen Augenblick und bewahrte sie mit großer Klugheit vor Verlusten. Man nannte ihn in ganz Kleinasien Theophoros, den »Gottesträger«, weit über die Grenzen seines Bistums hinaus genoß er unbegrenzte Ehrfurcht und Autorität.

Fast schien es schon so, als würde er wie der heilige Apostel Johannes eines friedlichen Todes sterben. Doch dann erfaßte ihn noch im Greisenalter die Verfolgung unter Kaiser Trajan. Auf seiner Überführung nach Rom, wohin man den Gefangenen brachte, um ihn dort im Kolosseum den Raubtieren vorzuwerfen, verfaßte er sieben Briefe an die jungen Christengemeinden. Darin berichtet er von den Qualen, die er bereits auf dem Weg nach Rom zu erdulden hatte, sieht mutig dem Tod als Erlangung des eigentlichen Lebens entgegen und stärkt die christlichen Gemeinden durch Belehrung und Ermahnung. Sein Tod ereignete sich im Jahre 118, nach anderen Quellen bereits 110.

Trajan hatte glänzende Siege über die Skythen und Thracier erfochten. Er glaubte, sie seinen Göttern verdanken zu müssen. Trunken von seinem Kriegsglücke und in der Meinung, nichts könne der Gewalt seiner Waffen widerstehen, beschloß er einen Heereszug gegen die Parther, welche oft das Reich beunruhigt hatten. Auf diesem Zuge kam er im Jahre 106 nach Antiochien. Die Ausbreitung des Christentums war ihm schon lange ein Dorn im Auge. Zu Antiochien, wo das Christentum so glücklichen Eingang und so große Verbreitung gefunden hatte, daß in dieser Stadt die Gläubigen zuerst Christen genannt wurden, wollte er dasselbe gänzlich vertilgen. Er gab deshalb sogleich Befehl, alle Christen sollten seine Götter anbeten, und sprach gegen diejenigen, welche sich dessen weigern würden, die Todesstrafe aus. Entweder hatte ihn der große Ruf des dortigen Bischofes oder Angeberei auf Ignatius aufmerksam gemacht. Deshalb ließ er ihn zu sich rufen. Ignatius, der nur für seine Herde besorgt war, erschien gerne, ohne Furcht und ohne Vorbereitung vor dem Richterstuhle des Kaisers. Sobald dieser den heiligen Mann sah, sprach er zu ihm: »Du bist also jener böse Teufel, der es wagt, meinen Befehlen zu trotzen und andere zu überreden, daß sie eines grausamen Todes sterben?« Ignatius erwiderte: »Niemand nennt den Theophorus einen bösen Teufel; diese fliehen vielmehr vor Gottes Dienern. Wenn du aber, weil ich den Dämonen böse bin, mich so nennst, so mag es sein; denn Christum den Himmelskönig im Herzen tragend, vernichte ich ihre Nachstellungen.« Trajan: »Und wer ist denn ein Theophorus?« Ignatius: »Der da Jesum Christum in seinem

56

Herzen trägt.« Trajan: »Du glaubst also, daß wir die Götter, welche uns unsere Feinde besiegen helfen, nicht im Herzen tragen?« Ignatius: »Du irrst, Kaiser! Die Götter der Heiden sind Teufel. Es ist nur ein Gott, der Himmel und Erde und alles, was darin ist, gemacht hat, und ein Christus Jesus, der eingeborene Sohn Gottes, in dessen Reich aufgenommen zu werden ich inbrünstig verlange.« Trajan: »Meinst du jenen, welcher unter Pontius Pilatus gekreuzigt worden ist?« Ignatius: »Eben dieser ist es, der die Sünde samt ihrem Urheber vernichtet und alle teuflische Verführung und Bosheit denen untertan gemacht hat, welche ihn im Herzen tragen.« Trajan: »Du trägst also in dir den Gekreuzigten?« Ignatius: »Ja, denn es steht geschrieben: Ich werde bei ihnen wohnen und in ihnen meine Ruhestätte nehmen.« Trajan, ergrimmt über die Standhaftigkeit, mit welcher dieser heilige Bischof seinen Glauben bekannte, fällte über ihn folgendes Urteil: »Wir befehlen, daß Ignatius, der da sagt, er trage den Gekreuzigten in seinem Herzen, gefesselt nach Rom geführt werde, um von den wilden Tieren dort zerrissen zu werden und dem Volke zum Schauspiele zu dienen.« Als der Heilige diesen Urteilsspruch vernahm, rief er voll Entzücken aus: »Ich danke dir, o Gott, von ganzem Herzen, daß du mir eine vollkommene Liebe zu dir gegeben hast und zulässest, daß ich, wie dein Apostel Paulus, mit Ketten geladen werde.«

Als der heilige Bischof nach unaussprechlichen Beschwernissen in Rom ankam, gingen ihm die Christen der Stadt entgegen und begrüßten ihn unter vielen Tränen. Sie konnten den Gedanken nicht ertragen, daß er ihnen so bald durch den Tod entrissen werden sollte. Das römische Martyrerbuch meldet, daß der heilige Bischof zu Rom zu der grausamsten Marter verurteilt und alsdann den Löwen vorgeworfen worden sei. Worin seine Marter aber eigentlich bestanden habe, ist nicht mitgeteilt. Indessen ist gewiß, daß er, als er in das Amphitheater, wo eine unzählige Menge Menschen zugegen war, geführt wurde, sich an das versammelte Volk gewendet und öffentlich bekannt habe, daß er als ein christlicher Bischof dahin geführt worden sei und um Christi willen zu leiden und zu sterben verlange. Darauf verrichtete er ein Gebet, worin er noch besonders flehte, daß Gott die wilden Tiere von seiner Marter nicht zurückhalten wolle. Sobald er das Brüllen der Löwen hörte, rief er mit lauter Stimme: »Ich bin ein Weizenkorn Christi; ich will durch die Zähne der Tiere zermahlen werden, damit ich zu einem reinen Brote Christi werde.« Da er so redete, ließ man die Löwen gegen ihn los. Diese fielen den Heiligen, während er den Namen Jesu mehrmals wiederholte, mit aller Wut an und zerrissen ihn in Stücke, wie er es so oft gewünscht hatte.

In den Worten des heiligen Ignatius drückt sich seine völlige Hingabe an Gott aus. In der absoluten Bereitschaft, seinen Körper preiszugeben, weiß er um die Rettung seiner Seele in Gott.

Der heilige Justin

geb.: 100
gest.: 165
Fest: 14. April

Justin wurde um 100 n.Chr. zu Flavia-Neapolis (dem alten Sichem und heutigem Nablus) in Palästina geboren. Er stammt aus einer heidnisch-griechischen Familie. Stets nach der Wahrheit suchend, wurde er bald von allen Philosophenschulen seiner Zeit enttäuscht und war nahe daran, alle Weisheit schal zu finden, bis er schließlich den Weg zum Christentum fand. In seinen beiden Verteidigungsschriften (Apologie I und II) setzte er sich alsdann als erster großer Verteidiger der Kirche mit den Heiden, im »Dialog mit Tryphon« mit den Juden und in anderen Schriften mit Irrlehren auseinander. Er hat die christliche Lehre aber nicht nur literarisch in ansprechender Form dargestellt, sondern auch sein Leben lang als Wanderlehrer unter das Volk gebracht. Er begriff sich als Philosoph und verstand den christlichen Glauben als »die allein zuverlässige und brauchbare Philosophie« (Dial. 8). Im griechischen Philosophenmantel wanderte er von Palästina über Kleinasien und Griechenland nach Rom, überall ein Lehrgespräch anknüpfend, um das Evangelium zu verbreiten. Am Ziel seiner Wanderung, im kaiserlichen Rom, gründete er oberhalb des Timotinischen Bades eine Schule, in der die christliche Lehre vermittelt werden sollte und zu der jeder Zutritt hatte. Hier sammelten sich seine Anhänger um ihn, mit denen zusammen er um das Jahr 165 verhaftet wurde. Nachdem er vom Stadtpräfekten Rusticus verhört worden war, wurde er zum Tod durch Enthauptung verurteilt.

Justin wurde auf das Betreiben eines Philosophen namens Crescens vor Gericht gestellt. Dieser Crescens hatte es offensichtlich nicht verwinden können, in seinen Unterredungen wiederholt von Justin vor aller Öffentlichkeit zurechtgewiesen zu werden, so daß er gegen ihn hetzte. Justin spricht in seiner zweiten Apologie selbst diese Kontroverse an und ahnt bereits damals sein Ende voraus:

»Auch ich erwarte, von einem der Genannten verfolgt und in den Stock gestoßen zu werden, vielleicht von Crescens, dem unphilosophischen Ehrgeizling. Man darf doch nicht einen Mann als Philosophen bezeichnen, der auf uns Christen, die er gar nicht kennt, die Prädikate gottlos und

Der heilige Justinus, M.

pietätlos öffentlich anwendet. Er tut dies ja nur, um der irregeführten Masse einen Gefallen zu erweisen und Freude zu machen.«

Über die Hintergründe der Auseinandersetzung informiert uns ein Schüler Justins, Tatian:

»Crescens, der sich in der Hauptstadt eingenistet hatte, war mehr als alle der Knabenliebe ergeben und von Habgier ganz gefesselt. Obwohl er riet, den Tod zu verachten, fürchtete er ihn gleichwohl selber so sehr, daß er über Justin, weil dieser in Verkündigung der Wahrheit die Philosophen als Schlemmer und Betrüger hingestellt hatte, den Tod als furchtbares Übel zu bringen gedachte.«

Das amtliche Protokoll des Prozesses gibt Eusebius in seiner Kirchengeschichte wieder. Der vorsitzende Präfekt Rusticus eröffnete das Verfahren:

»Zuallererst, glaube an die Götter und gehorche den Kaisern!« Justin sagte: »An die Gebote unseres Erlösers Jesu Christus zu glauben, verdient weder Tadel noch Anklage.«

Der Praefect Rusticus sagte: »Zu welcher Lehre bekennst du dich?«

Justin antwortete: »Ich habe versucht, alle Lehren kennenzulernen, aber ich habe die wahre Lehre der Christen angenommen, auch wenn sie den Irrgläubigen nicht gefällt.«

Der Praefect Rusticus sagte: »Das ist also die Lehre, die dir gefällt?«

Justin sagte: »Ja, da ich ihr im rechten Glauben folge.« Der Praefect Rusticus sagte: »Was ist das für ein Glaube?« Justin antwortete: »Wir beten den Gott der Christen an, von dem wir glauben, daß er ganz allein von Anfang an alle Dinge, die sichtbaren und die unsichtbaren, gemacht und erschaffen hat; und wir beten an den Herrn Jesus Christus, Gottes Sohn, von dem schon die Propheten geweissagt haben, daß er zum Menschgeschlecht kommen werde, als Künder der Rettung und als Lehrer guter Schüler. Da ich nur ein Mensch bin, ist mir bewußt, daß meine Worte gering sind im Vergleich zu seiner unendlichen Göttlichkeit. Aber es gibt Weissagungen über diesen, den ich eben Gottes Sohn nannte. Denn ich weiß, daß die Propheten von jeher vorhergesagt haben, daß er unter den Menschen erscheinen werde.«

Der Praefect Rusticus sagte: »Wo kommt ihr zusammen?«

Justin sagte: »Wo ein jeder mag und kann. Glaubst du denn, daß wir alle am selben Ort zusammenkommen? Keineswegs, denn der Gott der Christen ist an keinen Ort gebunden, sondern erfüllt, da er unsichtbar ist, Himmel und Erde und wird überall von den Gläubigen angebetet und gepriesen.«

Der Praefect Rusticus sagte: »Sag mir, wo kommt ihr zusammen, oder an welchem Ort versammelst du deine Schüler?«

Justin sagte: »Ich habe während dieser ganzen Zeit – denn es ist das zweite Mal, daß ich in Rom bin – unweit der Bäder des Timotinus bei einem gewissen Martin im Obergeschoß gewohnt und kenne keinen andern Versammlungsort als diesen. Und wenn jemand zu mir kommen wollte, so habe ich ihn in der Lehre der Wahrheit unterwiesen.«

Rusticus sagte: »Danach bist du also ein Christ?«

Justin sagte: »Ja, ich bin ein Christ.«

Damit war die erste Vernehmung des Justin beendet. Nachdem der Praefect einige Schüler von Justin verhört hatte, die mit aufgegriffen worden waren, wandte er sich wieder Justin zu:

»Hör zu, du bist gebildet, nach dem zu urteilen, was du sagst, und du bist überzeugt, daß du die wahre Lehre kennst. Wenn du nun ausgepeitscht und enthauptet wirst, glaubst du, daß du in den Himmel auffahren wirst?«

Justin sagte: »Ich hoffe, daß ich meinen Glauben daran bewahren werde, wenn ich dies erleiden muß. Denn ich weiß, daß die göttliche Gnade bei allen bleibt, die so gelebt haben, bis ans Ende der Welt.«

Der Praefect Rusticus sagte: »Nimmst du an, daß du in den Himmel aufsteigen und einen Lohn erhalten wirst?«

Justin sagte: »Ich nehme es nicht an, sondern ich weiß es ganz genau und bin davon überzeugt.«

Der Praefect Rusticus sagte: »Dann wollen wir also jetzt zu der vorliegenden Angelegenheit kommen, die sehr dringlich ist. Tretet nun zusammen und opfert einmütig den Göttern!«

Justin sagte: »Kein vernünftiger Mensch gibt den Glauben für den Unglauben auf.«

Der Praefect Rusticus sagte: »Wenn ihr nicht gehorchen wollt, so werdet ihr unnachsichtig bestraft werden.«

Justin sagte: »Wir bitten dich durch unsern Herrn Jesus Christus, daß wir bestraft und so erlöst werden mögen, denn das wird uns Rettung und Freiheit bringen vor dem furchtbaren Weltgericht unseres Herrn und Erlösers.«

Genauso sprachen auch die anderen Märtyrer:

»Tu, was du willst, denn wir sind Christen und bringen Götzen keine Opfer dar.«

Der Praefect Rusticus verkündete das Urteil: »Diejenigen, die den Göttern nicht opfern und den Geboten des Kaisers nicht gehorchen wollen, sollen ausgepeitscht und dann zur Hinrichtung geführt werden, wie es die Gesetze befehlen.«

Die heiligen Märtyrer priesen Gott und gingen zu dem üblichen Ort hinaus, wo sie enthauptet wurden, und sie vollendeten ihr Martyrium im Bekenntnis unseres Erlösers. Einige von den Gläubigen aber nahmen heimlich ihre Leichen hinweg und begruben sie an einem geeigneten Ort durch die Hilfe unseres Herrn Jesus Christus, der gepriesen sei von Ewigkeit zu Ewigkeit. Amen.

Mit diesen Worten endet der Bericht des Eusebius.

Justin offenbart sich hier als überaus kluger Kopf und geschickter Redner. Er läßt sich von dem Ankläger nicht in die Enge treiben und gibt sich keine Blöße. Er weiß genau, wovon er redet und läßt sich seinen Glauben durch nichts beschmutzen. Weder plumpe Vorurteile noch der berechnende Appell des Rusticus an seine Gelehrsamkeit können ihn von der Wahrheit, die er so lange gesucht hat, abbringen. Justin belehrt uns – und vor allem alle philosophischen Geister –, daß die Gewißheit des Glaubens nicht bloßes Meinen, sondern mehr ist, nämlich absolutes Wissen. Er antwortet darum auf die Frage des Rusticus, ob er annehme, in den Himmel zu steigen und dort einen Lohn zu erhalten, er nehme es nicht an, sondern wisse es. Er ist ein überzeugter Christ und tut kund, daß kein vernünftiger Mensch am Glauben Gottes zweifeln kann.

So wenig Rusticus seinem philosophischen Geist gewachsen ist, so machtlos steht er auch trotz all seiner Macht den Opfern seines eigenen Richterspruchs gegenüber, weil sie sich um keinen Preis der Welt von ihrer Überzeugung abbringen lassen, da es ihnen nicht um Freisprechung vor dem irdischen Gericht zu tun ist, sondern, wie Justin es ausdrückt, um »Rettung und Freiheit vor dem Weltgericht des Herrn und Erlösers.«

Die Märtyrer von Lyon

gest.: 177
Fest: 2. Juni

Von einer der schlimmsten Verfolgungen der Christen, die sich in Lyon im Jahre 177 in der Regierungszeit Kaiser Marc Aurels zutrug, ist uns ein Bericht der örtlichen Kirche von Lyon und Vienne in einem Brief an die Kirche Asiens und Phrygiens erhalten.

Die Zahl der Opfer betrug 48. Sie werden Märtyrer von Lyon genannt, weil sie dort gelitten haben, viele stammten aber aus Vienne. Namentlich werden der heilige Pothinus, Bischof der Kirche von Lyon genannt, der bereits das hohe Alter von 80 Jahren erreicht hatte, Sanktus, der Diakon von Vienne, der erst kurz vorher getaufte Maturus, Attalus aus Pergamon, der immer die Säule und Stütze der christlichen Gemeinde war, die Sklavin Blandina sowie ein gewisser Alexander aus Phrygien, der von Beruf Arzt war.

Wir geben im folgenden den genannten Bericht wieder, um die schrecklichen Ereignisse aus der Sicht der Zeugen und dem unmittelbaren Eindruck der Mitbetroffenen kennenzulernen:

Die Verfolgung war so heftig und die Wut der Heiden gegen die Heiligen und die Leiden, die die hochseligen Märtyrer erduldeten, waren so groß, daß wir sie nicht mehr beschreiben können. Es ist unmöglich, einen genauen und vollständigen Bericht zu geben. Der Feind schlug mit aller Kraft zu und gab damit einen Vorgeschmack von den Gewalttaten seiner künftigen Herrschaft.

Er ließ nichts unversucht, seine Helfershelfer auf die Angriffe gegen die Diener Gottes vorzubereiten und einzuüben; es waren uns nicht nur die öffentlichen Plätze, die Thermen und der Markt verboten, wir durften uns überhaupt nicht in der Öffentlichkeit zeigen.

Doch in diesem Kampf war die Gnade Gottes mit uns; sie stützte die Schwachen, stellte dem Bösen die Tapfersten entgegen, die so unerschütterlich wie Säulen waren, damit der Verdammte alle seine Bemühungen gegen sie wende. Sie traten vor den Feind, nahmen Kränkungen und Foltern auf sich; es machte ihnen kaum etwas aus, denn sie gingen Christus entgegen. Durch ihr Beispiel zeigten sie, daß die Leiden der Gegenwart nichts sind im Vergleich zu der Herrlichkeit, die sich in uns kundtun muß.

Vor allem ertrugen sie in edler Haltung alle Kränkungen, die die Menge uns allen antat: Geschrei, Schläge, Verhaftung, Plünderung, Steinigung und all das andere, womit ein zügelloser Mob immer wieder die verachteten Feinde trifft. Sie wurden auf den öffentlichen Platz geführt. Vor der versammelten Menge vom Tribun und den Richtern verhört, bekannten sie ihren Glauben. Man sperrte sie bis zur Rückkehr des Statthalters zusammen in das Gefängnis.

Später kamen sie dann vor den Statthalter, der mit keiner der üblichen Grausamkeiten gegen uns sparte. Vettius Epagathus, einer der Brüder, war vollkommen in seiner Liebe zu Gott und dem Nächsten und ist, trotz seiner Jugend, in seiner Heiligkeit des Lobes würdig, das dem alten Zacharias gespendet wurde: er befolgte alle Gebote und Vorschriften des Herrn. Er war ohne Tadel, immer bereit, dem Nächsten zu helfen, er glühte vor Eifer für Gott und war vom Heiligen Geist erfüllt. So konnte er sich auch nicht zurückhalten, als er sah, welch ungerechten Prozeß man uns machte. Empört bat er, die Verteidigung der Brüder übernehmen und beweisen zu dürfen, daß sie weder ungläubig noch gottlos seien. Die Menge, die sich um das Gerichtsgebäude versammelt hatte, begann laut gegen ihn zu schreien (er entstammte einer vornehmen Familie). Der Statthalter wies sein Gesuch zurück und fragte ihn, ob auch er Christ sei. Mit lauter Stimme bekannte Vettius seinen Glauben. Er wurde festgenommen und zum Märtyrer erhoben. Als Paraklet (oder Advokat) der Christen war er aufgetreten, denn er trug wirklich den Paraklet (Tröster) in sich, den Geist des Zacharias. Durch die Fülle der Liebe, mit der er seine Brüder um den Preis seines Lebens verteidigte, bewies er es. Er war und bleibt ein wahrer Jünger Christi, der dem Lamm folgt, wohin es geht.

Diese Prüfung schied die Christen. Die einen waren zum Martyrium bereit und bekannten voll Eifer ihren Glauben; andere dagegen waren weder bereit noch ausreichend im Krieg geübt und gehärtet, um einen heftigen Kampf auszuhalten. Etwa zehn wurden schwach, und wir litten große Trauer und bittere Schmerzen um sie. Sie brachen den Eifer der andern, die nicht festgenommen worden waren, aber unter tausend Gefahren die Märtyrer unterstützten, statt sich von ihnen fern zu halten.

Wir hatten alle Angst, da es nicht sicher war, ob sie ihren Glauben bekannten. Zwar fürchteten wir die Foltern nicht, aber unsere Augen waren auf das Ende gerichtet, und wir sorgten uns, daß einer falle.

Die Christen, die hier berichten, brechen nicht in Jammer und Klage über das geschehene Unrecht aus, sondern fassen es ganz offensichtlich als Prüfung ihres Glaubens auf. Sie wollen den Adressanten ihres Schreibens, den Kirchen von Asien und Phrygien, ein Beispiel echten Bekennermuts geben und diese selbst dazu ermutigen und in ihrem Glauben bestärken. Sie sind sich ihrer gefährlichen Lage bewußt und denken keinen Augenblick daran, ihres Lebens wegen von ihrer Überzeugung abzugehen. Nicht das leibliche Wohl, sondern das Seelenheil ihrer selbst und ihrer Gefährten macht ihnen Sorge. Auch die Schilderung der Martern ist von diesem Bewußtsein getragen:

Unbeschreibliche Qualen mußten die Märtyrer ertragen; der Satan ließ nicht von ihnen ab, um ihnen eine Gotteslästerung zu entlocken. Mit besonderer Heftigkeit tobte die Wut des Volkes, des Statthalters und der Soldaten gegen Sanctus, den Diakon von Vienne, gegen Maturus, der erst kürzlich getauft, aber dennoch ein mutiger Streiter war, gegen Attalus aus Pergamon, der immer die Säule und Stütze der Christen hier war, und schließlich auch gegen Blandina.

Mit Blandina erteilte Christus eine Lehre: was in den Augen der Menschen verächtlich, gemein und häßlich ist, kann in Gottes Augen durch die Liebe zu ihm, die sich in Taten zeigt und nicht mit Äußerlichkeiten begnügt, ewige Glorie verdienen.

Wir alle hatten Angst um Blandina. Ihre Herrin auf Erden, die zu der Gruppe der Märtyrer als eine Kämpferin des Glaubens gehörte, fürchtete, das junge Mädchen könnte sich nicht einmal offen als Christin bekennen, so armselig war sie. Aber in Blandina wirkte eine so große Kraft, daß schließlich die Henker erschöpft und müde wurden. Vom Morgen bis zum Abend lösten sie einander ab, um kein Foltermittel an ihr zu sparen. Doch sie mußten sich geschlagen geben und waren mit ihren Möglichkeiten am Ende. Sie staunten, daß Blandina mit so zerrissenem und zerschlagenem Leib noch atmete. Sie gaben zu, daß eine einzige dieser Folter genügt hätte, das Leben auszulöschen, wieviel mehr also noch diese Unzahl von Martern. Doch wie ein tapferer Wettkämpfer verjüngte sich die Hochselige, während sie so ihren Glauben bekannte. Immer wiederholte sie: »Ich bin Christin, und bei uns wird nichts Böses getan.« Dadurch gewann sie neue Kräfte, erholte sich und spürte nichts mehr von den Martern.

Auch Sanctus ertrug alle Foltern, welche die Henker ersannen, mit übermenschlicher Kraft. Die Gottlosen gaben die Hoffnung nicht auf, ihm durch lang andauernde und entsetzliche Foltern noch ein sündiges Wort zu entreißen. Aber er setzte ihnen seine grenzenlose Ausdauer entgegen. Nichts konnte ihn bewegen, seinen Namen, sein Volk oder seine Heimatstadt zu nennen, noch zu sagen, ob er Sklave oder Freier war. Auf alle Fragen antwortete er in lateinischer Sprache: »Ich bin Christ.« Das war sein Name, seine Heimat, sein Geschlecht, und die Heiden konnten ihn nicht zu einer anderen Antwort bringen. Diese Haltung genügte, den Statthalter und die Henker gegen ihn zu erzürnen. Nach den Foltern legte man ihm schließlich noch weißglühende Erzplättchen auf die empfindlichsten Stellen des Körpers. Ohne zu wanken oder sich zu beugen hielt Sanctus aus, als seine Glieder schwelten. Beharrlich, von der himmlischen

Quelle des lebendigen Wassers, die aus Christi Seite quillt, genetzt und gestärkt, bekannte er seinen Glauben. Der Leib des Märtyrers trug die Male der erlittenen Martern; er war eine einzige Wunde, zerquetscht und verrenkt, nicht mehr einem Menschen gleich. Christus litt in ihm und verherrlichte ihn, da er den Teufel in Schach hielt. So bezeugte er, daß es keine Furcht gibt, wo die Liebe des Vaters herrscht, und daß kein Leiden ist, wo Christi Glorie erstrahlt.

Ein paar Tage später folterten die Henker den Märtyrer aufs neue. Sein Leib entzündete sich von neuem und schwoll an. Die Henker glaubten, sie könnten ihn durch die gleichen Foltern nun zum Nachgeben zwingen, da er nicht einmal mehr die Berührung der Hände ertragen konnte. Schlimmstenfalls, so dachten sie, würde er auf der Folterbank sterben, und so könnte sein Beispiel die anderen abschrecken. Doch nichts dergleichen geschah. Gegen jede Erwartung erholte sich der Märtyrer bei den neuen Foltern, er richtete sich wieder auf und gewann mit der früheren Gestalt auch den Gebrauch der Glieder wieder. Weit davon entfernt, ihm Schmerzen zu bereiten, bedeuteten durch Gottes Gnade die zweiten Martern Heilung für Sanctus.

So konnten die Foltern der Tyrannen durch Christi Hilfe den Widerstand der Seligen nicht überwinden. Deshalb sann der Teufel auf neue Machenschaften. Die Bekenner wurden in dunkle und ungesunde Massenkerker geworfen, ihre Füße preßte man in Pflöcke bis zum fünften Loch, und die vom Bösen besessenen Henker ersannen noch viele andere Grausamkeiten, um ihre Gefangen zu quälen. Viele erstickten, vor allem jene, die der Herr so von hinnen scheiden ließ, um seinen Ruhm zu bekunden. Andere waren so grausam gemartert worden, daß sie trotz aller Pflege sich nicht am Leben halten zu können schienen, aber sie erholten sich im Gefängnis. Aller menschlichen Hilfe beraubt, doch von Gott getröstet, gewannen sie die Kraft des Leibes und der Seele wieder und stärkten und ermunterten ihre Gefährten. Die zuletzt Verhafteten schließlich, die an die Qualen noch nicht gewöhnt waren, ertrugen die entsetzliche Fülle an Martern in den Gefängnissen nicht und starben.

Der hochselige Pothinus, Bischof der Kirche von Lyon, war damals 80 Jahre alt. Seine Gesundheit war erschüttert, er litt an Atemnot, und sein Körper war verbraucht. Doch der Hauch des Geistes stärkte ihn, da er nach der Märtyrerkrone begehrte. Auch er wurde vor Gericht geschleppt. Alter und Krankheit hatten seinen Leib ausgemergelt, aber seine Seele wachte, um ihm den Triumph Christi zu sichern. Die Soldaten führten ihn, während die Vornehmen der Stadt und eine Menge Volk ihn begleitete und ihm zujubelte, als sei er selbst Christus. Der Greis legte ein herrliches Zeugnis ab. Der Statthalter fragte ihn, wer der Gott der Christen sei. Da antwortete der Bischof: »Du wüßtest es, wenn du würdig wärest.«

Daraufhin schleppte man ihn mit roher Gewalt weg und schlug ihn. Wer an ihn herankommen konnte, traf ihn ohne Rücksicht auf sein Alter, mit Fäusten und Füßen, die andern warfen nach ihm, was ihnen in die Hände fiel. Alle waren der Meinung, sich schwer gegen ihre Götter zu versündigen, wenn sie den Unglücklichen nicht schmähten und züchtigten; so glauben sie ihre Religion zu verteidigen.
Als er er ins Gefängnis zurückgebracht wurde, atmete er kaum noch, und zwei Tage später gab er seinen Geist auf.

Da die Bekenner des Glaubens alle weltlichen Maßstäbe abgelegt haben, sich von allen irdischen Beweggründen frei wissen, ist ihnen der Tod nicht das bloße Ende ihrer Existenz, sondern vielmehr Beginn des ewigen Lebens. Sie wissen, daß sie in ihrem Tod für Jesus Christus den endgültigen Sieg über die Welt davontragen, mit dem schrecklichen Höhepunkt ihres Martyriums diesen überwinden. Danach handeln sie selbst und so wird ihr Leiden auch von der übrigen Christengemeinde verstanden. So heißt es weiter:

Nach diesen Prüfungen verließen die Bekenner unter verschiedenen Foltern diese Welt. Aus Blumen aller Arten und Farben flochten sie sich einzigartige Kränze, die sie dem Vater opferten. Nach zahlreichen Schlachten und glänzenden Siegen errangen die tapferen Helden schließlich die ruhmreiche Krone der Unsterblichkeit.

Maturus, Sanctus, Blandina und Attalus wurden den wilden Tieren im Amphitheater vorgeworfen, um dem Volk und dem Städtebund ein Schauspiel der Unmenschlichkeit zu bieten. Es wurde sogar an diesem Tag der unsern wegen eigens ein Kampf mit den wilden Tieren veranstaltet.

Maturus und Sanctus mußten im Amphitheater von neuem die ganze Reihe der Foltern über sich ergehen lassen, als hätten sie noch nichts gelitten. Da sie den Gegner in mehreren Einzelgefechten geschlagen hatten, sollten sie jetzt um die Krone ringen. Von neuem ertrugen sie Peitschenhiebe und den Biß der wilden Tiere, die sie über den Sand schleiften, und was sonst noch die Laune einer entmenschten Menge durch Zuruf fordern konnte. Schließlich mußten sie noch auf den rotglühenden Eisensitz, bis die brennenden Leiber einen Geruch von Fett verströmten. Aber die Wut der Heiden legte sich auch dann noch nicht, sondern steigerte sich nur. Sie wollten den Widerstand der Märtyrer brechen. Sanctus ließ sich kein anderes Wort erpressen, als was er seit Beginn seines Martyriums wiederholte: »Ich bin Christ.« Um schließlich mit den beiden Märtyrern, die einen so harten Kampf so lange durchgestanden hatten, ein Ende zu machen, tötete man sie. Den ganzen Tag über hatten sie, ein Schauspiel für die Menge, als Ersatz für die verschiedenen Gladiatorenkämpfe gedient.

Währenddessen hing Blandina als Beute für die auf sie losgelassenen wilden Tiere an einem Pfahl. Der Anblick der gekreuzigten Jungfrau, die unaufhörlich mit lauter Stimme betete, stärkte die Brüder in der Schlacht. Wenn der Kampf am heißesten tobte, glaubten sie in ihrer Schwester den für sie gekreuzigten Christus zu sehen, der den Gläubigen versichern wollte, daß, wer für Christi Ruhm leide, ewig mit dem lebendigen Gott vereint leben werde.

Kein Tier berührte an diesem Tag Blandina. Man nahm sie von dem Pfahl ab und führte sie ins Gefängnis zurück, wo sie für einen neuen Kampf aufgehoben wurde. Der in zahlreichen Prüfungen errungene Sieg sollte die Niederlage der verräterischen Schlange zu einer endgültigen und unabänderlichen machen und die Brüder im Beispiel stärken. Mager, schwach, verachtet, war sie doch mit der Kraft Christi, des großen und unbesiegbaren Kämpfers, bekleidet. Oft hatte sie den Gegner zurückgeworfen und schließlich im Endkampf die Krone der Unsterblichkeit errungen.

Im folgenden zeigt sich, daß das heidnische Volk bei all den Grausamkeiten nicht abseits stand, sondern in seiner Verblendung wild und ungestüm noch mehr Opfer forderte. Der aufgebrachte Pöbel war es schließlich auch, für den die Herrscher Verhör und Tötung der Christen wie ein Schauspiel aufführen ließen, damit er sich daran ergötze:

Laut forderte die Menge das Martyrium des Attalus, den die ganze Stadt kannte. Kampfbereit, stark durch das Zeugnis seines Gewissens, betrat er die Arena. Er hatte sich in christlicher Disziplin geübt und war immer ein Zeuge der Wahrheit unter uns gewesen. Mit einem Schild mit der Aufschrift: »Das ist Attalus, der Christ«, mußte er im Amphitheater herumgehen. Das Volk schäumte vor Wut gegen ihn. Als jedoch der Statthalter erfuhr, daß er römischer Bürger war, ließ er ihn mit den andern ins Gefängnis zurückführen. Er schrieb seinetwegen an den Cäsar und wartete auf die kaiserliche Antwort.

Dieser Aufschub war für die Gefangenen recht nützlich und auch erfolgreich. In der Geduld der Bekenner offenbarte sich die unendliche Barmherzigkeit Christi. Die Lebendigen teilten ihr Leben mit den Toten und die Bekenner ihre Gnade mit den Nichtmärtyrern. Groß war die Freude der jungfräulichen Mutter, der Kirche; die sie als tot von sich gewiesen hatte, fand sie lebendig wieder. Dank den Bekennern kehrte die Mehrzahl der Abtrünnigen wieder zu ihr zurück. Sie wurden von neuem aufgenommen, gewannen das Leben zurück und übten sich im Bekenntnis des Glaubens. Sie lebten und waren stark, als sie sich dem Gericht stellten. Gott, der nicht den Tod des Sünders wünscht, sondern seine Bekehrung, half ihnen, als sie von neuem vor dem Statthalter zum Verhör erschienen. Der Kaiser hatte angeordnet, die Hartnäckigen mit der Härte des Gesetzes zu treffen, aber die freizulassen, die leugneten…

Der Statthalter ließ die Gefangenen vor sein Gericht führen. Als besonderes Schauspiel für die Menge war das Verhör wie eine Theateraufführung in Szene gesetzt. Nach diesem Verhöre wurden alle, die römische Bürger waren, enthauptet, die andern sollten den wilden Tieren zum Fraß dienen.

Dem Verhör wohnte auch ein gewisser Alexander bei. Er stammte aus Phrygien und war von Beruf Arzt. Seit vielen Jahren lebte er in Gallien. Allenthalben war er durch seine Liebe zu Gott und seine offenen Worte bekannt (er hatte sogar das Charisma des Apostolats). An diesem Tag also befand er sich beim Tribunal und ermutigte durch Gesten die Angeklagten, ihren Glauben zu bekennen. Die Umstehenden hatten den Eindruck, als verhelfe er den Abtrünnigen des Vortages wieder zum Leben im Glauben. Die Menge erzürnte, als sie hörte, wie die Abgefallenen ihr Wort zurücknahmen und machten ihm laut Vorwürfe wegen dieser Gesinnungsänderung der Angeklagten. Der Statthalter ließ ihn zu sich kommen und fragte ihn, wer er sei. Er erklärte, daß er Christ sei. Wütend ließ der Statthalter ihn den wilden Tieren vorwerfen.

Am Tag darauf betrat Alexander zusammen mit Attalus die Arena. Um der Menge zu schmeicheln, überantwortete der Statthalter Attalus noch einmal den wilden Tieren. Beide mußten sämtliche Foltern über sich ergehen lassen, die für das Amphitheater erfunden wurden. Nach einem heißen Kampf wurden sie getötet. Alexander ließ weder einen Seufzer noch ein Wort laut werden; er war gesammelt und sprach in seinem Herzen mit Gott. Attalus mußte sich auf den rotglühenden Eisensitz setzen. Als er schon an allen Stellen seines Körpers brannte und der Geruch von Fett in der Luft hing, sagte er in lateinischer Sprache zu der Menge: »Wahrlich, was ihr tut, ist Menschenfresserei. Wir essen keine Menschen und tun nichts Böses.« Einer fragte ihn, wie sein Gott heiße. Er antwortete: »Gott hat keinen Namen wie die Menschen.«

Die hochselige Blandina war die letzte....

In ihrem Glück und Entzücken über ihren baldigen Heimgang glich sie weit mehr einer Seele, die sich zum Hochzeitsmahl begibt, als einem Opfer, das den wilden Tieren vorgeworfen wird.

Nach den Schlägen, den wilden Tieren und dem Feuerstuhl hüllte man sie in ein Netz, um sie einem Stier zu überlassen. Immer wieder schleuderte das Tier sie in die Luft. Aber sie spürte nichts mehr von dem, was mit ihr geschah; ganz erfüllt von der Hoffnung, den tröstlichen Verheißungen und ihrem Glauben, hielt sie Zwiesprache mit Christus. Auch sie wurde schließlich getötet. Selbst die Heiden mußten zugeben, daß noch nie eine ihrer Frauen so viele und so grausame Martern ertragen hatte.

Die Märtyrer von Scili

gest.: 180
Fest: 11. Juli

Unter der Regierung des Kaisers Commodus, dem Sohn und Nachfolger Marc Aurels, strengte Saturninus, Prokonsul in Afrika, eine grausame Verfolgung gegen die dortigen Christen an.

Die ersten Opfer waren die Märtyrer der Stadt Scili in Rubien. Am 17. Juli des Jahres 180 wurden drei Männer – Speratus, Nartzalus und Cittinus – und drei Frauen – Donata, Secunda und Vestia – vor den Richter in Karthago geführt. Sie standen unter der Anklage, der verbotenen und staatsgefährdenden Christenreligion anzugehören. Als es sechs anderen Mitangeklagten gelang, aus der Haft zu entkommen, beeilten sich die Behörden um so mehr, das Urteil über die in ihren Händen Verbliebenen zu vollstrecken.

Das folgende Verhör ist historisch zuverlässig. Die Antworten der angeklagten Christen bestechen durch ihre Einfachheit und Schlichtheit, aus der ihre vollkommene Entschiedenheit für ihren Glauben spricht, den nichts mehr erschüttern kann, auch nicht der Tod.

Während des zweiten Konsulats des Präsens und dem ersten des Claudianus erschienen am 17. Juli Speratus, Nartzalus, Cittinus, Donata, Secunda und Vestia im Gerichtssaal in Karthago.

Der Prokunsul Saturninus sprach zu ihnen: »Der Kaiser, unser Herr, wird euch verzeihen, wenn ihr guten Willens seid.«

Speratus antwortete: »Wir haben niemals Böses getan. Im Gegenteil, wenn man uns schlecht behandelte, dankten wir dafür. Wir sind also gute und treue Untertanen des Kaisers.«

»Auch wir sind fromm und unsere Religion ist einfach. Wir schwören beim Genius unseres Herrn, des Kaisers, und beten für sein Heil. Tut das Gleiche.«

»Wenn du mich ruhig anhören willst, werde ich dir das Geheimnis der wahren Einfachheit erklären.«

»Du willst nur unsere Religion angreifen, und darum schenke ich deinen Worten kein Gehör. Schwört lieber beim Genius unseres Herrn, des Kaisers.«

»Ich kenne das Reich dieser Welt nicht. Lieber diene ich Gott, den niemand gesehen hat, und den auch niemand mit den leiblichen Augen

sehen kann. Nur weil ich meinen Herrn, den König der Könige und Kaiser aller Völker kenne, bin ich kein Dieb und zahle bei meinen Einkäufen den Kaufpreis.«

Saturninus wandte sich an die andern: »Gebt diesen Glauben auf.«

Speratus: »Eine Überzeugung ist schlecht, wenn sie zu Mord und Meineid führt.«

Wieder sprach Saturninus zu den andern: »Macht euch nicht mit ihm zum Narren.«

Cittinus: »Wir fürchten niemand außer dem Herrn, unsern Gott, der im Himmel wohnt.«

Donata: »Wir ehren den Kaiser nach seinem Verdienst, aber wir fürchten nur Gott.«

Vestia: »Ich bin Christin.«

Secunda: »Auch ich bin es und will es bleiben.«

Saturninus fragte Speratus: »Du bleibst also dabei: Du bist Christ?«

Speratus: »Ich bin Christ.«

Alle gaben die gleiche Erklärung ab.

Saturninus: »Wollt ihr Bedenkzeit?«

Speratus: »Bei einer so klaren Sachlage bedarf es keiner Bedenkzeit.«

Saturninus: »Was habt ihr da in der Truhe?«

Speratus: »Die heiligen Bücher und die Briefe des Paulus, eines Gerechten.«

Saturninus: »Nehmt einen Aufschub von dreißig Tagen und denkt nach.«

Speratus: »Ich bin Christ.«

Alle sprachen es ihm nach.

Da verlas Saturninus das Urteil von der Tafel: »Speratus, Nartzalus, Cittinus, Donata, Vestia, Secunda und alle andern haben gestanden, nach den christlichen Riten zu leben. Da sie den Vorschlag, wieder zur römischen Religion zurückzukehren, hartnäckig ablehnten, verurteilen wir sie zum Tod durch das Schwert.«

Speratus: »Wir danken Gott.«

Nartzalus: »Noch heute sind wir als Märtyrer im Himmel. Gott sei Dank.«

Durch einen Herold ließ der Prokonsul Saturninus verkünden:

»Speratus, Nartzalus, Cittinus, Veturius, Felix, Aquilinus, Letantius, Januaria, Generosa, Vestia, Donata und Secunda sterben auf meinen Befehl den Martertod.«

Alle Märtyrer riefen: »Gott sei Dank!«

Zusammen empfingen sie die Krone der Märtyrer und sind vereint mit dem Vater, dem Sohn und dem Heiligen Geist in alle Ewigkeit! Amen.

Der heilige Apollonius

gest.: um 185
Fest: 18. April

Der heilige Apollonius war ein römischer Ratsherr, der wegen seiner Weisheit, Beredsamkeit und Geschicklichkeit bei allen Römern in größtem Ansehen stand.

Das Lesen der heiligen Schrift und anderer katholischer Bücher, das Anhören des christlichen Unterrichts, wie auch die öftern Gespräche mit dem heiligen Papste Eleutherius öffneten ihm die Augen, daß er seine heidnischen Irrtümer erkannte, ablegte und sich in den Schoß der wahren Kirche aufnehmen ließ. Kaum hatte er die heilige Taufe empfangen, da bewarb er sich mit größtem Eifer um wahre christliche Tugenden und wurde bald ein vollkommenes Muster für andere. Er schützte auf das tapferste die Christen wider ihre Feinde. Die Bekehrung eines so angesehenen Ratsherrn zog viele andere zur Nachfolge. Apollonius selbst versäumte keine Gelegenheit, seinen ehemaligen Glaubensgenossen zuzusprechen und sie zur Annahme des allein seligmachenden Glaubens zu ermahnen.

Auf die Denunzierung eines Sklaven namens Severus hin wurde Apollonius verhaftet und dem Richter Perennis vorgeführt. Da sich Apollonius trotz eifrigster Zusprache standhaft weigerte, seinem Glauben abzuschwören, lautete das Urteil um das Jahr 185 auf Tod durch Enthauptung.

Vor dem Gericht hielt Apollonius eine großartige Verteidigungsrede für das Christentum, statt, wie vom richterlichen Rat erbeten und dann gefordert, zu konvertieren, um seine hohe Ehrenstellung, sein Ansehen, sein Leben und Vermögen zu erhalten. Als der Richter darauf bestand, Apollonius solle wenigstens eine gewisse Zeit lang dem Christentum entsagen, entgegnete er frei und unerschrocken:

«Mich wundert es, daß du nach Anhörung meiner unwiderleglichen Schutzrede noch von Ablegung des christlichen Glaubens reden kannst. Ich wenigstens habe schon seit längerer Zeit keinen sehnlicheren Wunsch gehabt, als für den christlichen Glauben mein Blut zu vergießen und denselben nicht nur mit Worten, sondern auch im Werke und mit meinem Blute zu bestätigen.»

Hierauf ermahnte er mit ernsten Worten den Richter Perennis und die andern Senatoren, seinem Beispiele zu folgen, dem heidnischen Aberglau-

71

ben abzuschwören und das christliche Gesetz als den einzig sicheren Weg zum Himmel anzunehmen. Diese christliche Freimütigkeit und Standhaftigkeit erweckte zwar in den Gemütern der Anwesenden große Bewegung, blieb aber ohne weiteren Nutzen. Perennis sprach mit Einwilligung der übrigen Ratsherrn das Urteil: Apollonius solle durch das Schwert hingerichtet werden. Der heilige Mann frohlockte vor Freuden bei Anhörung dieses Urteils; er beteuerte öffentlich, daß er als Christ lebe und sterbe, und ermahnte abermals alle, daß sie, wenn sie nicht ewig verdammt werden wollten, seinem Beispiel nachfolgen und den christlichen Glauben annehmen sollten.

Der heilige Apollonius.

Die Heiligen Perpetua und Felicitas

gest.: 7. März 202 od. 203
Fest: 7. März

Am 7. März des Jahres 202 oder 203 erlitten in Afrika fünf gerade zum Christentum bekehrte Gläubige das Martyrium.

Es waren ergriffen worden: Ravokatus und seine Mitsklavin Felicitas, Saturninus, Sekundulus und Vibia Perpetua, später stellte sich noch freiwillig ihr aller Gefährte Saturus. Perpetua war von vornehmer Geburt und Erziehung und standesgemäß verheiratet. Gerade erst hatte sie ein Kind zur Welt gebracht. Sie war erst 22 Jahre alt und ihre Eltern lebten noch, als sie verhaftet wurde. Außerdem hatte sie zwei Brüder, deren einer ebenso gerade zum Christen geworden war, der andere jedoch war mit sieben Jahren an Gesichtskrebs gestorben. Von der zweiten der mitverhafteten Frauen, Felicitas, wissen wir aus den kurzen Andeutungen der Akten, daß sie ebenfalls jung verheiratet war und gerade ein Kind erwartete. Beide Frauen hatten erst einige Tage vor ihrer Verhaftung die Taufe empfangen.

Die Aufzeichnungen über das Martyrium von Perpetua und Felicitas so wie ihren Leidensgefährten stammen zum Teil von ihnen selbst und werden zum anderen durch einen anonymen Augenzeugenbericht ergänzt, hinter dem einige Quellen den berühmten Verteidiger der Frühkirche, Tertullian, vermuten.

Perpetua schildert den ergreifenden, jedoch vergeblichen Versuch ihres heidnischen Vaters, der sie sehr liebt, sie um ihres Lebens willen vom Glauben abzubringen, von den schrecklichen Lebensbedingungen in der Haft, dem Verhör durch den Statthalter Hilarianus, der Sorge um ihren Säugling, den man schließlich zu ihr brachte und der ohne die Muttermilch schon halb verschmachtet war. Sie berichtet ferner von einer Vision ihres bevorstehenden Martyriums, dessen sie damit gewiß wurde, wie sie ihrem Bruder mitteilt: »Ich fing schon an, keine Hoffnung mehr auf die Welt zu setzen.« In einer zweiten Vision am Vortag ihres Martyriums sieht sie sich den Kampf mit einem häßlichen Ägypter in der Arena bestehen. Da erkennt sie, daß sie eigentlich nicht, wie es im Urteil hieß, »mit den Bestien, sondern mit dem Teufel kämpfen müsse. Aber ich wußte, daß der Sieg mir gewiß sei.« Auch der Mitgefangene Saturus berichtet von einer Vision, in der er das Ende der Martern voraussah. »Das Leiden war zu Ende«, erzählt er, »wir gingen aus dem Fleische (d.h. wir starben) und wurden von vier Engeln nach Osten getragen.« Die vom Tode Erweckten ziehen ins Paradies ein und treffen dort ihre Brüder wieder. Saturus schließt mit den Worten: »Wir wurden ganz von einem unaussprechlichen Duft erquickt, der uns sättigte. Da wurde ich fröhlich wach.« Von der grausamen Vollstreckung ihres Urteils, den wilden Tieren in der Arena vorgeworfen zu werden, kann uns der anonyme Augenzeuge einen Eindruck geben:

Endlich brach der Tag des Sieges an. Die Märtyrer verließen das Gefängnis und machten sich auf den Weg zum Amphitheater. Man hätte glauben können, sie gingen zum Himmel. Ihre Gesichter strahlten in Schönheit und Freude, und keinerlei Furcht bewegte sie. Ruhig, wie eine große Dame Christi, die Geliebte Gottes, schritt Perpetua einher. Ihre Augen glänzten so, daß die Zuschauer den Blick senken mußten. Ihr folgte Felicitas; sie freute sich über ihr glückliches Kindbett, das ihr den Kampf mit den Tieren gestattete. Glücklich ging sie von Blut zu Blut, nämlich vom Kindbett zum Gladiatorenkampf, um sich in einer zweiten Taufe zu reinigen.

Als sie an der Pforte der Arena ankamen, wollte man sie zwingen, gotteslästerliche Kleidung anzulegen, die Männer Gewänder der Saturnuspriester, die Frauen solche der Cerespriesterinnen. Aber Perpetua leistete entschlossen Widerstand; unnachgiebig weigerte sie sich: »Wir sind freiwillig hierhergekommen, um unsere Freiheit zu verteidigen. Wir opfern unser Leben, um eben solche Dinge nicht tun zu müssen. Darüber haben wir einen Vertrag mit euch geschlossen.« Das Unrecht mußte dem Recht weichen. Der Tribun erklärte sich damit einverstanden, daß sie in ihren gewöhnlichen Kleidern erschienen.

Perpetua sang; sie zermalmte schon den Kopf des Ägypters. Revocatus, Saturninus und Saturus drohten dem Volk mit Gottes Zorn. Als sie an der Loge des Hilarianus vorbeikamen, bedeuteten sie ihm mit Gesten und Zeichen »Du urteilst über uns, aber Gott wird über dich urteilen!« Aufgebracht verlangte das Volk, daß man sie durch die in einer Reihe angetretenen Jäger peitschen lasse. Die Märtyrer freuten sich, daß sie so am Leiden des Herrn teilhaben konnten.

Der Herr, welcher sagte »bittet, und ihr werdet empfangen«, gewährte jedem die Todesart, die er gewünscht hatte. Wenn sie vorher miteinander sprachen, hatte Saturninus erklärt, er wolle allen Tieren ausgeliefert werden, um eine ruhmreichere Krone davonzutragen. Zu Beginn des Schauspiels wurden Revocatus und er von einem Leoparden angefallen und später von einem Bären zerrissen.

Saturus fürchtete am meisten die Bären. Er hoffte, daß ein Leopard ihn mit einem Tatzenschlag töten werde. Zunächst ließ man einen Eber auf ihn

los, aber der Jäger, der das Tier von der Kette gelassen hatte, wurde aufgeschlitzt und starb wenige Tage später. Saturus wurde nur durch den Sand geschleift. Dann band man ihn an die Brücke der Bühne und hetzte einen Bären auf ihn. Aber der Bär weigerte sich, seinen Käfig zu verlassen. Zum zweiten Mal wurde Saturus unverletzt zurückgeführt.

Für die jungen Frauen hatte man eine wilde Kuh besorgt. Der Teufel hatte den Henkern eingeflüstert, dieses in den Spielen ungewohnte Tier zu beschaffen, um ihr Geschlecht noch tiefer zu beleidigen. Man hüllte sie nackt in Netze und brachte sie so in die Arena. Das Publikum schämte sich, als es sah, wie gebrechlich die eine war und daß die andere sich eben erst vom Kindbett erhoben hatte und die Milch ihr noch aus den Brüsten floß. Man brachte sie zurück und bekleidete sie mit gürtellosen Tuniken.

Perpetua wurde zuerst in die Luft geschleudert. Sie fiel auf die Seite. Sobald sie sich aufsetzen konnte, merkte sie, daß ihr Kleid seitlich zerrissen war. Sie zog es zurecht, um ihre Beine zu bedecken und achtete mehr auf das Schamgefühl als auf den Schmerz. Dann suchte sie eine Nadel und

75

steckte ihre aufgelösten Haare wieder fest; ein Märtyrer darf nicht mit gelösten Haaren sterben, um nicht am Tag seines Ruhmes einem Trauern-den zu gleichen. Dann erhob sie sich wieder und bemerkte Felicitas, die ganz zerschlagen schien; sie trat zu ihr, reichte ihr die Hand und half ihr aufstehen. Als die Menge die beiden stehen sah, ließ sie von ihrer unmenschlichen Grausamkeit ab. Sie durften durch die Pforte der Leben-den hinausgehen.

Inzwischen ermunterte Saturus den Soldaten an einer anderen Pforte: »Am Ende bin ich doch, wie ich hoffte und voraussagte, noch von keinem Tier berührt worden. Glaube mit deiner ganzen Seele. Der Augenblick ist gekommen, da ich in die Arena trete. Mit einem einzigen Biß wird ein Leopard mich töten.« Das Schauspiel war beinahe zu Ende. Man hetzte einen Leopard auf Saturus, der ihn mit einem Schlag seiner Tatze im Blut schwimmen ließ. Die Menge rief ihm wie zur Bekräftigung seiner zweiten Taufe zu: »Seht ihr, wie er gewaschen und gereinigt ist?« So war er, der in seinem Blut gewaschen war, gerettet.

Saturus sagte nun zu dem Soldaten Pudens: »Leb wohl. Denke an meinen Glauben. Dies soll dich nicht wankend machen, sondern stärken!« Er bat ihn um den Ring, den er am Finger trug, tauchte ihn in das Blut seiner Wunde und gab ihn zurück, gleichsam um ihm eine Erinnerung und ein Pfand seines Martyriums zu hinterlassen. Dann wurde er ohnmächtig.

Man legte ihn auf den Boden, um ihn mit den andern im Waffenraum zu töten. Aber das Volk wollte, daß die Verwundeten noch einmal in die Arena geführt würden, damit es mit eigenen Augen sich an dem Schauspiel weiden konnte, wenn das Schwert in lebende Leiber dringt. So werden die Augen zu Komplizen der Mörder. Die Märtyrer standen selbst auf und schleppten sich dorthin, wo die Menge sie haben wollte. Sie gaben sich den Friedenskuß, um das Martyrium nach dem Glaubensritus zu vollenden. Keiner rührte sich, und schweigend empfingen sie den Todesstoß.

Saturus, der in der Vision als erster aufgestiegen war, gab auch als erster seinen Geist auf, denn er sollte Perpetua erwarten. Perpetua mußte den ganzen Schmerz auskosten. Das Schwert traf sie zwischen die Rippen, und sie schrie laut auf; dann packte sie die zitternde Hand des unerfahre-nen Gladiators und richtete das Schwert auf ihren Hals. Eine Frau wie sie konnte nur freiwillig sterben, denn der Böse fürchtete sie zu sehr.

Die Heiligen Potamiäna und Basilides

gest.: 202
Fest: 30. Juni

Potamiäna war, so berichtet uns der Kirchenvater Eusebius, weithin für ihre körperliche Reinheit und Jungfräulichkeit bekannt. Gegenüber ihren Liebhabern hatte sie zahllose Kämpfe durchgefochten, da mit der Anmut ihrer Seele zugleich auch die Schönheit ihres Körpers in Blüte stand.

Nachdem sie zahlreiche Martern durchgestanden hatte, wurde sie zuletzt nach entsetzlichen Foltern mit ihrer Mutter Marcella im Jahre 202 in Alexandrien verbrannt.

Basilides war der Soldat, der Potamiäna auf den Richtplatz begleitete. Dabei »wurde er von der Gnade Gottes berührt«, wie Eusebius berichtet. Basilides wurde so der siebte Schüler des weisen Origines, des bedeutendsten Lehrers der frühen Kirche, und folgte schon bald dem Beispiel der Martyrerin Potamiäna nach.

Diese Begebenheit, die uns durch den heiligen Eusebius überliefert wurde, ist ein Beispiel dafür, wie durch die heroische Tat eines Opfers Ungläubige gerührt und zum Glauben an den wahren Gott bewegt werden können. Hier nun der Bericht des heiligen Eusebius, der mit dem Martyrium der Potamiäna beginnt:

Der Richter Aquilas ließ sie zuerst grausam schlagen und drohte dann, sie den Gladiatoren zu übergeben, die sie schänden sollten. Die junge Märtyrerin überlegte einen Augenblick und auf die Frage, woran sie denke, antwortete sie mit edlem Anstand. Ihre Henker warfen ihr vor, daß sie gottlose Reden führe. Sie hatte noch nicht zu Ende gesprochen, als man schon das Todesurteil verkündete.

Basilides, einer der Soldaten, denen die Verurteilte anvertraut war, ergriff sie und führte sie zum Tod. Als die Menge das junge Mädchen beschimpfen und mit zotigen Ausdrücken beleidigen wollte, stieß Basilides die Beleidiger zurück und hielt sie ihr fern. Er drückte Potamiäna sein Mitgefühl mit ihrem Los aus. Gerührt von dieser Anteilnahme, ermunterte sie ihn, zu vertrauen; sie werde für ihn beten, sobald sie beim Herrn sei und ihm seinen Edelmut vergelten. Darnach ertrug sie heldenhaft ihr

Martyrium. Brennendes Pech wurde langsam in kleinen Mengen von den Füßen bis zum Kopf über sie ausgegossen.

So triumphierte die Jungfrau, die von allen hier gefeiert wird. Basilides wartete nicht lange. Während eines Prozesses verlangten seine Waffenge-fährten, daß er schwöre. Er weigerte sich und behauptete, er könne nicht bei den Göttern schwören. Er bekannte offen, daß er Christ sei. Zuerst nahmen sie ihn nicht ernst. Aber als er dabei beharrte, führten sie ihn vor den Richter. Dort wiederholte er seine Weigerung und bekannte sich als Christ. Er wurde ins Gefängnis geworfen.

Seine Brüder in Gott besuchten ihn und erkundigten sich nach der Ursache der plötzlichen Bekehrung, die ihnen ungewöhnlich schien.

Basilides erzählte ihnen, daß Potamiäna ihm drei Tage nach ihrem Martertod nachts erschienen sei und eine Krone aufs Haupt gesetzt habe. Sie habe ihm gesagt, daß sie die Gnade des Herrn für ihn erfleht habe. Ihr Gebet sei erhört, und sie werde ihn bald holen.

Daraufhin zeichneten ihn die Brüder mit dem Siegel des Herrn (d.h. er empfing die Taufe).

Am Tag darauf wurde er als Märtyrer des Herrn enthauptet.

Die heilige Potamiäna.

Der heilige Maximus

gest.: 250
Fest: 30. April

Maximus war ein einfacher Mann aus dem Volk, der ein kleines Geschäft
besaß. Zur Zeit des allgemeinen Opferedikts von Kaiser Decius, das allen
Christen befahl, den lebendigen und wahren Gott aufzugeben und den
Dämonen zu opfern, bekannte Maximus öffentlich seinen Glauben. So
wurde er vom damaligen Prokonsul Asiens Optimus festgenommen, verhört und, da er sich standhaft weigerte, seinem Glauben abzuschwören, vor
den Mauern der Stadt Ephesus im Jahre 250 gesteinigt.

Maximus war vor den Augen der Welt ein unbedeutender Mann. Doch
für Christus galt er durch und in seinem Martyrium nicht weniger als
andere, berühmtere Gläubige, die sich für ihn hingegeben haben. Welches
Glaubensbekenntnis könnte für den gewöhnlichen Christen beeindrucken-
der sein als das dieses einfachen und schlichten Menschen, der sich selbst
den Behörden stellte, weil er als Gläubiger Gottes den Götzenkult nicht
ertragen konnte. Die Akten geben eindrucksvoll Zeugnis von seiner uner-
schütterlichen Treue zu Gott, dem Herrn. Nachdem er festgenommen
worden war, wurde er dem Optimus, Prokonsul Asiens, vorgeführt:

Optimus: »Wie heißt du?«
»Maximus.«
»Welchem Stand gehörst du an?«
»Ich bin frei von Geburt, aber ein Sklave Christi«.
»Welchen Beruf übst du aus?«
»Ich stamme aus dem Volk und lebe von meinem Geschäft.«
»Bist du Christ?«
»Ja, trotz meiner Sünden bin ich Christ.«
*»Kennst du nicht die letzten Dekrete unseres unüberwindlichen Kai-
sers?«*
»Welche?«
*»Die allen Christen befehlen, ihren lächerlichen Glauben aufzugeben
und den wahren Herrscher anzuerkennen, dem alles untersteht, und seine
Götter anzubeten.«*

79

»Ich habe von dem ungerechten Dienst des Herrn dieser Welt gehört und darum öffentlich meinen Glauben verkündet.«

»Opfere den Göttern!«

»Ich opfere nur Gott allein. Ihm habe ich seit meiner Kindheit geopfert und bin stolz darauf.«

»Opfere, und du bleibst ungeschoren! Wenn du dich weigerst, lasse ich dich zu Tode foltern!«

»Das ist mein innigster Wunsch. Wenn ich meinen Glauben öffentlich bekannt habe, dann doch in der Hoffnung, das elende Leben hienieden gegen das ewige Leben zu tauschen.«

Der Prokonsul ließ ihn mit Ruten schlagen. Während man ihn peitschte, sagte er noch einmal zu ihm: »Opfere, Maximus, und ich erlöse dich von dieser Marter!«

Aber Maximus erwiderte: »Die Foltern, die ich für den Namen Jesu Christi, unseres Herrn, erdulde, sind keine Foltern. Sie sind süß wie Balsam. Aber wenn ich die Gebote meines Herrn, die ich im Evangelium gelernt habe, verraten würde, müßte ich auf die wahren Foltern gefaßt sein, die ewig währen.«

Da ließ der Prokonsul ihn auf die Folterbank spannen. Während der Folter begann er wieder: »Unglücklicher, gib jetzt wenigstens deinen Glauben auf; opfere, um dein Leben zu retten!«

Maximus: »Durch meine Weigerung rette ich mein Leben. Wäre ich zum Opfern bereit, würde ich es verlieren. Im übrigen spüre ich nichts von den Ruten, den Eisenkrallen und dem Feuer, denn die Gnade Christi ist in mir, sie wird mich für die Ewigkeit retten. Alle Heiligen, die in der gleichen Verheißung sich gegen eure Listen stellten und uns Vorbilder der Tugend hinterließen, helfen mir mit ihrem Gebet.«

Darauf verkündete der Prokonsul das Todesurteil: »Maximus hat sich geweigert, den heiligen Gesetzen zu gehorchen. Er hat Diana, der großen Göttin, nicht geopfert. Darum soll er gesteinigt werden, um den andern Christen als heilsames Beispiel zu dienen. So bestimmt die göttliche Milde.«

Die Diener Satans ergriffen den Streiter Christi, der Gott, dem Vater, durch seinen Sohn Jesus Christus dankte, daß er ihn würdig fand, den Dämon zu überwinden.

Der Märtyrer wurde vor die Mauer der Stadt geführt und gesteinigt. Dort gab er den Geist auf.

Die Heiligen Lucian und Marcian

gest.: 250/251
Fest: 26. September

Lucian und Marcian waren im Heidentume geboren und erzogen worden. So waren sie den schändlichsten Ausschweifungen ergeben und bekannten sich öffentlich zur Zauberei und Verführung ehrbarer Frauen und Jungfrauen.

Einmal brauchten sie alle ihre Künste, eine christliche Jungfrau in ihre Fallstricke zu bringen; sie riefen alle Teufel zu Hilfe, mußten aber durch das eigene Geständnis derselben erfahren, daß sie gegen die Verehrer des wahren Gottes nichts vermöchten. Diese Antwort brachte sie auf bessere Gedanken; sie entschlossen sich auf der Stelle, einen so mächtigen Gott, dem die Christen dienten, anzubeten. Sie ließen sich im christlichen Glauben unterrichten und erklärten sich öffentlich zu Dienern Jesu Christi.

Da das Volk hierüber erstaunte, sprachen sie: »Der Herr hat unsern Sinn geöffnet, daß er uns von den Finsternissen und dem Schatten des Todes, in dem wir bisher befangen waren, befreit und zu dem wahren Heil geführt hat. Denn alles, was wir bisher getrieben haben, waren falsche und eitle Erfindungen der Dämonen. Wir aber erkennen Christum als den wahren Gott und setzen auf ihn unsere Hoffnung.« Als sie die heilige Taufe empfangen hatten, verließen sie ihre Güter und Familien und begaben sich an einen einsamen Ort, wo sie täglich nur Wasser und Brot genossen und zuweilen drei Tage ohne Speise blieben. Sie verließen ihre Einsamkeit nur, um dem Gottesdienste beizuwohnen, wo sie ihr voriges lasterhaftes Leben bekannten und bereuten.

Hierauf verkündigten sie das Wort Gottes öffentlich ohne alle Furcht und warfen den Heiden mit Nachdruck vor, daß sie sich durch so schändliche Irrtümer täuschen ließen.

Das konnten ihre früheren heidnischen Gefährten nicht verstehen und kaum ertragen. Sie gerieten über den Gesinnungswandel ihrer ehemaligen Freunde, die sie zu demselben aufforderten, in Wut. Um sich von den Vorwürfen zu befreien, mit denen Lucian und Marcian an ihrem Gewissen rührten, nahmen sie beide kurzerhand gefangen und führten sie dem Prokonsul Sabinus vor, der sie schließlich zum Feuertode verurteilte. Um die Jahreswende 250/251 wurde das Urteil in Nikomedia vollstreckt.

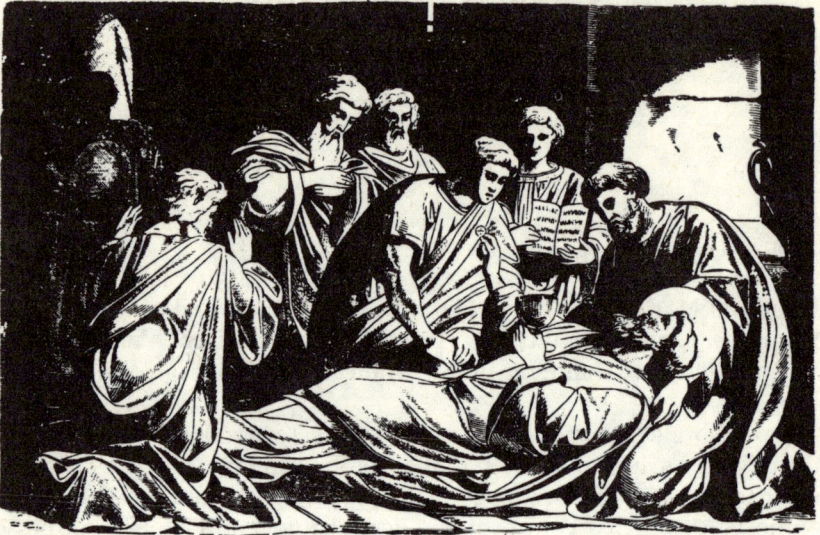

Hl. Lucian.

Von dem vollständigen Gesinnungswandel von Lucian und Marcian legen die Akten ihres Martyriums ein ausdrucksstarkes Zeugnis ab. Sie weisen damit gerade denen den rechten Weg, die immer noch der lasterhaften Gesinnung und dem schändlichen Lebenswandel anhängen, die sie einst selbst gepflegt haben:

Prokonsul Sabinus fragte Lucian: »Wie heißt du?«
Lucian: »Lucian.«
Prokonsul: »Dein Stand?«
Lucian: »Früher verfolgte ich das heilige Gesetz und heute, obzwar unwürdig, predige ich diese Religion.«
Prokonsul: »Mit welchem Recht legst du dir den Titel Prediger zu?«
Lucian: »Jeder kann dieses Amt ausüben, um seinen Bruder dem Irrtum zu entreißen, ihn der Gnade zuzuführen und ihn von der Sklaverei des Dämons zu befreien.«
Der Prokonsul wandte sich an Marcian: »Wie heißt du?«
Marcian: »Marcian.«
Prokonsul: »Dein Stand?«
Marcian: »Ich bin ein Freier und bete Gottes Geheimnisse an.«
Prokonsul: »Wer hat euch veranlaßt, die alten und wahren Götter, die euch wohlgesinnt waren und euch die Gunst des Volkes gewannen, zu verlassen, um euch einem toten und gekreuzigten Gott zuzuwenden, der nicht einmal sich selbst retten konnte?«

Marcian: »Es ist das Werk dessen, der aus Paulus, einem Verfolger der Kirche, den Herold der Gnade machte, die er empfangen hatte.«

Prokonsul: »Überlegt es euch und kehrt zu eurer ursprünglichen Religion zurück! Ihr werdet die Gunst der erhabenen Götter und unserer unbesiegbaren Herrscher genießen und euer Leben retten.«

Lucian: »Du redest wie ein Mensch, der es nicht versteht. Wir aber können Gott nie genug danken, daß er uns der Finsternis und dem Todesschatten entriß, um uns zu seiner Herrlichkeit zu führen.«

Prokonsul: »So gut behütete er euch, daß er euch in meine Hände fallen ließ. Warum ist er nicht hier und rettet euch vor dem Tod? Ich weiß wohl, als ihr noch bei gesundem Verstand wart, habt ihr euch als Diener des Staates ausgezeichnet.«

Marcian: »Es ist den Christen zum Ruhm, die Zeit, die du Leben nennst, zu verlieren, um durch Ausdauer das wahre und endlose Leben zu erringen. Wir wünschen, daß Gott dir diese Gnade und dieses Licht gewähre, durch die du sein Wesen und seine Größe verstehst, und begreifst, was er denen bedeutet, die an ihn glauben.«

Lucian: »Und ich habe dir schon gesagt: Der Ruhm der Christen und die verheißung des Herrn bestehen darin, die Güter dieser Welt zu verachten und sich getreulich den Angriffen des Bösen zu widersetzen. Um diesen preis verdienen wir das zukünftige und ewige Leben.«

Als der Prokonsul Sabinus ihre Unerschütterlichkeit sah, verkündete er das Urteil: »Da Lucian und Marcian unsere göttlichen Gesetze überschritten, um zur lächerlichen Religion der Christen überzutreten, da sie weder auf unsere Ermahnung und Vorhaltung noch auf die erhabenen Gesetze achteten, die ihnen zu opfern befahlen, ordnen wir an, daß sie lebendig verbrannt werden.«

Sie wurden zum Richtplatz geführt. Unterwegs klangen ihre Stimmen in Danksagung zusammen:

»Nicht genügend können wir dir danken, Herr Jesus Christus, daß du uns Elende und Unwürdige den Irrtümern des Heidentums entrissen hast und uns um deines Namens willen diese letzte und erhabenste Passion leiden läßt, daß wir so den Ruhm aller Heiligen teilen.

Dir sei Lob und Herrlichkeit; wir übergeben unsere Seele und unseren Geist in deine Hände.«

Als sie das Gebet beendet hatten, legten die Knechte des Henkers das Feuer an. So vollendeten unsere verehrungswürdigen Märtyrer ihren Kampf und erwarben sich das Verdienst, an der Passion unseres Herrn teilzuhaben.

Die heilige Apollonia

gest.: um 250
Fest: 9. Februar

Die heilige Apollonia lebte in der ersten Hälfte des 3. Jahrhunderts in Alexandrien. Wir wissen von ihr nur durch einen Brief des heiligen Dionysius, des Bischofs von Alexandrien, an Fabian von Antiochien, in dem er diesem ihr und anderer Christen Martyrium in Alexandria mitteilt, das sie um das Jahr 250 erlitten.

Damals soll in Alexandria ein Zauberer gelehrt haben, der den heidnischen Bewohnern dieser Stadt weissagte, es stände der Stadt ein großes Unglück bevor, sofern sie nicht die erzürnten Götter durch Hinrichtung der Christen, als ihrer größten Feinde, zu besänftigen suchten. Das blinde, leichtgläubige Volk ließ sich durch diese Worte verführen, suchte überall die Christen auf und peinigte und tötete sie auf verschiedene grausame Weise.

Unter denen, welche gewalttätig aus ihren Wohnungen geschleppt und mißhandelt wurden, war Apollonia, eine in der ganzen Stadt wegen ihrer Tugend bekannte Jungfrau. Man führte sie in den Götzen-Tempel und begehrte, sie sollte ohne Verzug die Götter des Reiches anbeten. Sie weigerte sich dessen standhaft und sprach: »Jesus Christus ist der wahre Gott, diesen soll man anbeten. Solange ich in diesem gebrechlichen Leibe lebe, wird meine Zunge unablässig meinen Gott loben und preisen.« Die Heiden wurden über diese Worte so in Wut gebracht, daß sie ihr mit Kieselsteinen alle Zähne ausschlugen und mit Gewalt ausbrachen. Sehr schmerzlich war diese grausame Mißhandlung. Apollonia jedoch blickte voll Ergebung gen Himmel; sie jammerte und klagte nicht im mindesten über den Schmerz, sondern zeigte sich vielmehr ganz ruhig und heiter. Hierüber ergrimmten die Peiniger noch mehr und drohten, sie lebendig zu verbrennen, wenn sie Christus nicht verleugnen würde. Die heilige Jungfrau antwortete: »Wie soll ich denjenigen verleugnen, den ich mir erwählt und beständig als meinen Bräutigam geliebt habe? Nein, ich kann und werde es nicht tun. Die Todesart mag noch so grausam sein, so bin ich doch bereit, dieselbe eher tausendmal zu leiden, als meinen Jesus zu verlassen.« Kaum hatten die Heiden dieses gehört, so führten sie dieselbe zur Stadt hinaus, richteten einen großen Scheiterhaufen auf, und als derselbe völlig in Flammen stand, sprachen sie zur christlichen Heldin: »Entweder opfere in diesem Augenblicke den Göttern oder wir werfen dich mitten in die Flammen hinein.« Apollonia stand ein wenig still, als wollte sie sich besinnen, was sie tun sollte; in der Tat aber rief sie innerlich zu Gott um Gnade und Beistand. Dann riß sie sich, von innerlichem Liebesfeuer gegen Gott entzündet, aus den Händen der Peiniger los, sprang selbst mit unerhörtem Heldenmut ins Feuer hinein, um der ganzen Welt zu zeigen, daß ihre Bereitwilligkeit, für Christus zu leiden, weit größer sei als die Begierde der Heiden, sie zu peinigen. Gott nahm ihr so großmütiges, freiwilliges Opfer an. Der Leib der heiligen Apollonia wurde in kurzer Zeit von den Flammen verzehrt, und die von göttlicher Liebe entzündete Seele ging zum Himmel, um da mit der glorreichen Marterkrone gekrönt zu werden. Alle Anwesenden waren ganz erstaunt über einen solchen Heldenmut und viele derselben wurden bei dieser Gelegenheit gläubig.

Die heilige Apollonia spricht aus, was wir schon durch so viele Märtyrer in ihrem Leid erfahren haben: Gegen die Liebe zu Gott vermag alle Bosheit auf Erden nichts. Angesichts des Opfergeistes der Märtyrer vermögen alle Drohungen der heidnischen Häscher nichts mehr. Mit ihrer ganzen Macht erscheinen sie ohnmächtig und lächerlich.

Der heilige Cyprianus

gest.: 258
Fest: 16. September

Der heilige Cyprianus wurde in Karthago geboren und stammte aus einer ansehnlichen Familie.

Wegen seines vortrefflichen Verstandes machte er bald erstaunliche Fortschritte in den Wissenschaften, besonders in der Rhetorik, welche er auch öffentlich zu Karthago mit großem Ruhm lehrte. Er lebte damals noch im Heidentume, voll weltlicher Hoffnungen und weit entfernt von einer christlichen Lebensart.

Durch den Unterricht des heiligen Cäcilianus öffnete ihm Gott die Augen. Er empfing die Taufe, entschloß sich zu ewiger Keuschheit, teilte den Wert seiner Güter unter die Armen auf und stieg in kurzem in der christlichen Vollkommenheit so hoch, daß er sich nach dem Willen des ganzen Volkes und der Geistlichkeit bald zum Priester und im Jahre 248 zum Bischofe von Karthago weihen ließ. Sein Betragen in Verwaltung dieses großen Bistums war so vernünftig, so tugendhaft, so emsig, daß er alle Herzen für sich einnahm und daß sich durch sein Bemühen eine schöne, aufblühende, von der römischen sehr gelobte Kirche in Afrika bildete.

Um seiner Gemeinde weiterhin Schutz und Beistand sein zu können, wich Cyprian auf die Mahnung des Heilands, den er um Rat gefragt hatte, der Verfolgung unter Decius im Jahre 249 so weit aus, als er konnte. Er floh aus Karthago, sorgte für die Gefangenen und armen Christen, die in größerer Gefahr standen und schrieb feurige Briefe, um die Gläubigen zur Standhaftigkeit aufzumuntern.

In den Papststreitigkeiten trat er auf die Seite des Papstes Cornelius und stellte sich mit diesem gegen die Irrtümer der vom wahren Glauben abgefallenen Novatianer. Auf einem vom Papst zusammengerufenen Konzil wurden seine Entscheidungen gutgeheißen und zur Norm für die Kirche erhoben. In einem weiteren Konzil bestätigte er die Kindertaufe, der er in einem späteren Streit ihre Gültigkeit absprach, sollte sie von Ketzern — wenn auch in der gültigen Form — erteilt worden sein.

Während der großen Pest des Jahres 252, als alles Hals über Kopf die verseuchte Stadt verließ, blieb Cyprianus auf seinem Posten, nahm unermüdlich die Pflege der Erkrankten in seine Hand und machte dabei keinen Unterschied zwischen Gläubigen und Heiden.

In einer neuerlichen Verfolgung unter Kaiser Valerian wurde dann aber auch Cyprian im Jahre 257 aufgegriffen. Zunächst wurde er nach Curubis verbannt, dann zurückgeholt und in Karthago im Jahre 258 enthauptet.

Die uns überlieferten Märtyrerakten geben zunächst das Verhör aus dem Jahre 257 wieder, anschließend die Verurteilung und die Einzelheiten seines Martyriums im Jahre 258.

Es war in Karthago unter dem vierten Konsulat des Valerian und dem dritten des Gallian, am 30. August, als der Prokonsul Paternus vor versammeltem Richterkollegium zum Bischof Cyprian sagte:

»Auf Befehl des Kaisers Valerian und Gallian haben alle, die sich nicht zur Staatsreligion bekennen, fortan den Göttern zu opfern. Ich bin über dich genau im Bilde. Sag mir, was du in dieser Sache zu sagen hast!«

87

Bischof Cyprian: »Ich bin Christ und Bischof. Ich kenne nur einen Gott, den Schöpfer Himmels und der Erde. Das ist der Gott, dem wir Christen dienen, zu dem wir Tag und Nacht beten für das Wohl des Kaisers und aller seiner Untertanen«.

Der Prokonsul Paternus: »Bleibst du bei dem, was du sagst?«

Bischof Cyprian: »Ein aufrichtiger, gottesfürchtiger Mensch wankt nie und nimmer«.

Der Prokonsul Paternus: »Hast du vielleicht Lust, in das Exil nach Curubis zu gehen? So lautet der Befehl des Kaisers«.

Bischof Cyprian: »Ich bin bereit«.

Der Prokonsul Paternus: »Ich interessiere mich nicht bloß für die Bischöfe, sondern auch für die Priester. Sage mir darum die Namen der Priester, die hier wohnen!«

Der Bischof Cyprian: »Nach den Staatsgesetzen ist jegliche Angeberei verboten. Im übrigen sind die Priester ja leicht in der Stadt zu finden. Wir Christen stellen uns grundsätzlich dem Gerichte nicht. Darum dürfen die Priester sich nicht selber deinen Händen überliefern. Spür ihnen nach und du wirst sie finden«.

Der Prokonsul Paternus: »Von heute an werde ich nach ihnen fahnden.«

Der Bischof Cyprian: »Dann wirst du sie sicher aufspüren.«

Der Prokonsul Paternus: »Ja, ich werde sie sicher finden. Du weißt, daß es streng verboten ist, irgendwelche Versammlungen abzuhalten, auch nicht auf dem Friedhof. Im Weigerungsfall steht die Todesstrafe darauf.«

Der Bischof Cyprian: »Ja, das weiß ich.«

In diesem Verhör lernen wir Cyprian als klugen Mann und geschickten Redner kennen. Selbstbewußt und sich seiner Sache vollkommen gewiß, gibt er die Auskunft, zu der er bereit ist. Unbeeindruckt der Folgen, bekennt er sich freimütig zu seinem Glauben. So gibt er sich auch in der folgenden Verurteilung, die er ohne Zaudern hinnimmt, wie wir erfahren:

Cyprian, der Bekenner Jesu Christi, war aus der Verbannung zurückgekehrt, wohin ihn der Prokonsul Aspasius Paternus verbannt hatte, und hielt sich wiederum in der alten Heimat auf. Ein persönliches Reskript des Kaisers hatte ihm diese Vergünstigung gewährt. Doch jeden Tag wartete er auf eine neue Verhaftung, wie er es im Traum vorhergesehen hatte.

Eines Tages erschienen nun zwei Offiziere bei ihm, die zum Stab des Prokonsuls Galerius Maximus gehörten, dem Nachfolger des Aspasius Paternus. Es war der 13. September unter dem Konsulat des Tuskus und Bassus. Die Offiziere ließen Cyprian in ihren Wagen steigen, nahmen ihn in ihre Mitte und führten ihn nach Sexti, wo sich der Prokonsul Galerius Maximus gesundheitshalber gerade aufhielt.

Der Prokonsul vertagte die Verhandlung auf den nächsten Tag.

Der Stabsoffizier nahm Cyprian solange in sein Haus auf, das im Stadtviertel des Saturn lag. Alle Glaubensbrüder der ganzen Stadt versammelten sich davor. Wie Cyprian das hörte, hieß er die Jungfrauen nach Hause gehen, so groß war das Gedränge auf der Straße.

Am nächsten Morgen, dem 14. September, erschien Cyprian in Sexti auf Befehl des Prokonsuls Galerius Maximus.

Der Prokonsul saß in seinen Mantel gehüllt im Atrium Sauziolum. Wie Bischof Cyprian vortrat, frug ihn der Prokonsul: »Du bist wohl Cyprian?«

Bischof Cyprian: »Ja, der bin ich.«

Darauf zog sich der Prokonsul mit seinem Rat zur Beratung zurück und verkündigte dann folgendes Urteil:

»Du hast lange ein verbrecherisches Leben geführt und um dich Verbrecher geschart als Feind der römischen Staatsreligion und ihres staatlich geschützten Kultes. Nicht einmal dem römischen Kaiser ist es gelungen, dich von deiner hartnäckigen Verblendung abzubringen und dich zur vernünftigen Beobachtung der Staatsreligion zurückzuführen. Darum verordnen wir hiermit, daß du zum abschreckenden Beispiel für die von dir Verführten als offizieller Vertreter der staatsfeindlichen Religion die dem Staat angetane Schmach mit deinem Blute sühnst.«

Der Prokonsul las das Urteil laut vor: »Thascius Cyprianus soll auf unseren Befehl enthauptet werden!«

Bischof Cyprian antwortete darauf: »Gott sei Dank!«

Nach diesem Urteilsspruch ging eine starke Bewegung durch die Glaubensbrüder, die in großer Zahl den Verurteilten zur Richtstätte begleiteten und ausriefen: »Wir wollen mit ihm verurteilt werden!«

Cyprian wurde hinter das Gerichtslokal geführt auf das Feld von Sexti. Dort legte er seinen Mantel aus Wollstoff ab, kniete sich nieder und bückte sich zur Erde. Dann entledigte er sich seines Obergewandes und übergab es den Diakonen. Aufrecht stehend, nur mit dem Untergewand bekleidet, wartete er auf den Henker.

Der Blutzeuge Christi bat seine Glaubensbrüder, dem Scharfrichter fünfundzwanzig Goldstücke auszuhändigen. Diese breiteten Tücher vor ihm aus, um sein Blut darin aufzufangen. Dann verband sich Cyprian selber die Augen. Die Hände dagegen ließ er sich binden von dem Priester Julian und dem Subdiakon Julian.

So errang Bischof Cyprian die Palme des Martyriums.

Der heilige Sebastian

gest.: 287
Fest: 20. Januar

Der heilige Sebastian wurde in Narbonne in Gallien geboren. Zu Mailand, woher seine Mutter stammte, wurde er erzogen. Schon in früher Jugend war er ein eifriger Christ. Gegen das Jahr 283 trat er in Kriegsdienste des römischen Kaisers und brachte es bis zum ritterlichen Anführer der Leibwache Diokletians.

Als solcher fand er reichlich Gelegenheit, den bedrängten Christen, besonders den Bekennern und Märtyrern, mit seiner Hilfe beizustehen. Seine hohe Stellung und Beliebtheit beim Kaiser nutzte er nicht in selbstherrlicher Weise zu seinem persönlichen Ruhm und weltlichen Reichtum aus, sondern dazu, den christlichen Glauben und seine Anhänger tatkräftig zu unterstützen und in die Reihen der Römer weiterzutragen. Als dem Kaiser seine christliche Gesinnung verraten wurde, ließ er sich durch nichts von seiner Überzeugung abbringen, obwohl er wußte, daß er dies mit dem Leben bezahlen mußte. Weder Drohungen, Schmeicheleien oder Versprechungen konnten ihn von seinem Weg abbringen, den er immer konsequent verfolgte. Im Jahre 287 starb er dafür den Märtyrertod.

Die folgende, uns aus alten Akten überlieferte Legende, gibt uns ein lebendiges Bild des heiligen Sebastian, seinem unvergleichlichen Mut und ungebrochenen Willen zum wahren Glauben. Für sie schon tot, tritt er seinen fassungslosen Peinigern wieder gegenüber, um ihnen die Sinnlosigkeit ihrer Verfolgungen zu beweisen.

Als der Kaiser Diokletian sah, daß er Sebastians Überzeugung durch nichts zum Wanken zu bringen vermochte, befahl er schließlich, ihn an einen Pfahl zu binden und mit Pfeilen zu erschießen. Man schritt sogleich zur Vollziehung dieses Befehles. Die Kleider riß man ihm vom Leibe, band ihn mit Stricken an einen Pfahl und schoß so lange mit Pfeilen auf ihn, bis man glaubte, daß er seinen Geist aufgegeben habe. In der Nacht kam eine Witwe namens Irene, deren Gemahl Castulus jüngst für den Glauben sein Blut vergossen hatte, um den heiligen Leib geziemend zu begraben. Da sie ihn aber noch am Leben fand, ließ sie ihn in ihr Haus bringen, labte und erquickte ihn, so daß er vollkommen wiederhergestellt wurde.

90

Als der tapfere Held wieder stark und gesund geworden war, wollte er sich nicht verbergen, wie ihm die Christen rieten, sondern ging ungerufen zum Kaiser und stellte ihm vor, wie unrecht er handele, daß er so viele Christen, ohne daß sie eines Unrechtes schuldig wären, so grausam miß- handeln und hinrichten lasse. Diokletian erstaunte, als er den Heiligen sah, den er längst tot geglaubt hatte, und fragte, ob er nicht derselbe Sebastia- nus wäre, den er mit Pfeilen zu erschießen befohlen hätte? »Ja, ich bin es«, antwortete der Heilige, »und aus dem, daß ich noch lebe, solltest du erkennen, wie mächtig derjenige Gott sei, den ich anbete, und wie unwillig du handelst, daß du dessen Diener verfolgst.« Der Kaiser wurde darüber noch mehr als zuvor erbittert und gebot, ohne Verzug den christlichen Helden auf den offenen Marktplatz zu führen und da mit Ruten, Knütteln und Bleikolben so lange zu schlagen, bis er seinen Geist aufgeben werde. Die Henkersknechte kamen dem Befehle nach, und der glorreiche Blut- zeuge empfing die Märtyrerkrone im Jahre 287.

Der hl. Sebastian wurde immer als einer der berühmtesten Märtyrer des Abendlandes verehrt. Sein heiliger Leib wurde von den Henkersknechten in eine gemeine Grube geworfen, von der heiligen Luciana aber wieder herausgenommen und zu den Füßen der heiligen Apostel Petrus und Paulus begraben. Die Christen wallfahrten zu seinem Grabe wie zu jenem der Apostel, um da zu beten. Im Jahre 680 wurden seine Reliquien in eine prächtige von Konstantin erbaute Kirche übertragen.

Der heilige Marcellus von Tanger

gest.: 298
Fest: 30. Oktober

Von Marcellus ist uns nicht viel mehr bekannt, als daß er als Hauptmann der römischen Armee in der damaligen Provinz des römischen Reiches Tingita, dem heutigen Tanger, stationiert war.

Als er sich öffentlich zum Christentum bekannte, starb er im Jahre 298 den Martyrertod.

Aus den Akten erfahren wir das Motiv für seine Tat:

Es geschah in Tingita unter der Regierung des Präfekten Fortunatus. Man feierte den Geburtstag des Kaisers. Während des Festmahls erklärte Marcellus, einer der Centurionen, er wolle nicht an weltlichen Festmählern teilnehmen. Er warf seinen Soldatengürtel vor die Fahnen der Legion, die aufgepflanzt waren. Offen bekannte er seinen Glauben: »Ich bin ein Soldat Jesu Christi, des ewigen Königs. Von jetzt an diene ich euren Kaisern nicht mehr. Ich will mich nicht so weit erniedrigen, eure Götter aus Holz und Stein anzubeten. Das sind stumme und taube Götzen.«

Die Anwesenden waren bei diesen Worten wie versteinert. Die Soldaten nahmen ihn fest und bewachten ihn gut. An den Kommandanten Fortunatus wurde ein Bericht geschickt. Er ließ den Centurio einsperren und nach dem Bankett in den Versammlungssaal führen.

Der Centurio Marcellus wurde vorgeführt, und Astasius Fortunatus sprach zu ihm: »Warum hast du unter Mißachtung der militärischen Disziplin den Gürtel, das Wehrgehänge und die Rebe weggeworfen?«

Marcellus: »Schon am 12. der Kalenden des August, als ihr für euren Kaiser ein Fest feiertet, erklärte ich öffentlich und mit lauter Stimme vor den Fahnen eurer Legion, daß ich Christ bin, keinen Eid leisten und nur unter den Standarten Jesu Christi dienen kann.«

Fortunatus: »Die Sache ist zu schwerwiegend, als daß ich sie vertuschen könnte. Ich muß den Mitregenten und dem Kaiser darüber berichten und dich an den Aurelius Agricolanus, meinen Vorgesetzten, den Präfekten des Prätoriums, weitermelden. Du wirst Cäcilius zur Bewachung übergeben.«

Am dritten der Kalenden des November erschien Marcellus in Tanger vor Gericht.

Der Gerichtsschreiber begann: »Der Centurio Marcellus wurde von dem Präfekten Fortunatus an unser Gericht überwiesen. Hier sind die Akten. Soll ich sie verlesen?«

Agricolanus gab seine Zustimmung, und der Gerichtsschreiber las: »Dir, Herr, schickt Fortunatus usw.«

Nach der Verlesung fragte Agricolanus: »Hast du Worte gesagt, die im Bericht des Präfekten angeführt sind?«

Marcellus: »Ja.«

Agricolanus: »Wie konntest du dich zu einer solchen Narrheit verleiten lassen, die militärischen Abzeichen wegzuwerfen und so zu reden?«

Marcellus: »Die Gottesfürchtigen begehen keine Narrheiten.«

Agricolanus: »Hast du all das gesagt, was im Bericht steht?«

Marcellus: »Ja.«

Agricolanus: »Hast du deine Abzeichen weggeworfen?«

Marcellus: »Ja, denn es gehört sich nicht, daß ein Christ, ein Soldat Christi, in den Heeren dieser Welt dient.«

Agricolanus: »Der Fall Marcellus fällt unter die Militärdisziplinsgerichtsbarkeit.

Da Marcellus, der im gewöhnlichen Dienst stand, öffentlich seinem Militäreid abschwor und überdies während des Prozesses aufrührerische Reden führte und sich dadurch schuldig machte, wird er auf unseren Befehl durch das Schwert hingerichtet.«

Als Marcellus zum Richtplatz geführt wurde, sagte er: »Gott segne Dich, Agricolanus.«

So schied Marcellus in einem ruhmreichen Martertod aus der Welt.

Wie viele andere stand der heilige Marcellus vor dem inneren Konflikt, als Christ gleichzeitig einem weltlichen Herrn voll und ganz verschrieben zu sein, sofern er als Soldat in der Armee des römischen Kaisers diente. Es spricht für seinen Mut und seine Wahrhaftigkeit, sich ohne Wenn und Aber und ohne die Konsequenzen zu befürchten, die klar auf der Hand lagen, für Gott, den Herrn entschieden zu haben. Vor dessen Macht und Herrlichkeit erschienen ihm alle irdischen Herrn und andere Götter wie »stumme und taube Götzen«.

Bei der Verhandlung ereignete sich ein Zwischenfall, den der tapfere Marcellus vielleicht als Zeichen Gottes verstanden hat. Der Gerichtsschreiber Kassian weigerte sich nämlich das gegen Marcellus ausgesprochene Urteil niederzuschreiben. Mit Ungestüm warf er, als er dasselbe hörte, den Griffel und die Tafel, auf der er das Protokoll niedergeschrieben hatte, zu Boden. Auf die Frage des Richters, warum er dies getan habe, erwiderte er: »Weil das Urteil, das du gesprochen hast, ungerecht ist.« Daraufhin wurde er verhaftet und, da er standhaft blieb, einen Monat später enthauptet.

Der heilige Irenäus von Sirmium

gest.: 304
Fest: 25. März

Vom heiligen Irenäus ist uns, außer seinem Martyrium aus den Akten von Ruinart, eigentlich nicht mehr bekannt.

Er war ein junger Bischof zu Sirmium, das ehemals die Hauptstadt eines großen Teils von Pannonien, dem heutigen Ungarn, war. Duch natürliche Bescheidenheit und Gottesfurcht, die alle seine Taten leiteten, verdiente er wohl zu Recht seinen Namen, der so viel wie friedfertig bedeutet.

Im Jahre 304, während der großen Verfolgung durch Kaiser Diokletian und Maximian, wurde Irenäus in Smyrna von dem örtlichen Statthalter Probus zum Tode durch das Schwert verurteilt.

Für das volle Verständnis der Akten ist es notwendig hinzuzufügen, daß in der Frühzeit der Kirche das Zölibat für Priester und selbst Bischöfe noch nicht Pflicht war. In den Akten heißt es:

Irenäus wurde festgenommen und vor Probus, den Statthalter von Pannonien, geführt.

Statthalter: »Gehorche den göttlichen Edikten und opfere den Göttern!«

Irenäus: »Wer den Göttern opfert statt Gott, wird verstoßen.«

Probus: »Die Fürsten stellen es ganz eindeutig zur Wahl: Entweder du opferst oder du stirbst unter Qualen.«

Irenäus: »Mir ist geboten, mich lieber foltern zu lassen als Gott zu verleugnen und den Dämonen zu opfern.«

Probus: »Opfere, oder ich lasse dich foltern!«

Irenäus: »Wenn du das tust, freue ich mich nur, denn so werde ich am Leiden meines Heilands teilhaben.«

Der Statthalter ließ ihn foltern. Während er unerhört grausame Martern erduldete, fragte Probus ihn: »Nun, Irenäus, was sagst du jetzt? Opfere!«

Irenäus: »Mein Opfer ist mein lautes Glaubensbekenntnis für meinen Gott. Ihm habe ich immer geopfert.«

Inzwischen kam seine Familie. Als sie ihn auf der Folter sahen, baten sie ihn, nachzugeben. Seine kleinen Kinder umarmten seine Füße und

Der heilige Irenäus.

flehten: »Vater, hab Mitleid mit dir und mit uns.« Die Frauen baten ihn ebenfalls und weinten um seine Schönheit und Jugend.

Seine Eltern, untröstlich über so viele Qualen, schluchzten. Seine Verwandten stöhnten und seine Nachbarn klagten herzzerreißend, seine Freunde beklagten ihn und jeder sagte laut jammernd: »Bedenke doch deine große Jugend und habe Mitleid mit dir selbst.«

Doch Irenäus beseelte ein edlerer Drang. Vor seinen Augen stand das Wort des Meisters: Wer mich vor den Menschen verleugnet, den werde auch ich vor meinem Vater verleugnen, der im Himmel ist. So bewahrte Irenäus inmitten der Verwirrung Schweigen.

Er wollte gerne bald die Hoffnung, daß Gott ihn auserwählt habe, verwirklicht sehen.

Da fragte Probus ihn: »Was meinst du zu alledem? Laß dich doch von den Tränen so vieler, die dir nahe stehen, erweichen. Laß von deiner Torheit. Denk an dein Jugend und opfere.«

Irenäus antwortete: »Ich denke an mein ewiges Leben und deshalb opfere ich nicht.«

95

Probus ließ ihn ins Gefängnis zurückschaffen, wo er lange Zeit blieb und vielerlei Drangsale erdulden mußte.

Weder die schlimmsten Foltern noch das Mitleid mit seiner Familie oder sich selbst können den jungen Bischof Irenäus von seinem schweren Weg für Gott und seinen Glauben abbringen. Daß er das ganze Leben noch vor sich hat, worauf ihn die, die ihn vom rechten Weg, aus welchen Motiven auch immer, abbringen wollen, immerzu stoßen, macht seine Prüfung zu einer besonders schweren. Im folgenden wird er unter den Zwang gesetzt, Gott oder die Liebe zu seiner Familie zu verleugnen. So sucht er dem, was um ihn herum geschieht, durch die und in der Vergegenwärtigung der göttlichen Verheißungen zu entfliehen. Diese innere Nähe zu Gott, noch bevor seine Seele im Tod aus seinem Körper zu diesem entschwindet, ist es, die die irdischen Richter so rasend macht. Sie müssen feststellen, daß sie dem, den sie gerade foltern und mit dem Tode drohen, eigentlich schon gar nichts mehr anhaben können. Ohnmächtig stehen sie dieser Macht des Glaubens gegenüber. Alle ihre weltlichen Apelle fruchten nichts mehr:

Wieder ließ der Statthalter Probus den hochseligen Märtyrer Irenäus vor Gericht erscheinen.

Propus: »Opfer jetzt, Irenäus, erspare dir neue Foltern!«

Irenäus: »Führe deinen Befehl aus und erwarte nicht, daß ich nachgebe.«

Probus wurde zornig und ließ ihn peitschen.

Irenäus: »Mein Gott, von Kindheit an lernte ich, Gott zu ehren. Ich bete ihn an, der mich in all meinen Drangsalen stützt. Ihm allein opfere ich. Aber die von Menschenhand gefertigten Götter kann ich nicht anbeten.«

Probus: »Erspare dir wenigsten den Tod; die Martern, die du ertrugst, sind grausam genug.«

Irenäus: »Ich tue ja nichts anderes, als mir den Tod ersparen, indem ich von Gott für die Martern, mit denen du mich zu strafen glaubst, und die ich nicht einmal spüre, das ewige Leben erhalte.«

Probus: »Hast du keine Frau?«

Irenäus: »Nein.«

Probus: »Kinder?«

Irenäus: »Nein.«

Probus: »Eltern?«

Irenäus: »Nein.«

Probus: »Wer waren denn die Leute, die bei dem letzten Verhör so weinten und jammerten?«

Irenäus: »Höre das Wort meines Herrn Jesus Christus: Wer seinen Vater, seine Mutter, sein Weib, seine Kinder, seine Brüder oder seine Verwandten mehr liebt als mich, ist meiner nicht wert.«

Judas Thaddäus

Jakobus d. Ä, Judas Thaddäus und Simon

Paulus, Matthäus und Bartolomäus

St. Appolonia

Darum kümmerte sich Irenäus, den Blick zum Himmel gerichtet, nur um die göttlichen Verheißungen. Alles andere ließ ihn gleichgültig, und mit Recht konnte er sagen, er habe keine Verwandten außer Gott.

Probus: »Um der Kleinen willen opfere!«

Irenäus: »Meine Kinder haben den gleichen Gott wie ich. Gott kann sie bewahren. Mit mir tu, was du willst.«

Probus: »Überlege es dir, du bist ein junger Mann. Opfere, um den Martern zu entgehen.«

Irenäus: »Tu nach deinem Gutdünken. Du wirst sehen, welche Ausdauer mir mein Herr Jesus Christus verleiht, damit ich über deine Machenschaften triumphiere.«

Probus: »Ich werde jetzt das Urteil verkünden.«

Irenäus: »Ich bin dir dankbar dafür.«

Probus verlas das Urteil: »Da Irenäus den Befehlen unserer Fürsten nicht gehorchte, wird er in den Fluß geworfen. So lautet mein Befehl.«

Irenäus antwortete: »Ich hatte erwartet, du würdest die Martern, mit denen du mir drohtest, durchführen und dachte, am Ende würde ich durch das Schwert sterben. Nun geschieht nichts von alledem. Ich bitte dich, tue es doch, damit du siehst, wie die Christen, die mit ganzer Seele an Gott glauben, den Tod verachten.«

Erzürnt über die Zuversicht des Märtyrers entschied Probus, daß das Schwert ihn töten solle.

Da dankte der heilige Märtyrer Gott, als empfange er eine zweite Krone, und sagte: »Ich danke dir, Herr Jesus Christus, daß du mir Ausdauer in den Prüfungen und Foltern gegeben und mich für würdig erachtet hast, deine ewige Herrlichkeit zu teilen.«

Als er an die Brücke von Basentis kam, legte er seine Kleider ab, hob die Arme zum Himmel und betete:

»Herr Jesus Christus, du hast für das Heil der Welt gelitten. Öffne deine Himmel, damit die Engel den Geist deines Dieners Irenäus empfangen können, der diese Martern für deinen Namen und für das Volk erleidet, das in der katholischen Kirche von Sirmium wächst und sich vermehrt. Ich bitte dich und flehe deine Barmherzigkeit an, daß du mich aufnehmen und die andern im Glauben stärken mögest.«

Da traf ihn das Schwert, und die Henker stürzten ihn in den Fluß (die Save).

Der heilige Philippus von Heraklea

gest.: 304
Fest: 20. Oktober

Der heilige Philippus war Bischof zu Heraklea. Als Diakon und Priester
hatte er große Dienste geleistet, so daß er, mit Hinsicht darauf und auf
seine hohen Tugenden, einstimmig zum Bischof gewählt worden war. Als
solcher zeichnete er sich besonders durch die Klugheit aus, mit welcher er
seine Kirche in den schwersten Bedrängnissen, die durch die diokletiani-
sche Verfolgung über sie hereinbrachen, regierte. Um das Wort Gottes zu
verbreiten und auf immer zu befestigen, bildete er verschiedene Jünger in
der Lehre des Heils und in der Tugend aus. Zwei derselben nahmen an
seinem Martyrium teil. Dieses waren der Priester Severus und der Diakon
Hermes.

Im Jahre 304 starben der heilige Philipp und seine beiden Jünger, der
Priester Severus und der Diakon Hermes in Adrianopel den Märtyrertod.

*Sieben Monate lang mußten diese drei Märtyrer in einem finstern und
ungesunden Loche zubringen. Dann zog man sie aus demselben hervor
und brachte sie nach Adrianopel.*

*Als der neue Statthalter Justin angekommen war, ließ er Philipp vor
sich bringen und seinen Leib mit Ruten zerfleischen, daß man sogar seine
Eingeweide sehen konnte. Die Schergen und Justin selbst wurden durch
seinen Mut in Erstaunen gesetzt. Die Hofbedienten baten für ihn um
Gnade, weil sie ihn sehr wohl kannten und von ihm viele Wohltaten
erhalten hatten, während er die erste Magistratsperson zu Heraklea
gewesen war. Man führte ihn in den Kerker zurück. Die heiligen Märtyrer
dankten Gott, daß er ihnen die Gnade verliehen hatte, sich seiner würdig
zu erweisen.*

*Drei Tage darauf ließ Justin ihn von neuem vor seinen Richterstuhl
bringen. Nachdem er umsonst in ihn gedrungen, dem Kaiser zu gehorchen,
sagte er zu Hermes, daß er hoffe, er werde sich weiser verhalten und aus
Liebe zu den Freuden des Lebens sich entschließen, zu opfern. Statt einer
Antwort zeigte Hermes das Ausschweifende und Gottlose der Abgötterei.
Justin war vor Zorn ganz außer sich. »Wie, du Unseliger,« schrie er, »du
unterstehst dich, zu reden, als wenn du mich zum Christen machen*

wolltest?« Nach einer kurzen Besprechung mit seinen Räten fällte er dann folgendes Urteil: »Wir verordnen, daß Philipp und Hermes, welche sich durch ihren Ungehorsam gegen den Kaiser des römischen Namens unwürdig gemacht haben, zum abschreckenden Beispiele für andere lebendig verbrannt werden.« Beide Heiligen hörten dieses Urteil mit Freude. Philipp mußte man zum Richtplatz tragen, weil er nicht Kräfte genug hatte, dahin zu gehen. Hermes folgte ihm mit viel Mühe, weil er ebenfalls kaum mehr gehen konnte. »Meister,« sprach er zu Philipp, »eilen wir, zu dem Herrn zu gehen. Was bekümmern wir uns um unsere Füße, da wir keinen Gebrauch davon machen können!« Als man zum Richtplatze gekommen war, setzten die Schergen Philipp in eine Grube und bedeckten ihn bis zu den Knieen mit Erde. Sodann banden sie ihm die Hände auf den Rücken. Hierauf ließen sie Hermes in eine andere Grube steigen. Er mußte wegen der Schwäche seiner Füße sich dabei auf einen Stab stützen. Er rief nun noch einen Christen, namens Belogus, herbei und sagte zu ihm: »Ich beschwöre dich im Namen unseres Herrn Jesu, meinem Sohne Philippus zu sagen, er solle alles anvertraute Gut, das bei mir hinterlegt ist, zurückerstatten, damit man mir keinen Vorwurf machen könne. Sage ihm, er sei noch jung, er solle arbeiten, um sein Brot zu verdienen, wie ich es getan habe, und gegen jedermann sich gut betragen.« Hierauf wurde der Scheiterhaufen angezündet; die Heiligen aber lobten Gott bis zu ihrem letzten Atemzuge. Ihre Leiber wurden ganz unverletzt gefunden. Justin befahl, dieselben in den Fluß zu werfen; allein die Christen zu Adrianopel zogen sie wieder heraus und verwahrten sie an einem sichern Orte. Der Priester Severus, welcher im Kerker lag, jauchzte vor Freude, als er den Martertod der Heiligen vernahm und bat Gott inständigst, ihn ihrer Marterkrone teilhaft zu machen. Sein Gebet wurde erhört, indem er drei Tage nachher seinen Lauf durch die Marter vollendete.

Was uns an Philipp fasziniert, ist, wie er sich der drohenden Gefahr stellt. Die Sorge der christlichen Gemeinde um sein Leben weist er zurück und kümmert sich um ihre Stärkung, weil er weiß, daß es nicht um das Leben auf Erden, sondern um das ewige bei Gott im Himmelreich geht. Die beeindruckende Wirkung seiner Haltung zeigt sich an seinen zwei Gefährten, die ihm aus der Welt gefolgt sind. Durch sein Beispiel ermutigt, stellt sich der Priester Severus freiwillig den Behörden, nachdem er sich zunächst versteckt hatte. Hermes geht auf die Reden des Statthalters Justin, der ihn vom Glauben abbringen will – der Freuden des Lebens willen, die er ihm nahelegt – nicht ein und versucht stattdessen, Justin selbst davon zu überzeugen, was wirklich weiser ist, nämlich die ausschweifende und gottlose Abgötterei abzulegen. Weil sie wissen, daß sie das Heil erwartet, gehen alle drei freudig dem Tod entgegen.

Die Heiligen Phileas und Philorom

gest.: 306
Fest: 4. Februar

Philoromus hatte die hohe Stelle eines kaiserlichen Provinzialverwaltungsbeamten in Alexandrien inne. Täglich pflegte er, von Soldaten umgeben, gerichtliche Untersuchungen zu führen.

Phileas war Bischof der Kirche zu Thmais, Ägypten, und berühmt durch sein vaterländisches Tun und Wirken und seine Kenntnisse in der Philosophie.

Beide stellten ohne geringstes Zögern ihren Reichtum, ihre Würde, Beredtsamkeit und Gelehrsamkeit der wahren Frömmigkeit und dem Glauben an Jesus Christus hintan. Auch auf die Bitten der nächsten Freunde und selbst des Richters ließen sie sich nicht dazu verleiten, aus Liebe zum Leben ihren Glauben zu verleugnen und die Gebote Gottes in irgendeiner Weise zu verachten. Entschlossen widerstanden sie allen Drohungen und Beschimpfungen und wurden so im Jahre 306 enthauptet.

Der folgende Bericht aus den Akten von Ruinart ist zum größten Teil historisch verbürgt. In dem Streitgespräch zwischen dem Statthalter und dem heiligen Bischof Phileas tut sich die rhetorische Gewandtheit und die überzeugende Bestimmtheit seiner stets präzisen und treffenden Aussagen kund. So kann ihn der Statthalter Culcianus immerzu nur auffordern zu opfern, was freilich immer nur eine leere Forderung bleibt. In der ständigen Wiederholung dieser schieren Forderung gegen den eigentlichen Gang des Gesprächs offenbart sich so die Hilflosigkeit des Anklägers vor dem Geist des Bischofs und der Überzeugungskraft seines Glaubens:

Phileas saß auf der Anklagebank. Der Statthalter Culcianus fragte ihn:
»Willst du von jetzt an ein anständiger Mensch sein?«
»Ich war immer anständig und gedenke es auch zu bleiben.«
»Opfere den Göttern!«
»Das werde ich nicht tun.«
»Warum?«
»Weil in der Schrift steht, wer andern Göttern als dem Herrn opfert, wird mit dem Tode bestraft.«
»Dann opfere dem Sonnengott!«

»Nein. Gott will mit solchen Ehren nichts zu tun haben. In den heiligen und göttlichen Schriften sagt er, daß er mit der Menge der angebotenen Opfer nichts zu tun hat. Er liebt nicht das Brandopfer der Widder, nicht das Fett der Herden und nicht das Blut der Böcke. Wir sollen ihm auch nicht das feine Mehl opfern.«

Einer der anwesenden Advokaten unterbrach ihn: »Es handelt sich hier nicht um feinstes Mehl, du spielst mit deinem Leben.«

»Welches Opfer ist denn deinem Gott angenehm?«

»Ein reines Herz, ein aufrichtiges Leben, wahrhaftige Worte, das gefällt Gott.«

»Wohlan! Opfere!«

»Nein, das wurde ich nicht gelehrt.«

»Hat nicht Paulus auch geopfert?«

»Ganz gewiß nicht.«

»Und Moses?«

»Früher mußten die Juden allein in Jerusalem dem einzigen Gott opfern. Wenn sie anderswo weiter ihre Feste feiern, tun sie Unrecht.«

»Schluß mit dem Gerede. Opfere!«

»Ich will meine Seele nicht beflecken.«

»Verliert man seine Seele, wenn man opfert?«

»Man verliert Leib und Seele.«

»Sogar den Leib?«

»Ja, ganz richtig, auch den Leib.«

»Und steht das Fleisch wieder auf?«

»Ja.«

»Ich habe geschworen. Schwöre auch.«

»Wir dürfen nicht schwören. Die Heilige Schrift sagt, eure Rede sei ja, ja oder nein, nein.«

»Hat Paulus nicht die Christen verfolgt?«

»Ganz im Gegenteil.«

»War er nicht ungebildet, ein Syrier? Sprach er nicht syrisch?«

»Nein, er war Hebräer. In der Öffentlichkeit sprach er Griechisch und war an Weisheit allen überlegen.«

»Du wagst zu behaupten, daß er auch Platon überlegen war?«

»Platon und allen andern! Er war weiser als alle Philosophen und überzeugte mehr als einen. Wenn du willst, kann ich dir seine Worte wiederholen.«

»Opfere jetzt.«

»Nein.«

»Hält dich dein Gewissen davon ab?«

»Ja.«

»Warum hörst du nicht, wenn es um deine Frau und Kinder geht?«

»Weil die Pflicht gegen Gott über allem steht. Die Schrift befiehlt, Gott den Herrn, der uns geschaffen hat, zu lieben.«

»Welchen Gott?«

Phileas wies mit der Hand zum Himmel und sprach:

»Der Gott, der Himmel und Erde, das Meer und alles, was darin ist, geschaffen hat. Er ist der Schöpfer und Baumeister der sichtbaren und unsichtbaren Welt, der Unaussprechliche, der Einzige, der von Ewigkeit zu Ewigkeit besteht. Amen.«

Die Verteidiger des Phileas versuchten, ihn zum Schweigen zu bringen und sagten: »Warum widersprichst du dem Statthalter?«

»Ich beantworte seine Fragen.«

»Höre doch auf zu reden. Opfere!«

»Niemals. Ich will meine Seele nicht verlieren. Übrigens sind die Christen nicht die einzigen, die sich um ihre Seele sorgen. Die Heiden handeln nicht anders. Sieh dir doch den Sokrates an. Als man ihn zum Tode führte, waren seine Frau und seine Kinder bei ihm. Er wandte sich nicht einmal um. Trotz seines Alters eilte er in den Tod.«

»War Christus Gott?«

»Ja.«

»Was für einen Beweis hast du?«

»Er gab den Blinden das Augenlicht und den Tauben das Gehör. Die Aussätzigen heilte er und die Toten weckte er auf. Er lehrte die Stummen sprechen und rettete viele Kranke. Eine Blutflüssige berührte nur den Saum seines Gewandes und war geheilt. Als er selbst starb, wurde er von den Toten auferweckt. Noch viele andere Wunder wirkte er.«

»Wie konnte ein Gott gekreuzigt werden?«

»Er tat es für unser Heil und wußte im voraus, daß er gekreuzigt würde und vieles Unrecht leiden müßte. All dies nahm er für uns auf sich. In den Schriften, die die Juden zu verstehen glauben, in Wirklichkeit aber nicht verstehen, ist seine Passion vorausgesagt. Wer guten Willens ist, unterrichte sich selbst. Er wird erkennen, daß es so ist.«

»Vergiß nicht, wie lange ich dir zugehört habe. Ich hätte dich demütigen können, und habe es nicht getan. Aus Hochachtung vor dir unterließ ich es.«

»Ich danke dir. Gewähre mir nun auch noch die größte Gunst.«

»Welche?«

»Tu deine Pflicht bis zum Ende.«

»Du willst also sinnlos sterben?«

»Nicht sinnlos, sondern für Gott und für die Wahrheit.«

»Deinem Bruder will ich diese Gnade gewähren.«

»Gib lieber mir diese größte Gnade. Tu deine Pflicht bis zum Ende.«

»Wenn ich wüßte, daß du arm bist und die Not dich treibt, würde ich

dich nicht schonen. Aber du bist sehr reich. Mit deinem Vermögen könntest du nicht nur deine Familie und Gesinde, sondern fast die ganze Provinz ernähren. Dich zu schonen ist für mich sehr wichtig. Darum opfere!«

»Niemals. So schone ich mich selbst.«

Die Verteidiger wandten sich an den Statthalter und sagten: »Im Geheimen hat er schon geopfert.«

»Nie in meinem Leben!«

Culcianus: »Deine weinende Frau steht draußen und wartet auf deine Entscheidung.«

»Der Herr Jesus Christus ist der Heiland unserer Seelen. Auch in Fesseln diene ich ihm. Er hat mich zu seiner Herrlichkeit berufen und hat die Macht, auch meine Frau zu berufen.«

»Phileas, bitte um Aufschub«, riefen die Advokaten.

Culcianus wandte sich an Phileas: »Ich gebe dir Bedenkzeit.«

Phileas: »Ich habe oft nachgedacht und das Leiden für Christus gewählt.«

Die Verteidiger des Phileas, sein Anwalt, die Mitglieder des Gerichts, und all seine Verwandten drängten ihn, nachzugeben. Sie warfen sich ihm zu Füßen, umarmten und beschworen ihn, auf seine Frau Rücksicht zu nehmen und an seine Kinder zu denken.

Der Märtyrer blieb unerschütterlich wie ein von Wogen umbrandeter Fels. Er antwortete, mit diesem leeren Geschwätz könne er sich nicht aufhalten.

Sein Blick war auf Gott gerichtet, die heiligen Märtyrer und Apostel galten ihm als seine Verwandten und seine Familie; andere kannte er nicht mehr.

Phileas zeigt sich unbeeindruckt von der Werbung seiner Umgebung. Denn das, wofür sie werben, gilt ihm nichts angesichts Gottes. Indem er sich seinem Willen und seiner Herrlichkeit gebeugt hat, zeigt er sich allem anderen gegenüber als unbeugsam. Denn das hieße, seinen obersten Herrn verraten. Dieser aber hat seine Standfestigkeit schon auf Erden zu lohnen gewußt. Denn was konnte dem glaubensstarken Christ und Märtyrer begehrenswerter erscheinen, als durch seine Tat einem anderen Vorbild und Beispiel zu sein? So hat sich folgendes abgespielt:

Philoromus, ein Reiteroffizier des römischen Heeres, war ebenfalls anwesend. Er sah den Phileas, bedrängt von seiner in Tränen aufgelösten Familie, erschöpft von den tückischen Fragen des Statthalters, aber trotz allem unbeugsam und unerschütterlich.

Da rief er: »Warum geht ihr, noch dazu vergeblich, gegen den Mut dieses Mannes an? Warum wollt ihr diesen Getreuen Gottes untreu machen? Warum wollt ihr ihn dazu bringen, Gott zu leugnen, um den Menschen zu gehorchen? Seht ihr denn nicht, daß seine Augen eure Tränen

103

nicht mehr sehen, daß seine Ohren eure Worte nicht mehr hören, daß euer Weinen hienieden ihn nicht mehr berühren kann, da sein Auge schon die Herrlichkeit des Himmels schaut.«

Alle fielen wütend über Philoromus her und verlangten, daß er zusammen mit Phileas verurteilt werde.

Der Statthalter war sofort einverstanden und verurteilte die beiden Märtyrer zum Tod durch das Schwert.

Auf dem Weg zum Richtplatz rief einer der Verteidiger des Phileas, sein eigener Bruder: »Phileas, lege Berufung ein!«

Culcianus rief ihn zurück und fragte: »Warum?«

Phileas: »Es ist nichts. Ich werde mich wohl hüten und du höre nicht auf diesen Unglücklichen. Im Gegenteil, ich bin den Kaisern und dem Statthalter dankbar dafür, daß ich an Christi Erbe teilhaben darf.«

Phileas ging wieder.

Als sie am Richtplatz angekommen waren, hob er die Hände gen Osten und sagte: »Meine geliebten Kinder, die Gott suchen, seid wachsam; unser Widersacher streift umher wie ein brüllender Löwe und sucht, wen er verschlinge. Bis jetzt habe ich nicht gelitten, aber meine Passion beginnt nun. Ich werde ein Jünger unseres Herrn Jesus Christus. Geliebte, beobachtet die Gebote unseres Herrn Jesus Christus. Bitten wir den reinen Gott, den Unaussprechlichen, den Gott, der über dem Cherubim thront, den Schöpfer der Welt, den Anfang und das Ende aller Dinge. Ihm sei Herrlichkeit von Ewigkeit zu Ewigkeit. Amen.«

Das waren seine letzten Worte. Die Henker walteten ihres Amtes und die beiden Häupter fielen.

Der heilige Quirinus von Sciscia

gest.: 308
Fest: 4. Juni

Der heilige Quirinus war Bischof zu Sciscia, jetzt Sisseck in Ungarn, einer in Pannonien am Fluße Sau gelegenen Stadt. Der heilige Hieronymus erwähnt ihn rühmlich in seiner Chronik bei dem Jahre 309. Fortunatus rechnet ihn unter die berühmtesten Blutzeugen Jesu Christ; Sein Martertod ereignete sich am 4. Juni 308 in Sabaria.

Nachdem der heilige Quirinus vom Statthalter Maximus festgenommen worden war, versuchte er ihn mit Drohungen und Foltern zur Abkehr vom Glauben zu bringen. Doch Quirinus widerstand mannhaft allen Martern und wurde so drei Tage nach seiner Gefangennahme vor den Präfekten Amantius in Ober-Pannonien geführt, damit er dort das Todesurteil entgegennehme, das er sich durch die Mißachtung der Opfergesetze des Kaisers Diokletian aufgeladen hatte. Weiterhin heißt es in den Akten:

Der Statthalter ließ ihn ins Theater kommen. Als er vor ihm stand, sprach er zu ihm: »Ich frage dich, ob der Bericht des wahrhaften und ehrlichen Maximus den Tatsachen entspricht.«

»Ich habe in Sciscia den wahren Gott bekannt. Ihm habe ich immer gedient, ihn trage ich in meinem Herzen und kein Mensch wird mich von dem wahren und einzigen Gott trennen.«

»Es widerstrebt mir, einem Mann deines Alters die Schande anzutun, ihn peitschen zu lassen. Ich möchte dich darum durch meine Worte wieder zur Vernunft bringen, damit du, als treuer Diener der Götter nach den Edikten der Kaiser, deine letzten Jahre in Frieden genießen kannst.«

»Warum sorgst du dich um mein Alter, das der Glaube stärker macht als alle Martern? Die Foltern bringen mich nicht dazu, meinen Eid zu brechen, wegen der Freuden des Lebens schwöre ich nicht ab und die Furcht vor dem Tod, selbst vor einem grausamen Tod, kann die Festigkeit meines Entschlusses nicht erschüttern.«

»Warum suchst du mit deiner Mißachtung der Götter und des Römischen Reiches den Tod, warum wirfst du in deinem widernatürlichen Eigensinn das Leben weg, während doch alle, die dem Tod entgehen wollen, die Leiden meiden und die Vergangenheit verleugnen? Du kennst

die Süßigkeit des Lebens und verwirkst es durch deinen Ungehorsam gegenüber den Kaisern. Ich rate dir, wenn dir das Leben lieb ist, gehorche den römischen Gesetzen.«

»Mit diesen Worten kannst du vielleicht Schwächlinge rühren, die länger leben möchten. Ich jedenfalls habe von meinem Gott gelernt, das Leben zu lieben, das nach dem Tod kommt und das kein Ende kennt. Deshalb gehe ich heiter dem Ende dieses Lebens entgegen. Mit jenen, die du erwähntest, habe ich nichts gemeinsam. Sie glauben zu leben und sterben an ihrer Abtrünnigkeit. Ich aber gehe durch mein Glaubensbekenntnis in die Ewigkeit ein. Euren Gesetzen gehorche ich nicht, weil ich die Vorschriften Christi, meines Gottes, beachte, die ich auch meinen Gläubigen lehrte.«

»Ich habe mich lange bemüht, dich zum Gehorsam gegenüber den Gesetzen unserer Fürsten zu veranlassen, aber da ich deinen Widerstand nicht brechen kann, wirst du allen Christen als abschreckendes Beispiel dienen. Wer sein Leben liebt, den wird dein Tod zur Vernunft bringen.«

Nach vielerlei Martern ließ der Statthalter einen Mühlstein am Hals des Heiligen befestigen und ihn so in den Fluß, der an Sabaria vorbeifließt, stürzen. Man warf ihn von der Brücke in das Wasser, aber er schwamm noch lange an der Oberfläche und sprach zu der Menge. Er mahnte sie, sich durch sein Los nicht ängstigen zu lassen. Dann betete er, er möge versinken und wurde sofort erhört.

In dem Verhör wird deutlich, daß sich hier zwei unvereinbare Standpunkte gegenüberstehen: Glaube und Unglaube, irdisches und ewiges Leben. Dem der Welt und den irdischen Gesetzen verhafteten Statthalter erscheint das Verhalten des heiligen Quirinus vollkommen unverständlich, ja unvernünftig. Dennoch gibt er selbst die Antwort, freilich ohne darum zu wissen, auf seine Fragen. Denn er sagt, daß nur »alle, die dem Tod entgehen wollen, die Leiden meiden« usw. Quirinus will diesem Tod auf Erden tatsächlich nicht entgehen, weil er das Leben nicht für etwas Absolutes und den Tod nicht für endgültig hält, sondern für etwas bloß Vorübergehendes, Flüchtiges angesichts des ewigen Lebens danach. Um dieses Leben, »das nach dem Tod kommt«, wie der Heilige sagt, ist es dem gläubigen Christen zu tun. Deshalb kann ihn kein Gesetz der Welt dazu zwingen, gegen seinen Glauben zu verstoßen. Und wenn der unverständige Statthalter sich von der Bestrafung des Quirinus eine abschreckende Wirkung erhofft, weil, »wer sein Leben liebt« durch dessen »Tod zur Vernunft« gebracht würde, so können wir hinzufügen, nur der, der sein, das irdische und vergängliche Leben liebt, nicht aber der, der das ewige, unvergängliche liebt, wie Quirinus.

Die Vierzig Märtyrer von Sebaste

gest.: 320
Fest: 10. März

Im Jahre 320 starben zu Sebaste in Kleinasien vierzig Soldaten des römischen Heeres für Christus den Martyrertod. Sie waren aus verschiedenen Ländern, gehörten aber alle derselben Legion an. Sie stehen für viele unbekannte, tapfere Männer, die wie sie ihren Glauben nicht verleugneten und lieber den Tod erlitten und sei er noch so grausam, als an ihrem Herrn und Heiland Verrat zu üben.

Die Vierzig Märtyrer sollen der Legende nach der zwölften römischen Legion als Soldaten angehört haben, die den Beinamen »die Blitzende« trug. Als Kaiser Mark Aurel gegen die Markomannen zu Felde zog, wurden seine Truppen eingeschlossen und bei starker Sonnenhitze von Durst fast aufgezehrt. Vergeblich riefen Offiziere und Soldaten ihre Götzen um Hilfe an. Da knieten die christlichen Soldaten aus der zwölften Legion nieder und erhoben ihre Hände zu Jesus Christus. Und siehe da, es erschienen Wolken, ein reichlicher Regenguß ging nieder, während zugleich ein mit Blitzen und furchtbaren Donnerschlägen vermischter Hagel auf die Feinde fiel und Schrecken unter ihnen verbreitete. Von dieser Begebenheit hatte die Legion ihren Namen.
In dieser Legion dienten hundertfünfzig Jahre später jene vierzig Soldaten, deren Gedächtnis die Kirche am 10. März begeht. Sie waren eifrige Christen, jung und tapfer. Die Legion stand zu dieser Zeit in Armenien unter dem Befehl des Lysias. Als der Kaiser Licinius im Jahre 320 den Befehl erließ, daß jeder Untertan des Reiches bei Androhung der Todesstrafe den Göttern öffentlich opfern müsse, begab sich sein Statthalter Agricola nach Sebaste und forderte auch die Soldaten der »blitzenden Legion« auf, dem Befehl zu gehorchen. Da traten vierzig Soldaten heraus, bekannten furchtlos ihren Glauben an Christus und erklärten, daß keine Qual sie zwingen werde, ihn zu verleugnen. Der Statthalter erschrak, daß so viele tapfere Soldaten sich weigerten zu opfern und versuchte sie durch Schmeicheleien und Versprechungen zu gewinnen. Als er damit nichts erreichte, ließ er vor ihren Augen schreckliche Marterwerkzeuge bereitstellen. Aber ohne Zittern antworteten sie: »Was sollen uns deine Ehrenstellen und die Gunst des Kaisers? All das ist vergänglich und könnte

108

keinen Vergleich aushalten mit den ewigen Gütern. Deine Torturen schrekken uns nicht; sie sind ebenso vergänglich wie unser Körper, aber das Feuer der Hölle, das wir allein fürchten, quält Leib und Seele ewig.« Voll Zorn ließ der Statthalter sie auspeitschen und ins Gefängnis werfen.

Einige Tage später erschien der Feldherr Lysias in eigener Person; er hoffte mehr Einfluß zu haben und versuchte durch alle Mittel die Standhaftigkeit der christlichen Soldaten zu besiegen. Allein vergebens. Da beschloß er, sie hinrichten zu lassen, und in seiner gekränkten Eitelkeit ersann seine Grausamkeit eine Todesart, die bis dahin unerhört war. Es war damals gerade Winter, die Kälte erreichte in Armenien einen ungeheuren Grad. Er wählte nun einen der kältesten Tage und ließ die vierzig Soldaten geißeln und dann nackt auf einen bei der Stadt befindlichen Teich führen, der fest zugefroren war, wo sie die ganze Nacht bleiben sollten. In der Nähe des Teiches war ein warmes Bad hergerichtet, damit diejenigen von ihnen, welche die Marter nicht aushalten und abfallen würden, sich wieder erholen könnten. Kaum hatten die heiligen Bekenner ihr Urteil vernommen, eilten sie freudig dem Teiche zu. Sie munterten sich gegenseitig zur standhaften Ausdauer auf und beteten: »Herr, unser vierzig haben den Kampf begonnen, möge nicht ein einziger aus dieser ehrwürdigen Zahl fehlen, da du sie durch dein vierzigtägiges Fasten geheiligt hast; auch Elias hat dich durch vierzigtägiges Fasten gesucht, o Herr, und wurde der Gnade Deines Anblickes gewürdigt.«

Und nun fing ihre schreckliche Marter an: die grimmige Kälte durchdrang wie ein glühendes Feuer ihren ganzen Leib, entsetzlich war ihre Pein, welche drei Tage und drei Nächte dauerte. Ein Soldat mußte beim Teiche Wache stehen, da er aber die schneidende Kälte nicht aushalten konnte, begab er sich in das Badehäuschen. Von da aus sah er, wie der Himmel sich öffente und Engel herniederstiegen, glänzende Kronen in Händen, die sie unter die Märtyrer verteilten. Einer von ihnen aber erhielt keine Krone. Als der Wächter sich nach diesem umschaute, erblickte er ihn überwunden auf das Bad zukriechen. Er wurde auch eingelassen, aber kaum hatte er sich in das warme Wasser gelegt, als er vom Tode getroffen wurde. Jener jedoch, von der Erscheinung erschüttert und erleuchtet, bekehrte sich, legte seine Kleider ab und gesellte sich zu den neununddreißig Soldaten, die schon halb entseelt auf dem Eise standen. Er empfing für den Abtrünnigen die Krone, und so wurde das Gebet der Gemarterten erhört. Ihre Körper wurden verbrannt und die Asche in den Fluß geworfen. Aber die Christen vermochten einen Teil der Reliquien zu bergen, die als ein kostbarer Schatz bewahrt wurden. Prachtvolle Kirchen erhoben sich zu ihrer Ehre, und bis auf den heutigen Tag erschallt der Ruhm der Vierzig Märtyrer in der ganzen Kirche.

Teil II

Der Glaube auf dem Weg zu neuen Ufern. Das Christliche Abendland entsteht

Der erlaubte Glaube.
Die Kirche vor neuen Aufgaben

Im Jahre 313 erlaubte Kaiser Konstantin im sogenannten Toleranzedikt von Mailand die christliche Religion im ganzen römischen Reich. Damit waren die Verfolgungen zumindest unter diesem Herrscher, der selbst den Glauben angenommen hatte, beendet. Nun endlich konnte damit begonnen werden, das kirchliche Leben frei und ungehindert zu gestalten. Den Menschen, die nun zahlreich in die Kirchen strömten, mußte der Glaube nahegebracht werden, das ganze Leben der Gemeinde, das sich bisher vorwiegend im geheimen abgespielt hatte, mußte neu organisiert werden. Und schließlich konnte man nun auch daran gehen, den Glauben in die entferntesten Regionen des Reiches zu tragen. Dies alles war unter Kaiser Konstantin möglich. Kirche und römischer Staat lebten harmonisch nebeneinander, die Zeiten waren friedlich geworden.

Das neue Rom

Doch schon deuteten sich, inmitten des allgemeinen Friedens, Ereignisse an, die zu einem gewaltigen Umsturz und Wandel führen sollten. Im Jahr 326 schuf sich Konstantin in Konstantinopel ein neues Rom. Das riesige römische Reich, das neben dem Kernland die Provinzen Armenien, Thrakien, Syrien, Palästina, Ägypten, Nordafrika, Mauretanien, Spanien, Gallien, Rätien und Britannien umfaßte und schon dieser riesigen Ausmaße wegen immer schwieriger zu regieren war, erhielt so am Tor zu Asien ein neues Zentrum. Konstantinopel wurde die größte Stadt, die stärkste Festung, das reichste Handels- und Produktionszentrum des römischen Reiches. Damit war die Grundlage geschaffen für die nach Konstantins Tod entflammenden Machtkämpfe, die zur endgültigen Teilung des Reichs in ein west- und ein oströmisches Gebiet führen und schließlich den Untergang Westroms besiegeln sollten.

Unruhe unter den Völkern

Bereits unter Konstantin traten allmählich germanische Völker in den Bannkreis der Weltgeschichte. Als der Kaiser 312 die in das Reich eingedrungenen Franken und Alemannen besiegte, als er 334 erstmals Germanen auf römischem Boden ansiedelte, schien noch völlig undenkbar, was sich nicht einmal ein Jahrhundert später ereignen sollte: die Eroberung Roms durch einen germanischen Stamm. Und bereits seit 280 ist ein anderes Volk, die Hunnen, die zum Auslöser der Völkerwanderung werden sollen, unaufhaltsam unterwegs nach Westen.

Die Kirche in Gefahr. Die Irrlehre des Areios

Der Kirche drohten nun andere Gefahren. Immer wieder mußte sie sich mit Priestern auseinandersetzen, die das Evangelium neu auslegten und in dem Maße, wie sie Anhänger fanden, die Einheit des Glaubens bedrohten.

Der bekannteste dieser Häretiker war Areios, ein Priester unter dem ägyptischen Bischof Alexandros. Er behauptete, daß Christus, der Sohn, Gott, dem Vater, nicht wesensgleich, sondern nur wesensähnlich sei. Gott allein sei einzig, ungeschaffen und unveränderlich, während Christus dadurch, daß er das Dasein vom Vater empfangen habe, sich zwar von den Geschöpfen abhebe, jedoch dem Vater unähnlich und ein anderer, also auch veränderlich und fehlbar sei. Mit aller Leidenschaft wurde diese Lehre diskutiert und ein allgemeines Konzil aller Bischöfe unter Vorsitz des Kaisers nach Nizäa einberufen. Es endete mit der Verurteilung des Areios und seiner arianischen Irrlehre. Der Inhalt dieses Beschlusses, der die Einheit des Glaubens wieder herstellte, wurde in das römisch-katholische Glaubensbekenntnis aufgenommen und ist uns dort bis heute erhalten geblieben.

Uns heutigen Christen, die wir gelernt haben, Toleranz zu üben, mutet der erbitterte Streit, der um die arianische Lehre entbrannte und der auch, je erbitterter er loderte, so manches Blutopfer forderte, vielleicht durchwegs altertümlich an. Wir dürfen aber nicht vergessen, daß die Einheit des Glaubens die Grundvoraussetzung dafür war, daß er den Völkern weitergegeben werden konnte. Und genau dieses war auch das Ziel der Kirche: die Verkündigung des Evangeliums über die Grenzen des römischen Weltreiches hinaus.

Ein Erfolg des Arianismus.
Germanenstämme werden mit der christlichen Lehre vertraut

Die Goten hatten sich nach langen Wanderungen in unmittelbarer Nähe des römischen Reiches im Gebiet der unteren Donau niedergelassen und sich dort wahrscheinlich auch in West- und Ostgoten geschieden. Die enge Nachbarschaft mit den Römern führte neben immer wieder aufflackernden

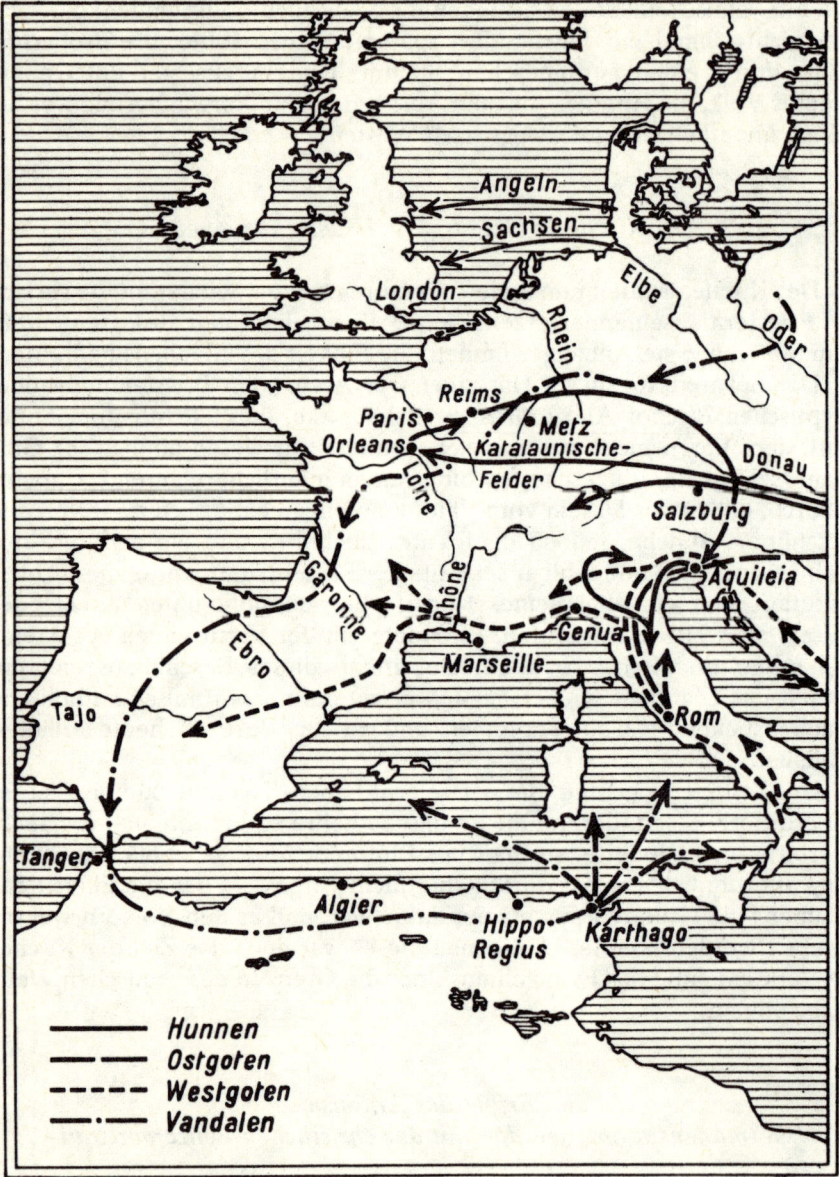

Wanderzüge der Goten, Vandalen und Hunnen (Westraum)

Wanderzüge der Goten, Vandalen und Hunnen (Ostraum)

Grenzzwistigkeiten auch dazu, daß der heidnische Stamm in Form der Gelegenheitsmission mit der arianisch-christlichen Lehre in Berührung kam. Römische Handwerker, griechische und syrische Händler und von Beutezügen mitgeschleppte Sklaven übermittelten der fremden Kultur ansatzweise den neuen Glauben. So geschah es auch bei den Westgoten. Wulfila (ca. 311–383), die bedeutendste Persönlichkeit der westgotischen Christen, der sogar zum »Bischof der Goten« geweiht wurde, war selbst Enkel eines kappadozischen Sklaven.

Er genoß unter den Westgoten großes Ansehen und übersetzte sogar die Bibel ins Westgotische. Die arianisch angehauchte Lehre des Bischofs, die die Unterordnung des göttlichen Sohnes unter den Vater betonte, erleichterte es dem germanischen Stamm, das Christentum zu übernehmen, weil ihm diese Unterordnung nur zu vertraut aus der eigenen Sippschaftsordnung war. So breitete sich diese arianische Form des Christentums schnell unter den germanischen Stämmen aus; die Ostgoten, Wandalen, Langobarden und Burgunder waren ganz christianisiert, noch bevor sie römischen Boden betreten hatten.

Die Hunnen auf dem Vormarsch. Der Sturm der Völkerwanderung bricht los.

375 hatte der Hunnensturm Südrußland erreicht. Alles, was sich ihm in den Weg warf, wurde aufgerieben. So geschah es mit dem Ostgotenreich. Den Westgoten und Alanen aber gelang es, den wilden Reitern nach Süden auszuweichen. Und so stehen sie nun an der römischen Grenze. Ein griechischer Geschichtsschreiber gibt uns hierüber eine Schilderung:

»Die Masse der Westgoten, die sich gesammelt und zur Flucht aufgemacht hatten, erreichte die Donau. Männer, Frauen und Kinder standen am Nordufer, sie streckten unter Jammergeschrei die Hände aus und hielten Zweige hoch als Zeichen der Schutzflehenden. Sie baten, man möge ihnen den Stromübergang gestatten.«

Die Westgoten auf dem Weg nach Rom

Der römische Kaiser gewährte den Westgoten die Ansiedelung auf römischem Boden. Doch bald schon wurden die Römer vertragsbrüchig, woraufhin die Westgoten zur offenen Auseinandersetzung rüsteten und die Römer 378 in der Schlacht bei Adrianopel vernichtend schlugen. Ein neuer Vertrag hielt nur bis 395. Dann wurde das riesige römische Reich in ein Ost- und ein Westgebiet geteilt und der oströmische Kaiser Arcadius gab die gotenfreundliche Politik seines Vorgängers auf. Alarich trat nun an die Spitze des Germanenstammes und begann mit dem Zug nach Rom. Trotz einiger anfänglicher Niederlagen, die ihm von dem weströmischen Heerführer Stilicho, einem Wandalen, beigefügt wurden, erschien Alarich mit seinen Westgoten 410 vor Rom und plünderte die Stadt, die seit 600 Jahren keinen Feind mehr in ihren Mauern gesehen hatte. Der Plan des verwegenen Alarich, ein Germanenreich auf römischem Boden zu gründen, schien Wirklichkeit geworden zu sein.

Der Rückzug der Westgoten

Doch was eben noch möglich schien, wurde jäh zerstört durch den Tod Alarichs. Sein Nachfolger Athaulf schreckte vor der Verwirklichung des Plans seines Vorgängers zurück und zog mit seinem Volk weiter nach Gallien. Er bemühte sich um die Anerkennung des weströmischen Kaisers und drängte in dessen Auftrag die Wandalen aus Spanien zurück, die drei Jahre nach ihrem Durchbruch am Rhein dort siedelten. 418 begründete Athaulf unter Duldung des Kaisers im südlichen Gallien ein westgotisches Reich, das bis 507 Bestand haben sollte.

Die Wandalen bedrohen Rom

Schon bald schlug die aus Sicherheitsgründen betriebene Vertreibung der Wandalen aus Spanien auf Rom zurück. Denn der germanische Stamm, der erst 408 die Rheingrenze überschritten hatte, eroberte im Jahre 429 die römische Provinz Afrika. Zehn Jahre später stand Karthago unter der Herrschaft der Wandalen, und von diesen Stützpunkten aus beherrschten sie das ganze westliche Mittelmeer. Im Jahr 455 brachen sie von dort aus auf und plünderten Rom mehrere Tage lang.

Bei ihrer Eroberung des nordafrikanischen Raums stießen die arianischen Wandalen auf die dort ansässige, römisch-katholische Bevölkerung. Dabei kam es, anders als bei anderen germanischen Erobererstämmen, zu blutigen Christenverfolgungen. Eine große Anzahl christlicher Märtyrer unter der Wandalenherrschaft sprechen eine deutliche Sprache.

Der Hunnensturm fegt über Europa

Im Jahr 441 erschienen die Hunnen nach einem kurzen Vorstoß an den Rhein wiederum auf dem Balkan. Dem oströmischen Herrscher gelingt es, die drohende Gefahr durch überhohe Zahlungen nach Westen abzulenken. 451 fallen die hunnischen Reiterscharen in Gallien ein und dort kommt es auf den Katalaunischen Feldern in der Champagne zu einer riesigen Entscheidungsschlacht. Aetius hat neben gallorömischen Truppen salische Franken, die Westgoten und Alanen unter seinem Banner versammelt, denen Attila mit seinen Horden und den für ihn Kriegsdienst leistenden Ostgoten gegenübersteht. Tagelang dauert die Schlacht und sieht keinen Sieger, dann ziehen die Hunnen ab und wenden sich nach Italien. Ein Jahr später stehen sie vor den Toren Roms, doch Papst Leo I. geht Attila mutig entgegen und bewegt den Hunnenkönig zum Abzug. Als dieser ein weiteres Jahr darauf stirbt, zerfällt das Reich, des einigenden Führers beraubt, das mit seinen wilden Reitern für Angst und Schrecken in der Welt gesorgt hatte.

Szene am Hofe König Attilas.

Das Ende Roms

Die Westgoten, die Hunnen und die Wandalen haben das einst so mächtige Rom erschüttert bis in die Grundfesten. Im ganzen weströmischen Reich herrscht das Chaos, das vom oströmischen Kaiser nach Kräften geschürt wird. Im Jahr 476 ist es so weit. Odoaker, ein germanischer Söldnerführer, stürzt im Auftrag des oströmischen Kaisers Zenon I. den weströmischen Herrscher Romulus und macht sich zum »König von Italien«. Das weströmische Kaiserreich, hundertfünfzig Jahre davor noch Beherrscher der ganzen damals bekannten Welt, war damit untergegangen.

Odoaker in der Zelle eines Eremiten.

119

Der Glaube auf dem Weg zu neuen Ufern

Germanen herrschen auf römischem Boden.
Der Siegeszug Theoderichs des Großen

Der Zerfall des Hunnenreiches beendete auch die Unterjochung der Ostgoten unter ihre Herrschaft. Schon bald gewannen sie wieder an Macht und wurden vom oströmischen Kaiser Zenon mit dem Sturz Odoakers beauftragt. Unter ihrem Führer Theoderich zogen die Ostgoten gegen den König von Italien zu Felde und errangen im Jahr 493 den Sieg. Die Herrschaft Theoderichs des Großen in Italien, die bis zum Jahr 526 währte, bedeutete den Höhepunkt der Germanenherrschaft auf römischem Boden. Seine Politik war auf Aussöhnung und Gewinnung der Römer bedacht, wobei die Goten den militärischen, die Römer den erwerbenden und verwaltenden Teil des Staates bildeten. Obwohl es Theoderich nicht gelang, seine Pläne eines einheitlichen Germanenstaates zu werwirklichen, war seine Regierungszeit doch geprägt durch ein relativ blühendes, friedliches und harmonisches Gemeinwesen. Sein Tod bedeutete auch das Ende der Glanzzeit der Ostgoten. Ab 535 verfolgte Byzanz aktiv eine Politik der Rückeroberung Italiens und schloß diese 552 durch die Vernichtung der Ostgoten am Vesuv ab, ein Schicksal, das dem Wandalenreich bereits 534 widerfahren war.

Das Reich der Franken entsteht

Anders als die Ostgermanen, die unendlich weite Wanderzüge unternahmen, beschränkten sich die westgermanischen Stämme der Friesen, Angeln, Sachsen, Alemannen und Franken darauf, innerhalb des römischen Reichsgebietes zu siedeln und dort mit der Gründung von Reichen zu beginnen. Hier ist es vor allem der Stamm der Franken, dem es in kurzer Zeit gelingt, ein blühendes Reich zu errichten. Im Jahr 457, in dem auch die Sachsen über die Briten siegten und damit in Britannien seßhaft wurden, eroberten die Franken die römische Befestigung Köln. Im Jahr 481 wurde der Merowinger Chlodwig König der Franken. Seine Siege über die Gallier (486), die Alemannen (496) und die Westgoten (507) begründeten das fränkische Reich, dessen Grenzen bei seinem Tod das Mittelmeer und die Nordsee, der Golf von Biscaya und der Lech bildeten. Von entscheidender Bedeutung wurde darüberhinaus der Übertritt Chlodwigs zum römisch-katholischen Glauben. Mit diesem Schritt, der die neuen Herren Europas, die Germanen, geistig mit den alten Bewohnern einte, schuf Chlodwig die Grundlage für das Werden des christlichen Abendlandes.

Das weströmische Reich war zerfallen, neue Völker waren aufgetaucht und wieder verschwunden, ehe sich nun der Frankenkönig Chlodwig und seine Nachfolger anschicken sollten, ein neues, germanisches Reich zu gründen, das an Macht und Ausdehnung dem früheren Reich der Römer ebenbürtig sein würde.

In diesen neuen Verhältnissen warteten auf das Christentum neue Aufgaben, die Christianisierung der Germanen konnte beginnen.

Die ersten Germanen werden zu Christen

Die Christianisierung der germanischen Stämme setzte bereits dort in Form der Gelegenheitsmission ein, wo die römische mit der germanischen Kultur zusammenstieß. So etwa trat ab dem 4. Jahrhundert die gesamte eingeborene Stadtbevölkerung in den römischen Gebieten am Rhein, der Donau und im Alpenvorland zum christlichen Glauben über, so etwa wurden auch die östlichen Germanenstämme durch das Wirken Wulfilas mit dem Christentum in Form des Arianismus vertraut. Im Zuge der Völkerwanderung trafen immer wieder arianisch-germanische Eroberer auf das römisch-katholische Papsttum, das in der Bevölkerung der eroberten Gebiete stark verankert war. Die Germanen zeigten sich dabei zum großen Teil tolerant, eine Ausnahme bildeten hier nur die Wandalen und zeitweise die Ostgoten. Eine Änderung dieser Situation trat erst ein, als der Frankenkönig Chlodwig 497/98 zum römisch-katholischen Christentum übertrat und im Zug der fränkischen Politik der Reichsausdehnung weitere Stämme diesem Beispiel folgten.

Missionszentrum England

Eine besondere Bedeutung in der nun einsetzenden Missionierung kam der Bekehrung der Angelsachsen zu. Papst Gregor der Große griff hier zur Methode der planmäßig von Rom aus betriebenen Mission, die allerdings unterstützt wurde durch eine bereits vorhandene iroschottische Missionsarbeit, denn auch hier reichten die Anfänge des Christentums zurück in die Zeit der römischen Besatzung. Der Erfolg war überwältigend. Bereits 673 war das politisch in sieben Königreiche aufgespaltene England kirchlich einheitlich organisiert und entwickelte einen eigenen Typ des Christentums, der sich auszeichnete durch eine enge Bindung an Rom, durch eine äußerst ernsthaft betriebene wissenschaftliche Forschung, eine außerordentliche Strenge der Askese, deren höchstes Ziel die »peregrinatio propter Christum (Wanderung in die Ferne um Christi willen)« war und eine enge organisatorische Zusammenarbeit des Bischofssitzes mit einem Kloster und von König und Kirche.

Der Glaube auf dem Weg zu neuen Ufern

Bonifatius, ein beispielhafter Missionar

Es verwundert daher nicht, daß es vor allem iroschottische Missionare waren, die im engen Bund mit den Franken in kurzer Zeit die Alemannen und Baiern und bald darauf die Hessen und Thüringer christianisierten. In der Gestalt des Bonifatius werden alle Tugenden iroschottischer Missionare deutlich. Zunächst ragt seine Wirksamkeit als Missionar heraus; er ist es, der den Friesen das Evangelium bringt. Besondere Bedeutung gewinnt Bonifatius allerdings durch die von ihm geleistete Organisation der deutschen Kirche. Er ist es, der Bayern und Mitteldeutschland mit einem festen Diözesannetz überspannt, das durch Klostergründungen ergänzt und ausgebaut wird. Schließlich ist er vor allem unermüdlich tätig, das fränkische Reich mit seiner Kirche an Rom und den Papst zu binden. Damit ist er zu einer der herausragenden Gestalten der Festigung des christlichen Abendlandes geworden.

Harter Kampf um die Sachsen und Nordgermanen

Ein Missionsziel des Bonifatius war die Christianisierung der Sachsen. Diese stellt ein Sonderproblem in der Missionsgeschichte dar, denn sie wurde gewaltsam durchgeführt. Karl der Große sah die Eingliederung Sachsens in das Frankenreich als unumgängliche Bedingung für das Entstehen des Deutschen Reiches und ging entsprechend hart gegen die sich oftmals Widersetzenden vor. Als das Land 782 erobert war, wurde den Sachsen die Taufe zur Pflicht gemacht. Für den Fall des Versäumnisses wurde jedem Untertan die Todesstrafe angedroht.

Gewaltsam wurde auch die Christianisierung in Norwegen ab 955 von König Olaf Tryggvasen vorangetrieben. Abgeschlossen wurde die Missionierung der Germanen schließlich im 11.–13. Jahrhundert in dem von Norwegen besiedelten Grönland, Schweden und Finnland.

Die ersten Slawen werden zu Christen

Die Anfänge der Slawenmission gehen vom Patriarchat Aquileja aus, das bereits im 9. Jahrhundert die Christianisierung der Kroaten vollendete. Nördlich der Alpen bildete das fränkische Reich das missionarische Zentrum. Immer wieder brachen Missionare von Salzburg, Passau und Freising aus auf nach Osten. Ihr erster großer Erfolg war die Gewinnung der Slowenen in Kärnten und der Steiermark. Die Eroberungsfeldzüge der fränkischen Herrscher zur Gewinnung der Oberherrschaft bedeuteten jeweils auch den Beginn der Mission in den entsprechenden Gebieten. So kamen die Awaren, später die Mähren, deren Herrschaftsbereich sich vom Plattensee bis zu den Sudeten erstreckte, die Tschechen, Wenden und Obodriten in Kontakt mit dem Christentum. Freilich bot die Unterwerfung slawischer Stämme noch nicht die Gewähr der Glaubensübernahme, der Erfolg der Mission war vielmehr davon abhängig, ob sie von den fränkischen Fürsten auch ernsthaft betrieben wurde.

Wie wir an einzelnen Märtyrerschicksalen sehen werden, ist der Erfolg des Glaubens in den gerade genannten Gebieten oftmals davon abhängig, ob es gelingt, das jeweilige Reich an das der Franken und damit an die Kirche anzubinden, oder ob diese Pflicht versäumt wird.

Auch Byzanz zeigte sich bestrebt, das Christentum zu den slawischen Völkern zu tragen. Unter Kaiser Heraklius I. (610–641) wurden die Serben zur Taufe bewegt, die allerdings erst von Basileus I. (867–886) endgültig gewonnen wurden.

Mission im Zeichen der gespaltenen Kirche

Mit dem Eintreten von Byzanz in die Missionsarbeit standen sich lateinische und griechische Missionsbemühungen gegenüber, die das Ergebnis der Auseinanderentwicklung und Abtrennung der byzantinischen von der römischen Kirche waren. Die Mission fand nun nicht mehr miteinander, sondern gegeneinander statt.

So etwa forderte 863 Stanislaus von Mähren, dem es um byzantinische Unterstützung gegen Deutschland ging, von dort Missionare an. Cyrillus und Methodius, die legendären Slawenapostel, begannen ihre Arbeit, wurden aber vom römischen Papst Nikolaus I. nach Rom zitiert, wo Cyrillus starb. Methodius setzte seine byzantinische Missionsarbeit in Mähren und Böhmen bis zu seinem Tod im Jahre 885 fort. Doch dann wandte sich Mähren wieder Deutschland zu, die Folge davon war die Vertreibung der Schüler des Methodius im Jahr 887, die dann Aufnahme bei den Bulgaren fanden.

Ein ähnliches Beispiel liefert uns die Missionsgeschichte des russischen Reiches. Eingeleitet war die Christianisierung durch Byzanz worden. Die Taufe der Großfürstenwitwe Olga auf den Namen Helena im Jahr 955 war ein schöner Erfolg. Doch dann ließ es Byzanz an geistlicher Hilfe fehlen und Helena wandte sich an Otto den Großen, den deutschen Kaiser. Doch bevor dessen Abgesandter in Kiew eingetroffen war, hatte sich die politische Lage geändert und der neue byzantinische Kaiser Romanos II. stellte die Beziehung zu Kiew wieder her.

Der Glaube auf dem Weg zu neuen Ufern

Eroberung und Taufe. Die politische Missionierung

Die Christianisierung der Westslawen vollzog sich unter politischen Vorzeichen, denn immer war die Eroberung östlich-heidnischer Gebiete durch das deutsche Reich Ausgangspunkt für deren Missionierung. So folgte der 963 erzwungenen Anerkennung der deutschen Oberhoheit in Polen die Taufe des Fürsten Miseko I.

Die Unterwerfung unter das deutsche Reich und darauf folgend die Mission trifft auch zu für Pommern und die Stämme zwischen Elbe und Oder (Obodriten und Liutizen). Charakteristisch dafür ist, daß vielerorts die Menschen noch gar nicht reif für den ihnen aufgezwungenen Glauben waren, so daß es relativ häufig zu Aufständen und erbitterten Kämpfen gegen die Eroberer kam.

Kreuzzug gegen das Heidentum. Die Mission mit dem Schwert

Die immer mehr politisch ausgerichtete Mission wußte sich im Falle Livlands, Estlands und Preußens keinen anderen Rat mehr, als mit dem Schwert gegen die Heiden vorzugehen. So reisten nicht mehr einzelne Missionare in die wilden Landstriche, sondern Kreuzzugsheere eroberten die betreffenden Gebiete, die darauf von deutschen Bauern besiedelt wurden. Mit der Eroberung Preußens im Jahr 1283 gilt die Mission der Slawen, die fast ein halbes Jahrtusend gewährt hatte, als beendet.

Der heilige Flavian

gest.: unter Kaiser Julian
Fest: 22. Dezember

Die Leiden des heiligen Flavian, dessetwegen ihn die Kirche als Märtyrer verehrt, sind uns in einem Anhang zum Martyrium der heiligen Johannes und Paulus überliefert. Diese legendarische Passion kennzeichnet Flavian, der der Vater der heiligen Bibiana und Demetria gewesen sein soll, als hochangesehenen Mann, der wegen seiner Fähigkeiten unter Kaiser Konstantin zum Statthalter von Rom ernannt wurde. Sein Martyrium soll sich unter dem arianischen Kaiser Julian dem Abtrünnigen zugetragen haben.

Die Legende berichtet uns über die Leiden, die Flavian unter der arianischen Herrschaft zu erdulden hatte. Die Bedrohung der Glaubenseinheit durch diese Irrlehre konnte nur durch das Beispiel der Standhaftigkeit, wie Flavian es gegeben hat, abgewendet werden.

Nach dem Tode Konstantins des Großen kam dessen Sohn Konstantius zur Regierung. Dieser ließ sich durch seine gottlose Gemahlin zur arianischen Ketzerei verführen und fing an, wider die Katholiken fast ebenso grausam zu wüten, als vorher die heidnischen Kaiser. Flavian war bemüht, die Katholiken im wahren Glauben zu stärken, und verteidigte unerschrocken die Gottheit Jesu Christi gegen die arianische Irrlehre. Dadurch machte er sich aber bei dem Kaiser sehr verhaßt und wurde, weil er sich weder durch Versprechen noch Drohungen davon abhalten ließ, seines hohen Amtes, daß er zu allgemeiner Zufriedenheit der ganzen Stadt lange Jahre verwaltet hatte, entsetzt. Flavian freute sich, daß er allein um des wahren Glaubens willen so großen Verlust und Schimpf ertragen durfte. Nach dem Tode des Konstantius bestieg Julian der Abtrünnige den kaiserlichen Thron und fing eine furchtbare Verfolgung der Christen an, welche er gänzlich zu vertilgen beschlossen hatte. Flavian bewährte jetzt abermals seinen unerschrockenen Mut und heiligen Eifer für den wahren Glauben. Er munterte die Christen zur Standhaftigkeit auf, besuchte und tröstete sie in ihren Gefängnissen, versah sie mit Nahrung und andern notwendigen Dingen und feuerte sie an, für ihren göttlichen Feldherrn lieber zu leiden und zu sterben, als durch Verleugnung des christlichen Glaubens seiner Fahne untreu zu werden. Flavian blieb mit Rücksicht auf seinen hohen

Adel und seine frühere hohe Stellung eine Zeitlang von den Herrschern unbehelligt. Doch endlich wurde auch er dem Tyrannen als Christ verraten. Dieser befahl seinem Statthalter Apronianus, den Flavian ohne Verzug zu sich fordern zu lassen und denselben entweder zur Abschwörung des Christentums zu zwingen oder ihm durch die graumsamste Marter das Leben zu nehmen. Apronianus vollzog sofort den Befehl, ließ den Flavian gefangennehmen und vor seinen Richterstuhl bringen. Er wollte ihn überreden, den christlichen Glauben zu verleugnen; Flavian aber sprach zu ihm mit unerschrockenem Mut: »Ich bin ein Christ und bleibe ein Christ. Ich halte es für die größte Ehre, nicht nur Hab und Gut, sondern auch mein Leben für die Ehre Jesu Christi hingeben zu können.« Der Statthalter, ganz erbittert, sprach über ihn das Urteil, daß er seines hohen Adels beraubt und in den Stand eines verächtlichen Sklaven gesetzt werden solle. Es wurden ihm also die Zeichen des Adels und der frühern Würde mit Gewalt hinweggerissen und mit einem glühenden Eisen das Zeichen auf die Stirne gebrannt, welches die Sklaven und größten Übeltäter zur steten Schmach tragen mußten. Der Schmerz war groß, die Schmach aber und Beschimpfung noch größer. Flavian ertrug beides dennoch mit fröhlichem Angesicht und sagte, er sehe die Beschimpfung als die höchste Ehre an, die ihm in seinem Leben widerfahren sei.

Apronianus hätte gern noch andere Peinigungen an ihm versucht; weil er aber wußte, daß Flavian bei den Heiden wegen der dem Staat geleisteten Dienste noch in hohem Ansehen stand, und einen Aufstand befürchtete, unterließ er es und begnügte sich damit, ihn all seiner Güter zu berauben und in die Verbannung zu schicken. Er gab aber denen, die ihn an den Ort der Verbannung überbringen mußten, Befehl, den heiligen Bekenner derart auf dem Weg zu mißhandeln, daß er vor Kummer und Elend bald sterben müsse. Flavian nahm auch diese Verstoßung ins Elend mit Dank und Freude aus der Hand Gottes an. Am schmerzlichsten fiel ihm, daß er seine fromme Gemahlin und zwei Töchter verlassen mußte, denen es wohl nicht besser ergehen konnte wie ihm. Aber auch hier zeigte er sich heldenmütig. Er befahl dieselben mit großem Vertrauen dem Schutze der göttlichen Vorsehung und trat den Weg in die Verbannung an. Die ihn begleitenden boshaften Soldaten behandelten ihn dem Befehl des Apronianus gemäß. Am Ort der Verbannung selbst erging es ihm nicht besser. Das einzige, was ihn tröstete, war das Gebet. Dasselbe stärkte ihn so, daß man ihn bei allem Schimpf und aller Schmach nicht traurig, sondern allzeit heiter sah. Im Gebete beschloß er auch sein heiliges Leben. Als er einst demselben eifrig oblag, rief ihn der Ewige aus dieser Zeitlichkeit zu sich in die himmlischen Wohnungen. Der heilige Flavian verdient unter die berühmtesten Märtyrer der heiligen Kirche gezählt zu werden, weil er um des wahren Glaubens willen Großes und Schweres erlitten hat.

Die Heiligen Jonas und Barachisus

gest.: 327
Fest: 29. März

Aus dem Leben der Heiligen ist uns nichts mehr bekannt. Sie sollen im Jahr 327 unter dem Perserkönig Sapor, der die Christen in seinem Land grausam verfolgte, den Märtyrertod erlitten haben. Die Akten bei Assemanni geben uns ein Bild von der Grausamkeit der heidnischen Perser und dem heldenmütigen Eintreten der beiden heiligen Brüder für ihren Glauben.

Nachdem Jonas und Barachisus, zwei Brüder aus der Stadt Beth-Asa, erfahren hatten, daß mehrere Märtyrer zu Hubaham sollten hingerichtet werden, begaben sie sich unverzüglich zu ihrem Kerker, in der Absicht, sie zu erquicken und zum Tode zu ermutigen. Neun unter diesen haben die Marterkrone erhalten.

Gleich nach Hinrichtung derselben wurden Jonas und Barachisus gefänglich eingezogen und vor den Richter geführt. Dieser drang auf das heftigste in sie, daß sie dem König der Könige, nämlich dem König von Persien gehorchen und die Sonne, den Mond, das Feuer und das Wasser anbeten sollten. »Ist es nicht billiger,« antworteten die Heiligen, »dem unsterblichen König des Himmels und der Erde zu gehorchen, als einem sterblichen König?« Die Perser, heftig aufgebracht, daß die großmütigen Bekenner Jesu Christi ihren König sterblich nannten, sonderten die zwei Brüder voneinander ab und ließen den Barachisus in einen engen und finstern Kerker führen; Jonas aber wurde auf Befehl des obersten Richters auf einen Pfahl gelegt und mit Ruten und knotigen Stäben schrecklich geschlagen. In dieser Marter betete er zu Gott: »Ich sage dir Dank, o Gott unsers Vaters Abraham! Gib mir doch die Gnade, ich bitte dich inständig, daß ich dir ein angenehmes Brandopfer durch mein Leben darbringen könne. Ich verlange nichts anders, dies allein suche ich. Ich verabscheue den Dienst der Sonne, des Mondes, des Wassers und des Feuers. Ich glaube an Gott den Vater, den Sohn und den heiligen Geist und erkenne keine andere Gottheit.« Man warf ihn alsdann mit einem Strick an den Füßen in einen gefrorenen See.

Gegen Abend wurde Barachisus vor die Richter geführt, die ihm sagten, sein Bruder hätte geopfert. »Nein!« sprach der Heilige, »ich kenne ihn besser, als daß ich glauben sollte, er habe bloßen Geschöpfen göttliche

Ehre erwiesen.« Er redete alsdann von der unendlichen Allmacht Gottes, schilderte dieselbe mit solcher Beredsamkeit, daß selbst die Richter darüber in Erstaunen gerieten. »Wir dürfen ihn nicht so öffentlich reden lassen,« sprach einer zu dem andern, »er möchte sonst jene, die unserer Religion zugetan sind, verführen.« Man entschloß sich daher, Barachisus in Zukunft nur zur Nachtzeit ins Verhör zu nehmen. Zu gleicher Zeit befahlen sie, ihm glühende Eisen auf beide Arme zu legen, und sagten zu ihm: »Bei dem Glücke des Königs! Lassest du eines dieser Eisen fallen, so verleugnest du den Glauben der Christen.« Aber der Märtyrer antwortete: »Ich fürchte euer Feuer nicht; ich werde kein Werkzeug meiner Marter fallen lassen; lasset mir, ich bitte euch, nur gleich alle Martern antun; wenn man für Gott streitet, kann es einem an Mut nicht fehlen.« Die persischen Magier, durch diese Unerschrockenheit noch mehr aufgebracht, ließen ihm geschmolzenes Blei in die Nasenlöcher und in die Augen gießen, ihn dann aber in den Kerker zurückführen und an einem Fuß aufhängen.

Des andern Tages zog man den Jonas aus dem See und fragte ihn, wie er sich befinde; die verflossene Nacht werde für ihn ohne Zweifel schmerzhaft genug gewesen sein. »Nein!« sagte der christliche Held, »solange ich lebe, habe ich nie so reine Freuden gekostet als in dieser Nacht. Das Andenken des Leidens Jesu Christi war für mich die Quelle eines unaussprechlichen Trostes.« Die Perser sprachen: »Dein Bruder hat abgesagt.« Jonas: »Ja, ich weiß, daß er schon lange dem Teufel und seinem Anhang abgesagt hat.« Die Perser: »Gib acht, daß du dich nicht selbst in den Tod stürzest.« Jonas: »Wenn ihr weise seid, wie ihr sein wollet, so saget mir: ist es nicht besser, den Samen aussäen, als ihn auf dem Fruchtboden liegen lassen, unter dem Vorwande, ihn vor dem Regen und schlimmen Wetter zu bewahren? Nun aber ist dieses Leben einem Samen gleich, den man in die Erde streut, damit er im künftigen Leben Früchte der ewigen Herrlichkeit bringe.« Die Perser: »Eure Bücher haben schon viele betrogen.« Jonas: »Es ist wahr, daß sie schon viele von den irdischen Lüsten abgezogen haben… Wenn ein Christ inmitten der Qualen mit dem durch das Andenken des Leidens Christi entzündeten Liebesfeuer entflammt ist, vergißt er Reichtümer, Ehren und alle irdische Güter; er sehnt sich nur nach der Anschauung jenes wahren Königs, dessen Reich ewig dauert, und dessen Macht alles Sichtbare und Unsichtbare umfängt.«

Nach diesen Reden wurden ihm Hände und Füße ab- und die Zunge herausgeschnitten, die Haut vom Kopf abgezogen, und er in siedendes Pech geworfen, welches aber aus dem Kessel herausströmte, ohne den Heiligen im geringsten zu verletzen. Dann drückte man ihn in einer Presse grausam zusammen und schnitt seinen Leib in Stücke, die man in eine Cisterne warf und bewachen ließ, aus Furcht, die Christen möchten diese heiligen Reliquien sammeln und verehren.

Dem Barachisus, der die Auferstehung des Leibes und das für die Gottlosen so schreckliche Gericht predigte, wollte man ebenfalls den Prozeß kurz machen, weil man doch bei ihm keine andere Gesinnung mehr erwarten konnte. Man schlug ihn also mit sehr spitzigen Rohren und trieb dieselben in seinen Leib hinein, dann wälzte man ihn auf der Erde, goß siedendes Pech und Schwefel in seinen Mund, und machte so seinem Leben durch den schauervollsten Tod ein Ende. Ihre Leiber wurden von einem ihrer Freunde, Abtusciatas mit Namen, von den Persern erkauft.

Der heilige Simon

gest.: 344
Fest: 17. April

Der heilige Simon oder Simeon war Bischof von Seleukeia und Ktesiphon. Als in Persien unter Sapor die großen Christenverfolgungen ausbrachen, weigerte er sich, von seiner Gemeinde die doppelten Steuern einzuziehen. Daraufhin wurde er verhaftet und im Jahr 344 hingerichtet.

Die Akten, die uns der hl. Maruthas überliefert hat, schildern uns sehr deutlich, wie die Vernehmung der Christen vor sich ging. Durch die Anbetung des Sonnengottes und die kniefällige Verehrung des persischen Herrschers hatten sie ihren Glauben zu verleugnen:

Als der heilige Bischof Simeon vor dem König erschien, unterließ er den allgemeinen Landesgebrauch der morgenländischen Völker, vor dem Regenten sich zur Erde zu werfen, und Sapor fragte ihn, warum er die gebührende Ehrfurcht vernachlässige, die er ihm sonst erwiesen habe. Darauf antwortete der Heilige: »Zuvor wurde ich nie, mit Banden beladen, vor dich geführt, um meinen Gott zu verleugnen.« Nun klagten ihn die persischen Priester an, daß er mit den Feinden des Vaterlandes im Einverständnisse und in Freundschaft stehe; sie erklärten ihn des Hochverrates und daher des schmählichsten Todes schuldig; Simeon aber sprach zu ihnen: »O ihr boshaften Heuchler! Ist es nicht genug, daß ihr das Verderben dieses Königreiches herbeigeführt habt? Wollt ihr euern Frevel auch noch auf die Christen laden?« Mit einer freundlichen Miene redete ihm nun der König zu: »Sei versichert, Simeon, ich meine es gut mit dir! Bete die Sonne an, und es wird zu deinem und deines Volkes Nutzen sein.« Dieser aber antwortete: »Wie kann ich die Sonne anbeten, da ich dich nicht anbete, der du doch edlerer Natur bist als die Sonne? König! Wir Christen anerkennen nur einen Herrn, nämlich Jesus den Gekreuzigten.« – »Wenn du«, erwiderte der König, »einen lebendigen Gott anbeten würdest, so möchte ich deine Torheit noch entschuldigen; aber einen Menschen als Gott verehren, der an einem verfluchten Holze starb! Besinne dich und bete die Sonne an, deren Gottheit alles huldigt, und tust du das, so verspreche ich dir Ehre, Reichtum und die höchsten Würden in meinem Reiche.« Simeon belehrte ihn: »König, du hast keinen wahren Begriff von Jesus Christus. Er ist der Schöpfer der Menschen und Herr der Sonne, die sich bei seinem Tode aus Trauer verhüllte. Mit Gotteskraft entstieg er dem Grabe und fuhr auf in den Himmel. Die Ehren, die du mir verheißest, locken mich nicht an, denn andere Ehren bereitet mir Gott, die weit edler und andauernder sind.«

Nun ermahnte ihn der König nochmals und sagte: »So schone doch deines und des Lebens so zahlloser Menschen, die alle zu Grunde gehen werden, wenn du auf deiner Halsstarrigkeit beharrst.« Der Heilige drohte ihm mit den Worten: »Wenn du solch einen Frevel begehst, wirst du dessen Größe fühlen und die Strafe leiden an jenem Schreckenstage, wo der höchste Richter die strengste Rechenschaft deiner Handlungen von dir abfordern wird. Was mich betrifft, so überlasse ich dir mit Vergnügen die Überreste meines armseligen Lebens.« In Unwillen gebracht, rief nun der König: »So stürze du in das Verderben! Aber deine Anhänger dauern mich; doch ich werde suchen, dich mit so harten Strafen zu züchtigen, daß sie gewiß von ihrer Torheit abgeschreckt werden.« Simeon antwortete: »Die Erfahrung wird dich belehren, daß Christen das ewige Leben dem zeitlichen nicht aufopfern. Sie würden dein Königreich nicht eintauschen gegen den unsterblichen Namen, den Jesus Christus ihnen gab.« Zürnend schrie ihm nun Sapor zu: »Weigerst du dich, mich und die Sonne, die Gottheit des ganzen Morgenlandes, im Beisein der Gewaltigen meines Reiches fußfällig zu verehren, so werde ich dir morgen dein schönes Angesicht und die Wohlgestalt deines Körpers mit Streichen verunstalten lassen.« Der Heilige sagte ruhig und gelassen: »Du stellst dich der Sonne gleich und machest sie zur Gottheit, obgleich du viel größer und erhabener als sie bist. Übrigens wenn du meinen Leib verunstaltest, achte ich dessen nicht; denn ich weiß, daß der, welcher ihn mir gab, ihn dereinst schöner wieder herstellen wird.«

Sapor, der sich nun überzeugt hatte, daß nichts des christlichen Bekenners Standhaftigkeit zu erschüttern vermöge, befahl, ihn in einem engen Kerker bis auf den andern Tag zu verschließen, und als ihn die Soldaten

131

Der heil. Simeon, Bischof.

durch das Tor des Palastes führten, stand da ein alter Mann, Usthazanes *genannt, der Erste unter allen Vornehmen des Hofes. Er war Oberkämmerer und ein Vertrauter des Königs und hatte sich früher zur christlichen Religion bekannt; aber seit der großen Verfolgung betete er, um dem Regenten nicht zu mißfallen, die Sonne an. Als dieser nun den heiligen Bischof gefesselt erblickte, wurde sein Herz gerührt, und voll Ehrfurcht warf er sich auf die Knie und grüßte ihn; Simeon aber wandte seine Augen von ihm ab, um ihm seinen Abscheu wegen des Abfalles vom Glauben bemerkbar zu machen. Der Oberkämmerer, von Scham und innerlichen Schmerzen ergriffen, rief unter häufigen Tränen: »O ich Unglücklicher! Ist mir das Zeichen der Unzufriedenheit des Oberhirten schon so empfindlich, wie werde ich den Zorn Gottes, den ich so schändlich verleugnet habe, ertragen können?« Vertieft in diesen schrecklichen Gedanken, eilte er nach Hause, hüllte sich in ein schwarzes Gewand, das die Perser nur in der größten Trauer zu tragen pflegen, und stellte sich wieder zur königlichen Pforte. Der König erhielt sogleich Nachricht von diesem Benehmen und ließ seinen Kämmerer um die Ursache desselben fragen und, da ihm die Antwort nicht genügte, ihn vor sich rufen: »Hat ein böser Geist sich deiner bemächtigt?« so schrie er ihm zu. »Nein, o König!« erwiderte dieser; »aber wer hat größere Ursache zu trauern als ich? Ich habe mich schwer an Gott versündigt, indem ich die Sonne anbetete, und auch gegen dich habe ich* mich verfehlt, weil ich eine Anbetung heuchelte, die mein Herz verabscheute.« In Wut aufbrausend, sprach Sapor: »Alter Tor, das kann dich betrüben? Doch ich will dich zurechtweisen, wenn du dir diesen Gedanken nicht aus dem Sinne schlägest.« – »Nein,« rief der Kämmerer, »ich nehme den Herrn Himmels und der Erde zum Zeugen, daß ich dir hierin nicht mehr gehorche und nicht wieder einen Frevel begehen werde, den ich mit den bittersten Schmerzen bereue. Ich bin ein Christ, und als solcher erkläre ich dir, daß ich nie mehr um den Menschen zu gefallen, treulos gegen Gott handeln will.«

Sapor hatte Mitleiden mit dem alten Manne, der ihm bisher so treu und redlich gedient hatte, und wollte ihn auch nicht verlieren, weil er an ihn so sehr gewohnt war. Deswegen bot er alles auf, um ihn von seiner Besinnung abzubringen; da aber nichts fruchten wollte, fragte er zornig: »Es tut mir leid, daß du auf diese Weise den Lohn für deine langen und getreuen Dienste verlieren sollst. Daher beschwöre ich dich nochmals, entsage den Vorurteilen eines schändlichen Haufens, oder du zwingst mich, auch über dich die ihnen bestimmten Strafen zu verhängen.« Der Bekenner erwiderte: »König! Nimmermehr werde ich den wahren Gott verlassen und, wie du, unbeseelte, vernunftlose Geschöpfe anbeten.« Da ergrimmte der König und befahl, ihn sogleich auf die Folter zu werfen, gab aber der Fürbitte der Großen am Hofe nach, welche den Befehl von ihm erwirkten, daß er sogleich ohne Marter getötet werde. Als der Greis zum Tode geführt wurde, ließ er den König um die letzte Gnade bitten, er möchte dem Volke kundtun, daß er deswegen sterben müsse, weil er dem Christentum nicht habe abschwören wollen. Dadurch wollte er das große Ärgernis wieder gut machen, das er durch seinen Abfall gegeben hatte, und Sapor bewilligte die Bitte, weil er glaubte, der Tod eines angesehenen, treuen Dieners, zu dem er wegen des Christentumes verdammt wurde, werde großes Aufsehen erregen und alle seine Untertanen von dieser Religion abschrecken. Usthazanes wurde am grünen Donnerstage enthauptet.

Der heilige Simeon vernahm im Gefängnis das selige Ende des Oberkämmerers, dankte Gott für diese Gnade und rief, erfüllt von glühendem Verlangen nach dem Martertod, aus: »O glücklicher Tag, an dem ich für Jesus sterben werde, wann nahest du? Tag der Freude, du wirst mich von diesem elenden Erdenleben erlösen, wirst mir die Krone erwerben, nach der ich schon so lange vergeblich geseufzt habe! Tag der Wonne, du wirst meine Tränen abtrocknen, die ich unaufhörlich weine, und wirst meine Leiden enden!« Unter diesen Worten hatte er seine Hände zum Himmel emporgehoben, und seine beiden Priester, die mit ihm im Gefängnis waren, sahen sein schönes Angesicht ganz verklärt von seiner innigen Liebe zu Gott. Die ganze Nacht vom grünen Donnerstag verharrte der Heilige im Gebet und öfters rief er laut auf: »O Jesus, mein Gott und

Erlöser, erhöre mich, so unwürdig ich auch Deiner Erbarmung bin! Laß mich den Todeskelch an dem Tage Deines heiligen Leidens trinken, damit es die Christen sehen, daß Simeon seinem Herrn treu und gehorsam war und ihm sein Leben opferte.«

Als der Tag angebrochen war, – es war der heilige Karfreitag – wurde Simeon wieder vor den König geführt, der ihn sogleich fragte, ob er seine Gesinnung geändert habe, und die Güte, die er bisher gegen ihn gehabt, benützen, oder auf seiner Raserei bestehen wolle? »Bete die Sonne an,« ermahnte er ihn, »und du sollst sogleich deine Freiheit erhalten, und mit meiner ganzen Gewalt will ich dich gegen deine Feinde beschützen.« Darauf erwiderte der heilige Oberhirt: »Das wolle Gott verhüten, daß ich solche Sünde begehe und so großes Ärgernis geben sollte!« – »Meine Herzensgüte, das Andenken unserer alten Freundschaft,« schmeichelte Sapor, »hat mich bewogen, so milde Wege gegen dich einzuschlagen; weil sie aber nutzlos sind, so magst du dein Unglück, das du dir selbst zuziehest, nun tragen.« Simeon sprach: »Laß ab, o König, von deinen Versuchen, mich durch freundliche Worte zu bereden. Verzögere nicht das Opfer, der Tisch ist bereitet und mit Sehnsucht verlange ich nach dem seligen Augenblick, Teil zu nehmen an dem heiligen Mahle, zu welchem der Herr mich einladet.« Der König wandte sich nun zu seinen Hofleuten und sprach: »Sehet die Torheit dieses Menschen, der lieber sterben, als seiner Halsstarrigkeit entsagen will« und verurteilte ihn zur Enthauptung.

Zu gleicher Zeit befahl er, hundert Christen aus ihren Gefängnissen herbeizuführen und sie mit ihrem Bischof hinzurichten. Unter ihnen befanden sich fünf Bischöfe, mehrere Priester und Diakone, und die übrigen waren von der niederen Geistlichkeit, weil bisher nur Geistliche mit dem Tode bestraft wurden. Vor der Hinrichtung ermahnte sie der Oberrichter noch einmal, sich zu retten und die Sonne anzubeten; aber einstimmig erklärten alle, daß sie lieber Marter und Tod erdulden, als durch schändlichen Abfall Gott beleidigen wollen; und nun begann die Vollziehung des Urteils. Der heilige Simeon mußte Zeuge des Todes aller seiner Gefährten sein, weil man glaubte, er würde noch vom Bekenntnis abgeschreckt werden; allein freudig ermunterte er seine Brüder zur Standhaftigkeit. Erst als hundert Christen enthauptet waren, empfing auch er die Marterkrone mit seinen beiden Priestern Abdhaikla und Hananias. Als Letzterer entkleidet vor dem Scharfrichter stand, überfiel ihn plötzliche eine solche Todesfurcht, daß er zu zittern anfing. Da trat Pasikus, der seit kurzem zum Oberaufseher der königlichen Arbeiter aufgestellt ward, aus der Menge hervor und sprach: »Habe Mut, Hananias, schließ die Augen noch einen Augenblick und du wirst das göttliche Licht Jesu Christi schauen.« Diese Worte wurden sogleich dem König hinterbracht, der am nämlichen Tage noch den Aufseher zu sich berief, von ihm Rechenschaft forderte über das, was er gesprochen, und ihm Vorwürfe machte über den Undank, mit dem er seine Wohltaten vergelte. Dieser aber gab zur Antwort: »Gerne möchte ich mein Leben vertauschen gegen den Tod dieser edelmütigen und unschuldigen Christen! König, ich entsage den Ehren, die du mir verliehen hast, denn sie erfüllen mein Herz nur mit Unruhe. Dafür gewähre mir die Gnade, mich denen zuzugesellen, von deren Ende ich Zeuge war; nichts kann seliger sein als so ein Tod!« – »Wie« rief der König aus, »diesen Tod ziehest du deiner Würde vor, bist du bei Sinnen?« Pasikus sprach: »Wohl bin ich bei Sinnen, o König! Aber ich bin ein Christ, und darum scheint mir der Tod bei fester Zuversicht auf Gottes Erbarmungen weit mehr Vorzug zu verdienen als alle Ehrenstellen, die du mir geben kannst.«

Seiner nicht mehr mächtig vor Zorn, verurteilte ihn Sapor zu einer grausamen Marter. Die Henker mußten ihm den Hals durchschneiden und zugleich die Zunge herausreißen, unter welcher schrecklichen Qual er seinen Geist aufgab. Der fromme Bekenner hatte ein Tochter, die Gott in heiliger Jungfrauschaft diente; auch diese wurde ergriffen und unmenschlich gemordet. Dieses geschah am siebzehnten April im Jahre 344.

Der heilige Azades und seine Gefährten

gest.: 344
Fest: 8. April

Über den heiligen Azades und seine Gefährten haben wir Kunde durch die vom heiligen Maruthas verfaßten Akten. Der Heilige war ein Opfer der Christenverfolgungen im persischen Reich, die dort unter König Sapor im vierten Jahrhundert stattfanden. Der heilige Maruthas gibt uns in seiner Schilderung der Verfolgungen eine anschauliche Darstellung der Not und der Grausamkeiten, unter denen die persischen Christen zu leiden hatten.

Von der sechsten Stunde des heiligen Karfreitags im Jahre 413 bis zum zweiten Sonntag vor Pfingsten wurde nicht ausgesetzt, unter allen nur erdenklichen Martern und Leiden die Gläubigen hinzuschlachten; und als die Kunde von dem Verfolgungsbefehle in den entfernten Provinzen verbreitet wurde, ließen die Statthalter alle anderen Geschäfte ruhen, suchten mit ihren Henkern die Anbeter des wahren Gottes auf und warfen

Der hl. Azades u. Gefährten.

sie einstweilen in die schauerlichen Gefängnisse, bis sie vom Könige
beauftragt wurden, alle zu morden. Unter diesen unzähligen Märtyrern
befand sich auch der heilige Azades, ein Eunuch, den der König wegen
seiner Treue und Redlichkeit außerordentlich liebte. Der Richter ließ ihn
lebendig entzweisägen. Der martervolle Tod dieses treuen Dieners rührte
den König so sehr, daß er eine andere Verordnung erließ und befahl,
künftig die Verfolgungen der Gläubigen auf die Bischöfe, Priester und auf
die Gott besonders geweihten Personen zu beschränken. Gemäß diesem
Befehl wurden dreiundzwanzig Bischöfe, zweihunderteinundfünfzig Priester und Diakone und mehrere tausend geistliche und gottselige Personen
jeden Geschlechts und Alters grausam gemartert und unmenschlich hingerichtet.
    Unterdessen wurde die Gemahlin des Königs Sapor von einer schweren
Krankheit befallen, und die jüdischen Ärzte, die ihr ganzes Vertrauen
genossen, überredeten sie aus Rache gegen die Christen, dieses Übel sei die
Wirkung einer von den Schwestern des heiligen Märtyrers Simeon bewirkten Zauberei, die auf diese Weise ein Opfer wegen des Todes ihres Bruders
suchen. Auf der Stelle wurde die fromme, unschuldige Jungfrau Tarbula
mit ihrer Schwester, die nach dem Tode ihres Mannes sich Gott und der

Tugend ganz gewidmet hatte, und die Dienerin Tarbulas, eine gottselige Jungfrau, verhaftet und vor die Richter geführt. Diese beschuldigten sie, daß sie durch ihre teuflischen Künste die Königin aufs Krankenlager gebracht hätten. Tarbula aber widerlegte diese Anklage dadurch, indem sie erklärte, daß einen solchen Frevel ebenso sehr, wie die Anbetung der falschen Götter, die christliche Religion streng verbiete. Doch die Richter verharrten auf der Anschuldigung und behaupteten, sie habe dieses aus Rache wegen ihres Bruder getan, und darauf erwiderte die Jungfrau: »Aus welcher Ursache sollten wir wohl den Tod unseres Bruders rächen, vielleicht weil er ein unglückliches, vergängliches Leben verloren und dafür die ewige Glückseligkeit erhalten hat? Zudem untersagt ja der Glaube, zu dem wir uns bekennen, jede Rache, und befiehlt uns, denen Gutes zu tun, die uns Böses getan haben.« Nach diesem Verhör wurden die drei Christinnen wieder in das Gefängnis gebracht.

Die heilige Tarbula war eine blühende Jungfrau und ihr Körper mit der seltensten Schönheit geschmückt, weswegen einer der Richter von unreiner Leidenschaft für sie erglühte und ihr durch den Gefängniswärter eröffnen ließ, daß, wenn sie sich entschließen würde, ihn zu ehelichen, er ihr bei dem König die Freiheit erwirken wolle. Die fromme Tarbula aber verwarf seinen Antrag und sagte: »Ich bin von Jugend auf eine Braut Christi, ihm habe ich mich ganz geweiht. Auch fürchte ich den Tod nicht, sondern betrachte ihn vielmehr als das Ende meiner Leiden; denn indem er mich von dieser Welt wegnimmt, vereinigt er mich mit meinem geliebten Bruder im Schoße der ewigen Ruhe«. Auch andere vornehme und ansehnliche Jünglinge machten ihr die vorteilhaftesten Anträge; erhielten aber alle abschlägige Antworten. Dies empörte sie gegen die Christin und sie bewirkten ohne Verzug bei den Richtern ihr Todesurteil.
Und weil ihnen die Bestimmung der Todesart vom König überlassen war, befahlen sie, ihre Körper auseinander zu sägen und die Königin zwischen den in Körben gesammelten Stücken durchgehen zu lassen, wodurch, wie sie vorgaben, ihre Gesundheit wieder hergestellt würde.

Ehe noch dieses grausame Urteil vollzogen wurde, suchte der erste Richter noch einmal Gelegenheit, die heilige Tarbula für seine Absicht zu gewinnen, indem er ihr neuerdings versprach, ihr die Freiheit zu erwirken, wenn sie ihn heiraten würde; allein voll Unwillen erwiderte sie ihm: »Unverschämter, wie lange wirst du denn noch mit solchen Gedanken umgehen? Mutig sterben für meinen Glauben ist für mich wahres Leben; ein durch Schande erkauftes Leben aber wäre mir tausendmal unerträglicher als der Tod.« Ihr Martertod ereignete sich im Jahre 344, und zu gleicher Zeit wurden nebst andern Christen, die ein unerschrockenes Glaubensbekenntnis abgelegt hatten, auch die Heiligen Josephus, Aithales und Ucepsimas zu Tode gesteinigt.

137

Der heilige Paulus von Konstantinopel

gest.: 351
Fest: 7. Juni

Geboren in Thessalonike, wurde Paulus vom Bischof Alexandros von Konstantinopel zum Priester geweiht und folgte diesem 337 als Bischof nach. In den Wirren, die die Lehre des Areios entfacht hatte, wurde er 339 nach Singara verbannt. Erst im Jahr 346 konnte Paulus auf seinen Bischofsstuhl zurückkehren und wurde 351 abermals ins Exil verschleppt, wo er noch im selben Jahr starb.

Die Geschichte, die uns der heilige Athanasius vom Leben des Heiligen gibt, der so viel von den arianischen Irrlehrern zu dulden hatte, endet mit dem Martyrium.

Als aber Kaiser Konstans im Jahre 350 gestorben war, erklärte sich Konstantius ganz für die Arianer und befahl dem Philippus, Obersten seiner Leibwache, Paulus zu vertreiben und den Mazedonius an seine Stelle zu setzen. Philippus, der wegen des katholischen Volkes keine Gewalt brauchen wollte, ließ den Heiligen an einen Ort, wo ein Bad der Stadt war, einladen und zeigte ihm den Befehl des Kaisers. Der heilige Paulus unterwarf sich demselben; das katholische Volk aber umgab den Ort, so daß Philippus den Heiligen durch eine andere Türe in den nächstgelegenen Palast und von da nach Thessalonike bringen ließ. Hier bleib der Heilige im Genusse einiger Freiheit, was aber den Arianern mißfiel. Sie klagten daher gegen diese Nachsicht und brachten es dahin, daß man ihn mit Ketten beladen nach Cucusa in die Wüsteneien des Berges Taurus führte und dort in eine finstere Kirche sperrte. Er war von jedermann verlassen; seine Feinde hatten verboten, ihm Nahrung zukommen zu lassen. Nach sechs Tagen fanden sie ihn noch am Leben und waren so grausam, ihn zu erdrosseln; sie sprengten aber aus, er wäre an einer Krankheit gestorben. Seine Marter trug sich um das Jahr 350 oder 351 zu. Der heilige Athanasius erfuhr diese Umstände von einem arianischen Offizier, Philagius mit Namen, der dort zugegen war.

Der Leib des Heiligen wurde im Jahre 381 nach Konstantinopel gebracht und in die von Mazedonius erbaute Hauptkirche, die nachher vom heiligen Paulus den Namen erhielt, beigesetzt. Vom Jahre 1226 an werden dessen heilige Reliquien zu Venedig in der Kirche des heiligen Laurentius verehrt.

Der heilige Sabas der Gote

geb.: 334
gest.: 372
Fest: 12. April

Der heilige Sabas wurde um das Jahr 334 geboren und war seit seiner
Jünglingszeit aktiv an der Verbreitung des Glaubens beteiligt. Als unter
König Athanarich seit 371 Christenverfolgungen einsetzten, ermahnte
Sabas seine Mitchristen, den Genuß von Opferfleisch zu verweigern. 372
wurde er, der bereits zweimal verhaftet und verbannt worden war, erneut
aufgegriffen und nach zahlreichen Martern am 12. April 372 im Musaeus
ertränkt.

Das Wirken und Sterben des Heiligen ist uns in einem zeitgenössischen
Brief der gotischen an die kappadokische Kirche überliefert. Dieser Bericht
behandelt aber nicht nur das Schicksal Sabas, sondern gibt uns darüberhinaus noch eine Schilderung der Verhältnisse und der Verfolgungen im
Gotenreich:

*Kriege verwüsteten die Welt, und die Völker, von einem unruhigen Geiste
getrieben, verdrängten einander aus ihren tausendjährigen Wohnsitzen
und stifteten neue Reiche. Das prächtige Jerusalem ward ein Steinhaufen,
das weltenbeherrschende Rom ging unter, aber das göttliche Wort währte
und breitete sich mächtiger über die Welt aus, machte selbst die wildesten
Völker menschlicher und beugte sie unter das Joch des Glaubens. Diesen
ungeachtet allen Hasses gegen das Evangelium dem Reich Gottes zuge-
führten Völkerschaften schlossen sich auch die Goten an, unter denen
sogar mehrere für das Christentum als Märtyrer starben. Diese Goten
waren ursprünglich ein deutsches Volk, hatten schon früh ihre Wohnsitze
verlassen und sich in einem Teil von Dacien – dem heutigen Siebenbürgen,
der Moldau und Wallachei – ein Vaterland erobert. Sie behielten ihre
deutsche Sprache und Sitten bei, waren sanft und keusch, und getreu ihren
Regenten. – Im Jahre 325, als zu Nicäa eine Kirchenversammlung gehalten wurde, hatte dieses Volk schon Bischöfe; denn es erschien auf derselben Theophilus, ein Erzbischof der Goten. In der zweiten Hälfte des
vierten Jahrhunderts regierte Athanarich als König der Westgoten und
hatte seinen Sitz in Dacien. Er war dem Heidentum ergeben und führte
Krieg mit den Römern. Da er täglich die Zahl der Gläubigen sich vermehren sah, befahl er in seinem Reich eine grausame Verfolgung gegen sie. Er*

ließ von seinen Schergen die Götzenbilder vor jene Häuser bringen, in denen er Christen vermutete. Weigerten sich nun die Einwohner, das Bild anzubeten oder demselben zu opfern, so wurden sie samt ihren Hütten verbrannt. So ließ er auch Feuer an eine christliche Kirche legen, in welcher viele Menschen, selbst Kinder und Säuglinge sich befanden, die alle durch das Feuer elend sterben mußten. Man weiß weder die Zahl noch die Namen derer, die in dieser Verfolgung als Opfer des Glaubens fielen; nur zwei von ihnen sind bekannt und besonders berühmt, nämlich der heilige Nicetas, den die griechische Kirche als Erzmärtyrer verehrt, und der heilige Sabas.

Der heilige Sabas, von Geburt ein Gote, wurde in der Kindheit schon ein Christ und leuchtete unter den Gläubigen als ein seltenes Beispiel des Gehorsams, der Demut und eines sanften Betragens. Er lebte sittsam und eingezogen, war gegen jedermann leutselig und offenherzig und liebte den Frieden und die stille Abgeschiedenheit; wenn es aber die Ehre Gottes betraf, war er voll Eifer und Tätigkeit und sprach unerschrocken für das Christentum. Seine größte Freude war es, die Altäre zu reinigen und zu zieren und in der Kirche das Lob des Herrn zu singen. Als Liebhaber und treuer Verehrer der Keuschheit vermied er allenthalben das andere Geschlecht und sprach nur mit Frauen, wenn die Notwendigkeit es forderte. Er brachte ganze Tage und Nächte im Gebet zu und nährte seinen Geist durch göttliche Betrachtungen. Streng gegen sich selbst, befriedigte er nur die notwendigsten Bedürfnisse seines Körpers, den er durch hartes Fasten abtötete. Unerfahren in allen menschlichen Wissenschaften, leuchtete er in der wahren Weisheit, vermied alle eitle Ehre und suchte seinen Ruhm nur in seiner Liebe zu Jesus.

Alle Befehlshaber und Beamten des Königs Athanarich waren Heiden und als solche geschworene Feinde des Christentums und diese zwangen im Anfang der Verfolgung die Gläubigen, von dem Fleisch zu essen, das den Götzen geopfert ward. Da sich diese weigerten, davon zu genießen, verfielen einige mit den Christen verwandte Heiden, um ihnen das Leben zu retten, auf den Gedanken, ihren Freunden durch gewonnene Diener des Königs ungeopfertes Fleisch vorstellen zu lassen. Aber der heilige Sabas verwarf den Kunstgriff der wohlmeinenden Heiden als unwürdig eines Christen und erklärte in der christlichen Versammlung, daß der Genuß desselben eine wahre Verleugnung des Glaubens und ebensosehr wie die Götzenopfer zu vermeiden sei. Er setzte hinzu, daß er alle, die davon essen würden nicht mehr als Gläubige betrachten könnte. Dadurch bewahrte er viele vom Abfall, andere aber, die seinen Eifer für übertrieben hielten, verbanden sich mit den Ungläubigen und verjagten ihn aus dem Flecken, in dem er wohnte. Nach einiger Zeit, als die Verfolgung etwas nachgelassen hatte, riefen sie ihn wieder zurück. Ein ganzes Jahr genossen

Der heil. Sabas der Gothe.

die Gläubigen Frieden und Ruhe, als auf einmal ein königlicher Beamter erschien und sich erkundigte, ob sich in dem Wohnort, in welchem Sabas sich aufhielt, noch Christen befänden. Sämtliche Einwohner, Heiden und Christen, hatten sich in der Stille verabredet, bei den Göttern zu schwören, daß keine Christen unter ihnen seien; aber Sabas mißbilligte den falschen Eid und sagte ihnen: »Für mich schwöre keiner, denn ich bin und bleibe ein Christ.« Alle Gläubigen hatten sich indessen verborgen, und da der Beamte von der Eidesforderung nicht abstand, schwuren die Vornehmsten des Ortes, daß sich nur ein einziger Christ unter ihnen aufhalte. Der Beamte befahl, ihn zu rufen, und Sabas trat unerschrocken vor ihn. Als aber jener hörte, daß er arm sei und nichts besitze als das Kleid, das er am Leibe trug, achtete er es nicht der Mühe wert, ihn aufzuzeichnen, indem er verächtlich sprach: »Ein solcher Mensch nützet und schadet nichts.«

Schwerer aber brach die Verfolgung gegen Ostern des Jahres 372 aus. Der einzige christliche Priester, Sansala mit Namen, der sich im Flecken befand, war der Verfolgung entflohen und Sabas, der die österliche Kommunion an diesem Festtag empfangen wollte, begab sich auf den Weg, um in einer benachbarten Stadt bei einem Priester, Gutthika, Ostern zu feiern. Auf der Reise begegnete ihm ein Jüngling von außerordentlicher Schönheit, der ihm sagte, er solle zurückkehren zum Priester Sansala; allein Sabas weigerte sich, dieses zu tun, weil er nicht wußte, daß derselbe zur

141

Feier des Osterfestes nach Hause gekommen sei, und setzte seinen Weg fort. Jetzt fiel auf einmal so viel Schnee, daß es ihm unmöglich war, weiter zu kommen, und er erkannte nun, daß es Gottes Wille sei, nach seinem Wohnort zurückzukehren, wo er bei seiner Ankunft auch den Priester wirklich fand. Drei Tage nach der Osterfeier brach in der Nacht Atharid, der Sohn eines angesehenen königlichen Feldobersten, mit bewaffneter Mannschaft in dem Flecken ein, überfiel das Haus des Sansala, riß ihn aus dem Bette und warf ihn, in Ketten gefesselt, auf einen Wagen. Auch der fromme Sabas wurde ergriffen ohne sich bekleiden zu können und von den Soldaten über Hecken ganz nackt geschleift und unbarmherzig mit Knütteln geschlagen. Als der Tag anbrach, der anbrach, fragte der heilige Märtyrer seine Henker: »Habt ihr mich nicht während der Nacht über Hecken geschleift und grausam geschlagen? Sehet doch, ob ihr eine Spur eurer Mißhandlungen bemerkt!« Da ihn die Heiden ganz unversehrt fanden, wurden sie noch wütender. Sie befestigten an seinem Hals zwei Wagenachsen, banden an die beiden Enden derselben seine Hände und Füße, und in dieser peinlichen Lage mißhandelten sie ihn den ganzen Tag und die Nacht hindurch, bis sie, müde und ihrer Grausamkeit überdrüssig, einschliefen. Die Frau des Hauses, bei der sie Nachtlager genommen hatten, erbarmte sich des Unglücklichen und löste seine martervollen Fesseln. Entledigt aller Hindernisse, von seiner Retterin selbst dazu aufgefordert, hätte er jetzt leicht seinen Verfolgern entfliehen können, aber er blieb und half der Hauswirtin bei ihren häuslichen Geschäften.

Am frühen Morgen wurde der treue Diener Gottes wieder ergriffen und, die Hände auf den Rücken gebunden, auf Befehl des Atharid an einem Balken des Hauses aufgehangen und ihm und dem Priester Sansala die Freiheit versprochen, wenn sie Opferfleisch essen würden; allein beide weigerten sich dessen, und der Priester sagte: »Wir werden nichts genießen, weil es uns nicht erlaubt ist.« Sabas setzte hinzu: »Dieses Fleisch ist unrein und unheilig, wie derjenige, der es uns geschickt hat.« Ein Sklave des Atharid, aufgebracht durch diese Worte, schlug ihm eine große eiserne Mörserkeule mit solcher Gewalt auf die Brust, daß ihn alle Gegenwärtigen für tot hielten; Sabas aber sprach zum Sklaven: »Du glaubst, mich getötet zu haben? Allein ich versichere, daß ich nicht mehr Schmerz gefühlt habe, als wenn du mir Wolle auf die Brust geworfen hättest.« Seine Brust war auch nicht im geringsten verletzt. Nachdem Atharid die Nachricht von diesem wunderbaren Vorfall erhalten hatte, befahl er, den Priester Sansala frei zu lassen, den heiligen Sabas aber im Flusse Musava zu ertränken. Als ihn die Soldaten an das Ufer führten und den Heiligen, von hoher Freude beseelt, Gott danken hörten, daß er ihn gewürdigt habe, für die Ehre seines Namens zu leiden und im Bekenntnis des wahren Glaubens sein Leben zu lassen, sprachen sie unter sich:

»*Dieser Mensch ist unschuldig und hat den Tod nicht verdient; was hindert uns, ihm die Freiheit zu geben? Daß Atharid davon nichts erfahre, dafür wird er selbst sorgen.*« *Aber Sabas, der diese Worte hörte, sagte ihnen:* »*Ihr Ungetreuen! wozu alle diese Reden? Warum wollt ihr den Befehl eures Herrn nicht vollziehen? Was ihr unwürdig seid, zu sehen, sehe ich auf der andern Seite des Flusses. Jenseits stehen sie, die meine Seele aufnehmen, um sie in das ewige Vaterland zu übertragen; sie warten nur den Augenblick ab, der sie vom Körper trennen wird.*«

Da ergriffen ihn die Mörder, warfen ihn in die Fluten und tauchten ihn mit Stangen so lange unter, bis er tot war. Der heilige Sabas starb am 12. April im Jahre 372, am Donnerstag nach Ostern, in seinem achtunddreißigsten Lebensjahr.

Junius Soranus, Herzog von Scythien, ein sehr frommer Mann, ließ den Leib abholen und schickte ihn in sein Vaterland nach Kappadocien. Er sandte einen Brief der Kirche von Gothland mit, in dem es unter anderem heißt: »Unterlasset es ja nicht, an dem Tage, an dem der glückselige Blutzeuge gekrönt wurde, das Opfer darzubringen. Machet dies euren Brüdern kund, damit der Name des Herrn in der ganzen katholischen und apostolischen Kirche gelobet und gepriesen werde, welcher einen seiner Diener verherrlicht hat.«

Der heilige Jakobus der Verstümmelte

gest.:421
Fest: 27. November

Der heilige Jakobus, der ob der Martern, die er erdulden mußte, den Beinamen »der Verstümmelte« erhielt, wurde als Sohn vornehmer und christlicher Eltern im persischen Beth-Lapat geboren. Er wuchs am Hof des Königs Jezdegerd I. auf und ist zu dieser Zeit, wie uns die Legende versichert, vom Christentum abgefallen. Wir wissen, daß er sich nach dem Tod des Königs auf Bitten seiner Mutter und seiner Frau wieder zum rechten Glauben bekehrt hat und deswegen vom neuen König Bahram V. zu Tode gemartert wurde.

Die Leidensgeschichte des heiligen Jakob überliefert uns nicht nur die entsetzlichen Martern, die der Heilige zu erdulden hatte, sondern gibt uns im Brief der Mutter des Heiligen auch ein inniges Glaubenszeugnis. So schreibt die Mutter:

»Es ist uns schon lange Zeit bekannt, daß du der Liebe und Freundschaft des unsterblichen Gottes die Treue aufgekündigt hast, um die Gnade des Königs und die Güter und Ehren der Welt zu erhalten. Aber was für ein Ende nahm denn der, dem zuliebe du ein so großes Kleinod verscherzt hast? Dieser Unselige erfuhr endlich das gemeinsame Los der Sterblichen; er ist jetzt weiter nichts als Staub. Du hast von ihm keine Hilfe mehr zu hoffen; er wird dich von den ewigen Peinigungen nicht erretten können. Wisse, daß, wenn du in deiner Treulosigkeit verharrest, dich die göttliche Gerechtigkeit zu jener Pein verdammen wird, zu welcher sie den König, deinen Freund, verdammt hat. Was uns betrifft, so wollen wir mit dir keine Gemeinschaft mehr haben.« Die Legende fährt fort:

Er erschien nicht mehr bei Hofe, entfernte sich von allen jenen, die ihn aufs neue hätten verführen können, und entsagte auf immer allen Vorteilen, die er durch seinen Fall erlangt hatte. Der neue König, von seiner Sinnesänderung unterrichtet, ließ ihn zu sich kommen. Jakobus kam und bekannte freimütig, daß er ein Christ wäre. Der König geriet hierüber in Wut, stellte ihm vor, mit wie vielen Gunstbezeugungen sein Vater ihn überhäuft habe, und warf ihm seinen Undank vor. Der Bekenner sagte ganz gelassen: »Wo ist nun dieser Fürst? Was ist aus ihm geworden?« Diese Worte reizten den König noch mehr und er drohte dem Jakobus, ihn auf eine grausame und langsame Art zu töten, worauf der Heilige sprach: »Jede Todesart ist nur ein Schlafengehen. Möchte ich doch den Tod der Gerechten sterben können!« Der König: »Nein, der Tod ist kein Schlaf; er ist für die Großen und Könige ein Gegenstand des Schreckens.« »Ja,« erwiderte Jakobus, »ohne Zweifel erschreckt er die Könige und alle jene, welche die Gottheit verachten, weil die Hoffnung der Gottlosen zunichte werden wird.« Der König: »Wie, Elender, du willst mich gottlos heißen, du, der du weder die Sonne, noch den Mond, noch das Feuer, noch das Wasser anbetest, welche alle die herrlichsten Ausflüsse der Gottheit sind?« Jakobus: »Ich habe die Absicht nicht, dich zu beleidigen, wenn ich dir einen Vorwurf mache; ich sage nur, daß du den Geschöpfen den Namen Gottes beilegst, der ihnen doch keineswegs zukommen kann.«

Der König konnte sich nun vor Zorn nicht mehr fassen; er berief seine Minister und die Richter des Reiches, um sich mit ihnen über eine neue und ausgesuchte Todesart zu beratschlagen, um damit denjenigen zu bestrafen, der sich erfrecht hatte, die Gottheiten des Reiches zu beleidigen. Jakobus wurde gefangen genommen. Wenn er dem Christentum nicht abschwören würde, sollte er auf die Folter gespannt und ihm ein Glied nach dem andern vom Leibe abgelöst werden. Das Urteil war kaum bekannt geworden, als die ganze Stadt herbeiströmte, um der Vollstreckung zuzusehen. Die Christen brachten Gott eifrig Gebete dar, daß er seinem Diener die Gnade der Beharrlichkeit verleihen möge.

Als Jakobus auf dem Richtplatze angekommen war, verlangte er einige Augenblicke Aufschub, was ihm zugestanden wurde. Er wandte sich alsdann gegen Sonnenaufgang, warf sich auf die Knie und betete mit gegen Himmel erhobenen Augen in heiliger Inbrunst. Die Henkersknechte näherten sich ihm dann und zogen vor seinen Augen die Marter-Instrumente hervor, die zu seiner Peinigung gebraucht werden sollten. Sie ergriffen seine Hand und dehnten seinen Arm mit Gewalt aus. Ehe sie denselben abschlugen, forderten sie ihn auf, dem König zu gehorchen, um sich von den schauervollen Qualen zu erretten, die er sonst sogleich auszustehen haben werde. Die heidnischen Zuschauer zerflossen in Tränen. Man drang in ihn, nur für diesen Augenblick seine Religion zu verheimlichen und sich für einen Verehrer der Götter auszugeben; hernach könnte er doch wieder das Christentum bekennen. »Dieser Tod,« sprach der Held Jesu Christi, »dieser Tod, der euch unter einen so schauervollen Gestalt erscheint, ist höchst schätzbar, indem er ein ewiges Leben hervorbringt.«

Er wandte sich sodann zu den Peinigern und sprach: »Warum steht ihr so lange untätig da? Warum fangt ihr nicht an, den Befehl zu vollziehen, der euch gegeben ist?« Als diese ihm nun den rechten Daumen abgeschnitten hatten, sprach er: »Heiland der Christen, nimm hin diesen Sprößling des Baumes! Dieser Baum wird zwar in Verwesung übergehen; allein er wird wieder aufleben, in frischem Grüne prangen und mit Glorie und Herrlichkeit gekrönt werden.« Der Richter, der auf Befehl des Königs gegenwärtig war, konnte sich der Tränen nicht enthalten. Er und die andern Zuschauer riefen dem Martyrer zu: »Du hast nun für deine Religion genug getan, laß doch einen so wohlgebildeten Leib, wie der deinige ist, nicht in Stücke zerschneiden! Du besitzt viele Reichtümer; gib für das Heil deiner Seele einen Teil den Armen; aber stirb doch nicht auf eine so schreckliche Art!« »Der Weinstock,« erwiderte der Martyrer, »ist während des Winters im Zustande des Todes; aber im Frühjahr lebt er wieder auf. Wie sollte der Leib des Menschen, wenn er auch in Stücke zerrissen wird, nicht wieder aufleben?« Nachdem ihm die Peiniger den Zeigefinger abgenommen hatten, rief er aus: »Mein Herz jauchzet im Herrn und meine Seele frohlockt in dem Heil, das er mir gegeben hat. Nimm hin, Herr, diesen andern Zweig!« Man konnte jetzt eine außerordentliche Freude an ihm wahrnehmen, die sein Herz überströmte und sich auch seinem Angesicht mitteilte. Bei Abnahme eines jeden Fingers dankte *er Gott. Die Schergen waren mit der rechten Hand fertig und kamen zur linken. Inzwischen beschworen ihn die Richter nochmals, sich über sich selbst zu erbarmen und sein Leben zu retten. »Ihr wisset nicht,« antwortete der Heilige mit Sanftmut, »daß der Gottes nicht würdig ist, welcher, nachdem er die Hand an den Pflug gelegt hat, zurückschaut.« Die Schergen schnitten ihm hernach auch die Fußzehen ab. Er lobte den Herrn bei jedem Schnitt und zeigte immer neue Freude. Nachdem Finger und Zehen abgeschnitten waren, sagte er zu den Henkern: »Nachdem nun die Zweige abgefallen sind, so hauet auch den Stamm um! Laßt euch nicht von Mitleid gegen mich rühren, denn mein Herz ist fröhlich im Herrn und meine Seele neigt sich zu jenem hin, der die Kleinen und Demütigen liebt.« Man schlug ihm alsdann Hände und Füße, Arme und Beine ab. Aller Glieder beraubt, lebte er noch und fuhr fort, den Herrn zu loben. Endlich wurde ihm das Haupt abgeschlagen und damit seine Marter beendigt. Von dieser grausamen Todesart bekam er den Namen der Verstümmelte. Das Martyrium fand statt im Jahre 421, den 27. November.*

Die heilige Julia

gest.: 450
Fest: 22. Mai

Auch von dieser Heiligen haben wir Kunde nur durch einen mehr legendarischen Bericht, der ungefähr hundert Jahre nach ihrem Tod verfaßt wurde. Das Schicksal der Heiligen, wie es darin erzählt wird, ist aber durchaus wahrscheinlich, da der historische Kern des Berichts, die Verfolgung der Christen durch den arianischen Wandalenfürsten Genserich, der Wahrheit entspricht.

Genserich, der grausame König der Wandalen, zeichnete sich nebst allen Greueltaten eines Attila auch noch dadurch aus, daß er als Gönner des arianischen Irrtums die Rechtgläubigen mit Mord und Tod verfolgte. Vierzehn Tage und Nächte hatte der Wüterich in Rom plündern lassen und alle Schätze aus dieser Stadt fortgeschleppt. Selbst der Kaiserin Endoxia, die ihn zu Hilfe gerufen hatte, entriß er ihren Schmuck und führte zwei Töchter von ihr, nebst vielen tausend Römern, als Gefangene fort. Ganz Italien war zu Grunde gerichtet, und alle Provinzen in eine Wüste verwandelt; da richtete er seinen verheerenden Blick auf Karthago, und bemäch-

tigte sich dieser Stadt im Jahre 439. Mit einer barbarischen Wut plünderten seine Krieger mehrere Tage, schändeten die Heiligtümer der Kirche, marterten die Bürger, um von ihnen das Geständnis ihrer verborgenen Schätze zu erfahren, mordeten alle angesehenen Bürger, Adelige und besonders die Geistlichen und verkauften alle vornehmen Frauenspersonen als Sklavinnen auf öffentlichem Markte.

Unter diesen Unglücklichen, die ein so hartes Los traf, war auch eine schöne und adelige Jungfrau, Julia mit Namen, die wegen Frömmigkeit und Heiligkeit ihres Wandels von jedermann geschätzt und hochgeachtet wurde. Eusebius, ein heidnischer Kaufmann aus Syrien, erkaufte sie als eine Leibeigene und führte sie mit sich in sein Vaterland. Julia hatte bei ihren reichen und angesehenen Eltern von Jugend auf die zärtlichste Bedienung und die heitersten Tage genossen, sie kannte Menschenelend und ein verachtetes Leben nur aus Erzählungen; sie wurde überall mit der ihrem Stande gebührenden Ehrfurcht behandelt, und jetzt war sie eine Sklavin, die Leibeigene eines fremden Mannes, preisgegeben seinen Leidenschaften und Begierden, verlassen von Bekannten und Freunden und fern von ihrem Vaterland. O wie hart war ihr Schicksal! Doch ihre Liebe zu Jesus, die Kraft, die sie aus dem Gebete schöpfte, machte ihr die Sklaverei zu einem sanften Joch. »Gottes heilige Vorsehung,« so tröstete sie sich, »hat es so über mich beschlossen, ihr will ich vertrauen mit unerschütterlicher Geduld, ihrem Schutz mich ganz überlassen, und sie wird mich zu meinem Seelenheil leiten.« Dabei zeichnete sie sich als Dienerin durch Sittsamkeit und Sanftmut, durch einen unermüdlichen Fleiß sowie durch ihre Treue so sehr aus, daß Eusebius öfters versicherte, er wolle lieber die Hälfte seines Vermögens als seine christliche Sklavin verlieren.

Jeden Augenblick, den die Geschäfte der frommen Julia frei ließen, benützte sie zur Lesung geistlicher Bücher, die sie von den Gläubigen in Syrien erhielt, oder sie widmete sich dem Gebet und der Betrachtung des Lebens und Leidens ihres Erlösers, dessen Bildnis sie stets auf ihrem Herzen trug. Sie war immer heiter und fröhlich, obwohl sie die ganze Woche, außer dem Sonntag, streng fastete und jedem Vergügen entsagte, um alle Versuchungen und Gefahren zu überwinden, die ihr unter einem heidnischen Volk beständig drohten. Das Bewußtsein ihrer Unschuld, ihre Eingezogenheit und christliche Entschlossenheit in jedem Verhältnis gaben ihr eine solche Würde, daß auch die sittenlosesten und verdorbensten Menschen sich in ihrer Gegenwart ehrbar betrugen und sich nie ein unanständiges Wort erlaubten. So mächtig wirkte die Macht ihrer Tugenden auf alle, daß nicht nur ihre Herrschaft, sondern auch alle Hausgenossen mit Ehrfurcht gegen die christliche Religion, welche die gläubige Jungfrau mit so glänzenden Tugenden zierte, erfüllt wurden.

Die heilige Julia.

Nach einigen Jahren unternahm Eusebius wegen Handelsgeschäften eine langwierige Reise, und Julia mußte ihn begleiten. Als sie in Korsika landeten, waren eben alle Heiden versammelt zu einer großen Feierlichkeit, bei welcher den Göttern des Landes ein ansehnliches Opfer gebracht wurde. Eusebius begab sich mit den Schiffsleuten in den Tempel, um dem Fest beizuwohnen, und während die ganze Gegend von Freudenliedern zum Lob der Götter ertönte, warf sich Julia am Ufer auf die Knie, hob ihre Augen und Hände zum Himmel empor und brachte dem allmächtigen Gott ein reines Opfer ihres Gebetes. Dieses beobachteten einige Diener des Statthalters der Insel und hinterbrachten ihm, daß bei dem Schiff des Eusebius sich eine Jungfrau befinde, die während des Opfers wahrscheinlich zum Gott der Christen gebetet habe. Der Statthalter, der sich Felix nannte und ein strenger Eiferer für die Götter war, beklagte sich bei Eusebius, den er zu Tische geladen hatte, daß er eine Christin unter seinem Gefolge dulde, und verlangte, daß er dieselbe entweder zum Opfern zwinge oder aus seinem Dienste entlasse. »Von ihrem Glauben,« erwiderte der Kaufmann, »vermag sie niemand abwendig zu machen, lieber würde sie ihr Leben lassen; übrigens ist sie mir durch ihre guten Eigenschaften und ihre Treue so lieb geworden, daß ich sie sehr ungern entfernen würde.« Felix suchte ihn zu bereden, ihm die Sklavin für Geld oder durch Tausch für mehrere Leibeigene abzutreten; aber Eusebius versicherte ihn, daß er lieber seine ganze Habe als die Christin verlieren wolle.

Der Glaube auf dem Weg zu neuen Ufern

Als der Statthalter einsah, daß er durch seine Vorstellungen nicht zum Ziel gelange, nahm er seine Zuflucht zu einer List. Er setzte den stärksten Wein auf die Tafel und berauschte seinen Gast so sehr, daß er nichts mehr von sich wußte. Dann ließ er durch einen Diener Julia sagen, daß ihr Herr nach ihr verlange, und als sie erschien, gebrauchte er alle Mittel, sie zum Abfall vom Christentum zu bewegen. »Ich habe herzliches Mitleid mit deiner traurigen Lage«, sprach er. »Du sollst nicht länger Sklavendienste tun, sondern deine Jugend in Freuden genießen, wenn du meinen Rat befolgest und den unsterblichen Göttern opferst.« Darauf antwortete Julia: »Ich genieße die wahre Freiheit, solange ich meinem Glauben treu bin und sehne mich auf dieser Welt nach keiner andern Freude, als den wahren Gott zu lieben und ihm zu dienen in der Einfalt meines Herzens. Deinen Götzen kann und darf ich nicht huldigen; denn als Christin verachte ich sie und bin bereit, für meinen Glauben zu sterben.«

Darüber ergrimmte der Heide und schlug die fromme Jungfrau mit solcher Wut in das Angesicht, daß Blut aus ihrem Mund floß, sie aber freute sich, ihres Glaubens willen leiden zu dürfen und betete: »Mein Jesus und Erlöser! Auch du wurdest für uns Sünder mit schimpflichen Backen-streichen geschlagen; wie bin ich es würdig, deiner Schmach teilhaftig zu werden?« Auf diese Worte befahl der Statthalter seinen Henkern, die Hartnäckige auf die Folter zu spannen und mit Stricken zu geißeln. Auch diese Marter litt die Bekennerin mit Standhaftigkeit und rief unter den heftigen Schmerzen: »O ich Glückselige! wie kann ich meinen Gott und Heiland genug preisen für die große Barmherzigkeit, die er mir erweist? Wie man mich mit Schlägen behandelt, so wurde auch Jesus mit Ruten und Geißelstreichen zerschlagen, und wie man mich überhäuft mit Schimpf-worten, so starb auch Jesus unter Unbilden. Lob und Dank dir, allmächti-ger Gott, der du mir die Gnade verleihst, zu deiner Ehre zu leiden!« Da rief Felix: »Opfere den Göttern, und alle Schmach soll von dir genommen werden.« – »Nein«, antwortete die Märtyrerin, »dazu kannst du mich nicht bringen, und sollte ich wie mein Jesus gekreuzigt werden.« – »Wohlan«, schrie er seinen Henkern zu, »nagelt ihr Hände und Füße an das Kreuz!« Während dieses geschah, betete Julia: »O mein Gott, nimm gnädig auf das Opfer meines Lebens und erbarme dich meiner Mörder!« Kaum wurde das Kreuz erhöht, so nahm Gott schon ihre reine Seele zu sich.

Die Mönche der Insel Gorgona, denen der Tod der heiligen Julia geoffenbart wurde, nahmen den Leichnam vom Kreuz und beerdigten ihn in ihrem Kloster. Im Jahre 763 aber ließ ihn die Gemahlin des langobardi-schen Königs Desiderius nach Brescia bringen, wo eine Kirche und ein Frauenkloster erbaut, und die Reliquien der heiligen Märtyrerin beigesetzt wurden.

Die heilige Ursula

gest.: 451
Fest: 21. Oktober

Aus dem Leben dieser Heiligen ist uns so gut wie nichts bekannt. Die Legende aber ist ein schönes Beispiel für den Volksglauben der früheren Zeiten, der eine überlieferte geschichtliche Tatsache mit zahlreichen Erzählungen ausstattete und schmückte. Kern der Ursulalegende ist eine aus dem fünften oder sechsten Jahrhundert stammende Inschrift, die besagt, daß Clematius an dieser Stelle des Martyriums von Jungfrauen eine Basilika errichtet habe. Die Verehrung der Heiligen setzte im 8. Jahrhundert in der Gegend um Köln ein und erreichte Spanien, Italien, Dänemark, Polen und andere Länder. Gleichzeitig mit der Ausbreitung der Verehrung der Heiligen wurde auch die Legende durch neue Einfügungen bereichert. So etwa soll Papst Cyriacus zusammen mit Ursula den Märtyrertod erlitten haben.

Eine dieser vielen Legenden berichtet uns:

Die heilige Ursula, Märt.

150

Geziert mit vortrefflichen Gaben des Geistes und Herzens und ausge-
stattet mit einer reizenden Anmut und Schönheit des Körpers, erregte
Ursula als eine blühende Jungfrau bei allen vornehmen Jünglingen den
Wunsch, sie als Gattin zu besitzen. Auch ihr Vater drang in sie, daß sie
einen aus den Söhnen der Mächtigen wählen möchte, damit durch eine
Verbindung mit einer angesehenen Familie in diesen bedrängten Zeiten
seine Macht vergrößert würde, um den Feinden des Vaterlandes entgegen-
wirken zu können.

Allein Ursula wünschte Jungfrau zu bleiben und im jungfräulichen
Stande Gott zu dienen, und sollte es die heilige Vorsicht anders fügen, so
wollte sie keinen anderen Bräutigam, als den durch Frömmigkeit, reine
Sitten und durch seine Tapferkeit vor allen übrigen ausgezeichneten
Fürsten Conan.

Doch der Himmel hatte beschlossen, daß Ursula statt eines irdischen
Bräutigams die unverwelkliche Krone einer unbefleckten Jungfrau und
heldenmütigen Blutzeugin erhalten sollte. Die Römer, welche damals
beinahe alle Länder beherrschten, hatten auch England erobert, und der
römische Kaiser Gratian ernannte Maximus als obersten Feldherrn über
seine dort befindlichen Truppen. Dieser war ein herrschsüchtiger Mann,
empörte sich gegen seinen Herrn und ließ sich von seinen Soldaten zum
Kaiser ausrufen. Im Jahre 447 schiffte er über das Meer nach Frankreich,
schlug den Gratian in mehreren Treffen und machte große Eroberungen.
Da er seinen Sieg vorzüglich der Treue der britischen Soldaten, die als
Hilfstruppen mit ihm nach Frankreich gezogen waren, und ihrem tapferen
Anführer, dem christlichen Fürsten Conan, zu danken hatte, schenkte er
ihnen das Land Amorica – Bretagne – als Eigentum, und da die britischen
Ansiedler sich mit den Töchtern dieses Landes nicht verehelichen wollten,
weil sie alle noch dem Götzendienste ergeben waren, schickten sie
Gesandte nach England, um ihre Bräute und andere Jungfrauen dort
abzuholen und in die neue Heimat zu führen. Der Fürst Conan hatte
seinen Aufenthalt zu Nantes gewählt und bat den Vater der heiligen
Ursula in einem Schreiben sehr dringend, ihm seine Tochter zur Gemahlin
zu geben. Weil in England große Unruhe herrschte, auch wenig Sicherheit
mehr zu hoffen war, entließen die meisten Eltern mit Freuden ihre Töchter
nach Frankreich; aber Ursula weigerte sich lange, ihre Eltern zu verlassen,
bis sie sich endlich bewegen ließ, die Reise mitzumachen. Sie hatte das
feste Vertrauen auf Gott, daß er alles zu ihrem Besten leiten werde. Nach
Versicherung der Geschichtschreiber sollen sich mehrere tausend Jung-
frauen nach Frankreich eingeschifft haben; allein ein Sturm verschlug die
Schiffe gegen die Küste der Niederlande und sie mußten in einem Hafen
unweit des Rheines landen. Von da segelten sie den Rhein aufwärts, um
von der entgegengesetzten Seite nach Frankreich zu kommen; als sie aber

Köln erreichten, wurden sie von den Hunnen, die damals wider den eingedrungenen Kaiser Maximus Krieg führten, und allenthalben mit Feuer und Schwert wüteten, angefallen. Sie bemächtigten sich der Schiffe, erklärten die Jungfrauen zu Sklavinnen und waren im Begriffe, sie zur Stillung ihrer viehischen Lüste zu mißbrauchen. Aber begeistert von Gott, widersetzte sich die heilige Ursula diesem Frevel und bewirkte durch ihr standhaftes Beispiel und ihre eindringlichen Ermahnungen, daß alle Jungfrauen wie starke Männer gegen die bösen Barbaren kämpften und ihre Unschuld mit dem Martertod krönten.

Kordula, eine Gefährtin der heiligen Ursula, hatte sich aus Furcht vor den Unmenschen im unteren Schiffsraum verborgen; aber sie schämte sich ihrer Zaghaftigkeit und ging von Reue durchdrungen am kommenden Morgen freiwillig der Marter entgegen. Dieser grausame Mord so vieler unschuldigen Jungfrauen ereignete sich um das Jahr 451.

Ihre Leichname wurden in Köln beerdigt, und der heilige Xanno, Erzbischof in dieser Stadt im elften Jahrhunderte, hatte eine so innige Andacht zu diesen heiligen Jungfrauen und Blutzeugen Jesu, daß er oft ganze Nächte im Gebet auf ihren Gräbern zubrachte, bei welchen auch viele Wunder geschahen.

Der heilige Nicasius

gest.: um 451
Fest: 14. Dezember

Aus dem Leben des Heiligen ist uns nichts bekannt mit Ausnahme dessen, daß er Erzbischof zu Rheims war. Auch die Legende schweigt darüber und berichtet uns nur die Ereignisse, die zum Tod des Heiligen führten. Hierbei ist allerdings richtigzustellen, daß Nicasius nicht von den Wandalen ermordet wurde – dieser germanische Stamm hatte um diese Zeit schon längst in Nordafrika Fuß gefaßt – sondern von den Hunnen, die um diese Zeit (451) in Gallien wüteten.

Er war die Leuchte seines Volkes, nicht nur durch seine Predigten, die voll himmlischer Kraft und Salbung waren, sondern auch durch sein Beispiel. Jeder schaute in seinem Wandel seine eigenen Pflichten. Seine Gerechtigkeit lehrte jedem das Seinige zu geben, und niemandem Böses zu tun, so wie auch wir nicht wollen, daß es uns geschehe. Seine Mäßigkeit lehrte demütig, behutsam, mäßig, ein Feind aller irdischen Freuden, und frei sein von allem, was den Sinnen und der Natur schmeichelt. Und seine Nächstenliebe gegen Notleidenden lud auch die anderen zu gleicher Liebe ein, und zeigte zugleich, daß der Ruhm eines wahren Oberhirten nicht darin bestehe, sich mit der Wolle seiner Herde zu bekleiden, sondern sich selbst zu berauben, um sie zu bekleiden. Endlich brachte seine Frömmigkeit seine Gläubigen zum häufigeren Kirchenbesuch und Empfang der heiligen Sakramente, und große Sorgfalt verwendete er auch auf den Schmuck und die Verschönerung der Gotteshäuser, deren Zahl er selbst vermehrte.

Nach mehreren Jahren einer so weisen Verwaltung erschien dem heiligen Nicasius ein Engel und machte ihm bekannt, daß Gott die Stadt Rheims wegen der vielen Sünden, die daselbst begangen wurden, züchtigen wolle, und daß er sich dazu der Wandalen, eines grausamen und barbarischen Volkes, bedienen werde, welche die Stadt belagern, einnehmen, plündern und mit Mord und Blut erfüllen würden. Der heilige Bischof ermangelte nicht, seine Gläubigen davon in Kenntnis zu setzen, damit sie sich bemühten, so wie einst die Niniviten unter dem Propheten Jonas, die schreckliche Geißel Gottes durch aufrichtige Buße von sich abzuwenden. Aber sei es, daß das Maß der Sünden dieser schlechten Christen schon voll

153

war, oder daß sie die Ermahnungen ihres heiligen Bischofs bloß als Fabeln ansahen, die sie erschrecken sollten, kurz sie gaben sich nicht die geringste Mühe, den Zorn Gottes durch eine aufrichtige Bekehrung zu besänftigen, bis sie endlich erfuhren, daß die Vorhersagungen des heiligen Nicasius nur zu wahr seien. In der Tat, drangen die Wandalen mit den Alanen vermengt in Gallien ein, und nachdem sie mehrere Provinzen bereits verwüstet hatten und alle Orte, durch die sie gezogen waren, mit Mord, Brand, Raub und tausend anderen Verheerungen heimgesucht hatten, fielen sie endlich auch über die Champagne her und belagerten die Hauptstadt Rheims. Die Einwohner derselben verteidigten sich mit vielem Mute und leisteten allen feindlichen Angriffen tapferen Widerstand; jedoch als sie sich nicht mehr länger halten konnten, da nahmen sie zu ihrem heiligen Bischof ihre Zuflucht und fragten ihn, was sie tun sollten, entweder sich den Barbaren auf Kapitulation ergeben, im Vertrauen auf die Treulosigkeit ihres Wortes, oder sich bis zum letzten Mann verteidigen? Der heilige Nicasius, dem Gott die Einnahme der Stadt geoffenbart hatte, gab ihnen darauf jene großmütige Antwort: »Es ist euch nicht unbekannt, meine lieben Kinder, daß wir selbst durch unsere Sünden und Schlechtigkeiten diese große Züchtigung auf uns herabgezogen haben. Gott hat mit Billigkeit gerichtet und er behandelt uns nur so, wie wir es verdient haben. Erwecken wir demnach Reue in unserem Inneren, im Anblicke der großen Übel, die uns umgeben, und empfangen wir den Todesstoß nicht aus Angst und Verzweiflung, sondern mit Ergebung, Geduld und dem festen Vertrauen, daß er uns als Heilmittel dienen und uns die Gnaden und Barmherzigkeit unseres göttlichen Richters verschaffen werde. Wenn ich, um euch das Leben zu retten, nur das meinige zum Opfer zu bringen brauchte, so täte ich es augenblicklich herzlich gerne; allein, da das Todesurteil allgemein ist, und die Herde so gut wie den Hirten in sich begreift, so benehmen wir uns alle derart, daß unsere Hinrichtungen ein Martertum und ein Gott wohlgefälliges Opfer werde. Lieben wir selbst unsere Verfolger und bringen wir Gott das Opfer unseres Blutes und Lebens für ihre Bekehrung dar.«

Mittlerweile waren die Wandalen in die Stadt gedrungen und nichts konnte sie mehr aufhalten. Sobald der heilige Nicasius ihrer gewahr wurde, eilte er ihnen mit bewunderungswürdigem Mut und großer Festigkeit entgegen, seine Schwester stand ihm zur Seite und beide sangen geistliche Hymnen und Lieder. Am Eingang der Kirche zu unserer lieben Frau blieb der Heilige stehen und nachdem er die Anführer dieser siegreichen Barbaren um einen Augenblick Gehör gebeten hatte, hielt er eine kraftvolle und erschütternde Anrede an sie, worin er sich bemühte, ihre Herzen zu erweichen und die äußersten Grausamkeiten zu verhüten; da er jedoch sah, daß sich von ihrer Härte nichts erwarten lasse, so bat er wenigstens die Metzelei mit seiner eigenen Person anzufangen, in der Hoffnung, daß er mit dem Opfer seines Blutes die Barmherzigkeit Gottes über dieses Volk herabziehen könne. Er kniete sich demnach nieder und hingestreckt auf der Erde, sprach er jene Worte des Psalmes 118 aus. »Es klebet am Boden meine Seele;« und im selben Augenblicke hieb ihm einer der feindlichen Soldaten mit einer Axt den Kopf entzwei, jedoch selbst nach diesem Akte vollendete die Zunge noch den Vers des Psalmes und sprach: »Gib mir Leben nach deinem Worte.« – Alle jene, die mit ihm waren, wurden dann auch umgebracht, mit Ausnahme seiner Schwester Eutropia, welche die Soldaten ihrer Schönheit wegen verschonten, um später ihrer Keuschheit zu höhnen; allein die fromme Jungfrau erkannte gar wohl die abscheuliche Absicht dieser Gottlosen. Sie warf sich daher mutig auf den Mörder ihres Bruders und indem sie ihm seine Grausamkeit vorwarf, gab sie ihm einen Schlag in das Gesicht, der ihn der Augen beraubte; dies war die Ursache, daß die übrigen Soldaten nun über sie herfielen und sie in ihrer Wut umbrachten.

Unter jenen, die mit dem heiligen Bischof hingerichtet wurden, zeichneten sich besonders ein Diakon Namens Florentius und ein Lektor Namens Jukundus durch bewunderungswürdige Sehnsucht und Liebe zum Martertum aus. Ihre Hinrichtung hatte viel andere Ermordungen in der Stadt zur Folge, allein endlich schüchterte Eutropia's Heldenmut, die schreckliche Strafe, die sie selbst über den Mörder des heiligen Nicasius brachte, himmlische Heerscharen, die in den Lüften erschienen und ein schrecklicher Lärm, den man in der Kirche zu unserer lieben Frau hörte, die Barbaren doch so sehr ein, daß sie eiligst die Flucht ergriffen und sich nicht einmal mehr Zeit nahmen, weder die Toten zu entkleiden, noch die Häuser auszurauben und die Stadt anzuzünden, noch selbst die Leute, die sie bereits gefangen in ihren Händen hatten, fortzuführen.

Was die Leiber der Märtyrer anbelangt, so blieben sie einige Zeit ohne Begräbnis, unter dem Schutze der Engel, die sie vor Verwesung bewahrten und vor den Zähnen der Raubtiere schützten. Allein, als einige Einwohner, welche die Gewandtheit gehabt hatten, sich vor dem allgemeinen Blutbade zu retten und sich auf einen nahe gelegenen Berg zurückgezogen hatten, himmlische Fackeln über den Ort ihrer Hinrichtung leuchten sahen und eine Engelsmelodie von derselben Seite ertönen hörten, dachten sie, daß sie in Rheims nichts mehr zu fürchten, und daß Gott ihnen das Leben deshalb gerettet haben werde, damit sie die Opfer des christlichen Glaubens begraben. Sie gingen demnach baldigst in die Stadt hinab und erfüllten mit Freude und Andacht diese ihre Pflicht. Unter anderen beerdigten sie ihren Bischof, den heiligen Nicasius, und seine Schwester Eutropia in der Kirche des heiligen Agricolus, die seitdem den Namen des heiligen Nicasius angenommen hat.

Der heilige Liberatus und seine Genossen

gest.: 483
Fest: 9. September

Der heilige Liberatus war Abt eines Klosters bei Capsa (heute Gafsa) im nordafrikanischen Wandalenreich. Nach dem Tod des Genserich kam Hunerich an die Macht und setzte die Christenverfolgungen seines Vorgängers fort. Ein Opfer dieser Verfolgungen wurde auch der heilige Liberatus mit seinen sechs Mönchen Bonifatius, Servus, Rusticus, Rogatus, Septimus und Maximus.

Die Legende berichtet uns nicht nur von den Verhörmethoden der Wandalen, sondern überliefert uns darüberhinaus ein Wunder, daß sich bei der Folter der Heiligen zugetragen haben soll.

Der tyrannische Fürst fing also an, viele heilige Bischöfe ins Elend an einen sehr wüsten Ort zu verweisen, wo er ihnen nur verfaultes Korn zur Nahrung und endlich auch dieses nicht einmal mehr geben ließ. Da aber die heiligen Bekenner im katholischen Glauben desto standhafter blieben, wurde er zorniger, erboste gegen alle Versammlungen und Klöster der Ordensmänner und frommen Jungfrauen und überließ sie den Mohren mit allem, was sie darin finden würden. Man kann aus der wilden Art dieses Volkes schließen, was für Unordnungen und Jammer aus solchen Schenkungen entstanden, was für Laster und Schandtaten erfolgten. Unter andern nahm man sieben Ordensmänner aus einem Kloster zu Caspa und führte sie nach Karthago, dem Hauptschauplatze dieser blutigen Verfolgung; ihre Namen waren Liberatus, Abt des Klosters; Bonifatius, Diakon; Servus und Rustikus, Subdiakonen; Rogatus, Septimus und Maximus, Mönche.

Man versuchte zuerst, sie durch schmeichelhafte Verheißungen auf die Seite der arianischen Ketzer zu bringen. Ein großes Glück und die Gunst des Königs wurde ihnen verheißen. Allein die schon lange an die Verachtung alles Irdischen gewohnten Ordensgeistlichen gaben insgesamt zur Antwort: »Wir verabscheuen alles, was man uns verspricht; wir anerkennen nur einen Gott, einen Glauben und eine Taufe; und wir hoffen allezeit in der Einigkeit der Kirche zu bleiben. Tut mit unsern Leibern, was ihr wollt; wir wollen lieber zeitliche Pein leiden, als uns die ewige zuziehen.« Nach diesem Bekenntnis wurden sie, mit Ketten beladen, in einen finstern

Kerker geworfen, und es wurde dabei befohlen, mit ihnen scharf zu verfahren, mit Hunger und allen Gattungen der Qualen sie zu plagen und auf solche Art folgsam zu machen.

Allein die Katholiken zu Karthago bestachen die Wächter mit Geld, besuchten sie Tag und Nacht, um ihres Unterrichtes und ihrer Marter teilhaftig zu werden, und reichten ihnen alles, was zum Leben notwendig war.

Als Hunerich von dieser Beihilfe Nachricht erhielt, ließ er sie mit schweren Ketten fesseln und viel enger einschließen. Als auch dieses harte Verfahren ihren Mut nicht schwächte, faßte er den Entschluß, sie hinrichten zu lassen. Er befahl darum, ein Schiff mit kleinem, trockenem Holz anzufüllen, die sieben Ordensgeistlichen hineinzuführen, darin anzuheften und danach das Schiff anzuzünden. Man zog also die heiligen Kämpfer aus dem Gefängnis, und alles Volk wollte bei diesem Schauspiel zugegen sein. Die Heiligen ermahnten die ihnen nachfolgenden Katholiken, im alten Glauben getreu zu verharren, und eher ihr Leben aufzuopfern, als eine von jenen Wahrheiten zu verleugnen, für welche Jesus Christus und so viele Martyrer nach seinem Beispiel ihr Blut vergossen hätten. Sie gingen mit einer heiligen Unerschrockenheit an den Ort, wo sie ihr Opfer vollenden sollten, und sagten Jesus Dank für die Ehre, an seinem Tode teilnehmen zu dürfen. Die Arianer spotteten über sie; die Heiligen aber freuten sich über solche Unbilden und beweinten die Blindheit der Spötter.

Die Arianer suchten wenigstens den Jüngsten unter ihnen, Maximus genannt, zu gewinnen, und sagten zu ihm: »Du bist noch jung, habe Mitleid mit dir selbst; alle diese, welchen du blind folgst, sind unsinnig; folge ihnen nicht nach; rette dich vor dem bevorstehenden Tode; du kannst in Ehren im Palaste des Hunerich leben.« Aber der durch die Gnade des Allmächtigen gestärkte Maximus gab zur Antwort: »Ich will von meinem Abte Liberatus und meinen andern Brüdern nicht abgesondert sein; sie haben mich in ihrem Kloster erzogen; ich habe mit ihnen das Bußleben geführt; ich will auch mit ihnen die Marter leiden; Gott wird sich über uns alle erbarmen; keiner soll von den andern getrennt werden.« Man mußte ihn also mit den andern ins Schiff treten lassen; da wurden sie mit Nägeln ans Holz geheftet. Hierauf zündete man das Schiff an; es wollte aber nach öfters wiederholtem Anzünden das Feuer nicht fangen. Man erstaunte; nur der Tyrann wurde nicht gerührt; er befahl, ihnen die Köpfe zu zerquetschen, und sie mit den Rudern tot zu schlagen. Ihre Leiber wurden ins Meer geworfen, welches sie bald wieder herauswarf, worauf dann das gläubige Volk sie unter Begleitung der Geistlichkeit von Karthago mit allen Ehren begrub.

Der heilige Papst Johannes I.

gest.: 526
Fest: 27. Mai

Der heilige Johannes I. war Papst von 523 bis 526. Auf Befehl des damaligen Herrschers über Westrom, Theoderichs des Großen, kam er nach Konstantinopel, um beim oströmischen Kaiser Justinos I. zugunsten der arianischen Goten zu vermitteln, die von der Zwangsbekehrung bedroht waren. Er war der erste Papst, der Konstantinopel einen Besuch abstattete. Obwohl er begeistert empfangen wurde, war er doch in der Sache erfolglos. Zurückgekehrt nach Ravenna, dem Regierungssitz Theoderichs, wurde er von diesem ungnädig empfangen und in Ravenna festgehalten. Dort starb Johannes I. nach wenigen Tagen.

Das Martyrium, das der heilige Papst erlitten haben soll, ist rein legendarisch.

Als man in Konstantinopel die Ankunft des Papstes erfuhr, so ging ihm das Volk mehrere Stunden weit festlich gekleidet entgegen mit Kreuz und Fahne und brennenden Wachskerzen, um den Statthalter Christi recht feierlich zu empfangen. Es war ein öffentliches Fest und eine allgemeine Freude, und jeder wollte den Segen des heiligen Vaters empfangen. Der Kaiser selbst mit seinem Hof ging ihm vor die Stadt entgegen, warf sich vor ihm nieder, bat um seinen Segen und erwies ihm unendliche Ehrenbezeugungen.

Johannes hielt durch das sogenannte goldene Tor seinen Einzug in die Stadt. Unter dem Torbogen warf sich ein Blinder vor ihm nieder und bat ihn, daß er als Statthalter Christi, wie Christus an Blinden getan habe, ihm auch zu seinem Augenlicht verhelfe. Johannes berührte die Augen des Blinden, machte das Kreuz darüber, und alsbald wurde der Blinde sehend. Dadurch wurde die außerordentliche Ehrfurcht gegen den Papst womöglich noch größer. Obschon der Kaiser schon früher durch den verstorbenen Patriarchen (obersten Bischof) von Konstantinopel gekrönt war, so wollte er doch noch einmal gekrönt werden durch die Hand des Papstes selbst.

Was nun die Angelegenheit selbst betrifft, weshalb die Gesandtschaft nach Konstantinopel gekommen war, so weiß man nur so viel sicher, daß der Kaiser alles bewilligte, was der Papst begehrte. Aber was der Papst wirklich in Antrag gebracht habe, darüber sind die Berichte widerspre-

chend. Einige sagen, Johannes habe dem Kaiser geraten, den Arianern ihre Kirchen zurückzugeben, damit die Katholiken in Italien nicht verfolgt würden; andere sagen, er habe im Gegenteil den Kaiser in seinem strengen Verfahren gegen die Arianer bestärkt, im Vertrauen, daß Gott den Katholiken in Italien zu helfen wissen werde.

Unterdessen aber war es mit Theodorich immer schlimmer geworden. Zwei der vortrefflichsten Männer in Rom, Boëthius und Symmachus, waren früher bei dem König in der höchsten Gunst gestanden, obschon sie eifrige Katholiken waren. Ausgezeichnet durch hochadelige Abkunft, durch Reichtum, Gelehrsamkeit und Tugend, bekleidete Boëthius, der Schwiegersohn des Symmachus, die höchsten Staatsämter und wendete sie an zum Wohl des Staates und zum Schutz der Unschuld. Gegen diese Männer ließ sich nun Theodorich durch Verleumdung so sehr aufhetzen, daß beide ins Gefängnis gesetzt und später hingerichtet wurden. In diesem wüsten, finstern Gemütszustand, von Argwohn und Rachsucht geplagt, erfuhr Theodorich, wie prachtvoll und herrlich der Papst im Morgenland aufgenommen worden sei. Dieses erweckte nun bei dem verwilderten König auch gegen den Papst die schlimmsten Vermutungen und Stimmung. Als derselbe zurückgekehrt dem König Bericht abstatten wollte, ließ ihn dieser ergreifen und ins Gefängnis werfen. Wahrscheinlich hätte Theodorich den Papst auch, wie den Boëthius und Symmachus, töten lassen, wenn ihn nicht die Furcht vor dem Kaiser in Konstantinopel und etwa auch vor dem katholischen Teil des Volkes zurückgehalten hätte. Der heilige Papst wurde in einen finstern Kerker geworfen, und es wurde verboten, ihm die geringste Erquickung zu reichen; so starb er dann bald darauf vor Hunger und Elend.

Colegÿ Soc. Jesu Monachÿ 1741.

Verbesserte Legend

Der Heiligen,

Das ist /
Eine schöne, klare und anmuthige Beschreibung des
Lebens, Leydens und Sterbens
Von
Den lieben Heiligen Gottes,
auff alle und iede Tag des gantzen Jahrs;
So durch
P. Dyonisium von Lützenburg, der
Rheinischee Provintz Capuciner,
Gesetzt und ausgetheilt:
Nach dessen Gottseligen Ableiben, auß Geheiß der Obern
von gar vielen Fehlern gereiniget / mit zierlicherem Stylo ver-
bessert / auch mit hundert und dreyßig neuen schönen Legenden /
An statt der gar kurtzen und zu schlecht beschriebenen Leben der
Heiligen gezieret / vermehret / und viel besser als iemahl zuvor
eingerichtet und außgebreitet worden.
Durch
P. Martin von Cochem, der Rheinischen Provintz
Capuciner Jubilarium und Seniorem.

Cölln und Franckfurth /
Bey Carl Joseph Bencard seel. Wittib, Buchhändl.
Anno M. DCC. XXVI.
Cum Gratia & Privilegio Sacræ Cæsareæ Majestatis.

Der heilige Silverius

gest.: 537
Fest: 20. Juni

Der heilige Silverius, in Frosione (Kampanien) geboren, wurde am 8. Juni 536 zum Papst erhoben. Im Dezember desselben Jahres führte er die Verhandlungen zur kampflosen Übergabe Roms an Belisar, der die Rückeroberung des nach dem Tod Theoderich des Großen allmählich zerbröckelnden Ostgotenreiches für Byzanz leitete. Schon bald aber beschuldigte man Silverius der hochverräterischen Beziehungen zu den Ostgoten, was zu seiner Absetzung und Verbannung führte. Am 29. März 537 bestieg Vigilius, ein Schützling der Kaiserin Theodora I. den Heiligen Stuhl, Silverius aber wurde zur Klärung der Frage, ob er sich tatsächlich des Hochverrates schuldig gemacht habe, nach Rom gebracht und dort Vigilius überstellt, der ihn auf die Insel Ponza verbannte, wo er am 2. Dezember 537 starb.

Die Kirche verehrt Silverius ob seines lebenslangen Leidensweges als Märtyrer. Weil uns die Legende nur überliefert, was wir schon aus der Schilderung des Lebens erfahren haben, geben wir sie hier im Original aus der im Jahr 1745 erschienen Legendensammlung Martin Cochems.

Der zwantzigste Tag im Junio.
Das Leben des H. Pabst Silverii.

Zu den Zeiten des Griechischen Käysers Justiniani / als der H. Pabst Agapitus wegen schwerer Verfolgung zu Constantinopel gestorben / ward der H. Silverius zu Rom zum Pabst erwöhlt / und seine Erwöhlung dem Käyser und der Käyserin kund gemacht. Vigilius / des Verstorbenen Pabst gewesener Diaconus / welcher vorlängst nach dem Pabsthum gestrebt hatte / erschracke sehr über die Setzung / und verluhre alle seine geschöpffte Hoffnung. Die boßhaffte Käyserin schriebe disem Pabst vilmal / bettend / daß er den ketzerischen Bischoff Antimum /

welchen der Pabst Agapitus abgesetzt / wider einsetzen wolte. Da sie aber nichts erhielte / ward Vigilius beruffen / und von ihr in geheim also angeredet.

Wan du mir versprechen wilt / daß du das Concilium von Calcedon (welches lehrt / daß Christus Gott und Mensch sey) verwerffen / und die Bischoffen Antinum / Severum und Theodosium / welche der Pabst Agapitus abgesetzt hat / in ihre Bischthum wider einsetzen wilt / so will ich machen / daß du Pabst werdest ; und will dir siben hundert Marck golds verehren. Vigilius sagte: wie will Ihro Majest.

Majestät machen / daß ich solle Pabst werden / dieweil Silverius schon erwöhlt ist; Sie sprach / Ich will dem General Belisario / welcher Rom erobert hat / befehlen/ daß er Silverium gefänglich hieher sende / und dich an seine Statt in den Päbstlichen Thron erhebe. Vigilius liesse sich aus Geitz und Ehrsucht leichtlich bereden / versprache der Käyserin schrifftlich / was sie begehrt hatte / und zohe mit Brieffen an Belisarium nach Rom. Welcher Brieff folgenden inhalts ware.

Suche ursach wider den Pabst Silverium ihn von seinem Pabstthum abzusetzen / oder schicke ihn eilfertig zu mir her. Sihe/ hie hast du Vigilium unsern lieben Schatzmeister / welcher mir versprochen hat / den Ertzbischoff Anthimum in Constantinopel wider einzusetzen : darum befleisse dich / daß diser Papst weiche. Diß Brieflein überlifferte Vigilius dem Belisario / und versprache ihm zweyhundert marck Golds / wann er ihn zum Pabstthum erheben würde. Nach gelesenem Brifflein sprach Belisarius: Ich will zwar verrichten / was mir die Käyserin befehlet : derjenige aber welcher zu dem tod Silverii mit würcket/ wird Christo müssen rechenschafft geben.

Bald darnach beldgerte der Gothische König die statt Rom / und wolte Belisarium/ welcher ihm kurtz zuvor die Stadt abgenommen hatte / daraus treiben. Es ware eine harte und langwierige Belägerung / durch die klugheit Belisarii aber ward die Statt erhalten. Diser gelegenheit bediente sich Vigilius / welcher etliche falsche Zeuge anordnete / daß sie Belisario sagen solten / wie daß Pabst Silverius die Stadt den Gothen übergeben wolte. Dise verlogene Männer sagten diß dem Belisario / welcher anfänglich ihnen nicht glauben wolte / da aber mehr falsche zeugen diß bekräfftigten / glaubte er ihnen endlich / und förchte sich einmal unversehens überfallen zu werden : schickten deßwegen zu

Legenda R. P. Dionysii Capucini.

dem heiligen Silverio / bittend / daß er seine krancke Gemahlin besuchen wolle.

Der H. Pabst nahme vile Geistliche zu sich und gienge zu dem Pallast des Statthalters / allwo die Geistliche im dritten Zimmer zuruck gehalten / der Pabst aber zu dem innersten Zimmer mit dem Diacon Vigilio eingeführet worden. Allda sasse Belisarii Gemahlin auf dem Bett / und sprach zu dem Heiligen ? Sage uns / H. Pabst Silveri / was haben wir dir und den Römern leyds gethan/ daß du uns den Gothen übergeben wilt ; Eh der Pabst antworten konte / fiele Vigilius über ihn dar / beraubte ihn mit hülff der dienern seines Päbstlichen habits / bekleidte ihn mit münchs-kleidern / und führte ihn in ein geheimes zimmer. Alsdann gienge er hinaus / und sprach kläglich zu den Geistlichen : Ach der schand und unbill / unser liebster Vatter/ der H. Pabst Silverius ist seines Amts entsetzt / und ein Mönch worden. Hierüber erschracken alle Geistliche / und flohen voller ängsten eilfertig davon.

Belisarius liesse den H. Pabst in seinen Münchs-kleideren durch etliche wenige soldaten heimlich aus der Stadt führen / in einem Schiff nach Constantinopel übersetzen / und dem Käyser sammt der Käyserin berichten/ daß er den Pabst deßwegen gefangen genommen / dieweil er die statt Rom den Gothen hat wollen übergeben. Darnach liesse er die Geistlichkeit zusammen kommen / stellte ihnen Vigilium vor / und wolte kurtz um haben / daß sie ihn an statt Silverii zum Pabst erwöhlen solten. Wiewol die Geistlichen diß nicht thun wolten/ dannoch setzte er den Vigilium auf den Päbstlichen Thron und beredete einige Cardinäl / daß sie ihn zum Pabst consecrirten.

Als St. Silverius in seiner reiß nach Constantinopel zu Patres ankame / empfienge ihn selbiger Bischoff mit grossen Ehren / und als er dessen unschuldige absetzung vernommen / eilte er nach Constantinopel zum Käyser/

Cc cc   warffe

warffe ihm mit grossem eiffer für / daß er den statthalter Christi unschuldiger weiß hätte lassen obsetzen : und trohete ihm das erschröckliche göttliche Urtheil / wann er ihn nicht wider in seinen Römischen Stuhl einsetzen würde.　Als der Käyser diß vernommen / daß die anklag des Pabstes falsch und erdicht seye / sagte er / daß wann disem also seye / so solte der Pabst wider in seinen Römischen Sitz gesetzt werden; seye sie aber warhafft / so solle er in eine andere statt geführt werden / dannoch wahrer Pabst verbleiben.　Als die gottlose Käyserin disen Endspruch deß Käysers vernommen / befliße sie sich nach aller möglichkeit / daß Silverius nicht wider nach Rom zuruck gesendt würde ; konte dannoch durch allen ihren fleiß diß nicht verhindern.

Da nun der Pabst ankommen / und von dem Käyser mit Ehren empfangen worden / liesse diser seine Anklag genau erforschen / erkannte die unschuld dises H. Manns / und liesse ihn in seinem Pabstlichen Habit mit ehren zu Rom einführen.　Hierüber erschracke der falsche Pabst Vigilius von hertzen / und gienge eilends zum Belisario / sprechend : überantworte mir Silverium / sonsten kan ich dir die versprochene zweyhundert marck Golds nicht liefern.　Alsdann nahme Belisarius den unschuldigen Pabst Silverium wider heimlich gefangen / und übergabe ihn seinem ärgsten feind Vigilio? welcher ihn durch seine leib guardi in die Insel Pontiam liesse überführen / in einen engen kercker versperren / von Soldaten starck verwachen / und auf daß er

bald sterben möchte / erbärmlich plagen und peinigen.　Diß kan man aus jenem Brieff abnehmen / welchen er zu einem Bischoff geschrieben / sprechend : Ich werde erhalten mit dem Brod der trübsal / und mit dem wasser der beängstigung : dannoch hab ich nicht mein Amt unterlassen / und unterlasse es noch nicht.

Diß erwiese er in der that / indem er allda ein Concilium viler Bischoffen hielte / und etliche heilsame ding / die wahrheit des glaubens und die geistliche zucht betreffen / verordnete. Durch anhalten etlicher Bischoffen excommunicirte er auch den falschen Pabst Vigilium / und überschickte sie ihm durch einen Bischoff.　Wegen der üblen damaligen Zeiten konte sich niemand seiner ernidrigung unterfangen : deßwegen muste diser Hochwürdigste statthalter Christi in seinem Elend verschmachten / und nach dreyjährigem elend und gefängnuß vor der zeit erbärmlich sterben / im jahr Christi 540. seines Pabstthums im fünften jahr zu seinem H. Leichnam geschahe grosser zulauff des volcks / bey seinem Grab wurden vil presthaffte geheilet / und vile krancken gesund. Die kirch setzet ihn unter die zahl der H. Martyrer / dieweil er wegen verfechtung des Glaubens sein leben eingebüsset hat. Es ist aber nicht gnugsam zu beschreiben / wie der gerechte Gott den unschuldigen tod seines statthalters geräcket / und wie hart er das Griechenland / und gantz Italien / wie auch den Käyser und Käyserin / und Belisarium gestrafft habe.　Welches bey dem Baronio ausführlich zu lesen ist.

Baronius ad Annum Christi 540.

Der heilige Hermenegild

gest.: 585
Fest: 13. April

Um das Jahr 568 regierte in Spanien der arianische Westgotenkönig Leovigild. Er hatte zwei Söhne, Hermenegild und Rekkared, die er arianisch erziehen ließ. 570 verheiratete der König Hermenegild mit der ostfränkischen, katholischen Prinzessin Ingundis, der Tochter Sigiberts I. Ihre Zusprache war es, die Hermenegild an seinem Glauben zweifeln ließ. So wandte er sich an den katholischen Bischof von Sevilla, Leander, und trat auf dessen Unterweisungen hin zum rechten Glauben über. Öffentlich schwor er dem arianischen Irrglauben ab, was den Westgotenkönig, seinen Vater, so in Wut versetzte, daß er einen Feldzug gegen seinen eigenen Sohn begann. Im Jahre 584 setzte der König Hermenegild gefangen und ließ ihn, als er sich weigerte, die Kommunion von einem arianischen Bischof zu empfangen, am 13. April 585 in Tarragona enthaupten.

Die Legende stellt uns die Anfechtungen dar, denen Hermenegild nach der Gefangennahme durch den irrgläubigen Vater ausgesetzt war und übermittelt uns die Sehnsucht des Heiligen nach dem himmlischen Reich, die ihn gefeit macht gegen alle irdischen Verlockungen.

Da nun der Heilige sah, daß keine Hoffnung mehr sei, zu entfliehen, begab er sich in die Kirche, in der sicheren Erwartung, sein Vater würde den heiligen Ort in Ehren halten und ihn wieder zu Gnaden aufnehmen. Da kam zu ihm sein jüngster Bruder, der sein Unglück schmerzlich bedauerte und ihm alle väterliche Gnade versprach, wenn er sich demselben freiwillig stellen und ihn auf den Knien um Verzeihung bitten würde. Hermenegild tat alles, was der Bruder ihm anriet. Er warf sich dem Vater, der auch in die Kirche kam, zu Füßen und bat um Gnade. Der Vater begegnete ihm freundlich, allein nur so lange, bis er ihn aus der Kirche in das Lager gebracht hatte. Denn kaum war er im Lager angekommen, so ließ er ihn aller königlichen Zierde berauben, in einen finstern Turm werfen und mit schweren Ketten belegen. Der unschuldige Prinz mußte da alles Ungemach ausstehen wie der größte Übeltäter. Speise und Trank wurden ihm nur so viel gereicht, als notwendig war, das Leben zu fristen. In diesen, für einen königlichen Prinzen gewiß sehr harten Umständen, wendete sich Hermenegild zum Himmel. Die meiste Zeit brachte er im

164

Gebet und Lob Gottes zu. Nichts verlangte er als Kraft und Stärke zum
bevorstehenden Kampf. Alles Zeitliche verachtete er; nur nach dem himm-
lischen Reiche seufzte er. Sein Vater ließ ihm mehr als einmal seine Gnade
und vollkommene Befreiung aus dem Kerker anbieten, wofern er nur dem
katholischen Glauben entsagte. Allein er antwortete immer, er wolle lieber
die Huld des Königs, alle irdischen Königreiche aufgeben, lieber Ketten,
Bande, den Tod selbst leiden, als von der Wahrheit der katholischen
Kirche abweichen. Daß dies keine leeren Worte waren, kann man aus
dem, was sich ereignete, deutlich ersehen. Beim herannahenden Osterfeste
schickte Leovigild einen arianischen Bischof in den Kerker zum heiligen
Hermenegild mit dem Befehl, er solle aus dessen Hand die österliche
Kommunion empfangen; dieses wäre das einzige Mittel, sich mit dem
Vater vollkommen zu versöhnen und so nicht nur die Freiheit, sondern
auch das Königreich wiederzuerlangen. Hermenegild verwies dem gottlo-
sen Bischof seine Vermessenheit und jagte ihn von sich, indem er sagte, er
sie entschlossen, lieber das Leben als den wahren Glauben zu verlassen
oder etwas zu tun, was als Zeichen dienen könnte, daß er den Arianern
beistimme. Bei dieser Gelegenheit sagte er die denkwürdigen Worte: »Der
Verlust eines zeitlichen Reiches ist sehr leicht zu verschmerzen, wenn man
ein ewiges, weit glückseligeres zu erwarten hat.« Sobald Leovigild den

Der heilige Hermenigild.

165

Widerstand seines Sohnes vernommen hatte, schickte er einige Henkersknechte in den Kerker, die ihm den Tod ankündigten. Freudig kniete der Heilige nieder, erhob seine Augen gen Himmel und empfahl seine Seele in die Hände seines Schöpfers. Einer aus den Schergen spaltete ihm mit einem Beil das Haupt und vollendete so das Opfer des Heiligen im Jahre 585.

Leovigild entging nicht den Vorwürfen seines strafenden Gewissens, das ihm seine am eigenen Sohne verübte Grausamkeit beständig vorwarf, und ungemein groß war seine Reue darüber. Ja, in seiner letzten Krankheit ließ er den heiligen Leander zu sich kommen und verlangte von ihm, er solle seinen anderen Prinzen Rekkared in der katholischen Religion unterrichten, wie er vorher den Hermenegild unterwiesen hatte. Leander sprach dem Könige selbst zu, daß auch er die Ketzerei verlassen und sich noch in den Schoß der wahren Kirche retten solle. Der Unglückselige erkannte die Wahrheit der katholischen Religion und wollte sie doch nicht ergreifen, entweder aus eitler Furcht vor seinem Hof oder aus anderen nichtigen Gründen, wie der heilige Gregor der Große erzählt.

Der heilige Desiderius

gest.: 612
Fest: 23. Mai

Der heilige Desiderius war Erzbischof von Vienne. Er wurde auf dem Konzil zu Chalons-sur-Saône auf das Betreiben des Bischofs von Lyon und der Königsmutter von Burgund, Brunhilde abgesetzt. Nach seiner Wiedereinsetzung wurde er, der sich nicht scheute, Brunhilde ihres Lebenswandels wegen auch weiterhin zu tadeln, im Jahr 612 ermordet.

Die Legende stellt uns vor Augen, was zu dieser Zeit ein häufiges Ereignis war. Bischöfe und Priester, die den Glauben predigten, wurden keinesfalls sofort von der weltlichen Macht unterstützt. Oft genug kam es vor, daß Fürsten zwar die Predigt des Wort Gottes duldeten, das eigene, gottlose Leben aber fortsetzten. So mußte es dann zu Konflikten kommen, wie sie uns auch die Legende über Desiderius schildert.

Der Heilige ertrug diese Ungerechtigkeit mit christlicher Geduld und benützte seine Zeit dazu, daß er den unwissenden und rohen Bewohnern seines Aufenthaltes das Evangelium predigte und durch sein frommes Leben großen Segen unter ihnen verbreitete. Nach vier Jahren wurde Desiderius aus seiner Verbannung zurückgerufen, um wieder als Bischof der Kirche zu Vienne vorzustehen. Groß war der Jubel der Gläubigen bei der Ankunft ihres unschuldigen und heiligen Oberhirten. Alle eilten ihm entgegen und empfingen und begleiteten ihn in die Stadt unter lautem Frohlocken. Diese Liebe und herzliche Verehrung des Volkes gegen den Heiligen erregte den Haß Brunhildens auf das neue. Wie einst Herodias, so brütete die Lasterhafte Tag und Nacht an einem Plan, den Diener Gottes aus dem Wege zu räumen. Durch erkaufte, falsche Zeugen streute sie die schändlichsten Beschuldigungen in der Stadt aus, um die Einwohner gegen ihn zu empören, und da ihr dieses nicht gelang, gebrauchte sie den ersten Beamten des Königs zum Werkzeug ihrer Rache. Dieser Schändliche, ein Feind der Religion und ihrer Diener, ein in Unlauterkeit und Ungerechtigkeit versunkenes Geschöpf, benützte jede Gelegenheit, die Diener Gottes zu lästern und zu verleumden, und quälte den Bischof und seine Geistlichkeit auf eine unmenschliche Weise. Eines Tages ließ er, ohne alle Veranlassung, mehrere Kirchendiener in Fesseln legen und in einen unterirdischen Kerker werfen, worin sie im größten Elend lange Zeit schmachteten. Alle Verwendung des Bischofes für sie war umsonst, bis sie Gott auf das allgemeine Gebet der Gläubigen auf wunderbare Weise ihrer Gefangenschaft entledigte.

Nach dem Tode des Königs Childebert kam dessen Sohn, Theodoricus, auf den Thron von Burgund, der dem heiligen Bischof mit Liebe zugetan war und ihm große Verehrung erwies. Der König hatte sich entschlossen, zu heiraten; aber Brunhilde, seine Großmutter, hatte seine Verehelichung bisher immer aus dem Grunde zu verhindern gesucht, weil sie fürchtete, sie möchte ihr Ansehen und ihre Macht verlieren, sobald eine Königin am Hofe sein würde. Theodoricus überließ daher die Entscheidung dem heiligen Desiderius und schickte Abgeordnete an ihn nach Vienne mit der Bitte, er möchte sich an sein Hoflager begeben, indem er sich in einer wichtigen Sache mit ihm zu beraten wünsche. Als der Bischof bei dem König erschien, beantwortete er die ihm vorgelegte Frage mit den Worten des heiligen Paulus: »Jeder Mann habe sein Weib, und jedes Weib ihren Mann. Und: Gott wird die Ehebrecher verdammen und die Entehrer seines Tempels verderben«. Durch diese Erklärung wurde Brunhilde in unbeschreibliche Wut gebracht, denn ihr ganzer Plan ward dadurch vereitelt und sie selbst wegen ihrer schändlichen Lebensweise vor dem ganzen Hof beschämt. Ihr Entschluß, den Diener Gottes ermorden zu lassen, mußte nun ausgeführt werden; und als Desiderius nach seinem Bistume zurück-

kehrte, schickte sie ihm drei ihrer Günstlinge nach mit dem Auftrag, daß sie sich vor ihren Augen nicht eher sollten blicken lassen, bis sie den ihr so verhaßten Bischof würden getötet haben.

Bei einem Dorf in der Gegend von Lyon überfielen die Meuchelmörder den Heiligen. Sobald er ihre Absicht merkte, fiel er auf seine Knie und empfahl seine Seele Gott im Gebet. Da schleuderte einer der Schändlichen einen Stein nach dem Haupt des Desiderius, wovon er betäubt zur Erde stürzte, und ein anderer eilte herbei und zerschlug ihm das Haupt mit einer Keule. Dies geschah im Jahre 612.

Der heilige Märtyrer wurde anfangs in dem Dorf begraben, das noch heutzutage den Namen von ihm hat; im Jahre 620 aber erhob der heilige Bischof Cherius den Leichnam und setzte ihn in der Vorstadt zu Vienne in der Kirche der heiligen Apostel Petrus und Paulus bei, wo er noch immer aufbewahrt wird. Bald nachher ereilten Gottes Strafgerichte die in allen Lastern ergraute Brunhilde. Ihr Tod war grauenvoll. Sie wurde ihrem Todfeinde, dem Könige Klotar, ausgeliefert, der sie einige Tage hindurch auf das Grausamste martern, endlich aber an den Schweif eines unbändigen Pferdes binden und so zu Tode schleifen ließ.

Die heilige Dympna

gest.: 630
Fest: 15. Mai

Die heilige Dympna oder Dymphna ist uns nur durch die Legende überliefert, gesicherte Angaben über ihr Leben liegen also nicht vor. Wollen wir deswegen der Legende das Wort geben, um zu erfahren, wie in ihr das Leben und Sterben der Heiligen beschrieben ist.

Die heilige Dympna wurde im siebenten Jahrhundert aus dem Geschlechte der sächsischen Könige in England geboren. Ihr Vater war dem Heidentum ergeben und ließ auch seine Tochter unter der Aufsicht der Götzendiener erziehen; aber die heilige Vorsicht leitete es, daß die Prinzessin einen christlichen Priester, Gerebernus, kennenlernte, der sie ohne

*des Königs Wissen im wahren Glauben unterrichtete und ihr die heilige
Taufe erteilte. Von dieser Zeit an entsagte sie allem irdischen Ansehen und
den vergänglichen Gütern der Welt, lebte an dem heidnischen, leichtsinni-
gen Königshofe rein und makellos, und weihte sich dem Dienst Gottes
durch Gebet und Frömmigkeit.*

*Als ihre Mutter starb, stand die keusche Jungfrau eben in der schönsten
Blüte ihres jugendlichen Lebens, und geziert mit allen Reizen und mit einer
unwiderstehlichen Anmut, vereint mit einem liebevollen und demütigen
Benehmen, war ihr Vater, der König, schlecht genug, sie selbst zur Sünde
zu versuchen. Nachdem er Geschenke und Schmeicheleien fruchtlos ver-
schwendet hatte, um sie zu verderben, verfiel er auf den gottlosen Entschluß, seine eigene Tochter zur Ehe zu nehmen. Der verblendete Heide
sah darin nichts Ungeziemendes und eröffnete ihr ohne Bedenken sein
gottlos, widernatürliches Verlangen. Die zarte Jungfrau erstaunte über den
unerhörten Antrag und wies den Vater mit Abscheu zurück. Da aber dieser
mit Versprechungen und Drohungen ihre Einwilligung erzwingen zu wollen fortfuhr, und alle Vorstellungen über entsetzliches Ärgerniß und über
die Schändlichkeit seines Vorhabens ihn nicht abschrecken, und die Tochter jeden Augenblick kühne Gewalttätigkeit zu befürchten hatte; so erhob
sie ihre Augen zum Himmel, seufzend zu Gott um Rat und Hilfe, und
sprach zum grausamen Vater: »Wenn es denn so sein muß, so erlaube mir,
Vater und König, eine Bedenkzeit von vierzig Tagen, damit ich mich zu
einer so feierlichen Handlung würdig vorbereiten kann«. Diese Worte sah
der rohe Heide als eine Einwilligung an, und voll Freude seinen Zweck
erreicht zu haben, verließ er sie nun.*

*Wie eine schüchterne Taube, vom heißhungrigen Habicht verfolgt,
stand Dympna zitternd und wehrlos, als die Beute eines unnatürlichen
Vaters da und weinte bittere Tränen. –*

*Da sprach eine Stimme in ihrem Innern: »Folge dem greisen Priester
Gerebernus«! Sogleich berief sie diesen zu sich, klagte ihm ihr Leid und bat
ihn um Rat. Der fromme Priester sagte ihr nach einigem Nachdenken, daß
hier kein anderes Mittel mehr übrig sei als die Flucht und versprach ihr
zugleich, er wolle sie als Führer in ein anderes Land begleiten, wo sie in
der Stille Gott und der Tugend dienen könne. Ganz verkleidet floh
demnach die Jungfrau mit Gerebernus und einem getreuen Diener zur
Nachtzeit: sie bestiegen ein Schiff und kamen unter dem Schutze Gottes
sicher in Antwerpen an.*

*Um allen Nachforschungen zu entgehen, begaben sie sich in eine
Einöde bei dem Dorfe Geelen, wo sie in einem Gebüsche jedes eine Zelle
bewohnten und Dympna ein wahrhaft heiliges Leben führte.*

*Als am folgenden Tage dem Könige die Nachricht hinterbracht wurde,
daß die Prinzessin entflohen sei, geriet er in heftigen Zorn und schwor bei*

den Göttern, kein Mittel unversucht zu lassen, sie in seine Gewalt zu bekommen und seiner Rache zu opfern. Sogleich schickte er Kundschafter in alle Gegenden aus, um die Entflohene aufzusuchen, und weil diese keine Spur von ihr finden konnten, schiffte er sich mit einer großen Anzahl Bewaffneter ein und landete, wie seine Tochter, zu Antwerpen. Auch da mußten alle Winkel, Wälder und Dörfer durchsucht werden, und Dympna würde unentdeckt geblieben sein, wenn es sich nicht gefügt hätte, daß zwei Bewaffnete in das Dorf Geelen gekommen und da bei einigen Armen englische Münzen erblickt hätten. Auf die Frage, woher sie das Geld erhalten, antworteten diese, daß im Walde eine reiche fremde Jungfrau mit einem frommen Priester wohne, die mit größter Freigebigkeit alle Bedrängten unterstützte. Die Diener wurden dadurch aufmerksam gemacht, erkundigten sich um einige Nebenumstände und vorzüglich um die Zeit ihrer Ankunft und hinterbrachten dem Könige die freudige Kunde von der Entdeckung seiner Tochter.

Ohne Verzug machte sich dieser auf den Weg, eilte dem Walde zu und trat in die Hütte ein, wo eben die Jungfrau und der Priester vor dem Bilde des Gekreuzigten auf den Knieen lagen und beteten. Dympna erblaßte bei dem unvermuteten Anblick ihres Vaters und dieser machte ihr harte Vorwürfe über ihren Ungehorsam und über den Schrecken, in welchen sie ihn durch ihre Flucht versetzt habe: dabei versprach er aber, alles zu vergessen, wenn sie sich nun fügen, und sein Verlangen erfüllen würde. Um dies eher zu bewirken, befahl er dem Priester, er solle die Jungfrau zur Einwilligung bereden. Da sprach Gerebernus unerschrocken zum Könige: »Wie kannst du von mir verlangen, deiner Tochter zu einem solchen teuflischen Laster zu raten? Lieber will ich tausendmal des grausamsten Todes sterben. Dich ermahne, dir befehle ich im Namen des allmächtigen Gottes, daß du abstehest von deinem gottlosen Begehren, und die Jungfrau, die Jesus zu ihrem Bräutigam gewählt hat, nicht ferner mit boshafter Liebe verfolgest«. Wütend stieß der König den Frommen zur Zelle hinaus, und nach einem bedeutungsvollen Blick auf seine Bewaffneten wurde er in Stücke gehauen.

Er ging dann zu seiner Tochter zurück und suchte sie teils durch Liebkosungen, teils durch entsetzliche Drohungen zur Erfüllung seines Wunsches zu bewegen; diese aber widersetzte sich mutvoll.

Als sie den verscheidenden Greis vor sich liegen sah und den herzlosen Vater hörte, rief sie voll heiliger Entrüstung mit dem Heldenmute einer wahren Christin: »Weswegen hast du den auserkorenen Priester des Herrn, der nicht das geringste Verbrechen begangen hat, töten lassen? Glaubst du denn, daß du dem Verdammungsurteile dessen entgehen wirst, der alles sieht? Deine Götter und Göttinen verabscheue ich als elende Machwerke und weihe mich dem Herrn Jesus Christus, von dessen Liebe *ich ganz durchdrungen bin. Jener ist mein Bräutigam, meine Herrlichkeit, mein Heil, mein Verlangen und meine Anmut, ich verlange nichts anderes, als nur allein ihn; mir genüget jener ganz allein, in dessen Antlitz das heilige Heer der Engel zu schauen gelüstet. Da es mir die Ordnung des Rechts zu fordern scheint, daß jemand nicht so sehr nach Beispielen als nach Gesetzen gerichtet werden müsse, so übe gegen mich jede Art Tyrannei aus, verhänge gegen mich alle möglichen Strafen, ich bin ganz bereit, sie mit heiterem Geiste für den Herrn zu ertragen; denn es ist nicht schicklich, daß jene eine verschiedene Todesart oder die Entfernung der Orte trennt, welche der wahre Glaube im Leben innigst vereinigte und in Christo die gleiche Geistesbestimmung beseelt.«*

Glühend vor Zorn befahl der Barbar seinen Dienern, ihr das Haupt abzuschlagen, und als diese sich weigerten, ihre Hände mit königlichen Blute zu beflecken, zog er selbst das Schwert, durchstieß ihr Herz und floh als Kindesmörder, beladen mit dem Fluche Gottes.

Einige Tage lagen die zerfleischten Körper der heiligen Märtyrer unbegraben, bis die benachbarten Einwohner sie fanden und mit Ehrfurcht beerdigten. Als aber an ihrem Grabe sich große Wunder ereigneten und sich der Ruf davon in alle Gegenden verbreitete, beschloß der Bischof des Kirchensprengels die heiligen Überreste zu erheben. Er versammelte seine Geistlichen und die Gläubigen, zog hin zu dem Grabe und ließ die Erde wegräumen. Da fand man endlich zwei weiße, marmorne Särge, in deren einem der Leib des heiligen Gerebernus war, der nach Sohnsbeck im Celvischen überbracht wurde, und in dem andern lag die heilige Märtyrerin Dympna mit der Überschrift: »Hier ruht die Jungfrau und Märtyrerin Dympna«. Sie blieb zu Seelen so lange, bis sie nach einigen Jahren der Bischof von Cambrai neuerdings erhob, in einen mit kostbaren Steinen besetzten Kasten legte und in die ihr zu Ehren erbaute Kirche übersetzte, wo auf ihre Fürbitte vom Jahre 1604 bis 1641 viele Taube, Blinde, Stumme, mehrere Besessene, Blödsinnige und andere Kranke wunderbar geheilt wurden.

Der heilige Emmeran

gest.: 652
Fest: 22. September

Vom heiligen Emmeran sind uns fast keine verläßlichen Lebensdaten
überliefert, denn auch die Biographie von Arbeo von Freising greift nur auf
die örtliche Überlieferung zurück. Sicher ist nur, daß Emmeran in den
ersten Jahrzehnten des achten Jahrhunderts wahrscheinlich von einem
Agilulfinger Herzog nach Regensburg berufen wurde und das Amt eines
Bischofs innehatte. Auch sein Martyrium in Kleinhelfendorf bei Aibling
(Oberbayern) scheint gesichert.

Die Lebensgeschichte Emmerans, die Arbeo von Freising zusammengestellt hat, gibt uns eine anschauliche Schilderung des Wirkens des Heiligen,
der sich aus übergroßer Herzensgüte der Not anderer erbarmte und darum
sogar den Tod auf sich nahm.

Der heilige Emmeran wurde im Anfang des siebenten Jahrhunderts zu
Poiton in Aquitanien aus einer ansehnlichen Familie geboren und widmete
sich in seiner Jugend den Wissenschaften. Er trat in den geistlichen Stand
und zeichnete sich durch Frömmigkeit und heiligen Eifer so sehr aus, daß
er zur bischöflichen Würde erhoben wurde. Mehrere Jahre lang hatte er
sein heiliges Amt segensvoll verwaltet, als ihm ein Reisender erzählte, daß
die Hunnen, welche Pannonien – jetzt Ungarn – bewohnten, noch alle
Heiden seien. Nun erglühte in ihm das heilige Verlangen, diesem unglückli-
chen Volke das Evangelium zu predigen. Er legte sein bischöfliches Amt
nieder, achtete nicht der Beschwerden einer so weiten Reise, noch der
Gefahren, die ihm unter einem so wilden und kriegerischen Volke bevor-
standen, und begab sich auf den Weg nach Ungarn im Jahre 649. Auf
seiner Reise kam er nach Regensburg, wo damals der bayerische Herzog
Theodo I. sein Hoflager hatte. Dieser empfing den apostolischen Mann mit
größter Verehrung und bemühte sich, ihn in seinem Lande zu erhalten und
durch seine Mitwirkung die Überreste des Götzendienstes zu vertilgen und
die Irrtümer und große Unwissenheit bei seinen Untertanen zu beseitigen.
Der heilige Emmeran wollte sich lange von seinem Entschlusse, zu den
Hunnen zu reisen, nicht abbringen lassen, bis man ihm bewies, daß er
wegen des Krieges, der eben an den Grenzen Pannoniens wütete, unmög-
lich oder wenigsten unter den größten Lebensgefahren sein Ziel erreichen
könne. Er blieb daher in Bayern, ging auf dem Lande herum und predigte

in allen Flecken und Ortschaften das Evangelium mit rastlosem Eifer und mit gesegnetem Erfolge. Unter unzähligen Mühseligkeiten arbeitete er an der Bekehrung der noch übrigen Götzendiener, brachte die Irregeführten zum wahren Glauben und erweiterte durch seine eindringlichen Predigten und durch das anziehende Beispiel seines heiligen Wandels das Reich Gottes.

Drei Jahre hatte Emmeran in Bayern das Wort Gottes gepredigt und sich allgemeine Achtung, Liebe und Zutrauen erworben, als ein unseliger Verdacht die Ursache seines frühen und martervollen Todes wurde. Im Jahre 652 wurde Uta, die Tochter des Herzogs Theodo, von Sigibald, einem jungen Edelmanne, zu einer großen Sünde verleitet. Das Vergehen war von der Art, daß es leicht vorauszusehen war, daß dem Verführer der Tod und der Prinzessin ewiges Gefängnis bevorstehe. Die Unglücklichen konnten sich weder raten noch helfen; denn die Flucht war schwer, und jede Stunde konnte ihre Sünde aufdecken. Der heilige Emmeran kam gerade um diese Zeit vom Lande nach Regensburg, wo er bei einer feierlichen Gelegenheit auf die Bitte des Herzogs vor dem Hofe und allem Volke predigte, und dieser war der Einzige, dessen Verschwiegenheit und mitleidigem Herzen das schreckliche Geheimnis anzuvertrauen war. Zu ihm begaben sich also die beiden Schuldigen, fielen ihm zu Füßen, entdeckten ihm unter bitteren Tränen ihr Vergehen und baten ihn händeringend um Rat, um Hilfe in ihrer höchsten Not. Der Diener Gottes wurde durch den Jammer der Trostlosen innigst gerührt. Sein Herz blutete, wenn er an die Wut des betrogenen Vaters, an das Elend der unglücklichen Tochter, an den gewissen Tod Sigibalds dachte. Auf Hilfe mußte gesonnen, Unglück verhütet werden, und in der Bewegung seines teilnehmenden Herzens faßte er einen Entschluß, der neu und gewagt, aber auch nur der einzige war, um raschen Mord zu verhindern und dann Verzeihung und vielleicht Aussöhnung zu bewirken. Er riet Uta, sie sollte die Flucht ergreifen, ihn als Mitwisser angeben und dann den Ausgang der Vorsehung Gottes überlassen.

Emmeran wollte, um der ersten Wut des Herzogs zu entgehen, nach Rom reisen und dort durch Vermittlung des Papstes die Sache etwas ausgleichen. Bevor er jedoch Regensburg verließ, berief er einen frommen Priester Wolfleck (der später der Nachfolger des heiligen Emmeran im Bistume Regensburg wurde) und sagte ihm: »Merke jetzt auf das, was ich dir, mein Sohn, sage, und verrate es, so lange ich lebe, ja niemandem; wenn du hören solltest, daß ich mein Leben unter vielen Leiden und Martern wegen eines mir zur Schuld gelegten Verbrechens verloren habe, so mache es allen Priestern bekannt – damit ja keiner etwa aus Unwissenheit fehle und mich des angeschuldeten Verbrechens für schuldig halte und dadurch geärgert werde – daß ich unschuldig bin; weil ich weiß, daß man den Schein des Bösen sorgfältig meiden müsse, um andere in der Sünde nicht zu bestärken«. Wolfleck befolgte den Wunsch seines Oberhirten und machte diese Mitteilung nach dem Tode des Heiligen allbekannt.

Der Heilige hatte noch nicht die Grenzen Bayerns verlassen, als Uta ihre Schande entdeckte, die Flucht ergriff und die Schuld ihrer Flucht Emmeran zur Last legte. Während man am herzoglichen Hofe vor Jammer und Schrecken nicht mehr wußte, was man von der Sache glauben oder wozu man sich entschließen sollte, machte sich Landbert, der Bruder der unglücklichen Uta, heimlich auf den Weg, jagte in der Hitze seines Zornes dem angegebenen Mitwisser nach und traf ihn bei Helfendorf, unweit Münchens, wo er eben betete. Der erbitterte Prinz ließ den Heiligen vor sich führen, schalt ihn einen Heuchler und überhäufte ihn mit harten Vorwürfen. Der unschuldige Diener Gottes erwiderte mit Ruhe und Demut: »Ich versprach, nach Rom zu gehen, um dort bei dem Grabe des Apostelfürsten, des heiligen Petrus, meine Andacht zu verrichten, durch dessen evangelisches Predigtamt die Kirchen gegründet worden sind, und dessen Stellvertreter und Nachfolger die oberste kirchliche Gerichtsbarkeit auf der Welt besitzt. Sende daher mit mir einen weisen Mann, damit er in Gegenwart des Papstes das Urteil über mich vernehme, und derselbe dann richte, damit es sich herausstelle, ob ich eines Verbrechens schuldig sei oder nicht. Diesen Rat gebe ich bloß aus heiliger Liebe, nicht etwa, weil ich die Leiden fürchte, sondern mit dir wegen deines ewigen Unterganges Mitleiden hatte, indem ich ganz wohl erkenne, daß deine Seele durch deine Handlungsweise zu Grunde gehe«.

Allein die Wut ließ den Prinzen nicht mehr zur Besinnung kommen; vielmehr wurde er durch das ruhige und stille Betragen des Heiligen noch mehr aufgebracht. Er stieß ihn von sich und ohne eine fernere Untersuchung abzuwarten, befahl er, ihn auf eine Leiter zu binden und seinen Körper unter langsamen und den grausamesten Mißhandlungen zu verstümmeln. Die Diener des Prinzen schleppten den Heiligen in die Scheune des Hauses, in welcher er übernachtet hatte, rissen ihm die Kleider vom Leibe und banden ihn auf der Leiter fest. Während dieser Zubereitungen betete Emmeran: »Mein Jesus und Erlöser! Der du deine Hände ausgestreckt hast am Kreuze, um uns mit deinem heiligen Blute zu erlösen; ich preise dich, daß du mich aus einer fernen Gegend durch so viele Länder geführt hast und mich würdigst, hier wegen einer Sünde, deren ich unschuldig bin, mein Blut zu vergießen.«

Nun begann in Gegenwart des Prinzen die fürchterliche Marter. Zuerst ließ er dem Heiligen die äußeren Glieder der Finger wegschneiden, die Augen ausstechen, die Hände zerstümmeln und die Ohren vom Kopfe trennen. Der fromme Kämpfer gab keinen Laut des Schmerzes von sich und betete heiteren Angesichts für seine Feinde. Dann befahl der Wüterich, weil er kein Geständnis erpressen konnte, ihm die Füße abzuhauen, die Zunge aus dem Mund zu reißen, und so, halbtot und schwimmend in seinem Blute, verließen ihn die Mörder. Die Begleiter Emmerans, worunter sich auch Geistliche befunden haben sollen, welche die Reise nach Rom mitgemacht hätten, hatten sich aus Furcht vor der Wut Landberts verborgen; als sich dieser nun entfernt hatte, kamen sie wieder zum Vorschein und schauderten bei dem Anblick der barbarischen Grausamkeit. Zu ihnen gesellten sich die Einwohner der herumliegenden Einöden, bewunderten mit Ehrfurcht die Geduld, die hohe Standhaftigkeit und freudige Ergebung des heiligen Märtyrers, und legten ihn auf einen Wagen, um ihn nach dem Dorfe Aschheim zu führen. Sie hatten aber diesen Ort noch nicht erreicht und waren erst bis Feldkirchen gekommen, als sie an Emmeran die Zeichen eines nahen Todes wahrnahmen und sich genötigt sahen, stille zu halten. Ein plötzlicher Glanz umgab den Heiligen, und er gab seinen Geist auf im Jahre 652.

Die heilige Ositha

gest.: 660
Fest: 7. Oktober

Nach der Lebensgeschichte der Heiligen, die von Verus verfaßt wurde, soll sie die Tochter des Königs Frithewald gewesen sein. Ositha soll von der heiligen Edith erzogen worden und im Jahr 660 durch das Schwert eines dänischen Seeräubers zu Tode gekommen sein.

In der Legende erfahren wir nicht nur die Umstände des Todes, sondern können uns auch an der Schilderung mehrerer Wunder, die sich um die heilige Ositha ereignet haben soll, erfreuen.

Einmal rief Editha die kleine Prinzessin und sagte: »Ositha, nimm dieses Buch und trage es in das Kloster, welchem die Oberin Modvenna vorsteht.« Ositha trat in Begleitung einer Magd mit freudigem Gehorsam die Reise an. Auf dem Weg mußte sie über eine Brücke gehen; plötzlich erhob sich ein heftiger Sturm, und sie wurde von der Seite der Magd weggerissen und stürzte über die Brücke in den Fluß. Sowohl Editha als

Modvenna erfuhren es und eilten schnell zum Flusse, konnten aber nichts mehr von ihr sehen. Da rief die letztere voll Vertrauen und Schmerz: »Ositha, Ositha! Im Namen der allerheiligsten Dreifaltigkeit, komme aus dem Wasser hervor!« Auf diese Worte erblickte die heilige Modvenna ihre geliebte Ositha mitten im Flusse, aus dem sie rief: »Da bin ich meine Frau und Mutter!« – Bald darauf kam sie mit dem Buche in der Hand an das Ufer. Beide Oberinnen weinten vor Freude und dankten Gott innigst für diese hohe Gnade ihrer Gebetserhörung. Diese wunderbare Errettung begeisterte Ositha noch mehr, sich so bald wie möglich Gott zu weihen. Zu ihrem größten Schmerze wurde sie aber von ihrem Vater aus dem Kloster ab- und nach Hofe gerufen. Allein, gar bald erkannte sie, daß es an einem ränke- und genußsüchtigen Hofe sehr schwer sei, die Reinheit der Unschuld makellos zu bewahren. Sie tat demnach, was ihr Seelenführer ihr anriet, übte sich in der Selbstverleugnung und im Gebete, und empfing sehr oft die heilige Kommunion mit wahrer Andacht des Herzens. So verharrte sie am Hofe wie im Kloster standhaft auf dem Tugendweg. Nun sollte sie auch heiraten. Ihre Eltern wünschten, daß sie ihre Hand dem König der Sachsen, Gergius, gebe. Allein Ositha, die längst schon ihr Herz ihrem himmlischen Bräutigam übergeben hatte, konnte zu dem Jawort sich nicht entschließen. Da gebrauchten ihre weltlich denkenden Eltern endlich Gewalt, sie zur Einwilligung zu zwingen. Sie gab sie weinend und flehte unaufhörlich ihren himmlischen Bräutigam an, in dieser überaus großen Not ihr zu Hilfe zu kommen. – Der Herr fügte es, daß Gergius gleich nach der Vermählung in wichtigen Angelegenheiten Ositha verlassen mußte. Als er fort war, verließ sie heimlich den Hof, eilte in ein Kloster, ließ sich daselbst die Haare abschneiden und als Klosterfrau einkleiden. Dann flehte sie zu Gott, er möge das Herz ihres Gemahls wenden, damit sie ihr Gelübde halten könne. Ihr demütiges Flehen wurde erhört; denn als Gergius alles umständlich erfuhr, was geschehen war, gab er ihr seine Einwilligung und seinen Segen und baute ihr noch ein besonderes Kloster, wo sie ungestört Gott dienen konnte. Lange lebte sie in jungfräulicher Schönheit mit ihren Schwestern, bis ein dänisches Schiff mit Seeräubern kam, die das Kloster überfielen, und deren Anführer Ositha zwingen wollte, ihren Glauben zu verleugnen. Als sie nicht darein willigen wollte, enthauptete er sie mit eigener Hand am 7. Oktober des Jahres 660.
Ihre noch lebenden Eltern holten auf die Trauerbotschaft augenblicklich ihren Leib und bestatteten ihn in ihrer Kapelle in einem bleiernen Sarg, wonach sie Gott mit vielen Wundern verherrlichte. Einmal erschien sie, wie einst der heilige Gervasius dem heiligen Ambrosius, einem Handwerker im Schlafe und sagte ihm: »Stehe auf, gehe in die Kirche von Ailesbury und nimm dort meine Gebeine mit dem bleiernen Sarg, lege ihn auf ein Pferd und bringe ihn nach Chick in der Provinz Essex. Fürchte dich nicht

wegen der großen Last, ich werde dir schon helfen und dir beistehen«. – Diese Erscheinung und Mahnung hatte er dreimal nacheinander. Endlich stand er auf und befolgte genau, was ihm aufgetragen war. Als er mit den Gebeinen nach Chick kam, empfing ihn Mauritius, der Bischof von London, und setzte den Sarg sehr ehrenvoll dort bei, und der Bischof von Rossa wurde bei diesem Anlasse von Gichtschmerzen, an denen er litt, befreit.

Einmal kam ein Matrose zum Grabe der Heiligen und stahl dort eine marmorne Zierde des Sarges. Als er damit forgehen wollte, konnte er sich nicht von der Stelle bewegen und mußte stehen bleiben, bis er seine Schuld bekannte und der gestohlene Gegenstand wieder an seinen Ort zurückgestellt war.

Der heilige Leodegar

geb.: 616
gest.: 680
Fest: 2. Oktober

Der heilige Leodegar wurde, aus vornehmen Hause stammend, im Jahre 616 geboren. Leodegar wurde von seinem Onkel, dem Bischof von Poitiers, unterrichtet und erzogen. Weil der Heilige rasch große Fortschritte in seinem Studium machte, wurden ihm frühzeitig die heiligen Weihen erteilt. Als Ratgeber des späteren Königs Klotar III. wurde Leodegar im Jahr 659 zum Bischof von Autun bestellt. Der Nachfolger König Klotars III., Childerich, berief ihn als geheimen Rat an den Hof; bald jedoch wurde der heilige Mahner dem König, dem er ob seiner Verfehlungen ins Gewissen redete, unbequem und mußte daraufhin nach Luxeuil fliehen. Erst nach dessen Tod kehrte er wieder zurück nach Autun. Dort verdächtigte ihn der Hausmeier Ebroin, sein eigentlicher Gegner, der Teilnahme an der Ermordung des Königs und ließ den Heiligen im Jahr 680 enthaupten.

Die Legende stellt uns zunächst die schönsten Charakterzüge des Heiligen dar und berichtet uns dann über seinen heldenhaften Martyrertod.

177

Der Heilige hatte von Gott selbst gelernt, daß man nicht vollkommen sein könne, wofern man nicht in der Gegenwart des Herrn wandle, darum hatte er sich frühzeitig mit Gott vereinigt durch Demut und gänzliche Verleugnung seiner selbst. Durch seine Beredsamkeit, Weisheit und strahlenden Tugenden erwarb er sich bald die Hochachtung und Liebe aller seiner Untergebenen.

Allein der boshafte Ebroin erlangte wieder die oberste Leitung der Geschäfte, ließ einen angeblichen Sohn des Klotar zum König ausrufen und rückte mit einer Armee vor Autun, um seinen alten Haß gegen den heiligen Bischof abzukühlen. Man gab dem heiligen Leodegar den Rat, dem nahenden Gewitter auszuweichen; allein er wollte sein Volk nicht verlassen, bereitete sich zum Tode, indem er die dreitägigen Fasten und eine allgemeine Prozession mit den Reliquien der Heiligen um die Stadt anstellen ließ. Dann teilte er all das Seinige unter die Armen aus. Um die Einwohner zu verschonen, ging er freiwillig aus der Stadt und ergab sich seinen Feinden, die ihm mit unerhörter Grausamkeit, während der heilige Bischof die Psalm sang, die Augen ausstachen und bald hernach die Lippen samt einem Stück der Zunge abschnitten. Er kam darauf durch einen seiner Freunde in das Kloster zu Fekamp, wo er durch ein Wunder die Fähigkeit zu reden wiedererhielt und drei Jahre mit Unterweisung der Ordensgeistlichen und unter beständigem Gebete zubrachte.

Nach dieser Zeit suchte der gottlose Ebroin den heiligen Bischof und seinen Bruder Guerin als Verräter des ermordeten Königs Childerich zu verleumden und ihnen den Prozeß zu machen. Der fromme Guerin wurde an einen Pfahl gebunden und mit Steinen totgeworfen; den heiligen Leodegar aber wollte man erst in einem Konzilium absetzen lassen. Mittlerweile schickte der Heilige ein Schreiben an seine Mutter Sigrada, die nun in einem Kloster lebte. Die Schreibart ist eines Martyrers, der sein Opfer zu vollenden bereit ist, würdig; der Inhalt ist der Erguß eines vor Liebe brennenden und mit allen Tugenden gezierten Herzens. Als er vor das Afterkonzilium gestellt und zum Geständnis seiner Schuld am Tode des Königs angehalten wurde, berief er sich standhaft auf das Urteil Gottes, als des Zeugen seiner Unschuld. Endlich zerriß man ihm das Kleid, um seine Absetzung anzudeuten, und übergab ihn in die Hände des weltlichen Richters, der schon Befehl, ihn umzubringen, hatte. Er wurde aus Furcht, er möchte als ein Martyrer angesehen werden, in einen abgelegenen Wald geführt und vier Soldaten überlassen. Drei von ihnen warfen sich zu seinen Füßen und baten ihn inständigst um Verzeihung. Der heilige Bischof verrichtete für sie ein Gebet und sagte danach, er wäre zum Tode bereit. Er wurde also vom vierten Soldaten in einem Walde des Bistums Arras, welcher heutigentags von ihm den Namen St. Luger hat, im Jahre 680 enthauptet.

Die heilige Reineldis

gest.: 680
Fest: 16. Juli

Die Lebensgeschichte dieser Heiligen wurde erst im elften Jahrhundert verfaßt und ist daher als mehr legendenhafte Erzählung anzusehen.

Diese Erzählung zeichnet uns ein anschauliches Bild der Gottergebenheit und des Muts der Heiligen, die nicht vor den Feinden des Glaubens flieht, weil sie das »Glück des Martertums« zu ergreifen gewillt ist.

Der heilige Reineldis war die Tochter des Grafen Witger und der heilgen Amalberga. Da Reineldis den Entschluß faßte, außer Gott nichts mehr zu besitzen, so verließ sie mit ihrer Schwester Gudula ihre Heimat, ging nach Lobbes, und nahm sich vor, alles, was sie hatte dem Apostelfürsten Petrus zu übergeben. Als sie zum Kloster kamen und dort an der Pforte anklopften, um eingelassen zu werden, antworteten ihnen die Mönche bei verschlossener Pforte, daß in dieses Haus von dem Tage seiner Gründung an noch nie einem Weibe der Eintritt gestattet worden sei, also auch ihnen nicht gestattet werden könne. Auf das hin ging Gudula zurück und begab sich in das Kloster Morselle an der Maas; die heilige Reineldis aber verharrte bei der Kirchentüre drei Tage und drei Nächte kniend, ohne Speise und Trank, bis der Herr, welcher seine Diener nie verläßt, die Vermessenen aber von sich stößt, das Zeichen seiner Macht auf wunderbare Weise gab, denn in der dritten Mitternacht, als alle Brüder des Hauses in festen Schlaf versunken waren, öffnete sich die Klosterpforte von selbst und die Pfortenglocke fing an zu läuten. Auf dieses Zeichen erwachten die Brüder, liefen von allen Seiten zusammen, sahen die Jungfrau vor dem Bildnisse des gekreuzigten Heilands in der Form eines Kreuzes liegen und fragten sie, was sich ereignet habe und wie sie in die Kirche gekommen sei. – Hierauf erwiderte die Jungfrau: »Weil ihr hartherzige Menschen eine Sünderin nicht hereingelassen habt, hat jener, durch dessen Erbarmung alles besteht, mir armen Sünderin durch seine Macht die Pforten der Kirche geöffnet und mich, wie ihr seht, hereingeführt«. Als der Vorsteher des Klosters das gehört hatte, fiel er mit seinen Brüdern vor ihr nieder und bat sie weinend um die Hilfe ihres Gebetes bei Gott. Sie bat hinwieder um ihre mächtige Fürbitte, und nun gestatteten sie ihr endlich den Eintritt in das Kloster. – Reineldis aber blieb nicht lange hier, sondern wallfahrte nach Jerusalem und blieb dort sieben Jahre. Als diese Zeit vorüber war,

179

kehrte sie im Jahre 662 mit vielen Reliquien in ihre Heimat zurück und wählte ihren Aufenthalt auf einem ihrer Landgüter bei Halle im Hennegau, wo sie ganz allein dem Herrn, ihrem Gott, lebte. Als die wilden Bewohner von Ostfriesland und Niedersachsen in Brabant, Hennegau, Geldern und Lüttich einfielen, ergriff alles die Flucht, nur die Heilige nicht. Denen, die sie aufforderten, auch zu fliehen und sich zu verbergen, antwortete sie: »Wenn ich angesichts dessen, der, um mich und die ganze Welt zu erlösen, leiden wollte, dieses armselige Leben zu verlieren fürchten und fliehen würde, was wird er mir sagen, wenn er auf dem Throne seiner Herrlichkeit sitzen wird, um zu richten die Lebendigen und die Toten und alle bösen Absichten der Menschen nicht weniger klar an das Tageslicht treten werden als ein schmutziges Wasser in einem Kristallgefäße? Weit rühmlicher ist es demnach für seine Ehre und im Bekenntnis seines Namens zu sterben, als schändlich die Flucht zu ergreifen, um dem Glücke des Martertums zu entgehen«. Sie blieb daher standhaft und wich nicht zurück, ging in die Kirche von Sancten, schloß sich dort ein und verharrte daselbst betend. Bald erbrachen die Ostfriesländer und Niedersachsen die Kirche, rissen die Gräfin vom Altare, schleiften sie an den Haaren durch die Kirchengänge und hieben ihr endlich den Kopf ab. Mit ihr starben zwei andere Blutzeugen, Grimoald und Gondulf.

Der heilige Gombert und die heilige Berta

gest.: Ende des 7. Jahrhunderts
Fest: 1. Mai

Gombert oder Gumbert und Berta waren ein christliches Ehepaar, das schon bald der ehelichen Gemeinschaft entsagte, um ein gottgefälliges Leben zu führen. Die heilige Berta gründete daraufhin das Kloster Avenay und wurde dort Äbtissin, der heilige Gombert errichtete zu Rheims ein Kloster. Die Ermordung dieser beiden Heiligen ist uns nur durch die Legende überliefert.

Der Abt Florhard beschreibt uns nicht nur das Martyrium des heiligen Ehepaares, sondern überliefert uns auch noch ein Wunder, das sich nach dem Tod der heiligen Berta zugetragen haben soll.

In der Folge der Zeit trennten sie sich gänzlich, um außer jedem Verkehr mit Geschöpfen sich einzig und allein Gott hinzugeben. Gombert gründete nun zu Rheims ein Kloster für gottgeweihte Jungfrauen, jedoch vom Feuer der Liebe gedrängt, glaubte er nichts getan zu haben, wenn er nicht auch mit seinen Gütern Blut und Leben für Jesu hingebe. Er schloß sich demnach an die Missionare an, die das Licht des Glaubens an die Küsten des Weltmeeres brachten, baute dort eine schöne Kirche nebst einem herrlichen Kloster, und bald stand eine blühende Christengemeinde da. Darüber waren die Götzenpriester der Gegend in Verzweiflung, stifteten einen Aufruhr an und stürmten eines Tages gegen das neue Kloster los. Gombert forderte nun seine Mönche und alle Gläubigen auf, großmütig ihr Leben für Jesus hinzugeben, und begab sich dann in die Kirche, wo er Gott für die Gnade dankte, dem Martertume so nahe zu sein. Da ergriffen ihn die rohen Heiden, schleppten ihn auf den Richtplatz und enthaupteten ihn, am 29. April zu Ende des siebenten Jahrhunderts.

Seine jungfräuliche Gattin Bertha hatte unterdessen ein Kloster in Frankreich gegründet und stand demselben unter dem außerordentlichen Beistande Gottes in Demut und wahrer Heiligkeit vor. Sie war die Demütigste von allen und befahl mehr durch ihr Beispiel als mit Worten. Es fehlte ihr nur die Gelegenheit zum Martertume, um die würdige Gattin eines Märtyrers zu werden, das war der einzige Gegenstand ihrer Gebete und die ganze Sehnsucht ihres Herzens. Endlich gewährte ihr der Herr diese Gnade.

Aufgebracht darüber, daß sie ihr ganzes Vermögen auf Liebeswerke verwende, verschworen sich mehrere Neffen ihres Gatten mit ihrer Schwester oder Base Monica, sie um das Leben zu bringen. Zur Ausführung dieses schändlichen Planes schlichen sie sich eines Tages in das Kloster und mordeten ganz in der Stille die heilige Äbtissin, ohne von jemandem bemerkt zu werden. Gott jedoch ließ die Verbrecher nicht ungestraft, der Satan fuhr in sie und sie starben eines höchst elenden Todes. Der armen Monica war Gott gnädiger. Auf seine Zulassung erschien ihr Bertha und teilte ihr mit, daß sie die Vergebung ihrer Schuld erlangen werde, wenn sie den Leib des heiligen Gombert zu dem ihrigen nach Frankreich bringen lasse. Die reuige Sünderin beeilte sich dankerfüllt diesen Auftrag zu vollziehen, und als die beiden Leichname nebeneinander lagen, ward ihr die vollkommene Nachlassung ihrer Sünden angezeigt.

In der Folge der Zeit geschahen viele Wunder an dem Grabe dieser jungfräulichen Eheleute, und als man dasselbe hundert Jahre nach ihrem Tode öffnete, fand man den Leib der heiligen Bertha noch ganz unversehrt und schön, und die Wunden so frisch wie am Tage ihres Martertums; es floß selbst Blut aus denselben, als man die Leiber der beiden Heiligen einander näherte.

181

Der heilige Kilian

gest.: 689
Fest: 8. Juli

Der heilige Bischof Kilian war einer der iroschottischen Missionare, die im Zuge der Missionierung der Germanen auf den Kontinent überwechselte und hier erstaunliche Taten vollbrachte.

Kilian wurde in einem Kloster erzogen und dort zum Missionar ausgebildet und zum Priester geweiht. Mit elf Gefährten, darunter Kolonat und Totnam, zog er von England in die Gegend von Würzburg. Als er dort auf das Heidentum stieß, pilgerte er zuerst nach Rom und ließ sich vom Papst segnen und Vollmacht erteilen, ehe er wieder zurückkehrte und mit der Mission begann. Er bekehrte viele Heiden, darunter auch den Herzog. Im Jahr 689 bezeugten Kilian und seine Gefährten ihren Glauben mit dem Leben.

Kilian verliert sein Leben, wie auch andere Heilige, weil er einen weltlichen Würdenträger mutig auf seinen unrechten Lebenswandel aufmerksam macht. Die Legende berichtet uns hierüber:

Zurückgekehrt in das Frankenland, bekehrten sie in kurzer Zeit eine große Menge von Heiden und selbst ihr Herzog Gosbert nahm den Glauben und die Taufe an. Allein das Christentum läßt sich nirgends einfach und ungestört verbreiten, der Fürst dieser Welt hetzt um so mehr seine Anhänger dagegen auf, je mehr er fürchtet, seine Herrschaft in der Welt zu verlieren. Der Herzog hatte die Witwe seines Bruders zur Frau. Kilian zeigte ihm nun, daß nach christlichen Gesetzen einer derartige Verbindung nicht erlaubt sei. Dem Herzog fiel die Forderung, daß er seine Gemahlin entlasse, sehr hart; doch er wollte aus Liebe zu Christus die geliebte Frau aufgeben. Bevor aber die wirkliche Trennung stattfand, machte der Herzog noch einen Feldzug. Unterdessen bestellte sein bisheriges Weib zwei Heiden zu sich und versprach ihnen viel Geld, wenn sie den hl. Kilian und dessen Gefährten aus dem Weg schafften. Diese überfielen um Mitternacht die drei gottseligen Männer, ermordeten sie und verscharrten die Leichname. Als der Herzog zurückkam, leugnete Geilana alles hinweg; aber einer der Mörder fiel in Raserei und schrie: »Der heilige Gottes Kilian brennt mich mit unausstehlichem Feuer.« Zuletzt zerbiß er sich selber so lange die Glieder, bis er tot war. Der andere Mörder stürzte sich in sein eigenes Schwert; die Herzogin aber wurde besessen und starb in Raserei. Seither verehrt die Stadt Würzburg den hl. Kilian als ihren Patron.

Der heilige Marinus

gest.: 697
Fest: 8. Mai

Botschaft über das Leben und Sterben dieses Heiligen haben wir nur durch eine Notiz Arbeos von Freising, die sehr umstritten ist. Danach sollen Marinus und Anianus zwei irische Missionare gewesen sein, die im bayerischen Wilparting tätig waren. Der Märtyrertod des heiligen Marinus findet sich nur in der Legende.

Nachdem sie von Papst Eugenius dem Ersten die apostolische Gewalt erhalten hatten, Gottes Wort überall predigen zu dürfen, nahmen sie ihren Weg über die Alpen und ließen sich am Fuße derselben in Bayern nieder. Der Ort, den sie zu ihrem Aufenthalte wählten, war eine Wildnis, das heutige Wilparting, am Abhange des Irschenberges, im Bezirke des Landesgerichts Miesbach. Von engen Schluchten und schaurlichen Abgründen umgeben, scheint der Berg von der übrigen Welt, wie eine Insel im Meere, getrennt zu sein. Dortmals wie jetzt beinahe unbewohnt, ist der Berg nur zur Weide bestimmt und das Evangelium war in dieser Gegend noch unbekannt. Dieser Ort war ganz für ein beschauliches Leben geschaffen und zugleich wurde er doch von Menschen besucht, weil er Holz im Überflusse und gute Viehweiden hatte. Eines Tages erblickten Hirten die beiden frommen Einsiedler; sie verließen sogleich die Wildnis, eilten in das nächstgelegene Dorf und erzählten den Einwohnern, sie hätten Engel Gottes im Walde gesehen. Neugierde trieb mehrere an, die Fremdlinge aufzusuchen. Als sie zu selben kamen, erklärten sie ihnen das heilige Evangelium und erteilten ihnen so rührende Lehren über Gott und seine allbarmherzige Liebe, daß die Zahl des zuhörenden Volkes sich täglich mehrte.

Erfreut über den frommen Eifer, welchen die nahe gelegenen Einwohner für das Christentum zeigten, entschlossen sich Marinus und Anianus, in dieser Gegend zu bleiben; um aber desto einsamer leben und dabei bequemer das Volk belehren zu können, erbauten sie sich zwei abgesonderte Zellen, und an Sonn- und Festtagen bediente Anianus den Bischof beim Altare. Marinus blieb an dem Orte, der heute Wilparting genannt wird, und sein Diakon wohnte jenseits des tiefen Grabens, zu Alp. Da lebten sie wie Einsiedler im Dienste Gottes, besorgend das Seelenheil ihrer Mitmenschen, in aller Gottseligkeit, Nüchternheit und Gerechtigkeit, und heiligten sich durch Fasten, Wachen und Beten. Ihre Nahrung waren Kräuter, Brot und Wasser, und durch diese strenge Lebensweise, ihre hohen Tugenden und ihren rastlosen Unterricht hatten sie sich ein so großes Zutrauen und eine solche Liebe erworben, daß sie in kurzer Zeit ein ganz anderes Volk gebildet und in der ganzen Umgegend die Religion Christi verbreitet hatten.

Vierzig Jahre hatten die beiden Heiligen in dieser Einsamkeit verlebt und unendlich viel Gutes durch Lehre und Beispiel für das Reich Gottes gewirkt, als eines Tages, es war der 15. November 697, eine Rotte wilder Räuber in der stillen Einöde einfiel und alles plünderte. Sie fanden Marinus Hütte, drangen wütend ein und fanden ihn im Gebete. Sogleich wurde von ihm Geld und Herausgabe verwahrter Schätze unter Androhung des Todes gefordert. Der Heilige stand unerschrocken von seiner Andacht auf und sprach: »Alle meine Hoffnungen und Schätze finde ich oben im Himmel; als Christ und Diener Gottes habe ich längst alles Irdische verachtet.« Als die ungläubigen Barbaren hörten, daß er ein Christ sei, wurden sie noch mehr aufgebracht und verlangten, daß er alle seine Habe ausliefere und zugleich ihnen entdecke, wo in der Gegend Geld verborgen sei, und daß er dem Christentume abschwöre. Darauf erwiderte Marinus: » Um Geld und Gut bekümmerte ich mich nie und den wahren Gott, den ich von Jugend auf anbete, werde ich niemals verleugnen.« Da mißhandelten und schlugen die Grausamen den Priester unmenschlich, der mit Geduld und voller Ergebung die Marter litt. Endlich, erbittert über seine Standhaftigkeit, errichteten sie einen Scheiterhaufen, und als er hoch aufloderte, stürzten sie den Heiligen hinein und flohen als Mörder.

Noch am nämlichen Tage vernahm Anianus, der krank darniederlag, den schrecklichen Martertod seines Gefährten und voll seliger Hoffnung und Ergebung starb er zur Stunde und ging in das bessere Vaterland hinüber, im Jahre 697.

Der heilige Bonifatius

geb.: 672
gest.: 754
Fest: 5. Juni

Der ursprüngliche Name des Apostels von Deutschland war Winfried. Er wurde im Jahr 672 als Sohn angelsächsischer Adeliger im südlichen Wessex geboren. Nach dem Besuch der Klosterschule von Exeter legte Winfried sein Mönchsgelübte im Kloster Nursling ab und wurde, als er sein dreißigstes Jahr erreicht hatte, zum Priester geweiht. Sein ganzer Eifer galt dem missionarischen Werk und so brach er 716 auf zur Bekehrung der Friesen. Da aber zu dieser Zeit gerade der Friesenkönig Ratbod gegen fränkische Christen gewütet hatte, mußte Winfried unverrichteter Dinge in sein Heimatkloster zurückkehren, wo er seine Wahl zum Abt ablehnte und alsbald nach Rom aufbrach, um sich von Papst Gregor II. zur Mission beauftragen zu lassen. Sofort danach wandte er sich wieder nach Deutschland, war in Thüringen tätig und half schließlich dem Utrechter Bischof Willibrord bei der Bekehrung der Friesen. Die Ernennung zum Nachfolger des Bischofs lehnte er ebenso ab wie vormals die Wahl zum Abt. Er begab sich nach Hessen, wo er Tausende von Heiden zum Christentum bekehrte und viele Kirchen errichtete. 722 wurde er vom Papst abermals nach Rom berufen und dort zum Bischof geweiht. Bei dieser Gelegenheit geschah auch die Veränderung seines Namens in Bonifatius. Als Bischof setzte der Heilige sein Bekehrungswerk in Hessen und Thüringen unter tatkräftiger Mithilfe anderer iro-schottischer Missionare fort, die er aus England hatte nachkommen lassen. Darunter waren die drei heiligen Geschwister Willibald, Wunibald und Walburga, sowie Wigbert, Lioba, Thekla und Eoban. Nach dem Tode Papst Gregor II. erneuerte Gregor III. den Missionsauftrag und ernannte Bonifatius zum Erzbischof und päpstlichen Vikar des deutschen Missionsgebietes. Nach der Rückkehr von einem weiteren Rombesuch im Jahre 738 begann Bonifatius mit dem Aufbau des organisatorischen Netzes. Er errichtete in Salzburg, Freising, Regensburg und Passau Bischofssitze, grüdete Kirchen und Klöster wie Fritzlar, Erfurt oder Fulda und erhielt vom fränkischen Hausmeier Karlmann, der über Austrasien, das östliche Frankenreich herrschte, Unterstützung in seinem Wirken. 742 wurde Bonifatius zum Erzbischof über Austrasien, 744 zum päpstlichen Legaten des gesamten Frankenreiches ernannt. Neben der Organisation der Mission war Bonifatius nun in besonderem Maße als Reformator der fränkischen Kirche tätig, die er eng an Rom anzubinden wußte. 745 und

186

747 leitete er Synoden und bekam im selben Jahr den Titel des Erzbischof von Mainz. 751 salbte er Pippin, den Einiger des Frankenreiches, zum König. Im hohen Alter von 80 Jahren entschloß Bonifatius sich, die Bekehrung der Friesen fortzusetzen. Bei diesem Werk erlitt er im Jahr 754, als er bei Dokkum auf die Neubekehrten wartete, zusammen mit 52 Gefährten den Märtyrertod.

Um den heiligen Bonifatius ranken sich viele Legenden. Eine der bekanntesten ist folgende:

Es waren in Hessen noch viele, welche dem Heidentume noch nicht entsagt hatten. Daselbst stand ein ungeheuer großer Baum, welcher die Macht oder Stärke des Jupiter genannt und als heilig angesehen wurde. Der heilige Bischof konnte diesen Greuel nicht dulden; und ungeachtet man ihn mit dem Tode bedrohte, begab er sich dahin und ergriff selbst eine Axt, den Baum umzuhauen. Er führte kaum den ersten Streich, so fiel die Stärke des Jupiter, der ungeheure Baum, zu Boden und zerfiel in vier Teile. Dieses augenscheinliche Wunder eröffnete den blinden Heiden die Augen und bewog sie, die Abgötterei zu verlassen. Der heilige Bischof erbaute an eben dem Orte, eine Kapelle zur Ehre des heiligen Petrus.

Über den Tod des Heiligen berichtet die Legende:

Die Bewohner von Friesland hatten, man weiß nicht warum, größtenteils den christlichen Glauben wieder verlassen und sich zur vorigen Abgötterei gewendet. Sobald der heilige Bonifatius dieses erfahren hatte, entschloß er sich, wieder dahin zu reisen. Sobald er daselbst angekommen war, bekehrte sich wieder eine große Anzahl der Bewohner zu Christus. Der heilige Bonifatius erteilte ihnen nach vorhergegangener, hinlänglicher Unterweisung die heilige Taufe; diejenigen aber, welche schon vorher getauft waren, söhnte er wieder mit Gott und der wahren Kirche aus. Über einen so glücklichen Anfang freute sich der heilige Mann überaus und bestimmte einen Tag, an welchem er das heilige Sakrament der Firmung öffentlich austeilen wollte, damit die Neubekehrten in Zukunft standhaft im wahren Glauben verharren möchten. Keine Kirche war groß genug für die Menge derer, die gefirmt zu werden verlangten; deswegen wurden auf freiem Felde unweit des Flusses Borne einige Zelte aufgeschlagen. Der bestimmte Tag war angebrochen, und eine sehr große Anzahl Christen hatte sich schon eingefunden aus Begierde, das heilige Sakrament zu empfangen. Da kam auf Anstiftung der Götzenpriester eine Schar Heiden, welche sich verschworen hatten, den heiligen Bonifatius als den ärgsten Feind ihrer Götzen um das Leben zu bringen. Diese gingen mit bewaffneter Hand auf den Heiligen und seine Gefährten los. Als Bonifatius dies merkte, dankte er Gott mit lauter Stimme für die so lange gewünschte Gelegenheit, um Christi willen zu sterben, munterte seine Mitarbeiter auf,

den bevorstehenden Tod unerschrocken zu leiden, ging darauf nach dem Beispiel Christi ganz beherzt mit dem Evangelium, welches er fast beständig in den Händen trug, den Mördern entgegen und redete sie ganz unerschrocken an. Diese aber gaben ihm kein Gehör, sondern einer derselben durchbohrte den heiligen Bonifatius mit solcher Gewalt, daß er sogleich tot zur Erde fiel. Ebenso gingen sie mit seinen Genossen um. Zweiundfünfzig derselben starben zugleich mit ihm den Martertod.

So vollendete der apostolische Mann seinen mühsamen Lauf glorreich im vierzigsten Jahre nach seiner Ankunft in Deutschland. Was er aber innerhalb dieser vierzig Jahre bei der Durchwanderung und Bekehrung so vieler Länder ausgestanden — was für Verfolgungen er von Heiden und Ketzern, ja auch von übelgesinnten Katholiken erlitten habe, ist leichter zu denken als zu beschreiben. Doch sein großes und von Liebe gegen Gott und den Nächsten brennendes Herz ließ sich niemals abschrecken von dem, was sein apostolischer Eifer ihm eingab. Niemals sah man ihn zufrieden mit dem, was er schon zur Ehre Gottes und zum Heil des Nächsten gearbeitet und gelitten hatte. Sein unersättlicher Seeleneifer trieb ihn beständig zu noch größeren Arbeiten und Leiden hin. Keine Gefahr fürchtete er, sondern wünschte vielmehr jederzeit, daß er seine Arbeit mit dem Martertode beschließen könnte. Gott erfüllte diesen Wunsch seines Dieners. Sein heiliger Leib ward anfangs zu Utrecht begraben, dann nach Mainz und zuletzt nach Fulda von dem heiligen Erzbischofe Lullus überbracht.

188

Der heilige Stephanus der Jüngere

geb.: um 713
gest.: 764
Fest: 28. November

Der heilige Stephanus, der zur Unterscheidung vom heiligen Erzmärtyrer den Zunamen »der Jüngere« erhielt, wurde um das Jahr 713 in Konstantinopel geboren. In späteren Jahren trat er in das Auxentioskloster bei Nikomedeia ein und wurde schließlich dort Abt. Unter Kaiser Konstantinos V., der die sogenannten Bilderverehrer verfolgte, wurde Stephanus mit etwa 300 Mönchen gefangengenommen und nach einer Haft von 11 Monaten am 28. November 764 vom aufgebrachten Pöbel mißhandelt und getötet.

Die Legende berichtet uns, welche Fallen dem Heiligen immer wieder gestellt wurden und wie er sich durch Klugheit und Geduld stets zu retten wußte, bis er schließlich von aufgehetzten Menschen ermordet wurde.

Der Kaiser Konstantin Kopronymus, der Nachfolger und feurige Nachahmer seines Vaters, des Kaisers Leo, fuhr fort, die Bilderverehrer zu verfolgen. Im Jahre 754 berief er zu Konstantinopel eine Versammlung, die nur aus Bischöfen bestand, die der Bilderstürmerei ergeben waren. Man verdammte in derselben die Verehrung der Bilder als einen Überrest heidnischer Abgötterei und dehnte die Verfolgung auf das ganze Reich aus, um die Rechtgläubigen zur Annahme dieses gottlosen Ediktes zu zwingen. Der Kaiser ging besonders gegen die Mönche grausam vor, weil er von ihnen mehr Widerstand befürchtete. Er war sehr bemüht, die Unterwerfung des Stephanus zu erreichen, welcher wegen seiner Tugend überall in Ansehen stand, und dessen Beispiel gewiß auf die übrigen Mönche den größten Einfluß haben würde. Der Patricier Kallistus bekam den Auftrag, alle möglichen Mittel zu versuchen, um ihn zu gewinnen. Aber alle seine Kunstgriffe waren vergebens, und er kehrte um so beschämter zurück, je mehr er sich geschmeichelt hatte, Erfolg zu haben. Konstantin, der sich durch die Antworten des Stephanus beleidigt fühlte, schickte Kallistus mit einer Rotte Soldaten in das Kloster, mit dem Befehle, den Heiligen aus seiner Zelle zu entfernen. Durch das viele Fasten war er so geschwächt, daß er sich nicht auf den Füßen halten konnte. Man war also genötigt, ihn vom Berge herabzutragen. Nun wurden Zeugen aufgestellt, die ihn anklagen mußten, daß er mit Anna, einer edlen und vornehmen Frau, die eine

Zeitlang in dem am Fuße des Berges liegenden Frauenkloster sehr heilig lebte, einen sündhaften Umgang gehabt habe. Diese Person beteuerte aber, daß sie unschuldig und Stephanus ein Heiliger sei. Weil sie sich den boshaften Absichten des Kaisers nicht fügen wollte, wurde sie grausam gegeißelt. Man schloß sie alsdann in ein Kloster zu Konstantinopel ein, wo sie bald darauf starb.

Allein der Kaiser war nun einmal entschlossen, den Stephanus ins Verderben zu bringen. Er beredete einen seiner Höflinge, Georgius Synkletius, ihm eine Schlinge zu legen. Er hatte verboten, Novizen in die Klöster aufzunehmen. Georgius kam also in das Kloster des heiligen Auxentius, warf sich dem heiligen Stephanus zu Füßen und beschwor ihn, ihm das Ordenskleid zu geben. Der Heilige erkannte an dem geschorenen Barte, daß er ein Höfling sei, denn der Kaiser hatte allen, die um ihn sein mußten, verboten, sich den Bart wachsen zu lassen.

Stephanus weigerte sich also, diesen verstellten Büßer aufzunehmen, und entschuldigte sich mit dem Verbote, das der Kaiser gegeben hätte, Novizen aufzunehmen. Der Betrüger aber ließ sich nicht abweisen; er wiederholte dringend seine Bitte und gab sich für einen verfolgten Menschen aus, dessen Heil in großer Gefahr stände. Da wurde ihm endlich seine Bitte gewährt. Bald nach der Aufnahme entfloh er in seinem Mönchskleide. Der Kaiser ließ ihn in diesem Anzuge in Amphitheater kommen, wo man absichtlich das Volk versammelt hatte, und suchte durch Lästerungen den Pöbel gegen den hl. Stephanus und den Mönchsstand aufzureizen. Der Pöbel wurde wirklich so erbittert, daß er das Gewand des Georgius in Stücke zerriß und mit Füßen trat. Eine Abteilung Soldaten erhielt Befehl, auf den Berg des heiligen Auxentius zu marschieren, die Mönche zu verjagen, das Kloster in Brand zu stecken und die Kirche zu plündern. Stephanus wurde aus seinem Gefängnisse gezogen und am Ufer des Meeres unter tausend grausamen Unbilden weiter fortgeführt. Die Soldaten schifften ihn dann im Seehafen bei Chalcedon ein und führten ihn in das Kloster der kleinen Stadt Chrysopolis nahe bei Konstantinopel. Kallistus und mehrere ketzerische Bischöfe kamen mit einem Staatssekretär und einem anderen Staatsbeamten dahin, um das Verhör vorzunehmen. Die Güte, die sie anfänglich an den Tag zu legen schienen, ging bald in Wut über. Der Heilige verlor nichts von seiner Ruhe. Er nahm sich sogar die Freiheit, sie gleich zu fragen, wie sie sich unterstehen könnten, ihr Afterkonzilium für ein rechtmäßiges und allgemeines Konzilium auszugeben, da alles ohne Teilnahme des römischen Bischofes und gegen die Verordnungen der heiligen Kirchengesetze vorgenommen worden sei. Er stellte ihnen vor, daß ihr Konzilium von den Patriarchen zu Alexandria, Antiochia und Jerusalem keineswegs genehmigt worden sei. Endlich rechtfertigte er die Bilderverehrung, wie sie in der Kirche üblich sei. Die Feinde der Wahrheit wurden so beschämt, daß Kallistus bei seiner Rückkunft nach Konstantinopel zum Kaiser sagte: »Herr, wir sind überwunden; man kann der Wissenschaft und den Gründen dieses Mannes nicht widerstehen; zudem verachtet er den Tod.« Konstantin, der nicht wußte, wie er seine Wut auslassen sollte, verwies den Heiligen ins Elend und bestimmte zum Orte seiner Verbannung die Insel Prokonesis. Stephanus wurde von einem großen Teile seiner Mönche dahin begleitet, und die Wunder, die er wirkte, vermehrten seinen Ruhm und die Zahl der Verteidiger der Heiligenbilder.

Das kränkte den Kaiser sehr empfindlich. Nach Verlauf von zwei Jahren befahl er daher, daß man den heiligen Abt in Banden legen und in ein Gefängnis zu Konstantinopel werfen solle. Einige Tage nach seiner Ankunft wurde er vor Konstantin geführt. Der Heilige nahm in Gegenwart des Kaisers ein Silberstück in die Hände und fragte, welche Behandlung derjenige verdiene, der das Bildnis des Kaisers, das darauf geprägt war, mit Füßen trete. Die Versammlung schrie, daß er die härteste Strafe verdiene. »Ha!« sagte der Heilige; »es ist also eine abscheuliche Freveltat, das Bildnis eines sterblichen Königs zu verunehren, und das Bildnis des himmlischen Königs soll man ungestraft ins Feuer werfen dürfen?« Der Kaiser verurteilte ihn nach einigen Tagen zur Enthauptung, verschob aber die Ausführung seines Urteils, um den Heiligen eines grausamern Todes sterben zu lassen. Nach einiger Beratung befahl er, ihn in den Kerker zurück zu führen und mit Ruten so lange zu schlagen, bis er den Geist aufgeben werde. Die den grausamen Befehl vollstrecken sollten, hatten nicht den Mut, Stephanus vollends tot zu schlagen. Als der Kaiser erfuhr, daß Stephanus noch lebe, rief er rasend aus: »Wird mich also niemand von diesem Mönche befreuen?« Sofort lief ein Schwarm boshafter und von Höflingen aufgehetzter Menschen zum Gefängnisse hin; sie ergriffen den heiligen Abt, banden seine Füße mit Stricken und schleppten ihn durch die Gassen der Stadt. Man warf mit Steine auf ihn und schlug ihn mit Stöcken. Einer dieser Unmenschen zerschmetterte ihm mit einem gewaltigen Schlage auf das Haupt die Hirnschale. Aber ihre Wut war noch nicht gesättigt; man fuhr fort, seinen entseelten Leichnam so lange auf die mutwilligste Weise zu mißhandeln, bis seine Eingeweide samt seinem Gehirne auf der Erde ausgeschüttet lagen. Theophanes setzt seinen Martertod in das Jahr 757; Cedrenus aber, der besser unterrichtet scheint, gibt das Jahr 764 an.

Die heilige Ludmilla

geb.: 873
gest.: 921
Fest: 16. September

Die heilige Ludmilla war die Tochter des heidnischen Grafen Slaviborig und seiner Gemahlin Lidoscara und wurde um das Jahr 873 in Melnik geboren. Als Frau des böhmischen Herzogs Borivoj wurde sie zusammen mit ihrem Gemahl von dem Slawenapostel Methodius getauft. Auf Betreiben Drahomiras, ihrer Schwiegertochter, und der Heiden im Land wurde die Heilige auf ihrem Witwensitz Tetin am 15. September 921 erdrosselt.

Die Legende, die der Mönch Christianus, ein Urenkel der Heiligen, verfaßte, schildert uns das gottgefällige Leben der Erzieherin des heiligen Wenzel.

Ihre heilige Liebe drängte sie, alle ihre Untertanen mit Jesu so bald als möglich bekannt zu machen, und sie ruhte nicht eher, als bis alle die ihrigen getauft waren und den festen Entschluß gefaßt hatten, christlich zu leben. Gar bald verstand Ludmilla, was wir fast vergessen haben oder vielleicht gar nie recht wußten, daß der gläubige Christ nicht im Überflusse und in Prachtpalästen leben kann, während der Herr in seinem Hause ganz armselig und erbarmungswürdig vergessen ist; darum baute und schmückte sie auch die Häuser Gottes in Melnik und Bunzlau königlich und Gottes würdig. Sie sorgte für die Armen wie eine Mutter, und tat alles, um dem Herrn in seinen armen Brüdern ihre Dankbarkeit zu bezeugen. In ihrem Herzen hatte sie stets eine stille Sehnsucht, sich aus dem Gewirr der Welt zurückzuziehen und in heiliger Einsamkeit einzig und allein ihrem Gott und ihrem Seelenheil zu dienen. Ihr Gemahl hatte eine gleiche Sehnsucht. Daher übergab er die Regierung seinem Sohn Wratislaw und zog sich mit einem bejahrten Priester namens Paulus in die Einöde nach Tetin. Der neue Herzog vermählte sich mit einer gewissen Drahomira, die noch eine Heidin war. Vergebens bemühte sich ihr Gemahl, sie in die katholische Kirche einzuführen. Seine Bemühungen blieben fruchtlos. Gott segnete den Herzog mit einem Sohn, Wenzeslaus genannt, den Ludmilla zu sich nahm und christlich erzog. Unterdessen wurde Wratislaw schwer krank und übertrug die Regierung für den Fall seines Todes der Ludmilla. Darüber wurde die ehrgeizige Drahomira wütend und fest entschlossen, sie um jeden Preis aus dem Weg zu räumen.

192

Hl. Stephanus

Hl. Andreas

Hl. Philippus

Hl. Markus

Der kleine Wenzeslaus kam während der Zeit zu Ludmilla und sagte: »Heute nacht sah ich den Pater Paulus in den Hof kommen, der mit den herrlichsten Gebäuden geziert war; und während ich das anstaunte, erblickte ich auf einmal alle Mauern leer und mir war, als ob alle Inwohner darin fremd wären, und als ob ganz andere Leute darin ein- und ausgingen.« Das erzählte Wenzeslaus noch mehreren Personen seiner Umgebung und fügte bei: »In der Zerstörung der Wohnung erkenne ich den glücklichen Hingang meiner Großmutter Ludmilla, ganz verschieden von meiner Mutter, sowohl der Familie als der Gesinnung nach, welche letztere, da sie noch eine Heidin ist, mit Gleichgesinnten sich verbinden und alles bewegen wird, um das Heidentum wieder einzuführen.« Von nun an bereitete sich Ludmilla mit noch größerer Innigkeit auf ihren bevorstehenden Tod vor; sie betete ohne Unterlaß, wohnte sehr oft der heiligen Messe bei und empfing die heiligen Sakramente sehr häufig, um auf ihren Tod vorbereitet zu sein. Da brachen zwei heidnische Hauptleute, Tumia oder Tumau und Gummo (Kuman) in ihr Schlafzimmer und stürzten betrunken auf sie los. Als Ludmilla sie erblickte, rief sie mit wehmütiger Stimme: »Was für eine plötzliche Wut drängt euch? Schämt ihr euch denn nicht und überlegt ihr es denn, wie ich euch selbst wie meine Söhne erzogen, mit Gold und Silber

Die hl. Ludmilla, Herzogin.

und herrlichen Kleidern beschenkt habe? Oder wißt ihr ein Verbrechen von mir, so sagt es mir.« Diese Worte machten auf die beiden Wüstlinge gar keinen Eindruck. Da bat Ludmilla: »Schenkt mir nur noch einen Augenblick zum Gebet.« – Als sie ihr dies zugestanden hatten, flehte sie mit ausgebreiteten Armen zu Gott, und dann sprach sie: »Seid ihr nun schon gekommen, um mich zu ermorden, so enthauptet mich mit einem Schwert, damit ich mein Blut nach der Weise der Märtyrer vergieße, mit der ich die Märtyrerpalme für immer zu erlangen wünsche, die ich nach dem Zeugnisse der Schrift: 'Die Selle des Gerechten wird, er mag was immer für eines Todesart sterben, in Ruhe sein', auch sicher erwarte.«

Die Mörder jedoch gaben ihrer Bitte kein Gehör, sondern erdrosselten sie mit ihrem Hauptschleier am 15. September 927. – Sie selbst wurden Tag und Nacht von ihrem Gewissen gefoltert bis sie beide ermordet und durch Drahomira auch ihre Familienglieder größtenteils enthauptet worden waren.

Der heilige Wenzeslaus

geb.: um 903
gest.: 929 oder 935
Fest: 28. September

Der heilige Wenzeslaus oder Wenzel, Herzog von Böhmen und erster slawischer Heiliger, wurde um 903 als Sohn des Herzogs Wratislaus und seiner Gemahlin Drahomira geboren. Er erhielt von seiner Großmutter, der heiligen Ludmilla (vgl. S. 192), eine wohlfundierte christliche Erziehung. Nach dem Tod des Herzogs im Jahr 921 übernahm Drahomira die Herrschaft. Nach starken inneren Wirren in Böhmen, die unter anderem die Ermordung der heiligen Ludmilla heraufbeschworen hatten, mußte Drahomira, wahrscheinlich gezwungen durch das Eingreifen Herzog Arnulfs von Bayern, 922 die Herrschaft an ihren Sohn Wenzeslaus abtreten. Dieser bemühte sich besonders um den Anschluß seines Landes an die abendländische Kirche und damit an das deutsche Königtum. Am 28. September 929 (nach Cosmos von Prag) oder 935 (nach Widukind von Korvey) wurde der Regent von seinem Bruder Boleslav ermordet.

Der Glaube auf dem Weg zu neuen Ufern

Die von Christian von Skala verfaßte Lebensbeschreibung überliefert uns neben dem Tod des Heiligen auch ein Wunder, das sich bei einem Zweikampf Wenzeslaus mit einem ihm übel gesonnenen Herzog ereignet haben soll. Darüberhinaus erfahren wir, wie Wenzeslaus wie ein Heiliger lebte.

Der heilige Herzog benahm sich in seiner Regierung sowohl gegen Gott als seine Untertanen so, daß er von allen ungemein geliebt und hoch in Ehren gehalten wurde. Er zeigte sich in allem Tun und Lassen überaus liebreich, im Essen und Trinken sehr mäßig, in der Sorge für seine Untertanen unverdrossen, in seiner ganzen Lebensart unsträflich. Gegen die Armen, Kranken und Gefangenen wie auch gegen die Witwen und Waisen bewies er sich so wohltätig, daß die christliche Welt seinesgleichen kaum jemals gesehen hat. Die Kranken versorgte er mit allem, was sie verlangten. Den notleidenden Witwen und Waisen stand er allzeit väterlich bei. Man weiß, daß er auf seinen eigenen Schultern des Nachts einigen Armen das nötige Holz zugetragen hat. Er war weit entfernt von allem Schatten der Unlauterkeit und bewahrte seine jungfräuliche Reinigkeit unversehrt bis an sein Ende. Dem Gebete widmete er viele Stunden. Mehrmals besuchte er des Nachts die Kirchen mit bloßen Füßen, auch zur kältesten Winterszeit. Gegen die Priester zeigte er jederzeit eine große Ehrerbietigkeit. Er diente ihnen öfters am Altare und duldete nicht, daß ihnen ein Unbild mit Worten oder Werken zugefügt wurde. Besondere Andacht hatte er gegen das heilige Meßopfer, dem er täglich auf das eifrigste beiwohnte. Er säte selbst den Weizen, welcher zur Herstellung der Hostien gebraucht wurde, und tat auch alles, was bis zu ihrer Verfertigung notwendig ist. Ebenso sorgte er auch für die Reben und die zur heiligen Messe nötigen Weine. Mit einem Wort, Wenzeslaus regierte als ein kluger und gerechter Fürst und lebte auf dem Throne wie ein Heiliger.
Dem Herzoge Radislaus wollte die Andacht des Königs nicht gefallen. Deswegen erweckte er einen Aufruhr unter dem Volke und zog wider Wenzeslaus zu Felde. Dieser schickte ihm seine Gesandten entgegen und bot ihm einen gütlichen Vergleich an. Radislaus hörte die Gesandten nicht einmal an und glaubte, solches Verfahren käme von Zaghaftigkeit her. Demnach fand sich unser heiliger Herzog genötigt, ihm mit einem Kriegsheere entgegenzuziehen. Die zwei Kriegshaufen standen schon einander gegenüber. Da ging dem Wenzeslaus zu Herzen, daß das Blut so vieler Unschuldigen sollte vergossen werden, und weil er lieber sein eigenes Leben dargeben wollte als das Leben seiner Untertanen in Gefahr setzen, rief er den Radislaus zu einem Zweikampf heraus, mit der Bedingung, daß auf derjenigen Seite der Sieg sein sollte, dessen Anführer siegen würde. Radislaus nahm die Bedingung an und ritt voll Wut auf den heiligen

Der heilige Wenzeslaus.

Herzog zu, ganz geharnischt und mit einer Lanze in der Hand. Wenzeslaus hatte zwar auch seinen Harnisch an, in der Hand aber das Schwert allein. Der Anführer wollte den Heiligen mit seiner Lanze aus dem Sattel heben und vom Pferde stürzen. Der Heilige bezeichnete sich aber mit dem heiligen Kreuze und näherte sich jenem. Und siehe, welch ein Wunder! Im Augenblicke, da Radislaus den Stoß ausführen wollte, zeigten sich auf der Seite des heiligen Wenzeslaus zwei Engel, die dem Anführer zuriefen: »Halte ein!« Dieser Zuruf war wie ein Donnerkeil, der den Anführer vom Pferde stürzte und auf ganz andere Gedanken brachte. Denn er fiel Wenzeslaus zu Füßen, bat um Gnade und Verzeihung und versprach künftighin allen Gehorsam. Der Heilige richtete ihn von der Erde auf und nahm ihn mit aller Liebe wieder zu Gnaden an.

Bald darauf begab sich Wenzeslaus nach Worms auf den Reichstag. Der Kaiser Otto I. nahm ihn mit aller Ehrenbezeigung auf, erteilte ihm den königlichen Titel und schenkte ihm einen Arm des heiligen Märtyrers Vitus. Der Heilige kam nach Böhmen wieder zurück und setzte seine vorige Lebensart fort.

Je mehr nun Wenzeslaus von seinen Untertanen sowohl wegen seiner Heiligkeit, als wegen der neu erlangten königlichen Würde geehrt und geschätzt wurde, desto mehr suchten ihn Drahomira und Boleslaus anzu-

196

feinden. *Wenzeslaus merkte dieses und entschloß sich deswegen, die Regierung des Reiches abzutreten. Allein die gottlose Drahomira wollte die Zeit einer freiwilligen Abtretung nicht abwarten.*

Die Gemahlin des Boleslaus gebar einen jungen Prinzen. Wenzeslaus wurde mit aller Höflichkeit zur Taufe eingeladen. Es hätte der heilige König Ursache genug gehabt, zu fürchten, daß eine andere Absicht darunter verborgen liege; doch um nicht zu zeigen, daß er einiges Mißtrauen auf seinen Bruder Boleslaus setzte, nahm er die Einladung an, verrichtete zuvor seine heilige Beichte und Kommunion und reiste unerschrocken bis in das Schloß des Boleslaus. Man empfing und bewirtete ihn anfangs auf das freundlichste. Als aber der heilige König bei der angestellten Mahlzeit, weil ihm diese zu lange dauerte, unvermerkt sich von dem Tische hinwegmachte und in die Kirche verfügte, rief die gottvergessene Drahomira Boleslaus beiseite, mit dem Bedeuten, nun sei die gewünschte Stunde und Gelegenheit vorhanden, seinen Bruder sich vom Halse zu schaffen. Der blutdürstige Bösewicht brauchte kein langes Zureden. Alsbald griff er nach dem Schwerte, eilte mit demselben in Begleitung einiger seinesgleichen in die Kirche, und ohne ein Wort zu sagen, stieß er seinem heiligen Bruder das Schwert mit solcher Gewalt in den Leib, daß das Blut an die Wand spritzte. Die Strafe Gottes blieb nicht lange aus. Drahomira, die Anstifterin dieser Mordtat, nahm bald hernach ein klägliches Ende. Boleslaus wurde vom Kaiser Otto, der diese grausame Tat rächte, überwunden und mußte sich den Gesetzen des Siegers unterwerfen. Dieser abscheuliche Meuchelmord aber geschah den 28. September 936.

Der heilige Adalbert von Prag

geb.: 956
gest.: 23. April 997
Fest: 23. April

Der heilige Adalbert wurde im Jahr 956 in der Nähe von Padubitz in Böhmen geboren. Seine Eltern entstammten dem vornehmen Fürstengeschlecht der Slavnik. Sie bestimmten ihren Sohn schon bald zum geistlichen Beruf und so widmete sich Adalbert neun Jahre lang zu Magdeburg den Studien, ehe er, nach Prag zurückgekehrt, dort 983 die Priesterweihe

Der heilige Adalbert.

empfing. Nach dem Tod des Prager Bischofs Dithmar wurde Adalbert vom Mainzer Erzbischof Willigis zum Nachfolger des Verstorbenen geweiht. Er verschrieb sich ganz der Aufgabe der Missionierung der Heiden, doch blieben alle sein Anstrengungen in der riesigen Diözese, zu der Böhmen, Schlesien, Südpolen und die Slowakei gehörten, erfolglos. Zweimal verließ der entmutigte Bischof seine Diözese, um in Rom Trost und neue Kraft zu finden, stets kehrte er wieder zurück und erst, als es gänzlich aussichtslos erschien, das heidnische Volk zu bekehren, entschloß er sich, ein neues Volk, die benachbarten Preußen, aufzusuchen und ihnen das Evanglium zu verkünden. In der Gegend von Danzig hatte er zunächst großen Erfolg, doch kurze Zeit später, am 23. April 997, wurde der Heilige in Tenkitten am Frischen Haff von den Heiden ermordet.

Die Legende stellt uns vor Augen, wie Adalbert zum rechten Glauben gefunden hat.

Anfangs war sein Leben nicht beschaffen, wie es seinem Stande zukam. Er liebte und suchte die Freiheit mehr als sich gebührte; er ergab sich den eitlen Ergötzungen der Welt, mit welchen er viele Zeit unbenutzt vergeudete. Um Tugend und Frömmigkeit bewarb er sich wenig oder gar nicht. Gott schützte ihn besonders, daß er sich durch sein eitles Leben nicht in

198

schwere Sünden gestürzt hat. Ein plötzlicher Todesfall öffnete ihm endlich die Augen und bahnte ihm den Weg zur Heiligkeit. Der Bischof zu Prag fiel unversehens in eine schwere Krankheit, an welcher er auch starb. Vor seinem Ende litt er, sein voriges Leben betrachtend, eine entsetzliche Angst, und rief mit schrecklicher Stimme aus: »Wehe mir! Ich unglückliches Schlachtopfer des Todes fahre gerade der Hölle zu, wo der Wurm nicht stirbt, und das Feuer nicht erlischt.« Und mit diesen Worten gab er seinen Geist auf. Adalbert, welcher mit andern zugegen war, zitterte am ganzen Leibe und faßte auf der Stelle den Entschluß, aller weltlichen Eitelkeit für immer zu entsagen und in Zukunft ein wahrhaft frommes Leben zu führen, damit er nicht einst ebenso unglückselig wie der Bischof sterben möchte. Was er beschlossen, tat er auch ohne Verzug. Durch eine reumütige Generalbeichte reinigte er sein Gewissen und wandte fernerhin keine Stunde mehr zu eitlen Vergnügungen an. Er floh die Gesellschaften, die er vorher so sehr geliebt hatte, liebte die Einsamkeit, die ihm sonst zuwider war, und verwendete viele Zeit auf Gebet und Lesung geistlicher Bücher. Er züchtigte seinen Leib durch unzählige Bußwerke und dankte Gott oft aus ganzem Herzen, daß er ihn nicht in seinem lauen Leben habe sterben lassen. Die Geistlichkeit, welche ihrer Pflicht gemäß sich versammelte, einen Nachfolger des Verstorbenen zu wählen, warf ihre Augen auf Adalbert und trug ihm einhellig das Bistum an. Er widersetzte sich zwar so lange als möglich, mußte aber endlich der Stimme Gottes gehorchen. Bald darauf empfing er die bischöfliche Weihe. Von diesem Augenblicke an sah man ihn nie mehr lachen. Deshalb um die Ursache gefragt, antwortete er: »Es ist sehr leicht, eine Bischofsmütze und einen Stab zu tragen; aber es ist etwas Erschreckliches, wenn man bedenkt, daß man dem höchsten Richter der Lebendigen und der Toten Rechenschaft von einem Bistume ablegen müsse.«

Der geläuterte Bischof ist uns auch noch in einer anderen Begebenheit dargestellt.

Einst da ihn ein Weib auf der Gasse um eine Gabe bat, sprach er zu ihr, sie solle sich am folgenden Tage bei ihm melden, weil er wirklich nichts bei der Hand hatte. Kaum aber war das Weib einige Schritte fort, da bereute er seine abschlägige Antwort, rief das Weib zurück und gab ihr sein eigenes Kleid mit den Worten: »Nimm dieses für ein Almosen; denn wer weiß, ob ich morgen noch lebe.«

Über den Martertod des Heiligen berichtet die Legende:

Gleich nach seiner Ankunft fing er an, mit apostolischem Eifer die Lehre Jesu Christi zu verkündigen, die Falschheit der angebeteten Götzenbilder vor Augen zu legen und alle zur Bekehrung zu ermahnen. Seine Predigten hatten zu Danzig den glücklichsten Erfolg. Die meisten Einwohner dieser Stadt bekehrten sich und ließen sich taufen. Allein die Erde war noch viel zu wild und rauh, den heiligsten Samen des Wortes Gottes mit Nutzen aufzunehmen. Die erbitterten Götzenpriester wollten den apostolischen Mann nicht dulden und stießen ihn mit größter Beschimpfung zum Lande hinaus. Der Heilige zog sich auch wirklich mit seinen Gefährten zurück, um der Wut dieser wilden Barbaren auszuweichen. Allein sie fielen ihn auf der Rückreise unversehens an und durchstießen ihn mit sieben Lanzen, unter welcher Marter der Heilige, nachdem er für seine Verfolger gebetet hatte, seinen Geist in die Hände seines Schöpfers aufgab. Sie schlugen ihm hierauf das Haupt ab, steckten es auf einen Pfahl und kehrten dann wie im Triumphe in ihre Heimat zurück. Da sie wußten, daß Herzog Boleslaus den Heiligen sehr geliebt hatte, so ließen sie ihm sagen, daß er, wenn er den Leichnam haben wolle, so viel Silber oder Gold dagegen setzen solle, als derselbe im Gewichte halten werde; denn sie glaubten, dieses würde eine große Summe ausmachen. Allein der Erfolg zeigte das Gegenteil; denn Gott ließ zu, daß der Körper seines Dieners ungemein leicht befunden wurde. Boleslaus ließ denselben nach erlegtem Werte im Kloster Tremesnitz beisetzen. Später wurde er mit aller möglichen Feierlichkeit in die Hauptkirche zu Gnesen überbracht und zur Erde bestattet. Gott verherrlichte seinen Diener durch eine Menge Wunder, die auf seine Fürbitte an seinem Grabe geschahen.

Der heilige Gerhard

gest.: 1046
Fest: 24. September

Der heilige Gerhard stammte aus Venedig, wo er als Kind der hochadeligen Familie Sagredo geboren wurde. Als Mönch trat Gerhard in seiner Geburtsstadt in das Benediktinerkloster San Giorgio ein und wurde später Abt. Auf dem Rückweg von einer Pilgerfahrt in das Heilige Land machte Gerhard um 1015 Station in Ungarn und wurde dort von König Stephan zum Erzieher seines Sohnes Emmerich gemacht. 1023 zog sich der Heilige in das Stift Bakony-Beel zurück und wurde um 1030 erster Bischof von Csanád. Im Heidenaufstand 1046 schließlich mußte er sein Leben lassen.

In der Lebensbeschreibung bei Surius erfahren wir, daß mit der Ausbreitung des Glaubens bis hin ins Ungarnland noch keineswegs die Glaubenssicherheit gewährleistet war. Immer wieder kam es vor, daß einem christlichen Herrscher ein gottloser folgte und damit den Glaubensboten im Land ein schweres Los bevorstand. So erging es auch dem heiligen Gerhard in Ungarn.

Gegen die Armen und Kranken bewies er jederzeit eine mehr als väterliche Liebe. Mehr als einmal legte er einen Kranken, sogar wenn derselbe aussätzig war, in sein eigenes Bett und ließ ihn darin schlafen, während er die Zeit mit Beten zubrachte oder auf dem harten Boden seine Nachtruhe nahm. Seinen Leib züchtigte er sehr hart mit Fasten und härenen Kleidern. In Bekehrung der Ungläubigen leistete ihm Gott einen außerordentlichen Beistand, da er eine unzählbare Menge derselben sowohl durch seine eifrigen Predigten als durch seinen heiligen Lebenswandel in den Schoß der wahren Kirche brachte. Er war auf seine Neigungen so aufmerksam und so eifrig, jede unordentliche Bewegung derselben zu unterdrücken, daß, als er sich einmal vom Zorn zu viel hinreißen ließ, er sich alsbald eine strenge Buße auflegte, den Beleidigten um Verzeihung bat und mit Wohltaten überhäufte. Nach dem Tod des heiligen Stephanus hatte er viel von seinen Nachfolgern im Königreich zu leiden. Er wurde zuerst vom König Petrus und dann, als dieser wegen seiner Grausamkeit im Jahre 1042 vom Throne verstoßen wurde, vom König Abas sehr verfolgt, besonders da er diesen als unrechtmäßigen Besitzer des Reiches nicht krönen wollte, ja ihm die bevorstehende Rache

Gottes verkündigte. Dies geschah auch nach zwei Jahren, da der König Petrus zurückberufen und Abas öffentlich hingerichtet wurde. Allein nach zwei Jahren wurde Petrus aufs neue verjagt, und die Krone dem Andreas, einem Sohne des Ladislaus und nächsten Anverwandten des heiligen Stephanus, mit der Bedingung angetragen, die Abgötterei wiederherzustellen. Dazu verstand sich auch der ehrsüchtige König. Daher machte sich der heilige Gerhard mit drei andern Bischöfen auf den Weg, um nach Stuhlweißenburg zum neuen König zu reisen und ihn von dieser gottlosen Zusage abwendig zu machen. Als sie zu Giod an der Donau angelangt waren, las der heilige Gerhard allda die heilige Messe und sagte nach derselben zu seinen Gefährten: »Wir werden heute alle, der Bischof von Benethe ausgenommen, den Martertod leiden.« Sie setzten alsdann ihre Reise fort und als sie jenseits der Donau waren, wurden sie von einer Rotte Soldaten unter Anführung des Herzogs Vatha, eines der eifrigsten Verteidiger der Abgötterei und der ärgsten Feinde des Königs Stephanus, angefallen. Ein Hagel von Steinen traf den heiligen Gerhard, der in Sanftmut und Geduld sein Ende erwartete. Man riß ihn von seinem Wagen und schleppte ihn auf der Erde fort. Er richtete sich noch auf seine Kniee und schickte das Gebet des heiligen Märtyrers Stephanus für seine Feinde zum Himmel empor. Kaum hatte er dieses vollendet, als ihn einer mit der Lanze durchstach, worauf er in wenigen Minuten sein Leben endete. Zwei andere Bischöfe, mit Namen Bertard und Buld, wurden ebenfalls getötet. Unter diesem Lärm kam der König an und riß den vierten Bischof aus den Händen der blutdürstigen Barbaren. Er erklärte sich hierauf für das Christentum, setzte das vom heiligen Stephanus angefangene Bekehrungswerk fort und regierte von nun an mit vielem Ruhme. Der Martertod des heiligen Gerhard geschah den 24. September im Jahre 1046.

Der heilige Stanislaus

geb.: 1035
gest.: 1079
Fest: 11. April

Stanislaus von Krakau wurde, aus polnischem Adel stammend, um das Jahr 1035 in Scepanow bei Krakau geboren. Er studierte in Gnesen und Paris die Rechtswissenschaften und Theologie. Bald nach seiner Rückkehr in die Heimat wurde er von Bischof Lambert zum Priester geweiht und trat in kurzer Zeit als feuriger Prediger und gelehrter Priester hervor. Nach dem Tode Lamberts wurde Stanislaus zu dessen Nachfolger erwählt, ein Amt, das er erst nach langem Zögern im Jahre 1072 antrat. Sein gottgefälliges und gerechtes Wirken machte auch vor weltlichen Mächten keinen Halt: als König Boleslaw II. trotz vieler Ermahnungen von seiten des Bischofs weiterhin an seinem lasterhaften Leben festhielt und damit all seinen Untertanen ein schlechtes Beispiel gab, exkommunizierte der Bischof ihn. Der mächtige Herrscher rächte sich furchtbar. Am 8. Mai 1079 ließ er den Bischof während des Gottesdienstes ermorden.

In der Legende erfahren wir, warum Stanislaus den Beinamen »der heilige Bischof« erhalten hat. Dann werden wir Zeuge einer falschen Anklage, die den Heiligen aus dem Weg räumen soll und der er durch ein Wunder entkommt. Schließlich kommt auch noch der Märtyrertod Stanislaus zur Darstellung.

Persönlich besuchte er alle Pfarreien seines Bistums und wandte allen möglichen Fleiß an, seinen Schäflein in allen Bedürfnissen der Seele und des Leibes zu helfen. Allgemein hieß es, der Bischof von Krakau habe seine Einkünfte nur für die Notleidenden. Kranke besuchen und ihnen beizustehen, war eine seiner täglichen Beschäftigungen. Die Zeit, die ihm von solchen Bemühungen übrig blieb, verwandte er nicht zu eitlen Belustigungen, sondern allein zum Gebet. Dabei aber lebte er in strengster Buße; nie legte er das Bußkleid ab, fastete beinahe täglich und lebte, um es kurz zu sagen, so, daß er in ganz Polen nie anders, als der heilige Bischof genannt wurde.

Der heilige Mann hatte von einem Adeligen namens Petrus ein Landgut für seine Kirche erkauft und mit barem Gelde bezahlt. Der Kauf war von dem König selbst gutgeheißen und das Gut schon drei Jahre lang von der

Der heilige Stanislaus.

Kirche ruhig verwaltet. Der König ließ den Erben des schon verstorbenen Petrus wissen, wenn sie das Gut wieder an sich ziehen wollten, so sollten sie nur den Bischof verklagen, er würde ihnen dazu behilflich sein. Die Erben kommen und klagen, Stanislaus hätte ihrem Vater das Gut abgedrungen und noch nicht bezahlt. Der heilige Bischof beteuerte das Gegenteil und berief sich auf Zeugen. Diese erschienen zwar, wollten aber nichts reden, weil es ihnen verboten war. »Wohlan,« sprach der Heilige voll Vertrauen auf Gott zu dem König und dem ganzen Rate, »weil denn diese Zeugen nicht reden dürfen und wollen, so will ich euch nach drei Tagen einen anderen stellen, dem ihr glauben müßt, nämlich den Verkäufer selbst.« Der König lachte hierzu, weil der Verkäufer schon länger als zwei Jahre tot war; jedoch nahm er das Versprechen an. Der heilige Bischof brachte drei Tage und drei Nächte mit Beten und Fasten zu. Am vierten Tage begab er sich, nachdem er die heilige Messe gelesen hatte, mit bischöflichen Kleidern angetan, zum Grabe des Verstorbenen, ließ die Erde hinwegräumen, und nach wiederholtem Gebete rief er mit lauter Stimme dem Verstorbenen zu und befahl im Namen der allerheiligsten Dreifaltigkeit, daß er aufstehen und mit ihm kommen solle, um der Wahrheit Zeugnis zu geben. Und siehe! Im Angesicht des ganzen Volkes steht der Tote auf und geht mit dem heiligen Bischofe zu dem Könige und dem gesamten Rate. Diese waren ganz erstaunt bei dem Anblick eines so unerwarteten Zeugen. Stanislaus aber sagte: »Hier ist der Zeuge, den ich versprochen habe. Dieser wird euch die Wahrheit sagen.« Alsbald fing Petrus mit deutlicher Stimme an zu reden: »Ja, ich habe mein Gut dem Bischofe freiwillig verkauft und dafür bares Geld empfangen. Meine Erben tun ihm Unrecht.« Nach diesem Zeugnisse führte der heilige Bischof den Petrus wieder zum Grabe; da legte er sich an den vorigen Platz und verschied; Stanislaus aber wurde auch wider den Willen des Königs freigesprochen und lebte eine Zeit lang ruhig.

Der König wollte nun den heiligen Bischof ohne Verzug ermorden lassen. Daher schickte er einige von seiner Leibwache in die Kapelle des heiligen Michael, wo der Bischof hingegangen war, um die heilige Messe zu lesen, mit dem Befehle, Bischof Stanislaus um das Leben zu bringen. Die Abgeordneten kamen in die Kapelle mit der Absicht, den königlichen Befehl zu vollziehen. Es überfiel sie aber ein solcher Schrecken, daß sie sogleich wieder die Flucht ergriffen und dem Könige freimütig sagten, es wäre ihnen unmöglich, an einen so ehrwürdigen Bischof Hand anzulegen. Der König schickte sogleich andere und nach diesen die dritten mit gleichem Befehle, aber alle kehrten unverrichteter Sache wieder zurück und sagten, sie würden von einem himmlischen Glanze, womit der heilige Bischof umgeben wäre, verhindert. Was geschieht? Der vor Zorn rasende König machte sich selbst auf, stürmte in die Kapelle hinein, versetzte mit einem Schwerte dem am Altare stehenden Bischofe einen solchen Streich auf das Haupt, daß die Hirnschale gespalten wurde und der Heilige tot zur Erde fiel. Alsdann ließ er den entseelten Leib aus der Kapelle heraus- schleppen und in viele Stücke zerhauen mit dem Befehl, sie den Vögeln zum Raube zu überlassen. Allein die göttliche Vorsicht ordnete es anders. Vier große Adler bewahrten die zerstückten Glieder des heiligen Leibes so lange, bis einige den Mut faßten und dieselben ordentlich zusammenleg- ten, in der Absicht, dieselben ehrwürdig zu begraben. Es ereignete sich aber ein neues Wunder. Die zusammengelegten Glieder vereinigten sich durch göttliche Allmacht so miteinander, daß man den Leib des Heiligen ganz vor sich sah. Alle Anwesenden lobten Gott und priesen die Standhaf- tigkeit des Heiligen. Man machte dem heiligen Leib ein Grab vor der Türe der St. Michaels-Kapelle, wo er zehn Jahre lang verblieb, bis er nachher in die Domkirche zu Krakau übertragen wurde. Während dieser zehn Jahre hat man auf dem Grabe des Heiligen verschiedene, von dem Himmel angezündete, hellscheinende Lichter wahrgenommen, womit Gott seinen getreuen Diener auch vor der Welt würdig machen wollte. Sein Martertod hat sich im Jahre 1079 zugetragen.

Der heilige Kanut

geb.: 1040
gest.: 1086
Fest: 19. Januar

Der heilige Kanut oder Knut wurde 1040 als Sohn Suenos II. geboren. Sein Vater ließ ihn in der christlichen Religion und in allen anderen Wissenschaften erziehen. Kanut kämpfte bereits in jungen Jahren gegen alles Unrecht und tat sich besonders durch die Abwehr des Seeräuberwesens hervor. 1080 wurde er zum König von Dänemark gewählt und machte es sich von da an zu seiner eigentliche Aufgabe, die Ausbreitung des Christentums in dem noch weitgehend heidnischen Land zu untersützen. Er schickte Missionare in alle Teile des Landes und besiegte die räuberischen Nachbarn der Dänen, die das Land immer wieder überfallen hatten. Nachdem die Ordnung in Dänemark hergestellt war, heiratete Kanut die Tochter des christlichen Grafen Robert von Flandern, Adelheid. Gegenüber dem unnachgiebigen Gerechtigkeitssinn des Königs, der auch vor hohen Würdenträgern nicht haltmachte, sofern diese sich an unrechten Händeln beteiligten, bildete sich unter den Mächtigen des Landes eine widerständische Gruppe. Aus Angst vor der Tapferkeit des Königs traten sie ihm nicht offen gegenüber, sondern schmiedeten ein Komplott, dem Kanut am 10. Juli 1086 in Odense zum Opfer fiel. Im Jahr 1101 wurde der König von Dänemark heiliggesprochen und vom Papst zum ersten Märtyrer Dänemarks erklärt. Seit 1670 ist sein Fest am 19. Januar in das Meßbuch aufgenommen.

In der Legende erfahren wir, welche Anstrengungen der heilige Kanut unternommen hat, um seine Herrschaft gerecht auszuüben und seine Untertanen zu gottesfürchtigen Menschen zu machen. Im Anschluß daran erhalten wir einen genauen Bericht darüber, wie es zur Ermordung des heiligen Mannes kam.

Er gab Gesetze, die zwar streng, aber unumgänglich notwendig waren, um die Laster und Verbrechen auszurotten. Ohne alle Menschenfurcht und ohne Ansehen der Person verteidigte er die Unterdrückten gegen die Tyrannei der Mächtigen. Jenen, welche mit der Verwaltung der Gerechtigkeit beauftragt waren, befahl er mit allem Ernste, jedem zu seinem Rechte behilflich zu sein, den Witwen und Waisen mit Nachdruck beizustehen und nichts einzuführen, wodurch die Untertanen zu hart bedrückt würden.

Wurde jemand überführt, wider diese Befehle gehandelt zu haben, so setzte ihn der König von seinem Amte ab und bestrafte ihn mit aller Schärfe. Die Verwaltung seines Reiches und die Sorge für seine Untertanen ließ sich der heilige König auf das ernstlichste angelegen sein. Die Zeit, welche ihm davon übrig blieb, verwandte er nicht zum Spielen, Jagen und anderen Ergötzlichkeiten, sondern zum Beten und Lesen christlicher Bücher. Nichts wünschte er sehnlicher, als daß der katholische Glaube und der wahre Gottesdienst in seinem Reiche immer mehr blühe. Gegen sich selbst war er sehr streng. Seinen Leib tötete er beständig durch strenges Fasten ab. Oft unterhielt er sich durch inbrünstige Gebete mit Gott. Ganze Stunden lang brachte er vor dem Hochwürdigsten in der Kirche oder vor seinem Kruzifixe zu. Die Verehrung der jungfräulichen Gottesmutter suchte er mit besonderem Eifer in seinem Reiche auszubreiten und gab das Gebot, alle ihre von der katholischen Kirche angeordneten Feiertage öffentlich zu feiern. Zum Unterhalt der Armen und Kranken errichtete er verschiedene Spitäler und verwandte noch überdies unglaublich viel Geld zum Troste der Notleidenden. Die Diener der Religion empfanden vorzüglich die Wirkungen seiner Freizügigkeit. Er stiftete mehrere Kirchen und schmückte sie mit wahrhaft königlicher Pracht aus. Seine eigene kostbare Krone schenkte er der Kirche zu Roschild in Seeland, welches seine Residenzstadt war, mit dem Bemerken: »Dasjenige, was das Kostbarste ist, muß eher zur Zierde der geheiligten Orte als zur Unterhaltung der Eitelkeit und der Hoffart der Weltregenten dienen.« Den Priestern begegnete er mit vorzüglicher Ehrerbietung und suchte auch seine Untergebenen hierin zur Nachfolge zu bewegen. Niemals gestattete er, daß von seinen Räten etwas beschlossen wurde, was den Rechten der Kirche und der Geistlichkeit zuwider war. Seine Absicht dabei war, dadurch die Religion selbst bei seinen Untertanen ehrwürdiger zu machen und mehr zu befestigen. Das römische Brevier gibt dem Heiligen das Zeugnis, daß er niemals von dem Wege der Gerechtigkeit und des göttlichen Gesetzes abgewichen und zum höchsten Gipfel christlicher Vollkommenheit gelangt sei.

So erhabene Tugenden wollte Gott endlich mit einem herrlichen Tode, den der heilige König um der Gerechtigkeit willen leiden sollte, krönen. Da Wilhelm der Eroberer, Herzog der Normandie, England im Jahre 1066 unter seiner Botmäßigkeit gebracht hatte, wollte der heilige Kanut bei dieser Gelegenheit sein gutes Recht auf das Königreich England gegen Wilhelm geltend machen. Er schickte also Truppen dahin. Allein diese wurden leicht geschlagen, weil sich niemand ihnen anschließen wollte. Einige Zeit nachher, im Jahre 1085, brachte der heilige König auf inständiges Bitten mehrerer Engländer, die sich nach Dänemark geflüchtet hatten, eine zahlreiche Armee zusammen und wollte mit dieser nach England schiffen, um die Normannen daraus zu vertreiben. Er übertrug seinem

Bruder Olaus, Herzog von Schleswig, den Oberbefehl darüber und machte sich Hoffnung, daß er unter dessen Anführung seinen Zweck erreichen werde. Aber dieser wurde entweder durch Treulosigkeit seines Bruders, der durch absichtliche Verzögerung die Armee bei der Meerenge zu Lymford aufhielt, oder weil er wegen anhaltenden Sturmes und Ungewitters nicht auslaufen konnte, gänzlich vereitelt, indem die Truppen, des langen Liegens überdrüssig, endlich zum größten Teile auseinandergingen und davonliefen. Der heilige König war wegen dieser Treulosigkeit der Seinen sehr aufgebracht, weil er die vielen Kosten auf die Flotte umsonst verwendet hatte. Er glaubte auch, die Gelegenheit zur Einführung des kirchlichen Zehnten benutzen zu können. Deshalb befahl er, daß man zur Strafe für diese Tat entweder den Zehnten oder eine beträchtliche Steuer zahlen solle. Die Dänen, welche eine große Abneigung gegen den Zehnten hatten, wählten die Zahlung einer Steuer, so groß sie auch sein möchte. Der König, welcher seine Absicht durch die Wahl vereitelt sah, befahl nun, daß man die Steuer mit einer großen Strenge eintreiben solle, weil er hoffte, daß seine Untertanen dadurch ihren Entschluß ändern würden.

Die Einsammler fingen die Erhebung in Fünen an; dann gingen sie nach Jütland in die kleine Provinz Wensyssel, welche an den äußersten Grenzen des nördlichen Teiles von Jütland liegt. Diese Provinz war damals die ärmste von ganz Dänemark. Die beiden Statthalter dieser Provinz, Thor-Skor und Tholar-Werpil, statt den Befehl des Königs zu befördern, wiegelten das Volk auf, stellten sich an die Spitze der Unzufriedenen und steckten die Fahne des Aufruhrs auf. Als der König von der Ankunft der Rebellen Nachricht erhielt, zog er sich nach Schleswig zurück und ging dann von dort unter Bedeckung einer ziemlichen Anzahl von Truppen nach der Insel Fünen. Von da aus befahl er der Königin, sich unverzüglich nach Flandern zu ihrem Vater zu retten und ihre Kinder ebendahin mit sich zu nehmen. Nachdem der König sich eine Zeitlang zu Odense, der Hauptstadt von Fünen, aufgehalten hatte, wollte er die Rebellen selbst aufsuchen und ihnen eine Schlacht liefern. Allein ihre Anführer wagten es nicht, obgleich sie an Zahl dem König weit überlegen waren, sich mit Truppen in einen Kampf einzulassen, welche an strenge Zucht gewohnt, im Kriege geübt und von einem Fürsten angeführt waren, der schon so viele Proben seiner Tapferkeit und Klugheit gegeben hatte. Sie nahmen deshalb zum Meineide ihre Zuflucht, um dem sonst unvermeidlichen Treffen auszuweichen. Einer von den rebellischen Anführern ging zum König und sagte ihm, daß sein Volk nun wieder zu seiner Pflicht zurückgekehrt sei, was er auch durch viele falsche Eidschwüre bekräftigte. Der König, welcher nun friedliche Absichten hatte, glaubte dem treulosen Bösewichte trotz aller Vorstellungen seines Bruders Benedikt, der ihn vor der gelegten Schlinge warnte und alles mögliche tat, den König davor zu bewahren; der gute König sah sich auch betrogen; denn die Rebellen rückten mit Eile gegen Odense vor, um den König zu überraschen. Die Nachricht hiervon machte ihn weder unruhig noch bestürzt. Seiner Gewohnheit gemäß begab er sich in die Kirche des heiligen Albanus, um die heilige Messe zu hören. Kaum war diese beendigt, als man ihm auch schon meldete, daß die Feinde in der Nähe seien. Da riet ihm der Graf Erik zur Flucht. Aber der heilige König gab ihm zur Antwort: »Nein, ich fliehe nicht; ich will lieber in die Hände meiner Feinde fallen als diejenigen verlassen, welche bei mir sind. Zudem ist es ja nur auf mein Leben abgesehen.« Er dachte deshalb an nichts mehr, als sich zum Tode vorzubereiten. Er warf sich vor dem Fuße des Altares nieder und empfing, nachdem er demütig seine Sünden gebeichtet und öffentlich bezeugt hatte, daß er seinen Feinden verzeihe, das heilige Abendmahl mit der größten Herzensruhe. Inzwischen langten die Rebellen bei der Kirche an und bestürmten dieselbe von allen Seiten. Benedikt, der Bruder des Königs, verteidigte mit den wenigen Truppen, welche er bei sich hatte, die Eingänge. Er tat Wunder der Tapferkeit. Währenddessen wurde Kanut von einem Steine, den man durch ein Kirchenfenster geschleudert hatte, an der Stirne getroffen und bekam eine starke Wunde. Weit entfernt, darum sein Gebet zu unterbrechen, bemühte er sich nur, die Hand auf der Wunde zu halten, um das Blut, welches herausströmte, aufzuhalten. Als die Empörer die Kirchentüren nicht einbrechen konnten, nahmen sie noch einmal zum Meineide ihre Zuflucht. Einer ihrer Häupter namens Egwind Bifra verlangte den König zu sprechen unter dem Vorwande, ihm Friedensunterhandlungen vorzuschlagen. Kanut befahl, ihn einzulassen; aber Benedikt gehorchte nur mit Widerwillen, weil er eine neue Treulosigkeit befürchtete. Wirklich bewies der Ausgang auch, daß seine Furcht nur zu begründet gewesen war. Denn als der ruchlose Bösewicht sich vor dem Könige auf das tiefste verbeugt hatte, zog er beim Aufrichten unter seinem Mantel einen Dolch hervor und stieß ihm denselben in den Leib. Der Meuchelmörder stieg nun sogleich auf den Altar, um sich durch ein Fenster zu retten. Als er aber schon halb draußen war, hieb ihn Palmar, einer der vornehmsten Kriegsobersten des Königs, in der Mitte auseinander, so daß die eine Hälfte seines Körpers hinaus, die andere in die Kirche fiel. Durch diesen Anblick wurden die Empörer noch mehr erbittert und warfen aufs neue Steine durch das Fenster. Der Heilige lag indessen mit ausgebreiteten Armen vor dem Altare, empfahl Gott seine Seele und erwartete den letzten tödlichen Streich mit vollkommener Ergebung in den göttlichen Willen. Er war noch in dieser Stellung, als eine Lanze, die durch ein Fenster auf ihn geschleudert wurde, ihn traf und sein Opfer vollendete. Sein Bruder Benedikt wurde nebst siebzehn anderen ebenfalls daselbst ermordet. Dieses geschah am 7. Juni 1086, nachdem der Heilige ungefähr sechs Jahre regiert hatte.

Der heilige Richard

gest.: 1179
Fest: 25. März

Richard, der im Knabenalter das Martyrium erlitten haben soll, ist uns durch die Legende überliefert. Das Schicksal des Knaben, das uns die Legende entwirft, hat Wahrscheinlichkeit darin, daß in größeren Städten wie Paris durchaus verschiedene Religionen und Irrlehren existieren und daraus Übergriffe, wie der in der Legende geschilderte, entstehen konnten.

Am Osterfeste des Jahres 1179 lockten die Feinde Jesu zu Paris, in ihrem durch Aberglauben genährten Christenhasse, einen zwölfjährigen unschuldigen Knaben namens Richard, den Sohn eines christlichen Bürgers der Stadt Paris, in ihr Haus und führten ihn daselbst in eine abgelegene Räumlichkeit. Als er daselbst in sicherem Gewahrsam war, kam ein Gesetzlehrer der Feinde Jesu zu ihm und fragte ihn: »Welche Religion und welchen Glauben bekennst du?« Darauf antwortete der sanfte und fromme Richard: »Ich gehöre jener Religion an und bekenne mich unerschütterlich zu jenem Glauben, den ich von meinen Eltern übernommen habe. Ich glaube an Jesus, der durch die Mitwirkung des heiligen Geistes, aus der Jungfrau Maria geboren und von eurem Volke gegeißelt, verspien und zum schmählichen Tode verurteilt worden ist, wiewohl er rein und schuldlos war; der das Menschengeschlecht von der Sünde erlöst hat und in das Reich Gottes des Vaters, dessen eingeborener Sohn er ist, aufgefahren ist.«

Über dieses glaubensvolle Bekenntnis war der Gesetzlehrer ganz entrüstet; er sprach daher zu ihm: »O du törichter Knabe, du bist in großem Irrtume und ganz verblendet; daher verdienst du auch eine große Strafe, der du einen zum Tode verurteilten Menschen für einen Gott haltest.« Hierauf wandte er sich zu seiner Umgebung und sprach zu ihr spottend: »Ergreifet diesen törichten Weisen und züchtiget ihn gehörig.« Auf das hin rissen sie dem Knaben augenblicklich die Kleider vom Leibe, schlugen ihn mit Fäusten und Ruten auf die roheste Weise, verlachten und lästerten in seiner Person Jesus und die Mutter Jesu und spien dem wehrlosen Richard in das Angesicht, der zu ihrem großen Erstaunen alles ganz gelassen und ruhig ertrug. Er sprach kein anderes Wort als den Namen Jesu aus, was die

210

Feinde Jesu aber noch mehr erbitterte. Endlich schrien sie samt ihrem Vorsteher: »Ans Kreuz mit ihm!« Und kaum war dieses Wort gesprochen, so schafften auch schon einige, von der Leidenschaft getrieben, wie es bei derlei Auftritt zu geschehen pflegt, ein Kreuz herbei und banden den Knaben unverzüglich daran. Richard betete nun unablässig und rief zum Herrn empor mit dem Psalmisten: »Herr! Erlöse mich, denn ich bin elend und arm, und mein Herz ist betrübt in mir. Wie ein Schatten, der dahin geht, schwind' ich hin... Ich bin ihnen zum Hohn; sie sehen mich und schütteln ihr Haupt. Hilf mir, Herr, mein Gott! Erlöse mich nach deiner Barmherzigkeit und lasse sie wissen, daß deine Hand es ist und du, Herr, es getan hast. Sie werden fluchen, du aber segnen; die wider mich aufstehen, werden beschämt werden, dein Knecht aber wird sich freuen... Ich will den Herrn hochpreisen mit meinem Munde und in der Mitte vieler ihn loben. Denn er steht zur Rechten dem Armen, meine Seele zu erretten von ihren Verfolgern.«

So betete der unschuldige Knabe, und dadurch gestärkt ertrug er alle Mißhandlungen und Schmähungen mit unbesiegbarer Geduld, bis er seinen Geist auf dem Kreuze aushauchte. Seine Eltern und Verwandten hatten ihn mittlerweile überall gesucht und als sie ihn nirgends finden konnten, bemächtigte sich ihrer der durch bereits vorgekommene Fälle berechtigte Verdacht, daß ihn die Feinde Christi ergriffen haben könnten. Sie stellten auf das hin ihre Nachforschungen an und fanden so den Leichnam des heiligen Knaben. Er wurde nun feierlich beerdiget und auf seinem Grabsteine wurden die mannigfaltigen Krankenheilungen verzeichnet, die auf seine Fürbitte erfolgten.

Teil III

Der Islam – ein neuer Widersacher des Christentums

Der neue Prophet

Fernab von Europa entstand dem Christentum im Islam ein neuer Widersacher. Tief in Arabien begründete der Prophet Mohammed, das heißt »der Gepriesene«, die islamische Weltreligion. Mohammed lebte von 569 bis 623 nach Christus. Von seinem 40. Lebensjahr an empfing er Offenbarungen Allahs, »des Gottes«, welche er in seiner Heimatstadt Mekka mit zunächst nur geringem Erfolg verkündete. Mohammed sah seine Sendung in der Wiederherstellung der ursprünglichen Religion Abrahams, die er von Juden und Christen verfälscht wähnte. Deshalb fühlte er sich dazu berufen, sie in ihrer wahren Gestalt seinem Volk zu offenbaren. Die Bibel der Moslems wurde der Koran. Wenn wir uns den Inhalt der islamischen Lehre vergegenwärtigen, stellen wir erstaunliche Parallelen zum Christentum fest: Wesentliche Ideen wie die des Endgerichts, der Auferstehung am Jüngsten Tage und der Glaube an den einen Gott sind jedem Christen geläufig. Dem fügte Mohammed in seiner Lehre besondere religiöse Pflichten und soziale Forderungen hinzu.

»Mein Reich ist auch von dieser Welt«

Mohammed wollte sich mit der subjektiven Einlösung des Anspruchs auf ein religiöses Leben keineswegs begnügen. Die Verwirklichung der Religion sollte nicht dem Gutdünken des einzelnen überlassen bleiben. Religion wurde so Politik, die religiöse Gemeinde identisch mit der staatlichen, umgekehrt der Staat zum Gottesstaat erhöht. Seine Gesetze galten als die Gesetze Allahs, dessen Reich damit aus dem Jenseits in das Diesseits verlängert wurde. Mit der politischen Verwirklichung seiner religiösen Idee nimmt der Islam im Grunde dem einzelnen die Freiheit des Glaubens. Denn dieser ist nun keine Sache der freien Entscheidung und Überzeugung mehr, sondern staatlich geboten, mit allen Mitteln seiner Gewalt. Die religiösen und sozialen Pflichten des Moslems sind durch das Gesetz festgelegt, vom islamischen Staat also zum allgemein verbindlichen Recht erhoben. Die Pflicht zum Almosen wird so z. B. als Steuer realisiert. Wer sich nicht an die Gesetze hält, wird nicht bekehrt, sondern bestraft.

Auf der anderen Seite haben Christen, sofern sie sich an die islamischen Gesetze halten, ihrer Überzeugung wegen, solange sie diese als ihre bloße

Der Islam

Kalifat der Abbasiden

Emirat von Córdoba

selbständige Teilreiche

Sitze der Teilreiche

islamische Gebiete

Fatimiden

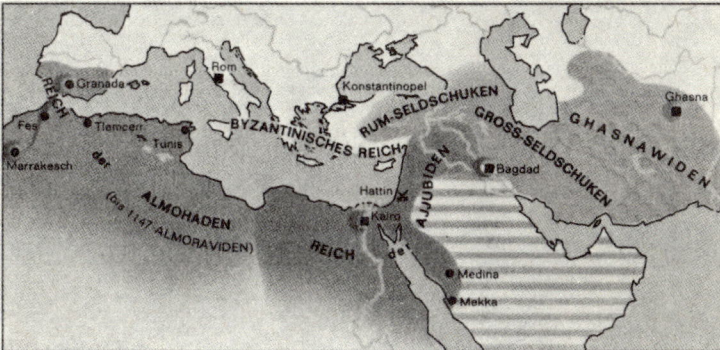

private Meinung pflegen, nichts zu befürchten, allerdings nur im Prinzip. Sie, wie andere Andersgläubige, werden also von vornherein politisch betrachtet. Damit gewinnt die Auseinandersetzung sofort eine andere Qualität: Innerhalb seines Hoheitsgebietes unterliegen die Christen den islamischen Gesetzen, außerhalb seiner Grenzen geht der islamische Glaube ebenfalls in der Form gegen sie vor, in der er von Anfang an organisiert ist und wirkt, nämlich als Staat. Deshalb sind von Seiten des Islams Glaubenskriege vorprogrammiert.

Allahs Auftrag zum »Heiligen Krieg«

Der militärische Krieg ist also nicht etwa bloß eine Fortsetzung der Gegnerschaft zu anderen Konfessionen, sondern die prinzipielle Form, in der er diesen dort begegnet, wo seine Gesetze aufhören, die Andersgläubigen also nicht von vornherein seinem Recht unterworfen sind. Dabei verfährt der Islam nicht etwa bloß reaktiv, sondern aktiv, d. h. er bedarf keines besonderen Grundes mehr zu Bekriegung seiner erklärten Feinde, sondern er hat ihn ja schon. Denn Allah hat die religiöse Gemeinde zum sogenannten »Heiligen Krieg« verpflichtet. Der Islam stellt damit quasi eine imperialistische, auf die Weltherrschaft dringende Bewegung dar. Da die Welt Allahs Welt ist, ist es Sache seiner Anhänger, sie im islamischen Gottesstaat, der die ganze Welt umfaßt, auch wirklich zu seiner zu machen. In ihrem Eroberungsdrang sehen sich darum die Moslems als Werkzeuge Allahs und werden in ihrem Kampf noch mehr durch seine Verheißung beflügelt, daß jeder im Kampf für den Islam Gefallene unmittelbar ins Paradies aufgenommen werde.

Aus der Einheit von Glaube und Politik im Gottesstaat, der die religiöse Idee verkörpert und verwirklicht, dieser Gleichsetzung, die in der Vorstellung vom »Heiligen Krieg« gipfelt, erklärt sich auch die ungemein rasche und raumgreifende Ausbreitung des Islams. Der staatspolitische Charakter der islamischen Religion verlieh ihr eine ungeheure Wucht. Denken wir nur zum Vergleich an die Anfänge des Christentums, dessen Existenz jahrhundertelang durch die Macht des römischen Weltreichs bedroht war. Auch in der Auseinandersetzung der beiden Konfessionen in den Kreuzzügen wird ihr Unterschied, was ihren politischen Charakter betrifft, deutlich.

Die Eroberung Palästinas

Wir wollen uns nicht weiter mit der politischen und historischen Entwicklung des Islam von den ersten Kalifen über die verschiedenen persischen und türkischen Dynastien, wie den Umaijaden, Abbasiden, Seldschuken, Osmanen, die baldige Abspaltung der Schiiten usw. bis zur endlichen Auflösung des Kalifats durch den türkischen Staat am 3. März 1924 aufhalten. Den Christen hatte der Islam zunächst im Heiligen Land den Kampf angesagt.

Bereits zehn Jahre nach dem Tod des Propheten Mohammed hatte der Islam Palästina, Syrien und Ägypten erobert. Die Kalifen machten ihrer Berufung als Stellvertreter des Propheten alle Ehre. Omar, der zweite in ihrer Reihe, zog 638 in Jerusalem ein, 640 mußte sich auch Caesarea, die letzte Festung Palästinas beugen.

Die Eroberung des Heiligen Landes bedeutete einerseits einen weiteren Fortschritt im Heiligen Krieg. In diesem Sinne war die Besetzung des Heiligen Landes nur ein Zug auf dem Weg zur Weltherrschaft. Der ägyptische Sultan Saladin, der im 3. Kreuzzug eine entscheidende Rolle spielte, drückt diesen Gedanken aus, wenn er uns anvertraut: »Wenn Gott mir erlaubt, die ganze Küste zu erobern, habe ich im Sinn, meine Länder zu teilen, meine Verfügungen zu treffen und meinen letzten Willen niederzuschreiben, mich dann auf dies Meer zu begeben und die Franken bis in ihre fernen Länder zu verfolgen, um keinen auf der Oberfläche der Erde leben zu lassen, der nicht an Gott glaubt, oder zu sterben«.

Andererseits ist aber auch für die Moslems Jerusalems eine heilige Stadt, also von besonderer religiöser Bedeutung: nach islamischer Überzeugung unternahm von ihr aus, genauer dem Felsen, über den die al-Aqsa-Moschee entstand, der Prophet seine Himmelsreise auf dem Fabeltier Buraq; nach ihr wurde zunächst die Gebetsrichtung, die sogenannte »Qibla« bestimmt. Aber hören wir dazu wieder Saladin: »Die Moschee al-Aqsa«, so beginnt er seine Lobeshymne auf Jerusalem, »ist der Sitz der

217

Propheten, das Haus der Heiligen, der Ort der Anbetung der Frommen, den die großen Heiligen der Erde und die Engel des Himmels besuchen. Hier ist der Ort der Sammlung und der Auferstehung... hier steht der Felsen, dessen immer neuer Glanz vor allem Abstumpfen bewahrt wurde, von dem der Weg des Auffahrens (des Propheten zum Himmel) ausging; über seinem Haupt erhebt sich die stolze Kuppel wie eine Krone. Jerusalem ist die erste der beiden Qibla, das zweite der beiden Häuser Gottes (nach Mekka), die dritte der heiligen Städte (nach Mekka und Medina); es ist einer der drei Orte des Gebetes, über die im Wort des Propheten gesagt wird, daß die Reittiere in ihrer Richtung gesattelt werden und die Menschen ihre Hoffnungen auf sie setzen«.

Die Kreuzzüge

Als sich in Europa immer mehr Berichte und Gerüchte von der Mißhandlung der christlichen Glaubensbrüder im Heiligen Land häuften, der byzantinische Kaiser Alexios Komnenos 1095 Papst Urban II. um Unterstützung bat, leitete dieser mit seinem Kreuzzugsaufruf vom 27. November 1095 die Kreuzzüge ein.

Im August des folgenden Jahres brachen dann die ersten Kreuzfahrer auf und erreichten 1099 ihr Ziel Jerusalem, das sie noch im selben Jahr einnehmen konnten. Doch das Los der Kreuzfahrer war schwer. Es mangelte an stetigem und ausreichendem Nachschub und nur wenige Siedler ließen sich nieder. Die Aufgebote der Kreuzritterorden bzw. der Johanniter und Templer konnten das schwerfällige Lehnsaufgebot des Königs von Jerusalem nicht im nötigen Maße verstärken. Die kurzlebige Existenz der Kreuzfahrerstaaten konnte dann jener schon erwähnte Sultan Saladin beenden. Seinem mächtigen Reich, das Ägypten und Syrien umfaßte, hatten die Kreuzfahrer wahrlich wenig entgegenzusetzen. Der Kampf der Christenheit gegen den Islam auf dieser Ebene war aussichtslos: Auf der einen Seite stand die geballte Staatsmacht des Islam, auf der anderen der Papst, als oberster Repräsentant der Christenheit auf Erden, der erst um sich seine Truppen sammeln und dazu noch die Staaten des christlichen Abendlandes zur Unterstützung seines Vorhabens gewinnen mußte. So darf es uns nicht verwundern, daß das Kreuzfahrerunternehmen zum Scheitern verurteilt war. 1187 schlug Saladin das Kreuzfahrerheer vernichtend und gewann Jerusalem zurück. Zwar konnten die Kreuzfahrer noch einige stark befestigte Burgen halten, aber das war nur noch nebensächlich und reichte nicht als Basis für eine eventuelle Rückeroberung Jerusalems, ebenso wie alle späteren Versuche, zu denen man von Europa aufbrach, scheiterten.

Der Islam

Unruheherd Spanien

Ein Sproß der ersten Dynastie des islamischen Weltreichs, der Umaijaden, konnte im 8. Jahrhundert den Nachstellungen des feindlichen Abbasidenstammes, welcher die Herrschaft an sich riß, nach Spanien entkommen. Dort begründete er, sein Name war übrigens Abd-ar-Rahman, ein selbstständiges Kalifat und setzte damit den Beginn einer fortdauernden Auseinandersetzung mit dem europäischen Christentum.

Ein gleichnamiger Nachkomme dieses Kalifen zeichnete dann übrigens für den Märtyrertod des heiligen Pelagius veranwortlich. Die Auseinandersetzung mit dem europäischen Christentum währte nahezu 300 Jahre, ehe sich infolge von Thronstreitigkeiten das Kalifat in viele Kleinfürstentümer auflöste, womit die Herrschaft der islamischen Mauren ihrem Ende entgegenging. Gegen die christliche Bewegung der Reconquista, das bedeutet Wiedereroberung, konnten sie zwar noch mit Hilfe der berberischen Almorawiden ihre Herrschaft behaupten, mit dem Sieg der vereinigten christlichen Könige bei Tolosa im Jahre 1212 kündigte sich jedoch deren Ende an. Bis 1492 konnte sich im Emirat Granada noch das letzte Bollwerk der Mauren halten. Doch auch nach der Eroberung ihres Territoriums blieben viele Mauren im Lande und bereiteten in ihrer politischen, wirtschaftlichen und religiösen Sonderstellung der spanischen Innenpolitik manches Kopfzerbrechen, bis schließlich 1609 Olivarez dieser Sorge mit der »Moriskenvertreibung« ein Ende setzte.

Die Christen – Verfassungsfeinde

Wie aber ging nun der islamische Staat mit den unterworfenen Christen bzw. solchen um, die sich in seinem Hoheitsgebiet aufhielten? Diese Fragen haben wir im Grunde schon beantwortet. Er macht gegen sie seine Gesetze geltend und bestraft sie bei deren Mißachtung. Doch so einfach verhält sich die Sache in der Praxis nicht. Freilich bleibt festzuhalten, daß der islamische Staat zunächst keine besonderen Maßnahmen gegen die Christen ergreift. Das scheint ja gar nicht mehr nötig zu sein, sofern sie, gleich allen anderen Untertanen, den Gesetzen und damit den in ihnen verwirklichten Grundsätzen des islamischen Glaubens unterstellt sind. Eine Mission im christlichen Sinne kennt der Islam deshalb nicht. Das heißt aber noch lange nicht, daß man Christen gewissermaßen einen geistigen Freiraum ihrer eigentlichen Überzeugung einzuräumen bereit ist. Schließlich stellt ihr Glaube eine Abweichung vom einzig richtigen dar. Für den Islam gelten Christen somit gewissermaßen als Verfassungsfeinde. Und so behandelt er sie auch: Solange sie nicht praktisch und konkret gegen ihn vorgehen, er in ihnen also noch keine Gefahr für seine Ordnung sieht, beläßt er sie in ihren Gedanken. Die Einlösung eines darüber hinausgehenden Anspruchs auf eine grundsätzliche geistige Verpflichtung jedes einzelnen zum Islam obliegt der Willkür des jeweiligen Herrschers. Dabei ist nicht zu vergessen, daß die Christen, wie übrigens auch die Juden, und zwar aus demselben Grund, gegenüber den Heiden eine Sonderstellung einnehmen. Beide sind im Besitz schriftlicher Zeugnisse göttlicher Offenbarung. Gott der Herr, Allah, hat sie für würdig befunden, sich ihnen zu offenbaren, was sie, bei aller angeblichen Verfälschung, die seine Lehre bei ihnen erfahren habe, auszeichnet. Freilich hinderte diese Sonderstellung der Christen die Moslems nicht daran, diese, wenn sie die Zeit für gekommen sahen, mit Ketzergerichten zu verfolgen und ihre Kirchen zu zerstören. So geschehen bereits unter der Regierung Mahdis von 775 bis 785 und al-Mutawakkils. Schon immer am strengsten gingen die Kalifen gegen solche vor, die vom Islam zum Christentum übertraten. Wie sich am Beispiel des Martyriums des heiligen Andreas zeigen wird – der im übrigen fälschlicher Weise dieses Vergehens beschuldigt wurde –, wurde in solchen Fällen die Todesstrafe verhängt.

Die prinzipielle Bereitschaft der Moslems zum Krieg auch nach innen, wenn der Staat nicht den religiösen Vorstellungen entspricht, zeigte sich erst in der jüngsten Geschichte Persiens. Die »Revolution« unter Ayatollah Chomeini darf eigentlich also niemanden ernstlich verwundern, der weiß, daß der Krieg im Koran verankert ist.

Der heilige Aemilianus

gest.: 725
Fest: 25. Juni

Der heilige Aemilianus wurde in der Bretagne, auf jenem an Helden und Heiligen so fruchtbaren Boden, geboren. Adeliger Abstammung, genoß er neben seiner geistlichen Bildung auch, wie es damals in diesen Kreisen durchaus üblich war, militärische Erziehung.

Beides sollte ihn in seinem späteren Leben im selbstlosen Dienst für den christlichen Glauben zur Ehre Gottes auszeichnen. Seine geistlichen Fähigkeiten fanden ihren krönenden Abschluß im Bischofsamt von Nantes. Darin überzeugte er durch seine Beredsamkeit und die sanfte Majestät, die aus seinen Gesichtszügen strahlte, noch mehr jedoch durch die Reinheit seiner Sitten und seine erhabenen Tugenden. Von seinem Volk wurde er geliebt, denn er war gütig gegen jedermann. Als Bischof hatte Aemilianus dann auch Gelegenheit, seine militärischen Fähigkeiten im Feldzug gegen die Sarazenen, die von der spanischen Halbinsel aus bis nach Frankreich eingedrungen waren, unter Beweis zu stellen. Auch darin tat er sein Bestes, bis er sich mit seinem Heer der Übermacht der Feinde geschlagen geben mußte. Am 22. August 725 ließ ihn der feindliche Feldherr Nympheus enthaupten.

Über den mutigen Kampf des Aemilianus gegen die christenfeindlichen Sarazenen berichten uns die Bollandisten näheres. So erfahren wir von der Tapferkeit des klugen Kämpfers Aemilianus, der seinen Kumpanen ein glänzendes Vorbild abgibt und an seiner Niederlage keineswegs zerbricht, da er weiß, daß sie nicht endgültig ist.

Nachdem die Sarazenen alle Gegenden von Spanien verheert und mit Blut bedeckt hatten, breiteten sie sich wie ein verwüstender Strom über die Provinzen Frankreichs aus; sie drangen in Burgund ein, bemächtigten sich der Stadt Chalons und belagerten schon Autun. Von allen Seiten im ganzen Reiche griff man zu den Waffen, um diese grausamen Horden zurückzuschlagen, allein die auf ihre eigenen Kräfte beschränkte Stadt Autun konnte sich nicht lange gegen die furchtbare Armee, die unter ihren Mauern ihr Lager aufgeschlagen hatte, verteidigen. Da griff beherzt Aemilianus ein, um der Kirche, Frankreich und der ganzen europäischen Zivilisation willen. Er gab dafür die Freuden seines Amtes und, wie wir heute wissen, sein Leben hin. Selbstlos führte er sein Heer nach Burgund, spornte es mit hinreißenden Worten zum Kampfe an.

Als wollte Gott der Herr der Welt erst die Fähigkeiten seines Kämpfers Aemilianus zeigen, bevor er ihn zu sich rief, führte er ihn in und durch die Schlacht: Dreimal bereits hatte Aemilianus das Heer der Feinde besiegt und noch eimal folgte er den in die Flucht geschlagenen Sarazenen auf den Fersen; er schien sich zu vervielfältigen, und wie der Blitz erschien er überall, wo noch ein Haufen der Feinde zu zerstreuen war. Er verweilte nur einen Augenblick mit seinen Truppen bei einem Brunnen, der noch heutzutage seinen Namen trägt, um eine kleine Mahlzeit einzunehmen. Hier sollten jedoch die Heldentaten des heiligen Kriegers und seiner ruhmreichen Schar enden. Die Sarazenen erhielten aus Chalons neue Hilfe und die Rachsucht verdoppelte ihren Mut. Der Kampf war äußerst heftig. Vergebens warf der hochherzige Bischof den General der Sarazenen, Nympheus, zu Boden; vergebens verrichteten die Soldaten von Nantes und Autun, ermuntert durch das Beispiel des Bischofes, Wunder an Tapferkeit; sie waren zu schwach an der Zahl. Von unzähligen Hieben durchbohrt, stürzte Aemilianus zu Boden. Seine sterbenden Lippen ermahnten noch seine tapferen Waffengefährten, für die heilige Kirche zu kämpfen und zu sterben. – »Soldaten«, rief er ihnen zu, »beharret fest im Glauben, fürchtet nicht des Todes, der zum Leben führt. Kinder Gottes, nicht der Menschen, ich sehe schon den Himmel offen; dort ist unser wahres Vaterland, dort ist unser ganzer Lohn«. Dann übergab er seine Seele in die Hände des Herrn. Um ihn herum fielen die Helden von Nantes und Autun. Nympheus, der als Sieger noch seine Grausamkeit an dem entseelten Leichname des hl. Bischofes sättigen wollte, ließ ihn enthaupten. Dies geschah an einem Mittwoch, den 22. August des Jahres 725.

Wie es nur ein wahrer Christ vermag, so begegnete Aemilianus seinem Sterben. Im Tod sieht er das Leben und, schon scheidend von der Welt, findet er Worte für das Heil seiner überlebenden Gefährten, um die er sich selbst da noch sorgt.

Die Heiligen Flora und Maria

gest.: 851
Fest: 24. November

Flora wurde etwa um das Jahr 830 auf einem Landgut in der Nähe von Cordoba geboren. Ihr Vater war ein Mohammedaner, ihre Mutter aber eine fromme Christin. Als ihr Vater starb, war sie noch ein unmündiges Kind und die Mutter wendete alle Sorgfalt auf ihre christliche Erziehung an. So blühte Flora auf in zärtlicher Liebe zu Gott und im herzlichen Wohlwollen gegen alle Menschen und wurde eine der liebreizensten Jungfrauen. Sie floh alle sinnlichen Vergnügungen, die gewöhnlich der Jugend so gefahrvoll sind, und der Umgebung mit Gott, heilige Betrachtungen und Gebet waren ihr die seligsten Freuden.

Früh bezähmte sie ihre Sinnlichkeit durch Abtötungen aller Art, besonders fastete sie streng und genoß während der vierzigtägigen Fasten selten etwas anderes als Kräuter und Brot. Den Anteil ihrer Speisen wußte sie auf eine so geheime Weise den Armen zu reichen, daß ihr strenges Fasten selbst ihrer Mutter lange ein Geheimnis war. Als sie es bemerkte, konnte sie die fromme Tochter aus Furcht, daß sie ihrer Gesundheit schaden möchte, nur mit vieler Mühe dahin bereden, daß sie ihre harten Abtötungen mäßigte.

Offensichtlich hielt es Flora nicht für wert, ihr Leben angesichts des schmählichen Dahinfristens der Armen zu leben. Diese Selbstlosigkeit ging so weit, daß sie sogar ihr Leben für das der Armen geopfert hätte, hätte nicht ihre Mutter noch rechtzeitig eingegriffen. Später sollte sie ihr Leben in noch würdigerer Weise opfern. Vielleicht hat Gott sie darum vor dem vorzeitigen Hungertod bewahrt. Er berief sie nämlich dazu, für ihn den Martertod zu sterben, den sie im Jahre 851 mit ihrer Gefährtin und Gesinnungsgenossin Maria erlitt.

Diese Maria traf Flora eines Tages in einer Kirche an. Wegen ihrer innigen Andacht hatte sie einen rührenden Eindruck auf sie gemacht. Maria hatte einen Bruder namens Balabonsus, der sich als Märtyrer Christi ausgezeichnet hatte. Als Maria davon erfuhr, verließ sie das Nonnenkloster, in dem sie sich aufhielt, um in Corodoba wie ihr Bruder für Jesus Christus ihr Leben hinzugeben. Denn das war nun ihr sehnlichster Wunsch geworden, der schließlich im Jahre 851 Wirklichkeit werden sollte. Wie kam es nun zum Martyrium der beiden Jungfrauen?

Flora hatte ihrem Bruder, der ein überzeugter Anhänger des Islams war, ihre christliche Gesinnung verleugnet. Als sie aber von einem Priester erfahren hatte, daß es Pflicht sei, seinen Glauben öffentlich zu bekennen, entfloh sie aus dem väterlichen Hause in ein Kloster, wo sie ohne Furcht dem Gottesdienst beiwohnte. Bald hatte ihr Bruder ihren Aufenthaltsort entdeckt, und er warf einen so tödlichen Haß auf alle Klöster, daß mehrere Mönche und Nonnen auf seine Anklage in das Gefängnis geführt wurden. Flora, die sich sehr betrübte, daß die Unschuldigen wegen ihr leiden mußten, verließ daher öffentlich das Kloster wieder und kehrte zu ihrer Mutter zurück. Ihr Bruder gab sich alle Mühe, sie anfänglich durch Schmeicheleien, dann durch Drohungen, endlich durch Mißhandlungen zu anderen Gesinnungen zu bringen, und da alles fruchtlos war, führte er sie vor den Richter und gab sie als eine eifrige Christin an. Auf die Frage, ob sie dem Christentum abschwören und sich zur mohammendanischen Religion bekennen wolle, antwortete Flora: »Ich habe seit meiner Kindheit Jesus geliebt und verehrt und werde ihn bis zum letzten Hauch meines Lebens bekennen und ihm getreu bleiben«. Da ließ sie der barbarische Richter von den Gerichtsdienern so fürchterlich schlagen, daß man an ihrem Leibe die bloßen Gebeine sehen konnte. Ganz zerfleischt und halb tot übergab er sie ihrem Bruder mit dem Auftrage, für ihre Heilung zu sorgen, sie im Gesetze Mohammeds zu unterrichten und dann wieder zu ihm zu führen. Zu Hause wurde Flora der Pflege maurischer Weibspersonen übergeben, die sie durch Schmeicheleien zum Abfall verführen sollten; aber kaum waren die Wunden der Bekennerin geheilt, als sie neuerdings entfloh, sich einige Zeit in einem christlichen Hause auf dem Lande verbarg und endlich, von heißem Verlangen nach der Marterkrone getrieben, nach Cordoba ging.

Ihre Worte, daß sie bis zum letzten Hauch ihres Lebens Jesus bekennen und ihm treu sein wolle, erwiesen sich nun nicht als leeres Versprechen. In Maria traf sie gerade zur rechten Zeit eine Verbündete. Beide stellten sich freiwillig dem öffentlichen Gericht der Mohammedaner und bekannten sich freimütig zum Christentum.

»Mohammedaner«! sprach Flora, »ich bin jene, die ihr früher so grausam mißhandelt habt, weil ich Jesum bekannte. Bisher habe ich mich aus menschlicher Furcht verborgen; nun aber bekenne ich es laut und öffentlich, daß Christus der wahre Gott und euer Prophet ein Lügner und Betrüger sei.« Und Maria, ihre Gefährtin sprach: »Auch ich, die ich so glücklich bin, unter den heiligen Märtyrern schon einen Bruder zu haben, auch ich bekenne öffentlich, Christus sei Gott und euer Glaube eine Erfindung des bösen Geistes, um die Menschen ihres Seelenheils zu berauben.«

Zitternd und rasend vor Wut, konnten die Richter zu gar keiner Entschließung kommen und ließen die beiden Jungfrauen einstweilen in einen finsteren Kerker werfen, wo sie sich durch anhaltendes Gebet und Fasten auf den letzten Kampf vorbereiteten.

Schon nach einigen Tagen wurden sie in das Verhör genommen und, da sie unerschütterlich in ihrem Bekenntniss verharrten, zum Tode verurteilt. Mit freudiger Ergebung in den Willen Gottes starben sie im Jahre 851 unter den Händen des Henkers durch das Schwert.

Die Tat der beiden scheint dem normalen Verständnis nur schwer begreifbar. Doch hinter dieser Unbegreiflichkeit verbirgt sich ihre Größe. Was an ihrer Handlungsweise so unbegreiflich ist und gleichzeitig Staunen macht, ist eine Selbstlosigkeit und Opferbereitschaft, die uns heutzutage fremd erscheint. Um so bewundernswerter muß uns die Tat der beiden jungen Märtyrerinnen, die ihr ganzes Leben noch vor sich hatten, erscheinen.

Die Heiligen Columba und Pomposa

gest.: 853
Fest: 17. bzw. 20. September

Columba war eine Jungfrau aus dem Orden des heiligen Benedictinus. Sie wurde in Cordoba geboren und lebte dann als Ordensschwester in einem von ihrer Schwester und ihrem Schwager gestifteten Benediktinerkloster. Und zwar handelte es sich dabei um das nahe bei Cordoba gelegene Kloster Tabene. Als nun dieses Kloster von den Sarazenen unter dem Kalifen Mohammed I. zerstört wurde, floh die ganze Gemeinde nach Cordoba. Als Columba dort öffentlich ihren Glauben bekundete, wurde sie am 17. September enthauptet.

Die heilige Pomposa war ebenfalls Ordensschwester, ihrer Jugendfreundin Columba gleich. Sie lebte in dem Benediktinerdoppelkloster St. Salvator, am Fuße des Pinna Mellara, nur vier Meilen von Cordoba entfernt. Hier diente sie mit demselben Einsatz und Eifer wie Columba Gott durch Beten, Fasten, Wachen und studierte fleißig die Heilige Schrift. Wenige Tage nach dem gewaltsamen Tod ihrer Freundin folgte sie dieser am 20., nach anderen Quellen am 19. September als Märtyrerin nach.

So kühn die heilige Columba am Marktplatz von Cordoba in aller Öffentlichkeit ihren Glauben bekannte, während manch andere Christen sich nach dem Angriff der Sarazenen verbargen, so mutig begab sich Pomposa zum Maurenkönig Mohammed nach Cordoba, der den Tod ihrer Freundin befohlen hatte. Sie ließ sich davon nicht mehr beeindrucken und einschüchtern wie Columba von der Zerstörung des Klosters. Als wollte sie dem Maurenkönig zeigen, daß selbst der Tod der nächsten Freundin sie nicht von ihrer christlichen Überzeugung abbringen könnte, machte sie sich geradewegs zu ihm, ihrem größten Feind auf den Weg. Sie legte vor ihm ihr Glaubensbekenntnis ab und machte ihm Vorwürfe wegen seiner Grausamkeiten gegen die Christen. Das tat sie, nicht um seine Grausamkeit zu reizen, sondern um ihn zu bekehren und durch ihr mutiges Verhalten zu beweisen, daß selbst die blutigste Gewalt gegen ihr christliches Herz nichts vermöge. Denn nur der Christenglaube sei der wahre, seligmachende Glaube, versuchte sie ihm zu sagen. Der König hatte aber kaum gehört, was sie wollte, als er sie sogleich vor den Toren seines Palastes enthaupten und ihren Leib in den Gualdaquivir werfen ließ. Einige Kaufleute, wahrscheinlich Christen, zogen den Leib der Märtyrerin aus dem Wasser und begruben ihn. Nach einiger Zeit brachten ihn Mönche in die Kirche der heiligen Eulalia, wo sie ihn neben der sterblichen Hülle der heiligen Columba beisetzten, damit beide, die sich im Leben geliebt hatten, auch im Grabe vereinigt seien.

Vielleicht standen sich beide darum so nahe, weil sie beide Christus so nahestanden. Keine von beiden zögerte nur einen Augenblick, für das Bekenntnis zu ihm ihr Leben hinzugeben. Äußere Gewalt konnte ihre innere Überzeugung nicht im mindesten mindern. Mohammed konnte ihren Glauben nicht brechen, vielmehr zerbrach seine Macht an ihrer Glaubensstärke.

Der heilige Eulogius

gest.: 859
Fest: 11. März

Eulogius war Priester in Cordoba, Katalanien. Er entstammte einer sehr reichen Familie, seine Eltern waren von hohem Adel und von großer Tugend. Schon als Kind zeigte sich Eulogius sehr wohltätig gegenüber den Armen. Er beschenkte sie mit allem, was er nur irgend entbehren konnte. Die größte Freude bereitete ihm das Gebet in der Kirche, der Dienst am Altar in der hl. Messe und der Gesang zum Lob Gottes. In seiner Studienzeit verwandte er alle Kräfte darauf, sich durch die Erlernung der Wissenschaften dazu fähig zu machen, die Ehre Gottes und das Heil des Nächsten zu befördern. So brachte er es schließlich so weit, daß man ihn für den gelehrtesten Mann seiner Zeit hielt.

Als Priester führte er ein so vollkommenes Leben und war ein so überragendes Vorbild, daß ihn dafür sogar die damals in Cordoba herrschenden Sarazenen lobten und hochschätzten. Er führte einen tadellosen Lebenswandel und widmete dem täglichen Gebet viel Zeit, statt sich dem Müßiggang und eitlem Geschwätz hinzugeben. Den Mitmenschen leistete er sowohl hinsichtlich ihres leiblichen Wohls, als auch in Bezug auf ihr seelisches Wohlbefinden, Hilfe.

Um seiner Verdienste willen machte ihn der Bischof zum Vorsteher der geistlichen Schule in Cordoba, welche damals sehr berühmt war. Schon zum Bischof ernannt, konnte er die bischöfliche Weihe nicht mehr empfangen, als er von den herrschenden Sarazenen verhaftet und 859 den Märtyrertod durch das Schwert fand. Über die Verfolgung des Eulogius berichtet uns sein treuester Freund Alvarus:

Es entstand damals eine entsetzliche Verfolgung der Kirche zu Cordoba. Der ungläubige Mohrenkönig ließ viele Priester gefangen nehmen und in den Kerker werfen. Unter diesen war auch der heilige Eulogius, der sich diese Zeit und Gelegenheit zunutze machte. Er verrichtete sein Gebet ebensolange und eifrig, als er es außer dem Kerker getan hatte und stärkte seine Mitgefangenen. Nach einiger Zeit wurde Eulogius aus seiner Gefangenschaft entlassen. Der seines Amtes unwürdige Bischof Reccafred hatte aus Furcht vor der Ungnade des Mohrenkönigs sehr vieles zum Schaden der Christen zugelassen und dabei ein gar nicht erbauliches Leben geführt. Dieses schmerzte den heiligen Eulogius so tief, daß er viele Tage den Altar weder betreten noch Messe lesen wollte. Er hielt es für ratsamer, sich des geistlichen Trostes aus dem heiligen Opfer eine Zeit lang zu entschlagen, als den Anschein zu erregen, daß er die Ungerechtigkeit seines Bischofs billige, wenn er mit demselben in die Kirche gehe und in dessen Gegenwart die heiligen Geheimnisse feiere. Dies mißfiel dem Bischof, der ihm deswegen ernstlich gebot, mit ihm zur Kirche und zu den heiligen Geheimnissen zu gehen. Allein Eulogius hielt diesen Befehl für ungültig und weigerte sich, demselben zu gehorchen. Da ihn aber der Bischof deswegen mit dem Bann drohte, entwich Eulogius im geheimen nach Frankreich. Kurze Zeit darauf starb Bischof Reccafred, und Eulogius wurde nun einstimmig zu seinem Nachfolger gewählt.

Zur Ausführung dieses Amtes sollte Eulogius allerdings keine Zeit mehr bleiben. Ungeachtet der Tatsache, daß er schon wegen seiner christlichen Überzeugung ins Gefängnis geworfen worden war, war er nach einiger Zeit aus seinem Exil in Frankreich nach Cordoba zurückgekehrt. Im Gefängnis eingesperrt, hatte er damals, von den mißlichen Umständen ungebrochen, für seinen Glauben auf dem Gebiet der geistigen Auseinandersetzung weitergekämpft. Nun war er, ohne sich von der drohenden Gefahr durch den Mohrenkönig, der das ganze Christentum auszurotten trachtete, in seine Heimat zurückgekehrt. Wie Alvarus berichtet, hatten zum selben Zeitpunkt deshalb viele Christen im Gegensatz zu dem mutigen und standhaften Eulogius die Flucht ergriffen. Andere hatten, so berichtet er uns weiter, aus Furcht vor der Marter den wahren Glauben verlassen. Die noch übrigen fingen an zu wanken; nur wenige waren noch entschlossen, eher das Leben zu lassen, als von dem Bekenntnis Christi abzuweichen. Der eifrige Priester bot alle seine Kräfte auf, einem so großen Übel zu steuern. Die verirrten Schäflein suchte er auf, brachte sie zur Erkenntnis und Bereuung ihres Fehlers und führte sie wieder in den Schafstall Christi zurück. Die Wankenden stärkte und ermunterte er mit jenen Lehren, die er zuvor schriftlich im Kerker verfaßt hatte. Die übrigen ermahnte er zur Ausdauer in ihrer Standhaftigkeit. Was er hierdurch bewirkte, hat die Sache selbst erwiesen. Sämtliche Einwohner der Stadt, die Christus dem Herrn einmal ihre Treue geschworen hatten, hielten diese auch unverletzt. Sie achteten weder Drohungen noch Schmeicheleien, weder Pein noch Martern, ja selbst nicht den grausamsten Tod.

Eulogius verstand es offensichtlich mustergültig, seine Charakterstärke, seine durch nichts zu brechende Treue zu Gott auf die gefährdeten Christen zu übertragen. Niemand anderem als Gott und seinem christlichen Gewissen war er jemals verpflichtet. Weder unterwarf er sich den Feinden Christi, noch gehorchte er unwürdigen Vorgesetzten wie dem Bischof Reccafred. So war er den anderen auch im praktischen Verhalten ein vollkommenes Vorbild. Für diese seine Unbeugsamkeit seinem Heiland gegenüber nahm er den Tod auf sich:

Unter seinen Anhängern befand sich eine adelige Jungfrau namens Leocritia, die heimlich die heilige Taufe empfangen hatte. Deswegen wurde sie von ihren Eltern hart behandelt und ohne Unterlaß zur Abschwörung des Glaubens angehalten. Sie verließ das väterliche Haus und begab sich heimlich unter den Schutz des heiligen Eulogius. Dieser nahm sie mit Freuden auf und verbarg sie bei einigen Christen, seinen Freunden, damit sie den reißenden Wölfen nicht in die Hände fiele. Eine Zeit lang ging es gut; endlich aber kamen ihr die Eltern auf die Spur und trafen ihre Tochter, da sie eben mit dem heiligen Eulogius dem Gebete oblag. Sogleich wurde der heilige Priester gefangen zu dem Richter geführt und von den Eltern der Leocritia angeklagt, daß er ihrem ungehorsamen, entlaufenen Kind Unterricht gegeben, dasselbe verborgen und in seinem Ungehorsam bestärkt habe. Eulogius wurde gefragt, ob dem so sei. Er antwortete ganz unerschrocken, daß er Leocritia ermahnt habe, ihren Eltern in Betreff der Religion nicht zu gehorchen und zeigte dabei nachdrücklich, daß in dergleichen Fällen ein solcher Ungehorsam gegen die Eltern keine Sünde sei. Er erbot sich auch, dem Richter ebenso wie der Leocritia den Weg zum Himmel zu zeigen und ihm zu beweisen, daß Mohammed ein Betrüger sei. Der Richter, durch dieses Gerede aufgebracht, drohte, ihn erschlagen zu lassen. Der Heilige sagte, daß alle Martern vergeblich wären und er nie seine Religion ändern würde. Hierauf befahl der Richter, ihn vor den königlichen Rat zu führen. Einer der Ratsherren nahm das Wort und sagte zu ihm: »Daß Unwissende blind in den Tod rennen, ist nicht zu verwundern. Aber ein so weiser und erleuchte-

ter Mann, wie du bist, muß eben ihre Torheit nicht nachahmen. Glaube mir, ich bitte dich, richte dich nun nach der Notwendigkeit, welche dies von dir erheischt. Du kannst nachher deine Religion wieder annehmen, und wir versprechen dir, dich deswegen nicht mehr zu beunruhigen.«
»Ach!« antwortete Eulogius, »wenn du einen Begriff von den Belohnungen hättest, welche jenen Christen, die bis zum Ende ausharren, verheißen sind, so würdest du mit Freuden allen irdischen Vorteilen entsagen, um dieselben zu erhalten.« Er suchte alsbald dem versammelten Rat die Wahrheit des Christentums zu beweisen, allein man wollte nichts davon hören und verurteilte ihn zum Tod durch das Schwert. Der heilige Mann lobte Gott und ging mit Freuden zu dem bestimmten Ort und unterließ es auch nicht, auf dem Weg allen Gegenwärtigen zuzusprechen, daß sie Christus für den wahren Gott erkennen und den Mohammed als einen Betrüger und falschen Propheten verlassen sollten. Ein Mohammedaner versetzte ihm deswegen einen derben Backenstreich. Der Heilige beklagte sich nicht darüber, sondern reichte ihm auch die andere Wange dar, und der Mohammedaner schlug noch mit größerer Wut auf dieselbe. Auf dem Gerichtsplatze, wiederholte er sein Bekenntnis von der Gottheit Jesu Christi, kniete alsdann nieder, wandte seine Augen gen Himmel und empfing freudig den Schwertstreich im Jahre Christi 859.

Der heilige Eulogius hat die Mohammedaner und uns damit belehrt, was die Kraft des Glaubens vermag. Die Wut des auf ihn einschlagenden Mohammedaners wird noch größer, als er feststellen muß, daß er mit seiner Gewalt nichts vermag. Vor dem Bekenntnis zu Gott und seiner göttlichen Liebe blamiert sich jede Gewalt, und werden alle irdischen Werte wertlos. Andere, weit höhere Belohnungen ganz anderer Art warten auf den wahrhaften Christen nach seinem Tod. Angesichts dieser Einsicht vermögen alle Martern nichts. Das beweist uns nicht nur Eulogius durch seinen Tod, sondern auch seine Schülerin Leocritia, die gegen alle Einflüsse ihrer Umgebung seinem Beispiel folgte und vier Tage nach seiner Hinrichtung ebenfalls den Martyrertod erlitt.

Der heilige Bertharius

gest.: 883
Fest: 22. Oktober

Der heilige Bertharius war von langobardischer Herkunft. Er stammte aus dem hohen Adel und bildete sich schon früh und sorgfältig in allen Wissenschaften, vorzüglich aber in der Tugend und Frömmigkeit.

Unter Bassacius diente er als Mönch in dem hochehrwürdigen Kloster Monte Cassino. 856 wurde er als Abt zur Leitung dieses Klosters berufen. 27 Jahre lang konnte er sich als treubesorgter Vater und kräftiger Fürst auszeichnen.

Damals war eine friedlose Zeit. Unteritalien war erfüllt von Mord und Verrat in den Reihen der langobardischen Adelsfamilien. Das Land wurde bald von den Sarazenen, bald von den Truppen des Kaisers Ludwig verheert. Abt Berthar zog entschlossen selbst gegen die Sarazenen zu Feld. Das Kloster suchte er durch starke Festungsmauern vor den Feinden zu schützen und sichern. Stets drohte die Gefahr der Erstürmung und Zerstörung durch die Sarazenen, die im Lande wüteten und Christen mordeten.

Bereits im Jahre 867 hatten die Sarazenen das Kloster des heiligen Vincenz niedergebrannt und die Besitzungen von Monte Cassino verwüstet. Nur unter der Aufwendung eines ansehnlichen Lösegeldes konnten damals die Mönche gerade noch das ärgste Unheil verhindern. 883 brach es dann mit um so größerer Wucht herein, als wollten die wilden Räuber endlich nachholen, was sie vor Zeiten noch versäumt hatten. Am 4. September setzten sie das Kloster des heiligen Benedikt in Flammen. Am 22. Oktober stürmten die wilden Horden dann auch das Kloster Monte Cassino. Die Mehrzahl der Mönche hatte sich gerade noch rechtzeitig nach Teano flüchten können. Eiligst hatte man Schätze zusammengerafft und Urkunden verstaut. Wer zurückblieb, war verloren, wurde ein Opfer der Blutgier der wütenden Moslems. Was aber geschah mit Bertharius? Er machte keine Anstalten, mit den anderen zu fliehen, sondern harrte auf seinem Posten aus. Er feierte gerade die heilige Messe, als sie ihn am Altar des heiligen Martinus niedermachten. Bertharius war nicht mehr bereit zu fliehen und sich damit der Gefahr und den Gesetzen des irdischen Lebens zu beugen. Sein Lebenswerk krönte er mit dem Martyrium für Gott, dem er immer gedient hatte. Von seinem Gott, zu dem er angesichts der größten Gefahr gefunden hatte, konnten ihn auch die Feinde Gottes nicht trennen. Durch seinen Tod folgte der treue Diener Bertharius dem letzten Ruf seines Herrn.

Der heilige Pelagius

geb.: 912
gest.: 925
Fest: 26. Juni

Dieser Pelagius stammte wahrscheinlich aus Galicien. In der Schlacht der Christen gegen die Mauren von Valdejunquera wurde er vom maurischen Kalifen Abderrahman III. als Geisel genommen. Damit wollte dieser mehrere Mauren auslösen, die der Onkel des Pelagius, nämlich der Bischof Hermogius von Tuy in seiner Hand hatte. Nach Ablauf von drei Jahren war jedoch diese Bedingung noch immer nicht erfüllt worden. Daraufhin versprach Abderrahman, dem Knaben Leben und Freiheit zu schenken unter der Bedingung, daß er sich zum islamischen Glauben bekehre und bekenne. Als er sich weigerte, wurde der erst dreizehnjährige Junge getötet. Dies geschah am 26. Juni 925.

Man berichtet, Pelagius sei mit glühenden Zangen gezwickt und in Stücke zerrissen worden. Das eigentliche Besondere scheint uns aber nicht die Art und Weise, wie er getötet und gefoltert wurde, welche Grausamkeiten sich die Mauren ausgedacht haben mögen, um ihn von seinem Entschluß und seiner Überzeugung abzubringen oder auch dafür büßen zu lassen. Viel erstaunlicher erscheint uns vielmehr die Tatsache, daß Pelagius sein noch so junges Leben geopfert hat. Denn alles, nur nicht das konnte man doch von diesem Jungen von dreizehn Jahren erwarten. Doch er zeigte die Frömmigkeit, den Glaubensmut und die Glaubenskraft der großen Märtyrer, denen er darin in nichts nachstand. Dem Ansinnen Abderrahmans, ihn unter der Bedingung des Übertritts zum Islam freizusetzen, entgegnete Pelagius herzhaft: »Lieber will ich alle Martern dulden als meinen Heiland verleugnen«. Der erbitterte Maurenkönig ließ ihn daraufhin auf die oben genannte grausame Weise töten. Er hatte nicht erwartet, daß dieser Junge unnachgiebig seinen Weg gehen und sogar lieber sterben würde, als von seinem Glauben abfallen und seinem erpresserischen Ersuchen nachgeben.

Thiemo

gest.: 28. September 1102
Fest: 28. September

Der selige Thiemo entstammte dem altbayerischem Geschlecht der Grafen von Megling und Frontenhausen. Tief religiöse und kirchliche Gesinnung gehörte zu den Traditionen des Hauses, welchem Thiemo entstammte. Aus dem verborgenen Leben seiner Kindheit im Schoße der Familie herausgetreten, begegnet uns der junge Thiemo auf dem Schauplatz der Zeitgeschichte zum erstenmal als Zögling und Novize des altberühmten Klosters Niederaltaich, welches damals noch einfach Altah oder Altach hieß. In diesem war er offensichtlich nicht bloß vorübergehend, sondern in der festen Absicht eingetreten, Mönch zu werden. Innere Glaubenskämpfe bewegten ihn. Darauf läßt wenigstens jene kurze Episode seines Austritts aus dem Kloster schließen, in das er nach kurzer Zeit reumütig wieder zurückkehrte. In diesem Kloster lernte Thiemo insbesondere auch die Bildhauerkunst, die er vorzüglich beherrschte und die ihn berühmt, ja zum bekanntesten Kunstschüler Niederalteichs machte. Seinen Landsleuten und Zeitgenossen und auch noch der folgenden Generation galt er als ein vielseitiger und hervorragender Mann der Kunst, im besonderen anscheinend in der Plastik und Gießkunst. In Niederalteich legte Thiemo seine vollständige Ordenausbildung ab.

Als das Benediktinerstift St. Peter zu Salzburg einen Nachfolger brauchte, fiel die Wahl auf Thiemo. Seine Herkunft, persönliche Würdigkeit und korrekte kirchliche Gesinnung mochten Thiemo gleichmäßig zur Leitung der Abtei geeignet erscheinen lassen. Die Annahme dieser Berufung bildete für denselben aber das erste Glied einer in Folge sich nicht mehr unterbrechenden Kette von Leiden und Drangsalen der drückendsten Art. Thiemo wurde nun nämlich in den Zwist zwischen Papst Gregor VII. und dem deutschen König Heinrich IV. hineingezogen. 1084 hatte letzterer Rom eingenommen, einen Gegenpapst ernannt und sich von diesem zum Kaiser krönen lassen. Einer seiner erbittertsten Gegner war seit dem Jahre 1076 Gebhard, der Erzbischof von Salzburg, dem Thiemo treu unterstand. Trotz beharrlichen Kampfes mußte Gebhard im Oktober 1077 nach Schwaben entfliehen. Thiemo folgte ihm 1081 nach und lebte dann völlig zurückgezogen drei Jahre lang als einfacher Mönch im Stift Hirschau.

232

Nach einer kurzen Amtszeit Bertholds von Moosburg, den Heinrich anstelle des von ihm abgesetzten Gebhard zum Bischofsamt bestellt hatte, wurde, vor allem auf Betreiben des päpstlichen Legaten Altmann von Passau, unser Abt Thiemo am 25. März 1090 zu Bertholds Nachfolger erklärt. Am 7. April erhielt er die Bischofsweihe.

Zur Entfaltung eines friedlich gedeihlichen Kirchenregiments in seinem weiten Salzburger Sprengel war jedoch die Lage der Dinge nicht angetan. Jeder Tag konnte wieder den Umschwung bringen. Die Frage der Behauptung des äußeren Besitzes beherrschte alles Übrige.

Im Jahre 1095 wohnte der Salzburger Oberhirt mit dem Bischof Udalrich von Passau der großen Synode zu Piacenza bei, wo Papst Urban II. zum erstenmal feierlich den Ruf zur Befreiung des Heiligen Landes und des Grabes des Erlösers von der Herrschaft der Ungläubigen erhob.

In die Heimat zurückgekehrt, sollte sich unser Erzbischof nicht lange der Ruhe seines Bischofssitzes erfreuen können. Bertholds Macht und Einfluß war wiedererstarkt, so daß er sich offen zum Kampf auf dem Schlachtfeld anschickte. Am 6. Dezember 1095 fügte er Thiemos Heer bei Salzburg eine entscheidende Niederlage zu. Thiemo selbst konnte zunächst fliehen, wurde dann aber in den Radstädter Tauern gefaßt.

In der Passio, der Leidensgeschichte, wird erzählt, daß Bertholds Ritter, als sie eben ihre Kräfte an der Belagerung der Salzburgischen Festung Friesach erschöpften, den Gefangenen an eine Belagerungsmaschine gebunden hätten, nach welcher die Belagerten ihre Geschosse richteten, damit er so von seinen eigenen Leuten getötet würde. Als dieser Plan jedoch an der Achtsamkeit der treuen Friesacher Besatzung scheiterte, hätten sie vom Erzbischof verlangt, die Belagerten zur Übergabe des Platzes zu bereden, indem sie zugleich drohten, falls er sich dessen weigerte, zwei seiner Mitgefangenen, nahe Verwandte von ihm, zu töten. Thiemo habe das an ihn gestellte Ansinnen als einen Verrat an der Salzburger Kirche zurückgewiesen und dann wirklich mit ansehen müssen, wie die barbarische Drohung wahr gemacht und seine Verwandten vor den Mauern der standhaften Festung enthauptet wurden. Thiemo selbst ward auf eine Burg geschleppt und erst nach mehrjähriger Haft durch die Ergebenheit eines Mönches (Laienbruder) namens Konrad, der bei Verwandten und Freunden (des Erzbischofs) vierzig Pfund gesammelt hatte und damit den Wächter bestach, befreit. Das war vermutlich im Jahre 1099.

Später sollte Thiemo einen weiteren, noch persönlicheren Beweis seiner unbedingten Treue und Ergebenheit in Gott geben. Nun wandte er sich einmal erst wieder nach Schwaben. Im Jahre 1101 beschloß er, sich dem ersten deutschen Kreuzzug unter der Führung des Bayernherzog Welf anzuschließen. Der unglückliche Ausgang dieser Expedition ist bekannt.

Unter unsäglichen Leiden und Strapazen infolge von Hunger, Hitze und Wassermangel, durch unwegsames Terrain, zwanzig Tage hindurch unaufhörlich verfolgt und umschwärmt von 4000 seldschukischen Reitern, kamen die Kreuzfahrer, das nicht einnehmbare Ikonium beiseite lassend, in die Gegend von Reclei, dem heutigen Eregli (Heraklea), einem wichtigen Straßenknotenpunkt. Und hier trat die Endkatastrophe ein. Der Schauplatz derselben, ein zwischen Gebirgszügen gelegenes, von mehreren Wasserläufen durchzogenes Plateau, war offenbar von den terrainkundigen Türken für den entscheidenden Schlag eigens gewählt. Anstatt ihren brennenden Durst mit den Bergwassern löschen zu können, sahen die ermatteten Pilger sich zu ihrem Schrecken hier plötzlich der gesammelten Streitmacht der Seldschuken gegenüber. Der Zahl nach infolge Sterblichkeit auf dem Marsche bereits zusammengeschmolzen, durch die erlittenen Entbehrungen und Drangsale, Elend und Müdigkeit, physisch und moralisch gebrochen, vermochten die Wallbrüder dem Andringen der Moslems keinen ernstlichen Widerstand mehr entgegenzusetzen. Eine allgemeine Panik riß in ihren Reihen ein. Ohne den Kampf recht zu versuchen, stoben sie wie Spreu vor dem Sturmwind in regel- und zielloser Flucht auseinander, jeder für sich auf Rettung bedacht. Sie gelang nur wenigen. Es mögen kaum ein paar tausend Mann dem Verderben entronnen sein. Alle übrigen fanden den Tod durch das Schwert oder fielen in Gefangenschaft.

Und was ist mit Thiemo geschehen? Er war und blieb seit jener Schlacht bei Reclei verschollen. Das Gerücht besagte, er sei in Gefangenschaft geraten. In derselben hat er auch seinen Tod gefunden, und zwar sehr wahrscheinlich auf gewaltsame Weise. Als Todestag gilt der 28. September, als Todesjahr 1101, wahrscheinlicher 1102.

Schon sehr bald bildeten sich über Thiemos Ende sagenhafte Legenden. So berichtet die »Passio Thiemonis«, verfaßt von einem namentlich nicht bekannten Mönch, Thiemo sei im Gebiet der Khorasan nach der verlorenen Schlacht von Reclei gefangen genommen worden.

Eine zeitlang dient er als Sklave. Die Aufseher bemerken indessen die besondere Achtung, womit die übrigen Christen ihm begegnen und fragen, wer er sei und was er in der Heimat gewesen. Sie erhalten zur Antwort, derselbe sei ein Mann von vornehmer Herkunft, seiner Würde nach ein Bischof. Das hinterbringen die Diener ihrem Herrn. Dieser läßt den Thiemo vor sich kommen und fragt ihn, wer er sei oder auf was für eine Kunst er sich verstehe. Der Erzbischof antwortet ihm, daß er sich auf verschiedene Künste verstehe, vorzüglich aber sei er Baumeister, der das Fundament des Glaubens in den Herzen der Menschen auf dem Felsen, so

Christus ist, erbaue; im übrigen sei er Geistlicher und predige Christus. Ungeduldig über solche Rede engegnet der Fürst, ein Bauwesen dieser Art interessiere ihn nicht; er wolle vielmehr wissen, ob er irgendein Kunsthandwerk erlernt habe. Und er freut sich, als Thiemo nach abermaliger bildhafter Redewendung endlich erklärt, daß er sich auf Kunstarbeit in Edelmetallen und auf Malerei verstehe. Der Fürst befiehlt ihm, ein Götzenbild, das die Hände verloren, entweder vollständig neu oder mit reparierten Händen wieder herzustellen. Der Erzbischof verlangt, man möge die Statue herbeibringen. Es geschieht. Thiemo glaubt, die Reparatur machen zu können, er bedürfe dazu aber, sagt er, eines Hammers. Man reicht ihm einen solchen dar. Der Bischof beschwört nun den Dämon der Figur. Als dieser im Verlaufe der Beschwörung eine Gotteslästerung ausstößt, schlägt Thiemo die Statue mit dem Hammer in Stücke. Die Ungläubigen, darüber wutentbrannt, wollen ihn auf der Stelle töten; doch der Fürst läßt ihn in Ketten legen um ihn einer ausgesuchten Marter zu unterwerfen. Er ordnet Gesandte an ein benachbartes Götzenbild ab und läßt fragen, welche Strafe über den Bischof zu verhängen sei. Der Dämon antwortet, der Missetäter solle vorerst Geißelhiebe erhalten, dann auf einen freien Platz geführt und, wofern er den begangenen Frevel nicht durch Wiederherstellung der Statue und Anbetung der Götter sühne, auf die grausamste Weise zu Tode gemartert werden; alle Christen der Gegend müßten zuschauen. Mit Befriedigung vernimmt der Fürst den Bescheid und befiehlt dessen Vollziehung. Vor allem wird eine giftige Salbe bereitet, welche an den Körperstellen, wo man sie aufträgt, die Haut vom Fleisch und Muskeln löst. Diese Salbe wird auf einen Lederfleck oder Riemen gestrichen und derselbe an einem Stab befestigt. Alsdann setzen sie den Erzbischof entkleidet auf einen Esel und führen ihn unter Schlägen mit besagter Lederpeitsche aufs freie Feld hinaus. Die Bewohner der Stadt und der benachbarten Orte strömen herbei, das grause Drama zu sehen. Inmitten der Menge thront der Fürst auf einer Erhöhung, die Christen sind im Kreise herum aufgestellt. Thiemo wird aufgefordert, die falschen Götter anzubeten. Er verweigert es und die Marter beginnt. Es wird ihm zuerst an sämtlichen Fingern der beiden Hände das vorderste Glied abgeschnitten. Nochmal fordert der Fürst den Bischof zur Verehrung der Götter auf; dieser aber bekennt Christus, und die blutige Prozedur nimmt ihren Fortgang. Glied für Glied werden ihm die Finger weiter abgenommen, dann die Hände, hierauf die Arme. Die anwesenden Christen, sowohl die mitgefangenen als auch die im Ort und in der Gegend ansässigen oder in Geschäften da weilenden, brechen bei diesem schrecklichen Schauspiele in Weinen und Klagen aus. Thiemo aber spricht ihnen inmitten seiner Schmerzen Mut und Trost zu, ermahnt sie zur standhaften Treue im Glauben und zur Tugend. Nach der Amputation der Arme werden demsel-

ben Füße und Schenkel gliedweise abgetrennt. Zuletzt öffnen ihm auf des Fürsten Befehl die Henker den Leib und nehmen die Eingeweide heraus, selbe an einem Holzhaspel aufwindend. Unter dieser letzten Marter stirbt der Erzbischof mit den Worten: »In meine Hände, o Herr, empfehle ich meinen Geist!«

Ein Chor von Engeln, der einem Christen sichtbar wird, trägt die Seele des Martyrs zum Himmel. Indes befiehlt der Fürst, die blutigen Überreste von Thiemos Körper aufzulesen und unter die Hufe des Pferdes zu bringen, auf daß sie zerstampft würden und den Christen keinerlei Reliquien übrig blieben. Die zerstreuten Gliedmaßen haften aber so am Boden fest, daß keine Kraft sie wegzureißen vermag. Auch Hunde, Vögel und Raubtiere meiden dieselben scheu. Diese Zeichen erfüllen den Gewalthaber und seine Untertanen mit Schrecken. Man befragt abermals das schon erwähnte Orakel. Dieses erklärt sich für besiegt und sagt, man möge die Christen sich versammeln und sie ihren Martyrer begraben lassen. Der Fürst stimmt zu. Die Christen lesen also die ehrwürdigen Überreste Thiemos auf und tragen sie unter Hymnen und Gesängen in Prozession nach ihrer Kirche. Die Leichenfeier dauert drei Tage und drei Nächte. Hierauf beginnt man über das Grab des Martyrs ein prachtvolles Heiligtum zu bauen. Die Macht des Heiligen hält die Ungläubigen und ihre Götzen davon ferne. Zahlreiche Wunder, von denen ein Priester Zeuge ist, wie er hochbetagt unserm anonymen Autor berichtet, bestätigen Thiemos Heiligkeit. Die Ungläubigen selber erfahren deren Wirkung und lassen respektvoll die Pilger passieren, welche in Menge das Grab des Erzbischofs besuchen kommen.

Sicherlich ist so manches an dieser Darstellung übertrieben und übersteigert. Doch in ähnlicher Weise mag sich das Martyrium Thiemos tatsächlich zugetragen haben. Die geschilderten Grausamkeiten der Marter dürfen wir wohl der Phantasie des Schreiber zuschreiben, doch tut das dem historischen Kern der Begebenheit, ohne den sich dergleichen Sagen ja eigentlich gar nicht entwickeln können, keinen Abbruch. Vor allem aber bleibt doch bei aller phantasievollen Ausschmückung das als wahr bestehen, was mit ihr veranschaulicht werden soll. Das Besondere und Charakteristische von Thiemos Martyrium, das, was diesen Fall zu seinem ganz eigenen macht, ist seine Weigerung, sich als Künstler in den Dienst des Unchristen zu stellen. Eine Kunst, die nicht Gott dient, ist Thiemo nichts wert. Jedem anderen Herrn verweigert er seine Fertigkeit. Statt das Götzenbild wiederherzustellen, zerstört er es ganz und gibt dafür sein Leben hin. Denn Thiemo versteht sich zuallererst als Baumeister, der das Fundament des Glaubens in den Herzen der Menschen auf dem Felsen Christi erbaue, wie er sagt.

Die Fünf marokkanischen Märtyrer

gest.: 1220
Fest: 16. Januar

Bei diesen fünf heiligen Märtyrern, die in Marokko den Tod erlitten, handelt es sich um den heiligen Berardus (auch Beraldus geheißen), aus Carbio in Umbrien gebürtig, dann Otho oder auch Otto, ein Priester, Petrus aus der Stadt San Geminiano im Florentinischen, Adjutus oder Adjutor und Accursius bzw. Accurtius. Als Schüler des heiligen Franziskus von Assisi von demselben zur Mission gesandt, fanden sie als Erstmartyrer des Franziskanerordens am 16. Januar des Jahres 1220 einen blutigen Tod.

Im Jahre 1219 wurden der heilige Berardus, der heilige Otho, der heilige Petrus von Geminiano sowie die heiligen Accursius und Adjutus vom heiligen Franz von Assisi im Auftrag ihres Ordens nach Mauritanien geschickt, um daselbst den Mohammedanern den christlichen Glauben zu verkünden. Als sie nach Mesquita gekommen waren und daselbst zu predigen angefangen hatten, wurden sie nach Marokko abgeführt, und als sie zu predigen nicht aufhörten und auch noch Wunder wirkten, unmenschlich gegeißelt, mit siedendem Öl und Essig begossen, aber auch auf himmlische Weise getröstet. Endlich zerspaltete man ihnen die Häupter, hackte ihre Leiber in Stücke, und warf sie auf das Feld, von wo sie jedoch kein Mohammedaner, sondern nur die Christen wegnehmen konnten. Die Zeit ihres Martyriums fällt in das Jahr 1220. Ihre Reliquien wurden nach Coimbra in Portugal gebracht und befinden sich daselbst in der Kirche zum hl. Kreuz.

Die fünf Missionare belehren uns mit ihrem Tod für den Glauben, daß sich dessen Verkündigung nicht von den weltlichen Gesetzen abhängig machen darf. Irische Gewalt kann die Missionierung nicht verbieten. Denn der Glaube ordnet sich nur Gott und keinem weltlichen Machthaber unter. Hätten die Missionare in Marokko aufgehört, den Ungläubigen ihre Botschaft zu verkünden, so hätten sie ihre christliche Überzeugung und auch ihren Auftrag zur Mission dem Geheiß des dortigen Sultans untergeordnet. Daß sie lieber ihr Leben gelassen haben, als auf diese Weise ihren Glauben zu verleugnen, erweist sie als tapfere Männer und große Christen. Sie haben uns gezeigt, was unbedingter Glaube heißt.

Der heilige Petrus Paschasius

geb.: 1222
gest.: 1300
Fest: 23. Oktober

Petrus Paschasius wurde am 6. Dezember 1222 geboren. Von seiner Kinderzeit weiß man leider nichts, außer daß im Hause seiner Eltern der heilige Petrus Nolaskus gewöhnlich wohnte, nach dem sie ihr Kind auch benannten.

Schon als kleiner Knabe liebte er unter allen Büchern am meisten den Katechismus der katholischen Lehre und dieses Buch begleitete ihn fort und fort auf allen seinen Reisen bis in das späteste Alter. Wenn Petrus Nolaskus in dem Hause seiner Eltern weilte und dort erzählte, welche Freude es sei, die christlichen Gefangenen von den Ungläubigen loszukaufen, so hörte der kleine Peter mit aller Aufmerksamkeit zu, und es entstand in ihm die heilige Sehnsucht, einst als Märtyrer sterben zu können. Er kam öfter mit den kleinen Mauren in Valencio zusammen, und mehrere von ihnen waren seine Spielgenossen. Diesen trug er nicht selten die christlichen Religionslehren vor. Dann bat er sie in seiner Sehnsucht nach dem Martertume, sie möchten ihn so behandeln, wie ihre Väter die gefangenen Christen behandelten. Das brauchte er diesen kleinen Barbaren nicht oft zu wiederholen. Sie ergriffen ihn und schlugen ihn dergestalt, daß er unter ihren Händen fast erlegen wäre, wenn man ihm nicht zu Hilfe gekommen wäre. – Jetzt sollte seine ernstere Erziehung beginnen. Deswegen übergaben ihn seine Eltern einem Priester, der seine Erziehung leitete. Dieser Priester war früher durch die Eltern von den Mauren losgekauft und in Freiheit gesetzt worden. Der fromme Priester begleitete seinen Zögling allenthalben und verließ ihn auch nicht, als er später nach Paris kam und die Theologie studierte. Wo Peter erschien, entzückte er alles mit seiner Wissenschaft, seiner Bescheidenheit und seiner großen Liebenswürdigkeit, und die berühmtesten Männer seines Jahrhunderts wurden in kurzer Zeit seine besten Freunde. Bald weihte ihn der Bischof zum Priester, und mit 23 Jahren schon hatte er den Doktorhut der Gottesgelehrtheit. – Der glühende Seeleneifer und das heilige Verlangen, den gefangenen Christen Hilfe und Trost zu bringen, brachten ihn dahin, daß er zum heiligen Petrus Nolaskus eilte und ihn um die Aufnahme in den Orden der heiligen Maria von der Erlösung der Gefangenen bat. Dieser nahm ihn mit Freuden auf, und verlieh ihm am Feste der Erscheinung des Herrn 1251 das Ordenskleid, das er selbst trug. Als Ordensmann war er ein wahrer Engel im Fleische, und seine Wissenschaft entwickelte er zu Barcelona, wo er die Theologie lehrte.

Bald verbreitete sich sein Ruf bis an den Hof des Königs von Aragonien, der ihn zum Erzieher seines Sohnes, des Prinzen Don Sanchez, der Priester werden wollte, erwählte. Der Herr segnete diesen Unterricht und diese Erziehung dergestalt, daß der Prinz nicht bloß Priester wurde, sondern sogar in den Orden des Heiligen trat und Erzbischof von Toledo wurde. Als solcher machte er Petrus 1262 zum Diözesanbischof. Diese Wahl wurde von Papst Urban IV. sehr begrüßt, der Petrus überdies zum Titularbischof von Granada machte, welche Stadt damals noch in den Händen der Mauren war. Dieses neue Amt nahm die ganze Aufmerksamkeit und Tätigkeit des Heiligen in Anspruch. In allen Städten, Flecken und Dörfern hielt er persönlich Missionen, und überdies verfaßte er noch ein Buch um der herrschenden Unwissenheit nach Kräften zu steuern und seine Pflegebefohlenen Gott zuzuführen. Während dieser seiner Tätigkeit starb der Erzbischof (1275); mit dessen Tode wurde auch er seines Amtes entledigt, und nun eilte er sobald wie möglich in sein geliebtes Kloster zurück. – Dort angelangt, schuf er sich einen neuen Wirkungskreis. Er nahm sich nämlich der christlichen Sklaven an, welche sich zu Granada in der Gewalt der Mauren befanden und bei ihnen in Ketten schmachteten.

Indessen suchte Papst Nikolaus IV. einen kraftvollen Prediger, um in Europa zu einem neuen Kreuzzuge zu entflammen. Da fiel sein Augenmerk sogleich auf Petrus, der den Auftrag mit kindlicher Demut annahm, mit den päpstlichen Vollmachten nach Spanien und Frankreich zog und dort sein Werk mit der Verkündigung der makellosen Empfängnis der seligsten Jungfrau begann. Nachdem er dieses sein Werk eine zeitlang geübt hatte, wurde er zum Bischof von Jaen (1296) ernannt. Als Bischof wirkte er mit rastloser Tätigkeit, bekehrte die trägen Christen und entflammte durch Wort und Beispiel die lauen Christen für Gott und das Heil ihrer Seelen.

Dessen ungeachtet vergaß er auch die Mohammedaner nicht und war so glücklich, sehr viele zum wahren Glauben zu bekehren. Dies machte ihm jedoch unter den fanatischen Korans-Verehrern so viele Feinde, daß sie ihn endlich als einen Staatsverbrecher gefangennahmen und schließlich, als er sich weigerte, seinen Glauben aufzugeben und Jünger Mohammeds zu werden, am 6. Januar 1300 in seinem 78. Lebensjahr köpften.

Aus der Schilderung der näheren Umstände seines gewaltsamen Todes ist uns Petrus Paschasius als unerbittlicher und unnachgiebiger Kämpfer für Jesus Christus bekannt. Dies war auch der letztliche Grund seines Martyriums. Denn selbst im Gefängnis erkaltete sein Seeleneifer nicht. Dort verfaßte er mehrere Schriften, in denen er die Mauren über ihre Irrtümer belehrte und sie zur heiligen Wahrheit zurückführen wollte. Als dies die

Moslems erfuhren, warfen sie ihn in einen feuchten Kerker, wo ihn niemand besuchen durfte. Dort vollendete er auf außerordentliche Weise das zur Bestreitung der Irrtümer begonnene Werk und übergab es den Seinigen. Als dies der Maurenfürst erfuhr, ließ er ihn vor sich bringen und trug ihm auf, etwas zugunsten des Mohammedanismus zu schreiben, und dann versprach er ihm die volle Freiheit. Diese Aufforderung beachtete Petrus keinen Augenblick, sondern setzte seine Arbeiten gegen den Mohammedanismus fort.

Lieber diente er also noch im Gefängnis der Sache des Glaubens und riskierte damit sein Leben, als daß er auch nur im entferntesten daran gedacht hätte, von seiner Überzeugung abzutreten.

Durch seine Standhaftigkeit brachte er die Mauren so auf, daß sie seinen Tod verlangten. Doch damit war er nicht zu beeindrucken. Als er dies hörte, bereitete er sich mit Freuden darauf vor. Er brachte die ganze Nacht im Gebet und in Betrachtungen der ewigen Wahrheiten zu, betete für seine Schäflein und erneuerte öfters seine Hingabe an Jesus Christus. Während er so betete, erschien ihm der Heiland mit dem Strahlenglanze am Kreuze und sprach zu ihm: »Petrus! Ich war empfänglich für den Schmerz wie du und habe dir zu Liebe an allen Teilen meines Leibes furchtbare Qualen erlitten.« – Diese Worte trösteten ihn dergestalt, daß er vor heiliger Sehnsucht glühend, nichts als den Martertod verlangte. Am folgenden Morgen opferte Petrus mit inniger Andacht die heilige Messe auf, worauf die Mauren ihm das Haupt abschlugen. Dies geschah am 6. Jänner 1300 in seinem 78. Lebensjahr.

Raimund Lullus

geb.: 1232
gest.: 1315/16
Fest: 3. Juli

Raimund Lullus wurde 1232 in Palma auf der ostspanischen Insel Mallorca geboren. Als Jugendlicher hielt er sich am Königshof von Aragonien, in Nordspanien, auf. Im Jahre 1256 schloß er den Bund der Ehe.

Erst 1263 wurde er bekehrt und 1295 Angehöriger des Franziskanerordens. Seither war er Bannerträger des Kreuzzugs- und Missionsgedankens

vor den Königen und Päpsten der europäischen Welt. Er selbst wirkte als
Missionar unter den Mohammedanern in Afrika und Asien, bis an die
Grenze Indiens. Daneben hatte er in Montpellier sowie in Paris einen
Lehrstuhl inne. Auch seine literarischen Fähigkeiten stellte er in den Dienst
der Missionierung. Überaus fruchtbar waren seine Bemühungen auf philo-
sophischem und theologischem Gebiet. Er predigte die Unbefleckte Empfängnis Mariens und bekämpfte die materialistische Philosophie des lateinischen Averroismus, die nach dem mohammedanisch-arabischen Philosophen Averroës benannt ist. Darüberhinaus zeichnete er sich durch seine
Gedichte und Romane aus, weswegen er als der bedeutendste katalonische
Schriftsteller des Mittelalters gilt. Als dem überhaupt größten Genius seiner
katalonischen Heimat in Nordostspanien gab man ihm den Beinamen
»Doctor illuminatus«, das heißt: erleuchteter Lehrer.

Seine Ziele waren: die Gründung von Missionskollegien in ganz
Europa, Vereinheitlichung der Missionstätigkeit der verschiedenen Orden,
Vereinigung der Ritterorden, Zusammenschluß der Christen zu einem
Kreuzzug und Einführung eines allgemeinen Zehnten hierfür, religiöse
Erneuerung von kirchlichen Laien und Würdenträgern. Auf einer Missions-
reise in Tunis, Nordafrika, von Mohammedanern gesteinigt, starb Raimund
Lullus um die Jahreswende 1315/16 auf dem Schiff nach Hause an den
Folgen seiner Martern. Er wird deswegen als Märtyrer verehrt.

Vom genaueren Hergang seines Martyriums wissen wir nichts. Raimund
war in Tunis missionarisch unter dem Schutz Jakobs II. von Aragonien tätig
gewesen. Eine ganze zeitlang war diese Obhut auch wirkungsvoll gewesen.
Raimund soll an seiner letzten Wirkungsstätte noch 15 Bücher über seine
Disputiergespräche mit den Sarazenen verfaßt haben. Mehrmals gingen
seine Diskussionen auf Leben und Tod, bis dann der notwendige Schutz
offensichtlich versagte. Von Genuesen wurde Raimund, schwer zugerichtet, geborgen und auf das Schiff gebracht. Doch konnte er sich von den
Folgen der Steinigung, die sich nach der Überlieferung in Bugia zugetragen
hat, nicht mehr erholen. Sein Tod ist ein Beispiel für den unermüdlichen
Kampf eines Gelehrten für die Sache, von der er überzeugt war. Hervorzu-
heben bleibt dabei die Tatkraft, mit der Raimund seine Einsichten in das
christliche Wesen in die Praxis umzusetzten suchte. Er verkroch sich nicht
in sein Studierzimmer, sondern trachtete danach, die christliche Lehre zu
realisieren, in die Praxis umzusetzen. Nichtgläubige und Irrgläubige versuchte er von ihren Irrtümern zu überzeugen, um sie auf den rechten Weg
zu bringen. Er wußte sicher, welche Gefahren er mit seiner Arbeit auf sich
nahm, ohne sich deshalb von dieser abbringen zu lassen. Um ihretwillen,
für seine christliche Überzeugung, ist er schließlich nach langem und
wirklich erfolgreichem Wirken gestorben.

Andreas

gest.: 1465
Fest: 29. Mai

Der selige Andreas wurde im Jahre 1465 das Opfer einer Verleumdung. Von der Insel Chios kommend, hielt er sich im seit 1435 von den Türken eroberten Konstantinopel auf. Als gläubiger Christ besuchte er dort mit Andacht und Eifer den Gottesdienst in den Kirchen, die man den Christen noch gelassen hatte.

Doch traten eines Tages jüdische Kaufleute gegen ihn auf, die behaupteten, Andreas sei früher gläubiger Moslem gewesen; sie hätten selbst gesehen, wie er in Alexandria (der Hauptstadt von Ägypten) ein Kruzifix angespieen, mit den Füßen darauf getreten und es in den Kot geworfen habe – folglich müsse er jetzt vom mohammedanischen Glauben abgefallen sein.

Diese Verleumdung war für Andreas wie ein zweischneidiges Schwert; bei den Christen brachte sie ihm den Anschein, als sei er ein ruchloser Heuchler, bei den Türken brachte sie ihm die Gefahr der Todesstrafe. Andreas wurde nun wirklich auf die Anklage der Ägypter als ein Abtrünniger vor Gericht gestellt. Er bewies durch viele Zeugen, daß er niemals in Ägypten gewesen sei, daß er überhaupt vor dieser Reise nach Konstantinopel noch niemals die Insel Chios verlassen habe; die Bewohner der Insel könnten dieses bezeugen. Allein der Türke, welcher zu Gericht saß, erklärte, das Zeugnis der Christen gelte ihm in dieser Sache nichts, weil sie parteiisch seien. Dagegen verlangten die Christen, daß andererseits das Zeugnis der Mohammedaner auch nicht allein in die Wagschale gelegt werden dürfe, wenn das Recht gehandhabt werden solle.

Der Richter wollte nun auf andere Weise versuchen, ob er nicht den richtigen Verhalt der Sache entdecken könne. Es schreibt nämlich bei den Türken, wie bei den Juden, das Religionsgesetz die Beschneidung vor, und zwar müssen nicht nur alle männlichen Kinder nach der Geburt beschnitten werden, sondern auch jeder Erwachsene, der zum mohammedanischen Glauben übertreten will. Daher hätte auch Andreas beschnitten sein müssen, wenn er je einmal zum mohammedanischen Glauben gehört hätte. Es wurde nun wirklich eine Untersuchung vorgenommen, wobei sich herausstellte, daß Andreas dieses Zeichen des jüdischen oder mohammedanischen

Bekenntnisses durchaus nicht an sich hatte. Man sollte denken, es sei hiermit klar bewiesen, daß Andreas niemals ein Türke gewesen, folglich auch nicht vom türkischen Glauben abgefallen sei, er werde somit ohne weitere Umstände freigesprochen werden. Allein, um nicht falscher Aussage schuldig zu scheinen, so verfielen seine Ankläger auf eine neue Lüge. Sie sagten, in Ägypten beschneide man zwar auch alle Knaben mohammedanischer Eltern; wenn jedoch ein erwachsener Mensch den mohammedanischen Glauben annehme, sich aber der Schmerzen wegen nicht beschneiden lassen wolle, so werde ihm die Beschneidung erlassen, wenn er nur die übrigen Satzungen sonst halte. Darüber wurde nun der Richter aufs neue zweifelhaft und erklärte, bei dieser Lage der Sache könne er keinen Entscheid geben; da es sich ohnedies um das Leben handle, so wolle er die Angelegenheit dem Sultan vorlegen.

Damit sollte Andreas endgültig aus dem Schatten seiner alltäglichen und gewöhnlichen Existenz hervortreten. Aus dem unauffälligen und unbekannten Jüngling wurde ein verehrter Märtyrer. Denn als die Versuche des Sultans scheiterten, ihn zum Übertritt zum Islam zu bewegen, und auch die von den Richtern angeordneten Foltern nichts fruchteten, ließ man ihn schließlich 1465 enthaupten.

Die folgende Schilderung der Qualen und Martern, die der selige Andreas zu erdulden hatte, und die so grausam waren, daß sogar der Sultan über seine Richter in Zorn geriet, die sie anordneten, mag zwar übertrieben klingen. Doch verdeutlicht sich darin die sichere Wahrheit, daß der selige Andreas durch und für nichts bereit war, von seinem Glauben abzugehen: Weder für weltliche Güter, welcher Natur auch immer, noch durch die schlimmsten Qualen und Foltern. So wie er diese mit der Kraft des Glaubens übersteht, so klar weist er die schnöden Angebote weltlicher Bedürfnisse zurück. So das Versprechen des Sultans, ihm eine Offiziersstelle in seinem Heer zu übertragen, wenn er nur zum islamischen Glauben übertrete. Dieses Angebot konnte auf Andreas auch angesichts der Alternative, nämlich des Todes durch Enthauptung, falls er den Vorschlag des Sultans nicht akzeptiere, keinen Eindruck machen. Als ihm das Anerbieten mitgeteilt und vorstellig gemacht wurde, was für eine Ehre und welch Glück es sei, Hauptmann zu werden, schwieg er beharrlich. Deshalb versprachen ihm andere Türken noch Geld und allerlei Hausrat, wenn er sich zu ihrem Glauben bekennen wolle. Auch darauf gab Andreas keine Antwort. Beleidigt fragten sie ihn nun, ob sie denn keiner Antwort würdig seien? Die Antwort des Andreas ist typisch. Er sagte: »Die Sachen, welche ihr anbietet, sind allerdings keiner Antwort wert. Soll ich dieses hinfällige Leben dem himmlischen vorziehen?« – »Du irrst«, erwiderten sie; »wir wollen dir eben den richtigen Weg zum Himmel öffnen und zugleich dieses irdische Leben glücklich machen.« – Andreas sprach: »Ich mache mir nichts aus dem Glück dieser Welt, hingegen werde ich nimmermehr das Kreuz und Leiden und Begräbnis meines Heilands Christus verleugnen. Macht mit mir, was euch gefällt; nur bitte ich, lasset mir Ruhe mit eurem Zureden.«

Auf diese Erklärung wurde Andreas ins Gefängnis geführt und den andern Tag der Versuch gemacht, ob man ihn nicht durch Qualen zu einem andern Entschluß bringe. Er wurde nackt an einen Pfahl gebunden und fürchterlich mit Riemen und Geißeln gehauen und zerfetzt. Zuerst ballte er die Hände und zog sie an die Brust vor Schmerz und schrie: »Jungfrau Maria, hilf mir!« – dann aber stellte er sich gerade und blieb so gleichmäßig stehen bis gegen Sonnenuntergang. Als ihn die Henker ins Gefängnis zurückgeführt hatten, salbten sie dessen zerfleischte Glieder und gaben ihm Speis und Trank; wahrscheinlich wollten sie sein Leben verlängern, um neue Versuche machen zu können, ob sie ihn nicht noch zum Abfall brächten.

Den andern Tag wurde er wieder vorgeführt, entblößt und sein Rücken mit eisernen Haken aufgerissen; als Andreas mit gleicher Standhaftigkeit solches ertragen hatte, brachte man ihn wieder ins Gefängnis zurück und behandelte ihn wie den vorigen Tag. Den dritten Tag wurde Andreas gefoltert und hierbei seine Glieder so auseinandergezogen, daß weder die Finger noch die Ellenbogen und Knie in ihren Gelenken blieben, sondern wie bei starken Verrenkungen aus ihrer natürlichen Lage gerissen wurden. So wurde noch einige Tage lang die Marter immer auf andere Weise fortgesetzt, wobei die Henker fortwährend Sorgfalt anwendeten, daß bei aller Grausamkeit der Qualen sein Leben möglichst lang erhalten werde. So wurden z. B. die zusammengeklebten Wunden wieder auseinandergezerrt, die Waden an den Beinen, eine Wange im Gesicht ausgeschnitten. Da nun Andreas unter den Händen dieser grausamen Blutmenschen immer standhaft Christus bekannte, so wurde man endlich müde, weitere Versuche zu machen. Acht Tage nach der ersten Peinigung wurde ihm endlich das Haupt mit einem Beil abgeschlagen.

Dionysius und Redemptus

geb.: 1600
gest.: 1638
Fest: 29. November

Dionysius, mit bürgerlichem Namen Pierre Bertholet, wurde am 12. Dezember 1600 in Honfleur geboren. Die alten Berichte schildern ihn als aufgeweckten, fröhlichen Knaben, der gerne bei der heiligen Messe diente und oft zum Heiligtum Unserer Lieben Frau die steile Felsenküste hinaufpilgerte. Seit seiner Jugend fuhr er zur See, die seine zweite Heimat werden sollte. Wahrscheinlich hatte er das Seemannsleben von seinem Vater, der Arzt und Chirurg einer großen Fischerflotte war, kennen- und liebengelernt.

Mit 12 Jahren schiffte er sich bereits auf einem Kauffahrer ein und segelte auf diesem durch die Meere der ganzen Welt. Dank seiner Strebsamkeit erwarb er sich in diesen Jahren die Kenntnisse und Fähigkeiten, die ihm später so zustatten kamen und auszeichnen sollten.

Ab 1619 diente er auf der Ostindienflotte des bewährten französischen Seehelden Augustin von Beaulieu. So manches Abenteuer war dabei zu bestehen: Schreckliche Windstillen, furchtbare Stürme, Zusammenstoß mit arabischen Seeräubern und holländischen Kapern und dergleichen mehr hatte der junge Seefahrer durchzumachen. Erst 21jährig, machte ihn Beaulieu zum 1. Piloten eines der Schiffe der französischen Flotte, das eine Handelsfahrt nach den Molukken unternehmen sollte. Als die Mannschaft gegen ihren Kapitän Andreas Joset meuterte, nahm Bertholet enttäuscht Abschied.

Schließlich berief ihn der portugiesische Bischof Louis de Brito, der das Amt des Vizekönigs der portugiesischen Besitzungen in Indien inne hatte. Diese waren wiederholt von den Holländern und von dem mit ihnen heimlich sich verbündenden Sultan von Achén bedroht. Als der Sultan 1629 erneut mit einer Flotte von nahezu 250 Schiffen und angeblich 20 000 Mann Besatzung vor Malakka erschien, rüstete der neue Vizekönig Dom Mugno Alvarez entschlossen und energisch zum Gegenschlag. Er selbst übernahm den Oberbefehl der portugiesischen Flotte und machte Bertholet zum 1. Piloten, dem nicht zuletzt der glänzende Sieg der Portugiesen zu verdanken war. Nach seiner Rückkehr wurde Bertholet zum ersten Piloten und königlichen Kosmographen von Indien ernannt. Sieben Jahre lang leistete er in dieser Eigenschaft der Krone Portugals treue und wertvolle Dienste, besonders durch die Verbesserung der vielfach noch mangelhaften Seekarten und die Festlegung besserer und einfacherer Seewege. Außerdem leitete er mehrere erfolgreiche Expeditionen, so den sehr beschwerlichen, aber siegreichen Zug nach Mombasa an die afrikanische Küste.

Doch schon lange regte sich in ihm der Wunsch, sich aus der Welt zu entfernen und in einen Orden einzutreten. In Pater Philipp, dem Leiter des kleinen, erst 1620 entstandenen Karmelitenklosters von Goa, fand der weltmüde Bertholet einen verständnisvollen Freund und geistlichen Führer. Mit offenen Armen nahmen die Karmeliter Bertholet auf. Am Vorabend des Weihnachtsfestes 1636 erhielt er das Kleid des Karmels und seinen neuen Ordensnamen Dionysius von der Geburt: »Dionysius« zu Ehren des großen französischen Patrons und Märtyrerbischofs, »von der Geburt« zur Erinnerung an den Tag seines Eintritts. Natürlich erregte die Kunde, daß der erste Pilot und Kosmograph seine glänzende Laufbahn aufgegeben habe und Mönch geworden sei, nicht geringes Aufsehen, doch Dionysius kümmerte sich nicht viel darum. Mit demselben Ehrgeiz und Eifer, den er einst in weltlichen Diensten an den Tag gelegt hatte, diente er jetzt im Orden. Ohne es zu wissen, war er bald Führer und Ansporn für seine Genossen, die Gott dankten, daß er ihnen einen solchen Mitbruder zugeführt hatte und Großes von ihm erwarteten.

1636 wurde Dionysius aus seinem ruhigen und stillen Leben herausgerissen, um erneut die portugiesische Flotte gegen die Holländer, die wieder einmal Goa blockierten, anzuführen. Sein erprobtes Geschick in der Manövrierung der Flotte bewährte sich auch dieses Mal. Drei Tage lang währte der Kampf und Dionysius wurde nicht müde, durch seinen unerschrockenen Mut die Soldaten zu begeistern. So wurde der Feind aus der Hafenbucht vertrieben und die Flotte konnte wohlbehalten wieder vor Anker zurückkehren. Dionysius aber wies bescheiden alle Auszeichnungen und Ehrerbietungen von sich und kehrte geradewegs in sein Kloster zurück. Denn er hatte andere, wichtigere Gedanken im Kopf, da er sich durch das Studium der Theologie und Philosophie auf die Priesterweihe vorzubereiten trachtete, die er am 24. August 1638 empfing. Am 8. September feierte er das erste heilige Meßopfer, wohl nicht ahnend, daß er kaum zwei Monate später sich selbst als blutiges Opfer seinem Herrn und Gott darbringen sollte. Mit dem königlichem Rat und Verwalter von S. Miguel da Lorada, Dom Francisco da Sousa, war er nach Achén gesandt worden. Dort sollten die Portugiesen mit dem Nachfolger des verstorbenen Sultans ein Schutz- und Trutzbündnis schließen. Dem Dionysius wurde als Begleiter der Laienbruder Fr. Redemptus vom Kreuze zur Seite gestellt.

Redemptus stammte aus Paredes in Portugal und hieß von Hause aus Thomas Rodriguez de Eugna. Er war noch jung nach Indien gekommen,

hatte in der portugiesischen Kolonialarmee Dienste genommen und sich bis
zum Hauptmann der Leibwache des Dom Rodriguez Diez da Lampajo, des
Stadtkommandanten von San Thomé, emporgearbeitet, war dann in den
Karmelitenorden eingetreten und weilte seit 1631 im Kloster von Goa als
Küster. Auch als Mönch hatte er seinen heitern, biederen Soldatencharak-
ter beibehalten und war wie Bertholet allgemein beliebt.

247

Am 25. September stach die kleine Flottile in See. Dionysius und Redemptus sollten von dieser Fahrt nicht mehr zurückkehren. Bald nach ihrer Ankunft in Achén wurden die Portugiesen durch die heimtückische Hinterlist des Sultans überrumpelt. Dabei wurden auch Dionysius und Redemptus gefangengenommen und später getötet, als sie sich weigerten, ihrem Glauben abzuschwören.

In den alten Berichten wird deutlich, wie sich Dionysius auch noch im Tod wie sein ganzes Leben hindurch auszeichnete. Selbstlos spricht er seinen leidenden Mitbrüdern Trost und Mut zu und hat die Kraft, bis als letzter der Todgeweihten auszuharren und den meisten Schmerz zu ertragen. Auch Fr. Redemptus bewies in seinem Leiden die wahre Treue zu Gott und seinem Glauben, den er für nichts bereit war zu leugnen. Die Berichte geben zunächst einen Eindruck von dem schändlichen, aber nur kurz dauernden Sklavendasein der Christen, um dann ihre Hinrichtung zu schildern:

So war der Anschlag des tyrannischen Fürsten gelungen. Die Gefangenen wurden grausam gefesselt und unter dem Spott und Hohn der meist mohammedanischen Bevölkerung durch die Stadt und vor den Sultan geschleppt. Dieser gab Befehl, den Gesandten und einige Vornehme seines Gefolges rücksichtsvoller zu behandeln, aber als Geiseln festzuhalten. Die übrigen verteilte er als Sklaven unter seine Vasallen und Hofleute mit der Weisung, sie um jeden Preis durch Drohungen und Versprechungen zur Annahme des Islam zu drängen. Nur wenige erlagen der Versuchung. Allein auch von diesen Abtrünnigen kehrten einige zurück und dienten später als Zeugen des Martyriums ihrer glücklicheren Genossen. Die Leiden und Qualen, welche die gefangenen Christen nun zu erdulden hatten, waren so groß, daß Dom Francisco, als er nach einem Monat sie wieder einmal sah, dieselben kaum mehr wiedererkannte.

P. Dionysius war einem vornehmen Hofmanne zugeteilt worden. Derselbe wies dem christlichen Mönche als Aufenthaltsort ein elendes Loch (ein Bericht spricht von einer bedeckten Kloake) unweit des Toreinganges zu, in welches alle Arten von Schmutz und Unreinigkeit hineingeworfen wurden. Die Vorübergehenden spuckten hinein, die Diener aber schütteten dort das Spülwasser und dergleichen aus und besudelten absichtlich die kärgliche Nahrung, welche dem Gefangenen gereicht wurde und die knapp genügte, um ihn am Leben zu erhalten. Der Selige trug alles schweigend und mit heldenhafter Geduld. Auch bei ihm wurde wie bei den übrigen der Versuch gemacht, ihn durch Vorspiegelung irdischer Freuden und Genüsse, zum Teil schmählicher Art, zum Abfall zu bewegen. Ruhig wies er dergleichen Anträge zurück. Er sei Priester und Ordensmann und als solcher Christus, seinem Heiland, durch unauflösliche heilige Bande verknüpft.

Sein Leib sei in ihrer Gewalt, nicht aber seine Seele. Er sei bereit, für Christus alles, auch den Tod zu leiden. Mehrfach ließen die Kazis, die mohammedanischen Geistlichen, sich mit ihm in einen religiösen Wortstreit ein; er benützte diese Gelegenheit, um öffentlich und mit Eifer die christliche Religion zu verkünden, und überführte sie so siegreich ihrer Irrtümer, daß sie beschämt von ihm abließen.

Mehr als sein eigenes Schicksal berührte den Diener Gottes dasjenige seiner Leidensgefährten. Auf seine flehentlichen Bitten hin gestattete ihm sein Herr, die Gefangenen zuweilen zu besuchen. Obschon die eisernen Kettenringe bei jedem Schritte ihm ins Fleisch schnitten, scheute er diese schmerzlichen Rundgänge nicht, um überallhin Trost und Hilfe zu tragen, die Mutlosen aufzurichten, ihre Beichte zu hören und durch den Hinweis auf die ewige Krone zur Ausdauer zu ermuntern. Da er der malayischen Sprache mächtig war, konnte er manches zur Erleichterung ihrer Lage beitragen; er bat um Almosen für sie und trug ihnen die Speisen zu, welche der Gesandte durch seine Diener ihm gelegentlich bringen ließ. Selbst die Heiden und Moslems bewunderten diese hingebende Liebe und gaben dem Seligen den schönen Namen: »Vater der Portugiesen«.

Inzwischen mußte auch sein Ordensbruder, Fr. Redemptus, harte Tage durchmachen. Sein grausamer Herr hatte ihm zum Spott Bart und Augenbrauen abscheren lassen und verwandte ihn dazu, die Büffel zu hüten und für sie Futter zu schneiden. Der arme Bruder hatte namentlich durch Hunger zu leiden, da man ihn oft tagelang ohne Nahrung ließ. Als er einst, zum Tode ermattet, sich in einen Wald schleppte, um dort einige eßbare Wurzeln und Früchte zu suchen, ließ ihn sein Herr, der ihm dies als Fluchtversuch auslegte, gefesselt vor den Sultan führen. Dieser stellte ihm die Freiheit und alle möglichen zeitlichen Vorteile in Aussicht, falls er die Lehre des Propheten annähme, andernfalls werde er ihn unter grausamen Qualen sterben lassen. Das wäre doch wunderlich, erwiderte der Bruder treuherzig, wenn er, nachdem er in dies Land gekommen, um seine Bewohner von der falschen Lehre des Propheten abzubringen, nun selber ein Muselmann würde. Er suche auf dieser Welt nichts anderes, als Christus zu gefallen, und sei bereit, für ihn nicht bloß eines, sondern tausend Leben zu lassen. Sie möchten daher ihre eitlen Bemühungen, ihm zum Abfall zu bewegen, nur aufgeben. Eher werde er sich in Stücke zerreißen lassen. Da auch bei den übrigen Gefangenen alle Versuche der mohammedanischen Kazis gescheitert waren, gab der Sultan erzürnt den Befehl, sie alle gleichzeitig hinzurichten.

An einem bestimmten Tage wurden die 60 gefangenen Christen zum Orte der Hinrichtung gebracht, ein jeder von zehn Henkersknechten und einigen Kazis umgeben, die einen letzten Versuch machten, die Verurteilten zum Abfall zu bewegen. Eine große Volksmenge hatte sich am Strande des Meeres, wo die Hinrichtung stattfinden sollte, eingefunden. Als alle versammelt waren, verkündete ein Herold den Urteilsspruch des Sultans. Noch einmal wurden alle vor die Wahl gestellt zwischen Reichtum und Ehren, falls sie die Religion des Propheten annähmen, und dem grausamen Tode, falls sie hartnäckig blieben. Da die meisten kein Malayisch verstanden, erklärte ihnen P. Dionysius den Sinn der Bekanntmachung und ermunterte sie mit beredten Worten zur Ausdauer. Alle ohne Ausnahme fanden sich zum Tode bereit und baten den Seligen, dies in ihrem Namen zu erklären, während sie sich zur Bekräftigung auf die Knie warfen, um ihren Tod zu erwarten.

Als würdiger Führer der kleinen Heldenschar erbat sich P. Dionysius die Gnade, als letzter sterben zu dürfen, um seine Genossen, wo nötig, durch Zurufe zu ermutigen. Nun begann die Hinrichtung. Um die Bekenner möglichst lange leiden zu lassen, wurden sie zuerst aus der Ferne mit Pfeilen zerschossen, dann aus größerer Nähe mit Wurfspießen gespickt und schließlich mit Kris, den scharfen, schlangenförmig gebogenen malayischen Dolchen, erstochen.

Begeistert sprach P. Dionysius den Sterbenden Mut zu, betete ihnen die Akte des Glaubens, der Hoffnung, der Liebe und Reue vor und legte ihnen die heiligsten Namen Jesus und Maria auf die sterbenden Lippen. Bruder Redemptus war eines der ersten Opfer gewesen. Schließlich war nur noch der selige Dionysius übrig, zum Tode erschöpft, aber voll Trost und Freude darüber, daß alle seine Schutzbefohlenen siegreich den Kampf bestanden. Heitern Antlitzes kniete er sich nieder, um den Vorangegangenen zu folgen. Da geschah etwas Unerwartetes. Die Henker, sei es durch ein Wunder behindert, wie der alte Bericht annimmt, sei es aus Ehrfurcht vor einem solchen Manne, weigerten sich zu schießen und warfen Pfeil und Bogen von sich. Der malayische Befehlshaber ließ den Vorfall den Sultan melden, der sofort Weisung gab, den Seligen durch einen Elefanten töten zu lassen. Diese Todesart besteht darin, daß der Verurteilte sich flach mit dem Antlitz nach oben auf die Erde legt. Der Koloß wird herangeführt, setzt seinen mächtigen Fuß auf Kopf oder Brust des Liegenden und zerstampft ihn zu Brei.

Während die Anstalten dazu getroffen wurden, fuhr der Selige fort, den Umstehenden die christliche Religion zu verkünden und Gott laut für die Gnade zu danken, daß er ihn des Martertodes gewürdigt. Da eilte ein Abtrünniger aus Malakka, ungeduldig über die Verzögerung und von dem Hasse des Abgefallenen getrieben, herbei, zog sein Schwert und führte einen so furchtbaren Schlag, daß das Haupt des Märtyrers bis zu den Ohren gespalten wurde. Blutübergossen sank er nieder, während einige nahestehende Henker ihm mit ihren Kris den Todesstoß gaben. Mit letzter Kraft hatte der Bekenner das Kruzifix noch einmal an seine Lippen gepreßt und den heiligsten Namen Jesus angerufen. So starb der tapfere Streiter Jesu Christi, erst 38 Jahre alt, im Herbst des Jahres 1638. Der Tag des Martyriums ist nicht festgestellt.

Am 8. April 1900 wurden beide Märtyrer feierlich seliggesprochen.

Engelbert Kolland

geb.: 1827
gest.: 1860
Fest: 10. Juli

Engelbert Kolland, mit bürgerlichem Namen Michael, wurde am 21. September 1827 geboren. Mit seinen Eltern und seinen Geschwistern verbrachte er seine Kindheit im österreichischen Zillertal. Seine Eltern, insbesondere der Vater, Kajetan Kolland, waren lutherisch gesinnt und verweigerten deshalb seit 1832 die Osterbeichte. Als ein kaiserliches Dekret den hartnäckigen Protestanten mit der Ausweisung drohte, waren die Kollands, die bereits ihren Austritt aus der katholischen Kirche bekundet hatten, sogar zur Auswanderung entschlossen. Das war im Jahr 1837.

Währenddessen aber gingen die Kinder fleißig zum christlichen Unterricht in die katholische Schule und zur Beichte. Daneben vertraute sie ihr Vater einer frommen, tapferen Frauensperson an, der Maria Brugger, welche im Volksmund Gerbermoidl gerufen wurde. Kajetan hatte nicht die Absicht, seine Kinder in seinem Sinne zu beeinflussen, zudem war er viel in Holzarbeit auswärts beschäftigt. Wenigstens der katholische Glaube von Michael und seinem Bruder Florian blieb auf diese Weise unerschüttert. So fügte es sich, daß die beiden vom neuen, jugendlichen Erzbischof von Salzburg, dem Fürsten Friedrich von Schwarzenberg, dazu auserkoren wurden, an seinem neugegründeten Bubenseminar teilzunehmen. Kolland trug beide dem Kirchenfürsten an, während er selbst mit seiner Familie in die Steiermark übersiedelte.

Die Anforderungen des Knabenseminars waren hoch, wenigstens hoch genug, daß beide Kollands gleich im ersten Jahr wiederholen mußten.

Michael konnte sich zwar bald verbessern, doch beschloß er im März 1845 auszutreten. Auf Drängen seines ehemaligen Erziehers Embucher versuchte er es aber doch noch einmal und wurde tatsächlich wieder zugelassen, so daß er seine Schulzeit schließlich mit bestandener Matura beenden konnte.

Schon bald darauf stand sein Entschluß fest: Er wollte Mönch werden. So begab er sich in das nahegelegene Franziskanerkloster nach Maria-Plain, um von den dortigen Franziskanern aufgenommen zu werden. Am 19. August 1847 wurde er als Frater Engelbert eingekleidet. Pater Petrus nennt den zwanzigjährigen Novizen »in allem hervorragend und von allen wohlgelitten«. Engelbert fügte sich bereitwillig und gern in den engen Rahmen des Klosters. Während seines Noviziats trank er weder Wein noch Bier, was sehr gängig war, noch Kaffee.

Nach dem Noviziat beginnt der Student der Philosophie und Theologie seine Studienwanderschaft. Zwei Jahre später, am 22. November 1850 darf Engelbert die geistlichen Gelübde ablegen. Am 13. Juli 1851 wird er in Trient zum Priester geweiht.

Da er neun Sprachen beherrschte, suchte Engelbert in der außereuropäischen Mission einen entsprechenden Wirkungskreis zu finden. Mit diesem Ersuchen wandte er sich an die Generalvertretung des Ordens in Rom. Nachdem er ein halbes Jahr als Kaplan der eigenen Ordenskirche in Bozen tätig gewesen war, erhielt er Anfang des Jahres 1855 die Missionsvollmacht für das Heilige Land.

Nach einer langen und sehr anstrengenden Reise über das Meer und zu Land erreichten Pater Engelbert und sein Mitbruder Heribert über Alexandrien, Jaffa und Ramled endlich Jerusalem. Pater Engelbert war nicht mit einem fest umrissenen Auftrag ausgestattet. Als er sich mit Heribert beim Vorsteher des Salvatorklosters vorstellte, wurde er von diesem zunächst in das Heilig-Grab-Kloster beordert. Der Dienst in der Grabeskirche war nicht leicht. Der einzige Zugang zur Kirche wurde von Türken bewacht, die Franziskaner waren quasi eingesperrt, das Essen wurde ihnen durch ein Loch des Tores hineingereicht. Die Unterbringung war sehr dürftig, man mußte sich in engen und stets halbdunklen Räumen irgendwie zurechtfinden. »Für den sinnlichen Menschen gibt es freilich wenig Anziehendes«, schreibt Engelbert und fügt hinzu: »doch die Nähe des Kalvarienberges spricht nur zu laut, daß hier ein Ort der Überwindung und Selbstverleugnung sein soll.« Sein Leben bestand im Chorgebet, Gottesdienst, privaten und offiziellen Besuchen der vielen Heiligtümern innerhalb der Mauern, Betrachtungen und privaten Gebeten.

Nach einigen Monaten wurde der junge Missionar nach Damaskus versetzt. Seine neue Wirkungsstätte, das St. Paulskloster, lag im Christenviertel. Alles, was christlich hieß, drängte sich dort zusammen: die römischen Katholiken, die Griechisch-Katholischen und die Armenier, die Griechisch-Orthodoxen, Syrer und Maroniten. Um mit dem Volk in Kontakt zu kommen, besuchte Engelbert fleißig die Christen in ihren Wohnungen, lernte das Volksarabisch und die Sitten und Anschauungen der Leute. Er hatte 220 lateinische, d. h. römisch-katholische Christen und 300 katholische Armenier zu betreuen. Nicht nur der Gottesdienst, die Beichte und der Religionsunterricht zählte zu seinen Aufgaben, er mußte sich fast um alles kümmern: Streitigkeiten schlichten, Heiraten anbahnen und absegnen, Ehen in friedliche Geleise bringen, Kranke besuchen, Sterbenden beistehen usw. 1859 mußte er auch noch Schulmeister in Italienisch sein und bekam zu seiner Seelsorge noch 500 Armenier hinzu, die mit ihrem Geistlichen nicht zurechtgekommen waren. Überall wurden er und seine tüchtige Arbeit anerkannt. Das Volk nannte ihn »Abuna Malak«, das heißt Vater Engel, seine Mitbrüder entsprechend »Padre Angelo«. 33jährig, als sich die Wirkungstätigkeit der mannigfaltigen Aufgaben des seligen Engelbert richtig zu vertiefen anfing, erlitt er durch in die Stadt und das Kloster einfallende drusische Moslems den Martyrertod.

Seit Mitte 1860 fochten die islamischen Drusen ihre Feindschaft gegen die christlichen Maroniten mit Waffengewalt aus. Konstantinopel duldete diesen Zustand nicht nur, sondern hatte die Drusen regelrecht gegen die Maroniten gehetzt, um die Christen aus der Mitte der »Rechtgläubigen« auszutilgen. Am 1. Juni stürmten die Drusen das katholische Kloster Deir El Mochalles, zwei nahegelegene Frauenklöster und zwei Maronitenklöster. Sie steckten sie in Brand, erschlugen die Mönche, schändeten die Klosterfrauen und metzelten an die dreihundert fliehende Christen nieder. Andere Flüchtende drängten nach Damaskus, während die raubenden und sengenden Horden immer näher rückten. Die von Konstantinopel befehligten türkischen Truppen zum Schutz der Christen wurden nur zum Schein in Bewegung gesetzt. Die Soldaten machten mit den Drusen gemeinsame Sache. Zu ersten Zwischenfällen nahe Damaskus kam es in der Vorstadt Madan, wo Tausende von Christen wohnten. Die Meute wälzte sich mordend, schändend und plündernd gegen die in der Nacht davor extra gekennzeichneten Häuser der Christen. Unbeschreibliche Grausamkeiten ereigneten sich an diesem 9. Juli 1860. Ein Augenzeuge, der das Gemetzel als Kind mit- und wie durch ein Wunder überlebte, beschrieb seine Eindrücke später in der Zeitschrift »Die katholischen Missionen«. Um uns das Ausmaß der Schrecken vorstellen zu können, soweit das überhaupt möglich ist, sei ihm nun das Wort gegeben:

Am 9. Juli schickte mich meine Mutter noch zur Schule bei den Lazaristen. Nur sehr wenige Kinder waren dort. Die Patres schickten uns nach Hause, aber damit wir nicht allein gehen brauchten, verständigte man die Mütter. So holte auch mich meine Mutter wieder ab. Alles Leben schien in der Stadt geschwunden. Totenstille lagerte über ihr. Meine Mutter zitterte vor Erregung. Auf der Schwelle erwartete uns der Vater. Die Türe wurde verrammelt, ein Bild der seligsten Jungfrau an ihr befestigt. Auf den Knien vor diesem Bilde erwarteten wir unser Los. Es war 12.00 Uhr. Von der Höhe der Minaretts verkündeten Muezzim (mohammedanische Geistliche) die Gebetsstunde. Da plötzlich, mitten in die erdrückende Schwüle, erdröhnten zwei Kanonenschüsse und ein Geschrei wie das Brausen des Meeres tönte an unser Ohr. Das Zeichen war gegeben. Von allen Seiten rückten die türkischen Soldaten und die Mohammedaner in Banden von 500–600 in unser Viertel und besetzten die Zugänge. Soldaten marschierten an der Spitze, nach ihnen kamen die Einwohner, bewaffnet mit Säbeln, Keulen und Beilen; Räuberhorden und Weiber, der Auswurf der Stadt, bildeten den Schluß.

Während der Nacht hatte man jedes christliche Haus mit einem Zeichen versehen. Verräterhände leisteten den Würgengeln diesen Dienst. An jeder dieser Behausungen hält der Menschenschwarm . Die Reihen öffnen sich, die Banditen treten vor. Diese sprengen die Türe, morden, was ihnen begegnet; rauben, was ihnen in die Hände fällt... und alles wird auf die Straße geworfen. Die Soldaten wählen das Kostbarste für sich, der Rest bleibt den Räuberbanden... Dann wird Feuer an das Haus gelegt..., die unglücklichen Christen, die das Feuer aus dem Versteck jagt, werden wieder in die Flammen zurückgetrieben oder erschlagen... Was Feuer und Schwert nicht frißt, entehrt die tierische Lust der Mörder. Über 2000 junge Leute von 12–20 Jahren fallen diesen Unmenschen zum Opfer...

Das Mordbrennen nahm seinen Anfang ziemlich entfernt von unserem Hause. Wir waren auf Rettung bedacht. So hatten wir noch einige Zeit. Die Mutter war die Seele von allem... Sie bewog den Vater, die Kleider zu wechseln, um sich unkenntlich zu machen und führte ihn in einen Kellerraum, welcher mit einem anderen Hause in Verbindung stand. Das war von einer befreundeten türkischen Familie bewohnt. Jetzt waren wir drei Brüder und zwei Schwestern allein. Mein ältester Bruder schlug sich zu Abd el Kader durch; der zweite Bruder fiel im Kampfe um sein Leben; der dritte irrte drei Tage in der Stadt umher und rettete sich zu Abd el Kadar. Meine älteste Schwester verging fast vor Angst. In ihre Arme legte meine Mutter das jüngste, dreijährige Schwesterlein.

Als meine Mutter wieder bei uns war, klammerte ich mich an sie an. Sie erneuerte mit uns die Aufopferung unseres Lebens. Der Blick der Mutter richtete sich auf mich. Ich war damals sieben Jahre alt. Langes Haar fiel auf meine Schultern. Ein Hoffnungsstrahl durchzuckt meine Mutter. Sie hatte gehört, daß nur die Männer und Knaben gemordet würden. Mit fieberhafter Eile, aber mit zärtlichster Sorgfalt bringt meine Mutter meine

Haare in Flechten. Kein Auge erkennt in mir den Knaben. Jetzt besteigen wir das flache Dach des Hauses und rufen die Besitzerin der Nachbarwohnung. Für eine große Geldsumme verspricht sie uns ein Versteck, aber nur für eine Nacht, und – fügt sie hinzu – wenn mein Mann Christen verlangt, liefere ich euch aus. Meine Mutter nahm an und überließ den morgigen Tag der Vorsehung Gottes.

Es war fast Mitternacht, da nahten die Türken unserer Wohnung. Beim Scheine der Flammen konnten wir die Plünderung ansehen. Die Türen wurden zerschlagen, die Wände durchbrochen, kein Stein auf dem anderen gelassen. Früh am Morgen teilte uns die Türkin mit, daß sie uns nicht länger beherbergen könne. Also mußten wir jetzt wirklich gehen. Aber wohin? Blut, Feuer und Mörder erwarteten uns überall. Kniend verrichteten wir ein gemeinsames Gebet. Meine Mutter drückte mich an ihr Herz und sagte unter Tränen: »Mein Kind, was auch geschehen möge, sprich nicht; deine Stimme würde dich verraten!« Dann nahm sie ihr kleinstes Kind auf den Arm. Ich ging zwischen ihr und meiner ältesten Schwester.

So überschritten wir die Schwelle. Auf der Straße lauerte der Tod. Kaum zwanzig Schritte waren wir gegangen, als eine wilde Bande unter wüstem Geschrei uns umringte. Ein Türke, mit dem Säbel in der Faust, dringt auf meine Schwester ein. Er reißt ihr den Schleier vom Gesicht, ohrfeigt sie, speit sie an, wirft sie auf sein Pferd, springt in den Sattel und sprengt davon. Dies war für meine Mutter zu viel. Der Gedanke an die schreckliche Gefahr ihres Kindes raubt ihr die Kraft und fast bewußtlos sinkt sie zur Erde. Aber sie hatte noch zwei andere Kinder. Diese mußten gerettet werden. Deshalb aufs neue voran! Ein wütender Beduine vertrat ihr den Weg, mit dem Stiel seiner Axt schlug er sie fast nieder. »Du Hündin«, rief er, »ich habe noch keine Beute gemacht, einstweilen bist du meine Sklavin. Morgen werfe ich dich den Straßenhunden vor.«

Halb tot vor Entsetzen starrte die Mutter in das Gesicht ihres Henkers. Der Beduine warf ihr einen Strick um den Leib und zog sie hinter sich her mitten in das Getümmel hinein. Seine Absicht war, ihr die schrecklichen Todesqualen ihrer Glaubensgenossen zu zeigen als Vorbereitung auf ihren eigenen Tod. Wahre Todesangst erfaßte uns. Unser Fuß strauchelte über menschliche Körper, von denen einige sich noch bewegten. Abgeschnittene Köpfe und Glieder lagen herum. Wir glitten aus in dem Blut, das in kleinen Bächlein durch die Straßen rann. Es war zu viel. Wir stürzten nieder. Ein Fußtritt des Beduinen trieb uns wieder auf. In seiner Wut jagte er die Mutter vor sich her wie ein wildes Tier. Vor uns stand eine Gruppe mit Blut besudelter Araber. Wir kamen am Hause eines Freundes vorbei. Aus den Fenstern hingen die verstümmelten Leichen seiner Söhne. Die Leiche des Vaters lehnte an der Tür, der Kopf hing auf dem Rücken, die Brust klaffte weit auseinander, die Hände umklammerten ein Kreuz.

Auf einem Platze hatte man mehrere Christen getötet. Eine Leiche mit ausgebreiteten Armen, das Gesicht zur Erde, lag in unserer Nähe. Ich glaubte, in ihr unseren Vater zu erkennen. Meine Mutter brach in Tränen aus und wandte die Augen weg...

Als die Nacht hereinbrach, wollte der Beduine sich unser entledigen, ohne uns aber ganz zu verlieren. Er schleppte uns in ein verwüstetes Haus und stieß uns in ein Loch, dessen Ausgang er mit einem Steine verschloß. Ein Stück Brot und ein wenig Wasser in einem zerbrochenen Krug sollte unsere Nahrung sein. Mein kleines Schwesterchen, von Fieber geschüttelt, schien in Lebensgefahr. Meine arme Mutter war gänzlich erschöpft.

Beim Morgengrauen stellte sich der unmenschliche Beduine wieder ein. Mit einem Fußtritt trieb er meine Mutter empor. Damit begann die Wanderschaft, fast noch schrecklicher als gestern, aufs neue. Was unsern Henker veranlaßte, uns so herumzutreiben und nicht gleich zu töten, weiß ich nicht.

Kaum hatten wir einige Schritte gemacht, als sich uns eine Szene darbot, bei deren Erinnerung ich jetzt noch erstarre... Eine von den Verfolgern hartbedrängte Mutter mit fünf Kindern suchte im Getümmel zu entkommen. Man ergriff sie und bot ihr und den Kindern das Leben an, wenn sie abfallen wolle. »Wir sind und bleiben Christen«, war die Antwort. Da zwang man das unglückliche Weib, sich zu setzen und benützte die Knie der Mutter als Block für die Enthauptung ihrer Kinder. Vom Blute ihrer eigenen Kinder überströmt, wahnsinnig vor Schmerz, sank sie bewußtlos zur Erde. Die Unmenschen brachten sie mit kaltem Wasser wieder zu sich. Noch einmal wurde ihr das Leben angeboten für den Abfall. Sie schüttelte nur den Kopf und ihr letztes Kind wurde vor ihren Augen zertreten. Dann empfing sie selbst den Todesstreich...

Unser Verfolger nötigte uns zu immer größerer Eile. Wir strauchelten bei jedem Schritt. Da plötzlich nahte sich ein Türke mit dem Säbel in der Hand. Er war ein Geschäftsfreund meines Vaters. Er erkannte meine Mutter und auch mich, trotz der Verkleidung. »Du und dein Sohn«, sagte er zu meiner Mutter, »könnt mit mir kommen!« Bei dem Worte »Sohn« horchte der Beduine auf. Er schaute mich einen Augenblick an, faßte dann meinen Kopf und wollte den Krummsäbel auf mich niedersausen lassen. Der Türke fing den Streich auf. Schäumend vor Wut stürzte der Beduine auf ihn. Doch ein wuchtiger Hieb spaltete ihm den Schädel und er stürzte in seinem Blute zusammen. Augenblicklich entstand ein Zusammenlauf. Man glaubte, der Getötete sei ein Christ, wir sein Weib und sein Kind. So konnte uns der Türke als seine Gefangenen in Sicherheit bringen. Er führte uns in einen Schuppen. Dort brachen wir zusammen. Meine Mutter verlor das Bewußtsein. So verging die Nacht.

Als am folgenden Tag (12. Juli) unser Retter kam und uns gänzlich erschöpft sah, brachte er uns Brot, Feigen und Wasser... Er versprach, uns am nächsten Tag auf die Zitadelle zu bringen; jetzt aber ging er selbst dem Morden nach und rühmte sich am Abend, mit eigener Hand 31 Christen gemordet zu haben. Weshalb wir bei dem Türken Erbarmen fanden, weiß ich nicht. Gott hat es so gewollt. Am 14. Juli wurden wir auf die Zitadelle gebracht... Eine große Freude hatte uns Gott hier noch erleben lassen. Eines Abends, als wir mit anderen beisammen saßen..., drangen zwei junge Leute in unser Zimmer und warfen sich meiner Mutter in die Arme. Es waren ihre zwei totgeglaubten Söhne. Auch den Vater sollten wir noch wiedersehen; freilich nur, um ihn alsbald durch den Tod zu verlieren. Er starb in den Armen der Mutter. Meine unglückliche Schwester blieb aber verschollen.

Wir können uns leicht denken, wie Pater Engelbert um sein Leben zitterte. »Wir erwarten täglich, gleich den Schafen abgeschlachtet zu werden« schrieb er. Doch es gab auch edle Moslems, die sich wirklich für die Christen einsetzten. Unter ihnen war der von unserem Augenzeugen bereits erwähnte Abd-el-Kadar, ein algerischer Scheik, dessen Wüstengarde in seinem Auftrag Ordensleute und bedrängte Christen in die Zitadelle holte, wo sie, zu Tausenden zusammengepfercht, gerettet waren. Von diesem Scheik hatte auch der Obere der Klostergemeinde, Pater Emmanuel, das Angebot erhalten, unter dem Schutz seiner Garde in die Zitadelle zu flüchten. In Unterschätzung der Gefahr hatte der Pater zunächst abgelehnt, doch dann besann man sich doch darauf, sich der angebotenen Hilfe zu bedienen – zu spät.

Um Mitternacht, zwei Stunden vor der geplanten Flucht, stürmten die wütenden Moslems, denen ein ehemaliger Angestellter des Klosters das Hinterpförtchen verraten hatte, das Kloster. Keiner konnte mehr entkommen. Engelbert konnte sich zunächst zu einer befreundeten Familie flüchten. Bedeckt mit einem Frauenmantel, hoffte er zu Abd-el-Kadar zu entkommen. Doch seine nackten Füße in den Sandalen verrieten ihn. Sofort wurde er umstellt. In dieser Situation zeigte Engelbert sein wahre Würde und Größe. Gelassen und ruhig, unbeeindruckt der drohenden Gefahr, sprach er zu einem der Türken, die ihn umstellt hatten: »Freund, was habe ich dir getan, daß du mich töten willst?« Darauf entgegnete der Türke: »Nichts. Aber du bist ein Christ!« Dreimal wurde er daraufhin aufgefordert, seinem Glauben abzuschwören und Christus zu verleugnen. Dreimal bekannte er sich dazu und erhielt dafür jedesmal einen Axthieb, rechts und links auf seine Schulter, zuletzt auf sein Haupt.

IV. Teil

Krieg um den Glauben! Die gespaltene Christenheit

Die Reformation im deutschen Reich

Die kirchlichen Sitten verfallen

Während im 15. Jahrhundert in Deutschland gerade das einfache Volk einen gesteigerten religiösen Eifer zeigte, der sich in einer Vielzahl von Wallfahrten und anderen Bemühungen um ein zukünftiges Seelenheil manifestierte, befand sich die Kirche selbst in einer Verfassung, die allseitig Unmut und Kritik hervorgerufen hat.

Die Bischöfe vernachlässigten ihr Hirtenamt. Sie hielten Hof und führten Fehden ganz wie die weltlichen Fürsten. Auch die einfachen Geistlichen füllten ihr Amt ohne wirkliches Sendungsbewußtsein nur gewohnheitsmäßig aus. Ihre Ausbildung war dieser Gleichgütigkeit angemessen. Weder waren sie in hinreichendem Maße des Lateinischen mächtig, noch waren sie in der Lage, aus eigener Kenntnis der Bibel zu predigen.

Auch der Papst in Rom führte das Leben eines weltlichen Herrschers. Für seine Hofhaltung und zur Förderung der Kunst gab er große Summen aus, welche die päpstliche Finanzverwaltung bei den Klerikern und Gläubigen zu erheben suchte. Kirchliche Heilsmittel wurden auf diese Weise zum Gegenstand des schamlosesten Schachers gemacht, so z.B. wenn dem Gläubigen für ein Geldopfer ein »Ablaß« gewährt wurde, er sich also den Nachlaß zeitlicher Sündenstrafen für Geld erwerben konnte. In einer solchen Zeit, in der ein allgemeines Bedürfnis nach einer Reform der kirchlichen Verhältnisse sich allerorts geltend machte, fanden die Thesen Martin Luthers, die sich gegen diese Mißstände, aber vor allem auch gegen die tradierte Lehre wandten, allseits Gehör und waren der Ausgangspunkt der Glaubensspaltung in Europa.

Martin Luther, ein streitbarer Diener des Herrn

Martin Luther (1483–1546) hatte zunächst auf väterlichen Wunsch Juristerei studiert, um später die Laufbahn eines fürstlichen oder städtischen Rates einzuschlagen. Erst als während eines Gewitters ein Blitz so nahe bei ihm einschlug, daß er dadurch zu Boden geworfen wurde, gelobte er in Todesangst ins Kloster zu gehen. So trat er im Jahre 1505 in das Kloster der Augustinereremiten zu Erfurt ein, studierte Theologie, erwarb die Würde eines Doktors der Theologie und übernahm 1512 den Lehrstuhl für Bibelauslegung an der Universität Wittenberg.

Martin Luther. Die Antwort auf die ihn quälenden Fragen gab ihm der heilige Paulus: »Nicht von Gottes heiliger Rechtforderung, sondern von seiner vorgegebenen Gerechtmachung handelt das Evangelium«. Einzig durch seinen Glauben findet der Mensch die Gnade Gottes und ist »Sünder und gerecht zugleich«.

Schon in den folgenden Jahren, in denen er an der Universität Vorlesungen hielt, entwickelte Luther die wesentlichen Gedanken seiner neuen Interpretation des Evangeliums. Im März 1545, ein knappes Jahr vor seinem Tod, schrieb Luther rückblickend von dieser Zeit: »Ich fühlte mich, obwohl ich als Mönch ein untadeliges Leben führte, vor Gott als ein Sünder mit einem ganz ruhelosen Gewissen und konnte nicht darauf vertrauen, Gott durch meine Genugtuung versöhnt zu haben. Deshalb liebte ich nicht, nein haßte ich vielmehr den gerechten und die Sünder strafenden Gott. So zürnte ich Gott, wenn nicht in geheimer Lästerung, so doch wenigstens mit gewaltigem Murren und sagte: Nicht genug damit, daß die elenden Sünder und aufgrund der Erbsünde ewig Verlorenen nach dem Gesetz des alten Bundes mit Unheil jeder Art bedrückt werden, nein, Gott will auch noch durch das Evangelium Qual auf Qual häufen, indem er auch durch die frohe Botschaft uns seine Gerechtigkeit und seinen Zorn entgegenhält. So raste ich wütenden und verstörten Gewissens und schlug mich rücksichtslos mit jener Paulusstelle herum, von dem glühenden Verlangen erfüllt, zu wissen, was Paulus wolle.

Bis nach tage- und nächtelangem Nachsinnen sich Gott meiner erbarmte und ich auf den inneren Zusammenhang der beiden Stellen aufmerksam wurde: 'Die Gerechtigkeit Gottes wird im Evangelium offenbar', wie geschrieben steht: 'Der Gerechte lebt aus dem Glauben'. Da fing ich an, die Gerechtigkeit Gottes zu verstehen als die, durch die der Gerechte dank des Geschenkes Gottes lebt, und zwar aus dem Glauben: daß die Gerechtigkeit Gottes, die durch das Evangelium offenbart wird, in dem passiven Sinn zu verstehen ist, daß Gott in seiner Barmherzigkeit uns durch den Glauben rechtfertigt, wie geschrieben steht: 'Der Gerechte lebt aus dem Glauben'.

Hier fühlte ich mich geradezu wie neugeboren und als wäre ich durch die geöffneten Pforten ins Paradies eingetreten. Da zeigte mir die ganze Heilige Schrift sofort ein anderes Gesicht«. Auf diese Weise fand also Martin Luther eine Lösung für das ihn quälende Problem der menschlichen Schwäche und der Vorbelastung durch die Erbsünde und legte damit den Grundstein für die Entwicklung eines neuen christlichen Glaubensbekenntnisses.

95 Thesen an der Schloßkirche zu Wittenberg

Wenngleich Luther mit dieser neuen Deutung des Evangeliums sich bereits außerhalb der traditionellen Lehre stellte, so entwickelte sich sein letztendlicher Bruch mit Rom doch aus einem anderen Anlaß: Papst Leo X., einer der letzten sehr dem Weltlichen zugeneigten Renaissancepäpste, hatte für die Finanzierung des Baus der Peterskirche in Rom einen Ablaß ausgeschrieben, der von dem Dominikaner Johann Tetzel in den Diözesen Magdeburg und Halberstadt den Gläubigen in marktschreierischer Weise verkauft wurde. Gegen diesen Handel mit kirchlichen Heilsmitteln wollte Martin Luther einschreiten. Am 31. Oktober 1517 schlug Luther 95 Thesen an der Schloßkirche zu Wittenberg an, in denen er neben dem Mißbrauch des Ablaßhandels auch bereits andere zeitgenössische Glaubensvorstellungen in Frage stellte, um auf diese Weise zu einer Disputation über derartige Mißstände aufzurufen. Zwar kam es zunächst nicht zu einem solchen Streitgespräch mit anderen Theologen, aber seine Thesen waren sehr bald allgemein bekannt und wurden allerorts diskutiert. In den folgenden Jahren mußte sich Luther wiederholt der Angriffe der Kirche erwehren, die ihn zum Widerruf seiner »ketzerischen« Thesen drängte. Gegenüber diesen Anfechtungen blieb Luther aber standhaft und verfaßte im Jahre 1520 seine reformatorischen Hauptschriften, in denen er gegen die Ehelosigkeit der Geistlichen, die Obergewalt des Papstes und die Heiligen- und Reliquienverehrung zu Felde zog und die weltlichen Fürsten zu Reformen der kirchlichen Ordnung aufrief. Die Androhung des Kirchenbanns durch den Papst beantwortete Luther mit der öffentlichen Verbrennung der päpstlichen Bannandrohungsbulle. Damit hatte sich Luther von der römischen Kirche losgesagt.

»Wir Carl der fünffte, von Gottes Gnaden Römischer Kayser, zu allen Zeiten Mehrer des Reichs...«

1519 war der Enkel des verstorbenen Kaiser Maximilian von den Kurfürsten zum deutschen Kaiser gewählt worden. In Karl V., der zugleich König von Neapel, Sizilien und Spanien mitsamt dessen überseeischen Besitzungen war und damit über ein Reich gebot, »in dem die Sonne nicht unterging«, erwuchs der sich immer weiter ausbreitenden Reformation einer der konsequentesten und vor allem machtvollsten Gegner. Sein Kampf gegen die Reformation hatte in den folgenden 30 Jahren bestimmenden Einfluß auf die deutsche Geschichte.

Zu dem ersten Reichstag, den Karl V. in Deutschland in Worms abhielt, wurde auch Martin Luther geladen, um seine Lehre vor diesem zu rechtfertigen. Der Kaiser ließ von Anfang an keinen Zweifel daran, daß er gegenüber Luther die Sache der römischen Kirche vertreten werde. Als dieser sich vor dem Reichstag weigerte, irgendetwas aus seinen Büchern zu widerrufen, gewährte ihm der Kaiser zwar noch das schon in der Einladung versprochene freie Geleit für die Heimreise, erließ dann aber das sogenannte Wormser Edikt gegen Luther, in dem er über ihn die Reichsacht verhängte und ein allgemeines Verbot erließ, seine Schriften zu besitzen, zu verbreiten oder auch nur zu lesen. Martin Luther floh unter den Schutz seines Landesherren Friedrich des Weisen auf die Wartburg nach Eisenach. Während seine Lehre sich in Deutschland weiterhin unvermindert ausbreitete, übersetzte Luther in seiner unfreiwilligen Einsamkeit das Neue Testament aus dem griechischen Urtext ins Deutsche. Mit dieser neuerlichen Übersetzung wurde der große Reformator der Kirche zugleich zum Schöpfer der neuhochdeutschen Schriftsprache.

Das Wormser Edikt fand zwar im Reich keine strikte Anwendung, war aber in den folgenden Jahrzehnten wiederholt Grund für heftige Auseinandersetzungen zwischen den Reichsfürsten, die sich zu verschiedenen Glaubensbekenntnissen bekannten. Auch ein Krieg zwischen Karl V. und protestantischen Fürsten, die sich im sogenannten Schmalkaldischen Bund zusammengeschlossen hatten, konnte letztlich keine Lösung der Glaubensstreitigkeiten herbeiführen.

Was sein Volk glaubt, bestimmt der Fürst

Das gelang erst 1558. Ferdinand, der Bruder Karls V., setzte im Augsburger Religionsfrieden die Anerkennung der lutherischen Konfession als gleichberechtigtes Glaubensbekenntnis durch; die Wahl des Bekenntnisses war den Reichsständen überlassen. Weil der jeweilige Landesherr die Konfession seiner Untertanen bestimmte, konnte es diesen durchaus so ergehen wie den Bewohnern der Kurpfalz, die zwischen 1540 und 1685 aufgrund wechselnder Regierungsverhältnisse sechsmal ihr Bekenntnis ändern mußten.

Trotz dieser und einiger weiterer strittiger Bestimmungen, konnten auf der Grundlage des Augsburger Religionsfriedens in der zweiten Hälfte des Jahrhunderts blutige Auseinandersetzungen zwischen den Konfessionen im deutschen Reich vermieden werden.

Die Reformation nimmt ihren Lauf

Die Reformation breitete sich im deutschen Reich weiter aus und gewann immer mehr Anhänger. Zeitweise bekannten sich ⅘ der Bevölkerung zum neuen Glauben. Dieser Umwälzung Einhalt zu gebieten, war der traditionellen Kirche letztlich nur durch eine umfassende und tiefgreifende Erneuerung möglich, die unter dem ersten Reformpapst Paul III. (1534–1549) eingeleitet wurde und ihren deutlichsten Ausdruck in der erneuten Missionierung Europas durch neugegründete Mönchsorden und in den Beschlüssen des Konzils von Trient fand.

S · IGNATIVS · DE · LOYOLA · CANTABER · INSTITVTOR · ET · PRÆ · GEN · I · SO · IESV ·

Electus	19	Aprilis	1541:
Obijt 31: Julij		1556: ætatis	65:

Der scharfe Verstand und der eiserne Wille seines Gründers Ignatius von Loyola ist bis heute ein besonderes Kennzeichen des Jesuitenordens geblieben.

Die gespaltene Christenheit

Ignatius von Loyola. Die katholische Kirche in der Gegenwehr

Ignatius von Loyola (1491–1556), ein baskischer Edelmann, war zunächst Offizier im Dienste des Vize-Königs von Navarra. Während der Genesung von einer schweren Verwundung, die er sich bei der Verteidigung Pamplonas zugezogen hatte, wandelte er sich zum »Ritter im Dienst Jesu«. Er studierte Theologie, zunächst in Spanien, später in Paris an der Sorbone und gründete 1534 die »Societas Jesu«, die einige Jahre später vom Papst als neuer Orden anerkannt wurde.

Der neu gegründete Orden machte es sich zur Aufgabe, die katholische Kirche wieder zu stärken, indem er ihr half, die kirchliche Ordnung wiederherzustellen und Abtrünnige wieder für sie zu gewinnen. Seine Mitglieder bemühten sich in ganz Europa darum, durch Predigt und Glaubenslehre der katholischen Kirche neue Anhänger zu schaffen und die Reformation zurückzudrängen. Insbesondere sorgten sich die Jesuiten um die Heranbildung eines neuen Priesternachwuchses, der aufgrund seiner Ausbildung wieder in der Lage war, seinen Aufgaben als Priester nachzukommen. So gründeten sie 1552 in Rom das »Collegium Romanum« für die Ausbildung deutscher Geistlicher. Darüber hinaus versuchten die Jesuiten den katholischen Glauben unter den heidnischen Völkern Mittel- und Südamerikas und in Asien auszubreiten.

Die katholische Kirche findet zu sich selbst zurück

Auf Drängen Kaiser Karl V. hatte Papst Paul III. ein allgemeines Konzil nach Trient einberufen, das dort von 1545 bis 1563 mit zwei langen Unterbrechungen tagte. Zwar gelang es dem Konzil nicht, was zumindest anfangs noch die Absicht war, die Glaubensspaltung in Europa zu beseitigen, dafür trugen seine Beschlüsse aber dazu bei, der katholischen Kirche ihre innere Einheit wiederzugeben und auf diese Weise verlorene Anhänger wiederzugewinnen. Im »Tridentinum« wurde die katholische Glaubenslehre exakt von den evangelischen Auffassungen abgegrenzt, während in den sogenannten Reformdekreten gegen die Mißstände vorgegangen wurde, die sich in der Kirche ausgebreitet hatten. So wurde z.B. der Handel mit den kirchlichen Ämtern ebenso wie der Geldablaß gänzlich untersagt. Um eine bessere Ausbildung der Geistlichen zu gewährleisten, wurden Priesterseminare eingerichtet. Durch diese Beschlüsse trug das Konzil von Trient dazu bei, die katholische Kirche von innen heraus zu erneuern und zu stärken und war durch diese neue Organisation der katholischen Kirche prägend für die gesamte neuere Entwicklung des Katholizismus.

Ein Krieg, der so lange dauert, bis er stirbt

Anfang des 17. Jahrhunderts nahm der Gegensatz zwischen den Religionsparteien wieder zu. Unter diesen Umständen führte bereits ein geringer Anlaß – die Vollstreckung der Reichsacht an Donauwörth – zur Gründung konfessioneller Kampfbünde. Die evangelischen Fürsten schlossen sich zum Schutz ihres Bekenntnisses 1608 unter der Führung des Kurfürsten von der Pfalz zur »Union« zusammen, während die katholischen Fürsten sich im folgenden Jahr unter der Führung Herzog Maximilians von Bayern zur sogenannten »Liga« zusammenfanden. Ein Aufstand der überwiegend protestantischen Landstände Böhmens gegen das katholische Landesfürstentum der Habsburger, im Zuge dessen zwei kaiserliche Räte aus dem Fenster geworfen wurden, ist schließlich der Auslöser des Dreißigjährigen Krieges (1608–48), der in solcher Weise als Kampf unterschiedlicher Konfessionen beginnt, aber letztlich in einen puren Machtkampf mündet, an dem sich die Fürstenhäuser nicht nur des deutschen Reiches, sondern ganz Europas beteiligen. Über lange Jahre zog dieser sich zunehmend ausweitende Krieg unter schrecklicher Verwüstung des Landes sich hin, ohne daß eine Partei in diesem Ringen in der Lage gewesen wäre, eine andere tatsächlich zu besiegen.

Erst nach jahrelangen Friedensverhandlungen konnte schließlich 1648 der Westfälische Friede geschlossen werden, der in seinen kirchlichen Bestimmungen die Gleichberechtigung der Konfessionen, die im Augsburger Religionsfrieden nur für das protestantische und das katholische Bekenntnis gegolten hatte, auch auf die anderen Konfessionen ausdehnte und – von den habsburgischen Stammlanden abgesehen – die freie Wahl des Bekenntnisses für die Untertanen festlegte. Mit diesem Frieden ging das Zeitalter der Glaubensspaltung und der Glaubenskriege in Europa endgültig zu Ende.

Zwingli und Calvin: die Reformation in der Schweiz

Ein weiteres Zentrum der Reformation hatte sich seit Mitte der zwanziger Jahre in der Schweiz gebildet. Zunächst war es hier Huldreich Zwingli (1484–1531), der Stadtpfarrer von Zürich, der sich unter dem Einfluß von Erasmus von Rotterdam und Luther gegen die kirchlichen Mißstände wandte und seit 1523 sein kirchliches Reformprogramm, das er in den »Siebenundsechzig Schlußreden« niedergelegt hatte, in der Kirchengemeinde von Zürich durchzusetzen suchte.

Eine vorbildliche Kirchengemeinde...

Weit größere Bedeutung für die Ausbreitung der »Reformierten Kirche«, wie diese schweizerische Linie der Reformation genannt wird, gewann aber ein Mann, der seit Ende der dreißiger Jahre in der Kirchengemeinde von Genf reformatorisch wirksam war: Jean Calvin. 1509 in Noyen in Nordfrankreich geboren, studierte er in Paris zunächst Rechtswissenschaften und Philosophie und wandte sich erst später der Theologie zu. Als Anhänger der reformatorischen Lehre, zu der er sich bekannte, war er 1534 gezwungen, aus Paris zu fliehen. Er ließ sich zunächst in Basel nieder und verfaßte dort sein theologisches Hauptwerk, »Unterricht im Christentum«, in der er seine Lehre zur Darstellung brachte. Einige Jahre später wurde er mit der Neuordnung der kirchlichen Verhältnisse der Stadt Genf beauftragt. Mit unbeugsamen Willen, oft aber auch mit grausamer Härte errichtete Calvin in den folgenden Jahren in Genf eine Kirchenordnung, die seinen religiösen Prinzipien in vorbildlicher Weise gerecht und zum führenden Zentrum der protestantischen Welt wurde.

Neben einer Stellung im Streit um das Abendmahl, die sich vom katholischen Glauben ebenso wie vom Standpunkt Luthers unterschied, war es vor allem seine Lehre von der doppelten Vorherbestimmung des Menschen, die besonders kennzeichnend für Calvins Lehre war. Aus der unantastbaren Souveränität Gottes folgerte Calvin, daß Gott von Ewigkeit her das Schicksal der Menschen vorausbestimmt hat, Gott allein also ohne jede Mitwirkung des Menschen bestimmt, »was nach seinem Willen aus jedem Menschen werden sollte. Nicht alle nämlich werden mit derselben Bestimmung erschaffen, sondern dem einen wird das ewige Leben, dem anderen die ewige Verdammnis vorweggesetzt«. Durch diese Vorherbe-

PROMPTE   ET SINCERE ·

IOHANNES · CALVINVS ·
ANNO · ÆTATIS · 53 ·
· B ·

stimmung seines Heils ist der Mensch aber nicht der Verantwortung vor Gott enthoben. Ihm kommt vielmehr die Pflicht zu, die Ehre Gottes zu mehren, indem er die irdischen Dinge nach dem Willen Gottes gestaltet und bemüht ist, sein Leben durch einen fortwährenden Kampf gegen die Sünde zu heiligen. Gleichzeitig ist nach Calvins Anschauung aus dem Erfolg, der dem sittlichen Streben des Menschen in dieser Welt beschieden ist, mit einer gewissen Wahrscheinlichkeit ablesbar, ob einer zu den Erwählten gehört oder nicht. Sein sittliches Bemühen im irdischen Leben ist für den gläubigen Calvinisten deshalb nicht nur eine von Gott auferlegte Pflicht, sondern gleichzeitig ist ihm der Erfolg darin die Verheißung des ewigen Heils, woraus für die Anhänger dieses Glaubens ein zusätzlicher Antrieb erwächst, diesen ethischen Anforderungen gerecht zu werden.

...wirkt in die ganze Welt

Ebenso wie Zwingli hat Calvin in seinen praktischen Reformen alle katholischen Kultformen wie Bilderschmuck und Altäre in den Kirchen, Reliquien und Prozessionen abgelehnt. Um der Konzentration der Gemeinde auf Predigt und Gebet keinen Abbruch zu tun, fand der Gottesdienst in kahlen Versammlungsräumen statt. Durch die Wahl der Vertreter für verschiedene Ämter leitete sich die Kirchengemeinde selbst. Die bedeutsamste Einrichtung war das Konsistorium, ein aus Pastoren und den Gemeindeältesten gebildetes Sittengericht. Es wachte mit unerbittlicher Strenge nicht nur über den regelmäßigen Besuch des Gottesdienstes durch die Gemeindemitglieder, sondern kontrollierte auch deren Privatleben aufs genaueste. Karten- und Würfelspiele waren ebenso verboten wie prunkvolle Kleidung oder ausgedehnte Gelage. Wer gegen ein Gebot des Konsistoriums verstoßen hatte, wurde nicht nur mit einer Kirchenstrafe belegt, sondern auch durch die weltliche Obrigkeit bestraft. So wurde der »Genfer Gottesstaat« nicht zuletzt mit Folter und Tod gegen Sünder des eigenen Glaubens und auch gegen Andersgläubige durchgesetzt. Auf diese Weise wurde eine ganze Stadtgemeinde zu treuer Gefolgschaft gegenüber der calvinistischen Lehre erzogen und Genf zu einem Zentrum der reformierten Kirche gemacht, von dem aus der Calvinismus sich über ganz Europa ausbreitete.

Die Hugenottenkriege in Frankreich und der Befreiungskampf der Niederlande

»Unter dem Deckmantel der Religion atmete man nur Rache, Haß, Mord und Brand«

In Frankreich kam es in der zweiten Hälfte des 16. Jahrhunderts regelrecht zum Bürgerkrieg zwischen den Anhängern Calvins – den Hugenotten, wie sie hier genannt wurden –, deren Führer dem Geschlecht der Bourbonen entstammten, und der katholischen Mehrheit Frankreichs, die von dem lothringischen Adelsgeschlecht der Guise angeführt wurde. Die Greueltaten, die sich die verfeindeten Parteien wechselseitig zufügten, fanden ihren Höhepunkt in der Bartholomäusnacht vom 23. auf den 24. August 1572. Angestiftet von Katharina von Medici, der italienischen Mutter des damaligen Königs Karl IX., die den zunehmenden Einfluß der Hugenotten auf ihren Sohn unterbinden wollte, wurden in dieser Nacht in Paris dreitausend Hugenotten vom Pöbel erschlagen, die teilweise nur zur Hochzeit der Schwester des Königs mit dem protestantischen Führer Heinrich von Navarra in Paris weilten. In der Folge wurden im ganzen Land noch Tausende von Hugenotten getötet. Erst nachdem 1598 im Edikt von Nantes die katholische Religion als Staatsreligion bestätigt wurde und den Hugenotten gleichzeitig eine beschränkte Religionsfreiheit gewährt und ihnen zu ihrer Sicherheit ungefähr zweihundert Orte überlassen worden waren, konnte in Frankreich der religiöse Friede wieder hergestellt werden.

Phillipp II. muß eine Niederlage hinnehmen

Auch in den Niederlanden kam es zu kriegerischen Auseinandersetzungen zwischen den Anhängern der reformierten Kirche und Vertretern der katholischen Konfession. Die Niederlande gehörten im 16. Jahrhundert noch zu Spanien, das von Philipp II., dem Sohn Karls V., dem großen Widersacher Luthers im deutschen Reich, regiert wurde. Auch dieser hatte sich den Kampf gegen den »Lutheranismus« im eigenen Land ebenso wie in England, Frankreich und den Niederlanden auf die Fahne geschrieben. Als Philipp II. 1565 versuchte, den Niederländern höhere Steuerlasten aufzubürden, ihnen ihre Selbstverwaltung streitig machte und mit Inquisitionsgerichten gegen das weitverbreitete Luthertum bzw. den Calvinismus vorgehen wollte, kam es zum Aufstand der Niederländer gegen die spanische Herrschaft. Der Versuch, den Widerstand der Niederländer mit Gewalt zu brechen – Herzog Alba errichtete in den Niederlanden eine fürchterliche Blutherrschaft –, schlug letztlich fehl. Zwar gelang es den Nachfolgern Herzog Albas, die spanische Herrschaft im südlichen Teil des Landes – dem heutigen Belgien – durch politische Zugeständnisse zu behaupten, die nördlichen, reformierten Niederlande – in etwa identisch mit dem heutigen Staatsgebilde – erklärten aber bereits 1581 ihre Unabhängigkeit von der spanischen Krone, die von dieser im Jahr 1609 praktisch anerkannt wurde.

Heinrich VIII. war ein prachtliebender und gewalttätiger Renaissance-fürst. Er ehelichte sechs verschiedene Frauen und ließ zwei von ihnen hinrichten.

Die Reformation im englischen Königreich

Eine Ehescheidung gibt Anlaß für eine Kirchenspaltung

Im Königreich England war es König Heinrich VIII. (1509–1547), der den Grundstein für die Entstehung der anglikanischen Kirche legte. Grundsätzlich der traditionellen Lehre zugeneigt, sagte er sich aus persönlichen Gründen von der römischen Kirche los. In Sorge um die Thronfolge wollte sich Heinrich VIII. von seiner ersten Frau scheiden lassen, weil diese ihm keinen männlichen Thronfolger geboren hatte. Als der Papst sich weigerte, in diese Scheidung einzuwilligen, sagte sich Heinrich VIII. von der römischen Kirche los und zwang den englischen Klerus, ihn fortan als Oberhaupt der englischen Kirche anzuerkennen. 1534 wurde dieser Schritt vom englischen Parlament im Suprematsakt als rechtskräftig anerkannt. In der Folgezeit löste Heinrich VIII. zwar die Mönchsorden in England auf und ließ den riesigen Klosterbesitz zugunsten der Krone einziehen oder an den Adel bzw. das Bürgertum verkaufen, gleichzeitig ließ er dabei aber das Glaubensbekenntnis ebenso wie die Liturgie der englischen Kirche unangetastet, so daß von einer Reform der kirchlichen Lehre unter seiner Herrschaft noch nicht gesprochen werden kann. Erst unter seinem Nachfolger Eduard VI. verstärken sich die evangelischen Einflüsse und es entsteht eine besondere anglikanische Liturgie, die 1549 im »Commen Prayer Book« niedergeschrieben wurde. Sie wurde ergänzt durch die Herausbildung eines lutherisch-calvinistischen Mischbekenntnisses, das drei Jahre später in den »42 Artikeln« für die anglikanische Kirche verbindlich festgehalten wurde. Nachdem Maria die Katholische, die mit Philipp II. von Spanien verheiratet war, für kurze Zeit versucht hatte, in England wieder das katholische Bekenntnis zur Staatsreligion zu erheben, wurde unter Elisabeth I. (1558–1603) die Reform der anglikanischen Kirche fortgesetzt und gefestigt. Die Oberherrschaft des englischen Königs über die Kirche (Supremat) wurde in abgemilderter Form wieder hergestellt und 1563 wurde in den »39 Artikeln« ein calvinistisches Glaubensbekenntnis zur Grundlage der anglikanischen Kirche gemacht.

»Little Ease«, eine kleine »Bequemlichkeit« im Tower

Gerade unter der Herrschaft Elisabeth I. nahm die Verfolgung der Katholiken besonders scharfe Formen an. Es wurden Gesetze erlassen, die schon die Todesstrafe für denjenigen vorsahen, der die Königin eine

273

»Schismatikerin« oder »Ungläubige« nannte. Ja, es bedurfte sogar des ausdrücklichen Einschreitens des Adels, der sich selbst teilweise zum katholischen Glauben bekannte, um ein Gesetz zu verhindern, das den Empfang der anglikanischen Kommunion unter Androhung hoher Geldstrafen zur zwingenden Vorschrift machen wollte. Die Katholiken wurden im ganzen Land bespitzelt und verfolgt, und wer sich nicht zur anglikanischen Kirche bekennen wollte, oder wer sie gar verurteilte, fand sich nicht selten im Tower zu London wieder, wo ihn nicht nur jahrelangen Haft, sondern auch Folter und Tod erwarteten.

Dem »Tagebuch des Tower«, das von Rishton niedergeschrieben wurde, der 1580–1585 im Tower zu London gefangen lag, entnehmen wir die folgende Schilderung der dort üblichen Maßnahmen zur Mißhandlung der Gefangenen.

»Im Tower zu London waren damals namentlich die folgenden Arten von Folter im Gebrauche:

1. Die eigentliche Folter (rack, equuleus). Sie bestand aus einem länglichen Viereck von Eichenholz, das 3 Fuß über dem Boden waagrecht angebracht war. Der Gefangene mußte sich innerhalb dieses Rahmens rücklings auf den Boden legen; dann wurden Stricke um die Handwurzel und Fußknöchel geschnürt und dieselben durch Umdrehung von Holzwellen so angezogen, daß sich der Leib des Gefolterten vom Boden hob, waagrecht ausgespannt zwischen den Eichenrahmen hing und endlich die Glieder nicht selten aus ihren Gewerben gerenkt wurden. Stundenlang ließ man sie in dieser entsetzlichen Lage.

Eine verschärfte Form dieser Folter bestand darin, daß man, anstatt Stricke um die Knöchel zu befestigen, die Finger und Zehen durch dünne Schnüre mit dem Seilen verband, wobei sehr bald das Blut unter den Nägeln hervorspritzte. In den Foltergewölbe unter dem White Tower kann man heute noch im Fußboden die Löcher sehen, in denen die Folterwellen befestigt waren.

2. »Scavingers Tochter«. Wenn die Folter durch Auseinanderrenken der Glieder quälte, so marterte dieses Werkzeug durch gewaltsames Zusammenpressen derselben. Es war ein breiter Eisenring, der aus zwei Hälften bestand, welche auf der einen Seite durch ein Scharnier verbunden, auf der andern mittels eines Hakens geschlossen werden konnten. Der Gefangene mußte auf die untere Hälfte des Ringes knieen und sich möglichst eng zusammenkauern; dann kniete ihm der Henker auf die Schultern, preßte ihm die obere Hälfte des Ringes über den Rückgrat und schloß den Haken. So krummgeschlossen, wurde der Gefangene eine bis anderthalb Stunden mit Fragen bestürmt. Gewöhnlich bewirkte der entsetzliche Druck auf die inneren Organe heftige Blutungen durch Mund und Nase.

Anglorum diadema tenens sceptrumque paternu Hac forma insigni fortis Elisa nitet

POSVI DEVM
ADIVTOREM MEVM

ELISABET D. G. ANG. FRAN. HIB. ET VERG. REGINA
FIDEI CHRISTIANAE PROPVGNATRIX ACERRIMA

Tristia dum gentes circum omnes bella fatigant
Cæcique errores toto grassantur in Orbe,
Pace beas longa, vera et pietate Britannos
Justitiæ custos, moderans sapienter habenas.

Ò Flos labe carens, fidei sanctissima cultrix
Chara domi, celebrisque foris, spectataq Divis
Lux pietate nitens, tua virtus et inclyta factu
Sic faciant tandem te Cœlica Regna videre.

Honoris ipsius causa æri incidebat Crispianus Passæus Belga. 1592.

275

3. »Eiserne Handschuhe«. Dieselben preßten die Handgelenke durch eine Schraube zusammen; dann wurde der Gefangene mittels derselben an zwei Haken eines waagerechten Balkens aufgehängt und drei übereinander liegende Holzklötze wurden der Reihe nach unter den Füßen des Gemarterten entfernt. »Den Hauptschmerz empfand ich in der Brust«, sagt P. Gerard, der diese Folter erduldete, »dann im Unterleib, in den Armen und in den Händen. Ich hatte das Gefühl, als ob alles Blut meines Körpers mir in die Arme schösse und aus den Fingerspitzen ströme. Das war freilich eine Täuschung; aber die Arme schwollen so an, daß das Fleisch über den Rand der Eisenhandschuhe emporquoll. Nachdem ich eine Stunde so gehangen hatte, fiel ich in Ohnmacht; als ich wieder zu mir kam, hielten mich die Henker in den Armen und stellten die Holzklötze unter meine Füße. Allein sobald ich mich etwas erholte, stießen sie die Klötze wieder weg. So blieb ich fünf Stunden hängen, während welcher Zeit ich acht- oder neunmal in Ohnmacht fiel«. Mit dieser Folter verwandt sind die bekannten Daumenschrauben, die ebenfalls in Anwendung kamen.

4. Eine andere Folter war die unmittelbar neben der Folterhalle gelegene Gefängniszelle »Little Ease«, die so eng ist, daß der Gefangene in derselben weder gehen, stehen, liegen, noch gerade sitzen, sondern nur zusammengekauert hin und her kriechen konnte. Rishton rechnet auch ein »unterirdisches Gewölbe, »The Pit« genannt, das 20 Fuß tief unter dem Boden lag und vollkommen dunkel war, zu den Folterqualen. In der Waffenhalle des Towers kann man heute noch die geschilderten Folterwerkzeuge teils in Wirklichkeit, teils in Modellen sehen. Die Führer haben aber die Vorsicht, den Besuchern zu erklären, diese grausamen Instrumente seien »von der spanischen Inquisition« gebraucht worden.

Die Folter war freilich damals in ganz Europa gebräuchlich; allein sie wurde nur bei enormen Verbrechen angewendet. Hier aber benützte man sie, um Priestern das Geständnis abzupressen, wer ihnen Gastfreundschaft geboten, wer bei ihnen gebeichtet, ja was man ihnen gebeichtet habe und was sie selbst gebeichtet hätten.«

Bevor wir uns nun den einzelnen Schicksalen der Märtyrer zuwenden, wollen wir noch in aller Kürze einen Blick auf die Kirche in Osteuropa werfen, die sich von der römisch-katholischen getrennt hatte und nun eigene Wege beschritt. Die Spannungen, die sich daraus entwickelt haben, werden hier Erwähnung finden.

Der Papst hat nicht immer recht –
die Entwicklung der orthodoxen Kirche

Die orthodoxe Kirche hatte sich zwar bereits früher von der lateinischen Kirche abgespalten, ihre Differenzen zur katholischen Kirche traten aber jetzt, zu Zeiten, in denen allerorts religiöse Fragen laut wurden, auch wieder deutlicher ins allgemeine Bewußtsein.

Kaum war mit dem Toleranzedikt von Mailand (313 n. Chr.) die völlige Religionsfreiheit für die Christen im römischen Reich hergestellt und damit die äußere Bedrohung aufgehoben, brachen Konflikte, zunächst rein dogmatischer Natur, innerhalb der christlichen Gemeinschaft auf. Insbesondere Fragen die Wesensbestimmung Christi betreffend (Christologie) waren es, um die auf den Konzilien zu Nicäea, Konstantinopel, Ephesus und Chalkedon im 4. und 5. Jahrhundert gestritten wurde. Neben diesen dogmatischen Differenzen war es vor allem das Primat, das der Bischof von Rom in der Nachfolge von Petrus über die östlichen Patriarchate Konstantinopel, Alexandria, Antiocheia und Jerusalem beanspruchte, das die Christen der damaligen Zeit wiederholt entzweite, weil der Klerus der östlichen Patriachate nicht bereit war sich dem Bischof von Rom als oberste Instanz der lateinischen Kirche zu unterwerfen. Nach dem Niedergang des weströmischen Reiches 476 n. Chr. führten verschiedene dogmatische Streitigkeiten wiederholt zu einer zeitweiligen Aufhebung der Kirchengemeinschaft zwischen den Kirchen des Westens und des Ostens. Der endgültige Bruch zwischen beiden Kirchen wurde aber erst 1054 mit der Überreichung der Exkommunikationsurkunde an den Patriarchen von Konstantinopel durch die Legaten Papst Leos IX. vollzogen. Seither existieren im Westen und Osten zwei voneinander unabhängige christliche Kirchengemeinden, die trotz wiederholter Versuche nicht wieder zusammenfinden konnten.

Bleibende dogmatische Differenzen zwischen beiden Kirchen sind vor allem der Zusatz der lateinischen Kirche zum Nicäanisch-Konstantinopolitanischen Bekenntnis, der besagt, daß der Heilige Geist nicht nur vom Vater, sondern auch vom Sohne (Filioque) ausgeht, ferner die von der römischen Kirche vertretene unbefleckte Empfängnis und leibliche Himmelfahrt Marias und schließlich die augustinischen Lehren von Sünde und Gnade, welche von der orthodoxen Kirche ebenfalls nicht anerkannt werden. Bezeichnende Unterschiede zwischen beiden Kirchen bestehen darüber hinaus in der von der römischen Kirche abgelehnten Priesterehe und nach wie vor in der Ablehnung des Primats des Papstes durch die östlichen Patriarchen.

Während die orthodoxe Kirche durch die Eroberungen Mohammeds seit 630 fast alle ihre Provinzen in Asien und Afrika verloren hatte, breitete sie sich andererseits vor allem unter den slawischen Völkerschaften des Ostens zunehmend aus; insbesondere das russische Volk konnte für die orientalische Religion gewonnen werden. Großfürst Wladimir, der Heilige von Kiew, war es, der 988 das Christentum byzantinischer Prägung in Rußland einführte. 1589 wurde dann das Oberhaupt der russischen Kirche als Patriarch den traditionellen Patriarchen gleichgestellt.

Eben in dieser Sphäre Ost- bzw. Südeuropas kam es gerade zu der Zeit der Glaubensspaltung in Europa, in der die katholische Kirche auch hier verstärkt missionarisch tätig war, zu Auseinandersetzungen zwischen den Anhängern der verschiedenen Glaubensbekenntnisse, in denen diese wiederholt ihr Leben für ihren Glauben gegeben haben. Auch ihren Schicksalen werden wir in den folgenden Lebensbildern begegnen.

Bischof Gregor geht seinen eigenen Weg

Bevor wir nun zu eben diesen Märtyrer-Schicksalen dieses Zeitraumes übergehen, sei hier zuletzt noch die Kirche Armeniens erwähnt, die bereits sehr früh ihre eigenen, gleichwohl aber christlichen Wege gegangen ist. Nachdem das Christentum bereits im 2. Jahrhundert im Land der Armenier Fuß gefaßt hatte, wurde es zunächst durch hartnäckige Verfolgungen wieder verdrängt und konnte sich erst um 300 unter der Führung des Bischofs Gregor – nach ihm, ihrem Begründer nennt sich die armenische Kirche auch gregorianische Kirche – in Armenien einrichten. Die armenische Kirche schloß sich damals im Streit um die Wesensbestimmung Christi den Monophysiten an, die in Christus nur eine Natur anerkennen, und lehnte deshalb die Beschlüsse des Konzils von Chalkedon ab, die die Lehre von den zwei Naturen Christi (Duae naturae, una persona) zum Inhalt hatten. Seither existiert die armenische Kirche getrennt von der orthodoxen Kirche, wenngleich ihre Liturgie und ihre Verfassung dieser sehr ähnlich ist.

Der heilige Fidelis von Sigmaringen

geb.: 1577
gest.: 1622
Fest: 24. April

Markus Roy, wie der heilige Fidelis mit bürgerlichem Namen hieß, wurde 1577 in Sigmaringen als Sohn des dortigen Stadtschultheißes geboren. Der außergewöhnlich begabte junge Mann studierte zunächst in Freiburg im Breisgau Philosophie und Rechtswissenschaften. Nachdem er 1601 zum Magister der freien Künste ernannt worden war, unterbrach er seine Studien für einige Jahre und begleitete zwischen 1604 und 1610 einige Adelige, die ihr Studium beendet hatten, auf einer Studienreise durch ganz Europa. Die Reise führte ihn durch Deutschland, Frankreich, Spanien und Italien und gab dem jungen Studenten die Möglichkeit, seine sprachlichen Kenntnisse zu erweitern. Wieder zurückgekehrt, nahm Fidelis seine Studien wieder auf und wurde schließlich am 7. Mai 1611 Doktor beider Rechte. Nach einer kurzen Praxis als Anwalt in Ensisheim im Elsaß, in der er sich allseits großes Ansehen und beim einfachen Volk den Titel »Advokat der Armen« erwarb, fühlte sich Dr. Markus Roy zum Priesterberuf hingezogen. Er legte die Anwaltschaft nieder, trat 1612 in den Orden der Kapuziner ein und legte ein Jahr später am 4. 10. 1613 in Freiburg im Breisgau die »feierliche Profeß« ab. Seine theologischen Studien holte er in den folgenden Jahren in Konstanz und Frauenfeld nach und tat sich zwischen 1617 und 1620 als Prediger in Altdorf, Freiburg und Feldkirch hervor. Beim Versuch der Rekatholisierung Graubündens leitete Fidelis von Sigmaringen die Graubündener Mission. Dabei wurde er am 24. 4. 1622 bei der Predigt zu Seewis im Prättigau beschossen und auf der Flucht aus der Kirche von calvinistischen Bauern ermordet. Fidelis von Sigmaringen wurde um 1729 selig- und 1746 heiliggesprochen.

Das ungeheure Sendungsbewußtsein, das diesen starken Mann auszeichnete, belegt sehr eindringlich die folgende Schilderung der letzten Lebensjahre des heiligen Fidelis, die wir einer Legendensammlung des vergangenen Jahrhunderts entnehmen.

Nun aber wurde es ihm von Gottes Vorsehung zubeschieden, in ganz besonderer Weise für den katholischen Glauben zu wirken und zu leben und endlich auch dafür zu sterben. Graubünden in der Schweiz stand

damals unter österreichischer Botmäßigkeit, hatte sich aber zum großen Teil dem calivinistischen Glauben ergeben. Sowohl von der Landesbehörde als auch durch ein päpstliches Breve wurde Fidelis aufgefordert, als Glaubensprediger sich dahin zu begeben. Er war alsbald bereit dazu, obschon er voraussagte, daß er sein Leben dabei lassen müsse. Aber dieses war es gerade, um was er in jeder hl. Messe betete, einmal daß er nie eine schwere Sünde tue, und dann, daß er für den Glauben sein Blut vergießen dürfe. In kältester Winterzeit, auf das Fest der hl. Könige, begann er sein apostolisches Amt, nämlich in den Bergen umherzuziehen und den abgefallenen Gemeinden wieder die Lehre der katholischen Kirche zu predigen. Der Zulauf war sehr stark; außer seinen Predigten und Unterredungen machte ganz besonders der Umstand großen Eindruck auf die Protestanten, daß Fidelis in bitterer Kälte mit bloßen Füßen, in einer armseligen Kutte Stunden weit im Schnee wanderte und die Dörfer aufsuchte; dann matt und hungrig, von Frost halb erstarrt, alsbald auf die Kanzel stieg und das Wort Gottes verkündigte, rein nichts suchend als das Heil der verirrten Seelen. Ja selbst über schwer zu besteigende schneebedeckte Berge stieg er, nicht um volkreiche Gegenden aufzusuchen, sondern um selbst in einsame arme Hütten die heilbringende Lehre zu tragen und die Betörten vom Irrtum zurückzuführen. Das einzige, was Fidelis an Geschenken annahm, war bloß die notwendige Nahrung, um niemandem beschwerlich zu fallen; und nach aller Anstrengung war oft ein erbetteltes Stück schwarzes rauhes Brot seine Erquickung und sein Bett ein wenig Heu in einem Stall. Durch dieses apostolische Benehmen erwarb er sich die Hochachtung selbst solcher Protestanten, welche starr auf ihren Irrtümern verharrten. Hingegen wurden auch sehr viele wieder ganz für die katholische Kirche gewonnen, so daß sie offen ihre bisherigen Irrtümer verwarfen und freudig zum alten Glauben zurückkehrten. Ja selbst ohne Predigt bekehrte einmal der hl. Fidelis einige Calvinisten. Diese waren nämlich bloß aus Fürwitz in die Kirche gegangen, um den hl. Fidelis die Messe lesen zu sehen. Die innige Andacht und tiefe Ehrfurt, womit Fidelis diese heilige Handlung verrichtete, machte hier einen so tiefen Eindruck auf sie, daß sie ihre Leichtfertigkeit bereuten und mit Glauben und Hochachtung gegen das heilige Meßopfer erfüllt wurden.

Mehr und mehr nahm die Rückkehr zur katholischen Kirche in Graubünden zu, manche der vornehmsten Männer kamen durch den unermüdlichen Unterricht des hl. Fidelis zur Erkenntnis. Darüber aufgebracht, kam einmal ein angesehener Protestant, Rudolf von Gugelberg, zu Fidelis und forderte ihn zu einer öffentlichen Disputation heraus, in der Hoffnung, er könne den katholischen Glauben widerlegen. Fidelis nahm an, und so wurde mehrere Stunden lang vor vielem Volk zwischen beiden die gegenseitigen Glaubensartikel bestritten und verteidigt. Allein Rudolf von

Gugelberg wurde gänzlich widerlegt und beschämt, so daß er keine ordentliche Antwort mehr geben konnte. Er lief nun in der Nacht noch zu einem calvinistischen Prediger, dem er den Verlauf erzählte und fragte ihn, ob er nicht neue Beweise wüßte, womit man den Kapuziner widerlegen könne. Allein der Prediger wußte nur leeres Geschwätz und Schimpfereien gegen den katholischen Glauben vorzubringen. Rudolf war ein sehr verständiger Mann, deshalb brachte ihn das Gerede des Predigers erst recht zur Einsicht, wie es mit dem Calvinentum stehe. Voll Unwillen über seine bisherige Verblendung stellt er sich den andern Tag wieder bei Fidelis ein, verwirft frei und offen seine bisherigen Irrtümer und läßt sich in die katholische Kirche aufnehmen.

Derartige Bekehrungen machten die calvinischen Prediger höchst besorgt, und sie wußten zuletzt kein anderes Mittel mehr, sich zu helfen, als daß sie den Ratschluß faßten, alles Volk in Graubünden, das noch nicht katholisch sei, zu einem allgemeinen Aufstand gegen die östreichische Herrschaft und die katholischen Glaubensprediger aufzuhetzen. Solches geschah dann auch; es wurde den Bauern vorgespiegelt, wenn sie auch in diesem Aufstand für die calvinische Religion das Leben verlieren, so werden sie mit der Märtyrkrone im Himmel belohnt. Ja die Schlechtigkeit ging so weit, daß falsche Briefe verfertigt wurden, als kämen sie von Erzherzog Leopold und wären aufgefangen worden, worin die Lüge stand, die Soldaten sollten mit Gewalt der Waffen die Leute zum katholischen Glauben zwingen.

Die umständliche Erzählung dieses Aufstandes muß ich übergehen und komme nun unmittelbar an das Ende des hl. Fidelis. Er wurde gewarnt und hatte auch selbst die bestimmte Voraussicht, was ihm bevorstehe; jedoch ließ er sich nicht abschrecken, sondern sprach: »Wenn ich von den Calvinisten überfallen werden, so werde ich tun, was die Märtyrer getan haben, ich werde wie sie den Tod umarmen und es als eine besondere Gnade vom Himmel ansehen, für den Glauben sterben zu dürfen«.

Während es überall gärte und an manchen Orten die Rebellion schon ausgebrochen war, fuhr Fidelis unerschrocken fort, den katholischen Glauben zu predigen. Den 24. April 1622 predigte Fidelis in dem Orte Grusch. Es waren aber fast nur östreichische Soldaten in der Predigt; die Bauern hatten ihm sagen lassen, er solle nach Seewis kommen, dort wollten sie ihn hören; mitten in der Predigt wurde er totenblaß und konnte kein Wort mehr reden – nach einiger Zeit fuhr er fort, ohne zu sagen, was an ihn gekommen war. Gleich nach der Predigt ging er nach Seewis. Hier predigte er über die Worte: »Ein Herr, ein Glaube, eine Taufe«.

Ein östreichischer Hauptmann hatte es sich nicht nehmen lassen, den hl. Fidelis mit seinen Soldaten zu begleiten. Sie gingen selbst in die Kirche und ließen nur eine Schildwache bei den vor der Kirche aufgestellten

Gewehren zurück. Plötzlich hörte man einen Schuß und ein fürchterliches Geschrei; die Rebellen waren gekommen und hatten die Schildwache getötet und einer schoß von der Kirchtüre aus auf den hl. Fidelis. Die Kugel ging aber neben ihm in die Wand. Die Soldaten wollten ihre Waffen holen, allein vor der Kirche war eine große Rotte Aufrührer, auch zogen die Bauern in der Kirche ihre bisher verborgenen Waffen vor und eilten ihnen nach. Die Soldaten wurden nun zum Teil getötet, zum Teil gefangen genommen. Fidelis wollte nach Grusch zurück, aber kaum war er etwas vorwärts gegangen, als etwa zwanzig Bauern unter Lästern, Fluchen und Schreien auf ihn loskamen. Man hieß ihn einen Heuchler, Verführer, Ketzer; er wurde geschlagen und getreten; einige riefen: »Schlagt ihn tot«, andere: »Schwör dem katholischen Glauben ab«, andere: »Gib dich gefangen«! Da führte einer mit dem Schwert einen Hieb auf ihn und traf ihn von hinten den Kopf. Fidelis stürzte nieder, erhob sich aber bald wieder auf die Knie und betete laut für seine Mörder um Verzeihung. Jetzt hieben, stachen und schlugen alle auf ihn wie auf einen wütenden Hund, und zuletzt zerschmetterte ihm einer mit einem Sternkolben die Hirnschale in viele Stücke. Mehr als zwanzig Stiche fanden sich in seiner Brust, seine Rippen auf einer Seite waren fast alle eingeschlagen, selbst ein Schenkel war bis auf das Bein durchstochen. Wo wird der rechte Glaube sein, bei Fidelis oder bei seinem Mördern?

Die Antwort auf diese Frage hat ein calvinischer Prediger Namens Jodokus gegeben. Diesem erzählte einer der Mörder den ganzen Hergang und sagte, am wundersamsten sei gewesen, daß, je ärger sie auf Fidelis geschlagen und gestochen hätten, desto freundlicher und schöner sei sein Antlitz geworden. Jodokus wurde darüber sehr nachdenklich und machte den Schluß, so könne nur der wahre Christ sterben; Fidelis müsse den echten Glauben gehabt haben. Jodokus wurde katholisch und lief selbst in die Dörfer, wo er früher calvinisch gepredigt hatte und rief mit lauter Stimme: »Ich habe euch nur Falschheiten gepredigt; der römisch-katholische Glaube ist der Wahre, und evangelische Wahrheit ist das, was Fidelis gepredigt hat«!

Niccolò Rusca

geb.: 1563
gest.: 1618
Fest: 2. September oder 25. August

Niccolò Rusca wurde im April 1563 in Bedano bei Lugano als Sohn einer adeligen Familie geboren. 1580 bis 1587 studierte er am Collegium Helveticum in Mailand und wurde 1588 Pfarrer in Sessa. Seit 1590 war er Erzpriester in Sondrio im Veltlin, wo er sich im Streit mit den von den Graubündner Landesherren unterstützten Reformierten besonders hervortat. 1617 wurde er wegen angeblicher hochverräterischer Umtriebe verhaftet und vor das Strafgericht zu Thusis in Graubünden gestellt. Er starb unter der Tortur, ohne überführt worden zu sein. Die Gebeine des Märtyrers wurden 1845 nach Sassella bei Sondrio überführt. Der Legendensammlung des Herrn Alban Stolz entnehmen wir die Schilderung der letzten Tage des Märtyrers. Sie zeigt deutlich, welche Grausamkeiten vormals sogar aus unterschiedlichen Glaubensbekenntnissen entstehen konnten.

Da auf diese Weise Ruska nicht nur durch sein Wort, sondern auch durch die Tat predigte, wo der wahre Glaube sei, so war er vielen Irrgläubigen, insbesondere ihren Predigern, eine höchst verhaßte Person. Weil sie ihn aber nicht widerlegen konnten, so trachteten sie ihn von der Welt zu schaffen, in ähnlicher Weise wie einst die Hohenpriester und Schriftgelehrten den ihnen verhaßten Heiland zu töten suchten. Gelegenheit, um dieses boshafte Ziel zu erreichen, gab folgender Umstand. Damals war in Graubünden eine große Zwietracht, weil die Protestanten ein neues Bündnis mit Venedig machen wollten, während die Katholiken dagegen waren und an dem alten Bündnis mit Spanien festhielten. Da aber die Zahl der Protestanten größer war, so wurden die Katholiken verfolgt, aus dem Lande gejagt und manche selbst ermordet. Nun hetzten die Prediger den Hauptmann Buolio, einen Feind der Katholiken, auf, er solle den Erzpriester Ruska als einen Anhänger der Spanier verhaften. Damit aber das katholische Volk sich nicht zur Wehr setze für seinen Priester, so wählten sie die Nacht zu diesem Werk der Finsternis. Eine Schar Soldaten untermischt mit den Predigern umstellten den Pfarrhof, stiegen mit Leitern zum

Fenster hinein in die Kammer, wo der fromme Priester schlief. Sie rissen den alten Mann aus dem Bett, ließen ihm kaum Zeit sich anzukleiden, banden ihm die Hände zusammen, legten ihm Ketten an die Füße, und nachdem sie noch das Haus geplündert hatten, schleppten sie ihn in das Gefängnis.

Damit man nun einen Vorwand habe, den Gefangenen zum Tod zu verurteilen, so schrieben die Prediger falsche Briefe, worin sie seine Handschrift nachmachten und bestellten falsche Zeugen, die ihn eidlich der Landesverräterei beschuldigen sollten. Sie hatten auch den Plan, den ehrwürdigen Priester auf einen Karren zu setzen und wie einen Mörder, die Hände auf den Rücken gebunden, nach Thusis zu führen. Einige weltliche Protestanten jedoch waren menschlicher und sagten, es zieme sich nicht, einen Priester, wenn er auch katholisch sei, der ohnedies noch nicht verurteilt sei, dergestalt zu behandeln. Als Ruska nach Thusis gebracht war, führte ihn der Henker in ein abscheuliches Gefängnis unter der Erde, zeigte ihm Marterwerkzeuge und drohte damit, wenn er nicht bekenne, daß er jene hochverräterischen Briefe geschrieben habe.

Als Ruska den andern Tag vor das Gericht geführt wurde und standhaft leugnete, daß er jene Briefe geschrieben und das Vaterland an Spanien verraten habe, wurden die Richter voll Zorn und befahlen die Folter an dem bald 80 Jahre alten Greise anzuwenden. Der Henker zog ihm die Oberkleider aus und band ihm die Hände auf den Rücken. Da er jedoch aus Mitleid mit dem alten Priester das Seil nicht ganz scharf anzog, so sprangen einige Prediger hinzu, schalten den Henker, lösten das Seil noch einmal, schnürten dann die Daumen aus allen Kräften zusammen, zogen ein Seil hindurch und zogen dann langsam den großen Mann in die Höhe, so daß er mit rückwärts gedrehten Armen an den zusammengepreßten Daumen mit der ganzen Schwere seines Leibes hing. In dieser fürchterlichen Qual ließ man ihn drei Stunden lang. Dabei wurde fortwährend in ihn gedrungen, er solle sein Verbrechen gestehen, sonst werde er noch ärger gefoltert. Allein da Ruska immer standhaft die Falschheit jener Briefe und Zeugen behauptete, so kamen die calvinischen Prediger ganz in Wut; einer um den andern sprang auf den armen Priester los, ergriffen ihn an den Füßen und zogen mit aller Gewalt daran, so daß ihm fast alle Glieder aus den Gelenken verrenkt und unbeschreibliche Schmerzen verursacht wurden. Was tat Ruska dabei? Er opferte seine Qualen in Vereinigung mit dem Leiden Christi Gott auf als Sühne für alle Sünden, die er etwa im Leben begangen sollte haben.

So ging es fort bis gegen Abend. Da machten sich seine Peiniger davon, um ein üppiges Mahl zu halten; währenddessen ließen sie Ruska am Folterseil hängen und ein Schreiber mit zwei Zeugen mußte bei ihm bleiben, um es sogleich aufzuzeichnen, wenn Ruska etwas bekennen würde. Von Zeit zu Zeit lief einer von den Predigern aus Mutwillen vom Tisch hinweg und trieb seine unmenschliche Grausamkeit an dem Gefolterten. Endlich gegen Dämmerung erbarmten sich einige von den weltlichen Beisitzern des Gerichtes und ließen den Schmerzensmann vom Seil herab, legten ihn auf das Stroh und gaben ihm etwas Wein und Wasser, damit er nicht zu früh sterbe. Da aber die Prediger von ihrem üppigen Essen und reichlichen Trinken herunterkamen, nötigten sie den Henker, den halbtoten Greis noch einmal an der Folter hinaufzuziehen und legten auch selber Hand an unter den schändlichsten Späßen und Gelächter. Nun quälten ihn die angetrunkenen Unmenschen fast die ganze Nacht hindurch. Und Ruska?

Man hörte von ihm nicht ein einziges Wort der Erbitterung und der Ungeduld aus seinem Munde; im Gegenteil sagte er Gott Dank, daß er auch etwas für die Ehre seines Namens leiden dürfe und bat nur um Stärke und Standhaftigkeit, in seinem Dienste und für die katholische Religion Blut und Leben zu lassen.

Weil aber diese teuflischen Menschen um jeden Preis dem gottseligen Ruska ein Geständnis abzwingen wollten: so fingen sie am anderen Morgen ihre Schinderei aufs neue an. Sie hingen ihn nicht nur wieder an das Folterseil, sondern banden ihm auch noch schwere Gewichtsteine an die Zehen, schimpften und spotteten über ihn, über den Papst, die Bischöfe, die Priester, die Jesuiten, stießen und drehten ihn am Seil herum. Während Ruska aber vor den tausendfältigen Grausamkeiten kaum mehr Atem schöpfen konnte, betete er unaufhörlich für sich und seine Pfarrkinder und für die ganze katholische Kirche. Nun drohten sie ihm, wenn er nichts gestehe, so würden sie ihn auch noch mit brennenden Fackeln und glühendem Eisen brennen. Ruska erklärte, daß er an allem unschuldig sei und nichts zu bekennen habe; er verzeihe ihnen aber aus christlicher Liebe alle diese Unbilden und er bitte auch Gott, daß er ihnen verzeihen möge. Darauf wurden sie noch rasender, sie spien ihm ins Gesicht, schlugen ihn mit Fäusten, drehten den Leib am Seil im Kreis herum. Dann gingen sie wieder zu ihrer Schlemmerei und ließen den Märtyrer hängen.

So war es nun schon zwei Tage und eine Nacht fortgegangen, als das Seil von dem vielen Umtreiben und der Schwere der Last endlich zerriß. Ruska stürzte auf den Boden, wobei ihm innerlich einige Adern zerrissen, so das ihm das Blut zu Mund und Nase herausfloß. Der Henker erschrak, lief hinzu, legte den Schmerzensmann auf das Stroh, wischte ihm mit einem Tuch das Blut ab, saß zu ihm und weinte selbst aus Mitleiden. Da kamen nun die Richter, welche gehört hatten, Ruska sei heruntergefallen, halb betrunken herbeigelaufen, schalten den Henker aus und befahlen ihm auf der Stelle, den halbtoten Greis wieder an die Folter zu hängen. Sie legten unter Spott und Hohn selbst Hand an, da Ruska nicht mehr stehen konnte, banden ihn ans Seil und zogen ihn unter entsetzlichen Schmerzen wieder in die Höhe; sodann liefen sie wieder zu ihrem Essen, wo sie auch noch mit schlechten Weibspersonen Mutwillen trieben und Gesundheit tranken auf das Bündnis gegen die Katholiken.

Nun fühlte der treue Streiter Christi, daß sein letztes Stündlein endlich gekommen sei. Unter Tränen und Seufzen betete er nur noch: »Ach Herr Jesu, du weißt, daß mir von Grund meines Herzens leid ist, daß ich dich so vielmal mit meinen Sünden durch mein ganzes Leben beleidigt habe; ich wollte auch gerne in dieser letzten Stunde alles vollständig beichten, wenn ich einen Priester haben könnte und vor meinem Ende das allerheiligste Sakrament deines Leibes und Blutes würdig empfangen; aber weil dies nicht sein kann, so nimm, o barmherzigster und gütigster Heiland, nimm den Willen für das Werk an. Auch bitte ich dich insbesondere, Herr Jesus, daß du allen jenen, die mich hassen und zum Tod verfolgen, alle Versündigungen gegen mich verzeihen mögest, wie ich ihnen auch von Herzen verzeihe«. Hierauf schwieg er und es überkam ihn wie eine Ohnmacht; als er sich wieder ein wenig erholt hatte, fuhr er fort, im Gebet seine Landsleute Gott zu empfehlen, daß er die kleine Herde der Katholiken im Glauben erhalten, die andern aber aus der Verblendung wieder zu der wahren Kirche zurückführen möge. Dann rief er die seligste Jungfrau und die Heiligen um Beistand an in der letzten Stunde, grüßte noch seiner Gewohnheit gemäß die allerheiligsten fünf Wunden; endlich rief er zum letzten: »Jesus, Maria!« schloß selbst die Augen und gab seinen Geist auf.

Alsbald wurde den Richtern der Tod des gottseligen Priesters gemeldet; sie liefen herbei, der Leichnam wurde vom Seil herabgelassen und besichtigt. Da ihnen die Gesichtsfarbe so lebhaft schien, so wollten sie nicht recht glauben, daß kein Leben mehr in ihm sei; einer der Prediger versetzte dem toten Leib Fußtritte, stieß ihn herum, und der Henker mußte ihn noch einmal am Seil hinaufziehen, wo dann der Tote ebenso mißhandelt wurde, wie da er noch lebte. Als sich nun herausstellte, daß er gestorben sei, so wurde Beratung gehalten, wo man den Leichnam begrabe. Alle Prediger stimmten einheitlich, er müsse unter dem Galgen begraben werden; hingegen einige weltliche Richter, obschon auch Protestanten, erklärten es für unrecht, einen Menschen, der selbst bei so schwerer Folter kein Verbrechen gestanden habe, nach dem Tod noch so zu beschimpfen. Allein die Prediger setzten es mit ihrem leidenschaftlichen Geschrei durch, daß der selige Ruska als Landesverräter auf eine Schleife gebunden und mit großem Lärm und Gelächter zum Galgen geführt, in eine Grube geworfen und mit Erde und Steinen zugedeckt werde.

Die sterblichen Überreste des ehrwürdigen Märtyrers wurden 1619 nach Pfäfers überführt und ruhen seit 1845 in Sassella bei Sondrino.

Die Märtyrer von Aubenas, Jakob Sàles und Wilhelm Saultemouche

gest.: 1593
Fest: 13. Februar

Am 21. März 1556 zu Lezoux in der Auvergne geboren, absolvierte Jakob Sàles sein Studium bei den Jesuiten in Billan und trat 1573 in das Noviziat des Ordens ein. Nachdem er Priester geworden war, war er seit 1586 Professor für Philosophie und Theologie in Pont-à-Mousson und Tournon, wobei er insbesondere die von den Calvinisten damals heftig angegriffene katholische Lehre vom heiligsten Altarsakrament verteidigte, weshalb er auch ein Buch über die heilige Eucharistie verfaßt hat. Schließlich wurde er mit der Mission in Frankreich beauftragt, wo er zu den Calvinisten abgefallene Gläubige wieder für die katholische Kirche gewinnen sollte. Nachdem er eine Weile in der unmittelbaren Nähe von Genf gewirkt hatte, wurde er im November 1592 beauftragt, in Aubenas zu predigen, das kurz zuvor den Hugenotten entrissen worden war. Nach Aubenas wurde Jakob Sàles von Wilhelm Saultemouche begleitet, der 1557 in St.-Germain-l'Herm geboren worden war und seit 1579 dem Jesuitenorden als Laienbruder angehörte. Nachdem die beiden Missionare erst kurze Zeit in Aubenas gewirkt hatten, wurde es am 6. 2. 1593 erneut von den Hugenotten erobert und Jakob Sàles und sein Begleiter von Soldaten ergriffen und vor die protestantischen Prediger geführt. Nach langen Disputationen insbesondere über das Wesen der heiligen Eucharistie, in denen sich sowohl Jakob Sàles als auch Wilhelm Saultemouche offen zur katholischen Lehre bekannten und diese unerschrocken verteidigten, wurden sie eingekerkert und erst am nächsten Tage erneut zum Verhör vorgeführt. Als sie sich jetzt auch unter der Folter weigerten, das zu widerrufen, was die katholische Kirche über die Gegenwart Jesu Christi im heiligsten Sakrament lehrt, wurden sie schließlich von den calvinistischen Soldaten getötet. Die beiden Märtyrer wurden 1926 selig gesprochen; ihre Reliquien ruhen in Avignon.

Dem Bericht eines Augenzeugen entnehmen wir die folgende Schilderung ihres Martyriums.

Die Leute waren allmählich des traurigen Schauspieles müde und verließen nach und nach die Straße. Ein hugenottischer Offizier gab einem Soldaten den Befehl, die beiden Jesuiten niederzustrecken. Um keinen Preis der Welt könne er Leute töten, die niemand etwas zu leid getan, erwiderte der wackere Soldat und ließ sich lieber mißhandeln, als daß er die Untat vollzog. Endlich gab sich ein gewisser Soldat Vital Suchon dazu her, den Mord auszuführen. Er forderte den Pater auf, einen gewissen Abstand einzunehmen, um ihn so bequemer erschießen zu können. Der Angeredete wandte sich zu letztenmal dem Bruder Wilhelm zu und sagte: »Empfehlen wir uns Gott«. Dann kniete er auf die Straße nieder, um den Todesschuß zu erwarten.

Während Pater Sàles mit lauter Stimme den heiligen Jakobus, den heiligen Stephan, Jesus und Maria anrief, legte der Mörder in einer ganz nahen Entfernung an und schoß ihm die Kugel in den Rücken. Mit dem Rufe: »Jesus, Maria« sank der Getroffene in sich zusammen. Sein Gebet, das er auf dem Boden liegend sprach, glich dem des gekreuzigten Heilandes: »Mein Gott,« so sprach er, »verzeihe ihnen!« Da er aber noch nicht tot war, stieß ihm Suchon seinen Degen in die Brust. Seine letzten Augenblicke waren offenbar dem gekreuzigten Erlöser gewidmet. Wie erfinderisch doch die Liebe zu Jesus den sterbenden Helden machte! Es steht ihm kein Kruzifix zur Verfügung, das man sonst den Sterbenden zum Kusse darzureichen pflegt. Nun bildet er selber ein Kreuz, indem er seine in der Priesterweihe gesalbten Daumen kreuzförmig übereinander legt und dieses »Kreuz« im Todeskampf andächtig mit Küssen bedeckt. Seine Feinde haben nichts Eiligeres zu tun, als ihm auch diesen letzten Trost zu rauben, indem sie ihm die Hände zerschlagen! Noch hat der Diener Gottes nicht ausgelitten. Da versetzt ihm ein Bürger von Aubenas den Todesstoß, indem er ihm mit einem Messer die Halsader durchschneidet. Dreimal lispelt er die Worte »Jesus, Maria« und er hat, wonach er sich seit Jahren gesehnt, den Tod für Christus gefunden.

Und der Bruder Wilhelm Saultemouche? Während der blutigen Szene kniete er einige Schritte von seinem Gefährten und betete und schaute, wie die Briefe der Lyoner Jesuitenprovinz vom Jahre 1593 ausdrücklich hervorheben, zur nahen Muttergotteskirche hinan, als ob er andeuten wollte, daß es ihm bald vergönnt sein werden, seine himmlische Mutter von Angesicht zu Angesicht zu sehen. Als der Pater Sàles verschieden war, warf sich der treue Gefährte auf dessen Leiche, als ob er der erste sein wollte, dem seligen Märtyrer seine Verehrung und Liebe zu beweisen.

Der gleiche Soldat Vitalis Souchon, der den Pater, anstatt ihn mit einem Schusse zu töten, so jämmerlich gequält, stieß nun seinen wohl noch vom Blute des ersten Märtyrers geröteten Degen dem daliegenden Bruder in den Leib. Nun hagelte es von allen Seiten Stockschläge, Säbelhiebe und Lanzenstiche. Eines der letzten Worte, die über seine Lippen kamen, lauteten: »Harre aus, mein Leib, noch ein wenig, harre aus.« Mit gekreuzten Armen rief er Jesus an und aus 18 Wunden blutend starb der zweite Held von Aubenas.

Die heiligen Märtyrer von Gorkum

gest.: 1572
Fest: 9. Juli

Im Freiheitskampf der Niederländer gegen Philip II. von Spanien besetzten die Geusen, also die Anhänger der reformierten Kirche der Niederlande und Gegner Philipps II., die Stadt Gorkum und nahmen dort drei Weltgeistliche, einen Regularkanoniker, einen Dominikaner und 11 Franziskaner gefangen, die sich zum traditionellen Glauben bekannten. Nach neuntägigen Mißhandlungen wurden sie nach Brielle abgeführt und dort zusammen mit einem Weltpriester und zwei Prämonstratensermönchen am 9. Juli 1572 gehängt, weil sie sich zum päpstlichen Primat und zur katholischen Abendmahlslehre bekannten. Papst Pius IX. hat die Märtyrer von Gorkum am 29. Juni 1867 heiliggesprochen.

Der Bericht, der uns durch die Bollandisten vom Tode dieser Märtyrer überliefert worden ist, gibt uns ein ergreifendes Bild von der Sehnsucht, die diese tapferen Männer nach dem Martyrium hatten, das sie mit dem Vater im Himmel vereinen sollte.

Im 16. Jahrhundert zur Zeit der sogenannten Reformation, gehörten die Kalviner (auch Geusen genannt) besonders in Holland zu den wütendsten Feinden und Verfolgern der katholischen Wahrheit. Bald loderte in allen Teilen des unglücklichen Landes die Fackel des Bürger- und Religionskrieges, und die Geusen verübten namenlose Frevel und Greuel an den Anhängern der katholischen Religion. 1572 eroberten sie die Stadt Dortrecht, wo sie den Katholiken Arnold Knoblaut an einer Segelstange aufhingen und zu Tode schossen; und nun kam die Reihe an das nur sechs Stunden von dort entfernt liegende Gorkum. Daselbst war ein Franziskanerkloster, welches sich durch die Zahl der frommen Brüder und durch strenge Beobachtung der klösterlichen Zucht auszeichnete. Guardian des Klosters war der ehrwürdige Nikolaus Pieck, und der städtischen Kirchengemeinde standen Leonhard Vechel als der eine und Nikolaus Poppel als der andere Pfarrer vor. Den 25. Juli 1572 in der Früh um 8.00 Uhr erschienen die Geusen vor Gorkum und belagerten die Stadt und die Burg, welche von dem königlichen Befehlshaber Kaspar Türk verteidigt wurde. Da versammelte der Guardian die Brüder seines Klosters, ermahnte sie und stellte einem jeden frei, dahin zu fliehen, wo er vor dem Feinde am sichersten zu sein glaubte. Er hatte bereits die heiligen Gefäße auf die Burg

Der hl. Nikolaus von Poppel.

gebracht, ließ auch die Bibliothek und die Kirchengewänder dahin schaffen und hatte beschlossen, mit einigen anderen, die sich dazu erboten, im Kloster zu bleiben. Endlich jedoch ging auch er mit vielen Katholiken in die Burg, weil man sich dort so lange zu halten hoffte, bis der König von Spanien der geängstigten Stadt Hilfe senden werde. Jedoch wartete man vergebens darauf. Kaspar Türk mußte endlich kapitulieren, und die Geusen raubten alles, was sie fanden. Die Laien wurden nach vielen Mißhandlungen entlassen; die Mönche und Priester jedoch in ein schmutziges unterirdisches Gefängnis gesperrt. Es waren das elf aus dem Orden des heiligen Fanziskus: der Guardian Nikolaus Pieck und folgende Mönche seines Klosters: Hieronimus von Werden, der Vikar des Gorkumer Klosters, Theodor von Emden, Nikasius Johannes von Heeze, Willehad aus Dänemark, Gottfried von Merville, Antonius von Werden, Antonius von Hornaer, Franziskus Rod, der eben erst zum Priester geweiht worden war und die beiden Laienbrüder Petrus von Asch und Kornelius von Wichem. Ferner Johannes von Osterwik, ein regluierter Kanoniker des hl. Augustin, der Dominikaner Johann von Köln, die beiden Pfarrer von Gorkum Leonhard Vechel und Nikolaus Poppel, der Weltpriester Gottfried Dunäus und noch drei, welche später abfielen aber durch drei andere ersetzt wurden.

Diese 19 Männer wurden zunächst in dem Kerker auf der Burg zu Gorkum gefangen gehalten und bereits dort auf die schändlichste Weise mißhandelt. Da jedoch die Mitbürger der Gefangenen in zunehmendem Maße ihren Unmut über die Festsetzung der Mönche und Priester zum Ausdruck brachten, fürchteten die Geusen, daß man ihnen ihre Opfer entreißen könnte. Deshalb brachten sie die 19 Männer in der Nacht auf Montag den 7. Juli nach Brielle, wo ihr Anführer, Graf Wilhelm von der Mark, sein Hauptquartier aufgeschlagen hatte.

Nachdem die Märtyrer bei ihrer Ankunft in Brielle durch den Grafen von der Mark ebenso wie durch den Pöbel in den Straßen die unerträglichsten Erniedrigungen über sich ergehen lassen mußten, wurden sie auch hier wieder in einen schauerlichen Kerker geworfen, der eigentlich für Verbrecher bestimmt war. Hier fanden sie bereits zwei Pfarrer eingesperrt, die kurz vorher von den Geusen festgesetzt worden waren. Der eine hieß Andreas Walter und war Pfarrer von Heinort, der andere Hadrian und war Pfarrer von Maesdam. Kurz darauf wurden noch zwei andere Geistliche in das Gefängnis geführt, nämlich die beiden Prämonstratensermönche Hadrian von Hilvarenbeek und Jakob Lakops, von denen der erste Pfarrer im Dorfe Münster und letzterer dessen Kaplan war.

Nachdem ein Versuch der leiblichen Brüder des Nikolaus Pieck gescheitert war, diesen von seinen Glaubensbrüdern zu trennen und ihn alleine zu befreien, weil dieser sich standhaft weigerte, seine Mitgefange-

nen in diesen schweren Stunden allein zu lassen, hofften nun die Katholiken von Gorkum einen Weg gefunden zu haben, alle Gefangenen zu befreien. Es war nämlich am 7. Juli auf ihr Anstiften ein Schreiben von Wilhelm von Oranien in Gorkum angekommen, das allen Befehlshabern der Städte und Ortschaften verbot, irgendeinem Priester oder Mönche lästig zu sein. Dieses Schreiben wurde dem Befehlshaber von Gorkum, Marin Brant eingehändigt, der einem katholischen Rechtsgelehrten eine Abschrift davon gab und ihn beauftragte, dasselbe an den Grafen von der Mark in Brielle zu übergeben. Durch dieses Schreiben fühlte sich jedoch der leidenschaftliche Graf in seinem Stolz dergestalt verletzt, daß er den Entschluß faßte, die Gefangenen sogleich töten zu lassen. Als er am Abend dieses Tages, den 8. Juli, eben wieder bei seinem Zechgelage saß, nahm er das Schreiben des Prinzen von Oranien, worin Schonung aller Gefangenen befohlen war, abermals zur Hand. Da bemerkte er, daß er nicht das Originalschreiben, sondern nur eine Abschrift davon bekommen habe. Darüber wurde er wütend vor Zorn, wandte sich augenblicklich an seinen Freund Omalius und erteilte ihm den Auftrag, die Gefangenen unverzüglich töten zu lassen; dadurch wollte er beweisen, daß er keinen Herrn über sich anerkenne. Es war bereits 11.00 Uhr nachts, als der Mordbefehl erteilt wurde. Nikolaus Pieck wurde in höchster Eile aus dem Hause des Oberrichters wieder zu den Übrigen in den Kerker geführt, und auch der Bruder Heinrich, welcher früher wankend geworden war, wurde ihnen wieder beigestellt. Hierauf wurden die Gefangenen zwei und zwei mit den Armen aneinandergebunden und um 1 Uhr nach Mitternacht, den 9. Juli 1572, unter starker Militärbegleitung auf den Richtplatz geführt. Die Zahl der Abgeführten war 21; aber nur 19 sollten die Krone erlangen. Der schwache Bruder Heinrich beichtete noch dem P. Antonius von Werden und alle legten noch ein vollständiges Sündenbekenntnis ab, um rein vor Gott erscheinen zu können. Am Wege stießen sie auf die Ruinen eines Klostergebäudes, welches von Augustiner-Chorherren bewohnt, von den Geusen aber zerstört worden war. Bei demselben stand noch ein großer Schuppen, in dem sich zwei Balken, ein sehr langer und ein kürzerer, in solcher Lage befanden, daß sie als Galgen dienen konnten. Folglich ward beschlossen, diesen Ort als Richtstätte für die Bekenner zu benützen. Da diese nun den nahen Tod vor Augen hatten, empfahlen sie Gott in gemeinschaftlichem Gebet ihren letzten Kampf, gaben und empfingen wechselseitig voneinander noch das letzte Mal die Generalabsolution und ermahnten sich, standhaft den Tod zu erdulden in Hinblick auf die nahe Krone der Seligkeit. Eines war ihnen das Schmerzlichste von allem, nämlich daß sie auf die roheste Weise aller ihrer Kleider beraubt wurden.

Zuerst bestieg der P. Guardian das Blutgerüst. Nachdem er seine Gefährten das letzte Mal umarmt hatte, sprach er zu ihnen: »Ich zeige euch hier den Weg, ja den Weg zum Himmel! Folget mit nach als tapfere Kämpfer Christi, auf daß nach gemeinschaftlichem Kampfe keiner fehle beim ewigen Triumph, der uns im Himmel erwartet!« Er hörte nicht eher auf, die Seinigen zu ermahnen und zu ermutigen, bis das Seil ihm die Kehle zuschnürte und seine Stimme erstickte. Noch einige Augenblicke, und er war als verklärter Heiliger im Himmel unter dem Tor der Märtyrer. Er war damals 38 Jahre alt.

Als des heiligen Nikolaus Mund im Tode verstummte, traten P. Hieronimus und Nikasius Heeze und die beiden Pfarrer von Gorkum, Leonhard und Nikolaus, an seine Stelle und ermahnten die Brüder zur Standhaftigkeit. Dieses war nicht unnötig, denn es standen einige Ketzer und unter ihnen ein kalvinistischer Prediger unter den Zuschauern und versuchten noch im letzten Augenblick, die heiligen Bekenner, insbesondere die Laienbrüder, durch allerlei Vorspiegelungen wankend zu machen. Unter den Bekennern zeichnete sich vor allen P. Nikasius durch seine himmlische Heiterkeit und seinen großen Eifer aus, die List der Irrlehrer zu bekämpfen und ihre teuflischen Bemühungen zu vereiteln. Er befahl den schwächeren Brüdern, auf die Frage derselben entweder gar nicht oder mit dem einfachen Bekenntnis ihres Glaubens zu antworten; er nahm selbst das Wort für sie und wies das Ansinnen der Verführer rasch durch die Worte zurück: »Das wollen sie nicht! Das werden sie nicht tun! Das werden sie niemals zugeben! Sie sind entschlossen, mit uns zu leben und zu sterben«! Dessen ungeachtet fielen aber zwei von den 21 Bekennern ab. Zuerst der Bruder Heinrich, der schon im ersten Verhör wankend geworden war. Er zählte erst 18 Jahre und hatte seine Ordensgelübde noch nicht abgelegt. Beim Anblick des Todes wandelte ihn Furcht an, er erklärte sich bereit zu allem, was man von ihm verlangte. Sofort wurde der Unglückliche von seinen Fesseln gelöst und aus der Schar der heiligen Bekenner herausgezogen. Als P. Hieronimus die Leiter hinanstieg, trat ein kalvinistischer Prediger zu ihm und lud ihn ein, den katholischen Glauben zu verlassen und zu der »reinen Lehre des Evangeliums« überzutreten und nicht Maria oder Petrus und andere Heilige, sondern Gott allein anzurufen. Auf das hin stieß ihn P. Hieronimus mit heiliger Verachtung von sich, so daß der Mensch rücklings zu Boden fiel. Nun stürzten die Soldaten gleich wilden Tieren über den heiligen Bekenner her und zerfleischten ihn im wahren Sinne des Wortes. Ihn aber verließ der Heldenmut keinen Augenblick; erst mit dem Tode hörte er auf zu beten und seine Gefährten anzufeuern. Gerade so benahmen sich auch P. Nikasius und der Pfarrer Nikolaus Poppel. Man hörte sie bis zu ihrem Tode lateinische Gebete sprechen.

Der zweite, der von den 21 Abgeführten abfiel, war der Franziskaner Wilhelm, ein geborener Franzose. In dem Augenblick, als er gehenkt werden sollte, erklärte er sich bereit, dem katholischen Glauben zu entsagen und bat um sein Leben. Sofort durchschnitten die Soldaten den Strick, der ihn an den Arm seines Gefährten fesselte und ließen den Unglücklichen laufen.

Gottfried Merville, der frühere Sakristan und Verwahrer der heiligen Schätze, bewahrte den Schatz des katholischen Glaubens unversehrt. Bevor er am Galgen seinen Geist aufgab, wiederholte er die Worte: »Herr, vergib ihnen, denn sie wissen nicht was sie tun!« Der Pfarrer Leonhard bewährte seine Seelengröße und seinen festen Mut bis zum Ende. Nur einen Schmerz äußerte er in Worten, den Schmerz um seine noch lebende alte Mutter, die durch die Nachricht von seinem Tode in Trauer vesetzt würde. Als er, in diesen Gedanken vertieft, die verhängnisvolle Leiter langsam zu besteigen schien, rief ihm Gottfried Dunäus zu: »Mut Meister Leonhard, heute noch werden wir im Himmel am Mahle des Lammes teilnehmen!« Darauf starb Leonhard mit standhaftem Mute den Tod des Märtyrers. Gottfried Dunäus war der letzte, der gehenkt wurde. Als die Soldaten zögerten, die Leiter unter seinen Füßen wegzuziehen und zueinander sagten: »Schonen wir doch wenigstens das Leben dieses Mannes, wir wissen ja alle, daß er unschuldig ist!« rief er ihnen voll Sehnsucht nach dem Martertode zu: »Nein, nein, beeilt euch vielmehr, mich mit meinen Brüdern zu vereinigen, bereits sehe ich den Himmel offen! – Wenn ich jemanden beleidigt habe,« fügte er hinzu, »so bitte ich ihn um der Liebe Gottes willen, mir zu verzeihen.« – Nach diesen Worten henkten sie ihn, es war 4.00 Uhr morgens am 9. Juli; zwei Stunden hatte die grausame Hinrichtung gedauert. Es waren im ganzen 19 Märtyrer, worunter 11 Franziskaner, zwei Prämonstratenser, ein Dominikaner, ein regulierter Chorherr des heiligen Augustin und vier Weltpriester.

Die Henker hatten die Hinrichtung mit großer Nachlässigkeit vollzogen, sie hatten dem einen den Strick durch den Mund, dem anderen unter das Kinn, dem dritten nur lose um den Hals getan. Die Folge davon war, daß einige länger mit dem Tode ringen mußten, und P. Nikasius, dem der Strick bloß durch den Mund gezogen war, bis in den hellen Tag hinein noch lebte. Als sie endlich tot waren, ließen die Soldaten ihre Roheit und Wut an den Leichnamen aus. Sie schnitten von denselben Ohren, Nasen und andere Glieder ab und dabei rief der eine: »Von dem Pfaffen muß ich ein Ohr haben,« und ein anderer schrie: »Und ich will von jenem Mönche die Nase haben!« Nach solch gräßlichen Verstümmelungen ließ man die Leiber der heiligen Märtyrer zum Spotte für alle Vorübergehenden hängen. Nachmittags um 3.00 Uhr begrub sie ein achtbarer Katholik aus Gorkum mit mehreren anderen, und zwar die 15 Märtyrer unter dem großen Balken und die vier anderen unter dem kleinen Balken.

Der heilige John Fischer, Bischof des Bistums Rochester im Königreich England.

Der heilige John Fisher

geb.: um 1496
gest.: 1535
Fest: 22. Juni

John Fisher studierte Theologie an der Universität Cambridge und erwarb dort 1491 den Magister Artium und später den Doktorgrad der Theologie. Noch vor 1495 zum Priester geweiht, wurde er einige Jahre später Professor der Theologie an der Universität Cambridge. Schließlich wurde John Fisher im Jahre 1504 Kanzler der Universität Cambridge und gleichzeitig wurde er zum Bischof des kleinen Bistums Rochester ernannt. Im Glaubensstreit der damaligen Zeit focht Bischof Fisher auf katholischer Seite gegen die Lutheraner. Seine Schriften gegen Luther überragen an Gehalt und Ton die übrige vortridentinische Literatur zu den aktuellen Glaubensstreitigkeiten und wurden auf dem Konzil zu Trient ausgiebig benutzt. Der berühmte Humanist Erasmus von Rotterdam, den er als Professor nach Cambridge berufen hatte, wußte von Bischof Fisher zu berichten: »Wir haben keinen gescheiteren Mann und keinen heiligmäßigeren Bischof.«

Als König Heinrich VIII. sich 1522 in die Hofdame Anna Boleyn verliebte und seither mit allen Mitteln versuchte, seine Ehe mit der Spanierin Katharina von Aragon zu lösen, erklärte der Bischof von Rochester, daß eine Ehe, die nun 20 Jahre lang bestanden habe, »von keiner göttlichen oder menschlichen Macht gelöst werden« könne. Indem er sich derart gegen die Scheidung Heinrichs VIII. aussprach, geriet er bei diesem in Ungnade. Als Bischof Fisher schließlich den Eid auf die Gesetze verweigerte, welche die Ehe König Heinrichs VIII. mit Anna Boleyn für gültig erklärten und dem König das Recht der Oberhoheit über die Kirche Englands zusprachen, wurde er am 17. 4. 1534 eingekerkert und, nachdem er zwischenzeitlich noch zum Kardinal erhoben worden war, am 22. 6. 1535 wegen Äußerungen gegen die Kirchensuprematie des Königs hingerichtet. Am 19. 5. 1935 wurde John Fisher zusammen mit Thomas Morus heilig gesprochen.

Die geistige Klarheit ebenso wie das ungebrochene Gottvertrauen, das diesen Mann auszeichnete, spricht deutlich aus der folgenden Schilderung der letzten Tage des Bischofs:

Das barbarische Urteil wurde also über den ehrwürdigen Greis in der üblichen Form ausgesprochen. Nun bat der Verurteilte nochmals um das

Wort. Er hatte durch seine Verteidigung und kluge Zurückhaltung dem Könige und seinen Richtern das Verbrechen dieses Urteils nicht ersparen können; so wollte er jetzt wenigstens offen seine heilige Überzeugung aussprechen. »Weil ich dem Könige von England die Würde und den Titel des obersten Hauptes der Kirche in England verweigere, bin ich des Hochverrats für schuldig erklärt. Ich überlasse Gott, der euer und des Königs Gewissen durchforscht, das Urteil, ob der Spruch nach Recht und Gerechtigkeit gefällt ist. Was mich betrifft, bin ich mit allen Schickungen Gottes zufrieden und unterwerfe mich seinem Ratschlusse in allem. Ich will jetzt nur noch offen und freimütig meine Meinung über den Supremat äußern, den der König beansprucht. Es ist meine feste und unerschütterliche Überzeugung, und ich beteuere in dieser Stunde zum letztenmal, daß Seiner Majestät durchaus kein Recht zusteht, eine derartige oberherrliche Stellung in der Kirche Gottes einzunehmen. Es ist meines Wissens unerhört, daß ein weltlicher Fürst eine solche Würde sich anmaßt. Und wenn unser König auf dem von ihm betretenen Wege beharrt, so zweifle ich nicht im mindesten, Gottes schwerstes Strafgericht werde ihn treffen zum Verderben seiner eigenen und vieler anderer Seelen und zum größten Unglücke für dieses ganze Reich. Deshalb flehe ich zu Gott, er wolle Seiner Majestät die Gnade der Bekehrung verleihen, solange es noch Zeit ist, auf daß der König zur Rettung seiner Seele, zum Besten der Christenheit und zur Wohlfahrt unserer Heimat gutem Rate sein Ohr öffne.«

So sprach mit erschütterndem Ernst der zum Tode verurteilte Kirchenfürst. Seine Worte mögen doch dem Gewissen des Königs und seiner Räte unheimlich geklungen haben; aber Heinrich war schon zu tief gesunken. Das einzige, was er dem väterlichen Freunde seiner Jugend gewährte, war die Umänderung der barbarischen Todesstrafe in Enthauptung, und das geschah nur, weil er fürchtete, der kranke Greis möchte auf dem Wege nach Tyburn sterben. Der Selige wurde in den Tower zurückgebracht, wo er noch vier Tage in voller geistiger Frische und ungetrübter Seelenruhe verlebte.

Spät am Abend des 21. Juni empfing der Leutnant des Towers den Befehl zur Hinrichtung, der am folgenen Morgen auf dem nahen Tower-Hill vollstreckt werden sollte. Er unterließ es, dem seligen Blutzeugen die Todesnachricht am Abend mitzuteilen, um demselben nicht die Nachtruhe zu stören. Die Befürchtung des guten Mannes war nicht begründet; denn als er ihn am nächsten Morgen um 5.00 Uhr weckte und ihm den Befehl des Königs verkündete, brach der Bischof in Worte des Dankes und der Freude aus. Er fragte dann nach der Zeit, und als er hörte, um 9.00 Uhr müsse er sterben und jetzt habe es 5.00 Uhr geschlagen, ersuchte er den Beamten, ihn noch eine oder zwei Stunden schlafen zu lassen, da er in der

Nacht nur wenig geschlafen habe und zum letzten Gange der Kräfte bedürfe.

Welch erhabener Seelenfriede spricht aus diesem einen Zuge! Um 7.00 Uhr stand er auf. Er legte das Bußkleid ab, das er auch im Kerker getragen hatte und kleidete sich mit ganz besonderer Sorgfalt. »Siehst du denn nicht, daß es mein Hochzeitstag ist und daß es sich geziemt, zu dieser Feier sich ganz besonders schön zu kleiden?« sagte er dem Diener. Als um 9.00 Uhr der Leutnant des Towers eintrat, erklärte sich der Selige bereit, des Königs Urteil und den heiligen Willen Gottes an sich vollstrecken zu lassen. Dann bezeichnete er sich mit dem Zeichen des heiligen Kreuzes und nahm als einzigen Trost das Neue Testament mit sich auf den letzten Gang. »Ich will Euch folgen, so gut ich es bei meiner großen Schwäche vermag«, sagte er. Allein er konnte kaum die Treppe hinabsteigen; man mußte den Verurteilten auf einen Sessel setzen und von zwei Männern tragen lassen. Unter dem Torweg, wo er von den Beamten, den Bewaffneten und dem Scharfrichter in Empfang genommen wurde, gab es einen kleinen Aufenthalt. Man sah, wie er mit zum Himmel erhobenen Augen um Trost und Stärkung in dieser Stunde betete und dann wie auf göttliche Eingebung zum letztenmal in seinem Leben das Neue Testament aufschlug. Sein Blick fiel auf die Worte des Heilandes in seinem erhabenen hohenpriesterlichen Gebet: »Das aber ist das ewige Leben, daß sie dich erkennen, den allein wahren Gott, und den du gesandt hast, Jesum Christum.« Das war ihm wie eine Antwort vom Himmel. Er schloß das Buch und wiederholte die Worte, während man ihn die kurze Strecke nach dem nahen Tower-Hill hinantrug, wo das Schafott aufgeschlagen war. Die beiden Männer wollten ihn auch die Treppe hinauftragen; er verwehrte es ihnen und sagte: »Nein, gute Leute, da ich so weit gekommen bin, laßt mich allein, und ihr werdet sehen, daß ich recht gut ohne Hilfe fertig werde.« So stieg er die Treppe ohne Hilfe hinan, und zwar so flink, daß alle, die seine Schwäche und Hinfälligkeit gesehen hatten, es für ein Wunder hielten. So betrat er mit festen Schritten das Schafott. Es war gegen 10.00 Uhr morgens. Da brach die Sonne aus den Wolken hervor und verklärte mit einem Lichtblick das ehrwürdige Antlitz des seligen Blutzeugen, der jetzt im Begriffe stand, sein Leben für seinen Schöpfer hinzugeben. Fisher erinnerte sich an das Wort des Psalmisten und er rief mit zum Himmel erhobenen Armen aus: »Tretet zum Herrn hin und ihr werdet Licht, und euer Antlitz wird nicht zu Schanden werden.« Es muß ein ergreifendes Schauspiel gewesen sein. Selbst der Scharfrichter wurde so erschüttert, daß er den greisen Kirchenfürsten kniefällig um Verzeihung bat. »Herzlich gerne verzeihe ich dir«, sagte der Selige. »Du wirst mich beim Tode nicht zittern sehen.«

Heinrich VIII. hatte dem Bischof sagen lassen, er solle bei der Hinrichtung keine aufreizenden Worte zum Volk reden. Der Selige, der dem König in allem Erlaubten gehorsam war, beschränkte sich deshalb auf die folgenden kurzen Sätze, welche er mit lauter, fester Stimme sprach: »Christen! Ich bin hierher gekommen, um für den Glauben der heiligen katholischen Kirche den Tod zu leiden. Ich danke Gott, daß er mir bis zu diesem Augenblicke den Mut aufrecht hielt. Ich bitte euch, stehet mir mit eurem Gebete bei, auf daß ich frei von jeder Furcht in dieser Todesstunde nicht wanke, sondern unerschütterlich fest im katholischen Glauben sterbe. Ich bitte den allmächtigen Gott, er möge in seiner unendlichen Barmherzigkeit den König und dieses Reich beschirmen, seine schützende Hand über unsere ganze Heimat ausbreiten und dem König gute Ratgeber sende.« Nach diesen Worten, die der Selige mit heiterem Antlitz, fester Stimme und Ehrfurcht erweckendem Ernst sprach, kniete er nieder und verrichtete mehrere Gebete. Zum Schlusse sprach er mit lauter Stimme das Tedeum. Als er den letzten Vers gebetet hatte: »Auf dich, o Herr, habe ich gehofft; nicht werde ich zu Schanden in Ewigkeit«, verband ihm der Scharfrichter die Augen. Noch einmal breitete er die Hände zum Himmel aus, dann legte er das Haupt ruhig auf den Block und empfing den Todesstreich.

Und nun lag dieser Mann, den der Papst noch soeben die Zierde und den Schmuck des Klerus seiner Heimat und der ganzen Welt genannt hatte, enhauptet auf Tower-Hill! Es war der 22. Juni, der Tag, an dem Englands erster Märtyrer, der hl. Alban, ebenfalls durch Enthauptung die Marterkrone erstritten hatte und an dem damals noch ganz England die Feier seines Protomartyrs beging. Bis zum Abend blieb der ehrwürdige Leichnam des Kirchenfürsten, jeder Kleidung beraubt und den Blicken des Pöbels von London bloßgestellt, auf dem Platz der Hinrichtung liegen. So war es des Königs Wille! Bei Nacht wurde er von den Häschern nach dem unmittelbar neben Tower-Hill gelegenen Kirchhof der Allerheiligenkirche gebracht und ohne Sarg und Leichenhülle begraben. Erst später fand er seine Ruhestätte in der Kapelle des Towers an der Seite seines Kampfgefährten, des heiligen Thomas More. Das Haupt aber blieb auf eine Lanze gesteckt 14 Tage lang auf der London-Bridge ausgestellt. Wahrscheinlich hingen zur gleichen Zeit auch noch die Köpfe und die Gliedmaßen der drei Kartäusermönche Ermew, Middlemore und Newdigate, die wenige Tage vorher hingerichtet waren, an dieser belebtesten Brücke Londons. Kein Mensch wagte diese Trophäen der Tyrannei zu entfernen. Endlich wurde das Haupt des seligen Blutzeugen, das, statt zu verwesen, immer schöner und lieblicher geworden sein soll, in die Themse geworfen.

Der heilige Thomas Morus

geb.: 1478
gest.: 1535
Fest: 6. Juli

Thomas Morus oder More, wie er sich im Englischen schreibt, ist zweifellos einer der sympatischsten Heiligen. Er besuchte die Schule in London, lebte dann einige Zeit als Page im Hause des Kardinals Morton, des Erzbischofs von Canterbury, und ging daran anschließend auf die Universität Oxford, wo er sich humanistischen und juristischen Studien widmete. In London beendete Thomas Morus seine Studien und wurde mit 23 Jahren Anwalt.

Einige Jahre später begann Thomas More seine politische Laufbahn und wurde Mitglied des Parlaments, zu dessen Sprecher er 1523 gewählt wurde. In dieser Zeit verfaßte er auch sein berühmtestes Werk, »Utopia«, in der er eine auf Gemeineigentum aufgebaute Gesellschaft schildert, die zugleich eine Richtschnur für ein Reformprogramm, den englischen Staat betreffend, abgeben sollte. Nachdem Thomas More 1529 entscheidend zum Zustandekommen des Friedens von Cambrai beigetragen hatte, erhob ihn der König von England zum Lordkanzler und übergab ihm die Staatssiegel. Dieses hohe Amt verwaltete More mit großer Uneigennützigkeit, bewies aber als eifriger Katholik auch unerbittliche Strenge gegen die Anhäger der Reformation.

Als Heinrich VIII., um seine Ehescheidung durchzusetzen, mit dem Papst schließlich völlig brach, suchte er somit auch vergeblich die Mitwirkung seines Kanzlers zu gewinnen. More reichte 1532 seinen Rücktritt ein und zog sich auf sein Haus in Chelsea zurück. Als der König aber schließlich von seinen Untertanen den Eid auf die 1534 erlassene Suprematsakte forderte, die ihn zum Oberhaupt der englischen Kirche erklärte, weigerte sich Thomas More beständig, diesen Eid zu leisten, weil er als Christ keine weltlichen Oberherren der Kirche anerkennen könne. Dauraufhin wurde er im berüchtigten Tower von London eingekerkert und am 6. Juli 1535 enthauptet. Zusammen mit seinem Freund John Fischer wurde Thomas More im Jahre 1886 selig und im Jahre 1935, genau 400 Jahre nach seinem Tod, heilig gesprochen.

Ein ganz besonderer Charakterzug dieses Heiligen war sein unverbrüchlicher Humor. Selbst in seinen letzten Stunden hat er ihn, wie die folgende Schilderung derselben zeigt, nicht verloren:

Thomas Morus. In seinem theoretischen Hauptwerk, »De optimo reipublicae statu deque nova insula Utopia« schildert er in Anlehnung an Plato, eine auf Gemeineigentum aufgebaute Gesellschaft.

In der letzten Nacht genoß er einen ruhigen und festen Schlaf. Am folgenden Morgen, dem 6. Juli, bei Tagesanbruch, trat sein Freund Sir Thomas Pope in die Zelle des Verurteilten. More ahnte sofort den Zweck dieses Besuches. »Mein guter alter Freund«, begann Pope, »ich habe euch eine Botschaft des Königs und seines Rates zu überbringen, und ich wollte, ich hätte euch diese Kunde nicht zu sagen. Ihr müßt am heutigen Tage um 9.00 Uhr den Tod erleiden. Es ist deshalb Zeit, daß ihr euch vorbereitet.« – »Von Herzen danke ich euch für diese Kunde, die ihr mir bringt«, antwortete More. »Für viele Gnaden und Gunstbeweise schuldete ich früher dem Könige Dank, aber für keine Gunst danke ich ihm so sehr als dafür, daß er mich in diesen Kerker einschloß, wo ich viele Zeit fand, über mein letztes Ende zu betrachten, und ebenso bin ich ihm innig verpflichtet, daß er mich von dem Elende dieses Lebend befreit«. – »Es ist auch des Königs Wille, daß Ihr bei eurer Hinrichtung keine lange Rede haltet«, setzte Pope bei. – »Es ist gut, daß ihr mir diesen Wunsch des Königs mitteilt, Mr. Pope. Ich hatte mir vorgenommen, eine Anrede an das Volk zu halten; doch wäre darin nichts vorgekommen, was Seine Majestät hätte beleidigen können. Nun will ich mich dem Befehle des Königs fügen. Nur das eine bitte ich noch, guter Mr. Pope: ersuchet Seine Majestät, daß meine liebe Tochter Margareta an meinem Begräbnisse teilnehmen darf.« Pope erwiderte, der König werde nichts dagegen haben und nahm dann unter Tränen Abschied von dem Verurteilten, so daß More alles, Ernst und Scherz, aufbieten mußte, um den Mann zu beruhigen. »Ich hoffe«, sagte der Selige schließlich, »wir werden uns einst wiedersehen im ewigen Leben und in endloser Wonne miteinander verkehren.«

Sobald der Selige allein war, kleidete er sich in ein seidenes Gewand, welches ihm sein Freund Anton Bonvisi geschenkt, ein reicher Londoner Kaufherr, an den er aus dem Tower einen schönen lateinischen Brief geschrieben hat. Nachdem er sich so wie zu einem Feste geschmückt hatte, kniete er nieder und betete inbrünstig. So fand ihn Sir William Kingston, der Lieutenant des Towers, als er kurz vor 9.00 Uhr eintrat, um ihn zum Tode zu führen. Das prächtige Gewand fiel dem Beamten auf und er bat den Verurteilten, ein einfacheres anzulegen. »Der Bursche, dem es zur Beute fallen würde, ist doch nur ein Lump«, sagte er. – »Wie, Mr. Lieutenant«, entgegnete More, »soll ich denjenigen für einen Lump halten, der mir heute die größte Wohltat erweist? Nein, Mr. Kingston, und wäre es aus Goldbrokat, er müßte es haben. Ich denke an den hl. Cyprian, den berühmten Bischof von Carthago, der dem Henker 30 Goldstücke gab, da dieser im Begriffe stand, ihm eine so große Wohltat zu erweisen.« Aber der Beamte wollte durchaus nicht, daß das kostbare Kleid bei der Hinrichtung verdorben werde, und More gab seinen Vorstellungen endlich nach. Er legte einen Anzug aus groben Wollenzeug an, befahl aber, daß dem

Scharfrichter ein »goldener Engel« gegeben werde zum Zeichen, daß er zu ihm keine Abneigung, im Gegenteil große Liebe hege.

Als die Uhr der Peterskapelle die neunte Stunde schlug, trat More seinen Todesgang an. Er schritt neben Kingston durch den Torweg über die Brücke und durch die äußere Pforte auf den Platz hinaus, der sich nach Tower-Hill hinauf erweitert. Alles war gedrängt voll Menschen; Tausende, die ihn früher als Richter von London, dann als den ersten Beamten des Königreiches, geschmückt mit der goldenen Kanzlerkette, am Hofe des Königs, auf der Sonnenhöhe irdischen Ruhmes geschaut hatten, sahen ihn jetzt »mit bleichem, abgezehrtem Antlitz, mit langem grauem Bart, ein rotes Kreuz in seiner Hand, oftmals die Augen gegen Himmel hebend«, aber mit ruhigem und festen Blicke zwischen den Häschern einherschreiten. Es sollte ihm dabei nicht an Demütigungen fehlen. Seine Liebe zur Gerechtigkeit hatte ihm auch Feinde erworben; einige derselben stellten sich ihm jetzt in den Weg und lästerten ihn. Aber auch Zeichen der Verehrung wurden ihm zu teil. Eine Frau bot ihm einen Becher Wein an; allein er lehnte ihn freundlich dankend ab und sagte: »Christus trank bei seinem Leiden nicht Wein, sondern Galle und Essig.« Dieses Wort verrät uns, mit welchen Gedanken sich der Selige auf seinem Todesgang beschäftigte. Ein Mann aus Winchester, der von schweren Versuchungen zum Selbstmord geplagt wurde, warf sich More zu Füßen und bat um seine Fürbitte. »Geht und betet für mich«, sagte der Sterbende, »und ich will auch für euch beten.«

Die kurze Strecke zum Schafott war bald zurückgelegt. Dort angelangt, kniete er nieder und betete den Psalm Miserere. Als er sich vom Gebet erhob, trat der Scharfrichter heran und bat ihn tiefbewegt um Verzeihung. Der Selige küßte den Mann und sagte zu ihm: »Du wirst mir heute die größte Wohltat erweisen, die ein Sterblicher seinem Mitbruder erweisen kann. Sei guten Willens und fürchte dich nicht, deines Amtes zu walten. Aber mein Hals ist recht kurz. Nimm dich deshalb zusammen, daß Du nicht daneben schlägst und deinem Namen schadest«. Der Scharfrichter wollte ihm nun die Augen verbinden; er aber antwortete: »Das will ich selbst tun«, und band sich ein Tuch um, das er eigens dafür mitgebracht hatte. Dann kniete er nieder und legte das Haupt auf den Block. Schon faßte der Henker das Beil, da machte More ein Zeichen, einen Augenblick zu warten, strich den Bart zur Seite und sagte: »Der hat wenigstens keinen Hochverrat verübt.« Mit diesem Scherz auf den Lippen, dem Zeugnisse seiner vollsten Seelenruhe, durfte More getrost vor den Richterstuhl Gottes treten. Kaum hatte er diese Worte gesprochen, so sauste das Beil hernieder und trennte das Haupt vom Rumpfe.

Auf Befehl des Königs wurde das Haupt auch dieses seligen Blutzeugen auf der Londoner Brücke, wo wahrscheinlich das Haupt des seligen

Bischofs Fisher sich noch befand, den Blicken Tausender ausgestellt, welche täglich über die Themse hin und her wogten. Daß es nach 14 Tagen nicht ebenfalls von Henkershand in den Strom geworfen wurde, ist nur dem Mute seiner Tochter zu danken. Margareta, welche den Leib des Vaters in der Kapelle des hl. Petrus zu den Ketten und neben demselben die ehrwürdigen Überreste des seligen Bischofs von Rochester, welche sie aus dem naheliegenden Friedhof der Allerheiligen-Kirche herüberbringen ließ, im Tower würdig bestattet hatte, wußte auch in den Besitz des Hauptes zu gelangen. Sie wurde für diese edle Tat vor das Privy Council gefordert, und da sie nicht sagen wollte, auf welche Weise sie des Vaters Haupt erhalten habe, noch die Zusicherung geben, sie werde des Vaters hinterlassene Schriften nicht drucken lassen, auf Befehl des Rates in den Tower geworfen. Doch wagte man ihr weiter kein Leid zuzufügen und entließ sie nach einiger Zeit aus der Kerkerhaft. Ihrem letzten Willen entsprechend, gab man Margareta später das Haupt des Vaters mit ins Grab.

Sir Thomas Percy

geb.: 1528
gest.: 1572
Fest: 26. August

Thomas Percy entstammt dem bekannten Geschlecht der Grafen von Northumberland, das in der Geschichte Englands schon wiederholt hervorgetreten war. So war bereits Thomas Percys Vater 1537 zu Tyburn wegen seiner Teilnahme an der »Pilgrimage of Grace«, einem religiösen und sozialen Aufstand gegen Heinrich VIII. hingerichtet worden. Sein Sohn lebte zunächst, indem er seine religiösen Ansichten zurückhielt, als treuer Diener seiner Königin Elisabeth im Norden Englands, nahe an der schottischen Grenze.

Jedoch der Frieden mit der Königin währte nicht lange. Gerade im Norden Englands wurde die Kirchenpolitik Elisabeth I. – sie trieb die protestantische Reform der englischen Kirche wieder verstärkt voran – scharf kritisiert. 1569 organisierten die Edelleute des Nordens deshalb einen Aufstand gegen die zwangsweise Kirchenreform der Königin, der von dem Grafen Westmoreland und Sir Thomas Percy, dem Grafen von Nordhumberland geleitet wurde. Dem Aufstand war zunächst auch Erfolg beschieden – unter dem Schutz der Edelleute bekannte sich die Bevölkerung in großer Zahl wieder zu ihrer traditionellen Religion – schließlich wurde er aber von den Truppen der Königin unter der Führung des Grafen von Sussex niedergeschlagen.

Sir Thomas floh über die Grenze nach Schottland und versuchte sich dort zu verstecken. Er wurde jedoch verraten und vom schottischen Regenten letztlich für 2000 Pfund an die englische Königin verkauft. Als diese ihn vor die Alternative stellte, seinem Glauben abzuschwören oder in den Tod zu gehen, wählte Sir Thomas entschlossen den Tod und wurde daraufhin am 22. August 1572 hingerichtet. 1895 wurde Sir Thomas Percy durch Papst Leo XIII. selig gesprochen.

Über das Martyrium des seligen Thomas Percy liegt ein ausführlicher Bericht eines ungenannten Verfassers vor, der ihn bald nach dem Tode des Seligen niedergeschrieben haben muß. Ihm entnehmen wir im folgenden die Schilderung der letzten Tage dieses Märtyrers, die noch einmal ein Beweis für dessen unbeugsame Standhaftigkeit im Glauben sind.

THOMAS PERCIVS NOBILIS ANGLVS CONSPIRATIONIS A° M.DC.V INITIÆ PRICEPS

Vor zwolf Monaten hat gehuert,
Darein viel Buchsenpuluer gfuehrt,
Daßelb mit Stein vnd Eysen viel
Belegt, alles zu disem ziel,
Daß dardurch das gantz Parlement
Erschlagen wurde vnd verbrent.
Dieser Anschlag ist offenbahrt
Durch einen brief so gschribe ward
An einen Herrn daß er nicht
Beym Parllament ließ finden sich,
So lieb ihm were leib vnd Leben,
Dann sich was sunders wurd begebe
Man sucht, man findt an gmeltem Ort
Etten von welchem dieser Mord
Solt durchs Feur auffs Puluer gehangen
Bald drauff seyn wordn angefangen
Er aber wil gar nichts bekennen,
Noch seine consorten nennen:
Doch kams bale auß daß Pers vnd mehr
Andre an solchem schuldich wern.
Dem Persy wart sehr nach getracht,
Auch viel andre in Hafftung bracht
Das Ende wirt tragen den Last:
Verrahter Gott vnd der Mensch hast.

Thomas Percy in Engelland
Eins edlen Gschlechts, gar wol bekant
Sihestu hie, o leser milde,
Nach dem leben fein abgebildt,
Von leib vnd Gliedern Wolgestalt,
An Alter nicht zu ung noch alt,
Doch etwas greys an Bart vd Haar,
Von Angesicht schon, hupsch vd klar,
Solt auch iemand glaube können,
Das solche verkehrte Sinnen,
Solch vntrew Hertz, solch wueßt Art,
Ich bedeckt vnd verborgen ward
In einem leib so wolgeziehrt!
Dann er durch den Teufel verfuhrt
Vnd gottlose Einbildung ist
So weit kommen vor kurtzer frist
Daß er den Kony vnd sein Gmahl,
Die iunge Prinzen, vnd zumahl
All Stand deß Reichs zu Parlament
Versamblet, durch Practyck gschwind
Vnd Krafft deß Puluers wolt obrigen,
Vnd laßen in Lufft hinsprengen
Zu welchem End ein Keller er
Vnterm Pallast zu westmunster,
vor

Inzwischen suchte der schottische Laird, in dessen Gewalt Thomas Percy sich befand, seinen Gefangenen zu verkaufen und unterhandelte mit beiden Lagern, nämlich sowohl mit Anna, der edlen Gattin Northumberlands, als mit der Königin Elisabeth um den Preis. Der Selige warnte seine Gattin, sich wohl vorzusehen, daß der gewissenlose Mensch sie nicht um die Loskaufsumme prelle und nach Empfang derselben ihn schließlich doch in die Gewalt seiner Feinde ausliefere.

Sir Thomas hatte guten Grund zu dieser Warnung! Wie uns Froude in seiner »Geschichte« erzählt, verschacherte Sir William Douglas den Seligen um den Preis von 2000 Pfd. St. an Elisabeth. Diese Summe schien der Königin für die Befriedigung ihrer Rache nicht zu viel! »Da hast du dein Geld«, sagte der englische Baron zu dem Verräter, indem er ihm den Preis auszahlte, »doch hast du zugleich deine Treue und deine Ehre verkauft!« So erzählt der lateinische Bericht. Nach seiner Auslieferung wurde er von Lord Hunsdon zu Berwick als Staatsgefangener bewacht; daselbst erkrankte er an einem heftigen Fieber und hatte nur die eine Sorge, es möchte ihm nicht vergönnt sein, um des Glaubens willen sein Blut zu vergießen. Hunsdon, sonst wahrlich kein Freund der Katholiken, war von der liebenswürdigen Geradheit seines Gefangenen so ergriffen, daß er sich an die Königin um Begnadigung wandte. Aber da kam er bei Elisabeth schlimm an. Sie ließ ihm den Auftrag schicken, den Grafen nach York zur Hinrichtung zu führen; zum Tode war er nämlich schon verurteilt und es bedurfte keines neuen Gerichtsverfahrens mehr. Hunsdon antwortete, es sei nicht seines Amtes, Edelleute zum Henker zu führen; lieber wolle er selbst eingesperrt werden, als diesen Befehl vollziehen. So erhielt Sir John Foster, der die Güter Northumberlands empfangen hatte, diesen Häscherdienst; er führte den Grafen an dessen eigenem Schloß Topcliffe vorbei nach Durham und brachte ihn in kleinen Tagmärschen nach York. Man hatte unter den Landleuten, vielleicht damit sie keinen Befreiungsversuch machten, das Gerücht verbreitet, der Graf sei begnadigt und werde demnächst wieder in seine Besitzungen eingesetzt. Von allen Seiten eilten infolgedessen Edelleute herbei, die ihm Glück wünschten. Er war sehr ruhig und sagte, ihm sei der Tod lieber als das Leben, und ehe er sein Gewissen verletze, wolle er sterben. Man hatte ihm nämlich bedeutet, wenn er nur seine Religion ändern wollte, so würde er begnadigt werden und ein Leben in Freuden führen können. Da er aber auf diese Vorschläge, welche dem katholischen Glauben ebensowohl wie seiner Ehre widerstritten, nicht eingehen wollte, teilte ihm Foster am 21. August abends nach Sonnenuntergang mit, er werde am folgenden Tage nachmittags 2.00 Uhr den Tod erleiden müssen. Diese Nachricht nahm der Gefangene, wie Foster bezeugte, mit großer Freude entgegen und sagte, man könne ihm keine größere Ehre als die Ehre des Martyriums erweisen. Er wollte sich nun im Gebete auf den Tod vorbereiten. Aber zwei anglikanische oder vielmehr calvinische Prediger, Hutton und Palmer, belästigten ihn mit ihren »Bekehrungsversuchen«. Er mußte also mit ihnen disputieren und soll es so geschickt getan haben, daß Foster über seine Schlagfertigkeit und Bescheidenheit nicht genug staunen konnte. Sie wollten dann wenigstens mit ihm beten; auch dessen weigerte er sich, weil sie nicht Glieder der wahren Kirche seien und bat sie endlich, ihm die wenigen Stunden seines Lebens nicht länger zu verbittern. Er brachte nun den größten Teil der Nacht im Gebete zu und ließ sich auch von seinem Diener Johannes Clark aus einer Trostschrift des seligen Thomas More vorlesen, vielleicht aus dem schönen Gebet, welches derselbe aus Psalmstellen im Tower verfaßte.

Mit frohem und freudigem Antlitz trat der Selige am 22. August 1572 zu York den Gang zur Richtstätte an. Beim Schafott angelangt, legte er sein Oberkleid ab und bezeichnete sich vor aller Augen mit dem Zeichen des heiligen Kreuzes; auch die Leiter, welche auf das Schafott führte, bekreuzte er. Dann stieg er dieselbe unerschrocken hinan. Palmer forderte ihn auf, sein Verbrechen gegen die Königin einzugestehen. Da sagte er zu dem versammelten Volke: »Ich würde gern schweigend sterben; da es aber Sitte ist, daß die Verurteilten über die Ursache ihres Todes einige Worte an die Versammelten richten, so wisset, daß ich von meiner Kindheit an bis auf diesen Tag im Glauben jener Kirche gelebt habe, welche über den ganzen Erdkreis hin verbreitet und in heiliger Eintracht verbunden ist und daß ich in diesem Glauben mein armseliges Leben schließen will. Von dieser neuen anglikanischen Kirche aber will ich nichts wissen.« Hier unterbrach Palmer den Grafen mit den Worten: »Ich sehe, daß du als verstockter Papist sterben willst, als ein Glied der römischen und nicht der katholischen Kirche.« – »Die Kirche, welche du die römische nennst«, antwortete der Graf, »das ist eben die katholische, auf die Lehre der Apostel gegründete, auf dem Eckstein Christus Jesus gebaute, durch das Blut der Martyrer gefestigte, durch das Zeugnis der heiligen Väter verklärte Kirche, die ewig dieselbe bleibt und gegen die nach den Worten des Heilands die Pforten der Hölle nichts vermögen.« Wieder wollte ihn Palmer unterbrechen; er sagte aber zu demselben: »Laß mich jetzt in Frieden; denn diese Wahrheit ist meinem Herzen und Gewissen unentreißbar eingepflanzt.« Da aber Palmer durchaus keine Ruhe geben wollte, wandte sich der Graf an das Volk und sagte: »Liebe Brüder, hütet euch vor diesen reißenden Wölfen, die im Schafpelz zu euch kommen und eure Seelen zerreißen.« Da endlich verließ Palmer das Schafott.

Dann fuhr Northumberland fort: »Es tut mir überaus leid, daß durch meine Veranlassung so viele arme Leute aus dem Volke wegen ihrer Liebe zur wahren Religion und auch wegen ihrer Liebe zu mir den Tod durch Henkershand erdulden mußten. Wenn ich doch durch meinen Tod ihr

Leben hätte erhalten können, obschon ich nicht im mindesten daran
zweifle, daß ihre Seelen im Besitze der himmlischen Glorie sich befinden!
Was mir sonst vorgeworfen wird, habe ich in meiner Antwort auf die vom
Rate der Königin mir vorgelegten Artikel schon längst beantwortet. Daß
bei ihnen Barmherzigkeit keinen Platz hat, weiß ich; deshalb erwarte ich
von ihnen kein Erbarmen, sondern einzig von ihm, den ich als die Quelle
aller Erbarmungen anbete und von dem ich zuversichtlich erwarte, er
werde mir barmherzig sein.«

Noch empfahl der Selige seine Kinder und Diener und die Ausgleichung
seiner Schulden, die nicht beträchtlich seien, der Sorge seines Bruders, bat
alle Anwesenden um Verzeihung, wie auch er allen verzeihe, betete auf
seinen Knien, küßte das Kreuz, breitete seine Arme in Kreuzesform aus
und empfing, als er eben die Worte gesprochen: »Herr, nimm meine Seele
auf«, vom Henker den Todesstreich. Das Volk schluchzte und weinte laut,
und es fehlte nicht an solchen, welche ihre Tücher in das Blut des
Hingerichteten wie in das eines Martyrers tauchten.

So starb Thomas Percy, der VII. Graf von Northumberland, den wir
jetzt unter der Schar der seligen Blutzeugen verehren dürfen.

Johannes Nelson

gest.: 1578
Fest: 1. Dezember

Wo der selige Johannes Nelson, der aus einer der angesehensten Familien aus Yorkshire gebürtig war, zunächst seine Studien absolviert hat, ist uns leider nicht überliefert. Wir können aber von ihm berichten, daß er zu einer Zeit, als er das 40. Lebensjahr bereits überschritten hatte, von dem Seminar zu Douai hörte, das auf dem Kontinent für die Ausbildung insbesondere englischer katholischer Priester gegründet worden war. Im Jahre 1573 entschloß sich Johannes Nelson, diesem Seminar beizutreten, und er empfing dort bereits nach 3 Studienjahren – mit Rücksicht auf sein Alter war ihm die Studienzeit vermutlich kürzer bemessen worden – die Priesterweihe. Bereits 2 Jahre später, am 5. Juli 1577, reiste der selige Johannes Nelson wieder nach England, um dort seinen Landsleuten den wahren Glauben zu predigen.

Nicht lange war es Johannes Nelson vergönnt, seiner Mission in England nachzukommen. Schon am Abend des 1. Dezember 1577 wurde er in London in seinem Zimmer verhaftet und als papistischer Priester eingekerkert. Da er sich weigerte, der Königin von England den Suprematseid zu leisten und die anglikanische Kirche ebenso wie die Königin – »wenn sie«, wie er sich ausdrückte, »diese Religion öffentlich verkündet und verteidigt« – als »schismatisch« bezeichnete, machte sich Johannes Nelson den damals geltenden Gesetzen zufolge des Hochverrats schuldig und wurde vor Gericht gestellt. Als Hochverräter wurde er am 1. Februar 1578 zum Tode verurteilt. Am 3. Februar 1578 wurde das Urteil vollstreckt.

Ein Bericht von seiner Hinrichtung zeigt uns einerseits in der traurigsten Weise, wie erschreckend grausam die fanatisierte Volksmenge auch dort werden kann, wo Menschen verschiedenen Glaubens aufeinander stoßen, und gibt uns auf der anderen Seite aber auch ein schönes Bild von der Standhaftigkeit, mit welcher wahrer Glaube solchem Zorn zu begegnen vermag.

Der 3. Februar, ein Montag, war also der Todestag des seligen Johannes Nelson. Vor Tagesanbruch wurde er aus dem tiefen und schrecklichen Verließ, in welches man ihn nach seiner Verurteilung am Samstag geworfen hatte, in ein oberes Gemach des Gefängnisses geführt. Dort trafen ihn zwei Anverwandte im Gebet vertieft. Als dieselben, welche ihn noch einmal sehen wollten, vor Schmerz die Tränen nicht zurückhalten konnten, sagte er zu ihnen: »Was fangt ihr an? Ich sollte von euch in dieser Stunde getröstet und nicht durch eure Tränen mit neuem Schmerz und neuer Pein gequält werden. Weinet und seufzt über eure Sünden! Was mich betrifft, so bin ich der zuversichtlichen Hoffnung, daß mir dieser Tod das größte Glück bringen wird.« *Als die Verwandten ihm aber das letzte Lebewohl sagten, brachen sie nichtsdestoweniger in solches Weinen und Wehklagen aus, daß er selbst ergriffen wurde; doch bezwang er den natürlichen Schmerz und entließ sie gefaßt. Sobald sie ihn verlassen hatten, traten zwei anglikanische Geistliche ein, wohl vorbereitet, um ihn zum Abfall vom alten Glauben zu bewegen. Allein er ließ sich mit ihnen in gar keinen Disput ein, sondern bat sie, ihn in Ruhe zu lassen.*

Als man ihn aus dem Gefängnisse führte, und auf die Schleife legte, forderten ihn die Beamten auf, er solle die Königin um Verzeihung bitten. Er antwortete, das werde er nicht tun; denn er sei sich keines Verbrechens bewußt. Da tobte die Volksmenge und schrie, dann solle er auch mit all den ausgesuchten Qualen sterben, welche das Urteil über den Hochverräter verhänge. »Gut«, *sagte er,* »Gottes Wille geschehe! Ich sehe den Tod vor meinen Augen und sterbe gerne. Besser ist es, hier unter den ausgesuchtesten Qualen zu sterben, als die ewigen Qualen der Verdammten in der Hölle zu leiden.«

Auf der Richtstätte angelangt, wurde er von der Schleife losgebunden und auf den Karren gestellt. Dann sprach er: »In manus tuas, Domine, commendo spiritum meum!« *(In deine Hände, o Herr, empfehle ich meinen Geist!) und bat die anwesenden Katholiken, während er selbst auf lateinisch das Vater unser, den Englischen Gruß, das Apostolische Glaubensbekenntnis, den Psalm Miserere, das De profundis und das Confiteor betete, in seinem Namen mit ihm dieselben Gebete Gott aufzuopfern. Darauf richtete der Selige vom Karren aus die folgende Ansprache an das versammelte Volk:* »Euch alle, so viele ihr am heutigen Tage diesem Schauspiele anwohnet, fordere ich zu Zeugen auf, daß ich ein Katholik bin und für meinen Glauben, den ich nicht verraten wollte, mit größter Freude Blut und Leben hinopfere. Deshalb bitte ich den allmächtigen Gott, daß er gemäß seiner großen Barmherzigkeit eure Herzen erleuchten wolle, damit ihr echte Katholiken werdet und im Schoße der heiligen katholischen römischen Kirche lebet und sterbet.« *Challoner bemerkt, das Volk habe bei diesen Worten laut geschrieen:* »Nieder mit dir und deinem römisch-katholischen Glauben!«, *aber der Selige habe unerschrocken dieselbe Bitte nochmals wiederholt. Dann bat er alle um Verzeihung, wenn er jemanden beleidigt habe, betete und forderte abermals die anwesenden Katholiken auf, für ihn zu beten, daß Christus um der Verdienste seines Leidens willen seine Seele zur ewigen Glorie aufnehme. Viele riefen: »Herr, nimm seine Seele auf!« Nochmals drängten ihn die Beamten, die Königin um Verzeihung zu bitten. Der Selige besann sich einen Augenblick, dann sagte er: »Wenn ich sie oder sonst jemanden beleidigt habe, so bitte ich sie und jedermann um Verzeihung, wie auch ich allen verzeihe.«*

Sobald der Selige hing, wurde er vom Stricke losgeschnitten, und so rissen sie ihm bei voller Besinnung die Eingeweide aus dem Leibe. Als der Henker nach seinem Herzen griff, soll er sich etwas aufgerichtet und die Worte gesprochen haben: »Ich verzeihe der Königin und allen, die an meinem Tode schuldig sind.« So wollen Umstehende gehört haben. »Ich selbst«, sagt der Augenzeuge, dem sowohl Bridgewater als Challoner folgten, »sah wohl, wie er die Lippen bewegte, konnte aber die Worte nicht verstehen.« Die ehrwürdigen Gliedmaßen des Seligen wurden in der üblichen Weise an den vier Toren der City, sein Haupt auf der Londoner Brücke aufgespießt. Am 15. Februar kam die Kunde seines Martertodes nach Douai.

Auch Johannes Nelson wurde am 29. Dezember 1886 von Papst Leo XIII. seliggesprochen.

Edmund Campion

geb.: 1540
gest.: 1581
Fest: 1. Dezember

Der junge Edmund Campion beendete 1564 sehr erfolgreich seine Studien am St. John's College zu Oxford und sah zunächst nichts bedenkliches darin, den Eid auf die geistliche Oberhoheit der englischen Krone zu leisten, ja er wurde sogar Diakon der anglikanischen Kirche. Die Ausübung des geistlichen Amtes aber brachte es mit sich, daß Campion über die griechischen Klassiker wie Vergil und Homer auch auf die Schriften der Kirchenväter stieß. Dabei wurde ihm zunehmend klar, wie sehr die Lehren der anglikanischen Kirche von denen der traditionellen Kirche abwichen, und nach einer Zeit der Unentschlossenheit begab er sich schließlich auch unter dem Druck der zunehmenden Verfolgungen nach Douai in den Niederlanden, wo von Philipp II. von Spanien mit päpstlicher Erlaubnis 1559 eine neue Universität gegen die Glaubenserneuerer gegründet worden war. Das englische Kolleg dieser Universität war zu dieser Zeit die wichtigste Bildungsstätte der Missionare für England.

Nach einer kurzen Ausbildung, in deren Verlauf er zum Subdiakon geweiht wurde, ging Edmund nach Rom, wo er sich 1573 dem Orden der Gesellschaft Jesu anschloß. Sein Noviziat durchlebte der selige Edmund in Brünn. Nach einer Lehrtätigkeit als Professor für Rhetorik und Philosophie in Prag wurde er 1579 daselbst zum Priester geweiht. Bald darauf wurde er zusammen mit seinem Ordensbruder Robert Persons nach Enland geschickt, um dort, wie das die Jesuiten in anderen europäischen Ländern bereits mit Erfolg getan hatten, die von ihr Abgefallenen der römischen Kirche wieder zu gewinnen.

Die Ankunft der Jesuiten wurde in England von seiten der Calvinisten argwöhnisch zur Kenntnis genommen. Sie sahen in dem geplanten Wirken der Ordensbrüder nicht nur eine rein religiöse Mission, sondern befürchteten darüber hinaus eine Verschwörung mit politischen Zielsetzungen. Dagegen wandte sich Campion in einem Brief an die Lords des Kronrats, indem er ihnen mitteilte: »Wir Jesuiten haben eine Vereinigung gebildet, um mit Freuden das Kreuz zu tragen, das ihr auf unsere Schulter legen werdet, ohne jemals an eurer Bekehrung zu verzweifeln, solange auch nur einer von uns übrig ist, um euer Tyburn – es war dies damals der Richtplatz in London – zu genießen. Die Kosten sind berechnet, das Unternehmen ist begonnen; es ist Gottes und kann nicht aufgegeben werden. So wurde der Glaube gepflanzt, so muß er wiederhergestellt werden.« Trotzdem wurde Edmund Campion bereits im Juni 1580 ein erstes Mal verhaftet, jedoch bald darauf wieder freigelassen.

Im folgenden Jahr predigte Campion vor allem in der Provinz, wo er sich vor Verfolgern sicherer fühlte. Trotzdem war er ständig von der Verhaftung bedroht. In dieser Zeit schrieb er an den Pater General in Rom: »Ich fahre täglich irgendwohin... Die Ernte ist wunderbar groß... Auf die Dauer kann ich aber den Händen der Hetäriker nicht entgehen. ...Meine Verkleidung kommt mir sehr lächerlich vor; ich wechsle sie oft. Ebenso meinen Namen. Zuweilen lese ich selber in Briefen die Nachricht, man habe Campion geschnappt, und wenn ich dann hinkomme, höre ich so viel davon, daß mir vor lauter Angst die Angst vergeht.« Schließlich erfüllte sich das Schicksal, das er sich selbst hier schon vorausgesagt hat.

Campion wurde am 12. 7. 1581 durch Verrat verhaftet und nach London in den Tower gebracht. Nachdem er drei Tage lang die Annehmlichkeiten der »little ease« genießen durfte, wurde ihm der Glaubensabfall

nahegelegt, den er aber standhaft verweigerte. So wurde er dann im
November 1581 wegen einer angeblichen Verschwörung gegen die Krone
angeklagt und letztlich zum Tode verurteilt.

In der Menschenmenge, die sich zur Hinrichtung Campions zu Tyburn
eingefunden hatte, war auch ein Priester, der sich in der Absicht, das
blutige Trauerspiel wahrheitsgetreu niederzuschreiben, ganz in die Nähe
des Galgens vorgedrängt hatte, so daß er jedes Wort, das gesprochen
wurde, verstehen konnte. Er erzählt:

*»P. Campion wurde zuerst auf den Karren gestellt. Nach einer kurzen
Pause begann er mit ernstem Antlitz und sanfter, klarer Simme: 'Spectaculum facti sumus Deo, angelis et hominibus'. Dann wiederholte er den
Text in der Muttersprache: 'Ein Schauspiel sind wir geworden Gott, den
Engeln und den Menschen'. Diese Worte des hl. Paulus erfüllen sich heute
an mir, der ich als ein Schauspiel dastehe meinem Herrn und Gott, ein
Schauspiel seinen Engeln und euch, Menschen!' Sofort unterbrachen ihn
Sir Francis Knowles und die Sheriffs und drangen in ihn, er solle seinen
Verrat gegen die Königin eingestehen und sich schuldig bekennen. Er
entgegnete: 'Was den Verrat betrifft, welcher mir zur Last gelegt wird und
für welchen ich hier den Tod leiden muß, so nehme ich euch alle zu
Zeugen, daß ich daran durchaus unschuldig bin'. Hierauf antwortete ein
Mitglied des Rates, er möge sich doch nicht den Schein geben, als ob er die
Verbrechen leugnen wolle, die durch hinreichende Beweise dargetan seien.
'Wohl, Mylord', sagte er, 'ich bin Katholik und Priester; im katholischen
Glauben habe ich gelebt und im katholischen Glauben will ich sterben.
Wenn ihr meine Religion für Hochverrat haltet, dann bin ich schuldig;
einen Verrat habe ich nie verübt – Gott ist mein Zeuge! Aber euer Wunsch
ist jetzt erfüllt. Ich bitte euch um Geduld und um die Erlaubnis, ein paar
Worte zur Beruhigung meines Gewissens reden zu dürfen.' Aber sie ließen
ihn durchaus nicht weiter sprechen (offenbar den Eindruck seiner hinreißenden Beredsamkeit auf das Volk fürchtend), sondern verlangten immerfort sein Schuldgeständnis, während er beteuerte, daß er unschuldig sei
und keinen Hochverrat verübt habe, und flehte, man möge doch diesen
seinen letzten Worten, die er seiner Seele Seligkeit im Angesichte des
Todes spreche, Glauben schenken. Die Geschworenen hätten ja leicht
getäuscht werden können usw. Er vergebe jedoch allen, wie er wünsche,
daß ihm selbst vergeben werde. Nochmals erklärte er den Sinn des Briefes,
den er während seiner Gefangenschaft an seinen Mitgefangenen im Tower,
Mr. Pound, geschrieben hatte und in welchem der Satz stand: er werde 'die
Geheimnisse einiger Häuser, in denen er Aufnahme gefunden, nicht entdecken'. Auf seine Seele beteuerte er, unter diesen 'Geheimnissen' nicht,
wie die Feinde es gedeutet hätten, Verrat, Verschwörung oder irgend*

*welche Pläne gegen ihre Majestät oder den Staat vestanden zu haben,
sondern Messelesen, Beichthören, Predigen und ähnliche priesterliche
Verrichtungen. Das sei die reine Wahrheit, wie er sie vor Gott verantworten werde. Ferner forderte der Blutzeuge Sir Francis Knowles und einige
andere Edelleute zu Zeugen auf, daß ein gewisser Richardson, der wegen
einer der Schriften Campions verurteilt worden war, unschuldig sei.*

*Jetzt schickte sich der Selige an, den letzten Tropfen aus Christi Kelch
zu trinken. Er begann sein letztes Gebet, wurde aber von einem Prädikan-
ten unterbrochen, der ihn aufforderte, er solle mit ihm 'Christus, erbarme
dich meiner', oder sonst einige Gebete verrichten. Mit freundlicher Miene
wandte sich Campion zu ihm und sagte: 'Ihr und ich sind nicht eins im
Glauben; deshalb bitte ich euch, gebt euch zufrieden. Ich schließe niemanden von meinem Gebet aus; aber ich wünsche doch nur, daß meine
Glaubensgenossen mit mir beten, und diese bitte ich, in meiner Todesnot
einmal den Glauben für mich zu beten.' So beteuerte er nochmals, daß er
für den katholischen und apostolischen Glauben sterbe. Dann betete er
weiter. Einige riefen ihm zu, er möge englisch beten. Er antwortete
freundlich, er bete in einer Sprache, die sowohl Gott als er wohl verstän-
den. Abermals wurde er unterbrochen. Er solle die Königin um Verzeihung
bitten, rief man ihm zu. Sanftmütig fragte er: 'Womit habe ich sie beleidigt? Hierin bin ich unschuldig. Das ist mein letztes Wort. Glaubt mir doch
in diesem Punkt. Aber ich habe für sie gebetet und bete für sie.' Da fragte
ihn Lord Karl Howard, für welche Königin er bete, ob für die Königin
Elisabeth? 'Ja', antwortete er, 'für Elisabeth, meine und eure Königin, der
ich eine lange, ruhige Regierung wünsche und die Fülle des Segens.' Jetzt
wurde der Karren weggezogen und es erhob sich ein großen Schluchzen
und Weinen unter der Volksmenge, während der Selige mit der Beteue-
rung, er sterbe als guter Katholik, den Tod erlitt. Selbst Munday sagte,
Campion habe viele zu Tränen gerührt. Auch nach des ehrwürdigen
Heinrich Walpoles Zeugnis, der noch als Protestant der Hinrichtung beiwohnte, bat Campion alle Anwesenden, welche zur Gemeinschaft des
Glaubens gehörten, ein Credo mit ihm zu beten, und zwar im Augenblick
seines Todeskampfes. 'Die letzten Worte, die ich ihn mit lauter Stimme
sagen hörte, als er den Strick schon um den Hals hatte und der Karren unter
ihm fortgezogen wurde, lauteten: 'Ich sterbe als ein treuer Katholik.'«*

Edmund Campion wurde am 29. Dezember 1886 seliggesprochen,
zugleich mit 63 anderen Glaubenshelden, welche unter Heinrich VIII. und
Königin Elisabeth den Märtyrertod erlitten.

Wilhelm Hart

gest.: 1583
Fest: 15. März oder 30. Mai

Wilhelm Hart war aus Somersetshire gebürtig und hat zunächst das Lincoln College zu Oxford besucht, wo er sich durch seine großen Talente hervortat. Um seine theologischen Studien zu vollenden, setzte er auf den Kontinent über, wo er sie nach kürzeren Aufenthalten in Douai und Rheims schließlich am englischen Kolleg zu Rom vollendete. Jetzt empfing Wilhelm Hart die Priesterweihe und wurde 1581 zusammen mit 46 weiteren Gefährten nach England geschickt. Dort war er vor allem in der Gegend der Stadt York im Osten von England sehr erfolgreich wirksam.

Aber auch er war wie seine Glaubensbrüder vor Nachstellungen nicht sicher. Als er im Juli 1582 zusammen mit zwei anderen Priestern gefangenen Glaubensbrüdern im Schloß York einen Gottesdienst hielt, wurde er bereits ein erstes Mal verhaftet. Allein bei diesem ersten Mal gelang es dem seligen Hart, über den Wall in den Schloßgraben hinabzuklettern und durch dessen morastiges Wasser, das ihm bis zum Halse gereicht haben soll, den Häschern zu entkommen. Es war ihm aber danach nur noch wenige Monate vergönnt, den wahren Glauben in Freiheit zu predigen. Er wurde schließlich doch gefangengenommen und eingekerkert. Das Gericht, vor dem sich der selige Hart bald darauf zu verantworten hatte, befand, daß er sich durch seine Reise nach dem Kontinent und seine priesterliche Tätigkeit des Hochverrats schuldig gemacht habe und verurteilte ihn zum Tode. Papst Leo XIII. hat auch ihn am 29. Dezember 1886 heilig gesprochen.

Aus den Tagen, in denen der selige Hart im Kerker auf seine Hinrichtung wartete, sind uns einige Briefe überliefert, die er jetzt zum Abschied an seine Anverwandten schrieb. Einer davon ist an seine Mutter gerichtet und legt so eindringliches Zeugnis ab von der ungebrochenen Liebe dieses Mannes zu seiner Mutter und dem Adel seiner Gesinnung, daß wir ihn unseren Lesern nicht vorenthalten wollen:

Teuerste und geliebte Mutter! Wie ich sehe, ist durch die Strenge der Gesetze, durch die Gottlosigkeit der Zeiten und durch Gottes heilige Zulassung und Bestimmung meinen Lebenstagen ein Ziel gesetzt. Pflicht und Herz drängt mich deshalb, der ich dem Leibe nach weit von Dir entfernt, dem Geiste nach Dir aber immer nahe bin, um Deinen täglichen Segen zu bitten und Dir noch einmal ein paar Worte zu schreiben. Du bist mit immer eine so liebevolle, zarte und sorgsame Mutter gewesen; in Schmerzen hast Du mich geboren und großgezogen und hast Dich geplagt und abgemüht, um mich, Dein erstes und ältestes Kind, zu ernähren und am Leben zu erhalten. Es ist mir unmöglich, für meine Liebe, Hochachtung, Anhänglichkeit und Dankbarkeit passende Worte zu finden, da ich leider nichts anderes tun kann, als meine Dankesschuld eingestehen. Diesen Frühling hatte ich Dich wiederzusehen gehofft, wenn Gott mir Gesundheit und Freiheit geschenkt hätte; jetzt aber werde ich Dich nie wiedersehen, noch irgend einen von Euch in diesem Leben; allein im Himmel hoffe ich mit Euch vereint zu werden, Euch zu sehen und ewig mit Euch zu leben. – Ach, liebe Mutter, warum weinst, warum wehklagst Du? Warum nimmst Du Dir meinen Ehrentod so sehr zu Herzen? Bedenkst Du nicht, daß wir geboren sind, um einmal zu sterben, und daß wir nicht immer in diesem Leben bleiben können? Bedenkst Du nicht, wie eitel, wie unbeständig, wie nichtig, wie elend das menschliche Leben ist? Bedenkst Du nicht meinen Beruf, meinen Priesterstand, meinen Glauben? Denkst Du nicht daran, daß ich an einen Ort voll Freude, voll Glückseligkeit hingehe? Warum also weinen? warum trauern? warum klagen?

Aber Du wirst mir entgegnen: 'Ich weine nicht so sehr wegen deines Todes, als weil du geschleift, gehängt, geviertheilt werden sollst.' Meine liebe Mutter, das ist mir der angenehmste, ehrenvollste und glücklichste Tod. Ich sterbe ja nicht als Verbrecher, sondern für die Wahrheit; nicht wegen Verrat, sondern wegen meiner Religion; nicht wegen eines schlechten Lebens, sondern einzig und allein für meinen Glauben, für mein Gewissen, für meinen Priesterberuf, für meinen gebenedeiten Heiland Jesus Christus. In Wahrheit, hätte ich zehntausend Leben, ich müßte sie eher alle hinopfern, als meinen Glauben verleugnen, meine Seele verlieren, meinen Gott beleidigen. Wir sind nicht geschaffen, um zu essen, zu trinken, zu schlafen, zu prunken und zu prangen, der Weichlichkeit zu pflegen und so stets in diesem Jammertale zu weilen; sondern um Gott zu dienen, Gott zu fürchten, Gottes Gebote zu erfüllen und eher unser Leben hinzuopfern, als gegen diese unsere Bestimmungen zu handeln.

Auch stehe ich nicht allein da, in dieser Art und Weise den Tod zu erleiden; haben doch in jüngster Zeit 20 bis 22 Priester, gerechte, tugendhafte und gelehrte Männer, für dieselbe Sache den Tod erduldet, der jetzt mir bevorsteht. Siehe, gerade jetzt sind Mr. Jakob Fenn und Mr. Johann Boden um ihrer Religion willen im Kerker, und ich darf sagen, sie sehnen sich, desselben Todes zu sterben, den ich sterben soll. Sei deshalb zufrieden gute Mutter, höre auf zu weinen, und tröste Dich mit dem Gedanken, einen Sohn geboren zu haben, welcher sein Leben für die Sache des allmächtigen Gottes verlor, der seinerseits sein kostbares Blut für ihn vergossen hat. Richtete ich mein Verlangen auf Beförderung, auf Ehre und Achtung in dieser Welt – sie stünden mir offen wie andern; aber nein, ich tue keinen Schritt um dieses Tandes willen; ich verachte diese Welt, ich verschmähe ihre Freuden und Bequemlichkeiten, und meine einzige Sehnsucht ist, im Himmel bei Gott zu weilen, und dort hoffe ich zuversichtlich zu sein, bevor dieser mein letzter Brief in Deine Hände gelangt.

Sei also guten Mutes, meine innigstgeliebte Mutter, und laß ab vom Weinen; Du hast keinen Grund dazu. Sage mir um Gottes willen, würdest Du nicht froh sein, mich als Bischof, König oder Kaiser zu sehen? Wie froh mußt Du also erst sein, mich als Martyrer, als Heiligen, als einen Stern voll Glanz und Glorie im Himmel zu sehen! Die Freuden dieses Lebens sind ja nichts; aber die Freunden nach diesem Leben dauern ewig. Darum magst Du mich dreimal glücklich preisen, daß Dein Sohn Wilhelm von der Erde in den Himmel ging, aus dem Wohnsitz jeglichen Elendes in den Wohnsitz jeglicher Seligkeit. Könnte ich doch bei Dir sein, um Dich zu trösten! Aber weil das nicht möglich ist, so bitte ich Dich um Christi willen, tröste Dich selbst. Du siehst, wie Gott mich geführt hat, wie er mich gesegnet hat auf meinen Wegen; darum wäre ich tausendmal unglücklich, wenn ich nicht um seinetwillen dieses armselige Leben hingäbe, um das selige und ewige Leben zu erlangen, worin er lebt. – Mehr kann ich nicht sagen; nur bitte ich Dich, sei guten Mutes, da ich es auch bin. Hätte ich länger gelebt, so würde ich Dir in Deinen alten Tagen geholfen haben, wie Du mir in meiner Jugend geholfen hast. Jetzt muß ich Gott bitten, daß er Dir und meinen Brüdern helfe, denn ich kann es nicht. Gute Mutter, sei zufrieden mit dem Ratschlusse, den Gott zu meinem Heile getroffen hat. Diene Gott in Deinem Alter nach der alten katholischen Weise: bete täglich zu ihm, flehe von Herzen zu ihm, er wolle Dich zu einem Gliede seiner Kirche machen und Deine Seele retten. Um Jesu willen, gute Mutter, diene Gott! Lies das Buch, das ich Dir gab, und stirb als ein Glied des Leibes Christi; dann werden wir eines Tages im Himmel vereinigt werden. Empfiehl mich meinem Schwager, meinen Brüdern, Andreas Gillbons Mutter und Frau Bodey und allen übrigen. Dienet Gott, und Ihr werden nicht fehlen. Gott tröste Dich! Jesus erlöse Deine Seele und sende Dich einst in den Himmel! Lebe wohl, gute Mutter! lebe wohl zehntausendmal! Aus York-Castle am 10. März 1583. Dein Dich innigst liebender und gehorsamer Sohn Wilhelm Hart.«

5 Tage nachdem er diesen Brief an seine Mutter geschrieben hatte, am 15. März 1583 wurde der selige Hart dem barbarischen Urteil gemäß zuerst gehängt und dann noch lebend vom Strick losgeschnitten und geviertelt.

Wilhelm Hart wurde am 29. Dezember 1886 zusammen mit 63 anderen englischen Märtyrern von Papst Leo XIII. seliggesprochen.

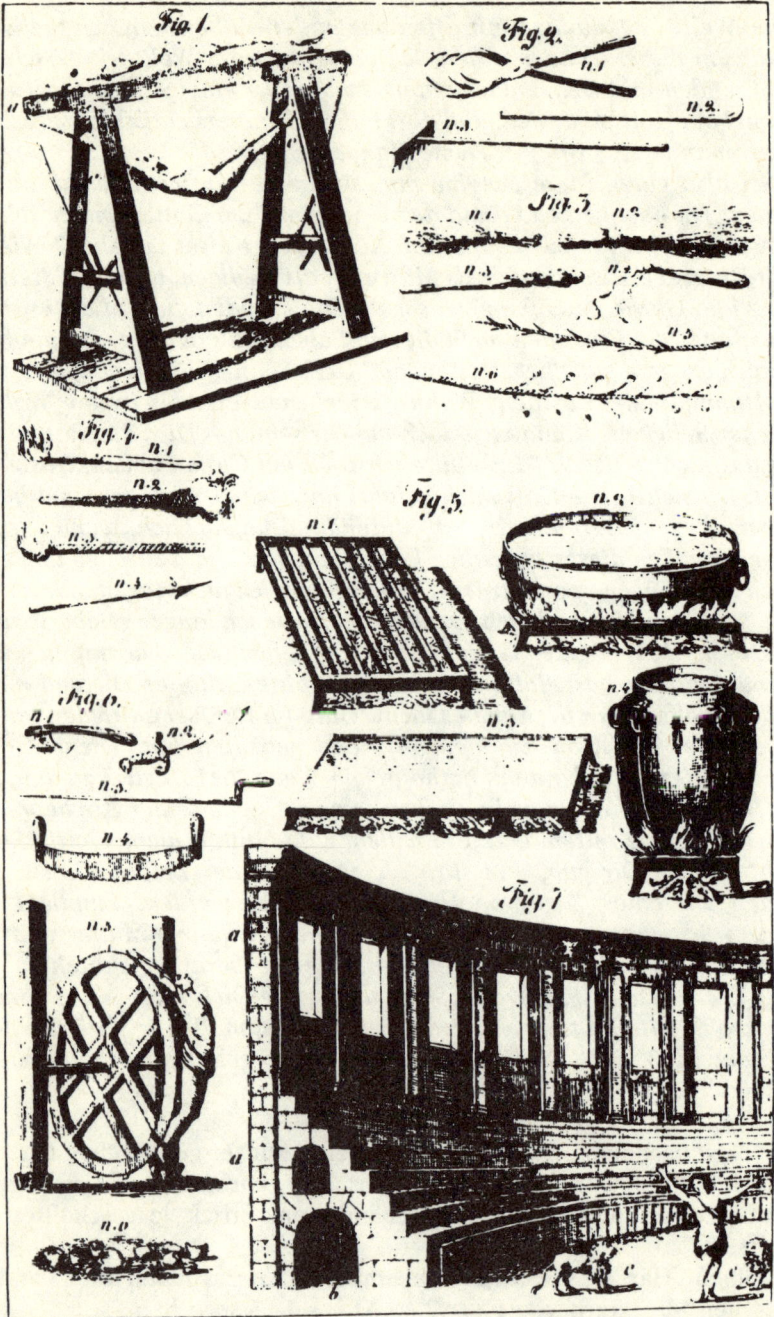

Erklärung der Abbildungen,

welche

die Hauptwerkzeuge vorstellen, deren sich die Heiden zur Peinigung der Märtyrer bedienten.

Figur 1. Die Folter, lateinisch *Equuleus*, das Rößchen, weil es eine Art hölzernen Pferdes war. Der Märtyrer wurde auf die zwei zusammengebundenen Balken aa, gelegt, mit dem Gesichte nach oben, die Beine, so wie auch die Arme, mit Stricken, die lateinisch *Fidiculae* hießen, kreuzweise übereinander befestigt. Diese Stricke zog man mit Walzen und Drehbäumen an; und auf diese Weise verrenkte man dem Märtyrer die Glieder, zerbrach ihm die Beine, und sprengte ihm die Nägel an den Zehen ab. Die Henker zerfleischten ihnen noch die Seiten mit Hacken und Scorpionen (Geißeln mit eisernen Häckchen), und brennten sie ihnen mit Fackeln. Oft mußten sie mehrere Stunden diese schreckliche Qual aushalten. Wenn die Stricke und Walzen zu wiederholten Malen gedreht waren, fiel der Leib unter die zwei Balken, die sich an den Enden bb von einander thaten, und indem er mit den Händen und Füßen an den beiden Enden cc hangend schwebte, begann das Verhör.

Figur 2. — N. 1. Die eisernen Krallen, *Ungulae*. Dieses Werkzeug war eine Art Zange von zwei Eisen, derer oberer Theil zwei oder drei geschärfte und so gestellte Zähne hatte, daß sie in einander griffen. Man bediente sich derselben die Leiber der Märtyrer zu zerfleischen.

N. 2. Der Hacken, *uncus*, mit dessen sehr geschärfter Spitze man den Leib der Märtyrer aufritzte.

N. 3. Der eiserne Rechen, *pecten*, der ungefähr zu demselben Gebrauche diente, wie der Hacken.

321

Figur 3. — N. 1. Die Ruthen, *virgae*, oder Bündel von kleinen zusammengebundenen Baumzweigen.

N. 2. *Flagra*, ein dickerer Ruthenbündel.

N. 3. Die Stöcke, *fustes*, meistens voller Knoten.

N. 4. Die Riemen, *lora*, oder die lederne Peitsche.

N. 5. Die Scorpionen, *scorpiones*, oder Geisseln mit eisernen Häckchen. Man nannte auch die mit Häckchen oder Knoten versehenen Ruthen, Scorpionen.

N. 6. Ruthen, an deren Enden Bleikugeln hiengen, *plumbatae*.

Die *Nervi* waren Sehnen von Thieren, und namentlich von Ochsen, oder lederne Riemen, wie eine Ruthe zusammengedreht.

Der *Nervus* war eine hölzerne Maschine, die wir auf deutsch Block nennen, in welche die Gefangenen mit den Füßen, und zuweilen sogar mit dem Hals gespannt wurden. In dieser Maschine waren mehrere Löcher in gleichweiter Entfernung; und deßhalb liest man in den Geschichten der Märtyrer, daß ihnen öfters die Beine bis in das vierte und fünfte Loch ausgespreizt wurden. Mehrere unter ihnen mußten oft lange Zeit in dieser schmerzlichen Lage dulden, und zwar in verpesteten und dunkeln Gefängnißlöchern.

Figur 4. — N. 1. Die Fackeln, *taedae*, die aus Fichtenholz oder anderm Brennstoffe gemacht waren.

N. 2 u. 3. *Funalia*, auch eine Art Fackeln, die aus zusammengedrehten Stricken gemacht und mit Wachs oder Talg überzogen wurden.

N. 4. Der Stachel, *stimulus*, der bestimmt war in das Fleisch zu stechen.

Die eisernen Platten, *laminae*, wurden glühend gemacht, um die Seiten der Märtyrer damit zu brennen.

* * *

Figur 5. — N. 1. Der eiserne Rost, *craticula ferrea*.

N. 2. Der Kessel, *lebes*, der mit siedendem Oel, Pech, Wachs und gegossenem Blei angefüllt war.

N. 3. Das eiserne Bett, *lectus ferreus*.

N. 4. Der Ofen, angefüllt mit kochendem Kalke.

Figur 6. — N. 1. Das Beil.

N. 2. Das Schwert.

N. 3. Der Bratspieß.

N. 4. Die Säge.

N. 5. Das Rad, mit gekrümmten spitzigen Eisen besetzt.

N. 6. Ein mit Scherben bedeckter Ort.

Figur 7. Das Amphitheater, wo dem Volke die Spiele gegeben wurden. Aa stellt das Profil des Amphitheaters vor. Die innere Seite hatte viele Sitze, aus glatten Steinen verfertigt, und so über einander angebracht, daß alle Zuschauer leicht, was unten vorgieng, sehen konnten. Das Amphitheater zu Verona, das noch ganz steht, hat eine länglichrunde Gestalt, und obgleich es klein ist, enthält es doch fünf und vierzig Reihen Sitze. Das Colisäum von Rom, wo man nur noch die Trümmer des Vespasianischen Amphitheaters sieht, faßte leicht achtzig tausend Zuschauer, und hundert fünfzig tausend, wenn sie sich zusammendrängten.

Der Buchstabe b stellt die *Vomitoria* vor, Thüren, die in der Mauer des Amphitheaters so angebracht waren, daß man da aus- und eingehen konnte, ohne von der Volksmenge gehindert zu werden.

Die Thüre, durch welche man die Leiber der Getödteten hinausschleppte, nannte man porta libitina. In den Nebenbehältern, cavea, wurden die wilden Thiere, und die Unglücklichen, bestiarii, genannt, die zu den wilden Thieren verdammt waren, aufbewahrt. Das Gefängniß dieser Verurtheilten war sehr dunkel, und empfieng nur einiges Licht durch ein kleines Loch.

Cc stellt die Arena, den Kampfplatz, vor, dessen Gestalt oval war. Man bedeckte ihn mit Sand, damit das vergossene Blut schnell eingesogen wurde. Dieser war durch ein eisernes Gitter von dem Amphitheater gesondert, und ungefähr drei Schuhe von den untersten Sitzen entfernt, damit die Zuschauer nichts von den wilden Thieren zu fürchten hatten. Sieh Galeni, *de Cruciat. Mart.*, und Mamachi, *de Antiq. Rom.*, wie auch Stolbergs Gesch. der Religion Jesu und Mayers Handbuch der römischen Alterthümer. II. Bd. S. 34.

Johannes Sarkander

geb.: 1576
gest.: 1620
Fest: 17. März

In Skotschau, einer Stadt an der Weichsel, im österreichischen Schlesien, wurde Johannes Sarkander 1576 geboren. Seine Ausbildung in den philosophischen Disziplinen erhielt er bei den Jesuiten zunächst in Olmütz und später in Prag, wo er 1603 schließlich zunächst zum Doktor der Philosophie promovierte. Hier in Prag beschloß er dann sich zum geistlichen Stande hinzuwenden. Er ging nach Graz in der Steiermark, studierte Theologie und erhielt, nachdem er das Studium für kurze Zeit unterbrochen hatte, 1609 die Priesterweihe. Einige Jahre wirkte Johannes Sarkander daraufhin mit großem Eifer für die Gegenreformation in Mähren und übernahm auf Wunsch des katholischen Barons von Lobkowitz schließlich die Pfarrei Holleschau südöstlich von Olmütz. Während des Aufstandes der protestantischen böhmischen Reichsstände gegen Kaiser Ferdinand II. wurde Johannes Sarkander als Katholik und wegen seiner näheren Verbindung mit dem Grafen Lobkowitz 1620 des Landesverrats angeklagt und vor Gericht gestellt. Selbst unter der Folter leugnete er aber standhaft derartiges unternommen zu haben und war auch nicht bereit, der ihn anklagenden Kommission darüber zu berichten, was Graf Lobkowitz ihm in der Beichte anvertraut hatte. So starb er schließlich an den Folgen der grausamsten Torturen, mit deren Hilfe seine Peiniger versucht hatten, ihm das Beichtgeheimnis des Grafen zu entlocken. Johannes Sarkander wird deshalb auch als Märtyrer des Beichtgeheimnisses bezeichnet.

Der Märtyrer, der nach seinem Tode noch viele Wunder bewirkt haben soll, wurde 1860 durch Papst Pius IX. selig gesprochen. Die folgende Schilderung der Gerichtsverhandlung und der Folter des Johannes Sarkander, wie man sie einer 1859 in Rom veröffentlichen Lebensbeschreibung des seligen Johannes entnehmen kann, belegt sehr eindrucksvoll die Standhaftigkeit, mit der dieser Märtyrer sich allen Anfechtungen seiner Henker widersetzte.

»Auf dem Wege zu seiner Pfarrei in Holleschau wurden Johannes Sarkander im Grügauer Walde bei Olmütz von seinen Feinden gefangen genommen und gebunden im Triumphe nach Olmütz gebracht, wo er mit Ketten beladen in einen unterirdischen Kerker geworfen wurde. Am 13.

Februar 1620 wurde er vor eine Kommission gestellt, welche aus lauter Glaubensfeinden bestand, mit Ausnahme des Richters Johann Scintilla, den man gezwungen hatte, und der später die Leidensgeschichte des seligen Johannes beschrieb. Zuerst fragte ihn der aufständische Landeshauptmann von Mähren, Ladislaus Lundenburg von Zierotin, auf welche Weise denn die Polaken und Kosaken nach Mähren gerufen worden seien. Als Johannes in aller Demut erwiderte, daß er dies nicht wisse, wurde er mit den schrecklichsten Lästerungen überhäuft und mit seinem Freunde Lobkowitz ein Spion, Verräter etc. gescholten, wobei besonders sein alter Feind Bitowsky, dann der Ritter Hartmann v. Buchaimb, Benedict Praschma und Johann Skrbensky von Fulnek durch Rohheit sich auszeichneten. Sie warfen ihm vor, er sei im Auftrag oder doch mit Wissen des Baron Lobkowitz, dessen Ratgeber und Beichtvater er gewesen, deswegen nach Polen gereist, um eine feindliche Invasion der Polen zu veranlassen, und da Sarkander diese unwahre Beschuldigung ebenso bescheiden als entschieden zurückwies und namentlich bemerkte, daß er, wenn er sich schuldig gewußt hätte, gewiß nicht mehr nach Mähren, viel weniger aber nach Holleschau zurückgekehrt sein würde, wurde er am ersten Tage unter den ärgsten Drohungen in sein Gefängnis entlassen, am folgenden Tage aber, da er auf seiner Aussage standhaft beharrte und Gott zum Zeugen der Wahrheit derselben anrief, auf Befehl des Bitowsky der angedrohten Folter übergeben und eine ganze Stunde lang fürchterlich gemartert, wobei er unter den schrecklichen Schmerzen und den wildesten Lästerungen von Seiten seiner Feinde sanftmütig duldete und für sie betete. Von nun an machte sich der Richter Scintilla ganz los von der Kommission.

Am 17. Februar wurde Sarkander unter dem Vorsitze des grausamen Ziernowsky neuerdings vorgeführt und auf die Folter gespannt, wobei er von Petrus Koprzisky, der in seiner Nähe begütert war, noch weiter besonders darüber angeklagt wurde, daß er den katholischen Glauben wieder in seine Gemeinde eingeführt und seine Pfarrkinder veranlaßt habe, nur unter einer Gestalt zu kommunizieren. Da er auch hierüber in aller Bescheidenheit sich verteidigte, daß ja dieses seine Pflicht als katholischer Priester gewesen usw., wurde ihm neuerdings seine Reise nach Polen vorgeworfen und von ihm verlangt, daß er aussage, was ihm Lobkowitz anvertraut habe, und da er denn wieder nur in Wahrheit seine Unschuld beteuerte, mußte der Henker ihn noch grausamer quälen und endlich sogar mit Fackeln an beiden Seiten brennen. Die entsetzliche Qual dauerte wohl zwei Stunden, während der heilige Martyrer immer nur die heiligen Namen Jesus, Maria und Anna (die Patronin seiner Pfarrkirche) anrief, sonst aber still duldete und am Ende unter den größten Schmähungen von Seite der durch seine Standhaftigkeit besiegten Feinde wieder in den Kerker abgeführt wurde. Endlich am 18. Februar wurde er zum letzten

Male verhört und hier war es, wo Praschma mit aller Wut von ihm verlangte, daß er das von Lobkowitz in der heiligen Beichte ihm Anvertraute offenbare. Hierauf erwiderte der selige Johannes: »Ich weiß nichts, und es ist mir in dem heiligen Sakramente der Beichte nichts anvertraut worden, und wenn mir auch jemand irgend etwas in derselben anvertraut haben würde, so behalte ich dieses nicht in meinem Gedächtnisse und will es auch nicht behalten, sondern habe es in Vergessenheit begraben aus Ehrfurcht vor dem unverletzlichen Beichtsiegel, und ich ließe mich lieber in Stücke zerreißen und wollte lieber alle erdenklichen Leiden mit Gottes Hilfe dulden, als nur einen Augenblick das Beichtsiegel sakrilegisch verletzen.« Wütend über diese großherzigen Worte gab Buchaimb dem Henker, der nur ungern gehorchte, den Befehl, daß er unsern Johannes, mit dem Halseisen belegt, neuerdings an dem Folterpfahle aufziehe und auf beiden Seiten mit Fackeln brenne. Dies geschah, und von nun an öffnete der heilige Martyrer nicht mehr seinen Mund, außer um Psalmverse zu beten oder die heiligen Namen Jesus, Maria und Anna anzurufen. Aber die Fackeln, feucht von seinem herabfließenden Blute, verlöschten, als wenn sie Mitleid mit ihm hätten und ihren grausamen Dienst verweigern wollten. Alsbald ließ man neue Fackeln bringen, streckte seine Glieder noch ärger auf dem Marterpfahle und brannte ihn so schrecklich, daß der ganze Leib wie eine einzige Flamme erschien, besonders da seine Verfolger auch noch eine Mischung von Öl, Talg, Harz und Teer mit Federn auf seinen brennenden Leib streichen ließen, dessen Glieder von der Folter ganz auseinandergerissen waren. Da sie nun den seligen Martyrer über ihre Grausamkeit doch triumphieren sahen, kamen diese so aufgeklärt sein wollenden Ritter so weit, daß sie, wie früher die Heiden, diese Standhaftigkeit zauberischen Künsten zuschrieben. Sie ließen ihm daher den Scheitel, den Bart usw. abrasieren und die Asche davon zu trinken geben, um den vermeintlichen Zauber zu lösen. Lächelnd nahm Johannes diesen Trank, indem er den heiligsten Namen Jesus anrief und an den ihm bei der Kreuzigung aufgenötigten Trank sich erinnerte. Nachdem sie ihn noch weiter gemartert und gelästert hatten, ließen sie endlich, besiegt von so großer Standhaftigkeit und entmutigt durch den immer lauter sich kundgebenden Unwillen der Zuschauer, den unüberwindlichen Blutzeugen von dem Folterpfahle, an welchem er 3 Stunden lang Unmenschliches erduldet, wegnehmen, indem sie ihm mit neuen Martern drohten, wenn er nicht die Wahrheit offenbaren würde. Von der Folter befreit, fiel er aus Schwäche auf den Boden und blieb längere Zeit besinnungslos liegen. Wieder zu sich gekommen, begehrte er Wasser, und da die rohe Bande ihm dieses versagte, richtete er, wie Marangoni angibt, einen flehenden Blick zum Himmel und alsbald entsprang auf dem Platze, wo sein Haupt lag, eine Quelle, welche, wie unser italienisches Original erwähnt, noch bis in unsere Tage fortsprudelt. Als er dann halbtot in den Kerker zurück geschleppt wurde, kamen mehrere mitleidige Menschen, unter denen auch einige Protestanten sich befanden, die dem unbesiegten Bekenner Christi Speise und Trank anboten sowie auch Arzneimittel und Leintücher für seine entsetzlichen Wunden brachten. Der hl. Johannes nahm aber nur ein wenig Wasser und überließ sich seinen gewöhnlichen Gebeten.

Doch noch war der Haß seiner Feinde nicht gesättigt, sondern sie wollten ihm noch neue Qualen bereiten. Um dieses zu verhindern, wäre die Entgegnung des Richters, des Notars und des Rudolph Mandel, daß der bereits zum Tode gequälte Sarkander diese Martern unmöglich überleben könne, nicht hinreichend gewesen, wenn nicht der Henker und seine Gehilfen ihre Dienste verweigert hätten. Nun mußten zwar seine Feinde beschämt abziehen, aber noch hatten sie seine Marter nicht geendet; denn als einige fromme Katholiken ihn nach Hause nehmen wollten, um ihn dort besser pflegen zu können, wurde ihnen dieses von dem grausamen Buchaimb verweigert. So mußte denn der am ganzen Körper mit tödlichen Wunden bedeckte Blutzeuge in seinem unterirdischen Kerker verbleiben, ohne daß er sich selbst helfen konnte, da ja durch die Folter seine Glieder ganz auseinandergerissen waren und ihm den Dienst versagten. Dabei war er ganz in den Händen seines ebenfalls protestantischen Kerkermeisters, welcher durch die rohe Behandlung des Verwundeten sein Martyrium nur verlängerte, indem er das auf die Wunden gelegte Pflaster grausam wegriß, beim Umwenden ihn nur mit dem Füßen stieß und dabei die ärgsten Lästerungen aussprach. Auch gegen die frommen Besucher benahm sich derselbe äußerst roh; und doch kamen viele angesehene Herren und Damen, die dem edlen Dulder ihre Ehrfurcht bezeigten und, soweit der wilde Kerkermeister es gestattete, ihm ihre Liebesdienste widmeten, besonders der Notar Mandel und seine 7jährige Tochter, welche später als hochbetagte Witwe noch bezeugte, wie sie ihm z. B. beim Brevierbeten die Blätter umwendete, da er es selbst nicht tun konnte.

So betend und leidend lebte er noch einen vollen Monat im Kerker, bis er endlich, nachdem er noch von dem Kuraten Vincenz Schwiwel die hl. Sterbesakramente andächtig empfangen hatte, unter den Gebeten desselben und noch eines andern Kuraten sowie zweier ebenfalls wegen des katholischen Glaubens mit ihm gefangener Karthäuser-Mönche, am 17. Mai 1620 zwischen 10 und 11 Uhr nachts seine Seele in die Hände seines Schöpfers übergab, in einem Alter von etwas mehr als 43 Jahren. Es gilt von ihm, was der hl. Augustus vom hl. Laurentius sagte: »Er wurde nicht schnell getötet, sondern man ließ ihn lange leben, oder vielmehr es wurde ihm nicht gegönnt, lange zu leben, sondern er wurde gezwungen, langsam zu sterben.«

Der heilige Josaphat Kuncewicz

geb.: 1580
gest.: 1623
Fest: 12. November oder 26. September

Josaphat Kuncewicz wurde um 1580 in Wolhynien innerhalb der Grenzen des polnischen Reiches geboren. Er gehörte dem ruthenischen Volke an, einem slawischen Volksstamm, der zu dieser Zeit in Nordost-Ungarn und ebenso im Königreich Polen lebte und der eine eigene religiöse Tradition pflegte. Noch in der Jugendzeit des hl. Josaphat war die ruthenische Kirche von der römischen getrennt gewesen und hatte sich zur orientalisch-orthodoxen Kirche bekannt. Im Jahre 1595 waren dann aber die Vereinigungsversuche der römischen Kirche erfolgreich, die hier vor allem durch den Jesuiten Peter Skarga vorangetreten worden waren. Seit der Union von Brest im Jahre 1596 zählt die ruthenische Kirche zur sogenannten »Unierten Kirche«, welche die Glaubens- und Sittenlehre der römischen Kirche und ebenso das Jurisdiktionsprimat des Papstes anerkennt und sich im wesentlichen nur durch ihre Liturgie und durch die in ihr gestattete Priesterehe von der lateinischen Kirche unterscheidet. Josaphat Kuncewicz nun trat im Jahre 1604 in den Orden der Basilianermönche zu Wilna ein und empfing 1609 die Priesterweihe. Die Basilianermönche von Wilna hatten sich zwar der Union angeschlossen, ihr Geist war aber schismatisch geblieben. So hatte Josaphat Kuncewicz, der von Anfang an ein begeisterter Anhänger der Union war, und bald zum Archimadriten, d.h. zum Oberen des Klosters zu Wilna, ernannt worden war, innerhalb seines Ordens selbst wie unter den verbliebenen Schismatikern ein weites Tätigkeitsfeld, dem er sich mit allen Kräften widmete, von dem innigen Wunsch beseelt, möglichst viele Schismatiker für den katholischen Glauben zu gewinnen. In diesem Streben fuhr er beständig, ja noch unter verstärktem Einsatz aller Kräfte fort, nachdem er 1617 die bischöflichen Weihen erhalten hatte und ein Jahr später zum Erzbischof von Polock ernannt worden war.

Durch sein beständiges Bemühen gelang es dem hl. Josaphat, eine große Zahl von orthodoxen Gläubigen zum katholischen Glauben zu bekehren, wodurch er die erbitterte Feindschaft der Schismatiker auf sich zog, die ihn einen »Seelenräuber« nannten und auch mit Drohungen gegen sein Leben nicht zurückhielten, so daß er mehr als einmal in Lebensgefahr geriet und schließlich am 12. November 1623 zu Witebesk, wohin er sich amtlich begeben hatte, grausamst ermordet wurde:

»Schon in der Nacht vorher war von den Schismatikern ein Tumult erregt worden. Als Josaphat hörte, daß einige seiner Begleiter dabei ums Leben kamen, trat er zu den Mördern und fragte sie mit aller Ruhe, warum sie denn seine unschuldigen Leute getötet hätten? Durch diese ruhige Ansprache waren seine Feinde wirklich ganz verwirrt. Da kamen aber zwei andere herbei, welche laut zum Morde des »lateinischen Papisten« aufhetzten. Der eine davon schlug mit einem langen Prügel auf sein Haupt, der andere mit einer Doppelaxt und da der selige Bischof auf die Erde sank, fielen alle über ihn her und verletzten ihn auf verschiedene Weise, während er selbst immer sich bekreuzigte und betete. Endlich wurde er, da er noch immer Lebenszeichen gab, mit zwei Bleikugeln durch den Kopf geschossen und endete so sein edles Leben. Sein heiliger Leib wurde sodann unter allerlei Beschimpfungen nackt durch die Stadt geschleppt und in die vorbeifließende Düna gestürzt. Er wurde jedoch von seinen Freunden wieder herausgezogen und dann in Polotzk feierlich beerdigt«.

Gott verherrlichte den Märtyrer bald durch zahlreiche Wunder, so daß er bereits im Jahre 1643 von Papst Urban VIII. in das Verzeichnis der seligen Märtyrer aufgenommen wurde und von Papst Pius IX. im Jahre 1867 kanonisiert wurde.

Der heilige Andreas Bobola

geb.: 1592
gest.: 1657
Fest: 16. Mai

Andreas Bobola entstammte einer der ältesten und angesehensten Adelsfamilien Polens. Er erhielt von seinen Eltern eine gründliche und strenge Erziehung, welche die Jesuiten von Sandomir fortsetzten. 1611 trat der Heilige in das Noviziat der Jesuiten zu Wilna ein, wo er nach seiner elfjährigen Vorbereitung 1622 zum Priester geweiht wurde. Bis 1633 war Andreas Bobola als Prediger und Kongregationsleiter zu Wilna tätig und widmete sich dann sehr erfolgreich der Mission der östlichen Gebiete Polens, in der Gegend von Pinsk. Hier gelang es ihm, ganze Ortschaften, die bis dahin orthodoxen Glaubens waren, wieder für die katholische Kirche zu gewinnen.

In dieser Zeit nun wurde durch die Patriarchen von Konstantinopel und Moskau eine heftige Gegenoffensive gegen die katholische Restauration in Polen entfaltet, die sich auch der Macht der kosakischen Reiter bediente, die im Dienst der polnischen Krone standen. In ihnen bzw. ihren fanatischen Anführern, wie z. B. Hetman Konaszewiz mit dem Beinamen »der Bogenschütze«, fand die orthodoxe Kirche in Polen seit einiger Zeit entschiedene Fürsprecher. Ihrem Druck war es schließlich auch zu verdanken, daß Wladyslaw IV. der orthodoxen Kirche in Polen wieder Religionsfreiheit einräumte, was ihr von dessen Vorgänger, Sigismund III., noch verwehrt worden war.

An der Spitze der Kosakenhorden stand damals Bohdan Chmielnicki, ein fanatischer Gegner der katholischen Kirche, dem es nun bereits gelungen war, die Religionsfreiheit für die orthodoxe Kirche in Polen durchzusetzen, der aber aufgrund eines persönlichen Zerwürfnisses mit dem polnischen König schließlich mit russischer Unterstützung gegen diesen zu Felde zog. Nach einer schweren Niederlage im Juli 1651 enfaltete eben dieser Chmielnicki einen jahrelangen, verwüstenden Kleinkrieg im Osten Polens, dem wiederholt auch katholische Priester, insbesondere solche der Gesellschaft Jesu, zum Opfer fielen.

In diese Zeit fällt auch das Martyrium des hl. Andreas Bobola, das eines der grausamsten ist, das je einem Märtyrer widerfahren ist. Seine Schilderung entnehmen wir der »Kirchengeschichte in Heiligenlegenden« von Pfarrer Dr. Karl Wilk:

Aus Bobruist, wo Andreas Bobola Ordensprior war (an der Beresina, in der Wojewodschaft Minsk), mußte er vor den andringenden Kosaken fliehen. Er floh nach Pinsk, und als dieses durch die Schismatiker den Kosaken geöffnet wurde, ging er nach Ianow. In einer benachbarten Pfarrei Perezdyl hatte er am 16. Mai 1657 eben Messe gelesen, als Soldaten sich zeigten. Die Gläubigen nötigten ihn, auf einem Fuhrwerk zu entfliehen, allein die Kosaken folgten ihm und nahmen ihn fest. Anfangs versuchten sie durch Zureden ihn zum Abfall vom Glauben zu verleiten. Als ihre Bemühungen sich als vergeblich erwiesen, entkleideten sie ihn bis zum Gürtel, banden ihn an einen Zaun und begannen ihn zu geißeln. Der Anblick des fließenden Blutes reizte sie noch mehr; zum Hohn schnitten sie frische Eichenzweige ab, machten daraus eine Art Krone und preßten sie dem Mißhandelten auf das Haupt, wobei sie ihn mit Fäusten ins Gesicht schlugen, ihm die Haut von den Händen abzogen und die Fingergelenke abschnitten, alles unter Fluchen und Gelächter. Entsetzt blieb das auf dem Felde arbeitende Volk stehen; darunter war der Arbeiter Jakob Cetverynka, der später Zeugnis ablegte über die unmenschlichen Martern, deren Augenzeuge er war.

Damit nicht genug. Der über die Maßen Verstümmelte wurde vom Zaune losgebunden, zwischen zwei Reiter an die Sättel gefesselt und in diesem Zustande nach Ianow zum Amtmann geschleppt. »Bist du ein lateinischer Priester?« fragte dieser. »Ich bin es«, lautete die Antwort. Nach diesen Worten begannen die Martern erst recht. Ein Säbelhieb streckte den Bekenner nieder, wobei ihm ein Auge ausgestochen wurde. Den still Daliegenden zerrten die Kosaken in ein nahes Schlachthaus und legten ihn auf die Schlachtbank, um Grausamkeiten zu begehen, deren bloße Wiedergabe Grausen erregt: die Wüteriche säbelten Nase und Ohren ab, zogen die Haut vom Kopf, vom Rücken und von der Brust ab und streuten in die wunden Stellen Haferspreu, um die Qualen zu steigern. Inzwischen rief der Gemarterte die Namen »Jesus, Maria« an. Um dies zu verhindern, brachten sie ihm eine breite Halswunde bei und rissen durch die so geschaffene Öffnung die Zunge samt Ansatz heraus. Zuletzt hingen sie ihn, mit dem Kopf nach unten, an einem Haken auf und verließen die Mordstätte; ein Kosakenhauptmann, der ihn noch lebend fand, ließ ihn durch Säbelhiebe vollends töten und in einen Straßengraben werfen. So geschehen an der Vigilie von Christi Himmelfahrt, am 16. Mai 1657, gegen 3 Uhr des Nachmittags. Kaum jemals, so erklärte die Römische Kongregation, hätten ihr so grausame Martern vorgelegen. Die Passion des seligen Andreas Bobola ist das grausamste Marthyrium, von dem die Kirchengeschichte berichtet.

Die Reliquien des seligen Andreas Bobola wurden in der Jesuitenkirche zu Pinsk bestattet und gerieten bei den beständigen Unruhen, denen Polen in der zweiten Hälfte des 17. Jahrhunderts ausgesetzt war, allmählich in Vergessenheit. Im April 1702 entdeckte sie der damalige Superior Martin Godebski. Der bereits morsche Sarg trug die deutliche Inschrift: »Andreas Bobola, von den Kosaken gemartert und gemordet«. Die priesterlichen Gewänder und der Talar zerfielen bei der ersten Berührung in Staub; dagegen war der Leib unverwest. Er wurde mit neuen Gewändern bekleidet und in einem neuen Sarge an der zugänglicheren Stelle in der Pinsker Jesuitenkirche aufgebahrt. Der Beatifikationsprozeß dauerte 150 Jahre. Pius IX. reihte den Martyrer am 5. Juli 1853 in die Zahl der Seligen ein.«

Nikolaus de Mello

Fest: 28. Dezember

Einer Legendensammlung des vorigen Jahrhunderts entnehmen wir die Erzählung von Nikolaus de Mello, den wir ausschließlich hier erwähnt fanden. Auch er gehört zu den Märtyrern, die ihr Leben in der Auseinandersetzung mit der orthodoxen Kirche lassen mußten.

Ich habe einmal gelesen, daß jemand einen Hund hatte, dem er zuweilen eine Brotscheibe vorhielt und sie zu dem Abbild (Porträt) eines berühmten Mannes ausbeißen ließ. Der Hund wußte und wollte natürlich nichts von den Gesichtszügen, sondern biß eben in das Brot, so weit es ihm zugelassen wurde; hingegen der Mann wendete und drehte so geschickt die Brotscheibe, daß die Zähne des unvernünftigen Tieres gerade so eine Gestaltung hervorbrachten, wie er beabsichtigte. Ganz in gleicher Weise macht es Gott mit seinen Auserwählten und bösen Menschen. Er läßt nämlich böse Menschen oft denjenigen verfolgen und peinigen, welchen er zu einem wahren Ebenbild Christi ausgestalten will; sie beißen gleichsam aus Bosheit, aber Gott hält den guten Christen in seiner Hand und läßt nur so weit ihn zerbeißen, als es für seine höhere Bestimmung zweckmäßig ist. So z.B. ließ Gott am heutigen Tag dem Herodes die unschuldigen Kinder in die Hand fallen und sie ermorden, – für diese war es heilsam und ein hoher Gewinn, Erstlinge der Märtyrer zu werden; das Jesuskind, welches Herodes besonders aussuchen ließ, wurde ihm entzogen, weil der Gottmensch nicht bestimmt war, als Kind zu sterben. Desgleichen sehen wir an dem Augustinermönch Nikolaus, daß große Bosheit und Grausamkeit an ihm ausgeübt wurde, dürfen aber überzeugt sein, daß Gott nur so viel den Gesellen des Teufels gestattete, als dem Diener Gottes zur Vervollkommnung gereichte.

In der Hauptstand von Portugal geboren, trat der selige Nikolaus früh schon in den Augustinerorden, wo er sich als vortrefflicher Prediger und Beichtvater auszeichnete. Viele Jahre wurde er in Indien zur Bekehrung der Heiden verwandt; daselbst hatte er auch einen jungen Indianer gewonnen, der sich nicht nur würdig zur Taufe, sondern auch zur Aufnahme in den Augustinerorden erwies. Mit diesem wurde der Selige im Auftrag des Ordens an den Papst gesandt. Da nun kein Schiff in jenem Jahr zu finden war, mit welchem sie nach Europa hätten kommen können, so beschlossen sie, die Reise zu Land zu machen. Dies war freilich eine weite und beschwerliche Reise; sie mußten das weite Land von Indien durchwandern, dann zogen sie durch Persien und kamen nach Rußland. Allein hier nahm die Reise ein unvorhergesehenes Ende. Sie fanden in der Hauptstadt Moskau einen Arzt, der ein sehr eifriger Katholik war und bei dem sie äußerst freundliche Aufnahme fanden; die Russen selbst, obschon sie getauft sind, leben getrennt und in Feindschaft gegen die katholische Kirche. Da nun auch andere Katholiken von den zwei Missionaren hörten, versammelten sie sich täglich im Haus des Arztes, um dort das Wort Gottes und die heilige Messe zu hören und das heilige Abendmahl zu empfangen; auch ließ der Arzt sein neugeborenes Töchterlein von dem seligen Nikolaus taufen. Einige englische Protestanten zeigten die Sache bei dem Landesherrscher an; dieser hatte nämlich einen grimmigen Haß gegen die katholische Religion, während er ein Gönner aller Ketzer war. Er ließ daher unverzüglich den seligen Nikolaus mit seinem Begleiter verhaften, in Ketten legen und in ein Kloster einsperren.

In diesem Kloster waren Mönche, die zu der russischen Kirchentrennung gehörten und in ihrer Rohheit und ihrem Unverstand meinten, das gehöre zum rechten Glauben, daß man die Katholiken hasse und verfolge. Den beiden Missionaren wurde hier keine andere Speise gegeben als halbgekochte Rüben und der Abfall des Brotes, das die Diener übrig ließen. An den Festtagen machte der Obere seinen Mönchen dadurch ein angenehmes Schauspiel, daß er die beiden katholischen Priester gefesselt vorführen und verspotten ließ. Sodann wurde ihnen aus einem ketzerischen Buch, das voll Schmähungen gegen die katholische Religion war, vorgelesen und weil sie sich dadurch in ihrem Glauben nicht irre machen ließen, wurden sie dann gestoßen, geschlagen und wieder in den Kerker geworfen.

So ging es sechs Jahre lang fort, da starb der grausame Landesfürst. Sein Nachfolger, Demetrius Orich, war katholisch gesinnt und als ihm durch Karmeliter-Mönche, die nach Persien reisten, die Anzeige von der Gefangenschaft und Mißhandlung der beiden Missionare gemacht wurde, gab er sogleich den Befehl, sie in Freiheit zu setzen. Allein die Erlösung war von kurzer Dauer; während die Freigelassenen zu Demetrius reisten, um ihm Dank abzustatten und dann ihre Reise nach Rom anzutreten, starb der gute Fürst, und als sie in Moskau ankamen, hatte schon sein Nachfolger, Basilikus, die Herrschaft. Der haßte grimmig alles, was katholisch war; er ließ die Missionare sogleich ergreifen und machte ihnen Anerbietungen, wenn sie den ruthenischen Glauben annehmen wollten. Der selige Nikolaus antwortete, er sei entschlossen, das Leben für seinen Glauben aufzuopfern. Darauf wurde er grausam geprügelt und mit seinem Begleiter in einen stinkenden Kerker gebracht. Hier mußten sie wieder mehrere

Jahre lang schmachten und Hunger und Durst, Kälte und Blöße erdulden; von Zeit zu Zeit wurden sie herausgeführt und mit Versprechungen gelockt und mit Drohungen ihnen zugesetzt, daß sie dem römisch-katholischen Glauben widersagen sollten. Da sie nun stets standhaft blieben, so folgten darauf Verhöhnung, Stöße und Schläge.

Endlich ging dem Tyrannen die Geduld aus. Er ließ beide Missionare mitten im Winter ganz nackt auf einen öffentlichen Platz führen und begehrte noch einmal, daß sie von der römisch-katholischen Kirche abfallen; wenn sie es nicht täten, so lasse er sie lebendig verbrennen. Der Scheiterhaufen war schon zugerichtet. Da nun beide sich unerschütterlich zeigten, so dachten die Russen, Nikolaus sei schuld, daß der bekehrte Indianer so standhaft sich weigerte abzufallen; sie führten ihn deshalb auf einen anderen Platz, wo sie ihm neue Drohungen machten und ihm wieder die Lüge zusetzten, daß sein Begleiter und Lehrer Nikolaus jetzt auch zur Erkenntnis gekommen und zur russischen Kirche übergetreten sei. Da er sich nicht betören ließ, wurde er wieder zu Nikolaus zurückgeführt, und wurde vor dessen Augen mit dem Schwert hingerichtet, weil man hoffte, jenen dadurch zu schrecken.

Da aber der selige Nikolaus standhaft blieb, so übte man die Unmenschlichkeit aus, daß man ihn fortwährend in der großen Kälte nackt stehen ließ, bis einige katholische Kaufleute durch ihr Bitten es von dem Fürsten erreichten, daß er wieder ins Gefängnis zurückgeführt wurde. Hier lag er nun gleichsam halb tot wieder ein ganzes Jahr lang, nach dessen Ablauf der Tyrann Basilikus starb. Nun versuchte es Marina, die katholisch gesinnte Witwe eines früheren Fürsten, dem seligen Nikolaus die Freiheit zu verschaffen. Der neue Regent bewilligte es. Der freigelassene Missionar wurde nun mit großer Freude von Marina in ihren Palast aufgenommen, wo er dann wieder die heilige Messe las und den Katholiken die heiligen Sakramente spendete.

Allein dieser Sonnenschein nach dem schweren Unwetter, das den seligen Nikolaus so lange Jahre bedrängt hatte, dauerte nur kurze Zeit. Es brachen schwere Kriegszeiten aus; darum reiste die Fürstin nach Astrachan, in der Meinung, dort an der äußersten Grenze von Rußland größere Sicherheit zu finden. Sie hatte auch den seligen Nikolaus mit sich genommen und ihre alte Hofmeisterin aus Polen, die auch eine sehr fromme Katholikin war. Allein sie kamen, wie man zu sagen pflegt, vom Regen in die Traufe. Das königliche Schloß, wo sie Wohnung genommen hatten, wurde von dem Feind erstürmt, die Fürstin Marina und die Soldaten, welche es verteidigten, kamen um das Leben; Nikolaus aber und die Hofmeisterin wurden gefangen. Es wurde nun beiden die Wahl gestellt: entweder der römisch-katholische Kirche abzusagen und den ruthenischen Glauben anzunehmen, oder auf dem Scheiterhaufen zu sterben!

Auf diese Weise bekam Nikolaus Gelegenheit, mehrfach Märtyrer zu werden, da er aufs neue wieder wählen mußte zwischen Abfall und Tod. Aber nicht minder standhaft als er, erklärte die polnische Frau (Barbara Mosqui ist ihr Name), daß sie für ihren Glauben zu sterben bereit sei. Das Volk lief haufenweise zusammen, als die beiden zum Tod geführt wurden. Die Frau Barbara ging mit würdigem Anstand und Fassung einher, was bei manchen Zuschauern Mitleiden, bei allen aber Verwunderung erweckte. Auf sie folgte der selige Nikolaus; er hatte zwischen den zusammengebundenen Händen ein Kruzifix und weil er 66 Jahre alt war und in der jahrelangen Haft entsetzlich viel Marter schon ausgestanden hatte, ja zudem noch mit schweren Ketten beladen war, schritt er nur schwach und gebeugt einher. Als sie zum Richtplatz kamen, waren die zwei großen, für sie bestimmten Scheiterhaufen schon angezündet. Die von Gott begeisterten Märtyrer haben sich aber bei dem Anblick der Flammen nicht entsetzt, sondern das neue Anerbieten von Gunst und Ehre, wenn sie abfallen, mit Verachtung von sich gewiesen. Deshalb wurden sie dann lebendig in die Flammen geworfen, ihr Leib verbrannt und ihre Seele befreit.

Gomidias Keumurgian

geb.: 1656
gest.: 1707
Fest: 5. November

Wie oben bereits erwähnt, hat sich die armenische Kirche bereits sehr früh von der katholischen Kirche getrennt und führt seither ein eigenständiges Dasein. Wiederholt gab es Wiedervereinigungsbestrebungen, die letzlich aber nie von Erfolg gekrönt waren. Auch gegen Ende des 17. Jahrhunderts waren in der armenischen Kirche wieder einmal derartige Wiedervereinigungsbestrebungen im Gange und viele Gläubige der armenischen Kirche traten zum katholischen Glauben über. Einer von ihnen war Gomidias von Keumurgian.

Er, 1656 in Konstantinopel als Sohn eines Priesters geboren, war zunächst wie sein Vater Priester der orthodoxen Kirche geworden. In langen Gesprächen mit Missionaren der katholischen Kirche – vor allem

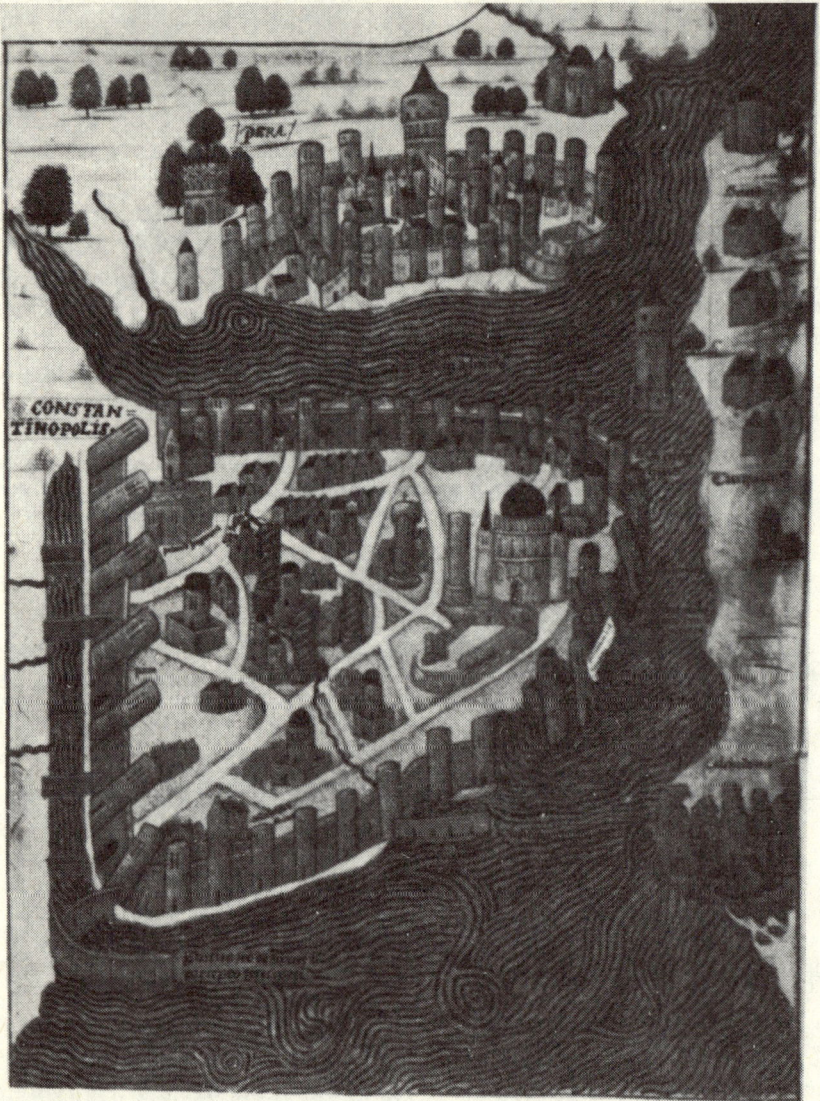

Stadtplan von Konstantinopel von Christoforo Buondelmonti. Die Zeichnung des florentinischen Reisenden zeigt die Stadt im Jahre 1422.

Franzosen waren damals im Nahen Osten um die Verbreitung des rechten Glaubens bemüht – konnte der selige Gomidias aber davon überzeugt werden, daß der katholische Glaube der wahre Glaube sei.

Nachdem er zunächst versucht hatte, der Gefahr wegen, die damit verbunden war, seinen Gesinnungswandel zu verbergen, gab er dann aber nach einiger Zeit seine Stelle als Priester auf und unternahm eine Pilgerfahrt nach Jerusalem. Nach seiner Rückkehr nach Konstantinopel trat er dann unverhohlen für die Union der armenischen Kirche mit Rom ein und zog sich auf diese Weise die erbitterte Feinschaft des armenischen Patriarchen von Konstantinopel, Avedick, zu, der mit allen Mitteln versuchte, die Gläubigen seiner Kirche dieser zu bewahren.

Schon bald war Gomidias den Verfolgungen seiner ehemaligen Glaubensbrüder ausgesetzt und mußte sich über Monate hinweg versteckt halten. Trotzdem gelang es den Anhängern Avedicks schließlich, ihn gefangen zu nehmen und vor Gericht zu schleppen, jedoch dieses erste Mal konnten Freunde den seligen Gomidias noch einmal vor einer Verurteilung bewahren, indem sie ihn freikauften. Nicht lange konnte sich Gomidias aber der wiedergewonnenen Freiheit erfreuen. Johannes, Nachfolger Avedicks, brachte ihn schon bald wieder vor Gericht. Diesem saß damals der mohammedanische Vesier Ali Pascha vor, der den Franzosen und den Katholiken nicht wohl gesonnen war. Die eigenen Volksgenossen forderten von Ali Pascha den Kopf des seligen Gomidias. Eine letzte Möglichkeit, mit dem Leben davonzukommen, bot ihm schließlich der Vesier Ali Pascha: den Übertritt zum mohammedanischen Glauben. Diese Selbstverleugnung war für den seligen Gomidias unannehmbar und so wählte er den Tod.

Am 5. November 1707 wurde Gomidias von Keumurgian daraufhin in Konstantinopel für die Treue zu seinem Glauben geköpft. Seine Reliquien wurden nach Frankreich überführt und in der Noviziatskapelle der Jesuiten in Leon beigesetzt. Papst Pius XI. hat diesen Blutzeugen am 23. Juni 1929 selig gesprochen.

Teil V

Die Märtyrer der christlichen Mission

Die Entdeckung der Neuen Welt

Die Kirche vor neuen Aufgaben

»Darum geht zu allen Völkern und macht alle Menschen zu meinen Brüdern. Tauft sie auf den Namen des Vaters und des Sohnes und des heiligen Geistes und lehrt sie alles zu befolgen, was ich euch geboten habe. Seit gewiß, ich bin bei euch alle Tage bis zum Ende der Welt« (Math. 28, 18–20). Wie man bereits gesehen hat, haben die Christen diesem Missionsbefehl Jesu seit alter Zeit Folge geleistet. Ebenso wie vormals wagemutige Missionare die christliche Religion unter den Germanen und Slawen verbreitet haben, drangen bereits im ausgehenden Mittelalter Angehörige des Franziskaner- und Dominikanerordens zu den Mongolen Zentralasiens vor, oder sie erreichten über Indien sogar China. Es war diesen Unternehmungen jedoch nicht vergönnt, in den fernen Ländern Kirchengemeinden zu gründen, die von Dauer waren. Erst im Zeitalter der Entdeckungen, also im 15. und 16. Jahrhundert, als die Spanier und Portugiesen die ersten großen Kolonialreiche schufen, wurde die Mission des Fernen Ostens ebenso wie die der Neuen Welt beständig und damit auch ihr Erfolg.

Gen Indien – auf dem Seeweg

Seit die Türken sich im 14. Jahrhundert in Kleinasien festgesetzt und ihr Reich immer weiter auch nach Südosteuropa ausgedehnt hatten, wurde der Handelsweg nach Indien von ihnen kontrolliert und indische Waren kamen nur noch durch hohe Durchgangszölle verteuert nach Europa. Die seefahrenden Staaten der Pyrenäenhalbinsel suchten deshalb nach einem Seeweg nach Indien. Nachdem sich portugiesische Seefahrer an der Westküste Afrikas immer weiter nach Süden bis zum »Kap der Guten Hoffnung« vorgewagt hatten, gelang es 1498 dem Portugiesen Vasco da Gama nach Kalikut in Indien zu segeln und damit die Seeverbindung mit Südasien herzustellen. In den folgenden Jahren schufen sich die Portugiesen eine große Zahl von Handelsstützpunkten an der West- und Ostküste Afrikas und erreichten in Indien ein bedeutendes Handelsreich, dessen Zentrum in Goa an der Westküste Indiens lag, und das bis zum Ende des 16. Jahrhunderts Bestand hatte.

340

Die Westroute nach »Indien«

Der Florentiner Gelehrte Toscanelli war ebenso wie andere Naturwissenschaftler seiner Zeit zu der Überzeugung gekommen, daß die Erde eine Kugel sei und daß deshalb Indien nicht nur in östlicher Richtung, sondern auch durch eine Fahrt nach Westen zu erreichen sei. Der Genueser Christoph Columbus war es, der auf Grundlage dieser Vorstellung im Dienst Isabella von Kastiliens schließlich die Fahrt nach Westen wagte und nach 61 tägiger Fahrt 1492 einen neuen Kontinent, Amerika, entdeckte, den er allerdings bis zu seinem Tode für das »Ende des Orients« gehalten hat.

Die großen Entdeckungsreisen des 15. und 16. Jahrhunderts.

Die Märtyrer der christlichen Mission

Südamerika, die Goldgrube Spaniens

Auf dem neuen Kontinent waren es vor allem die Spanier, die ihn sich in der Folgezeit unterwarfen und seine reichen Bodenschätze ausbeuteten, 1519–1521 eroberte der spanische Ritter Herman Cortes in blutigen Kämpfen das Aztekenreich, das in Mittelamerika im Bereich des heutigen Mexiko gelegen war, und ein Jahrzehnt später war es Franzisco Pizaro, der das Inkareich zerstörte und damit der spanischen Krone das Goldland Peru eroberte. Während sich die Spanier auf diese Weise im 16. Jahrhundert ein zusammenhängendes Kolonialreich in Südamerika schufen, das sich von Mittelamerika entlang der Westküste bis tief nach Südamerika erstreckte, setzten sich zur gleichen Zeit die Portugiesen an der Ostküste Südamerikas in Brasilien fest. Erst Ende des 16., Anfang des 17. Jahrhunderts begann schließlich die englische und französische Kolonisation Nordamerikas. 1584 gründete Walter Raleigh die erste englische Kolonie in Amerika (Virginia) und ab 1603 nimmt Samuel de Camplain als erster Gouverneur von Kanada Neufundland, Neuschottland und Neu-Frankreich in Besitz.

So schrecklich die Errichtung der kolonialen Herrschaft für die Eingeborenen meist war, so kamen mit den neuen Herren doch immer auch christliche Missionare ins Land, die sich nicht nur auf die Verkündigung des Evangeliums beschränkten, sondern sich auch um die Gesundheit und Auskommen ihrer Gemeinden kümmerten und dabei manches Mal mit den jeweiligen Kolonialherren in Konflikt kamen. Neben anderen Orden und Missionsgesellschaften waren es vor allem die Franziskaner, Dominikaner und natürlich nicht zuletzt die Jesuiten, die im 16. Jahrhundert das christliche Glaubensbekenntnis in Afrika, Indien, Hinterindien, Japan, China und der Neuen Welt verkündeten, auch dann, wenn die Entbehrungen der Reisen oder die Feindseligkeiten der Eingeborenen wiederholt ihre Gesundheit oder gar ihr Leben bedrohten.

Franz Xaver, der erste Missionar Japans

Ganz besondere Verdienste um die Mission in Indien und Japan erwarb sich in dieser Zeit der heilige Franz Xaver, von dem deshalb hier genauer berichtet werden soll. 1506 auf dem Schloß Javier bei Pamplona in Spanien geboren, hatte Franz Xaver zunächst in Paris Philosophie studiert. Dort war er mit Ignatius von Loyola zusammengetroffen und gehörte schon bald zu den ersten Mitgliedern der von diesem neu gegründeten »Gesellschaft Jesu«. Nachdem sich der neue Orden 1538 bedingungslos dem Papst unterstellt hatte, wurde Franz Xaver von diesem zum Missionar für Portugiesisch-Ostindien bestimmt.

344

Am 7. April 1541 ging der heilige Franz Xaver unter Segel und erreichte nach einer Winterpause in Mozambique im Mai 1542 Goa, wo ihn die Regenzeit einige Zeit festhielt. Bald hatte Franz Xaver bemerkt, daß die Christen in der Stadt gegen ihren Glauben gleichgültig geworden waren und nutzte deshalb die Zeit, die er in Goa verbrachte, um in allen Vierteln der Stadt den Christen zu predigen und den Katechismus zu lehren.

Sobald die Regenzeit vorbei war, hielt es Franz Xaver aber nicht länger in Goa. Nachdem er zunächst einige Jahre bei den Parva-Perlfischern am Kap Komorin und bei den Makua-Fischern verbracht hatte, segelte er 1545 nach Malakka und von dort weiter zu den Molukken, um auch dort das Evangelium zu verbreiten.

Schon bald nach seiner Rückkehr nach Goa brach Franz Xaver aufs neue auf und segelte, begleitet von zwei Ordensbrüdern und drei japanischen Neuchristen, die er in Malakka kennengelernt und getauft hatte, nach Japan, wo er im Sommer 1549 in Kagoschima an Land ging. Hier blieb Franz Xaver zwei Jahre, ohne jedoch in diesem Land einen ähnlichen Erfolg seiner Missionsarbeit verzeichnen zu können wie zuvor in Indien.

Bereits in Japan faßte der heilige Franz Xaver den Entschluß, China zu missionieren, das Land, dessen Kultur er als die Quelle des geistigen Lebens in Japan erkannt hatte und das er trotz aller Widerstände, die es seiner Missionsarbeit entgegengesetzt hatte, bewunderte. So brach er nach einem kurzen und arbeitsamen Aufenthalt in Goa im April 1552 wieder auf und versuchte auf dem Seeweg China zu erreichen. Von der Insel Sancian, die China bei Kanton vorgelagert ist, wollte Franz Xaver auf das Festland übersetzen. Hier befiel den Missionar aber im Winter 1552 ein schweres Fieber, dem er in den Morgenstunden des 3. Dezember 1552 erlag.

Christliche Sozialkritik in Südamerika

Insbesondere in den spanischen Kolonien Mittel- und Südamerikas war das Vorgehen der Konquistadoren gegen die Eingeborenen besonders grausam, so daß die spanischen Missionare, die mit ihnen ins Land kamen, heftige Kritik an diesen übten. Der spanische Dominikanerpater Bartolomè de Las Casas, in dem die eingeborenen Indianer einen ihrer leidenschaftlichsten Fürsprecher fanden, weiß darüber folgendes zu berichten: »Was das feste Land betrifft, so kann man als ausgemacht annehmen, daß unsere lieben Spanier durch ihre Grausamkeit daselbst mehr als zehn Königreiche, die gegenwärtig Einöden sind, ehedem aber stark bevölkert waren, verwüstet haben... Wir können als eine gewisse und wahrhafte Tatsache anführen, daß in 40 Jahren durch das tyrannische und teuflische Verfahren der Christen mehr als 12 Millionen Männer, Weiber und Kinder auf ruchloseste

und grausamste Art zur Schlachtbank geführt wurden, und wir würden in
der Tat nicht irren, wenn wir die Anzahl derselben auf 15 Millionen
angäben… Die einzige und wahre Grundursache, warum die Christen eine
so ungeheure Menge schuldloser Menschen ermordeten und zugrunde
richteten, war bloß diese, daß sie ihr Gold in ihre Gewalt zu bekommen
suchten… So sorgten sie für die Erhaltung ihres Lebens und das Heil ihrer
Seelen. Ich kann heilig beteuern, daß alle die Millionen Menschen, wovon
ich weiter oben sprach, ohne Glauben und Sakrament verschieden sind.
Auch ist es eine allgemein bekannte Wahrheit, die selbst jene Tyrannen
und Menschenwürger nicht leugnen können, daß nie ein Christ in ganz
Indien (»Westindien«) von den Indianern beleidigt ward. Sie begegneten
vielmehr den Spaniern so, als kämen die vom Himmel, und taten dies so
lange, bis sowohl sie als ihre Nachbarn, zuerst auf vielfältige Weise von
ihnen gemißhandelt, beraubt, gemartert, und alle nur möglichen Gewalttä-
tigkeiten und Bedrückungen an ihnen verübt worden waren«. Erst im Lauf
der Zeit wandelte sich diese Praxis und an ihre Stelle trat, insbesondere
unter dem Einfluß der Jesuiten, die die Indianer in besonderen Siedlungen
(Reduktionen) betreuten, eine geordnete Verwaltung, der es letztlich,
vereint mit den christlichen Orden, gelang, in dieser neuen Welt das
Christentum und europäische Lebensform durchzusetzen.

Gegen Ende des 17. Jahrhunderts erlebte die Missionstätigkeit einen
erheblichen Rückgang. Die Gründe für ihr zunehmendes Versiegen sind
unter anderem in der Überflügelung der katholischen Seemächte Spanien
und Portugal durch die protestantischen Mächte England und Holland zu
sehen, die insbesondere in Indien und auf den Inseln Südost-Asiens an

deren Stelle traten. Darüber hinaus ist die Aufklärung und ein grundsätzlicher Verfall des Ordenswesens in Europa, nicht zuletzt die Aufhebung der »Gesellschaft Jesu« 1773 durch Papst Clemens XIV., für diesen Rückgang der Mission verantwortlich zu machen.

Ein neuer Anfang

Von diesem Niedergang erholte sich die Mission erst wieder im 19. Jahrhundert, als im Zuge der Entfaltung der industriellen Revolution die großen Industriestaaten die Erde als potentiellen Rohstofflieferanten und Absatzmarkt neu untereinander verteilten. Großbritannien schuf sich in dieser Zeit sein koloniales Weltreich in Indien, Kanada, Australien und Afrika, wo es nur durch Deutsch-Ostafrika daran gehindert wird, ein durchgehendes Kolonialgebiet von Ägypten bis zur Südafrikanischen Union zu beherrschen. Während das deutsche Reich darüberhinaus über die weniger bedeutenden Kolonien Deutsch-Südwestafrika, Kamerun und Togo verfügte, erstreckte sich das französische Kolonialreich von Algerien über Französisch-Westafrika bis Äquatorialafrika. In Indochina herrschte Frankreich schließlich ebenso über ein zusammenhängendes Kolonialgebiet, während die sich daran anschließenden Inseln, Sumatra, Borneo, Celebes usw. jetzt unter niederländische Herrschaft gerieten.

In China, das formell seine Unabhängigkeit bewahrte, sicherten sich die Industriestaaten ihren Einfluß durch langjährige Pachtverträge über weite Landstriche, so daß es letztlich die europäischen Mächte und Finanzgesellschaften waren, die die Politik des Landes bestimmten. In dieser Zeit, in der die Spekulation auf mögliche Rohstoffvorkommen die Industriestaaten also dazu veranlaßte, die entlegendsten Erdenwinkel der modernen Zivilisation zu erschließen, lebte auch das Missionswesen wieder auf, und Missionare der verschiedenen Orden und Missionsgesellschaften trugen das christliche Glaubensbekenntnis jetzt in viele der gerade neu erschlossenen Landstriche. So wurden in dieser Zeit bis zum Ersten Weltkrieg, der die Missionstätigkeit dann wieder empfindlich beeinträchtigte, vor allem in Afrika, Vorder- und Hinterindien, China, Ozeanien und Nord- und Südamerika große Missionserfolge errungen. Und erneut waren es die wieder als Orden zugelassenen Jesuiten, die Franziskaner, Dominikaner und Kapuziner, die diese Missionserfolge erzielten. Darüber hinaus existierten aber auch neugegründete Missionsgesellschaften, insbesondere die Lyoner Missionäre, die Weißen Väter und die Väter vom Heiligen Geist, die den Heiden das Evangelium brachten und dabei, wie im folgenden zu berichten sein wird, wiederholt mit ihrem Leben Zeugnis ablegten von ihrem Glauben.

Rudolf Acquaviva

geb.: 1550
gest.: 1583
Fest: 27. Juli

Rudolf Acquaviva wuchs in Süditalien auf, als Sohn eines der angesehensten Geschlechter der Herzöge von Atri. Schon bald war der junge Rudolf entschlossen, sein Leben ganz dem Dienst am Herrn zu widmen. So trat er am 2. April 1568 in das Noviziat der Jesuiten zu Rom ein, wo er einige Jahre lang mit bewundernswertem Eifer seinen Studien nachging, um schließlich die Priesterweihe zu empfangen. Schon einige Zeit zuvor hatte der selige Rudolf darum gebeten, in der Indienmission seines Ordens tätig sein zu dürfen. Dies wurde ihm gestattet und so schiffte er sich 1578 nach Goa in Indien ein.

Dort eingetroffen, war Rudolf Acquaviva zunächst als Professor für Philosophie an der Erziehungsanstalt der Jesuiten in Goa tätig, bevor man ihn 1580 mit der Aufgabe betraute, den Großmogul Akbar, der beinahe über ganz Nordindien herrschte, mit der katholischen Religion vertraut zu machen. Allein, obwohl der Großmogul um einen Priester gebeten hatte, so war es doch wohl mehr die Neugierde gewesen, als wirkliche Sehnsucht nach der Wahrheit, die ihn zu diesem Schritt bewogen hatte. Es gelang Rudolf letztlich nicht, den Großmogul in den langen Gesprächen, die er mit ihm und seinen Mullas führte, vom katholischen Glauben zu überzeugen, und so mußte er dann nach 3 Jahren, die er am Hof des Großmoguls verbringen durfte, unverrichteter Dinge wieder von dannen ziehen.

Aber schon bald tat sich dem jungen Mann eine neue Aufgabe auf. Die Halbinsel Salsette, die Goa gegenüber liegt, wurde zwar schon von den Jesuiten betreut, die Bevölkerung hatte sich aber wiederholt sehr feindselig gegen die Missionare gezeigt und es war auch bereits zu Übergriffen gekommen. Noch im Jahr seiner Rückkehr wurde Rudolf Acquaviva zum Oberen der Mission auf Salsette ernannt und machte sich alsbald auf, sein neues Arbeitsfeld persönlich zu besichtigen. Am 15. Juli 1583 näherte er sich mit einigen Gefährten dem Ort Coculin, in dem durch Pater Anton Franzisco die Ankunft des neuen Oberen bereits angekündigt worden war.

In ihrer Begleitung waren zwei Portugiesen, darunter der Schreiber des Kommandanten von Rachol, und etwa 50 eingeborene Christen. Auf dem

Rudolf Acquaviva und seine Gefährten werden von den Eingeborenen getötet.

Wege unterhielten sich die Missionare von ihren Hoffnungen, zeigten fröhlich auf die Ruinen der zerstörten Pagoden und sahen sich nach einem günstigen Platze um, wo die Tempel des wahren Gottes sich erheben sollten. In der Nähe von Coculin herrschte eine unheimliche Stille. Niemand kam ihnen entgegen, sie zu begrüßen. Da plötzlich sahen sie einen ungeordneten Haufen von halbnackten, schreienden Weibern und Kindern aus dem Dorfe kommen, unter Anführung eines Götzendieners, der wild mit Armen und Beinen um sich schlug und mit den Händen Erde und Staub in die Luft warf. Drohende Rufe wie: »Auf, da sind sie, der Augenblick der Rache ist nahe!« drangen an das Ohr der Missionare. Diese wußten nicht, was das bedeuten sollte, zogen sich zurück und schickten einen Boten in das Dorf, der ihre Grüße überbringen und um die Erlaubnis bitten sollte, in der Nähe ein Gotteshaus errichten zu dürfen. Der Bote fand unfreundliche, drohende Mienen. Man wisse sehr gut, was die Patres vorhätten, und werde sich danach richten. Doch kam nun einer der Gazari (Vornehmen) zu den Missionaren hinaus und gab heuchlerisch seinem Bedauern Ausdruck, daß man sie so wenig gastfreundlich empfangen. Auf die Frage, was jener drohende Lärm bedeuten sollte, gestand er, daß Pondu, ein berühmter Götzenpriester, die Menge gegen die Patres aufgehetzt. Doch werde es ihm gelingen, das Volk zu beruhigen. Sie sollen inzwischen ruhig ihre Mahlzeit einnehmen. Auf das Anerbieten Acquavivas, zwischen den streitenden Parteien vermitteln zu wollen, gab der Gazari zur Antwort, er wolle darüber mit seinen Stammesgenossen reden.

Nach seinem Weggang wurde der Lärm im Dorf immer bedrohlicher und ließ das Schlimmste befürchten. Man beschloß also, nach Hause zurückzukehren und das Vorhaben zu verschieben, bis die Aufregung sich etwas gelegt habe. Allein bereits brachte ein anderer indischer Begleiter der Patres, der ins Dorf auf Kundschaft gegangen war, die Nachricht, man habe dort auf Anstiften des Zauberers soeben den Tod der Missionare beschlossen. Man müsse die fünf Hähne (d.h. die fünf Patres), so habe der Götzenpriester wie besessen geschrien, schlachten; bloß ihr Blut könne die Götter besänftigen. Im selben Augenblick kam auch ein wohlgesinnter Heide, der am Mord keinen Anteil haben wollte, herbeigestürzt und rief den Patres zu, sich rasch zu flüchten. Dieselben beschlossen denn auch, der Gewalt zu weichen. Allein es war bereits zu spät.

Auf dem Wege zum Flusse hörten sie hinter sich das Geschrei der nachstürzenden Menge, welche die christlichen Inder, die sich ins Dorf gewagt hatten, mit Lanzen und Pfeilen verfolgten. Beim Anblick der Missionare erhob sich der Mordruf: »Nieder mit den Feinden unserer Götter!« Angefeuert durch den rasenden Pondu, wälzte sich die Menschenflut von drei Seiten – denn zwei Abteilungen hatten heimlich den Weg zum Flusse verlegt – auf die wehrlosen Missionare. Umsonst warfen sich die

Großmogul Akbar

treuen eingeborenen Christen händeringend ihren heidnischen Stammesgenossen entgegen, um sie von dem Mord abzumahnen. Die Patres sahen,
daß ihre Stunde gekommen, erhoben ihre Hände gen Himmel zum letzten
Gebet und erwarteten ruhig ihre Mörder. Gonzales Rodriguez, der portugiesische Staatsschreiber, legte auf die vordersten Angreifer seine Muskete
an. Pacheco aber fiel ihm in den Arm und riß die brennende Lunte fort mit
den Worten: »Wir sind nicht gekommen, um zu töten, sondern um zu
retten«. Einer der Inder bot Acquaviva sein Pferd an. Noch war die
Rettung möglich. Freundlich lehnte Rudolf ab. »Jetzt ist nicht die Zeit zu
fliehen,« sagte er mild, »sondern zu kämpfen und zu siegen,« und zu
seinen Gefährten gewandt, rief er aus: »Wohlan, laßt uns Auge und Herz
zum Himmel erheben und ihn um seine Gnade bitten für die Stunde der
Entscheidung!«

Nach dem Bericht der Augenzeugen, denen wir die genauen Umstände
verdanken, traf die Mörderhand alle fünf Bekenner fast zur selben Zeit.
Rudolf war der erste, der fiel. »Wo ist der große Vater (der Obere)?«
schrien die Heiden. Als man auf Rudolf hinwies, sauste auch schon ein
indischer Säbel nieder, der ihm die Kniesehnen durchschnitt. Der Getroffene stürzte in betender Stellung nieder. Bereitwillig beugte er sich nach
vorn, öffnete mit eigener Hand den Kragen seines Ordensgewandes und
bot seinen Hals zum Todesstreich. In dieser Stellung hatte er schon früher
zu knien sich gewöhnt, wenn er Gott im Gebete das Opfer seines Lebens
brachte. Ein zweiter Hieb traf seinen Nacken, ein dritter löste den einen
Arm fast ganz von der Schulter, ein Pfeil, der seine Brust durchbohrte,
brachte die Todeswunde. Seine letzten Worte waren: »O Herr, verzeihe
ihnen! Heiliger Franz Xaver, bitte für mich! Herr, nimm auf meine Seele!«
Noch später sprachen einige der Bekehrten, die damals unter seinen
Mördern waren, mit Rührung von der heiligen Bereitwilligkeit, die der
Märtyrer im Sterben gezeigt.

In ähnlicher Weise fielen die anderen. Mit fanatischem Jubel tanzten
die Heiden um ihre Opfer. »Jetzt kommt,« riefen sie höhnisch, »taufet uns
und macht uns zu Christen; auf, errichtet Kreuze und Kirchen und zerstört
unsere Tempel und Götterbilder!« Dabei ließen sie ihre Wut an den
blutigen Leichen aus.

Trotz einiger Schwierigkeiten gelang es später, die Auslieferung der
Leichen durchzusetzen. Sie wurden zunächst in der Kirche von Rachol auf
der Halbinsel Salsette beerdigt. 1597 wurden die ehrwürdigen Überreste
der Märtyter in die Paulskirche in Goa überführt und letztlich 1863 in der
Kathedrale von Chorar beigesetzt. Papst Leo XIII. hat Rudolf Acquaviva
am 16. April 1893 selig gesprochen.

Hl. Jakobus

Hl. Apostel Paulus

Hl. Sebastian

Hl. Petrus

Johannes de Britto

geb.: 1647
gest.: 1693
Fest: 4. Februar

Einer der berühmtesten Missionare und Märtyrer Indiens war Johannes de
Britto. Dieser Sohn eines der edelsten Geschlechter Portugals, das am
portugiesischen Königshof in hohem Ansehen stand, wuchs am königlichen
Hof als Edelknabe des Thronfolgers Don Pedro de Braganza auf, wo er die
adeligste und vornehmste Erziehung genoß, die einem jungen Menschen
damals vermittelt werden konnte. Als Johannes de Britto in jungen Jahren
schwer krank wurde und kaum mehr Hoffnung für ihn bestand, rief seine
Mutter den hl. Franz Xaver um Hilfe an und machte das Gelübde, daß ihr
Sohn, wenn er genäse, ein Jahr lang das Kleid der Gesellschaft Jesu tragen
sollte. Dies geschah auch und dadurch wuchs in Johannes de Britto der
Drang, sein Leben als Mitglied dieser Gesellschaft ganz Gott zu opfern und
zwar vorzüglich durch Missionstätigkeit wie der heilige Franz Xaver, den
er sofort zu seinem besonderen Patron erkor. Nach Überwindung sehr
vieler Hindernisse schloß er sich schließlich im Dezember 1662 der Gesellschaft Jesu an und wandte sich schon bald darauf an den General seines
Ordens, mit der Bitte, ihn in die Mission nach Indien zu schicken: »Durch
die Fürbitte des hl. Xaver bin ich von einer schweren Krankheit befreit
worden; dann wurde ich in die Gesellschaft (Jesu) aufgenommen. Das
genügte aber dem hl. Xaver nicht; er erwirkte mir eine weitere, größere
Gnade: das Verlangen, mein Leben, das seine Fürbitte mir erhalten, der
indischen Mission zu weihen. Ich bitte und beschwöre daher Ew. Paterni-
tät, so dringend ich kann, mir zu erlauben, dem Ruf des hl. Xaver zu folgen.
Der Gedanke verläßt mich nicht, daß der Heilige, wie er mir die Gesundheit erwirkt hat, so mir jetzt diesen geraden Weg zum ewigen Glück öffnet.
Bei den Wunden Christi und den Verdiensten des hl. Xaver, um der
größeren Ehre Gottes willen, deren Förderung Ihnen vor allem am Herzen
liegt, bitte ich inständigst um die Gnade, in die indische Mission gehen zu
dürfen«.

Seiner Bitte wurde stattgegeben und so segelte er bereits 1673 mit 23
weiteren Jesuiten von Lissabon nach Indien, wo er in den folgenden Jahren
unter großen Entbehrungen in der als besonders schwierig bekannten
Madura-Mission tätig war. Seine außerordentlichen Fähigkeiten und seinen

übergroßen Eifer erkannte die Ordensleitung an, indem sie Johannes von Britto 1685 zum Oberen der gesamten Madura-Mission ernannte.

Bald darauf hätte der Heilige im Königreich Marava schon beinahe den Martertod erlitten. In diesem Reich, dessen König für seinen Christenhaß besonders bekannt war, wurde Johannes de Britto von seinen Verfolgern ergriffen und mit den ausgesuchtesten Foltern gequält. Nur eine plötzliche Palastrevolution errettete ihn davor, bereits jetzt sein Leben für seinen Glauben zu opfern.

Nachdem ihn seine Ernennung zum Gesellschaftsträger der Madura-Mission dann 1686 nochmals für 2 Jahre heim nach Lissabon geführt hatte, kehrte er 1690 wieder nach Indien zurück, obwohl ihm zu Hause durch den König von Portugal angetragen worden war, die Erziehung des Thronfolgers zu übernehmen.

In den folgenden Jahren war er vor allem wiederum im Königreich Marava wirksam, weil in seinen Augen die noch kleine Christengemeinde seiner besonderen Hilfe bedurfte. Gerade der große Erfolg, von dem seine Bemühungen dort gekrönt waren, brachten Johannes die erbittertste Feindschaft der heidnischen Priester und Brahmanen ein, die schließlich den König von Marava dazu bewegen konnten, den Pater gefangennehmen zu lassen. Der König verurteilte Johannes schließlich zum Tode und übergab ihn seinem Bruder, dem Statthalter von Oriur, zur Hinrichtung. Nach einigen Tagen, in denen Odeiardeven – des Königs Bruder – gezögert hatte, ihn hinrichten zu lassen, weil er sich erhofft hatte, durch diesen fremden »Zauberer« von verschiedenen schlimmen Krankheiten geheilt zu werden, die ihn plagten, entschloß er sich schließlich doch, dem Befehl des Königs Folge zu leisten. Von seiner Hinrichtung ist uns ein genauer Bericht überliefert, den wir unseren Lesern mitteilen wollen, zeigt er doch in sehr eindrucksvoller Weise das selige Gottvertrauen, das diesen Heiligen auszeichnete.

Am 4. Februar gab Odeiardeven den Seligen in die Hand von fünf Henkern. Es war Aschermittwoch. Als habe er vorausgesehen, was kommen werde, hatte P. de Britto in der Nacht vom 3. zum 4. Februar sich vollständig bereit gemacht, er hatte sogar ein besseres Gewand angelegt. Gegen Mittag kamen die Henkersknechte. Lächelnd sprach er zu ihnen: »Ich bin ganz bereit,« und ging mit ihnen zur Richtstätte so schnellen Ganges, daß die Wächter kaum folgen konnten. Ein wenig von der Festung entfernt, gegen Norden, hart am Ufer des Flusses Pambaru liegt ein niedriger Sandhügel. Hier sollte der Selige sein Opfer bringen. An der Stätte angekommen, bat er seinen Henker, ihm eine kurze Zeit zu gewähren, daß er im Gebet sich sammeln könne. Viele, Christen wie Heiden, waren herbeigeeilt, um das blutige Schauspiel zu sehen. In aller Gegen-

wart kniete der Selige nieder und bereitete sich zum letzten Streit. Sein Antlitz leuchtete in heiliger Freude. Selbst Heiden wurden bei seinem Anblick zu Tränen gerührt. Feierliche Stille herrscht, nur unterbrochen durch Äußerungen des Unwillens über die Grausamkeit und Ungerechtigkeit des Todesurteils. Der Henker ist bereit; er hat den breiten Säbel in die Hand genommen. Doch da er den Märtyrer noch immer im Gebet sieht, zaudert er. Da kommt vom Palast her der Sohn des Fürsten. »Was zögert ihr?« ruft er den Henkern zu, »führt aus, was man euch befohlen hat.« P. de Britto erhebt sich, macht das Kreuzzeichen, geht auf die Schergen zu, umarmt sie und sagt: »Jetzt Brüder, macht mit mir, was euch gefällt.« Die Henker, halb betrunken, zerreißen das Kleid des Seligen, statt es ihm ruhig abzunehmen. Um den Hals trug er einen kleinen Reliquienbehälter; als sie diesen erblickten, wichen sie erschreckt zurück. Sie vermeinten, darin seien Zaubermittel, deren er sich bediente, um die zu bezaubern, die seine Schüler würden. Einer der Henker ergreift einen Säbel, um die Schnur, an der das Kästchen befestigt war, zu zerschneiden und bringt dabei auch dem Pater eine tiefe Wunde auf der Brust bei. Ein Strom Blutes fließt zur Erde. Noch fürchten sie die Zaubermittel; ihr Säbel würde nichts ausrichten können, meinen sie. Sie holen ein großes Beil herbei, wie man es in den Tempeln gebrauchte, um die Schlachtopfer zu töten; falls die Säbel versagten, könnten sie das Beil gebrauchen. Dann banden sie eine Schnur an seinen Bart und zogen sie um seine Brust, so daß das Haupt niedergebeugt war. Alsbald warf sich der Gottesmann auf die Knie, hob die Augen und Hände zum Himmel und erwartete in dieser Stellung den Todesstreich. Da konnten zwei seiner Christen aus Marava sich nicht mehr halten. Sie drängten sich durch die Menge, warfen sich vor dem Seligen nieder und beteuerten, sie wollten mit ihm sterben. Die Henker schoben sie beiseite. Dann ergriff der eine der Soldaten den Säbel und enthauptete den Seligen. Der erste Schlag genügte nicht, das Haupt vom Rumpf zu trennen; er führte einen zweiten Schlag. Dann wurden auch die Hände und Füße abgehauen und der Rumpf und das Haupt auf einem Pfahl befestigt, der an der Stelle, wo der Märtyrer still gebetet hatte, aufgerichtet war. Die beiden todesmutigen Christen sollten seine Krone nicht teilen. Der Prinz, vor den sie geführt wurden, ließ ihnen Ohren und Nase abschneiden und sandte sie von dannen. Einer der beiden begab sich an die Richtstätte, sammelte die Hände und Füße des Seligen und befestigte sie auch an dem Pfahl. Dann verblieb er lange Zeit im stillen Gebet an dem heiligen Ort.

Das war nach der genauen Beschreibung des P. Lainez das glorreiche Ende des großen Apostels, nach dem er so sehnlich sein ganzes Leben hindurch verlangt hatte.

Pierre-Louis-Marie Chanel

geb.: 1803
gest.: 1841
Fest: 28. April

Daß missionarischer Eifer die Jünger des Herrn auch in die entlegensten Erdenviertel geführt hat und wie sie auch dort durch ihre übergroße Güte und Geduld dem christlichen Glauben neue Anhänger gewinnen konnten, dies zeigt uns sehr schön das Beispiel des Franzosen Pierre Chanel.

1803 zu Potière in Frankreich als Sohn schlichter Landsleute geboren, wurde ihm die Frömmigkeit schon von seinen Eltern mitgegeben. Ein Seelsorger der Gegend bemerkte früh die schönen Anlagen des Kindes, sein starkes Streben nach Wahrheit und Heiligkeit, und machte sich deshalb fortan die Erziehung des Knaben zum Anliegen. Nachdem er das Knaben- und auch das Priesterseminar hinter sich gelassen hatte, war Pierre Chanel zunächst als Vikar in Amberieur und dann in der Gemeinde Crozet am Fuße des Jura tätig, die wegen ihres Verkehrs mit den benachbarten Calvinisten sich in einem besonders traurigen Zustand befand und als besonders schwierige Gemeinde galt. Durch seine Tatkraft und durch seine in so schöner Weise vorgelebte Liebe zur Religion und vor allem zum heiligsten Sakrament der Kommunion gelang es dem Heiligen aber, auch diese schwierige Aufgabe zu bestehen und die Gemeinde wieder auf den rechten Weg zurückzuführen.

Schließlich trat Pierre Chanel der Kongregation der Maristen bei und stellte sich, als diese die Mission der Südseeinseln übertragen bekamen, für diese Aufgabe zur Verfügung. So machte er sich im Jahre 1836 zusammen mit einigen anderen Maristenmissionaren unter der Führung des Bischofs Pompallier auf in das neue Vikariat Westozeanien. Nach langer und beschwerlicher Reise erreichte die kleine Gruppe schließlich die Inseln Wallis und Tutuna im Südpazifik. Pierre Chanel und einem Laienbruder wurde es nach langen Verhandlungen mit dem König der Insel Futuna gestattet, sich auf der Insel niederzulassen. Die anderen Missionare ließen sich auf der benachbarten Insel Wallis nieder, während Bischof Pompallier nach Neuseeland weitersegelte.

Für Pierre Chanel begann jetzt eine außerordentlich schwierige Zeit, denn er war weder mit der Sprache, noch mit den Sitten und Gebräuchen der Eingeborenen vertraut, und so war es für ihn zunächst fast unmöglich, das Vertrauen dieser Menschen zu gewinnen oder gar sie für die christliche Religion zu begeistern. 20 Taufen waren dann das ganze Resultat der ersten 20 Monate angestrengter Missionsarbeit. Aber Pierre Chanel dachte nicht in einer Sekunde daran, sich von seinem eingeschlagenen Weg abbringen zu lassen. Gerade hier, wo die Sprache ihm so geringe Möglichkeiten ließ, sich auszudrücken, war es die praktische Demonstration seiner Barmherzigkeit, die ihm schließlich die Herzen der Inselbewohner öffnete.

Aber wie so oft war gerade dieser Erfolg Pierre Chanels der Anfang seines Endes. Der Häuptling der Insel, Niuliki, sah durch die Zuneigung, welche die Inselbewohner jetzt dem Fremden entgegenbrachten, seine Stellung auf der Insel gefährdet. Zunächst wurden deshalb die Anhänger der neuen Religion auf die verschiedensten Weisen unter Druck gesetzt. Als der König aber erfuhr, daß es dem Missionar gelungen war, selbst seinen eigenen Sohn für das Christentum zu gewinnen, faßte er schließlich den Entschluß, diesen töten zu lassen.

Musumusu, ein Ratgeber und Vertrauter des Königs, machte sich daraufhin am 28. April 1841 auf, um Pater Chanel zu töten. Musumusu hatte seine Zeit gut gewählt. P. Chanel litt an einem Fußübel, das ihn an seine Wohnung bannte. Überdies war er allein, da Bruder Nizier seit einigen Tagen bei Herrn Thomas auf der anderen Seite der Insel weilte. Wahrscheinlich hatte der Selige seiner Gewohnheit gemäß die heilige Messe gelesen und sein Brevier gebetet, als die Mörder sich nahten. Musumusu schickte Filitika voraus unter dem Vorwand, ein Heilmittel für seine (Musumusus) Wunde zu erbitten.

»Ich trat ins Haus hinein«, so erzählt Filitika in den Prozeßakten, »fand aber den Diener Gottes nicht. Ich ging also in den Garten und traf ihn hier damit beschäftigt, den Hühnern Futter zu streuen. Als er mich erblickte, trat er herzu und fragte, was mich zu ihm führe. Ich erwiderte, Musumusu sei verwundet worden und wünsche etwas von dem heilkräftigen Wasser; ob er mir etwas geben wolle? Darauf trat er mit mir in die Wohnung hinein.« In diesem Augenblick kam auch Ukuloa hinzu und bat den Diener Gottes, ihm den Stock zu leihen, den er in den Händen trug. Sofort reichte ihm P. Chanel denselben. Jetzt erschien auch Musumusu auf der Schwelle. Der Selige ging ihm entgegen und fragte: »Woher kommst du, Musumusu?« – »Von Assua.« – »Was bringt dich hierher?« – Ich möchte um ein Heilmittel für meine Wunde bitten.« – »Wie bist du zu dieser Wunde gekommen?« – »Beim Herabschlagen der Kokosnüsse.« – »Gut, warte hier, ich werde dir ein Heilmittel holen.« Filitika und Ukuloa folgten ihm. Als der Selige wieder heraustrat, sah er Filitika mit einem Pack Linnenzeug in den Armen. »Wie! Filitika, du stiehlst in meinem

Hause?« Ohne zu antworten, näherte sich Filitika der Fensteröffnung und warf den Pack hinaus. Da trat P. Chanel auf die Hausschwelle und bemerkte jetzt draußen die Schar, die plündernd über seine Habseligkeiten herfiel. Ärgerlich rief Musumusu seinen raubgierigen Genossen zu: »Seid ihr denn gekommen, um zu plündern? Was zögert ihr, den Menschen zu töten?« Daraufhin faßte Filitika den wehrlosen Missionar, schüttelte ihn heftig und sagte zu Umatauli: »Schlag zu und triff ihn gut!« Umatauli erhob die Keule und schwang sie über dem Haupte des Seligen. »Aeua, aeua! – Tue es nicht!« rief dieser in seiner ersten Überraschung dem Mörder zu und streckte unwillkürlich den rechten Arm aus, um den tödlichen Schlag aufzufangen. Da sauste die Keule wuchtig hernieder; der Arm des Bekenners sank zerschmettert herab, und er selbst taumelte zwei bis drei Schritte nach rückwärts. Rasch holte Umatauli zu einem zweiten Schlage aus und traf diesmal auf die linke Schläfe. Reichliches Blut quoll aus der klaffenden Wunde. Zur selben Zeit hatte Fuasea mit einer Lanze einen heftigen Stoß geführt. Die eiserne Spitze ging, ohne zu treffen, dicht unter der Achsel durch; der Schaft der Lanze traf die Schulter mit solcher Gewalt, daß der Bekenner mehrere Schritte weit rücklings zu Boden geschleudert wurde und mit dem leisen Rufe: «Malie fuai – Es ist gut so,« niedersank.

In diesem Augenblick traten Pipisega und Namusigano, die beiden jungen Katechumenen, über die Schwelle. Sie fanden ihren Meister im Blute liegen, die Schultern gegen die Bambuswand gelehnt, das Haupt tief nach vorne übergebeugt und mit der linken Hand das Blut abwischend, das reichlich über sein Antlitz rieselte. »Ich rief ihn beim Namen,« so erzählt Namusigano, »und er schlug seine Augen auf blickte mich freundlich an und sagte: 'Malie fuai, loku mate – Es ist gut für mich, daß ich sterbe.' Darauf wandte ich mich erzürnt zu Musumusu und sagte: 'Was tötest du diesen guten Priester?' Da schrie Musumusu: 'Packet diesen jungen Menschen und schaffet ihn fort; denn er ist auch einer der Anhänger der Religion.' Ich aber trat wieder hin, wo der Diener Gottes lag, faßte ihn beim Arme und wollte ihn aufrichten und fortführen. Er sagte aber: 'Laß mich hier liegen; denn es ist gut, daß ich sterbe.' Ich ließ ihn also liegen und ging hinaus; denn die Drohung Musumusus hatte mich erschreckt. In dem Augenblick, als ich über die Schwelle hinaustrat, hörte ich drinnen einen heftigen Schlag. Ich kehrte mich um und sah, wie der Diener Gottes der Länge nach auf sein Angesicht hingefallen war und die Schärfe einer Axt tief in seinem Scheitel stak. Musumusu aber schüttelte, über die Leiche hingebeugt, heftig an der Axt, um sie aus der tödlichen Wunde herauszuziehen. Als dies endlich gelang, klebten Stücke von der weißen Hirnmasse daran. Ich aber floh schaudernd von dannen.« Übereinstimmend mit diesem Bericht sind die Angaben Pipisegas und Filitikas.

Der Bischof Pompallier widersetzte sich energisch einer geplanten Vergeltungsaktion für diesen feigen Mord. Alles, was er von den Inselbewohnern forderte, war nur die Herausgabe der sterblichen Überreste des Paters. Dieser Großmut des Bischofs beeindruckte die Inselbewohner aufs neue und sie baten um einen neuen Priester, der ihnen nach einem Jahr schon gewährt werden konnte. Die ganze Insel ließ sich daraufhin innerhalb kurzer Zeit taufen und die Inseln Wallis und Futuna wurden zu wahren Vorbildern christlichen Gemeinwesens. So war denn der Tod des Pierre Chanel, den Leo XIII. 1889 selig- und Papst Pius XII am 12. Juni 1954 heiliggesprochen hat, doch nicht umsonst gewesen, hat er doch den Grundstein zu dieser glücklichen Entwicklung gelegt.

Die heiligen Märtyrer von Japan

gest.: 1597
Fest: 5. Februar

Wie oben bereits dargestellt, war das japanische Kaiserreich bereits Mitte des 16. Jahrhunderts von dem heiligen Franz Xaver missioniert worden. Durch ihn wurde die Grundlage der Japanmission gelegt, die durch seine Nachfolger zielstrebig und erfolgreich ausgebaut wurde, so daß die Mission 1580 bereits ungefähr 150000 Christen zählte. Diese glückliche Zeit nahm jedoch ein jähes Ende, als der an die Macht gekommene Hideyoshi Toyotomi, der Herr der Tenka, sich in einer unerwartet scharfen Form gegen die christlichen Missionare wandte und 1587 sogar ein allgemeines Predigtverbot gegen sie erließ. Nach seinem Tode erlebte die Japanmission im ersten Jahrzehnt des 17. Jahrhunderts nochmals eine kurze Blüte; bald entwickelten sich aber neue Spannungen, die in den Jahren bis 1640 mit Sicherheit 1000 christlichen Missionaren verschiedener Orden das Leben kosteten. Von dieser Zeit an bis 1853 hat sich Japan gänzlich von der Außenwelt abgeschlossen und erst um die Mitte des 19. Jahrhunderts war es französischen Missionaren wieder möglich, in Japan den wahren Glauben zu verkünden.

Eines der bekanntesten Martyrien der japanischen Missionsgeschichte fällt noch in die Zeit Hideyoshi Toyotomis und bildet gleichsam den

Der schreckliche Tod der heiligen Märtyrer von Japan auf dem Tateyama-Hügel in Nagasaki.

Auftrakt der blutigen Christenverfolgung in Japan. Am 5. Februar 1597 wurden 26 Christen, 6 spanische Franziskaner, 3 japanische Jesuitenbrüder und 17 japanische Christen auf dem Tateyama-Hügel in Nagasaki gekreuzigt, weil sie das Predigtverbot Hideyoshis mißachtet hatten. Papst Pius IX. hat diese 26 Märtyrer am 8. Juni 1862 heilig gesprochen.

Ihr Schicksal schildert uns Allan Butler in seinem Werk »Leben der Väter und Märtyrer« aus dem Jahre 1832, dem wir hier etwas ausführlicher auch in einer kurzen Missionsgeschichte Japans folgen wollen, weniger, weil dieser es mit den historischen Daten ganz so genau nehmen würde, als wegen seiner altertümlichen und darin für uns heutzutage reizvollen Ausdrucksweise. Seine Berichte geben wir aus diesem Grunde unverändert wieder.

Das Japanische Reich, so genannt von einer Insel, die einen Theil desselben ausmacht, wurde 1541 von portugiesischen Kaufleuten entdeckt. Man theilt es gewöhnlich in mehrere kleine Reiche ein, welche sämmtlich unter dem Scepter eines einzigen Kaisers stehen. Ihre Hauptstädte sind Meaco und Jeddo. Die Sitten der Japaneser sind von den Unsrigen in manchen Stücken verschieden. Sie sind von Natur aus stolz und ehrsüchtig. Unter den seltsamsten Gestalten verehren sie einige ihrer Ahnen, unter welchen Xacha und Amida den ersten Rang haben. Alle ihre Priester, Bonzen genannt, stehen unter einem Oberpriester, den sie Jako nennen. Japan lag lange in den dichtesten Finsternissen des Heidenthums versunken, bis der heil. Franz Xavier im Jahr 1549 dahin kam. Dieser apostolische Mann, den Gott in seiner Barmherzigkeit erweckt hatte, predigte dort mit außerordentlichem Erfolge das Evangelium, und man sah ganze Provinzen sich bekehren. Die Frucht seiner Predigten war eben so dauerhaft, als wunderbar; denn schon im Jahre 1582 schickten die Könige von Arima, Bungo und Omura eine feierliche Gesandtschaft an den Pabst Gregor XIII. Fünf Jahre nachher zählte man in Japan zweimal hunderttausend Christen, worunter Bonzen, Fürsten und Könige waren. Unglücklicher weise wurde die Verbreitung der christlichen Religion, die mit jedem Tage herrlicher voranschritt, im Jahr 1588 gehemmt, und zwar durch folgendes Ereigniß.

Der Kaiser Cambacundono, der mit frevelndem Stolze sich göttliche Ehre erweisen ließ, befahl, daß innerhalb sechs Monate alle Jesuiten seine Staaten verlassen sollten. Mehrere von ihnen blieben jedoch, dieses Befehles ungeachtet, in Japan zurück, verkleideten sich aber, um freier ihr Amt ausüben zu können. Im Jahr 1592 ward die Verfolgung wieder erneuert, und eine große Zahl bekehrter Japaneser empfieng die Märtyrerkrone. Der Kaiser Taycosama, ein eben so sittenloser, als stolzer Fürst, hatte den Verläumdungen einiger europäischen Kaufleute Glauben beigemessen, und gerieth dadurch in eine Wuth gegen die frommen Glaubensprediger, welche die schrecklichsten Folgen hatte. Diese Kaufleute in der Hoffnung, das ausschließliche Handelsrecht auf Japan zu erhalten, überredeten den Kaiser, daß die Missionäre die in seinem Reiche predigten, keine andere Absicht hätten, als den Spaniern und Portugiesen die Eroberung seines Reiches zu erleichtern. Mehr bedurfte es nicht, um diesen Fürsten gegen die Männer, die man ihm mit den schwärzesten Farben geschildert hatte, zu erbittern. Nun ließ er im Jahre 1597 auf einem Berge, in der Nähe von Nangasaki, kreuzigen. Sechs derselben waren Franziskaner, und an ihrer Spitze stand Peter Baptist, Commissar seines Ordens, aus Avila, in Spanien gebürtig. Die drei Andern waren Jesuiten. Der Eine von ihnen, Paul Michi genannt, war aus einer ausgezeichneten Familie in Japan geboren, und besaß in hohem Grade die Gabe der Beredsamkeit, obgleich er noch nicht drei und dreißig Jahre alt war. Es wurden auch mehrere bekehrte Japaneser mit ihnen gemartert; die gesammte Zahl derjenigen, die des Märtyrertodes starben, belief sich auf sechs und zwanzig. Unter den Getödteten befanden sich auch drei Knaben, die den Priestern Messe zu dienen pflegten. Zwei von ihnen waren über fünfzehn Jahre alt, der dritte aber erst zwölf. Allein ihre zarte Jugend hielt sie nicht ab, mit Muth und Freude die Qualen zu erdulden. Vier und zwanzig von diesen großmüthigen Kämpfern wurden zuerst nach Meaco gebracht, damit ihnen dort Nase und Ohren abgeschnitten würden: man milderte aber dieses Urtheil, und begnügte sich, ihnen nur einen Theil des linken Ohres abzuschneiden. Hierauf führte man sie, die Wangen ganz mit Blut bedeckt, von Stadt zu Stadt, um die andern Christen dadurch in Furcht zu setzen. Als sie an dem Orte ihrer Hinrichtung angelangt waren, erlaubte man ihnen, zwei Jesuiten von Nangasaki zu beichten: darauf heftete man sie an Kreuze, indem man ihre Arme und Beine mit Stricken fest knüpfte, und ihnen dann ein eisernes Halsband anlegte. Als sie so fest gebunden waren, erhob man die Kreuze und pflanzte sie, jedes vier Fuß vom Andern entfernt, auf. Bei jedem Märtyrer stand ein Henkersknecht, um demselben mit einer Lanze die Seite zu durchbohren; denn dieses ist die in Japan gewöhnliche Kreuzigungsart. Sobald alle Kreuze aufgepflanzt waren, wurde den Henkern das Zeichen gegeben, und sie versetzten zu gleicher Zeit den Kämpfern Jesu Christi den Todesstoß. Die Christen sammelten ihr Blut und ihre Kleider, bei deren Berührung Gott mehrere Wunder wirkte. Urban VIII. setzte diese Märtyrer unter die Zahl der Heiligen, und die Kirche feiert ihr Andenken an diesem Tage ihres Triumphes. Alle andere Missionäre ließ man einschiffen, damit sie ferner in Japan die christliche Religion nicht mehr predigen möchten. Dessen ungeachtet blieben noch acht und zwanzig Priester zurück.

Unterdessen starb der Kaiser Taycosama; allein er hatte noch befohlen, daß man seinen Leib nicht verbrenne, wie es in Japan der Gebrauch war, sondern in dem Pallaste von Furimi aufstelle, damit er dort unter dem Namen des neuen Kriegsgottes verehrt werde. Man erbaute daher einen prachtvollen Tempel, wo sein Leib der Verehrung des Volkes ausgesetzt ward. Kaum hatten die Jesuiten von dem Tode des Taycosama Nachricht erhalten, so erschienen sie wieder in Japan. Sie bekehrten dort 1599 vierzigtausend Seelen, und im folgenden Jahre noch über dreißigtausend, obgleich ihre Anzahl sich nicht über hundert belief. Zu gleicher Zeit erbauten sie fünfzig Kirchen, worin sich die Gläubigen versammelten; während die Götzendiener einem Fürsten, dessen Leben durch die größten Lasterthaten befleckt war, göttliche Ehre erwiesen. Der Frieden, der so sehr die Verbreitung des Evangeliums beförderte, wurde 1602 durch Cubosama wieder gestört. Dieser Fürst erneuerte die Verordnungen, welche schon früher gegen die Christen erlassen worden. Mehrere bekehrte Japaneser wurden enthauptet, Andere gekreuzigt, oder verbrennt. Im Jahre 1614 ward die Verfolgung noch blutiger. Man ersann die grausamsten Qualen, um die Jünger Jesu Christi zu zwingen, ihrem Glauben zu entsagen. Man zerquetschte ihnen die Füße zwischen zwei Balken, indem man diese gewaltsam zusammen stieß; man legte ihnen eiserne Platten ganz glühend auf den Rücken; schnitt ihnen ein Glied nach dem andern ab, zog ihnen die Haut von den Fingern und legte ihnen brennende Kohlen in die Hände; Stücke Fleisches riß man ihnen mit Zangen von dem Leibe, und stieß ihnen gespitzte Rohre in die verschiedenen Theile des Körpers. Alle diese vielfältigen Qualen hatten aber nicht die Wirkung, welche die Götzendiener erwarteten. Eine zahllose Christenmenge und selbst mehrere Kinder bekannten Jesus Christus bis zum Tode. Im Jahre 1616 folgte Xogun, Cubosama, seinem Vater, den er an Grausamkeit noch übertraf. Keine barbarische Marter war auszusinnen, die er nicht an den Christen, und besonders an den Missionären, ausübte.

Carlo Spinola

geb.: 1564
gest.: 1622

Den Christenverfolgungen, die nun folgten, fiel neben anderen auch Carlo Spinola zum Opfer. Er stammte aus einer Adelsfamilie aus Genua und war 1584 dem Jesuitenorden beigetreten. Da er gerne in der Mission tätig sein wollte, wurde er 1595 nach Japan geschickt, wo er 1602 nach einer langen und abenteuerlichen Reise eintraf. Über 15 Jahre war es dem seligen Carlo Spinola dann vergönnt, erfolgreich in der Japanmission der Jesuiten zu wirken, bevor er schließlich 1618 im Gefängnis von Omura eingekerkert und 1622 beim »großen Martyrium von Nagasaki« verbrannt wurde.

Von seinen letzten Jahren bis zu seinem Tod und von dem Ende der Missionstätigkeit in Japan berichtet uns wiederum Allan Butler in der ihm eigentümlichen Weise:

»Die Japaneser warfen ihn endlich in's Gefängnis, wo er von der Unmenschlichkeit seiner Wächter vieles erdulden mußte, die ihm sogar einen Trunk Wasser, um seinen brennenden Fieberdurst zu stillen, verweigerten. Allein Gott, der die Seinigen nie verläßt, milderte die Leiden seines Dieners durch seine salbungsvolle Gnade, und ließ ihn mitten in den Banden unaussprechlichen Trost empfinden. Wir wollen ihn selbst hören, wie er sich hierüber in einem Briefe, den er aus seinem Gefängnisse schrieb, ausdrückt: 'Wie süß ist es, für Jesus Christus zu leiden! ich kann keine Worte finden, die kraftvoll genug wären, meine Empfindungen auszudrücken, besonders seitdem wir in diesen Kerkern sind, wo wir in ununterbrochenem Fasten leben. Die Kräfte meines Körpers verlassen mich zwar; allein die Freude steigt desto höher, je näher ich mich dem Tode sehe. Welches Glück für mich, wenn es mir gestattet wäre, an den nächsten Ostern mit den Seligen im Himmel den Freudensgesang anzustimmen... Wenn du je,' sagte er in einem Briefe an Maximilian Spinola, seinen Vetter, 'die beseligende Wonne verkostet hättest, welche Gott in die Seelen seiner Diener gießt; so würdest du nur Verachtung für alle Güter dieser Erde empfinden. Ich fange nun an, ein Jünger Jesu Christi zu werden, seit ich in dem Kerker ihm zu Liebe leide. Ich finde mich völlig für die Bitterkeit des Hungers, durch die wonnevollen Tröstungen, von denen mein Herz gleichsam überströmt, entschädigt. Und wenn ich mehrere

Jahre in dem Gefängnisse sein würde, so schien mir diese Zeit kurz, so heftig verlange ich für den, der meine Mühseligkeiten einst reichlich belohnt, zu leiden. Nebst andern Krankheiten hatte ich auch ein Fieber, welches hundert Tage lang anhielt, ohne daß es mir möglich war, ein wirksames Arzneimittel für meinen Zustand haben zu können. Während dieser ganzen Zeit empfand ich eine Freude, welche dir zu beschreiben ich mich umsonst bemühen würde. Ich war nicht mehr mein, ich glaubte mich schon in's Paradies versetzt'.

Als der Pater Spinola die Nachricht erhielt, daß er zum Feuer verurteilt sey, empfand er die lebhafteste Freude. Seit diesem Augenblicke dankte er Gott unaufhörlich für die große Gnade, deren er ihn gewürdigt hatte. Man führte ihn darauf aus den Gefängnissen von Omura nach Nangasaki. Unfern dieser Stadt, auf einem Berge, wurde an ihm, so wie an neun und vierzig andern Christen, unter denen sich neun Jesuiten, vier Franziskaner und sechs Dominikaner befanden, die übrigen waren alle Laien, die Todesstrafe vollzogen. Fünf und zwanzig wurden verbrannt, die Andern alle enthauptet. Jene, welche man verbrennte, wurden zuerst jeder an einen Pfahl gebunden; hernach zündete man an einem Ende den Scheiterhaufen an, der fünf und zwanzig Fuß von ihnen entfernt war; und so konnte die Flamme, welche sich ihnen nur langsam näherte, erst nach einigen Stunden sie verzehren. Der heil. Spinola blieb unbeweglich, und hielt stets seine Augen gegen Himmel gerichtet, bis die Flamme die Stricke, welche ihn fesselten, verzehrt hatte, Er fiel alsdann ins Feuer, und gab seinen Geist auf den 2. September 1622, in einem Alter von acht und fünfzig Jahren. Es befanden sich noch mehrere andere Christen da, von denen die meisten Jesuiten waren und die alle glorreich ihr Leben durch verschiedene Martern endigten. Die einen wurden an einem kleinen Feuer verbrannt, die Andern gekreuzigt. Diese wurden enthauptet, und Jene in Schlünde feuerspeiender Berge geworfen; wieder Andere hängte man in Cisternen an den Füßen auf, wo sie erst nach drei oder vier Tagen starben.

Im Jahre 1639 verbot der Kaiser von Japan, unter dem Vorwande des Handels, den Europäern den Eingang in seine Staaten. Man fand nur Holländer dort, welche nicht unter diesem Verbote begriffen waren. Selbst die aus Portugal abgeordneten Gesandten enthauptete man. Fünf Jesuiten, die von dem Eifer für das Seelenheil glühten, ließen sich jedoch nicht abhalten, 1642 in einem Hafen Japans zu landen. Ihre veränderte Kleidung, welche sie aus Vorsicht angelegt hatten, konnte sie aber nicht lange verbergen, sie wurden entdeckt, und zu einem graunvollen Tode verurtheilt. Gott ließ dieses zu, damit Japan den Himmel mit einer großen Zahl Märtyrer erfüllte. Doch werden nur die sechs und zwanzig Ersten als Heilige verehrt. Benedict XIV. hat ihre Namen in das römische Martyrologium gesetzt, welches er 1749 herausgab«.

Die Märtyrer von China

Wie oben berichtet, hinderte sein Tod Franz Xaver daran, letztlich nach China überzusetzen und den christlichen Glauben auch dort zu verbreiten. In seiner Nachfolge gelang es verschiedenen seiner Mitbrüder am Ende des 16. bzw. Anfang des 17. Jahrhunderts durch ihre mathematischen und astonomischen Kenntnisse am Hof von Peking Einfluß zu gewinnen und auf diese Weise die Missionierung Chinas einzuleiten. Zu erwähnen sind hier insbesondere der Jesuitenpater Ricci, der als erster Missionar sich in China niederlassen durfte, und als seine Nachfolger Pater Schall und Ferdinand Verbiest, die großen Einfluß am chinesischen Kaiserhof gewinnen konnten. Im Kampf der Mandschu-Tartaren gegen die herrschende Ming-Dynastie, der mit der Errichtung der Mandschu-Dynastie Mitte des 17. Jahrhunderts endet, werden die christlichen Missionare aber schon bald auch hier zu Landesfeinden erklärt und verfolgt.

In diese Zeit fällt der Tod unseres ersten Märtyrers Francisco Fernandez de Capillas. Bevor wir uns jedoch seinem Schicksal zuwenden, sei auch hier unseren Lesern die kurze Darstellung der Missionsgeschichte Chinas nicht vorenthalten, die Allan Butler in seinem oben bereits genannten Werk gibt:

Nachrichten über die Märtyrer von China.

Es wird hier der schickliche Ort seyn, etwas über die Märtyrer von China zu sagen, und einen Begriff von diesem weit ausgedehnten Reiche zu geben. Seine Gründung ist sehr alt, wie wir aus der Geschichte ersehen können, welche uns der Pater dü Halbe, nach den chinesischen Jahrbüchern davon liefert. Chuckford I$_{1,2}$,6, glaubt, daß Fo-hi der erste König der Chinesen, Noe selbst gewesen sey, und daß er sich kurz nach der Sündfluth in China niedergelassen habe. Swington verwirft aber mit Recht in dem zwanzigsten Theile der allgemeinen Geschichte diese Meinung. Eben so verwirft er auch die erste Dynastie der Chinesen, allein in diesem letztern Punkte stimmt ihm keiner der übrigen Schriftsteller bei. Diese Dynastie wird in der Chronologie von Jakson und in mehreren andern Werken vertheidigt. Ihr Daseyn wird auch wirklich in den chinesischen Jahrbüchern bezeugt, und man kann zudem ihr Alter mit der Zeitrechnung der Siebenzig und dem samaritanischen Texte, welche mehrere große Gelehrte anzunehmen geneigt sind, wohl in Einklang bringen. Vor kurzem wollte man behaupten, daß die Chinesen eine ägyptische Colonie seyen. Der Verfasser dieses Systems zeigt viel Gelehrsamkeit; allein man hat ihm den Vorwurf gemacht, daß er es auf Muthmaßungen gegründet habe, die aus der Aehnlichkeit der Sprachen und der Gebräuche genommen sind. Er bearbeitete nachher ein Werk, worin er seinen Meinungen jene Gewißheit zu geben suchte, welche man bei einem solchen Gegenstande verlangen kann. Er hoffte sogar Thatsachen anzuführen, welche die strengste Kritik bestehen könnten. Allein hierin möchte wohl schwer eine vollkommene Gewißheit zu erreichen seyn.

Fo-hi, der Gründer des chinesischen Reiches, konnte Sem seyn, oder doch wenigstens einer der Abkömmlinge Noe's, welcher kurz nach der Sündfluth lebte. Confucius, den die Chinesen als ihren größten Philosophen verehren, entwarf den Plan ihrer Gesetze und ihrer Religion. Man glaubt, daß er während Salomon's Regierung gelebt habe, oder doch wenigstens nicht lange nachher. Dieser berühmte Gesetzgeber aus königlichem Geblüte entsprossen, lehrte eine sehr reine Moral. In seinen Schriften findet man mehrere vortreffliche Wahrheiten, welche man umsonst bei den griechischen Philosophen suchen würde: so sagt er, zum Beispiele, daß die Menschen verpflichtet seyen, dem Herrn des Himmels zu gehorchen, ihn zu ehren, zu fürchten, ihre Nebenmenschen wie sich selbst zu lieben, alle böse Neigungen zu bezähmen, und sich stets durch das Licht der Vernunft leiten zu lassen; daß Gott der Anfang und das Ende aller Wesen sey, die er erschaffen hat und auch erhält; daß er ewig, unendlich, unveränderlich, höchst heilig und weise sey. Er redet mehrere Male von dem zukünftigen Messias, welchen er den heil. Mann, die auf Erden erwartete heil. Person, nennt. Man findet eine alte Ueberlieferung bei den Chinesen, daß Confucius zu sagen pflegte, dieser Heilige werde in dem Abendlande erscheinen. Er erklärte sich sehr deutlich über die himmlischen Geister, welche er als die Diener Gottes darstellte, schrieb aber auch zugleich die religiösen Gebräuche vor, wodurch man sie, gemäß der zu jener Zeit herrschenden Abgötterei, verehren sollte. Uebrigens darf uns diese Geisteserhabenheit des Confucius, der so weit die andern Philosophen übertraf, nicht befremden; er dachte besser als sie, weil er der Zeit näher war, in welcher die Patriarchen lebten, und folglich besser aus der ursprünglichen Ueberlieferung schöpfen konnte.

Der Tod hinderte den heil. Franz Xavier an der Erfüllung seines Verlangens, den Glauben in China zu predigen; und nur nach langer Zeit konnten die Missionäre Mittel finden, in dieses Reich zu kommen. Sie mischten sich unter die portugiesischen Kaufleute, die sich in Macao, einer China nach gelegenen Insel niedergelassen hatten, und denen die Erlaubniß gestattet ward, zwei Male während des Jahres die Messe zu Canton zu besuchen. Unter jener Zahl befand sich auch der Pater Matthäus Ricci ein römischer Jesuit, der ein sehr geschickter Mathematiker war. Nach mehreren Reisen nach Canton erhielt er endlich von dem Statthalter die Erlaubniß, sich dort im Jahre 1583 mit zwei andern Jesuiten niederzulassen. Er gab bald nachher eine Landcharte heraus, auf welcher er den ersten Mittagskreis in China angegeben hatte, um sich nach der Meinung der chinesischen Astronomen zu richten. Dieses kleine Werk verschaffte ihm Freunde und Bewunderer. Zwei Jahre nachher errichtete er eine zweite Anstalt für die Jesuiten zu Nanquin, wo die Anzahl seiner Bewunderer, durch die Art, wie er die Gestalt der Erde, die Ursachen der Finsternisse erklärte, beträchtlich vermehrt wurde. Daselbst bauete er eine Sternwarte, erwarb sich das Zutrauen einiger Chinesen und bewirkte endlich ihre Bekehrung. Im Jahre 1600 begab er sich nach Peking. Als er da vor den Kaiser geführt ward, brachte er ihm eine Wand- und Sackuhr mit einigen andern merkwürdigen Dingen zum Geschenke. Der Kaiser, hierüber hoch erfreut, erlaubte dem Pater Ricci, sich in der Hauptstadt niederzulassen; und dieser eifrige Missionär bediente sich des Schutzes, den ihm der Kaiser gewährte, um das Licht des Evangeliums zu verbreiten.

Er belehrte eine große Anzahl Chinesen; selbst mehrere Beamte am Hofe nahmen die christliche Religion an. Unter diesen Staatsdienern war auch Paul Sin, der in der Folge erster Minister wurde. Er begünstigte so sehr die christliche Religion, daß man in Xankai seinem Vaterlande (in der Provinz von Nanquin) bei vierzig tausend Personen fand, die am Anfange der letzten Verfolgung sich dazu bekannten.

Der Jesuit Adam Schall, von Cöln, erwarb sich die Bekanntschaft und Achtung des Kaisers Zonchi; allein dieser Fürst tödtete sich selbst 1636, aus Furcht in die Hände zweier Rebellen zu fallen, die sich der Stadt Peking bemächtigt hatten. Die Chinesen riefen Xunta, den König der Tartaren, zu Hülfe, der, nachdem er die zwei Empörer geschlagen und Peking wieder erobert hatte, als Preis seines Sieges das Reich verlangte; und sein Sohn Chunchi nahm wirklich im Jahre 1650 friedlichen Besitz davon. Seit dieser Zeit wurde China von den tartarischen Fürsten beherrscht, die jedoch die Landes-Gesetze und Religion unverändert ließen. Sie besuchten öfters das Land, aus dem sie abstammten; allein sie behandelten es als ein erobertes Reich. Chunchi hatte die größte Achtung für den Pater Schall; er nannte ihn seinen Vater, und begünstigte die Christen seinetwegen. Nach dem Tode dieses Fürsten, verurtheilten die vier Statthalter, welche das Reich während der Minderjährigkeit seines Nachfolgers beherrschten, fünf Mandarinen zum Tode, weil sie sich geweigert hatten, dem Christenthume abzuschwören. Der Pater Schall wurde auch zum Tode verdammt; allein er starb während des Aufschubes, den man ihm zugestanden hatte. Kaum hatte der junge Camhi die Regierung *angetreten, als er der Verfolgung Einhalt that; er beauftragte selbst den Jesuiten Verbiest, alle Jahre den chinesischen Kalender heraus zu geben, und erklärte ihn zum Vorsteher der Mathematiker in seinem Palaste, welche Würde ihm den Ehrennamen eines Mandarins verlieh.*

Diese günstigen Gesinnungen des Kaisers, brachten zahlreiche Bekehrungen hervor, so daß im Jahre 1671, als der Kaiser erlaubte, daß man die Kirchen der Christen öffne, sich mehr als zwanzig tausend Personen, die getauft waren, vorfanden. Im folgenden Jahre, empfieng ein Oheim des Kaisers, welcher einer der acht beständigen Feldherren der tartarischen Heere war, das Sakrament der Wiedergeburt mit mehreren der Angesehensten des Reiches. Die Nachfolger Camhi's waren den Christen nicht weniger günstig; man erlaubte ihnen sogar, in dem Bezirke des Palastes eine prachtvolle Kirche zu erbauen; dieses Gebäude, das an Schönheit alle Gebäude des Reiches übertraf, ward im Jahre 1702 vollendet.

Die Dominikaner waren nach dem Berichte des Pater Touron, Hom. illust. tom. VI, im Jahre 1556 auch nach China gekommen. Sie predigten dort mit Frucht das Evangelium, und legten 1631 die Grundlagen zu der großen Kirche in Fokien, nachdem sie einen sehr großen Theil der Bewohner dieser Provinz bekehrt hatten. Vier Priester aus diesem Orden wurden im Jahre 1647 gemartert; der fünfte, der den 15. Januar im folgenden Jahre enthauptet wurde, war der Pater Franz von Capillas, aus dem Kloster Valladolid, der Apostel der Stadt Fogan. Vor seiner Hinrichtung mußte er die grausamsten Qualen bestehen. Sein Todesurtheil spricht über ihn die Enthauptung aus, weil er die Landesgötter verachtet habe. Der Bericht über das Märtyrerthum dieses eifrigen Missionärs wurde an die Congregation de propaganda, unter dem Pabste Urban VIII., geschickt.

Francisco Fernandez de Capillas

geb.: 1607
gest.: 1648
Fest: 15. Januar

Das Vorleben dieses aus Spanien stammenden Dominikanerpaters ist uns leider nicht sehr ausführlich überliefert. Der selige Capillas hatte in Valladolid, der Hauptstadt der gleichnamigen Provinz in Spanien, studiert und war 1623 dem Dominikanerorden beigetreten. 1631 war er in der Dominikanermission auf die Philippinen entsandt worden und war 10 Jahre später von dort nach China gekommen, wo er seither zusammen mit Johann Garcia und Franzisco Diaz in der jungen Dominikanermission in Fukien sehr erfolgreich tätig war. Im Jahre 1648 nun tobte der Kampf zwischen der vormals herrschenden Ming-Dynastie und den Mandschur-Tartaren in Fukien als einer der letzten Provinzen, die noch nicht fest in der Hand der Tartaren war, ganz besonders schlimm. Die Mandschu-Tartaren waren den christlichen Missionaren nicht grundsätzlich feindlich gesinnt. Allein hier im Süden Chinas wurden die Christen den Tartaren als Verbündete des Geheimbundes der »weißen Seerose« dargestellt, der damals gegen die neue Tartarenherrschaft ankämpfte. Aus diesem Grund wurden die Christen hier in einen Ächtungsbefehl einbezogen, der 1647 von den neuen Herrschern für das ganze Land erlassen wurde. »Wir befehlen«, so hieß es darin u. a., »daß die Diener des Gesetzes Gottes (Name der christlichen Religion in China) vertrieben und verbannt und ihre Lehre ausgerottet werde. Daher sollen die Kirchen zerstört und die Bücher, die das Gesetz Gottes enthalten, verbrannt und vernichtet werden.«

Als Folge dieses Edikts, das Christen für vogelfrei erklärte, kam es in der Stadt Fogan, die sich zu dieser Zeit in den Händen der Tartaren befand, und in der Pater Diaz und Pater Garcia damals gerade waren, zu Volksaufläufen, die sich gegen führende Christen der Stadt wandten. Die Häuser der Christen wurden geplündert, die Christen in den Straßen vom Pöbel traktiert. Im Zuge dieser Christenhetze wurde auch Pater Diaz ein Opfer der Meute: von einem Stein getroffen, sank er tödlich verletzt nieder.

Pater Garcia verließ bald darauf Fogan, weil er dort nicht mehr sicher war und begab sich nach Tontou zu Franz de Capillas, wo beide zusammen ihre Missionstätigkeit noch einige Monate fortsetzten. Ende des Jahres jedoch wurde Pater Capillas nach Fogan zu einem Sterbenden gerufen. Keine Sekunde zögerte dieser mutige Mann, dem Hilfesuchenden Beistand zu leisten, und machte sich trotz der großen Gefahr, die damit verbunden war, auf nach Fogan. Der Abschied von Pater Garcia sollte ein Abschied für immer sein. Auf dem Rückweg fiel Franz de Capillas einer Streife der Tartaren in die Hände:

Einer der Soldaten trat auf ihn zu, riß ihm den Hut vom Kopfe und erkannte nun gleich, daß er einen der fremden geächteten Lehrer vor sich habe, auf welche die städtischen Behörden so eifrig fahndeten. In der Hoffnung, Beute zu machen, durchsuchte man den wehrlosen Priester, fand aber nur das kleine elfenbeinerne Kruzifix, das der Diener Gottes verborgen unter seinen Kleidern trug. Er wurde gefesselt und mit seinem Diener im Triumph nach Fo-gu und vor den Zivilmandarin oder Oberrichter Ko-iô gebracht. Dieser freute sich nicht wenig, einen der fremden Lehrer in seiner Gewalt zu sehen, von denen die chinesischen Gelehrten ihm so Ungeheuerliches vorgeschwätzt hatten und begann sofort, ihn zu verhören. Auf die Frage nach dem Aufenthaltsort und der Lebensweise erwiderte Capillas klug ausweichend, sein Beruf zwinge ihn, bald hier bald dort zu sein; er habe keine bestimmte Wohnung und nähre sich von dem, was die Vorsehung ihm sende. Dies tat der Diener Gottes, um seine christlichen Gastgeber nicht zu verraten. Nach diesem kurzen Vorverhör sandte der Richter den Gefangenen zum Militärmandarin, dem in Kriegzeiten allein der Spruch über Leben und Tod zukam. Dem Militärmandarin erschien der schlichte Fremdling, der willig auf alle Fragen Auskunft gab, ziemlich harmlos. Er ließ den Kua-siang öffnen und sich den Inhalt, es waren zwei Kaseln, Kirchenwäsche, Kruzifix, Wein und Hostien, Brevier u. a., Stück für Stück erklären. Capillas benützte die Gelegenheit, um daran eine Erklärung der christlichen Wahrheit zu knüpfen. Der biedere Soldat hörte aufmerksam zu und meinte, die Lehre sei gut. Das einzige, was aber den hohen Herrn wirklich interessierte, war die Frage, ob dem Fremdling vielleicht einiges Geld abzunehmen sei. Er ließ ihn daher unter dem Vorwand, nach gefährlichen Papieren zu fahnden, entkleiden und durchsuchen, fand aber nichts. Im übrigen behandelte er den Gefangenen nicht unfreundlich und sandte ihn dem Zivilmandarin zurück mit dem Bescheid, er finde an dem Fremden nichts, was vor dem Kriegsgericht ihn des Todes schuldig mache; er (der Zivilmandarin) möge die Sache nach seinem Gutdünken erledigen.

So stand der Selige bald wieder vor dem feindlich gesinnten Zivilmandarin. Dieser ließ sich gleichfalls erst alle in dem Lederkoffer vorgefundenen Sachen erklären und nahm davon an sich, was ihm gefiel. Auch von dem Meßwein kostete er und fand ihn gut, trank aber nur wenig, weil er einen Zauber fürchtete.

Dann warf er dem Diener Gottes alle die schmachvollen Anschuldigungen ins Gesicht, welche die chinesischen Gelehrten ihm gegen die christli-

che Lehre und die Missionäre beigebracht hatten. Capillas wies sie selbst oder durch seinen Dolmetscher als Lügen und unwahre Verleumdungen zurück. Was er und seine Mitbrüder in China suchten, sei nicht zeitlicher Vorteil, sondern allein die Verkündigung der Wahrheit und die Rettung der Seelen. Für diesen Glauben, den er verkünde, sei er bereit, Qualen und Tod zu dulden und würde diese als größtes Glück betrachten.

Das war für den stolzen Heiden eine neue Sprache, die ihm wie eitle Prahlerei erscheinen mochte. Er wollte also gleich die Probe machen und ließ den Seligen der überaus schmerzlichen Folter des Kia-kuen unterwerfen. Sie besteht darin, daß man die Füße zwischen drei Brettchen oder Klötze legt und diese durch eine Schraube oder durch Zudrehen eines darumgeschlungenen Strickes so gewaltsam zusammenpreßt, daß die Knöchel ganz platt gedrückt und in das Innere des Fußes hineingetrieben werden. Die Qual der unglücklichen Opfer ist fürchterlich, und sie schreien und heulen vor Schmerz, daß, nach dem Ausdruck des P. Garcia, die Wände zittern.

Auch Capillas stieß im erste Augenblick unwillkürlich einen Schmerzensschrei aus. Aber sofort erinnerte er sich, daß er hier als Glaubenszeuge für Christus leide, und betete leise: »Dank, Dank o Herr! Hilf mir, daß ich nicht erliege.«

Spottend fragte der Richter, ob er bald genug von seinem »Glücke« habe. Die Seele, lautete die Antwort, könne sich freuen, für Christus zu leiden, auch wenn der Leib Schmerzen fühle. »Da ihm die Schmerzen so gefallen«, befahl der Tyrann, »so gebt im noch mehr davon zu kosten.«

Dadurch ermuntert, zogen die Henker die Stricke fester und schlugen obendrein mit Stöcken auf den Fußblock, ein Schmerz, der nach Aussage der Gefolterten jede andere Qual übertrifft. Aber alles das vermochte dem Diener Gottes keinen einzigen Laut der Klage zu erpressen. Richter wie Henker waren erstaunt, und die vor dem Gerichtssaal stehende Menge drängte sich hinein, um Zeuge dieses nie gesehenen Schauspiels zu sein.

Neugierig befahl der Mandarin, den Kopf des Seligen emporzuheben, um den Eindruck der Qualen in dessen Antlitz zu lesen. Capillas richtete sich, mit beiden Händen sich stützend, mühsam in sitzender Stellung auf. Sein Gesicht war ruhig und heiter. Wütend, ließ der Richter sein Opfer gewaltsam auf dem Boden hin und her zerren. Umsonst. Nun wurden die Stricke rasch gelockert, so daß das Blut plötzlich nach den wunden Stellen schoß, und die aus ihren Gelenken gezerrten Knöchel an ihre Stelle zurückschnellten. Der Selige ertrug lautlos auch diesen Schmerz.

Woher nahm der weiße Fremdling einen so unerhörten Starkmut? Er mußte irgendeinen Zauber besitzen. Zauberei war ja mit eine der Anklagen gewesen, die gegen die Lehrer der fremden Sekte erhoben worden. Unwillkürlich suchte der Blick des abergläubischen Tartaren das Zauber-

mittel unter den Dingen, welche im Kua-siang des Missionärs sich vorge-
funden hatten. Sein Blick fiel auf das Brevier. Enthielt das Buch mit den
fremdartigen Zeichen vielleicht geheimnisvolle Zauberformeln? Der Man-
darin befahl, es dem Seligen zu reichen, und hieß ihn daraus ihm einiges
vorlesen. Capillas öffnete es und schlug gerade die Tagzeiten der heiligen
Jungfrau und Märtyrerin Katharina auf, deren Fest (25. November) nicht
mehr ferne war. Freudig las er den Bericht ihres Martyrium und erklärte
ihn den Umstehenden. Hier könnten sie sehen, welchen Heldenmut des
Leidens der christliche Glaube selbst zarten Jungfrauen verleihe.

Fast einstimmig erwähnen die Zeugenaussagen und Berichte, daß der
Tatar, dem die außerordentliche Seelenstärke des Bekenners vielleicht
doch eine gewisse Bewunderung und Hochachtung abgenötigt, den Ver-
such machte, ihn durch Verlockungen und glänzende Aussichten zur
Verleugnung seines Glaubens zu bewegen. Er bot ihm seine Freundschaft
an, versprach, ihm ein ehrenvolles Amt, Reichtum und Ansehen zu ver-
schaffen. Der arme Heide wußte nicht, daß der Selige mit dem Völkerapo-
stel all das »für Kot erachtete«. Und wenn ihm die Kaiserkrone Chinas
angeboten würde, erklärte er, würde er sie nicht eintauschen gegen das
Glück, für Christus zu leiden.

Darüber geriet der Mandarin in solche Wut, daß er versucht war, sich
persönlich an dem wehrlosen Opfer zu vergreifen und nur die Rücksicht
auf seine Amtswürde ihn davon abhielt.

Wieder ließ er den Bekenner von den Henkern durch den Gerichtssaal
zerren und schließlich mit gespaltenen Bambusstöcken so furchtbar zurich-
ten, daß der Diener Gottes blutüberströmt zusammensank und wie leblos
liegen blieb. Auf einen Wink des Mandarinen hoben die Gerichtsdiener den
Gemarterten auf ihre Schulter und trugen ihn ins Gefängnis der zum Tode
verurteilten Verbrecher.

Die wenigen Tage, die Francisco de Capillas noch verblieben, verbrachte er in vorbildlicher Haltung. Trotz seiner Verletzungen predigte er
im Kerker seinen Mitgefangenen und konnte viele von ihnen taufen. Im
Januar 1648 wurden bei den Tartaren, die die Stadt Fogan nach wie vor
besetzt hielten, die Christen der Stadt als Verräter an die chinesischen
Belagerer denunziert. Pater Capillas wurde dabei als deren Oberhaupt
angezeigt. Am 15. Januar 1647 wurde Francisco Capillas daraufhin zusammen mit verschiedenen Verbrechern enthauptet.

Den Kopf des Märtyrers konnte Pater Garcia an sich bringen. Er sandte
ihn nach Manila, von wo aus er letztlich ins St. Pauluskloster von Valladolid gebracht wurde. Die Reliquien des Seligen gingen im 18. Jahrhundert
verloren. Franz Capillas wurde als erster Märtyrer Chinas 1909 seliggesprochen.

Pedro Matyr Sanz

geb.: 1680
gest.: 1747
Fest: 3. Juni

Wie oben bereits erwähnt, waren die neuen Herrscher Chinas, die Mandschu, den Christen grundsätzlich nicht feindlich gesinnt. Gerade unter den Mandschu-Kaisern Shuh Chi und seinem Nachfolger Kung-tsi hatten die Jesuiten Schall und Verbiest im 17. Jahrhundert großen Einfluß am Pekinger Hof und konnten auf diese Weise die Missionsarbeit in ganz China unterstützen. Aber mit dem Tod des christenfreundlichen Kaisers Kung-tsi im Jahre 1722 setzte in China aufs neue die Christenverfolgung ein, welche mit anderen Faktoren zusammenwirkend die Missionstätigkeit in China im gesamten 18. Jahrhundert stark einschränkte. In die ersten Jahre dieser erneuten Christenverfolgung fällt das Martyrium des seligen Pedro Matyr Sanz.

José Sanz wuchs in Asco in Kastilien auf und trat erst siebzehnjährig bei den Dominikanern von Lerida ein, wo er den Namen Petrus Matyr annahm. Im Jahre 1704 empfing Pedro Sanz die Priesterweihe und meldete sich, nachdem er zunächst in Aragonien wirksam gewesen war, für die Missionstätigkeit im Fernen Osten. 1712 schiffte er sich ein und erreichte auf der Westroute 1713 schließlich Manila. Nachdem er sich hier zwei Jahre lang mit der chinesischen Sprache und den chinesischen Sitten vertraut gemacht hatte, begann Pedro Sanz 1715 seine Missionstätigkeit auf dem chinesischen Festland in der Provinz Fukien, in der auch bereits Francisco Capillas gewirkt hatte, von dem wir oben bereits berichtet haben. Über sein Schicksal und das seiner Ordensbrüder Franzisco Serrano Joaquin Royo, Juan de Alcober und Francisco Diaz berichtet uns wiederum in seiner ganz besonderen Weise Allan Butler, den wir deshalb hier noch einmal zu Wort kommen lassen wollen:

»Der Pater Sanz, ein spanischer Dominikaner, der 1715 in China anlangte, arbeitete dort mit solchem Eifer, während fünfzehn Jahre, daß er zum Bischofe von Mauricaster durch die Congregation de propaganda ernannt wurde. Der Bischof von Nanquin weihte ihn unter dem Beistande der Bischöfe von Peking und Macao, und bald darauf ward er zum apostolischen Vicar für die Provinz Fokien ernannt. Als der Kaiser im

*Jahre 1732 die Missionäre verbannt hatte, zog sich der Pater Sanz nach
Macao zurück; allein er begab sich 1738 wieder in die Provinz Fokien, wo
er mehrere Kirchen gründete, und eine große Anzahl Jungfrauen, die sich
Gott weihten, ihre Gelübde ablegten. Der Vize-König, über die glücklichen
Wirkungen, welche dessen Eifer hervorbrachte, entrüstet, ließ ihn nebst
vier andern Dominikanern gefänglich einziehen. Sie wurden mit unerhörter Grausamkeit geschlagen, und zur Enthauptung verbannt; der Bischof
ward 1747 auf den 26. Mai hingerichtet. Die Chinesen, welche bei dem
Todesstreiche zu entfliehen pflegen, in dem Wahne, daß die Seele des
Getöteten sich des Ersten bemächtige, den sie erreiche, ergriffen dieses
Mal die Flucht nicht. Sie blieben bei dem gottseligen Märtyrer, und
konnten nicht genug die Ruhe, mit welcher er starb, bewundern. Jeder
wollte sogar der nächste bei ihm seyn, um sein Blut zu berühren; und
dieses thaten sie mit solcher Ehrfurcht, als es die Christen nur immer
hätten thun können. Benedict XIV. hielt 1748 auf den 16. September eine
Rede an die Cardinäle auf den heldenmüthigen Tod dieses heil. Bischofes.*

*Die vier anderen Dominikaner wurden 1748 auf den 28. October in
dem Gefängnisse, worin sie schon Vieles erduldet hatten, erdrosselt. Ihre
Namen sind folgende: Franz Seran, welcher neunzehn Jahre in den
Missionen von China gearbeitet hatte, und während seiner Haft von
Benedikt XIV. zum Bischofe von Tipasa ernannt wurde; er war zwei und
fünfzig Jahre alt; Joachim Roio, sechs und fünfzig Jahre alt, deren er drei
und dreißig in China zugebracht hatte; Johannes Alcober, zwei und vierzig
Jahre alt, und seit achtzehn Jahren Missionär; Franz Diaz, drei und dreißig
Jahre alt von denen er neun den apostolischen Arbeiten geweiht hatte. Da
diese großmüthigen Bekenner Jesu Christi in dem Gefängnisse vernommen
hatten, daß man ihnen das Leben schenken wolle, wurden sie sehr betrübt,
worüber die Ungläubigen in Staunen geriethen, wie wir aus der Rede
ersehen, welche Benedict XIV. im Jahre 1752 auf ihren Tod an die Carti-
näle hielt«.*

Franzisco Serrano, Joaquin Royo, Juande Alcober und Francisco Diaz
wurden 1893 ebenso wie Pedro Matyr Sanz selig gesprochen.

Jean-Gabrielle Perboyre

geb.: 1802
gest.: 1840
Fest: 11. September

Als Sohn einer frommen, bäuerlichen Familie wuchs Jean-Gabrielle in Frankreich auf, wo ihm sein Onkel, der dort in Montauban Leiter einer Schule war, und darüberhinaus bereits der Lazaristen-Gemeinschaft des Vincent Paul angehörte, eine fromme Erziehung zuteil werden ließ. Dem jungen Jean-Gabrielle wurde so bereits in früher Jugend der Weg eines Dieners des Herrn vorgezeichnet, den er in der Folge dann auch konsequent beschritt. Nach dem Abitur trat er 1818 in das Noviziat der Lazaristen ein, studierte Theologie und empfing im September 1826 die Priesterweihe. Nach einer mehrjährigen Lehrtätigkeit an verschiedenen Seminaren in Frankreich meldete sich Perboyre für die Missionsarbeit seines Ordens in China und machte sich mit zwei Gefährten im August 1835 dorthin auf den Weg. Noch einige Monate hielt sich Perboyre dann in der portugisischen Kolonie Macao auf, bevor er sich schließlich, der fortdauernden Christenverfolgung in China wegen, im Schutze der Nacht auf dem Seeweg in die Provinz Fukien begab.

4 Jahre war es Jean-Gabriele Perboyre vergönnt, in verschiedenen Provinzen Chinas wirksam zu sein, dabei aber immer in Gefahr, als europäischer Missionar verhaftet zu werden, und deshalb wiederholt auf der Flucht. Schließlich wurde man im September 1839 doch seiner habhaft und es begann für Perboyre ein einjähriger Leidensweg durch die verschiedensten Gefängnisse Chinas, wo er jeweils wieder von anderen Mandarinen verhört und gefoltert wurde. Schließlich wurde Perboyre dem Vizekönig der Provinzhauptstadt Wu-Tschang-Fu vorgeführt. Eine kurze Beschreibung der Verhöre, die Perboyre hier über sich ergehen lassen mußte, und des schrecklichen Endes, das er schließlich fand, mögen einen Eindruck vermitteln, welcher Mut und welche Tapferkeit diese Jünger Christi auszeichnete, die in dieser Zeit unerschrocken für die Ausbreitung des christlichen Glaubens eintraten.

Viel schlimmer als all die bisherigen Richter war der Vizekönig von Wu-Tschang-Fu, ein wahrer Tiger in Menschengestalt, dessen Grausamkeit im ganzen Lande berüchtigt und gefürchtet war. Er haßte die Christen mit

dem ganzen Ingrimm seiner mordlustigen Seele und gedachte um jeden Preis den »Starrsinn« des christlichen Bekenners zu brechen. Wohl selten war ein Christenverfolger erfindungsreicher und rücksichtsloser in der Anwendung der Tortur. Nicht nur, daß er all die früheren Mißhandlungen in schreckbarer Verschärfung wiederholte, sein Grimm und sein ehrgeiziges Verlangen, in dem eigenartigen Kampfe Sieger zu bleiben, gaben ihm immer wieder neue Folterqualen ein. So ließ er einst, um nur einiges Außergewöhnlichere anzuführen, den Diener Gottes an eine Art Kreuz binden und von morgens 9.00 Uhr bis zum Abend daran hängen. Ein anderes Mal gab er den Befehl, mit einer eisernen Spitze dem Angeklagten die Worte auf die Stirne zu graben: »Kiao-Fei«, d.h. die abscheuliche Sekte.

Jetzt wurde der standhafte Märtyrer mit einer Maschine an Rollen und Stricken hoch in die Luft gehoben, dann plötzlich mit Wucht zur Erde geworfen, daß sein wunder Körper wie zerschellt und die Glieder verrenkt waren. Dann mußte er wieder auf eiserne Ketten knien, während die Haare nach oben gezerrt und die Arme kreuzweise an einen Pflock geschnürt wurden. Nun legten sie einen langen, schweren Balken auf seine Waden, und zwei Männer begannen auf den beiden Enden sich zu schaukeln. Oder man band ihm in schwebender Stellung große, schwere Steine an die Füße, deren Gewichte die Kniegelenke gewaltsam auseinanderzogen.

All diese Martern wurden erbarmungslos fortgesetzt, bis der arme Gequälte den äußersten Grad der Erschöpfung erreichte. Dann wurde ihm eine Zeitlang Ruhe gewährt, bis er wieder neue Qualen zu erdulden imstande war. Wiederholt wurde sein Antlitz, dessen sanfte Ruhe den Unmenschen in Wut versetzte, mit der wuchtigen Ledersohle grausam entstellt. Jedem neuen Bekenntnis seines Glaubens, das der Diener Gottes mit rührender Einfachheit wiederholte, folgten als Antwort Folter, Geißelhiebe und Stockschläge.

Einst wurde ein Kruzifix vor seine Füße gelegt. »Wenn du deinen Gott, den du anbetest, mit Füßen trittst, so will ich dir die Freiheit wiedergeben.« Mit Tränen in den Augen rief der Bekenner: »O wie könnte ich meinem Gott diese Schmach antun, meinem Schöpfer und Erlöser?« Und indem er sich mit seinem zerschlagenen Körper mühsam niederbeugte, faßte er das heilige Bild, drückte es an sein Herz, heftete seine Lippen darauf und küßte es auf die zärtlichste, liebevollste Weise, indem er es mit seinen Tränen benetzte. Bei diesem Anblick stürzte sich einer der elenden Schergen auf ihn zu, riß ihm das geheiligte Bild des Erlösers aus den Händen und verunehrte dasselbe, einer höllischen Eingebung folgend, in niederträchtig gottesschänderischer Weise.

Diese infame Entheiligung brach dem Priester das Herz. Er stieß einen lauten, durchdringenden Schrei aus, einen Schrei der seine unermeßliche Trostlosigkeit kundgab und zeigte, wie viel tiefer er diese Schändung des Heiligen als seine eigenen Qualen fühlte. Zur Strafe, daß er sich geweigert, das Kreuz zu entehren, erhielt er 110 Schläge mit dem Pan-tse, einem langen Bambusstock.

Wiederum wollte man einst den Bekenner zwingen, ein auf den Boden gemaltes Kreuz mit Füßen zu treten. Auf seine Weigerung ergriffen ihn die Schergen und führten ihn gewaltsam darüber hin. Er aber rief mit lauter Stimme: »Ich bin ein Christ; nicht ich, sondern ihr entheiligt dies erhabene Zeichen der Erlösung.« Mit heiliger Entrüstung wies er das Ansinnen von sich, ein herbeigeschafftes Götzenbild um den Preis seiner Freiheit anzubeten. »Du kannst mir den Kopf abschlagen lassen, wenn du willst; aber nie werde ich diesen elenden Götzen verehren.« Ganz außer Fassung gebracht durch diesen unerhörten Heldenmut, begann der abergläubische Heide zu argwöhnen, Perboyre besitze irgendein Geheimmittel, sich gefühllos zu machen. Durch Stockschläge suchte er es herauszubekommen. Perboyre schwieg. Erneute Stockschläge. Wieder keine Antwort. Dieses Stillschweigen bestärkte den Wüterich in seinem Verdacht. Er ließ den Missionar entkleiden und einer peinlichen Untersuchung unterwerfen. Endlich glaubte man den Talisman in einer Leibbinde gefunden zu haben, die Perboyre krankheitshalber seit Jahren getragen hatte. Um den vorgeblichen Zauber zu brechen, hieß der Vizekönig in abergläubischem Wahn einen Hund erwürgen, zwang den Bekenner, von dessen Blut zu trinken, ließ ihm den Kopf damit einreiben und zu guter Letzt sein Mandarinensiegel auf die Beine des Märtyrers drücken.

Am folgenden Tage kam es zum letzten und schrecklichsten Verhöre. Der grausame Vizekönig wollte um jeden Preis den Sieg über den Unbezwinglichen davontragen und ließ alle nur erdenklichen Foltern spielen. »Umsonst verlangst du zu sterben«, schrie er den Bekenner an, »ich will dich lange und langsam die furchtbarsten Todesqualen fühlen lassen; jeden Tag sollst du mit neuen Foltern gepeinigt werden, und erst dann den Tod, nach welchem du dich sehnest, finden, nachdem du das Ärgste und Bitterste verkostet hast.« – Mit aller Gewalt sollten wenigstens einige für die Christen des Reiches verfängliche Geständnisse erpreßt werden. Standhaftes Schweigen war die Antwort. Halbtot, mit erloschenen Augen lag der Märtyrer da, ein Spielball unmenschlicher Wut. Neue Fragen, neue Qualen, keine Antwort. Jetzt konnte sich der Vizekönig nicht mehr halten. In der Meinung, man schlage nicht kräftig genug zu, sprang er von seinem Sitze, ergriff mit eigener Hand das mörderische Werkzeug und wütete an seinem Opfer wie ein Wahnsinniger. Selbst die Heiden und die wilden Schergen schauderten zusammen über diese Grausamkeit und murrten darüber, da die unvergleichliche Sanftmut und Geduld des Märtyrers schon lange Teilnahme wachgerufen hatte.

Der Tyrann mußte sich für besiegt erklären. Müde des vergeblichen Kampfes mit der heiligen Gotteskraft, die den Streiter Christi unbesiegbar machte, beschloß er sein grausames Werk, indem er den Gefangenen zur Erdrosselung verurteilte. Da aber das Urteil erst vom Kaiser bestätigt werden mußte, verblieb Perboyre noch volle acht Monate lang im Gefängnis.

Am 11. September 1840 wurde das Urteil vollstreckt. Jean-Gabrielle Perboyre wurde an einem Kreuz aufgehängt und – auf besonderen Befehl des Königs – qualvoll erdrosselt. Bereits im Jahre 1843 wurde der Prozeß der Seligsprechung Perboyre eingeleitet und fand am 10. November 1889 seinen feierlichen Abschluß.

Die Märtyrer des Boxeraufstandes

Im Jahre 1900 brach in China der sogenannte Boxeraufstand aus. Die »Boxer«, ein religiöser Geheimbund, der bereits im 18. Jahrhundert entstanden war und der auch politische Ziele verfolgte, hatte sich zunächst gegen die Mandschu-Dynastie gerichtet. Jetzt im 19. Jahrhundert wandte er sich unter dem Eindruck einer zunehmenden Einflußnahme der europäischen Mächte auf China gegen alles Ausländische, besonders gegen das Christentum, das im Zuge der Öffnung Chinas für den Westen im 19. Jahrhundert dort stark zugenommen hatte. Dieser Haß gegen die »fremden Teufel« entlud sich schließlich im Jahre 1900 in einem schrecklichen Massaker unter den Christen Chinas, das von der Regierung weitgehend toleriert wurde. Insgesamt wurden in dieser Zeit ungefähr 30 000 Christen ermordet, wobei die Mandschurei und die Provinzen Schansi, Hunan und Tscheli besonders hart betroffen waren. Von den Märtyrern des Vikariats Südost-Tscheli soll im folgenden zunächst die Rede sein.

Die seligen Märtyrer von Südost-Tscheli

Fest: 17. April

In dem Vikariat Südost-Tscheli im Norden Chinas wurden während des Boxeraufstandes nicht weniger als 5000 Christen ermordet. Von diesen waren ungefähr 2000 Chinesen und 5 Patres für die Seligsprechung vorgeschlagen, von denen aber schließlich 50 Opfer ausgesucht wurden, die dann am 17. April 1955 feierlich selig gesprochen wurden. Über das Schicksal einiger dieser mutigen Blutzeugen des christlichen Glaubens wollen wir im folgenden genauer berichten.

In der Stadt Tchou-kia-ho im Süden des Vikariats hatten sich an die 3000 Christen vor der drohenden Gefahr der Boxer verschanzt. Nachdem man sich einige Tage tapfer gegen die anstürmenden Boxer verteidigt hatte, die noch dazu von Regierungstruppen unterstützt wurden, mußte der aussichtslose Kampf am 20. Juli 1900 eingestellt werden. Ein großer Teil der Christen, die sich in der Stadt aufhielten, flüchteten sich daraufhin zusammen mit den Missionaren Pater Mangin und Pater Denn in die Kirche und erwartete dort das ihnen drohende Schicksal.

Unmittelbar vor dem Altar, mit Chorrock und Stola angetan, saßen auf zwei Stühlen die beiden Missionare, P. Ignaz Mangin und P. Paul Denn – P. Mangin, geboren am 30 Juli 1857 in Verny bei Metz, seit 1882 in China und seit 1888 Priester, war eine würdevolle, ernste und erbauliche Persönlichkeit und der Leiter jener Missionsstation. Er rief anfangs Juli auch den P. Denn zu sich, den er in der Station Koutcheng ohne Verteidigung wußte; unbewußt war er bei dieser Anordnung Werkzeug der göttlichen Vorsehung, die auch dem P. Denn Anteil an der Krone des Martyriums geben wollte, wonach dieser seit langem verlangte. (P. Denn war ein Flame, geboren am 1. April 1847 in Lille, und war schon als Novize im Jahre 1872 nach China gekommen, wo er lange Zeit im Kolleg von Sienhsien tätig war.) – Die beiden Patres beteten laut mit den Gläubigen, spendeten den Segen und hörten noch einige Beichten. Die Boxer und Soldaten boten noch allen die Freiheit an, die durch eine bestimmte Tür die Kirche verlassen würden. Einige wenige Frauen taten dies und wurden verschont. Als die ersten Schüsse fielen, entstand begreiflicherweise eine gewisse Panik in der Menge der Christen. Da stellte P. Mangin in etwa die Ruhe wieder her, indem er mit ruhigem, festem Tone mahnte: »Geduld! Ob nun etwas früher oder später: in wenigen Augenblicken werden wir alle im Himmel sein!« Und P. Denn übertönte mit seiner mächtigen Stimme den Lärm und begann auf Chinesisch das Konfiteor zu singen. Die ganze Menge, Männer, Frauen und Kinder stimmten ein und sangen das Bekenntnis der Demut und des Glaubens angesichts des nahen Todes für den Glauben aus vollem Herzen. – Die Feinde des christlichen Namens zielten natürlich mit ihren Gewehren in erster Linie auf die Priester. Frau Maria Tschu-U-cheu, die Gemahlin (dies bedeutet »cheu«) des Verwalters von Tchou-kia-ho, namens Tschu, der bei der Verteidigung kurz vorher gefallen war, richtete sich aber unwillkürlich an der Kommunionbank auf und stellte sich wie schützend vor P. Mangin. In liebender Ehrfurcht vor dem Priestertum hörte sie nicht auf den Zuruf der Henker: »Geh weg, wir wollen den Europäer erschießen!« So fiel sie als eines der ersten Opfer, zusammen mit dem Kinde, das sie auf dem Arm trug: Märtyrerin des Glaubens und der Nächstenliebe zugleich. Auch P. Mangin und P. Denn wurden bald von Kugeln getroffen, konnten sich aber noch an die Stufe des Altars schleppen, um dort in blutiger Wirklichkeit die Opfergesinnung zu bestätigen, in der sie sooft bei der heiligen Messe am Altare »mit und durch und in Christus« sich als Opfer für die Ehre Gottes und das Heil der Seelen

*angeboten hatten. – Bald fing auch das aus Bambusgeflecht bestehende
Dach der Kirche Feuer und fielen Stücke auf die Menge nieder. So kam in
Rauch und Flammen um, wer nicht durch die Kugeln getötet wurde; und es
bewahrheitete sich für P. Mangin, was er Jahre vorher schon einmal zu
einem Mitbruder sagte: »Ich weiß, daß ich im Feuer sterben werde.«*

Die wohl bekannteste und ansprechendste Gestalt dieser seligen Märtyrer von Südost-Tscheli ist aber wohl die vierzehnjährige Anna Wang, die
man auch »heilige Agnes von China« genannt hat.

*Geboren im Jahre 1886 in Ma-kia-tschoang (im Gebiet der heutigen
Diözese Yungnien) hatte sie sich schon in ganz frühen Jahren »Jesus als
ihren wahren Bräutigam« erwählt und wollte ihm treu bleiben, auch als sie
erfuhr, daß ihre Eltern nach chinesischem Brauch schon einen Mann für sie
gefunden und bestimmt hatten. Anna betete nicht bloß in Schule und
Kirche zur Erbauung aller mit unverkennbarer Andacht die Gebete vor;
sie bewies auch eine ganz außergewöhnliche Geduld und Demut im
Ertragen ihrer drückenden Armut und Entbehrung und war vorbildlich in
ihrer Demut und ihrem Gottvertrauen. Als am 21. Juli die Boxer das Dorf
überfielen, war Anna die jüngste von den zwölf Christen, die auf einem
Karren in das nahe Dorf Tai-ning gebracht wurden; sie war es aber, die
allen anderen Mut machte und sie zur Beharrlichkeit im Glauben
ansporte. – Unter den Gefährten war auch der schon alte und gebrechli-
che Josef Wang-Jou-mei (68 Jahre), den man mitgenommen hatte, weil er
als eifriger Christ und Verwalter der Gemeinde bekannt war. Weil ihn die
Boxer so sterbensschwach auf dem Karren kauern sahen und weil sie die
Frauen noch mehr einschüchtern wollten, zogen sie ihn vom Wagen
herunter und töteten ihn mit dem Schwert. – Die anderen Opfer wurden in
ein leeres Haus in Tai-ning gebracht. Dort wurde ihnen die Wahl gelassen:
Wer sich zum Zeichen des Abfalls in ein bestimmtes, angegebenes Zimmer
begibt, erhält die Freiheit wieder. Wirklich fielen zwei Frauen, von denen
eine die Stiefmutter von Anna Wang war, auf diese Weise vom Glauben
ab, ja noch mehr: die Stiefmutter faßte plötzlich Anna am Arm, um sie mit
Gewalt in das genannte Zimmer zu ziehen. Vergeblich bat und beschwor
das Mädchen ihre Mutter, doch dem Glauben treu zu bleiben, »damit sie
zusammen Märtyrer würden«. Nur mit äußerster Kraftanstrengung konnte
es sich ihrer Hand entwinden und in das Zimmer der Gefangenen und der
kommenden Märtyrer zurückkehren. Dort betete Anna inmitten der
Gefährtinnen die Gebete vor, wie sie es in ihrer Heimatgemeinde so oft
getan hatte. – Am folgenden Tage, den 22. Juli, wurden die Gefangenen
zur Todesstätte geführt. Es war eine rechteckige, nicht tiefe Grube am
Rande der Straße. Die Opfer und die Henker stiegen in die Grube. Anna
Wang aber sagte in gebieterischem, bestimmtem Ton: »Wartet einen
Augenblick, bevor ihr uns tötet!« Dann ließ sie alle Gefangenen nieder-*

knien und betete mit ihnen die Gebete, die alle kannten, den Blick zum nächsten Tabernakel, zur Kirche von Weitsunn, gewandt. – Bald danach begann aber der kleine, etwa neunjährige Andreas Tien-king zu weinen und zu klagen: »Ich habe Durst.« Einer der Boxer bekam Mitleid und bot ihm die Hälfte eines gelben Kürbis an; ja er schlug sogar seinen Kameraden vor, das Kind zu adoptieren. Da trat aber die Mutter dazwischen: Frau Lucia Wang-Wang-cheu (31 Jahre alt); sie wollte verhindern, daß ihr Kind heidnisch erzogen werde und erklärte darum entschieden: »Ich bin Christin, und Christ ist mein Kind. Tötet uns beide: zuerst ihn und dann mich!« Andreas begriff sofort, warf den Kürbis weg, kniete nieder, neigte das Haupt und empfing unter den Augen der Mutter den Todesstreich. Gleich danach wurde auch die Mutter getötet. (Auch die kleine vierjährige Margareta teilte das Los ihres Bruders und ihrer Mutter, wurde aber leider nicht auf die Liste der Märtyrer gesetzt). – Zwei Jahre nach dem Martyrium wurden die Leichen der zehn Opfer in Taining noch unversehrt gefunden. Der Fürsprache der seligen Anna Wang wurde nicht selten auffallende Hilfe zugeschrieben.

Ferdinand Hamer

geb.: 1840
gest.: 1900

Einer der bekanntesten Märtyrer des Boxeraufstandes war Bischof Hamer, der sein Martyrium aber in der Südwest-Mongolei erlitt, also in keiner von den Provinzen, von denen oben die Rede war. Hamer war am 21. August 1840 im holländischen Nimwegen geboren worden. Von sechs Söhnen der Familie nahmen drei den geistlichen Stand an. Einer wurde Franziskaner, einer Jesuit und unser Ferdinand wurde, nachdem er 1846 in Utrecht die Priesterweihe empfangen hatte, zum Mitbegründer der Scheutvelder Missionsgesellschaft vom Unbefleckten Herzen Mariäs, die sich insbesondere die Mission des chinesischen Kaiserreichs zum Zweck gesetzt hatte.

Im August 1865 trat Hamer bereits die Reise nach China an. In Marseille schiffte er sich ein und erreichte Ende November das chinesische Riesenreich. Zunächst war er hier in der mongolischen Mission sehr erfolgreich tätig, ein Missionsgebiet, etwa so groß wie ganz Frankreich. Nachdem Hamer hier einige Jahre reiche und glückliche Erfahrungen sammeln durfte, wurde er 1878 zum Bischof geweiht und zum apostolischen Vikar von Kansu ernannt, einer Provinz, die nicht wie die Mongolei außerhalb, sondern innerhalb der chinesischen Mauer lag. Auch dieser neuen Aufgabe zeigte sich der junge Bischof in jeder Beziehung gewachsen, so daß auch in diesem Missionsgebiet, in dem er anfangs auf die ungünstigsten Voraussetzungen gestoßen war, die christlichen Gemeinden wieder zahlreicher wurden und den Christen der Mission mit Regelmäßigkeit die Messe gelesen und die Beichte abgenommen werden konnte.

Im Jahre 1889, nachdem sich Bischof Hamer noch einmal in die Heimat begeben hatte, um seiner angegriffenen Gesundheit etwas Pflege zukommen zu lassen, wurde er nach seiner Rückkehr zum apostolischen Vikar der Südwestmongolei ernannt. Seinen neuen Bischofssitz nahm er zunächst in San-tao-ho und verlegte ihn später, als sich der Schwerpunkt der Mission mehr nach Osten verschoben hatte, nach Öl-sche-te-tsching-ti.

Schon bald nachdem er diese neue Aufgabe in Angriff genommen hatte, brach in China der oben bereits erwähnte Boxeraufstand aus und griff auch auf die Provinz Bischof Hamers über. Ebenso wie andernorts verschanzten sich die Christen auch hier in größeren Städten vor den Angriffen der Boxer und den sich bald mit ihnen verbündenden Regierungstruppen. Aber auch der mittlerweile greise Bischof, der sich mit den Seinen in der bischöflichen Residenzstadt verschanzt hatte, konnte den heranstürmenden Horden nur kurze Zeit Widerstand leisten, und dann konnten diese auch Öl-sche-te-tsching-ti erobern. Die Christen der Stadt flohen zusammen mit dem Bischof in die Kirche.

Währenddessen waren zehn Soldaten in die Kirche eingedrungen, um sich des Bischofs zu bemächtigen. Derselbe gab sich widerstandslos gefangen, wurde teilweise seiner Kleider beraubt und in rohester Weise aus der Kirche geschleppt. Dort schnitt man ihm die Finger der rechten Hand ab, um ihn zu hindern, den Gläubigen seinen Segen zu spenden, dem die Heiden eine geheimnisvolle Kraft zuschrieben; jedoch wurde die verstümmelte Hand verbunden. Darauf fesselten sie den ehrwürdigen Greis an Armen und Beinen und trugen ihn, an einer Stange befestigt, durchs Dorf. Dabei trieben die grausamen Menschen mit ihrem Opfer ihr schreckliches Spiel, indem sie die Last mehrmals heftig auf den Boden auffallen ließen. Auch die herbeieilenden Boxer ließen an dem Bischof ihre Wut aus, rissen ihm die Haupthaare, und da sie sahen, wie schmerzvoll ihm dies war, auch den starken Vollbart aus.

Danach wurde der Bekenner mit fünf anderen Christen auf einen Karren geworfen und nach Mao-tä abgeführt. Dabei war der Gefangene so gefesselt worden, daß er bloß auf den Knien ruhen konnte und bei jedem Stoß des Karrens mit dem Nacken sich an der Schärfe eines Messers verwundete, das man horizontal hinter ihm befestigt hatte.

Bei der furchtbaren Hitze wäre der Bischof, barhaupt wie er war, dem Sonnenstiche erlegen. Um dies zu verhindern, legte man ihm von Zeit zu Zeit einen nassen Lappen aufs Haupt und auf seine verstümmelte Hand und gab ihm zu trinken. Auch von der dargebotenen Nahrung nahm der Gefangene etwas zu sich. Das alles geschah nicht aus Mitleid, sondern um das Opfer für größere Qualen aufzusparen. Indessen war die Fahrt schon ein wahrer Marterweg. Die Begleiter, lauter niedriges, zusammengelaufenes Gesindel, fanden ihre Lust darin, mit dem Bischof ihren grausamen Mutwillen zu treiben und ihn mit den Spitzen ihrer Lanzen und Säbel zu verwunden. So oft er seinen Mund öffnete, um zu beten, warfen sie ihm eine Handvoll Sand in den Schlund, schlugen ihm mit ihren Lanzen die Zähne ein und ritzten seine Zunge.

Am 21. Juli erreichte man T'uo-T'scheng, eine Stadt von 10000 Einwohnern, zehn Stunden von Öl-sche-te-tsching-ti und zwei starke Meilen von Ho-K'eu am Hoangho. Auf der Ebene zwischen diesen zwei Städten befand sich die Richtstätte, wo man in jenen Tagen an 300 Christen zusammengebracht, enthauptet und ihre Köpfe gepfählt hatte. Noch heute sieht man die Erdhügel, wo ihre Leiber verscharrt wurden. Der Mandarin von T'uo-T'scheng, habgierig wie alle Chinesen, ließ den gefangenen Oberhirten zu sich zu Tische laden, um aus ihm herauszubringen, wo das Geld der Mission verborgen liege. Der Bischof verweigerte natürlich jede Auskunft. Damit war sein Los entschieden.

Am 22. Juli begann die lange Reihe von Torturen, die dem Tode vorausgehen sollten. Man hatte das Fleisch auf der Brust des Bekenners bis auf die Knochen bloßgelegt, um an diese eine Kette zu befestigen. Dann wurde er aus dem Käfig, in welchem er eingeschlossen war, herausgelassen und an einem um den Kopf gewundenen Strick durch die Straßen der Stadt geführt. Am Hinterkopf war eine Inschrift angebracht, welche in großen Schriftzeichen die Worte trug: Lao jang muo, d.h. alter Teufel des Westens. Der herbeilaufende Pöbel überschüttete den Bekenner mit Spöttereien und Unbilden aller Art. Drei volle Stunden dauerte dieser Umzug. Darauf wurde der Bischof zu gleichem Zwecke auf einem Karren nach Ho-K'eu geführt und auf dem Wege einer der schmachvollsten Torturen unterworfen. So gefesselt, daß er sich nicht bewegen konnte, mußte er auf einem spitzen Instrumente sitzen, wie es hierzulande zum Besenbinden gebraucht wird. So oft dann beim Rütteln des Karrens der arme Dulder vor Schmerzen fast die Besinnung verlor, fragten ihn die Unmenschen spöttisch, ob er sich auf diesem Sitze ebensogut befinde als auf der Wagen-

bank, die er bei seinen (apostolischen) Reisen benutzt habe. »Noch besser«, lautete die Antwort des heldenmütigen Greises.

Nachdem er drei Tage lang alle erdenklichen Quälereien und Miß-handlungen erduldet, ging es am 25. Juli zurück nach T'uo-T'scheng und von hier endlich hinaus zum letzten schweren Todesgang auf das vor der Stadt liegende Blachfeld. Dort hatte man drei Pfähle so in die Erde getrieben, daß ihre oberen Enden spitz zusammenliefen. An dieses Dreieck wurde der Bischof festgebunden, und zunächst von seinem Rücken mit eisernen Instrumenten das Fleisch abgelöst. Dann schnitt man ihm der Reihe nach Hände, Füße, Ohren und Nase ab. Nun wurde der so verstüm-melte Leib bei den Beinen an die Spitze jenes Pfahlgerüstes aufrecht festgebunden und die mit Öl und Fett getränkte Watte, mit welcher Beine und Unterleib umwickelt waren, angezündet. Da indes die Watte, trotz aller Bemühungen, die Flamme anzufachen, immer wieder erlosch, wur-den nur die Beine versengt. Das war diesen Teufeln in Menschengestalt noch nicht genug. Sie schlitzten dem Bekenner den Leib auf, rissen das Herz heraus, rösteten es und zwangen einen Bettler, um den Preis von 500 Sapeken dasselbe zu verschlingen. Wahrscheinlich waren dabei einige abergläubische Vorstellungen im Spiel. Das Fett der Eingeweide wurde aufgehoben und nachher als Heilmittel an die Heiden verkauft. Schließlich wurde das Haupt vom Rumpfe getrennt und auf einen Pfahl gespießt, wo es mehrere Tage ausgestellt blieb. Dann verscharrte man die Überreste mit denen anderer Christen. Ein Christ bezeichnete das Grab des Bischofs mit einem Kreuzchen, um es nachher leichter finden zu können. Den eifrigen Bemühungen Bischof Bermyns gelang es dann auch, wenigstens einen Teil der ehrwürdigen Überreste wieder aufzufinden. Drei volle Tage hatte das furchtbare Martyrium gedauert.

Bis zum letzten Atemzug bewahrte der Bekenner Christi seine uner-schütterliche Ruhe und Sanftmut und betete, seinem Meister gleich, mitten in den Qualen für seine Peiniger.

Ein herrlicheres, ruhmvolleres Ende konnte dieses schöne Apostelleben nicht beschließen. Dieser Gedanke linderte denn auch den Schmerz, den die Kunde vom Hinscheiden Bischof Hamers bei seinen Missionären und Christen und in der fernen Heimat hervorrief. Trafen doch hier alle Bedingungen zusammen, um in dem Hingeschiedenen einen wahren Mär-tyrer zu verehren. Unter dem Vorsitze des Bischofs von Herzogenbusch bildete sich in Nijmegen, der Vaterstadt Hamers, ein Komitee in der Absicht, dem ruhmvoll gefallenen Streiter Christi ein Denkmal zu errich-ten. Eine Reihe hervorragender Katholiken traten demselben bei. Von allen Seiten flossen die Gaben. Am 28. September 1902 fand zu Nijmegen die feierliche Enthüllung des prächtigen Denkmals statt.

Die Märtyrer von Hunan

Auch in den Provinzen Schansi und Hunan richteten die Boxer ein schreckliches Blutbad unter den ansässigen Christen an. Besonders hart betroffen waren die hier vertretenen Franziskanermissionen. Von ihrer Seite wurde im Jahre 1926 der Seligsprechungsprozeß für 2411 dieser Märtyrer eingeleitet, der für 29 von ihnen bereits 1946 abgeschlossen war. Papst Pius XII. hat sie am 24. 11. 1946 seliggesprochen.

Die Verfolgung in der Provinz Hunan, deren Opfer unter vielen andern Bischof Fantosati mit den beiden Missionaren Perelli und Gambaro wurden, kam nicht unerwartet. In der Nacht vom 3. zum 4. Juli ließ die Ortsbehörde die katholischen Missionare warnen, daß auch ihre Mission in Gefahr sei.

Schon am folgenden Tage wurde die Missionsstation von einer aufständischen Volksmenge überfallen. Zwei anwesenden chinesischen Priestern gelang es, unerkannt zu entkommen. Die beiden italienischen Patres Quirinus und Caesidius schlossen sich in ein Zimmer ein. Hier blieben sie zwei Stunden lang unentdeckt, während draußen die Rufe erschollen: Tod den Europäern. Plötzlich hörten sie in der Nähe Lärm. Die Türe wurde aufgebrochen. Als die Eindringlinge die beiden Missionare gewahrten, blieben sie wie gebannt stehen, und diesen Augenblick der Verwirrung benutzten die Missionare, um durch die Verfolger hindurch zu entfliehen. Sie gelangten zum Haupteingang, den sie aber von einer wütenden Volksmenge versperrt fanden. Von allen Seiten wurde P. Quirinus mit Steinen beworfen. Man schlug auf ihn ein, so daß er zu Boden stürzte. Er wäre verloren gewesen, wenn ihn nicht ein beherzter Christ unter Einsatz seines Lebens gerettet hätte. P. Caesidius eilte ins Haus zurück, versuchte durch einen geheimen Ausgang zu entkommen, fand die Tür aber verschlossen und wandte sich wieder ins Haus, wo er den Verfolgern in die Hände fiel, die ihn mit Lanzen und Stöcken halbtot schlugen, ihn in eine von Petroleum durchtränkte Decke wickelten, diese anzündeten und ihn lebend verbrannten. Nachdem sie ihr Werk vollbracht hatten, steckten sie Residenz, Kirche, Waisenhaus und die Häuser der Christen in Brand.

Bischof Fantosati weilte zu der Zeit, da die Verfolgung seine Mission heimsuchte, zwei Tagesreisen weit von seiner Residenz in einer Christengemeinde, in der er den Wiederaufbau einer zerstörten Kirche leitete. Hier hörte er von dem Unheil, das über seine Mission gebracht worden war, und machte sich mit P. Josef Gambaro und 4 Christen auf den Weg zu seiner

Residenz. Er hegte die Hoffnung, bei den örtlichen Behörden Schutz für seine Mission erwirken zu können. Die kleine Schar bestieg ein Boot, während das Gepäck auf einem zweiten Boote untergebracht wurde. So fuhren sie auf dem Siang, das Herz voll banger Erwartungen in Richtung Hengchowfu. Als um die Mittagszeit des 7. Juli die Stadt in Sicht kam, fand der Bischof mit Schmerz die Nachrichten von der Zerstörung seiner Missionsstation bestätigt. Er beschloß nun, zur Provinzhauptstadt Changsha weiterzureisen, um sich für den Schutz seiner bedrohten Christengemeinden einzusetzen, aber Hengchowfu sollte das Ziel seiner Reise und seines Lebens werden. Da er kein Geld zur Weiterreise besaß, schickte er seinen Diener in die Stadt, um von der Bank Geld zu holen.

An der Zollstation wurden der Bischof und P. Gambaro erkannt. Aber die Beamten ließen sie passieren. Plötzlich rief ein Junge vom Ufer aus: »Da sind Europäer!« Der Ruf brachte die Menge in Bewegung, und bald war das Boot, in dem sich der Bischof und P. Gambaro befanden, von anderen Booten umringt. Sie drängten das Boot des Bischofs ans Ufer. Einige Tollkühne sprangen auf die Boote und begannen das Gepäck zu plündern. Der Bischof rief einen Fischer herbei, der sie an das Ufer bringen sollte, und da er kein Geld besaß, gab er ihm seinen Bischofsring. Der Bischof sprang ans Ufer, machte die bei Chinesen übliche Begrüßung, um die Menge günstig zu stimmen, aber diese antwortete mit Schlägen, so daß er blutüberströmt zu Boden stürzte.

P. Gambaro wurde derselbe Empfang zuteil. Es gelang ihm aber, wieder in sitzende Stellung zu kommen, und als er am ganzen Leibe zitternd am Ufer saß, rief jemand aus der Menge: »Das ist kein Europäer. Er ist ein Kaufmann aus Ningpo.« Damit wurde die Volkswut wieder auf den Bischof gelenkt. Man bewarf ihn mit Steinen und schlug mit Stöcken auf ihn ein. Aber auch auf P. Gambaro wurden die Verfolger wieder aufmerksam, als sie hörten, wie er die Namen Jesus und Maria aussprach. Sie schlugen auf ihn los. Als sie glaubten, er sei tot, ließen sie ihn liegen. P. Gambaro erholte sich wieder und versuchte das Kreuzzeichen zu machen. Als er seinen Bischof in der Nähe in seinem Blute liegen sah, raffte er sich auf, schleppte sich zu ihm hin und nahm ihn in seine Arme. Der Bischof vermochte nicht mehr zu sprechen. Aber er erhob seine Hand zum Segen. P. Gambaro starb vor dem Bischof. Als dieser schon kein Lebenszeichen mehr von sich gab, stach ihm ein Heide mit einem Bambusstab in den Leib. Der Bischof wand sich unter dem Schmerz und versuchte den Bambusstab zu entfernen. Aber ein anderer Heide gab ihm den Todesstoß.

Die Leiber der Märtyrer wurden in den Siang geworfen. Als aber einige Bonzen gewahr wurden, daß die Christen die Absicht hatten, die Leichen aus den Fluten zu fischen, um sie während der Nacht zu begraben, zogen sie diese selbst aus dem Wasser, verbrannten sie und warfen die Asche in die Fluten. Die Ereignisse in Hengchowfu waren der Auftakt zu einer Verfolgung, die sich auf alle Christengemeinden des Vikariates erstreckte. In wenigen Tagen waren die Missionsstationen ausgeplündert und in Brand gesteckt, die Häuser der Christen wurden nicht verschont.

Johannes von Prado

geb.: 1563
gest.: 1631
Fest: 24. Mai

Von dem Leben des seligen Johannes von Prado ist uns leider nicht sehr viel überliefert worden. Weil er aber zu den ersten bekannten Märtyrern Afrikas zählt, soll er hier trotzdem Erwähnung finden.

Johannes stammte aus einer angesehenen spanischen Adelsfamilie und wurde 1563 in Morgovejo im spanischen Königreich Leon geboren. Er schloß sich dem Orden des heiligen Franziskus an und wurde bald zum Provenzial von Andalusien ernannt.

1630 wurde der selige Johannes zusammen mit P. Matias de S. Francisco und B. Ginés de Ocaña von der Kongregation zur Glaubensverbreitung als Missionar nach Marokko geschickt. Wie wir in den Schriften Papst Benedict XIV. entnehmen können, hat er dort vor dem Sultan von Marokko von der Wahrheit des christlichen Glaubens Zeugnis abgelegt und den Irrglauben der Mohammedaner scharf verurteilt. Weiterhin ist hier nachzulesen, daß der Sultan ihn daraufhin eigenhändig enthauptet hat, während andernorts zu lesen steht, daß der Selige eingekerkert wurde und nach »grausamen Stockschlägen und anderen Qualen« am 24. 5. 1631 schließlich den Tod im Feuer fand.

Papst Benedict XIII hat diesen Bekenner 1728 feierlich seliggesprochen.

Agathangelus und Cassian

geb.: 1598   geb.: 1607
gest.: 1638   geb.: 1638
Fest: 7. August

Mit 21 Jahren trat der in Vendôm geborene Agathangelus in das dortige Kapuzinerkloster ein und war zunächst für seinen Orden in Frankreich selbst tätig, wo er in sogenannten »fliegenden Lagern« in den protestantischen Gebieten missionierte, um die Hugenotten, wie die französischen Calvinisten auch genannt wurden, wieder für die katholische Kirche zu gewinnen. Bald wurde ihm jedoch, als ein dafür bestimmter Ordensbruder krank wurde, die Möglichkeit geboten, in der Mission im Nahen Osten tätig zu werden. Agathangelus zögerte keinen Moment und so wirkte er seit 1629 in Aleppo und etwas später im Libanon. Da sich Agathangelus hierbei bewährte, beschloß man, ihm die als schwierig bekannte Mission in Kairo anzuvertrauen, in der Hoffnung, daß seine Umsicht ebenso wie seine Tatkraft helfen würde, die bald hoffnungslose Situation in der Mission zu bessern.

In der Missionsarbeit in Kairo war Agathangelus vor allem mit der Auseinandersetzung mit den Kopten befaßt, wie die Anhänger der schismatischen Kirche in Ägypten und Abessinien genannt wurden. Unter den Gläubigen dieser christlichen Kirche konnte Agathangelus manche Erfolge erringen, ohne jedoch sein Werk in dieser Hinsicht zu beenden.

Hier in Kairo arbeitete Agathangelus seit einigen Jahren mit dem 9 Jahre jüngeren Cassian zusammen. Dieser entstammte einer portugiesischen Familie, die im französischen Nantes ansässig war, und hatte sich im Jahre 1623 den Kapuzinern angeschlossen. Ende des Jahres 1634 war er dann in die Mission von Kairo gekommen und stand seither an der Seite Agathangelus'.

Im Jahre 1637 schien den beiden ein günstiger Zeitpunkt gekommen, sich nach Abessinien aufzumachen, um auch dort insbesondere den Anhängern der koptischen Kirche den katholischen Glauben nahezubringen. Versehen mit einem Empfehlungsschreiben des koptischen Patriarchen von Alexandrien, mit dem Agathangelus ein freundschaftliches Verhältnis verband, machten sich er und Cassian somit auf den Weg nach Abessinien, wobei sie sich vorsichtshalber über ihren eigenen Kutten die Kleider koptischer Mönche anzogen.

Was die beiden zu dieser Zeit nicht wußten, war dies, daß der König von Abessinien ebenso wie der dortige koptische Bischof in jüngster Zeit unter dem Einfluß eines europäischen Protestanten ein besonders düsteres Bild vom katholischen Glauben gewonnen hatten und deshalb ein Gesetz in Abessinien erlassen worden war, das es römischen Katholiken verbot, ins Land zu kommen. Die beiden Missionare wurden schon bald nach dem Überschreiten der Grenze erkannt und auf Grundlage dieses Gesetzes verhaftet. Nachdem man sie einen Monat lang im Gefängnis in Ketten gelegt hatte, wurden sie schließlich zum Verhör vor den König geführt. Über dieses Verhör liegt uns ein Bericht vor, den wir hier zitieren wollen, weil er ein schönes Zeugnis ablegt von der Unerschrockenheit und der Klarheit, mit welcher diese beiden Missionare auch in ihrer letzten Stunde für ihren Glauben eingetreten sind.

Als das Geschrei des Volkes wieder verstummt war, ergriff der König nochmals das Wort und wandte sich an die Gefangenen: »Es liegt an euch«, sprach er, »zu wählen zwischen Leben und Tod. Wenn ihr das Leben und die Freiheit wollt nebst vielen Vorteilen, die ich euch in meinem Reiche verschaffen werde, so nehmet die koptische Religion an. Wenn ihr aber bei eurem römischen Glauben verharrt, so werdet ihr zum Tode verurteilt.«

Als der König geendet, sprach Pater Cassian folgendes: »Majestät, wir verabscheuen die Irrtümer des Dioskorus ebenso wie ihr und wir die Lehre des Nestorius verwerfen. Jene ist die einzig wahre Kirche, unfehlbar in ihren Entscheidungen und standhaft in ihrem Glauben, welche beide Irrlehrer verurteilt hat. Wenn ihr das Konzil von Ephesus anerkennt, welches Nestorius verurteilt, warum verwerft ihr dann jenes von Chalcedon, welches Dioskorus verurteilt hat? Wir anerkennen in Christus zwei Naturen und bekennen, daß diese zwei Naturen nur eine Person ausmachen, welche Gott und Mensch zugleich ist. Wir halten fest am Primat des Bischofs von Rom, dem Nachfolger des hl. Petrus, zu dem der Herr gesprochen: Du bist Petrus, der Fels, und auf diesen Felsen werde ich meine Kirche bauen. Weide meine Lämmer, weide meine Schafe, d.h. die Hirten und die Völker, die Patriarchen, die Bischöfe und die Gläubigen. Wir wollen leben und sterben als Kinder der katholischen, apostolischen, römischen Kirche, außer welcher es kein Heil gibt. Wir wollen das Leben nicht mit einer abscheulichen Lüge erkaufen. Wir wollen nicht um den Preis unserer unsterblichen Seele die Ehren und Reichtümer genießen, die ihr uns anbietet. Schon bei unserem Eintritt in den Kapuzinerorden haben wir ja auf alles, was die Welt uns bieten könnte, freiwillig verzichtet.«

Bei diesem mutigen Bekenntnis des Dieners Christi ward der König innerlich so ergriffen, daß er eine Zeit lang keine Worte mehr finden konnte. Dann aber wandte er sich an Pater Agathangelus, ob er die nämliche Gesinnung hege wie sein Begleiter. Pater Cassian erklärte sei-

nem Mitbruder die Frage des Königs, da dieser der abessinischen Sprache nicht mächtig war. Als er wußte, was der König von ihm wissen wollte, erhob er seine Stimme und legte in arabischer, türkischer und italienischer Sprache sein Glaubensbekenntnis ab. Dann wandte er sich an seinen Begleiter und redete zu ihm nach Aussage der Zeugen, die alle Umstände ihres Martyriums bezeugt haben, in einer Sprache, die niemand verstand. Man merkte, daß seine Rede gewaltig war. Er erhob seine Augen zum Himmel, gleichsam um ihn zum Zeugen seiner Worte zu nehmen.

Dann nahm Pater Cassian wieder das Wort und sprach: »Zweifelt nicht, Herr, mein Gefährte hegt die nämliche Gesinnung wie ich. Er verabscheut auch eure Irrtümer, welche die Kirche durch feierliche Beschlüsse verurteilt hat. Wir waren gesandt von unserem obersten Bischof, eurem rechtmäßigen Hirten, nicht um euer Gold oder eure Perlen zu suchen, sondern um euch zu veranlassen, zur Gemeinschaft mit dem Oberhaupt der Apostel zurückzukehren. Uns liegt nur das eine am Herzen, euch und eure Untertanen jenes ausgezeichneten Glückes teilhaftig zu machen, dessen ihr euch durch eure Hartnäckigkeit beraubt, die um so verdammungswürdiger ist, als euch schon so oft das Licht der Wahrheit geleuchtet hat, das ihr immer wieder ausgelöscht habt. Da wir euch nicht durch unsere Unterweisungen zur Einheit mit dem apostolischen Stuhl in Rom zurückführen können, so gebe der Himmel, daß wir dies vermögen durch die Stimme unseres Blutes, das wir mit der größten Bereitwilligkeit für Jesus und seine Kirche vergießen.«

Der Bischof konnte sich nicht länger mehr beherrschen. In seinen Zornesausbrüchen schmähte er über den Papst und die Katholiken und schrie: »Diese Menschen sind des Todes schuldig.« Der König wagte nicht, ihm entgegen zu treten und verurteilte die Gefangenen zum Tode durch den Strang.

Als das Todesurteil ausgesprochen war, sanken die Verurteilten auf die Knie nieder und priesen Gott, daß er sie zur Marterkrone auserwählt. Sie beichteten dann nochmals einander und gaben sich gegenseitig die vom Papst allen Missionaren, die im Dienste der Mission sterben, verliehene Generalabsolution. Dann erhoben sie sich und Pater Cassian betete mit lauter Stimme das nicänische Glaubensbekenntnis in der Landessprache. Er betonte dabei besonders ausdrücklich jene Glaubensartikel, welche den Irrtümern des Eutyches und Dioskorus entgegengesetzt sind und erklärte allen Anwesenden, das allein sei der wahre Glaube, der uns die ewige Krone sichert, es gebe nur einen wahren Glauben, wie es auch nur einen Gott gebe. Der koptische Glaube sei eine rein menschliche Erfindung und des Verdammungsurteiles Jesu Christi würdig. Dann wandte er sich an die Katholiken, die zahlreich unter den Zuschauern bei dem blutigen Schauspiele vertreten waren, und ermunterte sie, treu auszuhalten im Glauben, den sie von der römischen Kirche empfangen, der Königin und Mutter aller auf dem Erdkreis zerstreuten Kirchen, die allein der Mittelpunkt der Wahrheit sei, die niemals den Irrtum gelehrt noch lehren wird, die siegreich dasteht bis zum Ende der Zeiten nach den Verheißungen ihres Bräutigams Jesu Christi.

Die Henker ließen ihm nicht Zeit, weiter zu reden. Sie ergriffen ihre Opfer und schleppten sie auf den Richtplatz, wo sie an den Bäumen aufgeknüpft werden sollten. Als die Streiter Christi die Galgen erblickten, brachen sie wie einst der hl. Apostel Andreas in die Worte aus: »O Kreuz, das seine Schönheit von den Gliedern des Herrn empfangen hat; du so lange ersehnt, so heiß geliebt, so unablässig gesucht, bist endlich dem verlangenden Geiste bereitet. O nimm uns auf von den Menschen und gib uns unserem Meister wieder, damit durch dich uns aufnehme, der durch dich uns erlöst hat!«

Die Henker hatten in ihrer Verwirrung oder vielmehr in ihrer Wut die Stricke zur Vollstreckung der Todesstrafe vergessen. Da die Missionare ihre Verlegenheit sahen, sagten sie scherzend, bis vor kurzem seien sie im Besitze von Stricken gewesen. Die Henker nahmen nun wirklich deren Gürtelstricke, um sie damit an den bestimmten Bäumen aufzuknüpfen. Doch die Gürtel waren zu dick, als daß sie den Erstickungstod hätten herbeiführen können. Der Bischof, der an der Qual der Diener Gottes sein Auge weidete, beschwor die gaffende Menge bei ihrer Religion, daß jeder, der den Koptenglauben liebe, wenigstens einen Stein gegen die mit dem Tode ringenden Priester werfe. Auf diese Aufforderung hin wurden die Diener Gottes mit einem Hagel von Steinen überschüttet. So starben denn die Blutzeugen ähnlich dem hl. Stephanus um Jesu und seiner Braut, der katholischen Kirche, willen am 7. August 1638 eines grausamen Todes und eilten, mit dem Purpurgewande des eigenen Blutes angetan, gegen Himmel. Nachdem sie von den Bäumen herabgelassen waren, wüteten die Irrgläubigen mit Steinwürfen noch in solcher Weise gegen die Toten, daß sich über den entseelten Leibern ein ganzer Steinhügel auftürmte. Die heiligen Gefäße und ihre ganze Habe gab man den Flammen preis.«

Dieser Tod der beiden Märtyrer ebenso wie das vorgestellte Verhör vor dem König sind uns durch Akten überliefert, die von den beiden Franziskanern Anton Birgoletto und Anton Santa-Papanga zusammengestellt worden sind. Sie waren bald nach dem Martyrium der beiden Seligen eigens nach Abessinien geschickt worden, um die näheren Umstände ihres Sterbens zu untersuchen. Aufgrund dieser und noch weiterer Nachrichten von ihrem Tod wurden die Märtyrer am 1. Januar 1905 von Pius X. seliggesprochen.

Die Märtyrer von Uganda

gest.: zwischen 17. November 1885 und 27. Januar 1887
Fest: 3. Juni

1879 waren die ersten katholischen Missionare nach Uganda gekommen, das überhaupt erst seit 1848 durch die Araber von der Ostküste Afrikas her erschlossen wurde. Schon bald mußten die »Weißen Väter« aber das Land wieder verlassen, weil König Mtesa, unter dem Einfluß der Mohammedaner stehend, sich gegen die Christen gestellt hatte. Der junge König Mwanga, von dem sich die des Landes verwiesenen Missionare so viel erhofft hatten, wurde ihren Erwartungen zunächst auch in vollem Umfang gerecht. Sie durften nach Uganda zurückkehren und genossen in der Ausbreitung ihres Glaubens alle Freiheiten. Diese glückliche Zeit währte jedoch nicht lange.

Feinde der Christen in Uganda, an deren Spitze ein fanatischer Christenhasser, der heidnische Kanzler Katikiro, stand, redeten dem jungen König ein, daß die Christen Feinde seiner Regierung wären und Uganda an die europäischen Mächte verraten würden. Eine Zeitlang war es König Mwanga möglich, diesen Einflüsterungen zu widerstehen. Schließlich begann er aber an sie zu glauben und setzte infolgedessen eine der schrecklichsten Christenverfolgungen ins Werk, die Afrika je gesehen hat.

Der Oberhofmeister Mkaza und der Befehlshaber der Leibwache und enger Freund Mwangas, Andreas Kagwa, waren unter den ersten, die ihr zum Opfer fielen, weil sie besondere Feinde des Antreibers Katikiro waren. Aber der junge König kannte nun kein Halten mehr. »Ich habe beschlossen, alle, die beten, töten zu lassen«, sagte er am Abend des 25. Mai 1886 zu seinem Kanzler Katikiro, der ihm zynisch zu diesem weisen Beschluß gratulierte.

Am nächsten Morgen müssen alle Pagen des Hofes unter Führung ihres Chefs Lwanga vor dem König antreten und werden von ihm über ihr Glaubensbekenntnis befragt. Wer sich dazu bekennt, Christ zu sein, wird ohne weitere Verhandlungen zum Tode verurteilt und sofort in Fesseln gelegt. Aneinandergefesselt verlassen die Gefangenen die Halle, in der sie verhört worden sind und begegnen noch einmal Peter Lourdel, der so viel für die Christen Ugandas getan hat und jetzt, nachdem er sich vergeblich um eine Audienz beim König bemüht hat, verzweifelt vor der Halle auf sie wartet.

Lourdel ist der Verzweiflung nahe. Sie aber lachen ihm mutig zu, mit strahlenden Augen. Es geht über seinen Verstand, wie unglaublich tapfer diese Jugend ihre via dolorosa pilgert; die wenigen noch Ungetauften unterscheiden sich in nichts von den anderen. Die Kleider hat man ihnen genommen. In dürftigen Baumwolltüchern müssen sie die sechzig Kilometer nach Namugongo marschieren. Im Untergang werden sie zu Aposteln. Die Buganda am Wege begreifen nicht: »Was für Leute! Sie sollen getötet werden, und sie haben eine solche Freude!« –

Alle Versuche des Henker-Chefs Mukadjanga, seinen Sohn Mgaba zur Untreue zu überreden und ihn zurückzuhalten, waren vergeblich. »Ich will mit meinen Freunden sterben,« bestand er; »hier bin ich wieder«, jubelt er, als er die Fortziehenden eingeholt hat. Ihnen ist er ein Geschenk: »Du hast den Teufel besiegt! Jesus Christus ist zufrieden mit dir. Du bist die Ehre der Kirche.«

Unterwegs stößt auch jener Mann, den Mwanga eines Kameradenstreits wegen hatte einsperren lassen, zur Todeskarawane, in der Gyavira, mit dem er sich geschlagen hatte, mitgeht. Als er dessen ansichtig wird, verstummt er betreten. Doch Gyavira heißt ihn versöhnt willkommen: »Wie bin ich froh, dich wiederzusehen! Es freut mich, daß wir miteinander sterben dürfen!« Befreit antwortet der andere: »Auch ich bin froh, daß wir beide für unseren einzigen Herrn Jesus sterben dürfen.«

Serunkuma tröstet seinen Bruder, an dessen Besitztum sie vorüberkommen: »Sorge dich nicht. Wenn wir weg sind, kommen andere Christen. In großer Zahl werden sie kommen. Glaub es!«

Zu Namugongo hält man die Gefangenen in Hütten, bis die Henker das Holz für den Scheiterhaufen zusammengetragen haben. Das dauert Tage, sie haben es nicht eilig. Abermals fehlt Mgaba. Das Hinrichtungsdorf ist Heimat und persönlicher Herrschaftsbereich Mukadjangas. Er hat den Sohn zu Verwandten getan; immer neu flackert Hoffnung in ihm auf.

Nachts vor ihrem Tod hören die Verurteilten Trommelgedröhn, trunkenen Lärm und irre Tänze im Dorf. Sie wissen: es ist soweit.

»Sag, bist du wach?« fragt einer den andern durchs Dunkel. »Laß uns stark sein, für Jesus Christus zu sterben!« Noch auf dem Weg zur Richtstatt sprechen sie einander Mut zu: »Der Kampf, auf den wir warten, ist endlich gekommen. Eine kleine Weile nur noch, und wir werden Jesus Christus sehen.«

Einer ihrer Kameraden, der in letzter Minute begnadigt wurde, bezeugt: »Vom Augenblick unserer Gefangennahme an bis zur Minute der Hinrichtung habe ich auch nicht einen einzigen bemerkt, der mutlos gewesen wäre.« –

Auf der Anhöhe vor der Talsenke, wo der Scheiterhaufen geschichtet ist, nimmt man ihnen die Lendenfetzen Rindenstoff weg, mit denen sie zuletzt angetan waren. Nackt müssen sie den Berg hinunter. Ihre Tücher wiegt der leichte Seewind im Geäst eines Feigenbaumes.

Immer hingen die Kleider der Verurteilten an diesem Baum. Heute noch zeigt man auf der Höhe bei Namugongo seinen verwitterten Stumpf; mehr ist nicht von ihm geblieben.

Daß Mgaba abermals zu ihnen zurückkehrt, tröstet die dem Tode Nahen. Zu dreien, die verzweifelt dastehen, weil ein mysteriöser Befehl sie ins Leben zurückgerissen, ruft Serunkuma: »Kinder, ich habe Mitleid mit euch. Nun wissen wir, daß der König euch verziehen hat. Doch denkt daran, er will euch dazu bringen, den Glauben aufzugeben. Es wäre besser gewesen, wir wären alle zusammen gestorben.« Die Geretteten wissen nicht, wie sie das ertragen. Sie betteln die Henker an, mit in den Tod gehen zu dürfen. Vergebens. Gepeinigten Herzens hören sie einen der Brüder zu den andern sagen: »Noch einen kleinen Augenblick und wir werden Jesus Christus sehen.«

Die Gaffer, deren erbarmungslose Menge das schreckliche Schauspiel umgibt, starren verständnislos einander an: »Diese Christen, sie haben keine Angst vor dem Sterben…«

»Wir werden ihnen das Mahl bereiten!« brummt Mukadjanga, verbittert von der Unnachgiebigkeit Mgabas. Er läßt den Henkerstrunk beischaffen, einen Humpen Bananenbier für jeden. Nur Buzabaliawo geht leer aus; keiner weiß, weshalb. Dann wirft man die Nackten auf bereitliegende Schilfmatten, rollt sie ein und verschnürt sie fest.

Trotz allem aber gibt Mukadjanga sich noch nicht geschlagen. Er läßt den Sohn aus seinem Bündel befreien, er fleht ihn inständig an, endlich »seine dumme Religion« fahren zu lassen und die Verzeihung Mwangas zu erbitten. Härter, als ihm selbst lieb, beharrt Mgaba: »Der König hat dir befohlen, mich zu töten. Tu es, Vater, damit er nicht auch dich umbringt! Sterben muß ich so oder so. Denn alle Christen müssen sterben, und ich werde immer Christ bleiben.«

In ausweglofer Wut jagt Mukadjanga sein Kind von sich. Doch sorgt er noch dafür, daß Mgaba vom Flammentod verschont bleibt; er stirbt unter dem Knüppelschlag eines Henkers, dem befohlen war: »Nur seine Leiche dürfen die Flammen haben…« Bündel nach Bündel zerren die Schergen auf den Scheiterhaufen. Zum letztenmal grüßt Mugagga den begnadigten Kamiuka: »Auf Wiedersehen, ich gehe fort zum lieben Gott.« Auch Buzabaliawo nickt einem der Zurückbleibenden zu: »Bruder, man wird dich sicher freilassen. Aber verleugne den Glauben nicht! Denn wir, wir sterben mit der Wahrheit und mit Glück im Herzen. Wir verlieren unser Leben nicht umsonst.«

Augenblicke noch, und das Feuer schießt auf. Kein Schmerzensschrei, kein Klagelaut. Die Heiden packt das Entsetzen vor dem Unbegreiflichen.

Sie beben im Innersten, als Serunkumas Stimme zitternd das mörderische Geprassel durchstößt: »Ihr tötet die Leiber, aber die Seele tötet ihr nicht. Sie gehört Gott!« Dann weht aus dem verebbenden Flammenlärm nur noch ein schwaches Murmeln.

Als hielte man ihn an der Kehle gepackt, flüstert der begnadigte Kamiuka den erschütterten Gefährten zu: »Sie beten…«

Matter und matter, ferner und ferner wird das Gemurmel, bis es sich verliert. Die mutigen Jünger ihres Herrn sind heimgegangen.

Man schreibt den 3. Juni 1886. Es ist der Tag der Himmelfahrt Christi.

Die Henker stapfen ermattet zu den Hütten zurück. Diese Stunde wird sie niemals mehr verlassen, denn noch keine wie diese ist ihnen widerfahren: »Niemals haben wir welche getötet, die wie die da waren. Nicht einen Seufzer, nicht ein einziges zorniges Wort haben wir gehört… Nur ein kleines Murmeln von ihren Lippen.«

Aber auch mit dem Tod dieser jungen Männer ist das Wüten König Mwangas nicht beendet. Letzlich fallen seiner Raserei in den Jahren 1885–1887 ungefähr 100 Christen zum Opfer, von denen Papst Benedict XV. 1920 22 seliggesprochen hat.

Jean de Brébeuf und Gabriel Lallemant

geb.: 1593	geb.: 1610
gest.: 1649	gest.: 1649
Fest: 16. März	Fest: 26. September

Bereits seit dem Jahre 1617 missionierten die Jesuiten in Kanada, das damals französische Kolonie war. In diesem Land lebten damals verschiedene Indianerstämme, so unter anderem die Algonquins, die Irokesen und Huronen, wobei die Jesuiten vor allem bei letzteren einige Missionserfolge erzielen konnten.

In dieser unwirtlichen Gegend, in der die Missionare nie vor Überfällen feindlich gesinnter Indianer sicher sein konnten, wirkte seit 1633 Jean de

Brébeuf in der Huronenmission der Jesuiten. Aufgewachsen in Frankreich in der Normandie war er am 8. November 1617 in Rouen bei den Jesuiten eingetreten. Nach seiner Priesterweihe am 22. Februar 1622 in Pontoise war er zunächst 3 Jahre Professor im Kolleg von Rouen. Bereits damals war er dann schon einmal nach Kanada geschickt worden, war aber in den Wirren des englisch-französischen Kolonialkriegs, der damals in Kanada tobte, gefangengenommen worden und schließlich nach Frankreich zurückgekehrt. Nach dem Friedensschluß mit England konnte Brébeuf wieder nach Kanada zurückkehren und war hier nun seit 1633 in der Huronenmission tätig.

Ihm zur Seite stand erst seit einigen Jahren Gabriel Lallemant. Er wurde 1610 in Paris geboren und schloß sich mit 20 Jahren der Gesellschaft Jesu an. Nach dem Theologiestudium wurde er zum Priester geweiht und lehrte bis 1644 in Moulins Philosophie. Zwei Jahre später wurde auch er von seinem Orden nach Kanada gesandt, wo er schon bald mit Jean de Brébeuf zusammenarbeitete. Am 16. März 1649 überfielen nun die Irokesen die in St. Ignaz ansässigen Huronen. Da die männlichen Bewohner zu dieser Zeit auf der Jagd waren, stießen die Irokesen auf keinen nennenswerten Widerstand. Sie metzelten die wehrlosen Zurückgebliebenen nieder, legten die Stadt in Asche und aßen, da bei ihnen die Menschenfresserei noch üblich war, ihre Opfer zum Teil auf. Am nächsten Tag fielen die Irokesen über St. Ludwig her, wo Brébeuf und Lallemant in diesen Tagen tätig waren. Da sie sich weigerten zu fliehen, weil sie den Verteidigern der Stadt Beistand leisten wollten, wurden sie, als die Stadt schließlich doch in die Hände der Irokesen fiel, von diesen gefangengenommen. Christliche huronische Gefangene, die den Irokesen entfliehen konnten, überlieferten das weitere Schicksal der beiden Missionare.

Am Nachmittag des 16. März – also am Tage, da die beiden Priester gefangengenommen waren, – wurde Pater de Brébeuf von Irokesen bei Seite geführt und an einen Pfahl gebunden. Der unerschütterliche Glaubensbote schien mehr um seine gefangenen Neubekehrten, als um sich selbst besorgt zu sein. Er ermahnt sie zum geduldigen Leiden und wies sie hin auf die himmlische Krone. Die wütenden Irokesen versengten den Dulder an Kopf und Füßen, um ihn zum Schweigen zu bringen. Aber unerschrocken drohte er ihnen im Tone eines Gebieters mit ewigen Flammen, weil sie die Bekenner des Glaubens verfolgten. Als er fortfuhr, mit unveränderter Stimme und unveränderter Miene zu sprechen, schnitten sie ihm die Unterlippe ab und stießen ihm ein rotglühendes Eisen in die Kehle. Noch immer hielt er seine hohe Gestalt aufrecht und mutig empor, ohne ein Zeichen oder einen Laut des Schmerzes von sich zu geben. Um ihn zu bewältigen, wandten sie andere Grausamkeiten an. Sie führten Lallemant herbei, damit de Brébeuf sehen konnte, wie sein Mitbruder gemartert wurde. Sie hatten Pater Lallemant Streifen aus Baumrinde, die mit Pech beschmiert waren, um seinen nackten Körper gebunden. Als er den Zustand seines Obern, des Pater Brébeuf, gewahrte, vermochte er nicht, seine Erregung zu verbergen und rief ihm mit gebrochener Stimme die Worte des heiligen Paulus zu: »Wir sollen ein Schauspiel sein der Welt, den Engeln und den Menschen!«

Dann warf sich Pater Lallemant seinem Obern zu Füßen, um sich von ihm den Segen zu erflehen. Hierauf ergriffen ihn die Irokesen, befestigten den Dulder an einen Pfahl und steckten die ihn umhüllende Rinde an. Als die Flammen emporzüngelten, erhob er seine Arme mit einem Ruf zu Gott. Aber seine Stunde war noch nicht gekommen. Noch sollte er Stunden und Stunden lang leiden müssen.

Indessen hingen die Barbaren eine Kette aus rotglühenden Beilen um den Hals Brébeufs. Doch der unbezwingbare Priester stand fest wie ein Fels. Ein unter der Menge befindlicher Hurone, der ein Bekehrter der Mission gewesen, aber jetzt ein Irokese durch Adoption war, rief mit der Bosheit eines Abtrünnigen, man solle siedendes Wasser über die Köpfe der beiden Jesuitenpatres gießen, da sie so viel kaltes Wasser bei der Taufe auf die Köpfe anderer gegossen hätten. Demgemäß wurde der Kessel über das Feuer gehängt, das Wasser gekocht und langsam über die Köpfe der beiden Missionare ausgeschüttet. »Wir taufen euch,« *schrien die spottenden Irokesen,* »damit ihr im Himmel glücklich sein könnt. Ihr habt uns ja gesagt, daß niemand ohne die Taufe gerettet werden kann!« *Pater de Brébeuf regte sich nicht. Darüber noch ergrimmter, schnitten die Irokesen Fleischstreifen von seinen Gliedern ab und verschlangen sie vor seinen Augen. Andere abtrünnige Huronen riefen dem Märtyrer zu:* »Du hast uns gesagt, je mehr jemand auf Erden leide, um so glücklicher werde er im Himmel. Wir wollen dich glücklich machen, darum quälen wir dich, weil wir dich lieben, und du solltest uns eigentlich dafür dankbar sein.« *Nach einer Reihe von andern entsetzlichen Martern skalpierten sie ihn. Als sie nun sahen, daß er fast tot war, schnitten sie seine Brust auf und kamen in Mengen herbei, um das Blut eines so tapfern Feindes zu trinken. Dann drängte sich ein Häuptling zuletzt hervor und riß dem Märtyrer das Herz aus der Brust und verschlang es. So starb Jean de Brébeuf, der Begründer der huronischen Mission, ihr größter Held und Märtyrer.*

Der körperlich von Kindheit an schwache und fast bis zur Magerkeit schlanke Pater Lallemant war nach seiner Naturanlage nicht befähigt, eine Tapferkeit wie die seines Leidensgefährten und Obern zu entfalten. Trotzdem hielt er viele Stunden lang die entsetzlichsten Martern aus und starb noch nicht daran. Nach de Brébeufs Hinscheiden wurde Lallemant nach dem Hause zurückgeführt, aus dem man ihn gebracht hatte und daselbst die ganze Nacht gemartert. Endlich am nächsten Morgen tötete ihn ein Irokese, der des grausamen Spieles mit dem Dulder satt war, mit dem Schlag einer Axt. Es wird berichtet, daß Pater Lallemant zu Zeiten die Besinnung verlor und daß er, sich dann wieder ermannend, mit ausgestreckten Händen seine Leiden dem Himmel als Opfer dargeboten hatte.

Einige Tage nach ihrem schrecklichen Martyrium wurden die Leichen der beiden Missionare in das nahegelegene St. Marie gebracht und zunächst dort beerdigt. Später wurden ihre Reliquien in das Kloster Hôtel Dieu und Spital überführt, wo sie bis heute aufbewahrt und verehrt werden. Die beiden Märtyrer Jean de Brébeuf und Gabriel Lallemant wurden zusammen mit sechs weiteren Jesuiten, die ebenfalls in der kanadischen Mission die Märtyrerkrone erlangt hatten, am 29. Juni 1930 von Pius XI heiliggesprochen.

Roque Gonzales de Santa Cruz und seine Gefährten

geb.: 1576
gest.: 1628
Fest: 15. November

Die Stadt Asuncion, am Mittellauf des Paraguay-Flusses in Südamerika gelegen, war schon bald nach der Entdeckung Amerikas gegründet und zu einem Zentrum des dortigen Lebens geworden. In dieser Stadt wurde Roque Gonzales im Jahre 1576 als Sohn einer adeligen, altspanischen Familie geboren.

Von seinen streng gläubigen Eltern und den ansässigen Jesuiten wurde Roque Gonzales im Sinne des christlichen Glaubens erzogen und erwies sich als äußerst gelehriger Schüler, der über seine geistige Ausbildung hinaus auch ein starkes Interesse an allerlei handwerklichen Fähigkeiten wie der Zimmermannsarbeit oder der Schmiedekunst entwickelte. Schon früh zeigte sich sein außergewöhnlicher Charakter, ganz besonders in der Aufgeschlossenheit, in der er im Unterschied zu den anderen Einwohnern europäischer Abstammung den Indios gegenübertrat. Anders als sie, gab er sich mit ihnen ab, erlernte ihre Sprache und wußte so bald viel genauer um ihre wirklichen Schwächen, aber auch nicht zuletzt um all die schönen und liebenswerten Seiten, die diese Menschen auszeichneten. Die menschenverachtende Behandlung, die diese armen Kreaturen damals oft ertragen mußten, war Roque Gonzales zuwider und er war deshalb bemüht, ihnen zu helfen und sie zu trösten, wo immer er nur konnte. Da der junge Mann darüber hinaus eifrig im Gebet war und immer wieder die Einsamkeit suchte, wurde er schon in seiner Jugend von seinen Mitmenschen als Heiliger angesehen.

1598 wurde Roque Gonzales zum Priester geweiht. Er zog daraufhin den Paraguay-Fluß, an dem seine Vaterstadt gelegen ist, aufwärts und missionierte unter den dort lebenden Indios, denen bis zu dieser Zeit das Wort Gottes nur allzu selten gepredigt worden war. Von den ungewöhnlichen Erfolgen, die Roque Gonzales bei dieser Missionstätigkeit bei den Indios erzielte, drang schon bald Kunde nach Asuncion. Einen derartig wertvollen Seelsorger wollte man gerne in der Hauptstadt tätig sehen und ernannte den jungen Priester deshalb zum Pfarrer der Kathedrale von Asuncion.

Wenn er auch nur ungern seinen Indios im Urwald den Rücken gekehrt hatte, so widmete er sich seiner neuen Aufgabe doch ebenso mit solchem Eifer und Hingabe, daß das Volk ihn bald für einen Heiligen ansah. Infolge seines vorbildhaften und aufopferungsvollen Wirkens in Asuncion ernannte ihn der Bischof schließlich 1609 zum Generalvikar von Asuncion del Paraguay. So sah alles danach aus, als ob Roque Gonzales eine große kirchliche Laufbahn beschieden wäre, als dieser, weil er an derartigen weltlichen Ehren nicht interessiert war und auf Grund seiner Liebe zu den Indios, einer solchen Laufbahn den Rücken kehrte und in den Jesuitenorden eintrat, weil er hoffte, in diesem Rahmen der Aufgabe am besten nachgehen zu können, die ihm am meisten am Herzen lag: die Mission der Indios.

Nachdem Roque Gonzales daraufhin zwei Jahre mit nur geringem Erfolg unter den wilden Guaycurus am Pilcomayo, einem Nebenlauf des Paraguay-Flusses gewirkt hatte, wurde ihm von seinem Oberen die Errichtung der ersten Paraguayreduktion San Ignacio Guacú übertragen. In den sogenannten Reduktionen, kleinen Dörfern, wurden damals die zunächst verstreut lebenden Indios von den Jesuiten zusammengefaßt und seßhaft gemacht. Hier lernten sie von den Missionaren alles, was sie als seßhaft Lebende über Ackerbau, Viehzucht und verschiedene Handwerke wissen mußten, und wurden darüber hinaus im christlichen Glauben unterrichtet. Diese speziell in Südamerika entwickelte Missionsmethode wurde von Roque Gonzales in Paraguay erstmalig angewandt und vorbildlich ausgeführt. Zusammen mit den Indios fällte er Bäume, schaffte das Holz zum Bauplatz und erwies sich dann noch als geschickter Zimmermann. Sobald das Notwendigste geschaffen war, widmete sich dieser unermüdliche Arbeiter dann dem Unterricht der Indios und half bei der Heilung der Kranken. Auf diese Weise schuf er in den Jahren 1611 bis 1615 in San Ignacio Guacú eine Reduktion, die in den folgenden Jahren zum Vorbild für alle Paraguayreduktionen wurde, die ihr folgten.

Aber Roque Gonzales gab sich damit bei weitem noch nicht zufrieden. Sobald die Dinge in San Ignacio Guacú geordnet waren, machte er sich auf und gründete in den folgenden Jahren weitere Reduktionen am oberen Parana-Fluß. Dann drang er sogar in Gegenden vor, die vor ihm noch kein Weißer betreten hatte.

Im Gebiet östlich des Uruguay-Flusses schuf er in siebenjähriger Arbeit, in der er sich oft bis an den Rand seiner Existenz verausgabte, eine weitere Reduktion. Unermüdlich fuhr Roque Gonzales fort in seinem Bemühen um die Mission der Indios und die Gründung weiterer Reduktionen. So kam er 1628 in das Gebiet von Caaró, in dem ein Zauberer mit Namen Nezú maßgeblichen Einfluß ausübte. Im August des Jahres 1628 gründete Roque Gonzales hier die Reduktion Asuncion, zusammen mit Pater Juan del Castillo, der dort fernerhin als Seelsorger wirkte, während Roque Gonzales weiterzog und zusammen mit Alonso Rodriguez in den letzten Oktobertagen dieses Jahres noch im gleichen Gebiet die Reduktion von Todos los Santos gründete.

Wiederholt schon waren es die Medizinmänner der Stämme gewesen, die dem Missionar gefährlich geworden waren, weil gerade sie ihre hervorgehobene Stellung durch dessen Wirken gefährdet sahen. So geschah es auch in diesem Falle. Der Zauberer Nezú stellte dem von den Missionaren gepredigten Christengott sich selbst als Gottheit entgegen und wiegelte, als er den Glauben der Indios an ihn schwinden sah, diese gegen die Patres auf. Am 18. November 1628, als in der Reduktion Todos los Santos gerade die Messe gelesen worden war, starteten diese daraufhin einen Angriff auf die Reduktion. Roque Gonzales war gerade dabei, eine kleine Glocke an einem eben vollendeten Gerüst aufzuziehen, als ihm von einem Wilden mit einer Keule der Schädel zertrümmert wurde. Pater Rodriguez, der aus seiner Hütte kam und an die Seite seines schon gefallenen Bruders eilen wollte, ereilte das gleiche Schicksal wie diesen. Von einem Keulenschlag getroffen, sank er zu Boden.

Kaum war dieser Streich gegen die Mission gelungen, da schickte Nezú die aufgehetzte Meute zu der Reduktion Asuncion, wo sie über Pater Juan des Castillo herfiel. Sie banden ihrem wehrlosen Opfer die Hände und führten ihn bis an den Fuß eines nahen Hügels. Hier rissen sie ihm die Kleider vom Leibe, schlangen Stricke um seine Handgelenke und schleiften ihn über

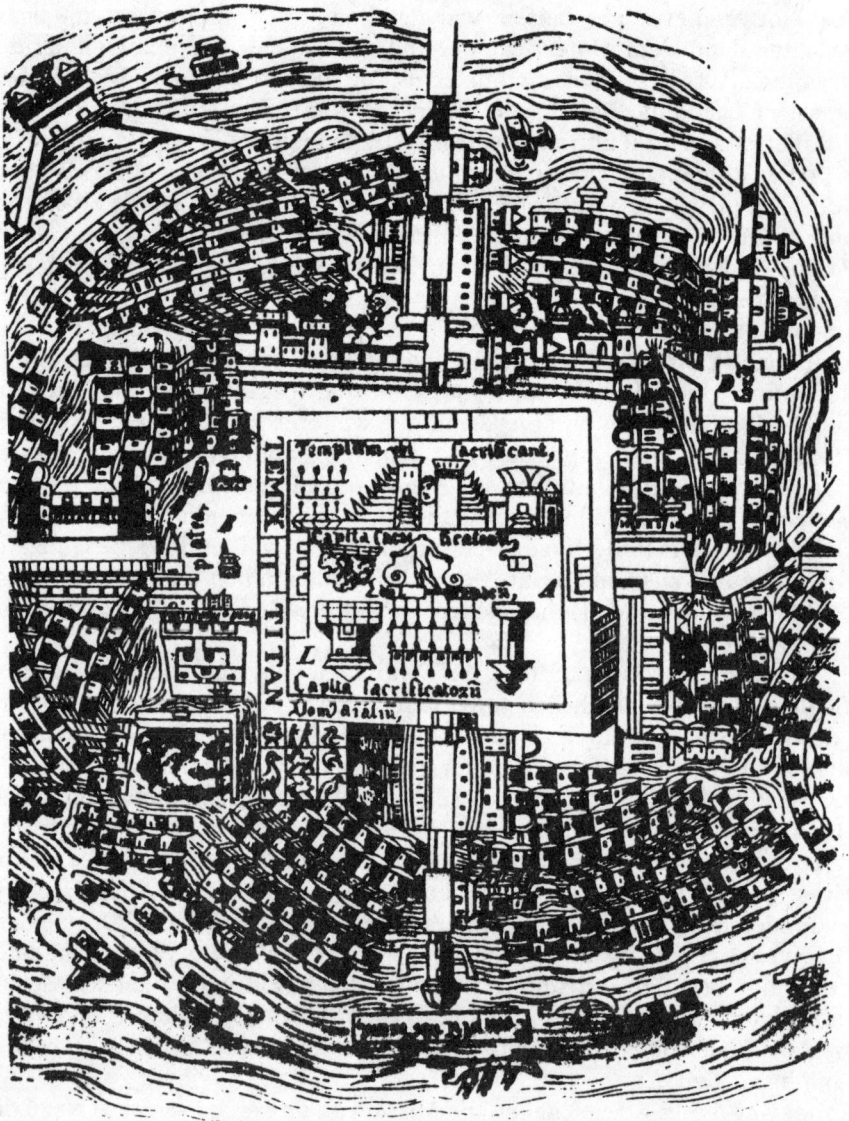

Plan der Stadt Mexiko im Jahre 1524 mit dem großen Opferplatz und dem kaiserlichen Tiergarten. Die Spanier folgten bei dem Wiederaufbau der Inselstadt der ursprünglichen Anlage der Azteken.

Stock und Stein den Berg hinan, während einige Indianer zugleich mit Pfeilen, Speeren und dicken Steinen seinen in allen Gliedern verrenkten Leib mißhandelten. Bald glich dieser nur mehr einem unförmlichen, blutigen Fleischklumpen. An einer Wasserlache ließen sie ihn schließlich liegen und zerschmetterten sein Haupt mit einem großen Felsstück. Nachdem sie sich von ihrer Henkerarbeit ausgeruht hatten, zermalmten sie die Gebeine des Märtyrers mit Steinen, um dann am folgenden Morgen die Überreste dem Feuer zu übergeben.

Der Tod dieser jungen Helden des Glaubens sollte aber letztlich nicht umsonst gewesen sein. In der Folgezeit trug die Paraguaymission, zu deren Mitbegründern sie zählten, große Früchte und wurde zu einem Vorbild für ganz Südamerika. Die drei Missionare aber hat Pius XI. im Januar 1934 seliggesprochen und ihr Heldentum damit der ganzen katholischen Kirche als sittliches Vorbild vor Augen gestellt.

Pater Eusebius Kühn

geb.: 1644
gest.: 1711

Von Mittelamerika ausgehend drangen insbesondere die Jesuiten im Zuge des 16. Jahrhunderts weiter nach Norden vor und missionierten seit dem Anfang des 17. Jahrhunderts in den Provinzen Sonora und Sinaloa, die, in Mexiko gelegen, im Nordwesten von der Mündung des Rio Colorado und im Osten vom californischen Meerbusen begrenzt werden.

Unter anderem wirkte hier der aus Südtirol stammende Pater Eusebius Kühn, der am 10. August 1644 im Ronsbergschen das Licht der Welt erblickt hatte. Dem Jesuitenorden hatte er sich am 20. November 1665 angeschlossen und ging, nachdem er zunächst als Professor für Mathematik an der Universität von Ingolstadt tätig gewesen ist, eines Gelübdes wegen, das er dem heiligen Franz Xaver gemacht hatte, 1681 nach Mexiko. Nach einer abenteuerlichen Reise, in deren Verlauf er einmal sogar Schiffbruch erlitten hat, war er zunächst wohl – die verschiedenen Quellen unterscheiden sich hier etwas voneinander – in den Provinzen Sonora und Sinaloa tätig.

1683 nahm er zuammen mit Pater Gogni an der Expedition des Admirals Dtongo nach Niedercalifornien teil, die allerdings gänzlich scheiterte, weshalb Pater Eusebius in den folgenden Jahren sich wiederum ganz den californischen Provinzen widmete, zu deren Aufbau er dann auch Erhebliches beitrug.

Seit 1698 unternahm er als Kosmograph des Königs von Spanien weitere Forschungsreisen, bei denen er nach Clavigero 20000 Meilen zurückgelegt haben soll. Auf diesen Reisen entdeckte er die Mündung des Rio Grande, erforschte die californische Küste und stellte zum ersten Mal fest, daß Niedercalifornien eine Halbinsel ist. Von den bereisten Gebieten fertigte Pater Eusebius genaue Karten an und gründete in den neu erforschten Gebieten eine Reihe von Missionen und taufte hier angeblich zwischen 40000 und 50000 Heiden. Von der übrigen Tätigkeit der Jesuitenmissionare in diesem Landstrich gibt uns ein Bericht eines Herrn Raynal aus dem Jahre 1780 einen sehr schönen Eindruck, der umso höher einzuschätzen ist, als sich dieser Herr im übrigen den Jesuiten keineswegs sehr günstig gesonnen zeigt. Wir zitieren hier einen kurzen Ausschnitt aus seinem Bericht und geben den Text auch hier wieder gänzlich unverändert wieder, des besonderen Reizes wegen, der von dieser etwas altertümlichen Sprache ausgeht:

»Man hatte die Eroberung Californiens gänzlich aufgegeben, als die Jesuiten im Jahre 1697 um die Erlaubnis baten, dieselbe unternehmen zu dürfen. Sobald sie die Bewilligung der Regierung erlangt hatten, begannen sie an der Ausführung eines Gesetzgebungsplanes zu arbeiten, den sie nach sorgfältiger Erwägung der Natur des Bodens, des Charakters der (äußerst trägen, stupiden und unbeständigen) Eingeborenen sowie des Klima entworfen hatten. Dabei leitete sie keineswegs der Fanatismus. Sie kamen zu den Wilden, welche sie sittigen wollten, mit allerlei kleinen Geschenken, welche, denselben zur Belustigung dienen konnten, mit Sämereien zu deren Nahrung und mit Kleidern, die ihnen gefallen mochten. Der Haß, mit welchem diese Volksstämme gegen den spanischen Namen erfüllt waren, vermochte diesen Beweisen von Wohlwollen nicht zu widerstehen. Sie erwiderten dieselben, so weit dies ihrer Gleichgültigkeit und Unbeständigkeit möglich war. Diese Fehler wurden übrigens durch ihre geistlichen Lehrmeister, welche ihren Plan mit der ihrer Gesellschaft eigentümlichen Begeisterung und Beharrlichkeit auszuführen trachteten, teilweise gehoben. Die Letzteren wurden nämlich selber Zimmerleute, Maurer, Weber, Ackerbauer und erzielten auf diese Weise so viel, daß jenen wilden Stämmen die Kenntnis der wesentlichsten Kunstfertigkeiten und gewissermaßen sogar Geschmack an diesen beigebracht wurde. Man hat dieselben nach und nach sämtlich in Gemeinden vereinigt. Im Jahre 1745 bildeten sie dreiundvierzig Dorfschaften welche durch unfruchtbare dürre Landstriche voneinander getrennt waren. Der Unterhalt dieser Dorfschaften beruht auf dem europäischen Getreide und Gemüse, das man baut und auf den europäischen Früchten und Haustieren, die man fortwährend zu vermehren sucht. Die Indianer haben alle ihr Feld und das Eigentum von dem, was sie ernten; aber sie haben so wenig Vorsorglichkeit, daß sie an einem Tage verschleudern würden, was sie geerntet, wenn nicht der Missionär es über sich nähme, es ihnen auf geeignete Weise auszuteilen. Sie verfertigen bereits grobe Zeuge. Was ihnen noch mangelt, wird mit Perlen erkauft, die sie im Meerbusen fischen, mit Wein, der dem Madera ziemlich gleichkommt; sie verkaufen ihn nach Neuspanien und an Schiffe; die Erfahrung hat indes gelehrt, daß es sehr notwendig sei, ihnen den Gebrauch desselben zu verbieten. Ein Duzend ganz einfache Gesetze genügen, um diesen im Werden begriffenen Staat zu regieren. Der Missionär wählt zu deren Handhabung den gescheitesten Menschen im Dorf, der sodann, wenn es nötig, Sträupen und Gefängnisstrafe, die einzigen Züchtigungen, die man kennt, auferlegen kann... Alle andern Eroberungen«, (von denen R. bis dahin geredet) »sind durch die Waffen gemacht worden. Das Land aber, das wir nun betreten haben, ist das einzige, welches die Vernunft erobert hat.«

Trotz derartiger Missionsmethoden, die darauf abzielten, das Vertrauen der Indianer zu gewinnen, war das Verhältnis zu ihnen nicht immer so glücklich wie es hier beschrieben wird. Auch Pater Eusebius fiel ihrem Haß zum Opfer: Wie wir einem handschriftlichen Brief des Pater A. Benz entnehmen können, haben ihn aufrührerische Wilde am 16. März 1711 in der Nähe von St. Magdalena erschossen.

Teil VI

Eine neue Zeit bricht an.
Die Kirche im Überlebenskampf

Während die Christenverfolgungen, die bisher besprochen worden sind, sich jeweils dem Gegensatz eines anderen religiösen Standpunktes zur christlichen Kirche verdankten, begründen sich im Unterschied dazu die im folgenden dargestellten Christenverfolgungen u.a. in einer grundsätzlichen Feindschaft zur Religion überhaupt. In der französischen Revolution von 1789 war es das erste Mal, daß eine derartige Feindschaft gegen das Christentum geltend gemacht wurde.

Die Französische Revolution

Ausgangspunkt der französischen Revolution ist der auf philosophische Ideen (Jean Jaques Rousseau) zurückgehende Beschluß des Bürgertums vom 17. Juni 1789, als einziger Stand in der Nationalversammlung zu wirken. Dieser Schritt wurde im September 1792 mit einer neuen Verfassung abgeschlossen.

Doch damit war die Revolution keineswegs zu Ende, denn unter dem Druck innen- und außenpolitischer Schwierigkeiten geriet die revolutionäre Bewegung zunehmend in die Hand radikaler Kräfte. Die Festnahme König Ludwigs XVI. und die September-Morde des Jahres 1792 waren der Anfang der Schreckensherrschaft, die mit Robespierre ihren Höhepunkt erreichte und bis zum Juli 1794 andauerte, als seine eigenen Anhänger ihn zu Fall brachten. Die Revolutionswirren aber sollten noch fortdauern, bis es am 9. November 1799 einem jungen und erfolgreichen General, Napoleon Bonaparte, gelang, die Macht an sich zu bringen.

Die französische Revolution war in ihren Anfängen keineswegs ausdrücklich kirchenfeindlich gesinnt. Die Mehrheit der Bürger des 3. Standes, die sich 1789 zur Nation erklärten, war selbst christlichen Glaubens und hatte zunächst nicht die Absicht, die Vorrangstellung der katholischen Nationalreligion ebensowenig wie die traditionelle Einheit von Staat und Kirche in Frankreich in Frage zu stellen. So ist auch der erste Schritt, den die Nationalversammlung im November 1789 gegen die Kirche unternommen hat – die Enteignung des Kirchengutes – weniger durch eine Kirchenfeindlichkeit der Nationalversammlung zu erklären, als durch die Notwendigkeit, die Staatsfinanzen zu sanieren. Es hat diese Maßnahme auch noch nicht zu ernsten Auseinandersetzungen des Klerus mit der revolutionären Regierung geführt. Dazu kam es erst, als im Juni 1790 nach monatelangen Beratungen die »Constitution civile du clerge« beschlossen wurde.

Ein Revolutionsplakat.

Diese von der Nationalversammlung beschlossene Zivilverfassung der Kirche entzog die Besetzung kirchlicher Ämter der bischöflichen bzw. päpstlichen Autorität und bestimmte die Wahl der Priester durch ein politisches, nicht kirchliches Wahlrecht. Als solches war diese Kirchenverfassung der Versuch, die französische katholische Kirche der Machtvollkommenheit der Nationalversammlung zu unterwerfen und war so für die katholische Kirche unannehmbar. Der Versuch, den katholischen Klerus durch einen Eid auf diese neue Verfassung zu verpflichten, hatte deshalb auch nur beschränkten Erfolg. Nur der geringere Teil des Klerus war bereit, den Eid auf diese Verfassung zu schwören, während ihn die Mehrheit der katholischen Geistlichen ablehnte. Auf diese Weise entstanden in Frankreich zwei Fraktionen der katholischen Kirche, der romtreue Teil der Geistlichen und die sogenannte »konstitutionelle Kirche«.

Während die Kirchenpolitik der verfassungsgebenden Nationalversammlung sich trotz dieses Angriffs auf die Kirche gegenüber der romtreuen Kirche noch weitgehend tolerant zeigte und ihr eine eingeschränkte Kultfreiheit zugestand, setzte unter der Herrschaft der erwähnten »gesetzgebenden Versammlung« (1791–92) eine sich jetzt durchaus einer kirchenfeindlichen und atheistischen Gesinnung der aufkommenden Girondisten und Jakobiner verdankende Verfolgung der romtreuen Priester ein. Priester, die den Eid auf die neue Kirchenverfassung ablehnten, konnten jetzt bestraft werden. Schließlich fanden in der ersten Terrorwelle, den sogenannten Septembermorden 1792, ungefähr 200 Priester den Tod und ungefähr 30–40000 emigrierten unter dem Druck dieser Verfolgungen.

Während der neu gewählte Nationalkonvent 1792/93 in seiner Kirchenpolitik sich kaum von der der gesetzgebenden Versammlung unterschied, setzte mit dem Übergang zur Schreckensherrschaft der Jakobiner auch nochmals eine Verschärfung der Verfolgungen der katholischen Kirche ein. Jetzt wurde von den revolutionären Diktatoren eine radikale Dechristianisierungspolitik betrieben, die grundsätzlich gegen jede Religion gerichtet war und an deren Stelle den Staat und den »Kultus der Vernunft« setzen wollte. Die Priester der katholischen Kirche wurden jetzt unterschiedslos verfolgt, was schließlich zur Auflösung der konstituionellen Kirche führte.

Das Ende der »Schreckensherrschaft« durch den Sturz Robespierres 1794 brachte zunächst keinen grundsätzlichen Wandel der Kirchenpolitik des Konvents. Aber schon im Februar 1795 sah man sich gezwungen, unter dem Druck einer erstarkenden Gegenbewegung auf der Grundlage einer völligen Trennung von Staat und Kirche den katholischen Klerus zu tolerieren. Schließlich wurde nach der Machtübernahme durch Napoleon für das Verhältnis zwischen Staat und katholischer Kirche im Konkordat von 1801 wieder eine dauerhafte Grundlage geschaffen.

ROBESPIERRE, guillotinant le bourreau après avoir fait guillot' tous les Français

A le Bourreau. B le comité de Salut Public. C le comité de Sureté générale. D le Tribunal Révolution.'
E les Jacobins. F les Cordeliers. G les Brissotins. H Carvalins. I Philipotins. k Chabotins. I Hébertistes.
M les Nobles et les Prêtres. N les Gens à talons. O les Feuillants, Femmes et Enfants. P les Soldats et
les Généraux. Q les Autorités Constitués. R la Convention Nationale. S les Sociétés Populaires...

Robespierre guillotiniert den Henker
Anonymer französischer Stich. 1794

Apollinaris von Posat

geb.: 1739
gest.: 1792
Fest: 2. September

Über die Jugend dieses Märtyrers ist uns nicht sehr viel bekannt. Als Sohn katholischer Eltern wurde Johannes Jakob Morel, wie der selige Apollinaris ursprünglich hieß, in Prez-vers-Noreáz am 12. 6. 1739 geboren. In Freiburg besuchte er 1761 und 1762 das dortige Jesuitenkolleg und trat am 26. September 1772 in das Noviziat des Kapuzinerordens ein. Nachdem er seine Studien in verschiedenen Klöstern des Ordens absolviert hatte, empfing er 1769 die Priesterweihe und in den nächsten Jahren sehen wir den seligen Apollinaris an verschiedenen Orten seinen Aufgaben als Seelsorger und Lehrer nachgehen. Von 1774 bis 1780 lehrt Apollinaris in Freiburg Theologie und ist später nochmals als Professor im Ordenskolleg in Stans tätig. 1788 entschließt er sich hier, in die asiatische Mission seines Ordens zu gehen, und begibt sich nach Paris, um sich dort die für diese Aufgabe nötigen Kenntnisse zu erwerben. Allein dort gelingt es seinen Ordensbrüdern, ihn davon zu überzeugen, daß seine wirkliche Aufgabe in der Seelsorge für die in Paris lebenden deutschen Katholiken besteht, und so bleibt Apollinaris in Paris und gerät hier schon bald in den Sog der Geschehnisse von 1789. In den ersten Jahren der Revolution weigert sich der selige Apollinaris, wie die meisten anderen Priester auch, den Eid auf die neue Zivilverfassung zu leisten und ist bemüht, so gut es die Zeiten erlauben, seinen Aufgaben als Seelsorger nachzukommen.

Bei Beginn der Verfolgung hatte er sich dann zu einer frommen Familie zurückgezogen, von wo aus er, ohne Rücksicht auf Gefahr und Mühen seine Pflichten weiter erfüllte. Das tat er bis zum 11. August, dem Anfang des peinlichen Hausuntersuches. Unterrichtet von allem, was vorging, wollte er verhindern, daß seine liebevollen Gastgeber, die ihn aufgenommen hatten, Unannehmlichkeiten hätten und in Gefahr kämen, wenn er bei ihnen gefunden würde. So stellte er sich freiwillig der betreffenden Stadtverwaltung, um Rechenschaft abzulegen (Es scheint, daß er verleumderischerweise der Veruntreuung von Pfarrgeldern angeklagt war.) Als man aber erfuhr, daß er Ordensmann war und in der Pfarrei gearbeitet hatte, wurde er ohne weitere Untersuchung gefangen genommen und in die

414

Karmeliterkirche geführt... Hier im Gefängnis erschien er mit solchem Vergnügen und mit solcher Freude, daß das einen Teil der schon Eingekerkerten höchlich in Verwunderung setzte.

Im ehemaligen Karmeliterkloster fand P. Apollinaris bereits eine ganze Reihe eingekerkter Priester. Schon seit dem 11. August schmachtete Dulau, der greise Erzbischof von Arles in diesem Gefängnis. Mit ihm waren noch etwa 62 Priester verhaftet und hierher geführt worden. Ihre Zahl mehrte sich täglich; in wenigen Tagen waren sie auf etwa 150 angewachsen. Unter ihnen waren die beiden Brüder La Rochefoucauld, von denen der eine Bischof von Beauvais, der andere Bischof von Saintes war.

Begreiflicherweise wurden die verhaßten Gefangenen – die man, wie sich später herausstellte, mit der klaren Absicht, sie zu morden, gefangen genommen hatte, – unwürdig behandelt und mit allen möglichen Qualen belästigt. Alle zusammen mußten es sich in einem viel zu engen Raum zurecht machen, darin schlafen, essen, leben. Erst nach einiger Zeit erlaubte man den Gläubigen, die notwendige Nahrung und Wäsche herbeizutragen.

Zu diesen Leidensgenossen kam also am 14. August auch unser Glaubenszeuge. Der Priester Miquel schildert uns seine heldenhafte Haltung in diesen Tagen schwerster Prüfung. »Seit seiner Ankunft«, sagt er, »war er zur Erbauung aller. Die Großzahl der Gefangenen beichtete gewöhnlich bei ihm. Ständig war er beschäftigt, sei es, daß er betete, oder daß er jene unter den Bekennern, die durch Furcht und Traurigkeit niedergeschlagen waren, tröstete, oder daß er sich mit denjenigen unterhielt, die in der Vollkommenheit am weitesten fortgeschritten waren und nur nach dem Martertod seufzten. Aber mit diesen Liebeswerken begnügte er sich keineswegs. Er suchte sich jederman nützlich zu machen, teils durch Einrichtung von Schlafstätten, die gewöhnlich nur aus Stühlen bestanden, teils durch Herrichten der Eßtische, die man inmitten der Kirche aufstellen mußte. Mit größtem Eifer aber suchte er die niedrigsten und scheinbar am meisten verächtlichen Dienste, die aber in unsern Augen seine Tugenden und seine Demut nur noch erhoben.«

Mit dem Fortgang der revolutionären Bewegung wurde das Los der Gefangenen immer schrecklicher. Zwar leuchtete bald wieder ein Strahl der Hoffnung auf, da die Revolutionsmänner selber das Gerücht der Freilassung verbreiteten, um ihr wahres Tun zu verbergen. Aber schließlich konnte den Opfern ihr Schicksal nicht verborgen bleiben. Am 1. September wurden die Wachen erneuert und verdoppelt. Man hörte Kanonenschüsse. Durch die Fenster drangen Gebrüll und Spottreden der aufgewiegelten Volksmengen. Wohl unter dem Eindruck dieser Ereignisse beichteten am 1. September, einem Samstag, alle Glaubensbekenner und ermunterten sich gegenseitig, den Eid auf die Verfassung zu verweigern.

Am 2. September, nachmittags um 2 Uhr, wurde durch einen Kanonen-
schuß das Zeichen zum Beginn des verabredeten Mordens gegeben. Ein
Großteil gefangener Priester aus verschiedenen Orten der Stadt wurde auf
Wagen geladen, um in die Abbaye, ein altes Benediktinerkloster, geführt
zu werden. Eine dieser traurigen Fuhren, die 24 Priester zählte, griff die
aufgestachelte Menge an und ermordete die Unglücklichen auf schändlichste Weise. Die übrigen Wagen gelangten mit 60 Gefangenen an ihren
Bestimmungsort. Hier wurden sie grausam gemordet. Dabei zeichnete sich
vor allem eine der gedungenen Mörderbanden aus, die nach ihrem Anführer die »Rotte Maillard« hieß. Als diese in der Abbaye ihre traurige Arbeit
vollbracht hatten, rief ihr Führer: »Da gibt es nichts mehr zu tun! Gehen
wir jetzt zu den Karmelitern!«

Hier, wo sich auch unser Bekenner befand, erschien etwa um 2 Uhr der
Ausschußmann des Stadtviertels, Joachim Ceyrat. Durch Namensaufruf
überzeugte er sich von der Anwesenheit der Gefangenen und schickte sie
dann in den Garten. Dort trafen sie bereits Pickenmänner in roten Mützen,
die ihnen die schrecklichsten Beleidigungen und Verspottungen zuriefen.
Die Priester verhielten sich ruhig, teils sprachen sie miteinander, beteten
oder gaben einander die Absolution. Plötzlich durchbrach eine Bande
junger Leute die Gartentüre. Sie nannten sich »die roten Brüder Dantons«
und trugen rote Mützen, rote Krawatten, ein rotes Brusttuch und ein
ebensolches Band um den Leib, in der Linken eine Pistole, in der Rechten
den Säbel.

Der erste, der durch einen Schwerthieb fiel, war Abbe Girault, der,
ohne sich um die Vorgänge zu kümmern, ruhig sein Brevier betete. Dann
verlangten die Mörder nach dem greisen Erzbischof von Arles. Als ihnen
dieser mutig entgegentrat, wurde er durch ein paar Streiche niedergewor-
fen, mit einer Picke durchbohrt und getötet.

Die Bischöfe von Beauvais und Saintes hatten sich mit einer Anzahl
Priester in eine Kapelle zurückgezogen und waren von ihren Mördern
durch ein Gitter getrennt. Durch dieses hindurch wurde aufs geratewohl
nach den Opfern geschossen; die meisten fielen.

Auf die übrigen Priester, die da und dorthin im Garten geflohen waren,
begann eine grausame Jagd. Man schoß sie an und hatte man einen auf
den Boden gebracht, suchte man seine Todesschmerzen auf jede Weise zu
verlängern und zu vergrößern.

Da machte der Kommissär Violet diesem schändlichen Treiben ein
vorläufiges Ende. Er gebot die Priester in die Kirche zu bringen, um sie
dort vor ein Gericht zu stellen. Alle Todesopfer, auch die schon verwundeten wurden in der Kirche zusammengetrieben. Dort hatte man in einem
Gang, der in den Garten führte, einen Tisch aufgestellt, an dem man nun
Gericht hielt. Zu zweien wurden die Priester vorgerufen, nach ihrem

Namen gefragt und aufgefordert, den Eid zu schwören. Keiner tat es. Daraufhin wurden sie in den Garten gestoßen, wo die Mörder bereits gierig auf sie warteten und mit Picken, Säbeln, Dolchen jeden niedermachten, der von dem Richter herausgeschickt wurde. Sobald wieder eines der Opfer gemordet war, brüllte man: »Es lebe das Volk!«

Ein wundervolles Beispiel christlichen Heldenmutes gab der Bischof von Beauvais. Wegen eines Schusses in den Fuß konnte er nicht gehen und bat deshalb: »Ich weigere mich so wenig als die andern zu sterben, aber mein Fuß ist zerschmettert; helft mir und traget mich dorthin, wohin ich kommen soll.« Er wird vor die Türe getragen, gemordet, und auf die Leiche seines Bruders geworfen, den er sterbend umarmt.

Ein Zeugnis, das uns den Martertod des Pater Apollinaris beschreibt, haben wir nicht. Aber es kann uns nicht zweifelhaft sein, wie er in den Tod gegangen. Pater Moritz überliefert uns einen Brief, in dessen Wortlaut wir vielleicht etwas sehen dürfen von den Gefühlen, die den Heiligen in den letzten Stunden beseelten. Er schreibt:

»Ich bin Weizen Christi – die Zähne unserer wilden Tiere sollen mich zermalmen, damit ich als ein reines Brot befunden werde. Als Mensch zittere ich, als Christ hoffe ich, als Ordensmann erfreue ich mich, als Hirt von 5000 Schafen frohlocke ich... Alles vermögen wir in dem, der uns stärkt... Alle meine Feinde, die vergangenen, gegenwärtigen und zukünftigen Verfolger umfange und küsse ich als meine größten Wohltäter... Gott wolle auch ihnen verzeihen... Wenn ich einige, auf was immer für eine Weis sollte beleidigt haben, so bitte ich sie demütigst um Verzeihung. Meinen Freunden empfehle ich sehnlichst meinen Todeskampf. Alleluja! Alleluja! Alleluja!« So ging der Heilige in den Tod.

Um 4 Uhr hatte das Morden begonnen; um 6 Uhr war alles vorüber. 185 christliche Helden hatten die Palme des Martyriums errungen. Selbst die Richter waren erstaunt über den Heldenmut dieser Männer. »Diese Priester«, sagten sie, »gingen so heiter und freudig in den Tod, als ginge es zu einer Hochzeit.«

Das Andenken an die 213 Priester, die 1792 in Paris für den Glauben ihr Leben gaben, starb im christlichen Volke nicht. Am 14. März 1901 bestellte Kardinal Richard, Erzbischof von Paris, in seiner Diözese eine besondere Kommission, die alle Nachrichten über diese Märtyrer sammeln mußte. Am 26. Juni 1921 unterzeichnete Papst Benedikt XV. die endgültige Entscheidung, kraft welcher 191 der Glaubensbekenner seliggesprochen werden konnten; am 17. Oktober 1926 endlich fand die eigentliche Seligsprechung statt.

Die Karmelitinnen von Compiègne

gest.: 1794
Fest: 17. Juli

In Compiègne, einer Kleinstadt, die 80 km nordöstlich von Paris gelegen ist, war im Jahre 1641 ein Karmel gegründet worden. Im Jahre 1789 lebten in diesem Kloster 16 Chorschwestern, 3 Laienschwestern und 1 Novizin zusammen. Das Verhältnis zwischen den Schwestern war bei aller Strenge der Ordensregeln herzlich und erfüllt von dem guten Geist, den die Priorin, Therese de Saint-Augustin Lidoine, allzeit durch ihr mildes Wesen im Kloster zu bewahren wußte.

Auch diesem Ort des Friedens war es nach dem Ausbruch der französischen Revolution nicht mehr gestattet, in seiner gewohnten Lebensweise fortzufahren. Schon zu Beginn der Revolution war es der Novizin des Klosters nicht mehr gestattet worden, das Ordensgelübde abzulegen, was sie allerdings nicht daran hinderte, trotzdem weiterhin mit den übrigen Schwestern im Kloster zu leben. Auch wurde bereits 1790 der Klosterbesitz in Gemeineigentum überführt. Es geschah dies aber zunächst nur ganz formell, sodaß durch diese Maßnahme das Klosterleben nicht einschneidend verändert wurde.

Aber im August 1792 war es dann doch soweit. Die Schwestern wurden aus ihrem Kloster vertrieben und waren fernerhin gezwungen, in vier Gruppen aufgeteilt, in verschiedenen Wohnungen in der Stadt zu leben. Auch in dieser schweren Zeit ließen sich die Schwestern nicht davon abbringen, ihr gewohntes Leben zu führen. Sie feierten – zumindest solange dies noch für sie möglich war – täglich die heilige Messe und gingen auch ihren anderen geistlichen Übungen mit Regelmäßigkeit nach.

Gleichwohl ließ die Entwicklung, die 1792 mit den Septembermorden ihren Lauf nahm, für das weitere Schicksal der Schwestern nichts Gutes hoffen. Im Frühjahr 1794 entfernten sich drei Schwestern aus privaten Gründen von der Gemeinschaft. Dies rettete ihnen das Leben.

Denn am 22. Juni des Jahres 1794 wurden die Schwestern aufgrund des Verdachts der Revolutionsfeindlichkeit verhaftet und im ehemaligen Visitandinnenkloster in Compiegne festgesetzt. Ihre Wohnungen in der Stadt wurden einer genauen Untersuchung unterzogen. Dabei wurde belastendes Material gegen sie zu Tage gefördert, so insbesondere angeblich revolutionsfeindliche Briefe. Aufgrund dieses Anklagematerials wurden die 13 Chorschwestern einschließlich der Novizin und zweier Laienschwestern gebunden auf Karren nach Paris gebracht und hier am 17. Juli dem Revolutionsgerichtshof zum Verhör vorgeführt.

Nachdem die Schwestern im Verlauf ihrer Haft den Eid auf die Verfassung widerrufen hatten, den sie vormals geleistet hatten, ohne daß sie darin etwas Böses hätten erkennen können, wurden sie schließlich ihres Glaubens wegen nach einem formlosen Prozeß zum Tode verurteilt und noch am gleichen Tag aufs Schafott geführt. Nachdem sie ihre Ordensgelübde erneuert hatten, stimmten sie das Salve Regina an, und so gingen diese Heldinnen des Glaubens singend in den Tod. Papst Piux X. hat sie am 27. 5. 1906 seliggesprochen.

Das Christentum im Machtbereich des Kommunismus

Rußland stürzt in die bolschewistische Revolution

Die theoretische Grundlage des Kommunismus politischer Prägung bilden die Schriften von Karl Marx und Friedrich Engels, insbesondere das »Kommunistische Manifest« (1848) und »Das Kapitel« (1867). Die dort entwickelte Lehre war Gegenstand verschiedener voneinander abweichender Interpretationen, deren wichtigste diejenige von Wladimir I. Lenin (1870–1924) wurde. Mit Lenin begann in Rußland auch der Weg der kommunistischen Lehre zur politischen Macht.

Lenin war Mitglied der »Sozial-Demokratischen Arbeiterpartei Rußlands«, in der er 1903 den radikalen Flügel der »Bolschewiki« gründete. Als sich im Februar 1917 aus Streiks und Demonstrationen ein Umsturz entwickelte, der zur Abdankung des Zaren führte, sah der inzwischen im Züricher Exil weilende Lenin die Möglichkeit gekommen, in Rußland die Revolution durchzusetzen. Im April 1917 reiste er mit deutscher Hilfe in einem plombierten Güterwaggon zurück nach Rußland, übernahm die planmäßige Leitung des Umsturzes und führte zusammen mit den übrigen Bolschewiki (Trotzki, Stalin und andere) im Oktober 1917 die Revolution herbei.

Sofort danach begann die Enteignung von Grund und Boden, die Verstaatlichung der Banken, die Trennung von Staat und Kirche und die Beseitigung der Pressefreiheit. Ebenso rasch erfolgte die Ausschaltung aller noch vorhandenen Parteien. Die Umgestaltung von Staat und Gesellschaft wurde mit dem Umzug der Regierung von Petrograd nach Moskau im März 1918 abgeschlossen.

Im darauf einsetzenden Bürgerkrieg zwischen von englischen, französischen, deutschen, italienischen und japanischen Truppen unterstützten Gegenrevolutionären und der inzwischen gegründeten Roten Armee konnte sich die bolschewistische Herrschaft behaupten und umfaßte 1922 fast das ganze Gebiet des zaristischen Rußland. Der staatlichen Einziehungspolitik, die 1921 zum Kronstädter Aufstand geführt hatte, folgte eine Periode relativer Liberalisierung (»Neue ökonomische Politik« NEP; 1921–28), die Privatinitiativen besonders im Konsumbereich zuließ, jedoch begleitet war von verstärkter Gewaltanwendung gegen politisch Andersdenkende.

Die Schreckensherrschaft Stalins

Nach dem Tod Lenins am 21. Januar 1924 gelang es dem seit 1922 im Amt des »Generalsekretärs des Zentralkommitees der KPdSU« tätigen Stalin (eigentlich Josef Wissarionowitsch Dshugaschwili; 1879–1953) den Kampf um die Nachfolge für sich zu entscheiden. Skrupellos ging er dabei gegen nahezu alle früheren Mitstreiter vor und sicherte sich dadurch die unbeschränkte Herrschaft in Partei und Staat. Die liberalen Tendenzen aus der NEP-Zeit wurden rückgängig gemacht, 1930–33 wurden die Bauern blutig und zwangsmäßig kollektiviert, worauf 1931/32 Hungersnöte ausbrachen. Nachdem Stalin zunächst die Welle der »großen Säuberungen« durchgeführt hatte, in der mögliche Gegner und Rivalen liquidiert oder in Lagern sichergestellt worden waren, verbündete er sich 1939 mit dem Deutschland Hitlers in einem Nichtangriffspakt (23. August 1939) und besetzte aufgrund dieses Paktes zu Beginn des 2. Weltkriegs Ostpolen, dem 1940 die drei baltischen Republiken Litauen, Lettland und Estland folgten.

Nach dem Angriff Deutschlands auf ihr eigenes Territorium beteiligte sich die Sowjetunion an der Anti-Hitler-Koalition der Westalliierten. Im Zuge ihres Vormarsches nach Deutschland schuf sie sich in den eroberten Westgebieten einen Ring abhängiger, ideologisch gleichgerichteter Volksdemokratien, den späteren Ostblock.

Die Jahre nach dem 2. Weltkrieg standen im Zeichen des Wiederaufbaus und der unumschränkten Macht Stalins, die er durch die Herrschaft der Staatspolizei und eine Atmosphäre ständiger Angst vor Verhaftung und

Deportation aufrecht erhielt. Indem Stalin die kommunistischen Volksdemokratien durch Bündnisverträge und die Gründung des Rats für gegenseitige Wirtschaftshilfe (Comecon; 1949) in Abhängigkeit von der Sowjetunion hielt, sicherte er den sowjetischen Führungsanspruch innerhalb der
kommunistischen Bewegung.

Kommunistisches Machtstreben unter Chruschtschow und Breschnew

Nach Stalins Tod (1953) kam es zu dessen Verurteilung durch seinen
Nachfolger Chruschtschow (1956). Der neue Machthaber erweiterte die
Bindung des Ostblocks an die Führungsmacht durch die Gründung des
Warschauer Paktes (1955) und unterstützte die Ausbreitung des Kommunismus in Nordkorea, Nordvietnam und China, wobei sich mit dem chinesischen Maoismus ein immer schärfer werdender Konflikt abzuzeichnen
begann. Trotz der historisch so benannten Tauwetterperiode unter
Chruschtschow kam es zu zahlreichen Aufständen gegen die kommunistische Herrschaft, so in Polen (1956), in Ungarn (1956) oder in Tibet (1956
und 1959), die alle gewaltsam unterdrückt wurden. Im Oktober 1964
wurde Chruschtschow aller Ämter enthoben, und an seine Stelle als Erster
Sekretär trat Leonid Breschnew, der damit zunehmend die Staatsleitung
übernahm (1977 Staatsoberhaupt). Mit ihm begann ein neuer Prozeß der
Reglementierung, der aber erstmals eine Oppositionsbewegung (Samisdat)
und, beeinflußt von Andrej Sacharow, eine Bürgerrechtsbewegung hervorrief, die politisch stark verfolgt wurde (1974 Ausweisung von Alexander
Solschenizyn; 1980 Verbannung von Sacharow).
Nach außen setzte die Sowjetunion einerseits ihre Entspannungspolitik
fort, versuchte aber andererseits, ihren Machtbereich durch Aktivitäten in
der arabisch-islamischen Welt, in Schwarzafrika (Angola) und in Südost-
asien (Vietnam) auszudehnen. Der Einmarsch von Truppen des Warschauer Pakts in der CSSR im August 1968, der das dortige Experiment
eines »Sozialismus mit menschlichem Antlitz« blutig beendete, stellte die
Vorherrschaft der Sowjetunion im Ostblock, die Besetzung des blockfreien
Afghanistan ab Dezember 1979 die expansionistische Herrschaftspolitik
der kommunistischen Weltmacht klar.

Die Leugnung Gottes

Der Kommunismus leugnet die Existenz Gottes und alle religiösen
Grundsätze. Ebenso bestreitet er, daß es existentielle Probleme geben
könne, da der Lebenssinn sich aus dem Fortschritt der Gesellschaft ergebe

– persönliches Heil wird damit zum Egoismus – und andererseits der Mensch durch äußerliche Maßnahmen verbessert werden könne.

Religion ist, nach dem bekannten Ausspruch von Marx, »Opium für das Volk«. Sie hält den Menschen ab vom revolutionären Kampf, der die eigentliche moralische Pflicht sei, wird dadurch Instrument der Herrschenden, die auf diese Weise die Ausbeutung aufrechterhalten können, und muß deswegen vom Kommunismus bekämpft werden.

Der Kampf gegen die Religion

Die kommunistische Religionspolitik vollzieht sich gemäß dieser prinzipiellen Gegnerschaft als Bekämpfung der Kirchen und Verpflichtung der Untertanen auf die Doktrin der kommunistischen Lehre. Der Kampf gegen die Religion bedient sich verschiedener Methoden:
1. Aufhebung der religiösen Presse.
2. Auflösung aller religiösen Laienvereinigungen.
3. Volle Enteignung der Kirche (vor allem der Schulen, Krankenhäuser, aber auch sonstiger Güter).
4. Hohe Besteuerung (in Polen wurden 1960 Priesterseminare als Luxushotels besteuert).
5. Verbot jeder organisierten caritativen Tätigkeit.
6. Verbot des Religionsunterrichts in den Schulen.
7. Druck auf die Staatsangestellten, damit sie die Kirche nicht besuchen.
8. Strenge Kontrolle der gesamten Tätigkeit der religiösen Gemeinschaft durch besondere Beamte.
9. Einführung staatlicher Zeremonien, die kirchliche ersetzen sollen (staatliche Taufe, Jugendweihe, Eheschließung).
10. Ständige antireligiöse Propaganda mit allen Mitteln.

Bei seinem Vorgehen gegen die verschiedenen Kirchen innerhalb seines Machtbereichs unterschied der Kommunismus zwischen unwichtigen und bedeutenden Religionen. Unwichtige, wie etwa der Buddhismus in der UdSSR oder die Zeugen Jehovas in der DDR liefen Gefahr, vernichtet zu werden. Bei großen Religionsgemeinschaften wurde eine andere Taktik verfolgt, die die Unterwerfung garantieren sollte. Geschah diese Unterwerfung nicht freiwillig, kam es zu folgenden Maßnahmen:

Zuerst werden innerhalb der Kirche Spaltungsgruppen gebildet. Diese bestehen aus abtrünnigen Geistlichen, aus Unzufriedenen, verführten Idealisten usw. Beispiele hierfür sind die »Lebendige Kirche in Rußland«, die »Katholische Aktion« in der CSSR, die »Friedenspriesterbewegung« in Ungarn und andere. Diese Spaltungsgruppen werden durch die betreffende kommunistische Regierung gegen die Vertreter der Kirche unterstützt. In vielen Fällen wird Gewalt angewendet, um die Zahl der Mitglieder der Spaltungsgruppen zu erhöhen. Dann wird die Leitung der Kirche unter Druck gesetzt (Verhaftungen, Schauprozesse, Hinrichtungen, großangelegte Propaganda). Die dann unbesetzten Posten werden mit Vertretern oder Anhängern der Spaltungsgruppen besetzt. Damit wird die betreffende Kirche in ein Werkzeug der kommunistischen Partei verwandelt.

Unter den dergestalt eingeleiteten Verfolgungen hatten Millionen von Christen zu leiden:

Am meisten hat wahrscheinlich die russisch-orthodoxe Kirche gelitten. Von den 400 Kirchen Moskaus (1914) waren 1942 nur mehr 17 offen; 1928 allein wurden 1400 Kirchen geschlossen. Bis 1923 sind nicht weniger als 60 Bischöfe deportiert worden; die Zahl der im Konzentrationslager Solowki eingesperrten Bischöfe wurde auf 150 geschätzt. Auffallend ist auch, daß die Zahl der Geistlichen, die 1929 noch 248000 betrug, bis 1931 auf 161000 sank. Nicht viel besser war das Schicksal der katholischen Kirche. Nach einer Zusammenstellung vom 26. Dezember 1956 waren bis zu diesem Tag nicht weniger als 198 Bischöfe verhaftet worden. Auch Hinrichtungen kamen oft vor. Gegen Angehörige der katholischen Kirche wurde eine lange Reihe von Schauprozessen geführt, wobei zahlreiche Gläubige gefoltert und getötet wurden.

Die Religionspolitik der kommunistischen Staaten im Ostblock hat in jüngster Zeit gemäßigtere Formen angenommen. Vor allem die Kirche in Polen hat zahlreiche Beispiele unbeugsamen Festhaltens am Glauben erbracht, so daß die kommunistische Regierung gezwungen war, ihr ein bescheidenes Maß an Freiheit einzuräumen.

Den eben genannten Maßnahmen des kommunistischen Machtgebildes werden wir in den Zeugnissen der einzelnen Christen, die für ihren Glauben das Opfer des Todes auf sich genommen haben, wiederbegegnen. Diese Zeugnisse beweisen uns, daß die Kirche trotz schärfster Verfolgungen lebt, auch wenn sie von offizieller Seite totgeschwiegen und unterdrückt wird.

Metropolit Benjamin von Petrograd

gest.: 1923

Von Benjamin, dem Erzbischof von Petrograd, ist nur bekannt, daß er im Jahr 1917 dieses Amt übernahm. Im Zuge der bolschewistischen Politik der Zerstörung des religiösen Lebens erlangte sein Fall traurige Berühmtheit. Die Zusammenfassung des Prozesses gegen den Metropoliten, der zum Tode verurteilt wurde, führt uns die Unmenschlichkeit vor Augen, mit der der Kommunismus die Weigerung des Metropoliten, Eigentum der Kirche auszuliefern, bestrafte.

Das größte Aufsehen erregte jedoch die Verhaftung des Metropoliten Benjamin in Petrograd und seiner nächsten Mitarbeiter. Da der Metropolit sich durch seine Frömmigkeit und sein Wohltun sehr volkstümlich gemacht hatte, war die Anteilnahme groß, und gewaltige Menschenmengen versammelten sich vor seinem Gefängnis und sangen geistliche Lieder, so daß man Kavallerie dorthin kommandieren und den Platz absperren lassen mußte. Der Metropolit selber verteidigte sich ruhig und gefaßt. »Vor fünf Jahren«, sagte er, »wurde ich zum Erzbischof gewählt, weil alle Arbeiter mich liebten. Sie liebten mich, weil ich die Armen und Hungernden liebe und immer für sie gearbeitet habe. Ich bin kein Politiker. Was ich jetzt getan habe, das habe ich getan, weil es meine Pflicht gegen meinen Gott und die Kirche gewesen ist.«

Er erzählte sodann, wie die Regierung ihn vor einiger Zeit aufgefordert habe, Gebiete zu besuchen, in denen der Aufstand ausgebrochen war, und die Stimmung des Volkes zu besänftigen – was er auch mit völligem Erfolg getan hatte. »Wenn ich jetzt sterben soll«, fügte er hinzu, »dann füge ich mich Gottes Willen.«

Die Hauptanklage gegen den Metropoliten Benjamin bestand darin, daß er nach der Proklamation des Patriarchen an die russische Kirche erklärt hatte, er würde keinerlei Eigentum der Kirche ausliefern, bevor die Behörden nicht gezeigt hätten: 1. daß sie alle anderen Möglichkeiten bereits erschöpft hatten und u.a. wenigstens einen Teil der Kronjuwelen verkauft, deren Wert auf – niedrig gerechnet – vierhundert Millionen Goldrubel geschätzt wurde, 2. daß absolut bindende Garantien dafür bestanden, die Mittel, die durch den Verkauf kirchlicher Wertgegenstände eingingen, kämen ausschließlich den Hungernden zugute, und 3. daß der

Karikatur aus der atheistischen Zeitschrift »Bresboschnik« in der Form einer Ikone.

Patriarch seine Genehmigung zu diesen Maßnahmen erteilte. Darauf hatten die Behörden geantwortet, daß sie auf Punkt zwei eingingen, Punkt eins und drei jedoch verwarfen, und da der Metropolit unbeugsam war, wurde er verhaftet.

Unter denen, die in diesem Prozeß als Zeugen auftraten, befanden sich zwei Personen, die später durch ihre Versuche, in Rußland eine Reformkirche zu gründen, berüchtigt werden sollten: ein Priester namens Krasnitzkij und ein ehemaliger Professor der Apologetik an der alten theologischen Akademie von St. Petersburg namens Vedenskij. Alle beide waren vom Metropoliten ihrer radikalen Ansichten wegen abgesetzt worden, und als sie beide sich jetzt unvorteilhaft über ihn äußersten, wurde das ganz allgemein als Racheakt gedeutet. Von dem ganzen orthodoxen Teil der russischen Kirche wurden diese beiden Männer nun als Verräter betrachtet, und der starke Haß, der später zwischen der neuen Reformkirche und der alten Patriarchatskirche (wie der orthodoxe Flügel, der sich um Tichon und dessen Nachfolger scharte, allgemein genannt wurde) entstand, geht in gewisser Hinsicht auf die Rolle dieser beiden Priester im Prozeß gegen den Metropoliten Benjamin zurück. Ja, viele beschuldigten Vedenskij, der eigentliche Urheber der Verhaftung Benjamins zu sein, und als er am ersten Tag der Voruntersuchung das Gerichtsgebäude verließ, wurde er von der rasenden Volksmenge mit Steinen beworfen und schwer verwundet.

Da der Metropolit Benjamin und die Priester, die mit ihm zusammen verhaftet worden waren, nicht von den drei Forderungen, die sie aufgestellt hatten, abgingen, wurden der Metropolit und neun seiner nächsten Priester zum Tode verurteilt.

Sechs der letzteren wurden zu mehrjährigen Gefängnisstrafen begnadigt, Benjamin und seine drei nächsten Mitarbeiter aber wurden hingerichtet. Wie gespannt die Stimmung um jene Zeit war und mit welcher Leidenschaft die Volksmassen Partei für die Männer der Kirche ergriffen, geht daraus hervor, daß man nicht wagte, die Verurteilten in der Stadt hinzurichten, sondern ihnen Haupthaar und Bart abschor, sie in Lumpen kleidete, damit die Menge sie nicht erkennen sollte, und sie an einen Ort außerhalb von Moskau führte, wo sie erschossen wurden.

Eduard Profittlich

vermißt seit 1941

Eduard Profittlich, aus Birresdorf am Rhein stammend, war Bischof in Estland und leitete seit 1936 die Diözese Tallin. Er nahm seine Pflichten gegenüber der ihm anvertrauten Gemeinde so ernst, daß er auch nach der Besetzung Estlands durch die Truppen Stalins bei ihr blieb. Am 28. Juni 1941 wurde er verschleppt und blieb verschwunden.

In seinem Abschiedsbrief vom 8. Februar 1941 macht uns Profittlich nicht nur deutlich, welcher Überlegung sich sein Entschluß verdankt, bei seiner Gemeinde auszuharren, sondern er stellt auch klar, daß dieser Entschluß ihm das Leben kosten kann.

Lieber Bruder, meine lieben Geschwister und Anverwandten! Da ich nicht einzeln schreiben kann, benutze ich die Gelegenheit, um Euch allen einen ausführlichen Brief zu schreiben:

Zunächst danke ich allen, die mir zu Neujahr und zum Namenstag geschrieben haben; noch besonderen Dank den Soldaten, die mir alle schreiben wollten, wenn auch nicht alle Briefe und Karten angekommen sind. Dann möchte ich Euch allen noch gemeinsam schreiben, was jetzt gerade mein Herz erfüllt. Es wird das ein Abschiedsbrief sein, ein Abschiedsbrief vielleicht nur für Monate, vielleicht auch nur für Jahre, vielleicht auch für immer.

Ihr habt sicher gehört, daß noch einmal eine Umsiedlung nach Deutschland aus den Baltenstaaten Litauen, Lettland und Estland stattfinden soll. Man hat mir dringend geraten, als Deutscher auch an dieser Umsiedlung teilzunehmen. Es gab verschiedene Gründe, die mir den Gedanken der Umsiedlung nahelegten. Ich kann diese Gründe im einzelnen nicht darlegen. Jedenfalls war ich schon nahe daran, mich bei der Kommission der Umsiedlung anzumelden. Da aber fügten sich verschiedene Umstände in meinem Leben so ganz eigenartig, daß ich erkannte, daß es Gottes Wille sei, daß ich hier bleibe. Den Ausschlag gab dann ein Telegramm aus Rom, aus dem ich ersah, daß dieser Entschluß auch dem Wunsch des Heiligen Vaters entspräche.

Wenn ich aber diesen Entschluß fasse, dann ergeben sich daraus verschiedene Konsequenzen: die erste ist die, daß ich nach Abfahrt der Deutschen und der Liquidierung der deutschen Gesandtschaft, die wohl

Anfang März beendet ist, jede Korrespondenz mit Deutschland aufgeben muß. Wollte ich weiter mit deutschen Staatsbürgern brieflich verkehren, würde das als sehr verdächtig angesehen werden. Man würde in mir vielleicht einen deutschen Spion sehen und mich dementsprechend behandeln. Darum muß der heutige Brief der letzte sein. Ich kann nicht mehr schreiben, bis sich die Verhältnisse geändert haben. Und ich möchte auch Euch bitten, mir vorläufig nicht zu schreiben. Es könnte das für mich nur unangenehme Folgen haben.

Die zweite Konsequenz ist die, daß ich verzichten muß auf allen Schutz, den ich als Deutscher bis jetzt von seiten der Deutschen Gesandtschaft und des Deutschen Reiches genossen habe, daß ich dann Sowjetbürger werde und mich restlos dem Sowjetstaate unterstelle. Da Ihr wißt, daß der Sowjetstaat im Prinzip religionsfeindlich eingestellt ist, werdet Ihr verstehen, daß dieser Entschluß von weittragenden Folgen sein kann. – Bis jetzt ist die religiöse Lage etwa so: alle Kirchenhäuser mit einer Ausnahme sind verstaatlicht worden. Wir haben etwa dadurch 8 Häuser verloren und 2 Kapellen. 3 Kirchen sind schon nationalisiert. Die anderen werden bald folgen. Es ist nur noch nicht sicher, ob man für die Benutzung der Kirchen wird Miete bezahlen müssen. Wenn Mieten bezahlt werden müssen, werden diese wahrscheinlich sehr hoch sein, so hoch, wie etwa auch für mein Zimmer. Für dieses Zimmer mußte ich im vergangenen Monat 160 Rubel bezahlen, während ein Zimmer neben mir, das nur 2 Meter kleiner ist, nur 11 Rubel kostet. Für die Geistlichen wird eben die höchste Mietnorm aufgestellt. – Bei diesem Satz müßten wir für unsere Kirche 2500 Rubel bezahlen, was wir natürlich nicht können. Wir müßten also dann versuchen, entweder mit Lutheranern und Orthodoxen eine gemeinschaftliche Kirche zu mieten oder den Gottesdienst an mehreren Stellen in Privathäusern zu halten, was natürlich auch schwierig wäre.

Sonst haben wir vorläufig zum Leben genug. Und die Leute opfern so viel, daß wir wohl nicht zu hungern brauchen werden. Es sei denn, es käme Krieg, womit in Zukunft gerechnet werden muß, wenn man auch noch nicht weiß, wann das sein wird und wie sich dann alles gestalten wird.

Die einzige Gefahr, die mir drohen könnte, ist die, daß man anfinge, Priester von hier wegzuschicken oder zu verhaften. Bis jetzt ist das zwar noch nicht geschehen. Aber es ist möglich, daß man in Zukunft strenger sein wird. Eine direkte Lebensgefahr wird wohl kaum bestehen, wenn nicht eine Krankheit bei größeren Strapazen sich einstellen würde, da Ihr ja wißt, daß meine Gesundheit nicht gerade die beste und mein Körper wohl nicht mehr so widerstandsfähig ist. Direkte Lebensgefahr könnte eventuell im Falle eines Krieges eintreten.

Obwohl also die Zukunft nicht gerade angenehm sein wird, habe ich doch den Entschluß gefaßt, hier zu bleiben. Es geziemt sich ja wohl, daß der Hirte bei seiner Herde bleibt und mit ihr Freud und Leid gemeinsam trägt. Und ich muß sagen, daß der Entschluß zwar einige Wochen Vorbereitung kostete, ich ihn dann aber nicht etwa mit Furcht und Angst gefaßt habe, sondern sogar mit großer Freude. Und als es dann endlich klar war, daß ich bleiben solle, war meine Freude so groß, daß ich vor Freude und Dank ein Te Deum gebetet habe. Überhaupt habe ich dabei so sehr das Gnadenwirken Gottes an meiner Seele gespürt, daß ich mich wohl selten im Leben so glücklich gefühlt habe wie am Donnerstagabend nach der Entscheidung. Ich hätte es jedem sagen mögen, wie gut doch Gott gegen uns ist, wenn wir uns ihm ganz hingeben, wie glücklich man doch werden kann, wenn man bereit ist, alles, Freiheit und Leben, für Christus dahinzugeben. – Nie bin ich daher auch Gott so dankbar für die Gabe des Priestertums gewesen wie in den letzten Tagen. Und das nicht nur deshalb, weil Gott so gut zu mir war, sondern auch, weil ich so viel Liebe und Dankbarkeit bei den Menschen fand, als sie hörten, daß ich nun hier bleiben würde. Gewiß, äußerlich ist in den letzten Jahren viel zerstört worden von dem, was ich in den letzten 10 Jahren aufzubauen versucht habe. Aber von dem, was ich an Seelen wirken durfte, ist so viel geblieben. Und gerade manche von den Konvertiten, die ich in den letzten Jahren in die Kirche aufgenommen habe, zeigen eine ergreifende Liebe und Dankbarkeit. So kann ich wirklich trotz allem dem lieben Gott nicht genug dankbar sein für alles das, was er mich hier hat wirken lassen. Was nun die Zukunft angeht, so weiß ich natürlich nicht, was kommen wird. Keiner kann die Entwicklung mit Sicherheit voraussagen. Eines weiß ich aber jetzt sicher: es ist der Wille Gottes, daß ich hier bleibe, und ich bin froh darüber und gehe mit großem Vertrauen der Zukunft entgegen. Und dann wird schon alles gut sein. Und mein Leben und, wenn es sein soll, mein Sterben wird ein Leben und Sterben für Christus sein.

Euch allen möchte ich aber noch einmal danken für all Euere Liebe, auch für die Opfer an Geld, die ihr für unsere Mission gegeben habt. Gott möge es Euch allen vergelten und Euch alle reichlich segnen! Gerne werde ich meine Dankbarkeit am Altare beweisen, wie ich auch um Euer Gebet herzlich bitte. Wenn Ihr etwas Gutes für mich tun wollt, dann laßt gelegentlich eine heilige Messe für mich lesen. Vielleicht kann auch der Herr Pastor von Leimersdorf, der Heimatort Birresdorf gehört zur Pfarrei Leimersdorf, meine Landsleute um ihr Gebet bitten, damit Gott mir auch in Zukunft seine Gnade nicht versage, damit ich an allem, was da kommen mag, meinem hohen, heiligen Beruf und meiner Aufgabe treu bleibe und für Christus und sein Reich meine ganze Lebenskraft und, wenn es sein heiliger Wille ist, auch mein Leben hingeben darf. Das wäre wohl der schönste Abschluß meines Lebens.

Sollte es aber Gottes Wille sein, daß ich die schwere Zeit durchlebe und vielleicht später noch etwas für den Neuaufbau der Kirche hier arbeiten kann, dann will ich auch dafür dankbar sein. Sobald es dann möglich ist, werde ich ein Lebenszeichen von mir geben.

So möge Gott uns alle in seinem heiligen Dienste und in seinem heiligen Glauben treu erhalten und uns alle segnen. Und aus der Ferne sende ich Euch allen den bischöflichen Segen:

Der Segen Gottes des Allmächtigen, des Vater und des Sohnes und des Heiligen Geistes komme über Euch alle und bleibe bei Euch allezeit. Amen.

Mit herzlichem Abschiedsgruß
Euer Eduard.

Erzbischof Mecîslovas Reinys

geb.: 1884
gest.: 1953

Mecîslowas Reinys, im Jahr 1884 geboren, studierte an der geistlichen Akademie in Petersburg und an den Universitäten in Löwen und Straßburg, ehe er zum apostolischen Administrator des Erzbistums Vilnius berufen wurde. Im Jahr 1919 wurde er zum erstenmal von sowjetischen Truppen eingesperrt. Bei der Besetzung Litauens im Jahr 1946 wurde er, wie viele andere Geistliche, erneut verhaftet und in die Sowjetunion gebracht. Am 8. November 1953 starb er im Gefängnis von Wladimir.

Das Zeugnis eines Mithäftlings über seine Begegnung mit dem Erzbischof im Gefängnis schildert uns in eindrucksvoller Weise den Charakter dieses bedeutenden Mannes.

Unsere erste Begegnung ist mir noch in sehr lebendiger Erinnerung. Nach einer Renovierung des Blocks III war die zwölf Mann zählende Zellengemeinschaft neu zusammengestellt worden. Fast jeder von uns sprach eine andere Muttersprache. Die prominentesten Gefährten waren neben dem Erzbischof von Vilnius: der russische Parteiführer der Duma, Schulgin, einer der bekanntesten Schriftsteller der Emigration, der Vorsitzende des Jüdischen Klubs im lettischen Parlament, Dubin, und der leitende japanische Wirtschaftsbeamte in der Südmandschurei, Sabatta – drei sehr markante und bedeutende Persönlichkeiten. Erzbischof Reinys überragte alle, nicht an Körpergröße – er war nicht von großer Gestalt –, aber an Haltung und an innerem Gewicht, was die vergeistigten Züge

431

seines Gesichts eindrucksvoll zum Ausdruck brachten. Er erhielt ein Lager an der Nordwand vor dem Fenster, unmittelbar daneben war meine eiserne Bettstatt in den Fußboden einzementiert. Nachdem wir unsere armseligen Habseligkeiten untergebracht hatten, begann die gegenseitige Vorstellung. Wie immer in solchem Falle wurden Personalien, Verhaftungsgründe, gemeinsame Zellenbekannte festgestellt. Der Erzbischof betete lange; dann berichtete er mir seinen Werdegang. Er hat mir später noch oft davon erzählt. Von seiner Jugend in dem geliebten Bauernhaus, in dem er das jüngste von vielen Kindern war; von seiner armseligen Schulzeit in Riga, der Geistlichen Akademie in St. Petersburg, dem Studium in Straßburg und Löwen, von Rom, der Ewigen Stadt, und der Arbeit in der dänischen Diaspora. Wie er dann seine Lehrtätigkeit an der heimatlichen Universität in Kaunas gestaltete, das litauische Außenministerium leitete, zum Bischof von Wilkawischki und später zum Erzbischof in partibus infidelium von Titi in Afrika ernannt wurde, bis er endlich im Jahre 1945 als Erzbischof von Vilnius seinen polnischen Vorgänger, der sich mit den deutschen Truppen nach Westen abgesetzt hatte, in der geistlichen Führung des katholischen Litauens unter dem Kreuz ablöste.

Fürwahr, ein höchst bemerkenswerter, stolzer Lebenslauf. Weit mehr aber als die vorerwähnten Daten beeindruckte mich die Art, mit der mein Nachbar über die einzelnen Stationen seines Weges berichtete. Voller Demut, wie ein Heiliger seiner Kirche, stellte er Arbeit, Erfolge und Würden unter die Gnade Gottes, in der er glücklich war. Wie oft und gern bezeichnete er gerade die letzten schweren Jahre seines Bischofsamtes mit dem Apostel Paulus als »köstliches Werk!«. In großer Sorge und Fürbitte gedachte er seiner Diözesanen, deren Passionsweg er teilte. Wenn er von ihnen sprach, leuchteten seine Augen, wie jedesmal, wenn von seiner geliebten Mutter die Rede war, oder wenn er von seiner im Heimatdorf verbliebenen Schwester sprach, die ihn brieflich über das harte Schicksal der großen Familie auf dem laufenden hielt, von der manches Mitglied nach Sibirien verbannt war. Von den Rubeln, die sie ihm regelmäßig zukommen ließ, kaufte er für alle Zellengenossen zusätzlich Brot und Zucker. In der Fastenzeit behielt er für sich selbst nichts zurück. Nur in einem Punkt setzte er seiner Opferfreudigkeit Schranken. Machorka besorgte er nicht, weil er den Tabakgenuß für schädlich hielt. Als er einmal von einem mandschurischen Schamanen bestohlen wurde, sagte er nichts, gab aber dem Mann bei der nächsten Verteilung den doppelten Anteil. Da gestand ihm dieser weinend seine Schuld und bat um Verzeihung.

Erzbischof Reinys war ein wahrhaft gläubiger Diener seines Herrn. Er betete viel zu allen Tageszeiten, und auch des Nachts – die Zelle war grell erleuchtet, damit die Posten die Gefangenen durch den »Spion« ständig beobachten konnte – sah ich ihn oft mit offen Augen und gefalteten

Händen neben mir liegen. Flüsternd sprach er mit Gott. Wenn wir in unserer gestreiften Gefängniskleidung zum täglichen Spaziergang auf dem baumlosen Gefängnishof für eine halbe Stunde in eine enge Box eingesperrt waren, ging er, die Arme auf dem Rücken verschränkt, allein auf und ab, aus dem Gedächtnis das Brevier betend.

Aber der Erzbischof war auch eine Kämpfernatur, freilich beherrscht bis zum letzten Nerv. Ich erinnere mich, daß am Tage St. Michaels, der in der Ortskirche als »Erzstratege« bezeichnet und unter einem anderen Datum als im Westen gefeiert wird, von der besonderen Verehrung gesprochen wurde, die diesem Fürst der englischen Heerscharen im alten Rußland zuteil wurde. Da bemerkte der Erzbischof etwa folgendes leise zu mir: Der Geist des streitbaren Erzstrategen, der den Drachen der Apokalypse niederwirft, sollte nicht nur die Ostkirche, sondern die Christen insgesamt beseelen, die im Westen aus Unkenntnis oft falschen Götzendienst treiben und, anstatt das Böse zu bekämpfen, die Koexistenz mit ihm als christliches Gebot empfehlen und sagen: »Friede! Friede! – Und ist doch kein Friede.«

Wie seine heimatliche Sprache, so liebte er auch sein litauisches Volk und Vaterland. Anschaulich berichtete er von den glanzvollen Epochen der litauischen Geschichte und von der Wiedergeburt der litauischen Staatlichkeit nach dem Ersten Weltkrieg. Mit Schmerz und Sorge, aber auch mit starkem Vertrauen auf die gnädige Hilfe Gottes betrachtete er die Zukunft seiner Heimat, als deren getreuen Sohn er jetzt schon zum zweiten Mal das Opfer der Freiheit bringen mußte. Er hatte begründeten Anlaß zu der Annahme, daß an den falschen Beschuldigungen, die zu seiner letzten Verurteilung geführt hatten, ein Mann beteiligt war, den er gekannt und gefördert hatte. Als ihm diese Verleumdung in einem litauisch gedruckten Buch wieder begegnete, das durch die Gefängnisbücherei in seine Hände kam, war er aufs tiefste erregt und konnte keinen Schlaf finden.

Als Erzbischof Reinys im August 1951 unsere Zelle verlassen mußte, gab man ihm zum Packen und zum Abschiednehmen, wie das so üblich war, nur kurze Zeit. Wir alle waren tief bewegt. Unsere kleine Gemeinschaft mit ihrem wechselnden Bestand, zu der einige vortreffliche Männer, aber auch einige Banditen gehörten, hatte ihn aufrichtig verehrt und als Autorität gelten lassen. Dieser Ruf ging im Gefängnis durch die Wand von einer strengen, abgeschlossen Zelle zur anderen. Ich selbst habe der Begegnung mit dieser überragenden Persönlichkeit, in der sich überzeugende Glaubenskraft und reiches Wissen mit christlicher Demut und Nächstenliebe vereint, sehr viel zu danken. Beim Abschied bat ich um seinen Segen, den er bewegt erteilte, ein unvergeßliches Bekenntnis zur »Una sancta« der Christenheit auf den Lippen.

Sergej Kourdakov

gest.: 1973

In Sergej Kourdakov haben wir einen Mann vor uns, der als überzeugter Kommunist zum Verfolger der Christen wurde. Je mehr er jedoch zum Verfolger wurde, desto mehr nagten Zweifel an ihm, ob denn seine Taten gerechtfertigt wären. So fand er zum Glauben, den er einst verfolgt hatte. Nach seiner Flucht nach Kanada machte er die Weltöffentlichkeit auf die Lage der Kirche in der UdSSR aufmerksam. Am 1. Januar 1973 kam er unter mysteriösen Umständen ums Leben, ein Mord durch die sowjetische Geheimpolizei scheint nicht ausgeschlossen.

In einem Interview, das er kurz vor seinem Tod gegeben hat, stellt uns der berufene Kenner der Verhältnisse in der Sowjetunion die Lage der Kirche in aller Deutlichkeit vor Augen.

Frage: Welche besonderen Ereignisse waren die Ursache, daß du fliehen wolltest?

Antwort: Ich war nicht allein vom Kommunismus enttäuscht, sondern mir brach auch das Herz über das, was wir den Gläubigen antaten. Diese Menschen fingen an, mich sehr stark zu beeindrucken. Ich war nicht von dem beeindurckt, was sie sagten, sondern davon, was sie taten, wie sie lebten und für ihren Glauben litten. Mir wurde immer klarer, daß man mich schwer getäuscht hatte, als man mir sagte, diese Menschen seien »schlimmere Verbrecher als Mörder«.

Ich stellte mit der Zeit fest, daß ihr Glaube echt war, und diesen Glauben wollte ich auch haben, ich hungerte danach. Aber ich wollte nicht nur danach hungern, ich wollte einen Glauben haben, der so echt ist, daß ich ihn meinem russischen Volk mitteilen kann. Aber die Probleme waren groß, denn wenn jemand, der so hoch im Rang stand wie ich, das alles von sich warf und ein Gläubiger wurde, so bedeutete das für ihn Gefängnis und Schlimmeres. Ich wußte daher, daß ich nur außerhalb des Landes Gott finden, Ihm wirksam dienen und mein Leben für mein Volk einsetzen kann, wie ich das jetzt durch Radiosendungen und andere derartige Möglichkeiten anfange zu tun.

Fragen: Wieviele Razzien gegen Gläubige hast du geführt?

Antwort: Ich führte zwischen 150 und 200, besonders Polizeiaktionen gegen Gläubige.

Frage: War die Art eures Vorgehens die offizielle Linie der Partei bzw. der Regierung, oder hat deine Gruppe einfach die Anweisungen überschritten, wenn ihr Gläubige geschlagen und in einigen Fällen sogar getötet habt?

Antwort: Das war absolut im Sinne der offiziellen Regierungstaktik. Nachdem meine Angriffsbande Vasili Litovtschenko getötet hatte, einen Pastoren der Untergrundkirche, kamen wir zurück und gaben dem Genossen Nikoforev, unserem Polizeihauptmann, Bericht. Er lachte und gratulierte uns dazu, daß wir so gute Arbeit geleistet hatten. Er war sehr erfreut und lobte uns dafür, daß wir »ein Problem beseitigt« hätten. Bei all unseren Aufträgen gab man uns genaue Anweisungen, was wir zu tun hatten. Ich kann versichern, daß das, was wir taten, die offizielle Linie war. Wenn wir uns danach nicht richteten, wurden wir von Nikoforev schwer gerügt.

Frage: Geschah das, was ihr anläßlich der Polizeiaktionen tatet, nur in eurem Gebiet oder geschieht das ganz allgemein in der Sowjetunion?

Antwort: Natürlich geschieht das überall im Lande. Ich bin durch die ganze Sowjetunion gereist und fand überall die gleichen Ereignisse vor. Ich weiß z.B., daß die Angriffsbanden in Barnau die Gläubigen sehr schlagen und einmal eine schwangere Frau auf die Straße geworfen haben. Das ist dokumentarisch festgehalten, und wir haben inzwischen den Beweis. Solche Banden operieren auch in Odessa, Leningrad, Moskau und anderen Städten überall in Rußland. Das ist ein allgemeines und weitverbreitetes Vorgehen.

Frage: Wieviele solcher speziellen Polizeibanden arbeiten nach deiner Schätzung in Rußland?

Antwort: Es ist eine ungeheure Menge. Die unsrige war besonders damit beauftragt, religiöse Freiheit zu unterdrücken und den Glauben an Gott zu zerstören. Es gibt aber wahrscheinlich noch Zehntausende anderer Menschen in ganz Rußland unter den Millionen, welche besonders zu den Polizeiaktionen abgestellt sind, die sich mit »religiösen Parasiten« befassen.

Frage: Warum hört die freie Welt nichts von solchen Tragödien und dieser brutalen, harten Unterdrückung?

Antwort: Ihr hört nichts darüber, weil ihr nichts darüber hören sollt! Das war einer der wichtigsten Punkte, in denen wir von der Polizei ausgebildet wurden, daß wir dergleichen geheimhalten und die Außenwelt nichts davon hören lassen sollten. Es wurde uns gesagt: »Unter keinen Umständen dürfen die allgemeine Öffentlichkeit oder Beobachter wissen, was geschieht noch darf photographiert werden. Sicherheit ist erstes Gebot und von größter Wichtigkeit. Weder die Außenwelt noch sonst jemand darf wissen, was passiert.

Ivan Wassiljewitsch Biblenko

geb.: 1928
gest.: 1975

Immer wieder werden von Gläubigen in den kommunistischen Ländern Zeugnisse unter Lebensgefahr in den Westen geschmuggelt, die uns auf die Verhältnisse in diesen Ländern hinweisen sollen. Ein solcher Bericht behandelt auch den mysteriösen Tod des Ivan Biblenko, eines Christen, der, wie die Nachforschungen der Angehörigen ergeben, offenbar nicht des Todes gestorben ist, den die Behörden angaben.

Ivan Wassiljewitsch Biblenko wurde im Jahre 1928 geboren. Schon in seinen Jugendjahren folgte er dem Herrn nach. Er war zwanzig Jahre alt, als er getauft wurde. Später wurde er Prediger in der Gemeinde der Stadt Krivoj Rog. Im Jahre 1972 hat man ihn verhaftet und er wurde zu drei Jahren Zwangsarbeit verurteilt. Seine Strafe büßte er im Lager Krivoj Rog ab, wo er seitens der Lagerführung, aber auch der Mithäftlinge ständigen Schikanen ausgesetzt war. Der KGB versuchte, ihn zur Mitarbeit und zu Spitzeldiensten zu gewinnen. Als er dies ablehnte, versuchte man seine Mithäftlinge gegen ihn aufzuhetzen. Die Verhöre der Geheimpolizei trieben ihn fast zur Verzweiflung, und er bat in solchen Momenten, man möge ihn doch erschießen.

Die Beamten des KGB drohten ihm damit, daß sie ihn in eine Irrenanstalt einliefern werden. Sie deuteten ihm kurz vor seiner Freilassung auch an, man werde einander noch treffen.

Drei Monate vor der Verbüßung seiner Strafe am 1. November 1974 wurde Biblenko schließlich aus dem Straflager entlassen. Aber auch jetzt wurde er von der Polizei und dem KGB unter ständiger Beobachtung gehalten.

Der Bruder diente der Gemeinde sofort wieder mit dem Werk Gottes. Besonders in der Zeit vor seinem Tode zeigte er einen sehr großen Eifer. Auch seiner Familie war er, wie seine Frau und seine Kinder es bezeugen, ein vorbildlicher Familienvater.

Ungefähr einen Monat vor seinem Tode machte Biblenko Andeutungen, daß er wahrscheinlich eines Tages einen Märtyrertod sterben werde. Er beeilte sich, noch die notwendigsten Ausbesserungsarbeiten an seinem

Haus vorzunehmen. Während der Arbeit sang er gerne Psalmen. Am 13. September 1975 wollte er zum Erntedankfest nach Dnjepropetrowsk fahren. Als er am selben Tag von der Arbeit nach Hause kam, zog er sich rasch um und nahm von seiner Tochter sechs Rubel entgegen, um damit zum Autobusbahnhof zu fahren. Die Autobusse nach Dnjepropetrowsk fahren von dort in Abständen von einer Dreiviertelstunde ab. Die Fahrkarte kostet 2 Rubel und 90 Kopeken. So hatte Biblenko nur soviel Geld bei sich, daß er damit die Hin- und Rückreise sowie die Straßenbahnfahrt in Dnjepropetrowsk bezahlen konnte. Er kehrte aber nie mehr zurück.

Auf Nachforschungen der Familie, die sich verständlicherweise große Sorgen um ihn machte, stellte sich heraus, daß Biblenko in der Gemeinde von Dnjepropetrowsk nie angekommen ist. Am 16. September fuhr die Familie zur staatlichen Verkehrsaufsicht der Stadt Krivoj Rog, wo man aber die Auskunft erteilte, daß sich in den vergangenen Tagen weder in der Stadt noch in der Umgebung ein Autounfall ereignet hatte.

Als sich die Angehörigen nunmehr an die Polizei wandten, öffnete ihnen ein Major am Polizeikommissariat des Kreises »Oktober«, Zimmer Nr. 8, ein dickes Buch, in dem auf der ersten Seite die Personalien Biblenkos eingetragen waren. Der Offizier meinte, er kenne Biblenko gut und wenn er zum Erntedankfest gefahren sei, werde er sich auch sicherlich dort aufhalten. »Wo kann er schon sein?« sagte er, und versuchte, die Angehörigen zu beruhigen. Er fragte sie noch, ob am Samstag, dem 13. September, der Polizeibeauftragte, Genosse Usik, bei ihnen gewesen sei? Die Angehörigen verneinten.

Nachdem die Familie in allen Krankenhäusern der Stadt Krivoj Rog auf den Verbleib Biblenkos eine negative Auskunft bekommen hatte, suchte sie die Unfallinspektion der Stadt Dnjepropetrowsk auf. Zwei Wochen verstrichen, ohne daß auch nur eine Spur des Vermißten gefunden werden konnte. Plötzlich, am 26. September, traf aus der Stadt Dnjepropetrowsk ein Telegramm ein. Der kurze Text lautet: »Ivan Wassiljewitsch Biblenko ist am 24. September auf der Zweiten Chirurgischen Abteilung des Meschnikowa-Krankenhauses verstorben.« Die Unterschrift stammte von einer Oberärztin namens Arschawa.

Noch am selben Tag holten die Angehörigen die Leiche aus dem Leichenhaus in Dnjepropetrowsk ab.

Wir haben das Dokument gesehen, in dem die Todesursache wie folgt beschrieben war: 1. Pneumonie, 2. Bluterguß im Gehirn, 3. Vorderschädelbruch.

Biblenko sei Opfer eines Verkehrsunfalles geworden.

Eine Schwester im Krankenhaus sagte aus, der schwerverletzte Biblenko wäre am 17. September dorthin eingeliefert worden. Tatsächlich war im Aufnahmebuch des Krankenhauses als Aufnahmetag der 17. September eingetragen.

Auf unsere Frage, von wem Biblenko eingeliefert wurde, erhielten wir die Antwort: vom Chirurgischen Zentralkrankenhaus der Stadt Krivoj Rog. Drei Krankenschwestern bestätigten übereinstimmend, daß Ivan Wassiljewitsch bei vollem Bewußtsein war, als er eingeliefert wurde. Er hatte sechs Rubel bei sich, außerdem eine Uhr und eine Brille. Diese Gegenstände und das Geld wurden den Angehörigen ausgehändigt.

Aber weder die Bibel, die er bei sich hatte, noch seine Mütze wurden zurückgegeben, sie schienen auch nicht auf der Quittung auf, die bei der Übernahme der Bekleidung vom Krankenhaus ausgestellt wurde.

Bei der näheren Besichtigung der Leiche konnten wir vorne, knapp unterhalb des Halses etwa in Schulterhöhe, einen 15 bis 20 Zentimeter langen blauen Streifen entdecken.

Die gleichen Merkmale wiesen auch die Füße und die Fußsohlen auf. An beiden Seiten der Brust entdeckten wir runde blaue Flecken.

Die Angehörigen wollten den Leichnam auf den Bauch legen, um auch den Rücken besichtigen zu können, aber die Krankenschwester hatte dies nicht zugelassen. Als sie hörte, daß die Verwandten auch den Rücken des Toten sehen möchten, fing sie laut zu schreien an, sie werde die Polizei holen, und die Leiche werde nicht herausgegeben werden, denn es ist gerichtlich verboten worden, den Leichnam zu untersuchen.

Auf dem Kopf fanden wir außer einem langen Schnitt noch zwei genähte Wunden, und zwar am vorderen Teil des Schädels. Im Bereich der Hirnkammer, sowohl auf der rechten wie auf der linken Seite, befanden sich blaue Stellen und Lädierungen. Die Beine wiesen im Bereich der Knie Einstiche auf.

Die Kleidung: Das Sakko war nicht zerrissen. Auf dem Kragen und auf den Schultern befanden sich Blutstropfen, die nicht verwischt waren. Auch der Hemdkragen wies Blutflecke auf. Sowohl das Hemd wie auch das Unterhemd waren im Bauchbereich blutgetränkt. Blutspuren zeigten sich auch auf dem Hosenbund. Auch die Sakko- und Hemdsärmel waren blutbelaufen. Wir hatten den Eindruck, daß der Kopf unseres Bruders bei sitzender Haltung eingeschlagen wurde, wobei das Blut auf das Sakko und die Hose rann.

Wahrscheinlich hielt er seine Hände auf dem Kopf, denn so wäre erklärlich, wie die Blutstropfen auf Sakko- und Hemdsärmel geraten sind. Im Gesäß der Unterhose befanden sich ebenfalls Blutspuren. Die Hosenbeine wurden bis zur Kniehöhe aufgeschlitzt, wobei aber die lange Unterhose keinerlei Risse aufwies. Die Krankenschwester erzählte den Angehörigen, Ivan Wassiljewitsch wäre mit einem Taxi unterwegs gewesen, das in einen Unfall verwickelt wurde. Nun tauchte auch der Untersuchungsrichter Bojko bei der Familie auf, der die mit dem Unfall zusammenhängenden Untersuchungen vornahm. Nach seiner Schilderung hätten vier Männer im besagten Taxi gesessen, wobei Biblenko mitten am Hintersitz Platz genommen hätte. Er wäre eingeschlafen, als das Taxi plötzlich auf einen stehenden Lastkraftwagen auffuhr.

Im Taxi sei auch ein Matrose mitgefahren, der aber die kommende Gefahr noch rechtzeitig erfaßt habe und aus dem Wagen gesprungen wäre.

Als der Pkw an den Lastwagen prallte, wäre Biblenko über den Vordersitz hinweg in die Windschutzscheibe geschleudert worden. Alle anderen Insassen inklusive des Lenkers wären unverletzt geblieben, lediglich eine Frau, die vorne neben dem Taxilenker saß, habe einige leichtere Verletzungen davongetragen.

Als die Angehörigen Biblenkos um die Anschrift des Taxilenkers baten, meinte der Untersuchungsrichter: »Ihr braucht seine Adresse nicht.« Man fragte ihn, warum die Verwandten nicht sofort, nachdem sich der Unfall ereignet hatte, benachrichtigt wurden? Der Untersuchungsrichter schob die diesbezügliche Schuld auf die Ärzte. Er behauptete auch, der Unfall habe sich in der Nähe der Ortschaft Krinitscha ereignet und zuständig wären die Ärzte des dortigen Krankenhauses gewesen, wohin Biblenko, wie der Richter sagte, eingeliefert worden wäre. Nun behauptete aber die Krankenschwester in Dnjepropetrowsk, daß Biblenko vom Unfallspital in Krivoj Rog nach Dnjepropetrowsk eingeliefert wurde!

Eine weitere Frage: Warum war auf den Kopf Biblenkos eingeschlagen worden, und zwar noch zu dessen Lebzeiten, mit einem offenbar eher weichen Gegenstand, und warum nähte man die Wunden nur mit einer anatomischen und nicht mit einer chirurgischen Naht zusammen? Schien es überflüssig zu sein, seine Wunden chirurgisch zu verarzten, als er noch am Leben war?

Der Staatsanwalt sagte darauf, er kenne sich in den ärztlichen Sachfragen nicht aus, das sei deren Geschäft. Er beeilte sich mit seiner Erklärung und behauptete, die Flecken auf dem Rücken des Toten stammten von dem Versuch, seine Pneumonie zu heilen.

»Was sind das für Einstiche an den Füßen?« fragten ihn die Leute. Der Staatsanwalt meinte, sie stammten von Infusionen, die man Biblenko verabreicht hätte. Seit wann gibt man Infusionen durch das Knie? wollten die Versammelten wissen. Und seit wann sehen Infusionsnadeln wie Spieße aus, die den ganzen Fuß durchbohren, wie man es auch auf den Photos klar erkennen kann?

Der Staatsanwalt beendete hierauf seine Erklärung und fragte die Versammlung, ob man das, was er gesagt habe, auch wirklich glaube?

Die Angehörigen versuchten auch weiterhin den Fall zu klären und besuchten zu diesem Zweck sowohl das Krankenhaus in Krinitsch wie *auch das Meschnikowa-Spital in Dnjepropetrowsk, aber die Verwaltung und das Personal waren nicht bereit, irgendeine Auskunft zu erteilen.*

So endete das Leben eines Christen.

Nur in der Ewigkeit werden alle Geheimnisse offenbar werden. Nur dann werden wir erfahren, wer die Schuld an dem Tod dieses Bruders, Vaters und Ehegatten trägt, der Gott von seinem ganzen Herzen liebte und sich geweigert hatte, ein Verräter zu werden.

(Die Unterschriften sind unleserlich, stammen aber von den Verwandten und Glaubensbrüdern.)

Igor Ogurzow

geb.: 1937
vermißt

Igor Wjatscheslawowitsch Ogurzow wurde am 22. August 1937 als Sohn eines Marieneoffiziers in Wolgograd geboren. Enttäuscht von der kommunistischen Lehre versuchte er zusammen mit seinen Freunden, an der Universität von Moskau eine christliche Bewegung aufzubauen. Verraten von einem Spitzel, wird Ogurzow zu einer Haft von zwanzig Jahren verurteilt, die angesichts der Haftbedingungen fast einem Todesurteil gleichkommt.

In einem Brief an seine Verwandten erläutert Ogurzow seine Verurteilung und gibt uns eine Beschreibung des Prozesses.

Meine Lieben, unendlich geliebte Mutter, Vater und Großmutter!
Ich habe Eure Postkarten und Briefe, die Ihr in diesem Jahr geschrieben habt, erhalten. Ich danke Euch, meine Teuren, für die guten Wünsche und Aufmunterungen… Es war mir ja von Anfang an klar, in wessen Hände ich geraten bin. So war ich auch zu allem bereit, zu jeder Lösung, und habe mit meinem Leben vollkommen abgeschlossen.
Aus den Erzählungen Wagins und anderer ist Euch bekannt, wie das KGB unsere Anschuldigung vorbereitete und wie es zu dem Urteil kam: Wie man mich im Laufe fast eines ganzen Jahres bei jeder Vernehmung mit

der unvermeidlich bevorstehenden Erschießung bedrohte, wie man die Zeugen einschüchterte, wie man ihre Zeugenaussagen entstellte und verfälscht interpretierte. Der so vorbereitete Plan zur Anschuldigung und Verurteilung wurde vom Gericht automatisch befolgt.

Die Atmosphäre im Gerichtssaal war grausam und unwirklich zugleich und besonders charakteristisch für den ganzen Prozeß: Man strebte eine blutige Vergeltung an, und trotzdem war alles eine Farce.

Diese Stimmung hielt mich zurück und ich versuchte gar nicht erst, die sinnlose Anschuldigung begründet und logisch zu widerlegen, ohnehin war alles klar.

Während des Prozesses spürte ich deutlich noch etwas Unerwartetes – die Furcht Leviathans. Eine Furcht, die so groß war, daß sie das logische Taktieren und Politischdenken unmöglich machte.

Ich selbst war vollkommen ruhig. Ich begnügte mich mit einigen Worten und lehnte mit Verachtung die erfundene Anschuldigung des Hochverrats ab. Eigenartig, daß mein Auftreten und die von mir bezogene Position am meisten unsere Verteidiger beunruhigte, denen schon ihre bevorstehende Verhaftung sicher schien, denn wie konnten sie sich erdreisten, solche »Fanatiker« zu verteidigen. Selbstverständlich waren die Richter intelligent genug, um eine Verschwörung, die zur Machtergreifung führt, von der Bildung einer illegalen Gruppe mit dem Ziel, in ferner Zukunft eine christlich-soziale Bewegung ins Leben zu rufen, zu unterscheiden.

Eine Verschwörung, die zur Machtergreifung führt, beinhaltet einen sofortigen Entschluß mit darauffolgenden Vorbereitungen zu einem Aufstand, zur Bildung einer neuen Regierung u.a.m. Von dieser Überlegung ausgehend, können die kommunistischen Parteien in nichtsozialistischen Ländern trotz ihrer Programme, die unzweideutig und offen einen bewaffneten Aufstand propagieren, um das bestehende System zu stürzen, existieren. Sie werden trotz dieser Programme nicht vor Gericht gestellt und nicht des Hochverrats angeklagt. Dabei müßte man sie nach der Logik unserer Richter einer viel größeren Verfolgung und Strafe unterziehen als die zwanzig Mitglieder des WSChSON (Allrussischer Christlich-Sozialer Verband zur Volksbefreiung).

Unsere Tätigkeit blieb im Rahmen der Diskussionen. Diese Diskussionen aber wurden zu grausamen Tatsachen erklärt, da man ja für eine bloße Verleumdung nicht solche Strafen verhängen kann. Nichts konnte besser die Bedeutung unserer Absichten unterstreichen als die stattgefundene Vergeltung. Die falsche Anschuldigung des Hochverrats und die Unmöglichkeit, ein gerechtes Urteil zu erreichen, bewogen mich dazu, daß ich mich von der Staatsbürgerschaft der UdSSR lossagte. Da ich mit meinem Schritt niemandem Anlaß zur Propaganda geben wollte, wandte ich mich an das kleine, patriarchalische Belgien mit der Bitte, mir die Bürgerrechte zuzusprechen. Ich hoffte, wenn es mir nicht vergönnt ist zu leben, wenigstens in einem christlichen Land begraben zu werden.

Ich wurde zu zwanzig Jahren verurteilt, einer Haftzeit, die vor der Oktoberrevolution als lebenslänglich bezeichnet wurde. Wenn man schließlich alles, was bisher mit mir geschah, folgerichtig weiterentwickelt und die hysterische Willkür der Straforgane berücksichtigt, ist es durchaus möglich, daß die Hand eines gedungenen Mörders zu meiner Erdolchung benutzt werden kann.

Selbstverständlich sind meine Kräfte begrenzt, ich kann die bestehende Ordnung nicht ändern. Trotzdem glaube ich, daß das Leben von mir und von Mischa nicht umsonst geopfert wurde, da durch den Prozeß unsere Pläne weithin bekannt wurden und ich annehmen kann, daß wir selbst durch unsere aktive Arbeit nicht so viel erreicht hätten, wie unbewußt unsere Beschuldiger und Bestrafer durch den Gang der Ereignisse für uns erreicht haben. Daraus ersehe ich die Hand der höheren Gewalt, in deren Ermessen es liegt, einem kleinen Geschehen Bedeutung zu verleihen und den Schwachen Kraft und Gewicht zu geben. Ich lege mein Schicksal in die Hände Gottes und betrachte das Geschehene als Seine Fügung.

Mein größter Wunsch besteht darin, daß mein ganzes Leben und sogar mein Tod Ausdruck meiner inneren Überzeugung sein mögen.

Meinen nächsten Brief schreibe ich zu Ostern. Ich sende allen Verwandten und Freunden meinen besten Gruß.

Ich küsse und umarme Euch alle meine Lieben.

Euer Garik.

Der Feldzug des Nationalsozialismus gegen die Kirche

Der Aufstieg des Adolf Hitler

Die 1919 gegründetete Deutsche Arbeiterpartei, 1920 umbenannt in Nationalsozialistische Deutsche Arbeiterpartei (NSDAP) wurde bald zum Sammelbecken nationalistischer Gruppierungen, die in dieser Partei ein Sprachrohr für ihre Unzufriedenheit mit den Verhältnissen in der Weimarer Republik fanden. Der seit 1921 als Parteivorsitzende agierende Adolf Hitler versuchte diese Stimmung bereits 1923 politisch zu nützen, als er in Bayern einen erfolglosen Putsch inszenierte, der ihm fünf Jahre Festungshaft einbrachte, von denen er allerdings nur neun Monat absitzen mußte. Die anfangs nur langsam wachsende Partei (1925: 27117, 1927: 72590, 1928: 108717 Mitglieder) fand erst in der Folge der Weltwirtschaftskrise von 1929, die Hitler zu unhaltbaren Versprechungen nützte, massiven Zustrom. Im Juli 1932 wählten 37,4 Prozent der deutschen Wähler, geblendet von Hitlers Wahlversprechungen, die NSDAP.

Unrecht wird zu Recht. Die nationalsozialistische Machtergreifung

Die Ernennung Hitlers zum Reichskanzler (30. 1. 33) war der Auftakt zur »Machtergreifung« durch den Nationalsozialismus. Am 1. Februar löste Hitler den Reichstag auf und setzte für den 3. März Neuwahlen an. Die NSDAP entfesselte daraufhin einen Propagandafeldzug gegen die demokratischen Parteien, der auch terroristische Mittel einschloß. Gleichzeitig wurden Gesetze geändert, die die verfassungsmäßigen Grundrechte außer Kraft setzten. Am 4. Februar wurde die Presse- und Versammlungsfreiheit für die Linksparteien eingeschränkt. Den Reichstagsbrand vom 27. Februar nahm Hitler ohne gerichtliche Untersuchung zum Anlaß, in der »Verordnung zum Schutz von Volk und Staat« sämtliche Grundrechte der Weimarer Verfassung aufzuheben und mit der Verhaftung und Verfolgung politischer Gegner zu beginnen. Aus der Wahl vom 5. März ging die NSDAP als Sieger hervor, erreichte aber nicht die absolute Mehrheit. Am 24. März beschloß der Reichstag – mit Zustimmung der parteitaktisch operierenden bürgerlichen Parteien, die SPD ausgenommen – das »Gesetz zur Behebung der Not von Volk und Reich« (Ermächtigungsgesetz), das das Recht der Gesetzgebung der Reichsregierung übertrug und damit die demokratische Gewaltenteilung beendete. Im April 1933 wurden in den Ländern Reichskommissare eingesetzt, die die Regierungsmacht übernahmen, die Polizeigewalt in die Hände von SA und SS gelegt. Das »Gesetz zur Wiederherstellung des Berufsbeamtentums« bestimmte die Entlassung von unbotmäßigen und nichtarischen Beamten. Im Juni 1933 wurden die Linksparteien verboten, während alle übrigen Parteien diesem Schritt zuvorkamen, indem sie sich auflösten. Am 2. August übernahm Hitler das Amt des Reichspräsidenten und ließ die Reichswehr auf sich vereidigen. Mit diesen Stationen der Gleichschaltung der Länder, der Verwaltung, des Militärs und der Polizei war die Einrichtung der nationalsozialistischen Gewaltherrschaft vollendet.

Die Herrschaft der Unmenschlichkeit

Rücksichtslos wurde von der Partei und ihren Verbänden das Führungsprinzip durchgesetzt, das nur noch blinden Gehorsam zuließ (»Führer befiehl! Wir folgen dir!«) und den Menschen von Joseph Goebbels, seit dem 13. Juli 1933 Reichsminister für Volksaufklärung und Propaganda, mit allen Mitteln der Massenbeeinflußung eingehämmert wurde.

Hitlers Wille galt damit als oberstes Gesetz, Justiz, Wirtschaft, Wehrmacht und Außenpolitik hatten sich dem von ihm festgelegten Programm zu beugen. Die Herrschaft des Nationalsozialismus wurde von Heinrich

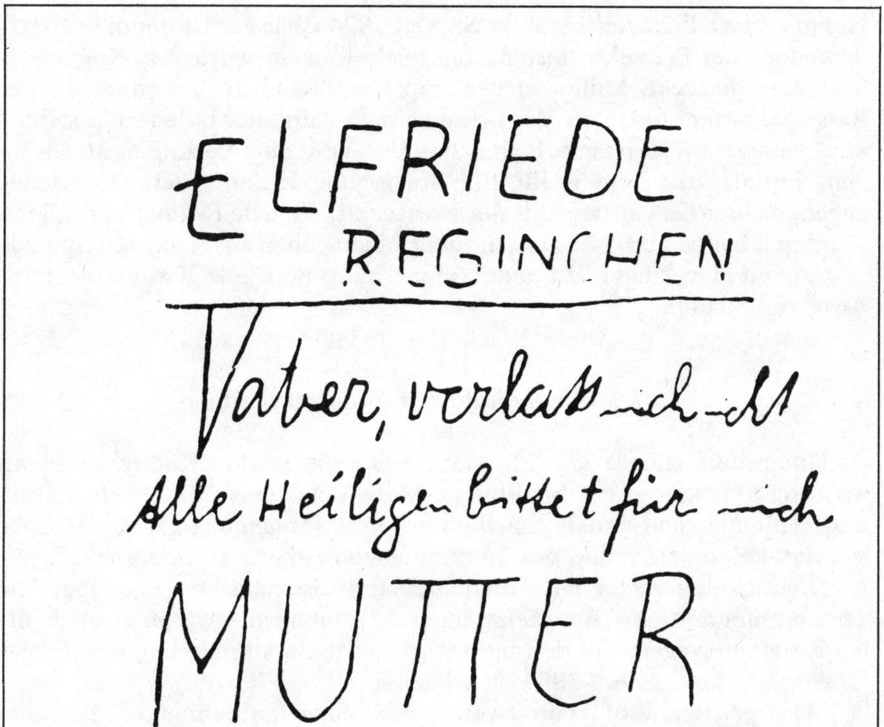

ELFRIEDE
REGINCHEN

Vater, verlaß mich nicht

Alle Heiligen bittet für mich

MUTTER

ein letztes Wunder!

Mein, Jesus Barmherzigkeit

Maria HILF

Jesus Maria Josef steht mir bei.

Wandinschrift aus einer Todeszelle des Zuchthauses Brandenburg. 2. Weltkrieg.

445

Himmler, seit 1929 Reichsführer SS, seit 1934 Chef der Gestapo, seit 1936 dann auch der Polizei, gefestigt. Zahlreiche Gegner wurden in Konzentrationslager gesteckt, Millionen der zum Hauptfeind der arisch-nordischen Rasse erklärten Juden in Vernichtungslagern ermordet. Jede Opposition vom passiven Widerstand, heimlicher Unterstützung verfolgter Juden bis zum Einsatz des Lebens für die Beseitigung Hitlers blieb ohnmächtig angesichts der Gewalttätigkeit der Herrschaft, die jede Regung von Widerstand gnadenlos verfolgte und darüber hinaus über ein Heer von Spitzeln und Agenten verfügte, die jede Abweichung und jede Kritik sofort zur Anzeige brachten.

Die Kirche hofft auf Friedfertigkeit

Hitler bezeichnete am 23. März 1933 die beiden Konfessionen als »wichtigste Faktoren der Erhaltung unseres Volkstums«. Goebbels, Rosenberg, Himmler und andere machten aus ihrer Abneigung gegen das Christentum keinen Hehl und bekämpften es von Anfang an öffentlich.

Diese beiden Seiten, mit denen der Nationalsozialismus gegenüber dem Christentum auftrat – Anerkennung und Drohungen – waren es auch, die die Kirche bewogen, mit der nationalsozialistischen Regierung das Reichskonkordat vom 22. Juli 1933 zu schließen.

»Das geistige Wohl von zwanzig Millionen katholischer Seelen war unsere erste und einzige Sorge. Wenn die deutsche Regierung das Konkordat verletzen würde, dann hätte der Vatikan einen Vertrag als Grundlage seines Protestes«, erklärte der Kardinal Pacelli im August 1933. Die Kirche setzte ihre ganze Hoffnung auf die vertraglich zugesicherte Freiheit im religiös-kulturellen Leben, eine Hoffnung freilich, deren sich Hitler von Anfang an bediente, um die Christen in Sicherheit zu wiegen und damit die Ermächtigung durchzusetzen. Bereits im April 1933 hatte er im engsten Mitarbeiterkreis erklärt: »Der Faschismus mag in Gottes Namen seinen Frieden mit der Kirche machen. Ich werde das auch tun. Warum nicht! Das wird mich nicht abhalten, mit Stumpf und Stiel, mit allen seinen Wurzeln das Christentum aus Deutschland auszurotten. Man ist entweder Christ oder Deutscher. Beides kann man nicht sein.«

Vertragsbruch und offene Verfolgung der Kirche

Schon bald trat der Gegensatz zwischen dem Totalitätsanspruch der Partei und ihrem Rassenwahn und der am Evangelium festhaltenden Kirchen offen zutage. Der Nationalsozialismus war bestrebt, das Christentum durch einen politischen Glauben zu ersetzen und bediente sich dazu nicht nur einer Fülle von Verordnungen, Gesetzen und Führerbefehlen, die das kirchliche Leben einengen sollten, sondern setzte eigene, pseudoreligiöse Feiern in Szene, die statt Christus den Führer, statt der Apostel die sogenannten Blutzeugen des 9. November, statt des Kreuzes das Hakenkreuz verehrten. Nationalsozialistische Christenverbände wurden gegründet, so etwa die »Deutschen Christen«, denen es gelang, statt des von den evangelischen Landeskirchen gewählten Reichsbischofs einen Vertrauensmann Hitlers in dieses Amt zu setzen.

Dieser Akt machte den bis jetzt um der Sicherung der Seelsorge willen zögernden Kirchen deutlich, daß der Nationalsozialismus gewillt war, die Kirchen zu zerschlagen. Im Juli 1935 entstand das Reichsministerium für kirchliche Angelegenheiten, das sofort mit Gesetzen und Maßnahmen in das kirchliche Leben eingriff. Am 20. August verfaßten die deutschen Bischöfe einen gemeinsamen Hirtenbrief, der die Angriffe gegen das Christentum aufzählte, und protestierten noch am gleichen Tag bei Hitler. »Die meisten kirchlichen Organisationen und Verbände waren aufgehoben, das Vereinswesen wurde verboten, die Kirchenpresse unterdrückt, der Religionsunterricht erschwert, die Jugend vom Kinderhort bis zur Universität dem Einfluß der Kirche entzogen. Beschränkungen finanzieller Art, Anschläge auf die wirtschaftliche Substanz der Kirchen, Predigtverbote, Verhaftungen führender Geistlicher und Laien lösten einander ab.«

Am 14. März 1937 erließ Papst Pius XI. die Enzyklika »Mit brennender Sorge«, in der er scharf gegen die Behinderung der Kirche protestierte. Der Nationalsozialismus antwortete mit Verleumdungen und Schauprozessen. 1937 noch wurde die Erteilung des Religionsunterrichtes in Volks- und Berufsschulen verboten. 1938–39 wurden die Bekenntnisschulen, viele Klosterschulen und Klöster, einige Hochschulen und Fakultäten aufgehoben. Der Ausbruch des 2. Weltkrieges unterbrach diese Aktionen für kurze Zeit.

»Es geht um Sein oder Nichtsein der Kirche in Deutschland«

Mit dem Krieg war zunächst dem Regime daran gelegen, die nationale Einheit nicht durch Übergriffe schwankend zu machen. Mit zunehmendem Verlauf des Kriegs jedoch wurden drakonische Maßnahmen gegen Menschen eingeleitet, die Kritik wagten. Darunter fielen auch viele christliche Laien und Priester. Im Juni 1941 verlange Martin Bormann die restlose Beseitigung der Einflußmöglichkeiten der Kirche. Ein Bild der Lage zeichnet der Hirtenbrief der deutschen Bischöfe vom 28. Juni 1941, in dem sie schreiben: »Es geht um Sein oder Nichtsein des Christentums und der

Kirche in Deutschland.« Doch mit der sich nun verschärfenden Lage verstärkte sich auch der Bekennermut der Christen. Sie wandten sich gegen die Ermordung von Geisteskranken, gegen die Verschleppung und Ermordung der Juden und traten für Gerechtigkeit und Menschenwürde ein. Mehr und mehr besiegelten nun auch Christen ihre Treue zum Glauben mit dem Tod. Auch mit den Verfolgungen der Christen in den besetzten Ländern erreichte der Nationalsozialismus nicht die Gleichschaltung der Kirchen. So erwies sich der christliche Glaube letztlich als stärkere Kraft als der Totalitätsanspruch des 1945 besiegten Regimes.

Der heilige Pater Maximilian Kolbe

geb.: 1894
gest.: 1941
Fest: 14. August

Pater Maximilian Kolbe wurde am 7. Januar 1894 im polnischen Dorf Zduńska Wola in der Nähe von Lodz geboren. Sein Taufname war Raimund.

Raimund wuchs mit seinen zwei Brüdern in ärmlichen Verhältnissen auf. Der Vater war Weber, später arbeitete er in der Fabrik. Im 1. Weltkrieg geriet er in russische Gefangenschaft und galt seitdem als verschollen, wahrscheinlich wurde er hingerichtet. Die Mutter führte einen kleinen Krämerladen und leistete daneben noch Hebammendienste. Sie war sehr religiös geprägt und gehörte dem Dritten Orden der Franziskaner an. Die ganze Familie pilgerte alljährlich zum Nationalheiligtum der Polen nach Tschenstochau.

Trotz der kärglichen Umgebung war der junge Raimund ein aufgewecktes und fröhliches Kind. Anläßlich einer franziskanischen Volksmission meldeten sich Raimund und sein Bruder Franz für das Franziskanergymnasium in Lemberg. Raimund wurde von Glaubenszweifeln geplagt, zumal ihn damals die Naturwissenschaften wesentlich mehr interessierten als die Religionskunde.

Nach Absolvierung des Gymnasiums begann für Raimund das Noviziat als Franziskaner. Seine Interessen hatten sich mittlerweile gewandelt und er fühlte sich zum Diener Gottes berufen. Bald schon wurde Raimund, der

Sir Thomas Morus

Hl. Bonifatius

Hl. Ursula

Die Märtyrer von San Sebaste

inzwischen den Ordensnamen Maximilian erhalten hatte, an das Internationale Kollegium Seraphicum nach Rom gesandt, da man seine außerordentliche Begabung erkannt hatte. In Rom erhielt er die Priesterweihe, seine philosophischen und theologischen Studien beendete er mit dem Doktorat in beiden Fächern. Immer stärker prägte sich in ihm das christliche Bewußtsein aus, hinter dem alle früheren Neigungen zurückwichen. Die antikirchlichen Demonstrationen der Freimaurerloge in Italien veranlaßten ihn zu einer Gegenreaktion. Am 16. Oktober 1917 gründete er die »Militia Immaculatae« (Miliz der Unbefleckten), eine geistige Kampftruppe, aus der bald eine große Gemeinschaft erwuchs. Mit der Zeitschrift »Ritter der Immaculata« schuf er dieser Organisation ein öffentliches Organ, das bald eine Millionenauflage erreichte. Kolbe wandte sich leidenschaftlich gegen den modernen Zeitgeist. Lähmende Gleichgültigkeit und moralische Fäulnis hatte er als Hauptfeinde der Religion erkannt. Der Glaube mußte sich gegen diese Gefahren wappnen. So wollte er mit einem Rittertum des Herzens, Glaubens und Geistes dem unaufhaltsam scheinenden Abfall vom Christentum entgegentreten. Immer bedeutsamer war für Maximilian die heilige Maria, die Mutter Gottes geworden, nach der er seine Bewegung im Namen der Immaculata, der Unbefleckten, nannte. Seine Verehrung der heiligen Maria, welche die Polen zur Königin ihres Landes erkoren haben, war geradezu grenzenlos.

Nach einer schweren Tuberkulose, die einen zweijährigen Sanatoriumsaufenthalt erforderlich machte, gründete Maximilian, voller Tatendrang, das Kloster Niepokalanów, 40 Kilometer westlich von Warschau. Zu diesem gehörte eine eigene Druckerei und eine eigene Radiostation. Die Klosterkirche von Niepokalanów ist heute übrigens ein Marienwallfahrtsort geworden.

In seinem missionarischen Eifer war Maximilian Kolbe nicht zu bremsen. 1930 trat er zu einer Missionsreise nach Japan an, wo er in einer Vorstadt von Nagasaki unter schwierigsten Bedingungen wiederum ein Kloster zu errichten begann. Fünf Jahre später wurde er von seinem Orden in die Heimat zur Leitung von Niepokalanów zurückgerufen. Dort blieb er mit wenigen Brüdern bei Ausbruch des Krieges zurück und wurde mit ihnen am 19. September 1939 das erste Mal von den Deutschen verhaftet, jedoch bald wieder in Freiheit gesetzt. Die Rückkehr in das Kloster währte freilich nicht lange. Am 17. Februar 1941 wurde er mit vier weiteren Patres ein zweites Mal verhaftet. Nach kurzer Inhaftierung im Pawiak Gefängnis in Warschau wurde er in das Konzentrationslager Auschwitz überführt. Durch seinen im wahrsten Sinne des Wortes aufopfernden Tod ebendort ist er in die Geschichte eingegangen.

Unter den SS-Wächtern hatte Maximilian Kolbe die schlimmsten Qualen auszustehen, seine Glaubenstreue reizte sie zu blinder Wut. Trotz der

Die Kirche im Überlebenskampf

Konzentrationslager Auschwitz

Folgende Anordnungen sind beim Schriftverkehr mit Gefangenen zu beachten:

1.) Jeder Schutzhaftgefangene darf im Monat zwei Briefe oder zwei Karten von seinen Angehörigen empfangen und an sie absenden. Die Briefe an die Gefangenen müssen gut lesbar mit Tinte geschrieben sein und dürfen nur 15 Zeilen auf einer Seite enthalten. Gestattet ist nur ein Briefbogen normaler Größe. Briefumschläge müssen ungefüttert sein. In einem Briefe dürfen nur 5 Briefmarken à 12 Pfg. beigelegt werden. Alles andere ist verboten und unterliegt der Beschlagnahme. Postkarten haben 10 Zeilen. Lichtbilder dürfen als Postkarten nicht verwendet werden.

2.) Geldsendungen sind gestattet.

3.) Es ist darauf zu achten, daß bei Geld- oder Postsendungen die genaue Adresse, bestehend aus: Name, Geburtsdatum, und Gefangenen-Nummer, auf die Sendungen zu schreiben ist. Ist die Adresse fehlerhaft, geht die Post an den Absender zurück oder wird vernichtet.

4.) Zeitungen sind gestattet, dürfen aber nur durch die Poststelle des K. L. Auschwitz bestellt werden.

5.) Pakete dürfen nicht geschickt werden, da die Gefangenen im Lager alles kaufen können.

6.) Entlassungsgesuche aus der Schutzhaft und w Lagerleitung sind zwecklos.

7.) Sprecherlaubnis und Besuche von Gefangenen im Konzentrations-Lager sind grundsätzlich nicht gestattet.

Der Lagerkommandant

Meine Anschrift:

Name: Kolbe Rajmund

geboren am: 7 I 7894

Gef.-Nr. 16671

Auschwitz, den: 15. VI. 7947

Meine liebe Mutter.

Mit einem Transport am Ende des Monats Mai bin ich zu Auschwitz (Oświęcim) Lager gekommen. Bei mir ist alles gut. Sei, liebe Mutter, ruhig über mich und meine

450

furchtbaren Umstände zweifelte er jedoch nie an seinem Glauben. Ein Dokument dafür ist der letzte Brief an seine Mutter:

Auschwitz, den: 15 VI 1941
Meine liebe Mutter,
Mit einem Transport am Ende des Monats Mai bin ich zu Auschwitz (Oswiecim) Lager gekommen.
Bei mir ist alles gut. Sei, liebe Mutter, ruhig über mich und meine Gesundheit, weil der liebe Gott ist in jedem Orte und denkt mit großer Liebe über Alle und alles.
Es wäre gut, mir vor meinem Brief noch einen nicht zu schreiben, weil ich weiß nicht, wie lange ich hier bleiben werde.
Mit herzlichen Grüßen und Küssen
Kolbe Rajmund

»Gott ist an jedem Orte« versichert hier einer, der im Vernichtungslager auf seinen Tod wartet! Die Entscheidung über diesen hat Maximilian Kolbe seinen Peinigern aus der Hand genommen, indem er selbst sich zu ihm entschieden hat.

Als zehn willkürlich ausgewählte Insassen des Lagers zum langsamen Tod im Hungerbunker bestimmt wurden, opferte sich Kolbe für einen Familienvater, der bei dem Gedanken an seine Frau und sein beiden Söhne laut aufgeschrieen hatte. Diesen Franz Gajowniczek kannte Pater Kolbe nicht näher, aber er trat aus der Reihe und sagte mit leiser Stimme zum Lagerführer Fritsch: »Ich möchte statt jenes Verurteilten in den Tod gehen.« Darauf fragte der sichtlich irritierte Fritsch: »Warum?« Und Pater Kolbe gab zur Antwort: »Ich bin allein, aber jener da hat Frau und Kinder.« »Dein Beruf?« fragte der Kommandant verwirrt weiter. »Katholischer Priester«, gab Kolbe zur Antwort. Nach einem Augenblick gespannter Stille und peinlichen Schweigens wurde Kolbe mit den anderen in den qualvollen Tod geschickt. Damit hatte das Opfer seinen Mörder besiegt. Kolbes Schritt war so gewaltig und unfaßbar, daß sich der Lagerkommandant dem Wunsch des sogenannten »Untermenschen« fügte. Er war in diesem Augenblick von jenem »Untermenschen« überfordert.

Pater Maximilian Kolbe hat uns selbst den Schlüssel für das Verständnis seiner großen Tat christlicher Nächstenliebe gegeben. Unter dem Titel »Gott das Letzte 'Aber' opfern« hat er nämlich folgende Gedanken niedergeschrieben:

Wer sein Innenleben zu höchster Fülle anreichern will, muß Gott auch das letzte »Aber« zum Opfer bringen. Solche vollkommene, uneingeschränkte Aufopferung ist Voraussetzung für das wahre Wachstum des Gnadenlebens. Wenn auch nur das kleinste Hindernis bleibt, kann sich die Seele nicht erheben, denn ihr fehlen ja die freien Schwingen, wie sie die

Taube hat. Aber auch die Taube kann sich nur bis in eine bestimmte Höhe erheben. Der Seele hingegen sind keine Grenzen gesetzt, wenn sie ihrem Verhältnis zu Gott nicht selbst ein Hindernis in den Weg legt. Gott hebt sie immer höher empor, und die Liebe nimmt immer wieder neue Gestalt an. Im Leben der Heiligen können wir solche Entwicklungen beobachten. Wir wundern uns oft darüber. Verstehen könnten wir sie erst, wenn wir in die Tiefen jener Seelen schauen dürften. Wir erhalten von Gott alles, in jedem Augenblick, im Rahmen der natürlichen und übernatürlichen Ordnung. Es ist doch dann auch angebracht, daß wir all das Gott aufopfern, daß kein »Aber« in uns bleibt. Hindernis im Verhältnis zu Gott ist jede Einschränkung, jede Bindung an irgend etwas oder irgend jemanden.

Dieses letzte »Aber« hat Maximilien Kolbe in seinem freiwilligen Opfertod aufgegeben. In seiner außerordentlichen Liebe zu Gott hat er die unsäglichen Qualen des Hungerbunkers auf sich genommen. Mit seinen Leidensgefährten wurde er völlig nackt in einem Kellerraum ohne Lüftung und Pritsche eingesperrt. Wie schon in den Baracken, tröstete Pater Kolbe auch jetzt seine Gefährten, sprach ihnen Mut im Glauben zu, in dem er die Todgeweihten als ihren letzten Halt zu bestärken suchte. Statt das Bevorstehende zu verdrängen oder der naheliegenden Verzweiflung nachzugeben, ermahnte er die Mitleidenden, sich auf den nahen Tod vorzubereiten. Daß er sich freiwillig ausgeliefert hatte, verlieh seinen Worten vor den anderen Kraft und Glaubwürdigkeit. Daß aus dem Todesbunker religiöse Lieder ertönten, darf als Zeugnis der Kolbe oft nachgesagten Spiritualität verstanden werden, deren Wirkung noch in der aussichtslosesten Situation sich niemand entziehen konnte. Ein Häftling namens Borgowiec, der dazu beauftragt war, täglich die Toten aus dem Bunker herauszuziehen, sagte später unter Eid aus: »Ich prägte mir alle Einzelheiten seiner letzten Tage genau ein. … Während die anderen wie Lumpen am Boden lagen, fand ich Pater Maximilian stets am Beten mit lauter Stimme, entweder aufrecht stehend oder mitten in der Zelle kniend.«

Da nach vierzehntägiger Leidenszeit der Raum für andere Opfer benötigt wurde, gab man dem schon zum Skelett abgemagerten Kolbe, der total erschöpft, aber noch bei vollem Bewußtsein war, die tödlich wirkende Phenolspritze. So starb er am 14. August 1941 im Alter von 46 Jahren.

Borgowiec, der den Toten aus dem Bunker entfernen mußte, berichtet:
»Als ich die Eisentür öffnete, lebte Pater Maximilian Kolbe nicht mehr. Sein Gesicht strahlte auf ungewöhnliche Weise. Seine Augen waren weit geöffnet und auf einen Punkt ausgerichtet. Seine ganze Erscheinung, als sei sie in Ekstase. Ich werde diesen Anblick nie vergessen können.«

Am 10. Oktober 1982 wurde Pater Kolbe von Papst Johannes Paul II. heiliggesprochen.

Pater Franz Reinisch

geb.: 1903
gest.: 1942

Franz Reinisch wurde am 1. Februar 1903 als Sohn eines Finanzbeamten in Feldkirch-Altenstadt geboren. Im Herbst 1914 begann er sein Studium auf dem Gymnasium in Hall. In Innsbruck und Kiel studierte er an den dortigen Universitäten Philosophie. Er setzte seine Studien auf dem Priesterseminar in Brixen (Südtirol) fort, wo er auch im Mai 1928 die Subdiakonatsweihe empfing. Im Juni desselben Jahres wurde er in Innsbruck zum Priester geweiht. Ebenfalls noch im Jahr 1928 trat er dem Orden der Pallotiner bei. Nach den Jahren des Noviziats wurde Reinisch zum Lektor der Philosophie ernannt und war daraufhin als eifriger Prediger tätig. Im Jahr 1940 erhielt er ein Redeverbot von der Gestapo, im Jahr 1941 wurde ihm der Bereitschaftsbefehl für den Wehrdienst zugestellt, und damit war für ihn der Tag der Entscheidung seines Lebens angebrochen. Als am Osterdienstag des Jahres 1942 der Gestellungsbefehl eintrifft, hat Pater Reinisch seine Entscheidung getroffen: er wird nicht Soldat werden und ist gewillt, dafür den Tod auf sich zu nehmen. Am 8. Mai 1942 wird er in das Gefängnis Berlin-Tegel überführt, am 7. Juli findet die Verhandlung gegen ihn statt. Das Urteil lautet wegen Verweigerung des Fahneneids und Zersetzung der Wehrkraft auf Tod. Am 21. August 1942 wird die Hinrichtung vollzogen.

In der Anklageverfügung des Reichskriegsgerichts werden wir über die näheren Umstände ebenso wie die Motive Pater Reinischs unterrichtet. Dieses Protokoll wird ergänzt durch eine Schilderung der Verhandlung, die Franz Reinisch selbst gegeben hat. In der Anklageverfügung lesen wir:

»Am 8. 4. 1942 erhielt er einen Gestellungsbefehl, wonach er sich am 14. 4. 1942 bei der Sanitäts-Ersatz-Abteilung 13 in Bad Kissingen zu stellen hatte. Er stellte sich erst am 15. 4. 1943 und wurde der dritten Kompanie zugeteilt. Als der Hauptfeldwebel wegen der nicht rechtzeitigen Meldung an ihn die Frage richtete, ob er keinen Wert darauf lege, Soldat zu werden, antwortete er: 'Ich würde dann Wert darauf legen, wenn das gegenwärtige Regime nicht am Ruder wäre.' Er wurde darauf – nachdem er eingekleidet worden war – festgenommen.

Bei seiner Vernehmung durch den Gerichtsoffizier am 16. 4. 1942 gab er an, daß er durch sein verspätetes Erscheinen bei der Truppe von

453

vornherein habe zum Ausdruck bringen wollen, daß er weder Furcht noch Flucht kenne, daß er jedoch mit dem Gestellungsbefehl nicht einverstanden sei. Das ihm seinerzeit erteilte Redeverbot beantworte er damit, daß er den Fahneneid dem gegenüber verweigere, der die Institution des Reichssicherheitshauptamtes geschaffen habe. Er achte und ehre die deutsche Wehrmacht, bedauere aber, daß sie von der NSDAP mißbraucht werde. Er liebe das deutsche Volk, besonders seine Heimat Tirol, darum sehe er sich gezwungen, gegen den Nationalsozialismus in der Heimat zu kämpfen bis zur Lebenshingabe.

Bei seiner richterlichen Vernehmung durch das Gericht der 173. Division in Würzburg hat der Beschuldigte seinen Standpunkt aufrechterhalten und erneut seinen festen Willen, den Fahneneid nicht zu leisten, zum Ausdruck gebracht. Auf die Folgen seines Verhaltens hingewiesen, hat er erklärt, daß er 1½ Jahre mit seinem Entschluß gerungen habe, daß er sich jetzt aber klar und bereit sei, für seine Überzeugung in den Tod zu gehen. An eine Änderung seiner Gesinnung denke er nicht. Dadurch, daß die Priesterseminare in Trier und Köln als staatsfeindliche Institute durch die Geheime Staatspolizei aufgehoben seien, sei jeder Priester grundsätzlich zum Staatsfeind erklärt worden. Von einem erklärten Staatsfeind könne aber nicht verlangt werden, daß er für das gegenwärtige Regime Wehrdienst leiste. Für jedes andere Regime würde er zur Verteidigung des Vaterlandes den Fahneneid leisten.

Auch bei seiner Vernehmung durch den Untersuchungsführer des Reichskriegsgerichts hat der Beschuldigte seinen Standpunkt aufrechterhalten und erklärt, daß seine Überzeugung, die er sich nach reiflichen Überlegen gebildet habe, ihm die Verweigerung des Fahneneides und damit des Wehrdienstes gebiete, und daß er, auch wenn er an die Folgen denke, in seinen Entschlüssen nicht wankend werde.

Denselben Standpunkt hat der Beschuldigte auch in einem Schreiben an den Provinzial der Pallotiner eingenommen. Das Verhalten des Angeklagten stellt sich als ein fortgesetztes Verbrechen der Zersetzung der Wehrkraft im Sinne des § 5 Abs. I Nr. 3 KSSVO dar. Denn der Beschuldigte, der Reichsdeutscher im wehrpflichtigen Alter ist, ist durch die Einberufung zum Wehrdienst Soldat geworden und als solcher zum aktiven Wehrdienst verpflichtet. Das ist ihm auch bewußt. Daß seine Weigerung zum Wehrdienst auf religiöser bzw. politischer Überzeugung beruht, ist für seine Schuld strafrechtlich ohne Bedeutung (§ 48 MStGB).«

Pater Reinisch über die Verhandlung:
Der vorsitzende Senatspräsident erklärt, es sei kindisch, daß ich einen Tag zu spät in die Kaserne eingetreten sei und daß ich wegen zweier Priesterseminare (die geschlossen wurden) den Treueeid verweigere. Im

übrigen glaube er, daß ich rachsüchtig sein müsse wegen des Redeverbots durch die Gestapo.

Meine Antwort:

»Hohes Reichskriegsgericht! Ich achte und schätze die deutsche Wehrmacht, weil wahrhaft religiöse und sittlich hochstehende Persönlichkeiten zu ihr gehören und weil die deutsche Wehrmacht die Heimat vor feindlichen Angriffen geschützt hat und weil ich auch noch am ersten bei ihr Recht und Gerechtigkeit erwarte... Vor allem ist mein verspätetes Eintreffen in der Kaserne aus dem Prinzip heraus geschehen, daß ich die gegenwärtige Reichsregierung nicht anerkenne, und darum hat sie mir auch keine Befehle zu erteilen. Es ist wohl nicht kindisch, wenn ich mich einsetze für zwei Priesterseminare, weil in ihnen der Priesterstand durch die Gestapo allgemein getroffen wurde.«

Hier unterbricht mich der Senatspräsident:

»Halten Sie hier keine politischen Propagandareden, im übrigen sind wir kein Kirchengericht, sondern ein Kriegsgericht. Wir haben vor Ihnen keine Achtung, wo Sie wissen, daß es heute um den Bolschewismus geht. Sie stellen sich ein, um einen Vergleich zu gebrauchen, bei einem brennenden Hause, um ihre Habseligkeiten zu retten, das andere mag zugrunde gehen. Zehntausende von Ihren Mitbrüdern haben den Treueid geleistet, das ist eine Kompromittierung Ihres ganzen Standes. Sie mögen ruhig Ihre zwei Seminare haben, und das ganze deutsche Volk mag darüber zugrunde gehen.«

Meine Antwort:

»Herr Senatspräsident! Es geht hier um den katholischen Priester, und das ist das Bedauernswerte der heutigen Regierung, ihre Doppelzüngigkeit: auf der einen Seite macht sie den katholischen Priester durch die Gestapo unmöglich, auf der anderen Seite soll der Priester seinen Mann stellen.«

Sofort werde ich wieder unterbrochen, und statt einer sachlichen Antwort versucht der Senatspräsident, mich durch Vorwürfe und Schimpfreden zu erschüttern.

Er fragt mich noch nun einmal, ob ich den Fahneneid leisten wolle oder nicht.

Ich antworte: »Ich muß hier eine Unterscheidung machen...« und sofort werde ich wieder unterbrochen. Der Senatspräsident zitiert jetzt sogar Worte aus der Bibel: »Ich verlange ein klares Ja oder Nein! Die Lauen werden ausgespien: bist Du nicht für mich, so bist Du gegen mich.«

Darauf meine Antwort: ein lautes »Nein!«.

Der Staatsanwalt erhebt sich und stellt den Antrag auf Todesstrafe. Der Verteidiger sagt nur kurz ein paar Worte, daß ich mich vielleicht in der Einsamkeit der Zelle noch besinnen könnte.

»Und nun, Reinisch, was haben Sie noch zu sagen...?«

Meine Antwort: »Auf Grund dieser Ausführung erkläre ich: Nein, ich werde den Treueid nicht leisten...«

Die Verkündung des Urteils war kurz:

»Der Sanitätssoldat Franz Reinisch wird wegen Verweigerung des Fahneneides und Zersetzung der Wehrkraft zum Tode verurteil.« Der Senatspräsident sucht das Urteil damit zu begründen, daß der Angeklagte sich in dieser schweren Stunde im Kampfe gegen den Bolschewismus dem Vaterland entzogen habe.

Schwester Restituta (Helene Kafka)

geb.: 1894
gest.: 1943

Helena Kafka stammte aus einer Bauernfamilie im mährischen Hussowitz, wo sie am 1. Mai 1894 geboren wurde. Schon in jungen Jahren machte sie es sich zur vordringlichen Aufgabe, ihren Nächsten helfend beizustehen. Am 15. April 1915 trat sie in die Kongregation der Schwestern des Dritten Ordens des heiligen Franziskus ein und legte am 23. Oktober 1916 ihr Gelübde ab. Sie war zuerst tätig in einem Krankenhaus in Neunkirchen, später in einem anderen in Mödling bei Wien. Als sie im Jahr 1942 von verwundeten Soldaten ein Lied kennenlernt, in dem der Sinnlosigkeit des Krieges Ausdruck gegeben wird, läßt sie es abschreiben. Ein Arzt bespitzelt sie und zeigt sie der Gestapo an. Des Hochverrats beschuldigt, wird sie am 22. Oktober 1942 zum Tode verurteilt. Am 30. März 1943 wurde Schwester Restituta hingerichtet.

Auch Schwester Restituta wurde zum Tode verurteilt, weil sie eine Christin war, nicht weil sie eine schwerwiegende Straftat begangen hatte. Dies können wir an der Urteilsbegründung nachvollziehen. Das nationalsozialistische Gericht hat die Abschrift und die Anfertigung eines Durchschlags in einem offensichtlichen Widerspruch zu den Tatsachen als »Beeinflussung von Massen« verurteilt und darin ein weiteres Mal bewiesen, daß das Todesurteil schon längst vor der Verhandlung feststand. Dies umso mehr als selbst nach den nationalsozialistischen Gesetzen das Strafmaß für derartige »Vergehen« mit zwei Jahren Zuchthaus bemessen war. Welche Verdrehungen der Tatsachen und Verleumdungen in einem angeblich objektiven, der Wahrheitsfindung dienenden Verfahren hier angewendet wurden, führen uns die Gerichtsakten ebenfalls vor Augen, aus denen wir im folgenden zitieren.

»I. Die Straftat der Angeschuldigten.

Die Angeschuldigte, die dem Frauenorden ‚III. Orden des heiligen Franz Seraphicus von der christlichen Liebe‘ als Ordensschwester angehört, ersuchte im Dezember 1941 die beim Krankenhaus in Wien-Mödling als Kanzleiangestellte tätige Ehefrau Margarethe Smola, ihr von zwei staatsfeindlichen Flugblättern, die sie im Besitz hatte, je eine Schreibmaschinenabschrift nebst einem Durchschlage herzustellen. Die Ehefrau Smola führte diesen Auftrag der Angeschuldigten, die ihr den größten Teil des Textes der Hetzschriften in die Maschine diktierte, auch weisungsgemäß aus. Bei diesen Flugblättern, von denen je ein Abdruck alsbald nach der Herstellung der Abschriften sichergestellt worden ist, handelt es sich um das im Abschnitt II der Anklageschrift wiedergegebene ‚Soldatenlied‘ sowie um eine mit den Worten ‚Deutsche katholische Jugend‘ beginnende Hetzschrift, welche die Tagesangabe ‚8. Juni 1941‘ trägt. In dem Hetzgedicht ‚Soldatenlied‘ werden die ostmärkischen Soldaten aufgefordert, sich nicht länger für das nationalsozialistische Deutschland, dessen Führung in niederträchtiger Weise beschimpft und verleumdet wird, einzusetzen, sondern die Waffen umzukehren und für die Wiederherstellung eines selbständigen österreichischen Staates zu kämpfen. In der Flugschrift ‚Deutsche katholische Jugend‘ wird eine angebliche Störung einer katholischen Jugendkundgebung in Freiburg im Breisgau zum Anlaß genommen, die Führung der Hitlerjugend in niederträchtiger Weise zu verdächtigen und zu beschimpfen und die katholische Bevölkerung gegen die nationalsozialistische Staatsführung aufzuhetzen. Die Angeschuldigte will sich die Urschrift des Hetzgedichts ‚Soldatenlied‘ Anfang Dezember 1941 von zwei ihr dem Namen nach unbekannten Soldaten, die es ihr angeblich bei einem dienstlichen Besuch im Krankenhaus vorlasen, zwecks Herstellung von Abschriften ausgebeten haben. Sie will die Urschrift dann nach der Anfertigung der Abschriften verloren und sie deshalb den beiden Soldaten, die sie kurz darauf zurückverlangten, nicht mehr haben zurückgeben können. Die konfessionelle Flugschrift wurde der Angeschuldigten, wie sie behauptet hat, bereits im Sommer oder Herbst 1941 von einer anderen Klosterschwester überlassen, an deren Person sie sich angeblich nicht mehr erinnern kann.

Am Tage nach der Herstellung der Vervielfältigungen las die Angeschuldigte das Hetzgedicht ‚Soldatenlied‘ den ebenfalls im Krankenhaus in Wien-Mödling beschäftigten Ordensschwestern Anna Mittasch (‚Angelica‘)

und Magdalena Schmid ('Kajetana') sowie der Operationsgehilfin Josefine Mittasch vor. Über den weiteren Verbleib der Vervielfältigungen des ‚Soldatenliedes' haben keine Feststellungen getroffen werden können. Bezüglich der Urschrift und der Abschrift der konfessionellen Flugschrift hat die Angeschuldigte behauptet, daß sie diese verbrannt habe, nachdem ihr der Chefarzt Dr. Stöhr, der von der Herstellung der Vervielfältigungen erfahren hatte, Vorhaltungen gemacht und sie verwarnt hatte. Zur inneren Tatseite hat die Angeschuldigte angegeben, daß sie sich bei dem der Margarethe Smola erteilten Auftrage zur Herstellung der Vervielfältigung der Hetzschrift ‚gar nichts gedacht' habe.

II. Der Inhalt des von der Angeschuldigten verbreiteten Hetzgedichts.

Das von der Angeschuldigten vervielfältigte und verbreitete Hetzgedicht hat folgenden Wortlaut:

‚Soldatenlied.

Erwacht Soldaten und seid bereit,
Gedenkt eures ersten Eid.
Für das Land, in dem ihr gelebt und geboren,
für Österreich habet ihr alle geschworen.
Da sieht ja schon heute jedes Kind
daß wir von den Preußen verraten sind.
Für die uralte heimische Tradition
Haben sie nichts als Spott und Hohn.
Den altösterreichischen General
kommandiert ein Gefreiter von dazumal.
Und der österreichische Rekrut
ist für sie nur als Kanonenfutter gut.
Zum beschimpfen und Leuteschinden
mögen sie andre Opfer finden.
Mit ihrem großen preußischen Maul
sind sie uns herabzusetzen nicht faul.
Dafür haben sie bis auf den letzten Rest
die Ostmarkzitrone ausgepreßt.
Unser Gold und Kunstschätze schleppten sie gleich
in ihr abgewirtschaftetes Nazireich.
Unser Fleisch, Obst, Milch und Butter
waren für sie ein willkommenes Futter.
Sie befreiten uns und ehe mans glaubt,
Hatten sie uns gänzlich ausgeraubt.
Selbst den ruhmvollen Namen stahl uns die Brut
und jetzt wollen sie auch noch unser Blut.
Der Bruder Schnürschuh ist nicht so dumm
Gebt acht er dreht die Gewehre um.

Der Tag der Vergeltung ist nicht mehr weit
Soldaten gedenkt eures ersten Eid.
Österreich!
Wir Österreicher auf uns gestellt
Hatten Frieden und Freundschaft mit aller Welt.
Die Welt vergiftet mit ihrem Haß
Sie machet sich jedes Volk zum Feind
Sie haben die Welt gegen sich vereint.
Die Mütter zittern, die Männer bangen
der Himmel ist schwarz mit Wolken verhangen.
Der schrecklichste Krieg, den die Menschheit gekannt,
Steht furchtbar vor unserem Heimatland.
Es droht uns Elend und Hungersnot,
Der Männer und Jünglingen Massentod.
Kameraden trotz dem verderblichen Wahn,
Was gehen uns die Händel der Preußen an.
Was haben uns die Völker getan?
Wir nehmen die Waffen nur in die Hand
Zum Kampf fürs freie Vaterland.
Gegen das braune Sklavenreich
Für ein glückliches Österreich!'
III. Die oben wörtlich wiedergegebene Flugschrift mit dem Titel ‚Soldatenlied' hat unzweifelhaft hochverräterischen Charakter...

Das hat die Angeklagte, als sie die Flugschrift vervielfältigen ließ, nach der Überzeugung des Senats auch klar erkannt gehabt, zum mindesten aber einverständlich damit gerechnet. Sie hat im Vorverfahren erklärt, die Soldaten hätten ihr das Lied vorgelesen, bevor sie es abschreiben ließ. Im Gegensatz dazu hat sie in der Hauptverhandlung angegeben, die Soldaten hätten beim Besuch des Krankenhauses einen Zettel in der Hand gehabt. Darauf habe sie die Soldaten gefragt, was sie da läsen, und die Antwort erhalten, es handle sich ‚um ein schönes Soldatenlied'. Darauf sei sie auf den Gedanken gekommen, es für sich abschreiben zu lassen. Die Soldaten hätten ihr dann auf ihre Bitte ‚zögernd' den Zettel überlassen, den sie erst beim Diktieren durchgelesen habe, ohne etwas Verdächtiges darin zu finden. Diese Einlassung, die sich die Angeklagte offenbar nachträglich zurechtgelegt hat, trägt den Stempel der Unwahrhaftigkeit. Offenbar kommt es der Wahrheit näher, wenn die Angeklagte früher behauptet hat, die Soldaten hätten ihr das Lied vorgelesen; denn kein vernünftiger Mensch läßt sich etwas abschreiben, was er noch nicht kennt. Ließ sich die Angeklagte aber die fragliche Schmähschrift vorlesen, dann ist sie sich als reife Frau, die, wie auch ihre klaren und gewandten schriftlichen Eingaben an das Gericht und ihre Erklärungen in der Hauptverhandlung erweisen,

459

über recht gute Intelligenz und Auffassungsgabe verfügt, über den hochverräterischen und wehrmachtzersetzenden Inhalt des Machwerks klargeworden. Die Angeklagte ist in der Hauptverhandlung insoweit geständig gewesen, als sie eingeräumt hat, eine Abschrift nebst Durchschlag bei der Zeugin Smola bestellt zu haben. Als Erklärung für ihr Verhalten hat sie angegeben, sie habe sich ‚gar nichts dabei gedacht', allenfalls aus ‚Sammlertrieb' gehandelt, wobei sie geglaubt habe, man könne den Inhalt des Liedes ‚ummodeln' und es dann für ‚Freizeitveranstaltungen' unter den Klosterschwestern verwenden. Auch diese Einlassung ist eine offenbare Lüge. Hätte die Angeklagte wirklich nur aus Neugier gehandelt und das Lied lediglich für sich haben wollen, etwa um es aufzubewahren, dann hätte sie es nicht nötig gehabt, ausdrücklich noch einen weiteren Durchschlag zu bestellen. Ihre Behauptung, es sei allgemein üblich und daher auch nicht auffällig, einen Durchschlag zu bestellen, mag im geschäftlichen Leben zutreffen, gibt aber keineswegs eine ausreichende Erklärung für ihr Verhalten. Es kommt hinzu, daß die Angeklagte bei der gleichen Gelegenheit bei der Zeugin Smola gleichzeitig Abschrift und Durchschlag der anderen Hetzschrift, die die katholische Bevölkerung Deutschlands gegen das Dritte Reich aufzuwiegeln versucht, in Auftrag gegeben hat. Dieses Verhalten spricht nach Ansicht des Senats eindeutig dafür, daß die Angeklagte die hochverräterischen und zersetzenden Tendenzen beider Schriften entsprechend ihrer staatsfeindlichen Einstellung gebilligt und bei der Herstellung der Vervielfältigungen sich von dem Gedanken hat leiten lassen, diese Machwerke, insbesondere das eindeutig hochverräterischen Charakter aufweisende ‚Soldatenlied', in ihrem Kampf gegen die nationalsozialistische Staatsführung zu verwenden.

Damit ist aber die Angeklagte im Sinne der Anklage der Vorbereitung zum Hochverrat im Sinne der Paragraphen 80 Abs. I, 83 Abs. 2 StGB. überführt. Zugleich ist aber auch der strafschärfende Tatbestand des Paragraphen 83 Abs. 3, Ziffer 2 StGB gegeben, da sich die hochverräterische Betätigung der Angeklagten schlechthin gegen die Schlagkraft der Wehrmacht gerichtet hat und die Angeklagte bei ihrem Bildungsgrade dies auch erkannt, zum mindesten mit dieser Möglichkeit gerechnet und sie bewußt in Kauf genommen hat. Ferner liegt die Erschwerungsform des Paragraphen 83 Abs. 3 Ziff. 3 StGB. vor. Diese ist zwar nach herrschender Rechtsprechung nicht dadurch erfüllt, daß die Angeklagte das ‚Soldatenlied' den beiden Klosterschwestern vorgelesen hat, da hierbei eine körperliche Übergabe der Schrift nicht erfolgt ist. Die Angeklagte hat sich jedoch durch die Bestellung der Vervielfältigungen auf der Schreibmaschine an dem weiteren Herstellungsprozeß der Hetzschrift ‚Soldatenlied' beteiligt. Daß diese Schrift objektiv geeignet gewesen ist, auf die Massen im hochverräterischen Sinne zu wirken, liegt bei der ganzen Sachlage klar zutage, auch daß die Angeklagte sich dessen bewußt gewesen ist, zum mindesten einverständlich damit gerechnet hat.

In Tateinheit mit dem Verbrechen der Vorbereitung zum Hochverrat ist die Angeklagte der landesverräterischen Feindbegünstigung im Sinne des Paragraphen 91 b StGB. schuldig. Denn zu einer Zeit, als das deutsche Volk im schwersten Existenzkampf um sein Dasein rang und die militärische Lage äußerst gespannt war, als dessen Feinde das Reich von außen bekämpften, hat sie durch ihre zersetzende Arbeit es unternommen, die Geschlossenheit der inneren Front auszuhöhlen. Damit hat sie praktisch auf eine militärische Niederlage des Reichs hingearbeitet und durch Lähmung der Widerstandskraft von Teilen der Bevölkerung objektiv dem Feinde Vorschub zu leisten versucht. Dieser Folgen ihrer Tätigkeit war sich die Angeklagte bei ihrer Intelligenz auch bewußt und hat sie unbedenklich in Kauf genommen, da sie aus staatsfeindlicher Einstellung heraus die deutsche Niederlage wollte. Damit ist aber der innere und äußere Tatbestand des Verbrechens nach Paragraphen 91 b StGB. erfüllt.

IV. Die Strafe gegen die Angeklagte ist nach Paragraphen 73 StGB. aus Paragraphen 91 b StGB. zu bestimmen, da diese Vorschrift gegenüber Paragraph 83 Abs. 3 StGB. die schwere Strafe, nämlich nur die Todesstrafe oder lebenslanges Zuchthaus androht, sofern nicht das Vorliegen eines Falles nach Abs. 2 des Paragraphen 91 b StGB. bejaht wird. Die letztere Möglichkeit hat der Senat verneint, weil im Hinblick auf die als schwere Gefahr anzusehende zersetzende Tätigkeit der Angeklagten und die Tatzeit schwere Folgen ihres Tuns keineswegs auszuschließen sind. Diese Umstände ließen es gleichzeitig gerechtfertigt erscheinen, daß entsprechend dem Antrage der Anklagebehörde die schwerste Strafe, die das Gesetz androht, gegen die Angeklagte verhängt worden ist. Die Angeklagte hat sich im schwersten Schicksalskampf gegen ihr Volk gestellt und Hand in Hand mit dessen Todfeinden an der Vernichtung desselben gearbeitet. Damit hat sie das Recht verwirkt, innerhalb der Gemeinschaft dieses Volks zu leben. Die Todesstrafe war mithin gegen die Angeklagte die einzig angemessene und zum Schutze des deutschen Volks erforderliche Sühne.«

Die Pfarrer von Lübeck

Kaplan Johannes Prassek

geb.: 1911
gest.: 1943

Johannes Prassek wurde am 13. August 1911 in Hamburg geboren. Nach dem Besuch der Volks- und höheren Knabenschule legte er seine Abiturprüfung am Johanneum in Hamburg ab. In Frankfurt am Main und Münster studierte er Theologie und wurde 1937 in Osnabrück zum Priester geweiht. Seit 1939 war er in Lübeck als Geistlicher tätig.

Hermann Lange

geb.: 1912
gest.: 1943

Hermann Lange, Sohn eines Seefahrtoberlehrers und am 16. April in Leer geboren, studierte nach dem Besuch des Gymnasiums in seiner Heimatstadt auf dem Bischöflichen Priesterseminar in Osnabrück Theologie. 1938 wurde er zum Priester geweiht und war seit Juni 1939 beim katholischen Lübecker Pfarramt als Vikar tätig.

Eduard Müller

geb.: 1911
gest.: 1943

Eduard Müller, Sohn eines Schuhmachers, war Schreinergeselle. Mit 19 Jahren entschloß er sich, die Aufbauschule zu besuchen und machte 1934 sein Abitur. Er studierte in Münster und ging dann auf das Bischöfliche Priesterseminar in Osnabrück, wo er auch zum Priester geweiht wurde. 1940 wurde er Adjunkt bei der katholischen Pfarrei Lübeck.

Friedrich Stellbrink

geb.: 1894
gest.: 1943

Friedrich Stellbrink wurde am 28. Oktober 1894 in Münster geboren. Der evangelische Pastor blickte auf ein bewegtes Leben zurück. Im Jahr 1921 ging er nach Brasilien und wurde in der Gegend von Santa Cruz Seelsorger. Als überzeugter Nationalist kehrte er wieder nach Deutschland zurück und wurde Mitglied der NSDAP. Als Pastor in Lübeck wurde ihm immer deutlicher die Wahrheit über den Nationalsozialismus bewußt. 1936 wurde er aus der Partei ausgeschlossen und wandelte sich seitdem zum entschlossenen Gegner dieser unmenschlichen Weltanschauung.

Aus einem zufälligen Gespräch, das Pastor Stellbrink mit Kaplan Prassek führte, wurde eine enge Zusammenarbeit der vier Geistlichen, die, über die Grenzen der Konfessionen hinweg, bestrebt war, Aufklärung über das verbrecherische Regime zu leisten. Schon bald setzte die Überwachung durch Spitzel ein. Am Palmsonntag 1942 wurde Lübeck von einem schweren Bombardement heimgesucht, die Bevölkerung war in Angst und Schrecken versetzt, was sich gegen die Machthaber spürbar machte, da darüber hinaus erste Meldungen von militärischen Niederlagen laut wurden. Eine Massenverhaftung, darunter die vier Priester, setzte ein, die der aufgebrachten Bevölkerung andeuten sollte, mit welchen Maßnahmen sie im Falle einer Verweigerung ihrer von oben diktierten Pflichten zu rechnen hätte. Diese Berechnung zeigt sich auch in den gefällten Urteilen. Die vier Priester wurden, ohne daß dies von den nationalsozialistischen Gesetzen vorgeschrieben gewesen wäre, zum Tod verurteilt, die Laien erhielten Gefängnisstrafen.

In der Urteilsbegründung, aus der wir nachstehend zitieren, haben wir ein Dokument dessen, was erklärtes Ziel nationalsozialistischer Rechtsprechung war, vor uns. Zum Feind wurde erklärt, wer nicht umstandslos für das Regime war. Und da das viele Christen nicht waren, mußten sie vernichtet werden. Gegen diese Menschenverachtung haben die vier Geistlichen mit dem Opfer ihres Lebens Zeugnis gegeben. Am 10. November 1943 wurden sie hingerichtet.

»Der Angeklagte Prassek, der weder politisch tätig gewesen ist noch einer politischen Partei oder Organisation angehört hat, macht einen

Unterschied zwischen Nationalsozialismus als Staatsform und Nationalsozialismus als Weltanschauung. Er ist nach seiner Behauptung nicht gegen den Nationalsozialismus als Staatsform eingestellt, steht allerdings auf dem Standpunkt, daß erst die Entwicklung zeigen müsse, ob der Nationalsozialismus für das deutsche Volk von Vorteil oder nachteilig sei. Er spricht sich gegen den Nationalsozialismus als Weltanschauung aus, soweit der Nationalsozialismus im Gegensatz zum Christentum stehe. Dies sei der Fall, insofern die nationalsozialistische Weltanschauung eine ‚Nur-Diesseitsanschauung' sei, während die katholische Kirche eine ausgesprochene Jenseitsanschauung vertrete, dabei allerdings das Diesseits und das Jenseits miteinander verbinde. Er stehe z.B. auf seiten der Kirche in der Ablehnung der Sterilisationsgesetze. Der Angeklagte hörte seit 1940 wiederholt Nachrichten des ausländischen Rundfunks ab, und zwar englischer Sender und eines Geheimsenders auf der Kurzwelle 31, 6, der in der Nähe von London stationiert ist und sich mit der Melodie ‚… bis an dein kühles Grab' und mit den Worten ‚Achtung, hier spricht der Chef!' meldet. Der Angeklagte benutzte das Rundfunkgerät im Zimmer seines Vorgesetzten, des Dechanten Bültel, mit dem er in demselben Gebäude wohnte, wenn dieser nicht zugegen war. Ferner traf er sich in der Zeit von Sommer 1941 bis Winter 1941/42 mehrmals mit Lange und Müller in dessen Zimmer und hörte gemeinschaftlich mit ihnen die genannten Feindsender ab. Der Angeklagte war es, der Lange zur Teilnahme veranlaßt hatte. Was der Angeklagte beim Abhören vernahm, erzählte er auf den genannten Gruppenabenden weiter und teilte seinen Zuhörern auch Wellenlänge Pausenzeichen und Sendezeichen des Kurzwellensenders mit. Auch dem genannten evangelischen Pfarrer Stellbrink gab er von den gehörten Nachrichten Kenntnis, erzählte ihm demgemäß u.a. von der Auflösung von Klöstern und von angeblichen Sittlichkeitsverfehlungen im Zusammenhange mit der Kinderlandverschickung. Er empfahl ihm auch, den Kurzwellensender auf Welle 31, 6 zu hören.

Seit dem Frühsommer 1941 veranstaltete der Angeklagte wöchentlich die erwähnten Gruppenabende. Teilnehmer waren hauptsächlich Soldaten katholischen Bekenntnisses. Es waren jedesmal durchschnittlich 10 bis 12 Personen anwesend.

Bald nach Einrichtung der Gruppenabende stellte dann der Angeklagte im Rahmen von Aussprachen allgemeinen Inhalts, die anschließend an die Besprechung religiöser Fragen stattfanden, und in denen aktuelle Tagesereignisse und vor allem die Kriegsverhältnisse erörtert wurden, hetzerische Behauptungen auf und erzählte Greuellügen.

Im einzelnen sind folgende solcher Äußerungen zuverlässig festgestellt worden:

1. Der Führer habe 1937 auf der Ordensburg Vogelsang eine Rede gehalten und Kardinalstaatsekretär Pacelli habe dem deutschen Gesandten am Vatikan später eine Schallplatte vorgehalten, auf der die Red aufgenommen gewesen sei, und habe dazu erklärt, es sei ‚bei einem Verhandlungspartner, der hintenherum anders rede als ins Gesicht, Mißtrauen angebracht'.

2. Reichsmarschall Göring habe, so sagte der Angeklagte bei einer Erörterung des Falles Rudolf Hess, Startverbot erhalten und werde streng bewacht, damit er sich nicht, wie Hess, in Sicherheit bringen könne.

3. Reichsführer-SS Himmler habe an Massenerschießungen im Generalgouvernement teilgenommen, diese fanden dort laufend statt. Gegenüber dem Mitangeklagten Lange nannte er in diesem Zusammenhange den Reichsführer ‚Reichsheini, der Verbrecher'.

4. Auf einem Gruppenabend Ende März 1942 behauptete der Angeklagte, Himmler sei erschossen und durch einen Doppelgänger ersetzt.

5. Generaloberst Udet sei keinem wirklichen Unfall zum Opfer gefallen, sondern vorsätzlich beseitigt worden.

6. Mit Bezug auf veröffentlichte Abbildungen der Pioniere der Arbeit Funk, Porsche und Heinkel äußerte der Angeklagte spöttisch, diese seien ‚nordische Auslese' und Heinkel sehe ‚besonders jüdisch' aus.

7. Die zur Arbeit im Reich eingesetzten Polen würden ungerecht behandelt . Im Polenlager Stockelsdorf seien Polinnen, die sich geweigert hätten, an Orgien und Trinkgelagen teilzunehmen, eingesperrt und vergewaltigt worden.

8. Er habe auch gehört, daß die Polen, die im ehemals polnischen Gebiet von Deutschen erschossen worden wären, wieder ausgegraben und als ermordete Volksdeutsche ausgegeben würden.

9. Zwischen dem Reich und Italien sehen es so aus, daß im Brennergebiet eine Bunkerlinie gebaut würde und daß die deutschen Truppen auch noch mal Italien besetzen müßten.

10. Wie ein Bahnbeamter ihm mitgeteilt habe, der die Strecke zwischen Warschau und Breslau befahre, seien wiederholt Züge mit deutschen Soldaten durchgekommen; diese hätten an der Front gemeutert und würden deshalb nach der Heimat zurückbefördert.

11. Auch eine SS-Division habe gemeutert, und zwar weil ihr kein Pfarrer zugeteilt worden wäre. Dies habe ihm ein SS-Mann erzählt, der im Allgemeinen Krankenhaus in Lübeck gelegen habe.

12. Ein Maat, der zum Gasschutzkursus nach Rostock kommandiert worden sei, habe ihm erzählt, man rechne mit Gasangriffen. Die Sowjets hätten bereits Gas verwendet, aber das sei verschwiegen, um die deutschen Soldaten nicht zu demoralisieren.

13. Gelegentlich einer Erörterung über die Euthanasie äußerte er u. a., unsere Soldaten müßten es wissen, daß ihre schwerverwundeten Kameraden, die nicht mehr produktiv seien, in den Lazaretten getötet würden. Der Angeklagte verbreitete ferner u. a. folgende Schriften, nachdem er sie zum Teil vervielfältigt hatte:

a) ‚Programmpunkte der Nationalen Reichskirche Deutschlands'...

b) ‚Auszug aus der Rede des Erzbischofs von Freiburg am Dreifaltigkeitssonntag 1941'...

c) Ein Flugblatt mit der Überschrift ‚I. Priester der Erzdiözese Polen' enthält Mitteilungen über die Zahl und den angeblichen Verbleib der katholischen Geistlichen des Warthegaues, die seit der Wiedervereinigung dieses Gebietes mit dem Reich aus ihrer seelsorgerischen Tätigkeit ausgeschieden sein sollen, sowie eine Aufstellung der Kirchen und Kapellen der Stadt Posen, die seit dem 1. September 1939 angeblich einem anderen Verwendungszweck zugeführt oder geschlossen worden sind...

d) Abdruck eines Erlasses des Bayerischen Staatsministeriums für Unterricht und Kultus vom 28. August 1941 über die Entfernung der Kruzifixe aus den Schulen...

Der Angeklagte hatte sämtliche Flugschriften vom Mitangeklagten Lange erhalten, und zwar von den ersten beiden Schriften je ein Exemplar und von den anderen Flugblättern je mehrere Stücke... und verteilte sie und die Exemplare der übrigen Flugblätter zum Lesen und zur Weiterverbreitung an die Teilnehmer der Gruppenabende und an andere Personen sowie an die Mitangeklagten Lange und Müller und den evangelischen Pfarrer Stellbrink und las den Inhalt auch auf den Gruppenabenden vor.

Ferner verlas er auf den Gruppenabenden auch einen Aufsatz des Pastors Moschner mit dem Titel ‚Scarabäus', der sich gegen die vom Reichsleiter Rosenberg herausgegebene Schrift ‚An die Dunkelmänner unserer Zeit' richtete, und in dem der Reichsleiter mit dem Scarabäus, dem Mistkäfer, verglichen wird.

Im Sommer 1941 trat der Angeklagte mit dem genannten evangelischen Pastor Stellbrink in Verbindung und kam mit ihm überein, bei der Vertretung ihrer beiderseitigen kirchlichen Belange in Zukunft alle zwischen ihnen bestehenden konfessionellen Gegensätze zurückzustellen und gegenseitig Informationen auszutauschen. Im einzelnen beschlossen sie, sich gegenseitig aufzuklären, anderen, die danach verlangten, Aufklärung zu geben und ihnen zugegangene Schriften gegenseitig auszuwechseln. In der Folgezeit teilte der Angeklagte dann dem Stellbrink den Inhalt von Meldungen mit, die der illegale Sender auf der Kurzwelle 31, 6 gebracht hatte, und veranlaßte Stellbrink, ebenfalls diesen Sender abzuhören. Auch erzählte er ihm u. a. von dem Vorgehen der deutschen Staatsführung gegen die polnische Bevölkerung und betonte dabei, daß das polnische Volk vernichtet und seiner Existenzmöglichkeiten beraubt werde. Er äußerte auch, daß die Anstalten in Bethel bei Bielefeld nicht von englischen, sondern von deutschen Fliegern bombardiert worden seien.

Dem Stellbrink händigte der Angeklagte auch eine Anzahl der von ihm vervielfältigten Schriften aus, und zwar u.a. je 20 Abzüge des Nationalkirchenflugblattes sowie der Schrift ‚Auszug aus der Rede des Erzbischofs von Freiburg am Dreifaltigkeitssonntag 1941', und forderte ihn auf, die Flugblätter weiterzuverbreiten. Er überließ ihm auch vorübergehend den ‚Scarabäus'-Aufsatz. Er seinerseits erhielt von Stellbrink mindestens den Abzug einer Rede des Landesbischofs Wurm über Euthanasie.

Der Angeklagte Lange hat über seine politische Einstellung angegeben, daß er während seines Studiums in Münster in den Jahren 1931 bis 1937 durch die Spannung, die seiner Auffassung nach damals zwischen Staat und Kirche bestanden habe, zu einer ‚ablehnenden Haltung' gegen den Staat veranlaßt worden sei. Als er später während seiner Tätigkeit als Geistlicher von der Aufhebung katholischer Klöster hörte, will er in diesen Maßnahmen einen ‚Angriff des Staates gegen die Kirche' erblickt und sich von da ab ‚feindlich' gegen den nationalsozialistischen Staat eingestellt haben.

Der Angeklagte hörte, wie geschildert, gemeinschaftlich mit Prassek und Müller auf dessen Zimmer seit dem Sommer 1941 wiederholt englischen Rundfunk und den genannten Sender auf Welle 31, 6 ab. Die von ihm dabei aufgenommenen Nachrichten erzählte er in Unterhaltungen mit den Mitangeklagten Ehrtmann und Köster und auch auf den von ihm veranstalteten Gruppenabenden weiter. So berichtete er, daß bei einer Klosterauflösung in Bayern ein SS-Führer den Abt und die Gläubigen, die sich zum Abschied noch einmal in der Klosterkirche versammelt hätten, aus der Kirche gewiesen habe, und daß dabei ein verwundeter Unteroffizier, der sich dem SS-Führer widersetzt habe, abgeführt worden sei. Ferner äußerte er, daß ein SA-Führer in Berlin gehamstert habe. Der Angeklagte wies die Besucher seiner Gruppenabende auch auf den Sender der Kurzwelle 31, 6 hin und gab ihnen die Sendezeiten bekannt...

In der Zeit vom Sommer 1941 bis zum Winter 1941/42 hörte der Angeklagte Müller, der angegeben hat, unpolitisch eingestellt zu sein, auf seinem Zimmer durch seinen Rundfunkempfänger gemeinschaftlich mit Prassek und Lange wiederholt die Nachrichten des englischen Rundfunks und Kurzwellensenders auf Welle 31, 6 ab.

Auch dieser Angeklagte veranstaltete ebenso wie Prassek und Lange Gruppenabende, die einmal wöchentlich im katholischen Gesellenhaus in Lübeck stattfanden und zur Erörterung religiöser Fragen bestimmt waren...

...Die Angeklagten Prassek, Lange und Müller haben jeder Rundfunkverbrechen, landesverräterische Feindbegünstigung und Zersetzung der Wehrkraft begangen.

Sie haben, wie geschildert, absichtlich Nachrichten ausländischer Sender abgehört und Nachrichten ausländischer Sender, die geeignet sind, die Widerstandskraft des deutschen Volkes zu gefährden, vorsätzlich, nämlich insbesondere auf den Gruppenabenden, verbreitet... Sie haben mithin ein Verbrechen gegen §§ I, 2 der VO. über außerordentliche Rundfunkmaßnahmen vom September 1939 begangen. Der erforderliche Strafverfolgungsantrag der Staatspolizeistelle liegt vor.

Ferner haben sie durch die mündliche Hetzpropaganda auf den Gruppenabenden, die sie durch die Verteilung der genannten Schriften zum Zwecke der Verbreitung bei außerhalb des Besucherkreises stehenden Personen unterstützt haben, die Geschlossenheit der Heimatfront angegriffen und damit im totalen Krieg es unternommen, dem Feinde Vorschub zu leisten. Sie haben mithin ein Verbrechen der landesverräterischen Feindbegünstigung nach § 91 b StGB verübt. Es mag zwar sein, daß einzelne Äußerungen, die diese Angeklagten getan haben, wenn sie jede für sich gewürdigt werden, noch nicht den Tatbestand der landesverräterischen Feindbegünstigung erfüllen, doch ist das Tun dieser Angeklagten in dem natürlichen Zusammenhange zu betrachten, in dem es verwirklicht worden ist. Dann aber ergibt sich, daß diese Angeklagten in systematischer Hetze die Einheit des deutschen Volkes gefährdet haben und dadurch, was keiner weiteren Ausführung bedarf, auch den Feind des Reiches begünstigt haben. Die genannten drei Angeklagten haben ferner es unternommen, die Manneszucht in der deutschen Wehrmacht zu untergraben, indem sie den Soldaten und denjenigen Besuchern ihrer Gruppenabende, die mit der Einberufung zur Wehrmacht zu rechnen haben, die genannten hetzerischen Äußerungen, und zwar vor allem die Behauptung von der Tötung der schwerverwundeten und ,unproduktiven' Frontkämpfer vortrugen, und zwar letztere Äußerung als eine angebliche Predigtstelle des Bischofs Graf Galen, obwohl sie wußten, daß es sich um einen fälschenden Zusatz des Prassek handelte. Denn es kann keinem Zweifel unterliegen, daß derartige Äußerungen geeignet sind, die Kampfmoral von vornherein zu zerstören oder zu beeinträchtigen und damit die Manneszucht zu untergraben. Die Angeklagten haben also auch Wehrkraftzersetzung begangen.

Daß diese Angeklagten auch darauf ausgegangen sind, mit ihrer Hetze auf die gewaltsame Beseitigung der Regierung oder den gewaltsamen Umsturz im Innern hinzuarbeiten, oder daß sie im Auge hatten, durch ihre staatsfeindliche Tätigkeit die auf den gewaltsamen Sturz der Regierung gerichteten Absichten der Feindmächte zu fördern, hat sich, mindestens zur inneren Tatseite, nicht feststellen lassen. Ein Verbrechen der Vorbereitung zum Hochverrat hat diesen Angeklagten mithin nicht nachgewiesen werden können.

...Der Senat hat zwar berücksichtigt, daß diese Angeklagten, wie sie geltend gemacht haben, sich als kirchentreue Katholiken und Geistliche durch die von staatlichen Stellen angeordnete und durchgeführte Auflösung von Klöstern und durch die Beseitigung kirchlicher oder Glaubenssymbole, z.B. in den Schulen, getroffen gefühlt, dadurch die Ausübung ihrer konfessionellen Rechte bedroht und die Befriedigung ihrer religiösen Bedürfnisse als gefährdet angesehen haben, und daß sie sich darüber hinaus auch – ob mit Recht sei dahingestellt – nach dem Beispiel kirchlicher Oberer für befugt und verpflichtet gehalten haben, solche von ihnen als unberechtigte Eingriffe empfundenen Maßnahmen abzuwehren. Was die Angeklagten getan haben, war aber gar keine Abwehr und auch kein Kampf gegen die ihnen fremd und abwegig erscheinende nationalsozialistische Weltanschauung, sondern beabsichtigte gehässige Hetze aus fanatischem Haß gegen den nationalsozialistischen Staat. Das zeigt allein schon der Inhalt der Äußerungen, die sie auf den Gruppenabenden getan haben und auf die hiermit verwiesen wird. Die Angeklagten können sich also in Wirklichkeit nicht auf irgendwelche Beweggründe berufen, durch die ihre Tat menschlich und moralisch verständlich gemacht oder gar gerechtfertigt werden könnte. Die Angeklagten sind hartnäckige, fanatisierte und auch gänzlich unbelehrbare Hasser des nationalsozialistischen Staates...

Für solche Verbrecher am Volksganzen wie die Angeklagten Prassek, Lange und Müller es sind, kann es, zumal es sich um keinen minder schweren Fall handelt (§ 5 Abs. 2 KSStVO), nur die härteste Strafe geben, die das Gesetz zum Schutz des Volkes zuläßt, die Todesstrafe. Persönliche Gründe, die eine mildere Bestrafung rechtfertigen sollen, wie z.B. mannhaftes Auftreten bei dem Bombenabwurf in Lübeck, müsse da, wo es, wie hier, um den Schutz der Volksgesamtheit geht, zurücktreten.

Es ist daher gegen die genannten drei Angeklagten auf die Todesstrafe erkannt worden (§ 5 Abs. I KSStVO, § 73 StGB).«

Dompropst Bernhard Lichtenberg

geb.: 1875
gest.: 1943

Bernhard Lichtenberg erblickte am 3. Dezember 1875 im schlesischen Ohlau das Licht der Welt. 1895 verließ er sein Elternhaus, um in Prag, München und Innsbruck seinen theologischen Studien nachzugehen. Am 21. Juni 1899 wurde er in Breslau zum Priester geweiht. Im Lauf seiner seelsorgerischen Tätigkeit tat er sich besonders durch die Verbreitung des Wortes Gottes in Bezirken hervor, die dem Christentum ablehnend gegenüber standen. Er kannte keinen Unterschied der Menschen nach Geschlecht oder Rasse, für ihn waren sie alle Geschöpfe Gottes und deswegen betete er auch für alle. 1938 wurde er Dompropst des Domes in Berlin und war damit besonders den Angriffen der nationalsozialistischen Propaganda ausgesetzt. Doch Dompropst Lichtenberg trat auch weiterhin unerschrocken gegenüber der weltlichen Macht auf. Öffentlich betete er für die Juden und wurde bei Göring selbst vorstellig, um zu erreichen, daß sie nicht mehr aus den Luftschutzkellern ausgesperrt würden. Es dauerte nicht lange, bis ein Vorwand gefunden war, um gegen den unbequemen Gegner vorzugehen. Dies geschah in der Art und Weise, die bezeichnend für das Regime geworden ist. Auch hier waren es Spitzel, zwei BdM-Studentinnen, die den Dompropst wegen seines täglichen Gebets für die Gefangenen in den Konzentrationslagern und die Juden anzeigten. Aufgrund dieser Anzeige wurde Bernhard Lichtenberg am 23. Oktober 1941 verhaftet und nach Plötzensee eingeliefert. Die illegale Untersuchungshaft dauerte sieben Monate, ehe am 22. Mai 1942 die Hauptverhandlung stattfand. Das Urteil lautete auf 2 Jahre Gefängnis, angesichts des herzkranken, durch die Untersuchungshaft geschwächten 66jährigen Mannes das nahezu sichere Todesurteil. Doch Lichtenberg überlebte die Strapazen des Gefängnisses und stand bereits vor der Freilassung, als die Gestapo erneut gegen ihn vorging. Der Befehl, Lichtenberg nun nach Dachau zu überstellen, zeigt die Menschenverachtung, mit der Christen begegnet wurde. Am 5. November 1943 ist der Dompropst von Berlin in Hof an den Folgen seiner Haft während des Transports in das Konzentrationslager Dachau gestorben.

Als Zeugnis für die Unerschrockenheit dieses Kämpfers für die Würde des Menschen mögen drei Dokumente dienen. In einem Brief an den Reichsärzteführer Conti protestiert der Dompropst gegen die Maßnahmen zur Tötung »unwerten« Lebens. Im Verhör durch die Gestapo bekennt er sich zu den wahrhaft menschlichen Grundsätzen und leugnet nicht, daß er auch gewillt ist, für sie einzutreten. Und schließlich zeigt uns ein Brief, den er kurz vor dem Ende seiner Haft schrieb, worin sein Bekennermut wurzelt.

An den Herrn Reichsärzteführer Dr. Conti
Berlin NW 7
Unter den Linden 72
Der Bischof von Münster hat am 3. August 1941 in der St. Lambertus-Kirche in Münster eine Predigt gehalten, in der er behauptete, es sei ihm versichert worden, daß man im Reichsministerium des Innern und auf der Dienststelle des Reichsärzteführers Dr. Conti gar keinen Hehl daraus mache, daß eine große Anzahl von Geisteskranken in Deutschland vorsätzlich getötet worden ist und in Zukunft getötet werden soll.

Wenn diese Behauptung unwahr wäre, hätten Sie, Herr Reichsärzteführer, den bischöflichen Prediger schon längst als Verleumder öffentlich gebrandmarkt und gerichtlich Klage gegen ihn angestrengt, oder die Geheime Staatspolizei hätte sich seiner bemächtigt. Das ist nicht geschehen. Sie geben also die Richtigkeit der Behauptung zu. Wenn auch die heiligen zehn Gebote Gottes öffentlich ignoriert werden, so hat doch das RStGB noch Gesetzeskraft. § 211 des RStGB bestimmt: »Wer vorsätzlich einen Menschen tötet, wird, wenn er die Tötung mit Überlegung ausgeführt hat, wegen Mordes mit dem Tode bestraft.« § 139 bestimmt: »Wer von dem Vorhaben eines Verbrechens wider das Leben... glaubhafte Kenntnis erhält und es unterläßt, der Behörde oder den Bedrohten hiervon zur rechten Zeit Anzeige zu machen, wird... bestraft.«

Wenn die mit der Strafverfolgung und Strafvollstreckung betraute staatliche Behörde hier keinen Anlaß einzugreifen erkennt, muß jeder deutsche Staatsbürger, den Gewissen und Amt dazu drängen, sich zum Worte melden. Ich tue es hiermit.

Vor kurzer Zeit war eine fassungslose Mutter in meinem Büro. Sie wollte meinen Rat und meine Hilfe in Anspruch nehmen. Sie hatte vor einer Woche aus einer Provinzial-Heil- und Pflegeanstalt die Nachricht bekommen, daß ihr 38-jähriger Sohn an Lippenfurunkel und Hirnhautentzündung gestorben und verbrannt worden sei. Er befand sich in dieser Anstalt erst seit einer Woche. Er war aus einer anderen Anstalt dorthin transportiert worden, die nur eine Sammelstelle für die »zum Tode Verurteilten« war. 18 Jahre hatte er in einer anderen Pflegeanstalt zugebracht, deren Arzt der Mutter vor einem Monat das Anerbieten gemacht hatte, ihren Sohn nach Hause zu beurlauben. Der Vater des Patienten hatte, sobald ihm seine Frau nach der Rückkehr von ihrem Krankenbesuch davon Mitteilung machte, durch einen eingeschriebenen Brief sein Einverständnis mit der Beurlaubung des Sohnes ausgesprochen; dieser Brief kam zu spät an, der Sohn war schon nach der Sammelstelle transportiert worden, ein zweiter eingeschriebener Brief nach der Sammelstelle kam auch zu spät, der Sohn war schon zur »Hinrichtungsstelle« geführt worden, die Mutter fuhr ihm nach, verlangte den Sohn, wie mit dem Arzt der ersten Pflegestelle verabredet war, zu wiederholten Malen heraus, der Arzt weigerte sich, ihn zu entlassen, die Mutter fuhr zurück, der Vater verlangte durch eingeschriebenen Brief die sofortige Herausgabe des Sohnes, als Antwort erhielt er wenige Tage darauf die Mitteilung seines Todes, die Asche könne zur Verfügung gestellt werden. Wieviel tausend- oder zigtausendmal sich diese Fälle wiederholt haben, weiß Gott allein. Die Öffentlichkeit darf es nicht wissen, und die Angehörigen fürchten, wie auch in diesem Falle, für ihre Freiheit und ihr Leben, wenn sie öffentlich Einspruch erheben.

Auch auf meiner priesterlichen Seele liegt die Last der Mitwisserschaft an den Verbrechen gegen das Sittengesetz und das Staatsgesetz. Aber wenn ich auch nur einer bin, so fordere ich doch von Ihnen, Herr Reichsärzteführer, als Mensch, Christ, Priester und Deutscher Rechenschaft für die Verbrechen, die auf Ihr Geheiß oder mit Ihrer Billigung geschehen und die des Herrn über Leben und Tod Rache über das Deutsche Volk herausfordern.

Ich gebe von diesem Brief der Reichskanzlei, den Reichsministerien und der Geheimen Staatspolizei Kenntnis.

Auch beim Verhör durch die Gestapo vertritt der Dompropst die Grundsätze der Menschlichkeit:

Ich bekämpfe falsche Grundsätze, aus welchen falschen Taten entstehen müssen, man denke an die Beseitigung des Religionsunterrichtes aus Schulen), Beseitigung der Sakramente, Verweltlichung der Ehe, absichtliche Tötung angeblich unwerten Lebens (Euthanasie), Judenverfolgung etc.

Frage: Vertreten Sie diesen Standpunkt auch von der Kanzel herab?
Antwort: Ja.

Frage: Danach geben Sie zu, daß Sie die staatlichen Maßnahmen nicht billigen?

Antwort: Die aus den eben genannten Grundsätzen fließenden Maßnahmen billige ich nicht.

Frage: Es dürfte Ihnen auch klar sein, daß durch die soeben geschilderten Ansichten, die von Ihnen auch öffentlich vertreten werden, eine Beunruhigung der Volksgemeinschaft eintreten kann?

Antwort: Diese Beunruhigung kann nur verhindert werden, indem man falsche Maßnahmen unterläßt.

Der letzte Brief:
Berlin Tegel, den 27. September 1943
Strafgefängnis Tegel
 Gelobt sei Jesus Christus in Ewigkeit. Amen.
 Ehrwürdige Schwester Oberin.
 Der liebe Gott hat mich zum dritten Mal ins Lazarett des Gefängnisses geschickt. So muß ich meinen wahrscheinlich letzten Gefängnisbrief im Bett schreiben. Wenn ich von hier aus die letzten zwei Jahre überblicke, will und muß ich Gott aus ganzer Seele danken, auch allen, die Seinen heiligen Willen an mir zur Ausführung brachten. Es ist mein fester Entschluß, die Exerzitienvorsätze mit Gottes Hilfe zur Ausführung zu bringen, die ich vor Ihm nach den dreißigjährigen Exerzitien gefaßt habe, nämlich: ich will alles, was mir widerfährt, Freudiges und Schmerzliches, Erhebendes und Niederdrückendes im Licht der Ewigkeit ansehen, ich will meine Seele besitzen in meiner Geduld, ich will in keinem Gedanken, in keinem Worte und in keinem Werke sündigen und alles aus Liebe tun und alles aus Liebe leiden. – Lebensmut habe ich noch für 20 Jahre, aber wenn der liebe Gott will, daß ich noch heute sterbe, so soll Sein heiliger Wille geschehen. 1000 Grüße meinem Hochwürdigsten Bischof, dem Domkapitel, dem Pfarrhaus, der Pfarrwohnung, der St. Hedwigsgemeinde, allen, die für mich gebetet und mir geschrieben und mich dadurch getröstet haben.
 Es geschehe, werde gelobt und in Ewigkeit hochgepriesen der süßeste, heiligste und gerechteste Wille Gottes, unerforschlich in seinen Höhen und Tiefen jetzt und in alle Ewigkeit. Amen.
 Der Gefangene im Herrn
 Bernhard Lichtenberg,
 Dompropst von St. Hedwig

Pater Jacob Georg Gapp

geb.: 1897
gest.: 1943

Pater Gapp war einer der Menschen, die von Anfang an klar sahen, zu welchen Verbrechen an der Menschheit der Nationalsozialismus fähig sein würde und ihn deswegen aktiv bekämpften.

Er wurde am 26. Juli 1897 als siebtes Kind des Fabrikarbeiters Martin Gapp und seiner Frau Antonia in Wattens/Tirol geboren. 1915 meldete er sich freiwillig für das österreichische Heer, geriet in italienische Gefangenschaft und wurde 1919 aus ihr entlassen. 1920 bat er um Aufnahme in die »Gesellschaft Mariä« und faßte damit den Entschluß, Priester zu werden.

Im Jahr 1930 wurde er als Priester nach Freistadt/Oberdonau berufen, von 1933 bis 1938 war er als Religionsprofessor in einem Gymnasium in Graz tätig, ehe er wegen der Verweigerung des Hitlergrußes wieder nach Freistadt versetzt wurde. Ab dem 1. September 1938 erteilte Pater Gapp den Religionsunterricht in der Volks- und Hauptschule von Reuthe. Auch dort zeigte er sich zu keinem Zugeständnis an das Regime bereit, woraufhin er abgesetzt wurde. Auf Anraten der Leitung der Gesellschaft der Marienbrüder in Belgien bewarb sich Pater Gapp um einen Paß nach Bordeaux, der ihm wider Erwarten am 18. Januar 1939 ausgestellt wurde. Dort war er seelsorgerisch tätig und hielt am Ostersonntag 1939 eine Predigt, die die Not der deutschen Katholiken darstellte. Am 23. Mai 1939 kam der Ordensgeistliche nach Spanien und war in der Schule seiner Gesellschaft in San Sebastian als Lehrer für Deutsch, Latein und Religion tätig. Später wechselte er nach Valencia, wo er versuchte, ein Visum nach England zu bekommen, weil sich seine seelsorgerische Arbeit zunehmend schwieriger gestaltete. Im November 1942 wurde Pater Gapp gewaltsam von Spanien in das besetzte Frankreich entführt. Als jüdische Flüchtlinge getarnte Gestapobeamten erschlichen sich sein Vertrauen und schleppten ihn dann über die Grenze. Am 13. August 1943 wurde Jacob Gapp in Plötzensee hingerichtet.

Die Vernehmungsakten, die uns erhalten geblieben sind, übermitteln uns den unbeugsamen Mut dieses aufrechten Mannes. Sie sind daneben ein Dokument ersten Ranges für die nationalsozialistische »Rechtssprechung«, die keinerlei strafrechtlichen Tatbestand festzustellen brauchte, um den Glauben des Geistlichen mit dem Tode zu bestrafen. So lassen sich dann auch die Gründe, die für das Todesurteil aufgeführt werden, zurückführen auf den einen Satz: Pater Gapp ist schuldig geworden, weil er glaubte. Doch bevor wir diese »Gründe« zitieren, wollen wir noch hören, wie Pater Gapp selbst sein Verhalten begründet.

Jacob Gapp über den katholischen Glauben und den Nationalsozialismus:

Ich hatte in den Jahren vor dem Anschluß meine Schüler auf Grund meiner Einstellung als katholischer Erzieher in dem Sinne stets belehrt, daß der Nationalsozialismus für einen Katholiken unannehmbar sei, und glaubte nunmehr, es nicht verantworten zu können, nach dem Anschluß plötzlich eine andere Haltung einzunehmen, zumal sich meine ablehnende grundsätzliche Einstellung zum Nationalsozialismus in keiner Weise geändert hatte. Auf das Ansuchen meines Direktors, mir ein Hakenkreuzabzeichen anzustecken, erklärte ich ihm, daß wir (das Lehrerkollegium und ich) früher als Mitglieder der vaterländischen Front unsere antinationalsozialistische Einstellung stets vor den Schülern und in der Öffentlichkeit bekundet hätten und daß ich mich deshalb außerstande sähe, aus Gründen meiner Ehre und meines Gewissens, eine solche Schwenkung zum Nationalsozialismus hin vorzunehmen.

Ich wollte lediglich die Wahrheit sagen. Für mich steht über jedem Vaterland mein katholischer Glaube. Ich erkläre auch, daß ich jederzeit bereit bin, mein Vaterland aufzugeben, wenn es notwendig ist, um meinem katholischen Glauben treu zu bleiben. Ich bin der Überzeugung, daß es für einen katholischen Priester geboten ist, im Falle des nationalsozialistischen Deutschlands dieses aufzugeben, um seinem katholischen Glauben treu zu sein, weil das nationalsozialistische Deutschland dem Katholizismus den Untergang geschworen hat. Ich bin überzeugt, daß zwischen dem Katholizismus und dem nationalsozialistischen Deutschland ein unüberbrückbarer Gegensatz besteht, der einen seiner Kirche treuen Priester in Gegensatz zum Reich zwingt. Von diesem Gesichtspunkt ist auch meine Tätigkeit in Bordeaux und meine spätere in Spanien zu verstehen...

Über die Motive seines Handelns sagte Jacob Gapp in derselben Vernehmung:

Anfang September 1920 machte ich nach meinem Eintritt in die Gesellschaft Mariä... Exerzitien mit. Ich brachte keine anderen Voraussetzungen mit als meinen guten Willen, die Vorträge mit Ernst anzuhören... Gott belohnte mich, indem er in meine Seele tiefe Reue über meine begangenen Sünden sowie andere religiöse Gefühle und Überzeugungen betr. des katholischen Glaubens senkte... Als ich im Jahre 1925 im Alter von 28 Jahren ins Priesterseminar eintrat, sagte ich mir trotz meiner

Überzeugungen, die ich besaß: »Im Laufe dieser Studienjahre werde ich nur das annehmen, was mir wirklich einleuchtet. Von einem oberflächlichen oder aufgezwungenen Glauben an Dogmen der katholischen Kirche darf keine Rede sein. Ich werde nur dann mit voller Überzeugung andern von meinem Glauben reden können, wenn er zuerst ganz innerlich mein Eigentum geworden ist.« Ich kann mit gutem Gewissen sagen, daß ich diesem meinem Vorsatz seither treu geblieben bin...; daß meine Ablehnung des nationalsozialistischen Staates ganz und gar nicht aus dem Studium des katholischen Dogma und Geschichte hervorgehen kann, sondern lediglich nur aus der erkannten Todfeindschaft, die der Nationalsozialismus der katholischen Kirche geschworen hat... Gewiß haben mich die theologischen Studien... immer mehr mit Begeisterung für Christus und die katholische Kirche erfüllt. Ich war aber nicht einseitig, sondern stets beflissen, auch... anti-katholische Werke zu studieren. Ich habe mich gerade auch aus dem Studium solcher Werke mehr und mehr zu der Überzeugung von der Richtigkeit des katholischen Glaubens durchgerungen... Besonders beim Studium von Alfred Rosenbergs »Der Mythos des 20. Jahrhunderts« kam ich zu der Überzeugung, daß der Nationalsozialismus tatsächlich mit dem katholischen Glauben unvereinbar sei... Ich hätte mich ja mit einer rein innerlichen Ablehnung des Nationalsozialismus zufrieden geben können, so wie es viele Priester taten, aber ich sagte mir, daß es meine Pflicht wäre, als Priester der katholischen Kirche die Wahrheit auch zu lehren und den Irrtum zu bekämpfen... daß das Glaubensgut der kathol. Kirche nur dann gerettet und bewahrt bleiben könne, wenn es Katholiken und besonders katholische Priester gibt, die auch das Letzte einsetzen und die Sache der Kirche verteidigen.

Aber ich bin mir bewußt, daß es eine gewisse Anzahl von katholischen Priestern und Gläubigen geben muß, die unter Hintansetzung aller irdischen Interessen, der katholischen Wahrheit Zeugnis zu suchen geben. Ich hätte mir persönlich immer den Vorwurf der Feigheit und Unmännlichkeit sowie der Halbheit machen müssen, wenn ich nicht so gehandelt hätte, wie ich gehandelt habe... glaubte aber aus Gewissensgründen nicht anders handeln zu können, weil mir mein Glaube so hoch über allem steht, daß mir jedes andere irdische Gut dagegen klein erscheint. Ich möchte dabei erklären, daß keine geistliche Behörde mich jemals zu einer solchen Auffassung und Tätigkeit aufgefordert oder verpflichtet hatte... Ich schätze das ewige Leben, das wir uns hier auf der Erde verdienen müssen, höher als jeden irdischen Wohlstand und als jedes irdische Gut und bin daher überzeugt, daß es für einen Menschen wie für ein ganzes Volk weit schlimmer ist, wenn es sein Seelenheil verliert, als wenn es durch einen verlorenen Krieg seine irdischen Besitztümer und seinen irdischen Wohlstand aufgeben muß.

Betrachen wir nun vor diesen Glaubenszeugnissen das Urteil des Volksgerichtshofes und die Urteilsbegründung. Sie ist vollständig in höhnischem
Ton gegenüber dem Verurteilten gehalten und macht darin deutlich, daß es
nur um die Bestrafung des Glaubens ging, den Pater Gapp nicht verleugnen
wollte.

»Der Angeklagte Jakob Gapp hat jahrelang kurz vor dem Kriege und
im Krieg bis Ende 1942 in Frankreich, Spanien und einem englischen
Konsul gegenüber planmäßig und absichtlich öffentlich und privat bei
Freund und Feind gegen das nationalsozialistische Wesen seines eigenen,
unseres Deutschen Volkes und Reiches gehetzt und unseren Kriegsfeinden
dadurch geholfen; getragen von der volksverräterischen Gesinnung, der
Sieg Deutschlands sei für uns ein größeres Unglück als der Sieg Englands.
Er wird deshalb mit dem Tode bestraft. Er ist für immer ehrlos.

Gründe.

Jakob Gapp wurde, bald nachdem er aus dem Weltkrieg heimgekehrt
war, der ‚Gesellschaft Mariä’ mit dem Sitz in Belgien und Außenstellen in
vielen Ländern zugeführt. Sie weckte sein religiös-kirchliches Interesse. So
kam er zum Studium der Theologie. Die ‚Gesellschaft Mariä’ schickte ihn,
obgleich er Tiroler Deutscher ist, zum Studium nach Freiburg in der
Schweiz, wo französisch unterrichtet wird. Nach Beendigung seines Studiums hatte er mehrere Priester- und Lehrerstellen in Österreich. Von
Dollfuß war er begeistert. Als das deutsche Blut in mächtigem Strome von
den Alpen bis zur Nordsee sich sein Großdeutsches Reich schuf, blieb er
abseits, ja feindlich. Denn er hielt den Nationalsozialismus für einen
Todfeind der Religion und der katholischen Kirche. So konnte er weder als
Theologieprofessor noch als Priester in den verschiedenen Ämtern, die er
nacheinander innehatte, bleiben. Denn die Kinder, die ihm anvertraut
waren, ihre Eltern, die Gemeindemitglieder, die er seelsorgerisch zu
betreuen hatte, und die Öffentlichkeit waren mit seiner Einstellung, die er
bei jeder Gelegenheit äußerte, nicht einverstanden.

Er trachtete nun ins Ausland, bekam einen Paß und fuhr nach Bordeaux. Dort gab ihm die ‚Gesellschaft Mariä’ eine Seelsorgerstelle. Sie
benutzte er, um in Einzelgesprächen mit Priestern und Gemeindemitglie-
dern als Kronzeuge aufzutreten, daß der Nationalsozialismus in Deutschland Kirche und Religion unterdrückte und zu töten trachte. Das hörten die
Franzosen in der Stimmung der ersten Hälfte 1939 gern. Aber er wandte
sich auch gegen Versailles. Und das hörten sie ungern.

Deshalb fuhr er weiter, nach Spanien. Hier bekam er nach einiger Zeit
eine Lehrstelle an einer großen und angesehenen Schule in San Sebastian.
Auch hier ‚»öffnete er jedermann die Augen’ über die angebliche Reli-
gions- und Kirchenverfolgung des Nationalsozialismus. Als z.B. ein Schüler, ein junger Falangist, ein nationalsozialistisches Abzeichen trug, sprach

er ihn gleich an, ob er wisse, was er trage; dies Zeichen wolle die Religion zerstören.

Seine Amtsbrüder waren mit seinen Ansichten nicht einverstanden. Deshalb wurde er Privatlehrer in der Familie eines Spaniers und seiner deutschen Frau in Lequieto und hielt zugleich Kollegs an der dortigen Schule. Hier betätigte er sich wie in San Sebastian.

1941 ging er als Lehrer an eine höhere Schule in Valencia. Auch hier wirkte er ‚aufklärend' in seinem Sinne; verbreitete z.B. einen Hirtenbrief des Bischofs von Calahorra unter Schülern und Amtsbrüdern, der den Nationalsozialismus als Weltgefahr für Religion und Katholizismus behandelte. Die Spanier in Valencia wollten aber davon nichts wissen, weil sie alle Deutschfreunde waren und sagten, man müsse zuerst Spanier oder Deutscher und dann Katholik sein und nicht umgekehrt.

Deshalb strebte er weiter, und zwar nach England. Er ging zum englischen Konsul, sagte, er sei Österreicher, der als verfolgter Katholik geflohen sei und bat um Einreisegenehmigung nach England. Später teilte man ihm mit, daß seine Einreise nicht genehmigt sei. Das englische Konsulat besuchte er öfters und nahm von dort Propagandamaterial gegen Deutschland mit. Den Teil, der dem Nationalsozialismus Unterdrückung von Kirche und Religion nachsagte, verbreitete er unter Amtsbrüdern. Er verbreitete auch die berüchtigte verleumderische Hetzschrift des Verräters Rauschning in spanischer Übersetzung.

Das alles bis gegen Ende 1942.

Dem Angeklagten hat der Vorsitzer vorgehalten, daß der Führer und das Parteiprogramm, die bevorrechtigte öffentlich-rechtliche Stellung der Kirche und ihre Subvention eine Behauptung über Religionsfeindschaft des Nationalsozialismus von vornherein zur Lüge stempelte. Jakob Gapp berief sich für seine Behauptung auf dreierlei:

a) auf die Schließung privater Schulen. Ganz zu Unrecht. Damit bekundet der Nationalsozialismus nur, daß er die Erziehung der Deutschen von morgen als das deutsche Volk von heute in eigener Verantwortung durchführen wolle.

b) Auf Rosenbergs Mythos des 20. Jahrhunderts; wie die Hauptverhandlung ergab, hat er dies Buch völlig mißverstanden, wahrscheinlich, weil sein Dogmatismus ihm ein Eindringen in das Wesen dieses Buches gar nicht gestattete.

c) Auf eine Sendung des Vatikan-Senders von 1938, in der die Behauptung der Religionsfeindschaft und Christenunterdrückung durch den Nationalsozialismus aufgestellt war; mindestens äußerst leichtfertig, am Kreuzweg zwischen Volkstreue und Volksverrat ganz vage Agitationsbehauptungen einer deutschfremden Stelle entscheidend werden zu lassen! Er hat für seine Behauptungen keine Grundlage.

Jakob Gapp war sich darüber klar, durch sein Verhalten das deutsche Volk und Deutsche Reich schwer zu schädigen und im Kriege dadurch dem Feinde zu helfen. Er erklärt dazu, für ihn gehe das Gebot der Kirche und ihr Interesse über die Stimme des Blutes, über Volkszugehörigkeit und Vaterland. Er sehe in diesem Kriege zwei Gefahren für das deutsche Volk: Die eine Gefahr, daß England siegt; dieser Sieg würde das deutsche Volk schädigen.

Die andere Gefahr (!!!), daß Deutschland siegt. Dieser Sieg sei eine schwerere Gefahr für das deutsche Volk als der Sieg Englands; denn dann bleibe der Nationalsozialismus.

All das erklärte der Angeklagte selbst und fügte hinzu, daß er auch wisse, daß der Nationalsozialismus nicht wie der Liberalismus antworten könne, der eine Gesinnungstäterschaft als solche nicht anerkenne; denn wie der Katholizismus erhebe er einen weltanschaulichen Totalitätsanspruch. Deshalb müsse er – Jakob Gapp – ihn auch bekämpfen und werde das zeitlebens tun.

Mit einem hat der Angeklagte recht: Wie der Liberalismus, der Volksverrat und Volkstreue moralisch nicht verurteilt und nicht hochwertet, antwortet der Nationalsozialismus nicht. Er kann nur eine Antwort kennen: Wer so die Stimme des Blutes in sich verrät, wer alles daran setzt, Deutschland seinen Freunden zu entfremden und Deutschlands Feinden zu helfen, weil ihr Sieg für unser Volk weniger schlimm sei als unser Sieg – ein solcher Deutscher hat für immer, für unser Geschlecht und die Reihe der deutschen Geschlechter nach uns, seine Ehre verwirkt; und er muß deshalb als verräterischer Helfer unserer Kriegsfeinde (§ 91 b StGB.) mit dem Tode bestraft werden.

Als Verurteilter muß der Angeklagte die Kosten tragen.«

Der letzte Brief des unrechtmäßig Verurteilten, geschrieben am Tag seiner Hinrichtung, lautet:

»… daß ich nach schwerem Ringen doch so weit bin, daß ich den heutigen Tag (den der Hinrichtung) als den schönsten Tag meines Lebens betrachte… ich habe natürlich viele schwere Stunden mitgemacht, aber ich konnte mich sehr gut auf den Tod vorbereiten… alles geht vorüber, nur der Himmel nicht! ich bete für alle, ich bete auch für meine Heimat…« Der *Gefängnisgeistliche, Geistl. Rat Buchholtz, sprach von »seiner gewissen Freudigkeit… ich kann Ihnen nur versichern, daß er sein Schicksal mit bester Haltung (trug) und dem Tode mit aufrichtiger Ergebung in Gottes heiligen Willen entgegensah… Ich glaube, wir brauchen nicht für ihn zu beten: wir können durch ihn Gott bitten, daß er uns zu einer seligen Sterbestunde Kraft und Gnade gebe…«*

Abschrift.
2 J 193/43 e
1 H 293/43

Jm Namen
2 des Deutschen Volkes

14

In der Strafsache gegen
den katholischen Geistlichen Dr. Max Josef **M e t z g e r** aus Berlin,
geboren am 3. Februar 1887 in Schopfheim (Baden),
zur Zeit in Polizeihaft,
wegen Vorbereitung zum Hochverrat u.a.
hat der Volksgerichtshof, 1. Senat, auf Grund der Hauptverhandlung
vom 14. Oktober 1943, an welcher teilgenommen haben
als Richter:
Präsident des Volksgerichtshofs Dr. Freisler, Vorsitzer,
Kammergerichtsrat Rehse,
Gauhauptstellenleiter Bürgermeister Ahnels,
Ortsgruppenleiter Kelch,
Kreisleiter Reinecke,
als Vertreter des Oberreichsanwalts:
Erster Staatsanwalt Dr. Drullmann,
für Recht erkannt:
Max Josef **M e t z g e r** , ein katholischer Diözesanpriester,
der von unserer Niederlage überzeugt ist, hat im vierten Kriegsjahr
ein "Memorandum" nach Schweden zu schicken versucht, um den Boden für
eine feindhörige pazifistisch-demokratische föderalistische "Regierung"
unter persönlicher Diffamierung der Nationalsozialisten vorzubereiten
Als für alle Zeit ehrloser Volksverräter wird er mit dem
T o d e
bestraft .

*Todesurteil gegen den katholischen Geistlichen Dr. Max Joseph Metzger
(1943). Hinrichtung im Z. Brandenburg.*

480

Pfarrer Max Josef Metzger

geb.: 1887
gest.: 1944

Max Metzger wurde als Sohn eines Lehrers am 3. Februar 1887 in Schopfheim im Schwarzwald geboren. Nach dem Gymnasium in Konstanz besuchte er die Universitäten Freiburg im Breisgau und Fribourg in der Schweiz und studierte dort Philosophie und Theologie. Im Jahr 1911 promovierte er zum Doktor der Theologie und erhielt im selben Jahr noch die Priesterweihe. Bis zum Jahr 1914 war er Kaplan in Karlsruhe, Mannheim und Oberhausen und fand in der Trinkerfürsorge ein erstes soziales Betätigungsfeld. Die Schrecken des Krieges gingen auch an Pfarrer Metzger nicht spurlos vorüber und so entschließt er sich, die Völkerverständigung und die Erhaltung des Friedens zu seinem Hauptanliegen zu machen. 1917 gründete er den »Friedensbund deutscher Katholiken«, 1919 die »Weltfriedensorganisation vom Weißen Kreuz«. In den folgenden Jahren war er unermüdlich für den Frieden tätig, sprach auf vielen Friedenskongressen und nahm 1928 an einer Kirchenkonferenz in Lausanne teil. Bereits 1934 wurde die Gestapo auf Max Metzger aufmerksam. Er wurde vorübergehend verhaftet, seine Rundbriefe wurden verboten, in nationalsozialistischen Zeitungen erschienen Hetzartikel gegen ihn. Doch Pfarrer Metzger war weiterhin tätig. Er bereiste In- und Ausland, um seine Gedanken und die Idee der von ihm gegründeten Una-Sancta-Bewegung, deren Ziel die Wiedervereinigung der Gläubigen war, an die Öffentlichkeit zu tragen. Im Jahr 1942 verfaßte er voller Friedenssehnsucht ein Schreiben an den evangelischen Bischof Eidem von Upsala mit dem Plan einer Gestaltung Deutschlands nach Kriegsende und übergab das Schreiben einer Botin, die er als zuverlässiges Mitglied der Una Sancta schätzte. Doch sie entpuppte sich als eingeschleuste Gestapoagentin, durch deren Verrat Max Metzger in die Hände der Gestapo fiel. Er wurde des Hochverrates angeklagt und schuldig gesprochen. Am 17. April 1944 wurde Pfarrer Metzger hingerichtet.

Auch für diesen Geistlichen galt, daß in seinem Verfahren nicht Recht gesucht wurde. Pfarrer Metzger hat uns darüber in einer Niederschrift vom 14. November 1943 Nachricht hinterlassen. Welche Maßstäbe es waren, die dieses Urteil in die Welt setzten, vermag ein Blick auf die Urteilsbegründung zu zeigen. Im Jahr 1956 hat der Bundesgerichtshof erklärt, daß die Verurteilung Dr. Metzgers und die Vollstreckung des Todesurteils als vorsätzliche rechtswidrige Tötung zu verstehen ist. Schließlich gibt uns der Bischof des Ermordeten noch ein Bild seines Charakters.

Max Metzger über die Verhandlung:
Die Verhandlung ließ mir schon nach der Einleitung keinen Zweifel mehr; daß hier nicht »Gericht« gehalten wurde, um »Recht« zu suchen, sondern um in einem Schauprozeß Eindruck auf das Volk zu machen. So war es mir bald klar, daß alle menschliche Hoffnung umsonst sei... Es überkam mich ein Gefühl stolzer Verachtung, als ich das Todesurteil hörte. Ich wußte, daß es keine Schande, sondern eine Ehre war, von einem solchen Gericht »ehrlos« erklärt zu werden. Ich hatte in der kurzen Zeit, die die Richter zur »Findung« des Urteils brauchten, für sie gebetet, daß sie als Werkzeuge Gottes handeln möchten...
Als ich am Abend (nach dem Urteil) in meine Zelle kam, habe ich mich niedergekniet und habe Gott gedankt, daß Er mich so in die Jüngerschaft Christi hineingezogen habe und Ihn gebeten, mir das starke Herz bis zuletzt zu bewahren.

Das Urteil des Volksgerichtshofs:
»Max Josef Metzger, ein katholischer Diözesanpriester, der von unserer Niederlage überzeugt ist, hat im vierten Kriegsjahr ein ‚Memorandum' nach Schweden zu schicken versucht, um den Boden für eine feindhörige pazifistisch-demokratische föderalistische ‚Regierung' unter persönlicher Diffamierung der Nationalsozialisten vorzubereiten.
Als für alle Zeit ehrloser Volksverräter wird er mit dem Tode bestraft.
Gründe:
Max Josef Metzger ist katholischer Diözesanpriester, der schon 1917 – mitten im Krieg! – in Österreich an einer Weltfriedensorganisation arbeitete, also getreu Erzbergers Haltung in Deutschland, half, unsere Kriegsfront zu zermürben.
Davon hat er auch jetzt nicht lassen können. Er sagt selbst, daß er glaube, Deutschland werde zusammenbrechen. Deshalb, so erklärt er, trug er sich mit dem Gedanken, dem Führer einen Brief zu schreiben, er möge zurücktreten; denn er glaube, dann sei ein Verständigungsfrieden möglich!!! Freilich hat er das nicht ausgeführt;
1. weil er glaubte, sein Brief werde den Führer nicht erreichen;
2. weil er meinte, jedenfalls werde er keinen Erfolg seiner Bitte haben;
3. weil er fürchtete, dann verhaftet zu werden.
Stattdessen verfaßte er ein ‚Manifest' und versuchte es durch eine frühere Schwedin, jetzige Reichsangehörige Imgart von Gießen, dem

schwedischen protestantischen Erzbischof Eidem zu übermitteln, den er von der Una-Sancta-Arbeit (Bestrebungen zur Wiedervereinigung der katholischen und evangelischen Bekenntnisse) her kannte.

‚Nordland' (‚Die vereinigten nordischen Staaten') ist ein Bund von demokratisch geführten Freistaaten (Norwegen, Schweden, Finnland, Dänemark, Island). Jeder Freistaat ist im Rahmen der nordländischen Verfassung selbständig in Bezug auf Innenpolitik, kulturelle, soziale Angelegenheiten und Verwaltung. Die Außenpolitik ist gemeinsam, und der Führung des Staatenbundes vorbehalten. Die Politik Nordlands ist nach innen und außen verfassungsmäßig festgelegt als eine redliche Friedenspolitik auf der Grundlage sittlicher Wahrheit und Treue sowie sozialer Gerechtigkeit.

Die Friedenspolitik nach innen gründet auf der Achtung des ewigen Sittengesetzes, auf der Anerkennung und Wahrung des gleichen Grundrechtes für alle Bürger, einer fortschrittlichen Sozialpolitik (Sicherung von Arbeit, Verdienst und Lebensmöglichkeit für alle; Nationalisierung aller Bergwerke; Kraftwerke, Eisenbahnen sowie des Großgrundbesitzes an Feld, Wald und Seen; soziale Steuerpolitik unter Schonung der Schwachen), und einer gerechten Nationalitäten- und Rassenpolitik (Selbstverwaltung der nationalen Kurien, z.B. in Bezug auf die öffentlichen Mittel für Schulzwecke).

Die Friedenspolitik nach außen anerkennt und achtet in vollstem Umfang die Lebensrechte fremder Völker und vertritt bzw. verwirklicht freiwillig eine Abrüstung (bis auf eine Polizeitruppe zur Aufrechterhaltung der inneren Ordnung) zugunsten einer überstaatlichen Wehrmacht, die im Dienst eines unparteiischen Organs der ‚Vereinigten Staaten von Europa' einen gerechten Frieden unter den Staaten zu schützen übernimmt.

Verfassungsmäßig ist jedem Nordländer die Unantastbarkeit der persönlichen Würde und Rechtssicherheit, die Freiheit des Gewissens, der Sprache und Kultur, sowie der Religionsausübung, die Freiheit der persönlichen Eigentums und Eigentumsgebrauchs innerhalb der durch das Gemeinwohl bestimmten und rechtlich klar festgelegten Grenzen gewährleistet.

Alle Nordländer, die an dem nationalen Unglück und der Vergewaltigung ihres Volkes nachweisbar Mitschuld tragen, bleiben ebenso wie alle wegen gemeiner Verbrechen Verurteilten für zwanzig Jahre von allen bürgerlichen Ehrenrechten (Wahlrecht, Recht auf Bekleidung öffentlicher Ämter) ausgeschlossen. Bis zur allfälligen Feststellung bzw. Bewährung ihrer charakterlichen und verfassungsgemäßen Zuverlässigkeit wird diese Mitschuld vorausgesetzt bei allen Funktionären der antinationalen und antisozialen Parteien und deren militärischen Selbstschutzorganisationen. Die darüber geführte Volksliste ist öffentlich.

...In diesem Manifest, zu dem Metzger sich bekennt, muß man, wie er selbst sagt, für Nordland Deutschland, für Nordländer Deutscher, für Schweden, Norwegen, Dänemark, Finnland, Island deutsche Länder wie Preußen, Bayern, Sachsen, Württemberg, Baden usw., für antinationale und antisoziale Parteien die NSDAP und ihre Gliederungen lesen.

Es handelt sich also um den Entwurf eines Regierungssystems für Deutschland, das demokratisch-pazifistisch, wehrlos, einer Terrorarmee unserer Feinde unterworfen, kein Einheitsstaat, nicht einmal ein Bundesstaat, sondern nur ein Staatenbund sein soll; also um die Verwirklichung schlimmster Wunschträume unserer Feinde! Metzger sagt, daß er sich dachte, bei einem deutschen Zusammenbruch möge der Erzbischof Eidem, den er für deutschfreundlich hält, solche Gedankengänge bei unseren Feinden propagieren, um Deutschland eine solche Regierung an Stelle einer Feindregierung zu ‚retten‘.

Ein ganz ungeheuerlicher Gedanke, wie ihn nur ein zutiefst defaitistischer Mensch überhaupt fassen kann. Ein schmachvoll verräterischer Gedanke, wie ihn nur derjenige zu fassen vermag, der unser nationalsozialistisches Deutschland zutiefst haßt. Ein hochverräterischer Gedanke, weil er davon ausgeht und zum Ziele hat, an die Stelle unserer arteigenen Lebensform, des Nationalsozialismus, längst überwundene volksfeindliche ‚Ideen‘ zu maßgebenden zu machen. Vor allem aber: Wer im Kriege ein solches Elaborat in die Welt setzt, einerlei aus welchen Gründen, der schwächt, wenn dieses Elaborat in die Hände unserer Kriegsfeinde kommt, unsere Widerstandskraft, der stärkt unseren Kriegsfeind. Denn dieser würde ein solches Dokument propagandistisch zweifellos gegen uns verwerten; er würde den Anschein erwecken, als gebe es Kräfte in Deutschland, die an eine Niederlage denken, und die nach einer Niederlage sich beim Feinde anschmeißen wollen, eine ohnmächtige undeutsche Regierung bilden, um so im Rahmen des Unterdrückungssystems unserer Feinde eine Helfershelferrolle zu spielen.

Zwar sagt, Metzger, er habe bestimmt geglaubt, daß sein ‚Manifest‘ vor dem Zusammenbruch nicht in die Hände der Feinde käme; er habe darauf vertraut, daß Erzbischof Eidem, den er für deutschfreundlich und einen Mann von Diskretion halte, die Gedanken dieses ‚Manifestes‘ erst bei einem Zusammenbruch Deutschlands und dann in geeigneter Weise einflußreichen Männern beim Feind, z. B. englischen Kirchenfürsten, zuleiten werde. Und er habe geglaubt, daß diese dann helfen könnten. Englischen Kirchenfürsten!, etwa dem, der jetzt nach Moskau gereist ist? Der Volksgerichtshof ist aber davon überzeugt, daß ein Mann wie Metzger sich sehr wohl darüber Gedanken gemacht hat, daß so ein Schriftstück, wenn es einmal in der Welt ist und wenn es gar erst im Ausland ist, Wege gehen kann, die er nicht mehr kontrollieren kann. Es ist unmöglich zu glauben, daß ein denkender Mann die Möglichkeit nicht bedacht hat. Und dennoch hat er versucht, das Schriftstück über die Grenzen zu schaffen! Seine Handlung ist also eine Helfershelferhandlung für unseren Kriegsfeind (§ 91 b StGB).

Wenn Metzger jedoch wirklich fest überzeugt gewesen wäre, daß dies Schriftstück bis zum Zusammenbruch Deutschlands nicht in die Hände kommen könnte, die es gegen Deutschland benutzen, so würde auch das Urteil des Volksgerichtshofs nicht beeinflussen. Denn die ganze Handlungsweise Metzgers ist so ungeheuerlich, daß es gar nicht darauf ankommt, ob sie sich nun juristisch als Hochverrat kennzeichnen läßt (Metzger sagt, nie habe er an Gewalt gedacht) oder ob sie juristisch Feindbegünstigung ist (Metzger sagt, er habe ja nur daran gedacht, im Augenblick des erfolgten Zusammenbruchs wirken zu wollen) – auf das alles kommt es nicht an: denn jeder Volksgenosse weiß, daß ein solches Ausscheren eines einzelnen Deutschen aus unserer Kampffront eine ungeheuerliche Schandtat ist, ein Verrat an unserem Volke in seinem Kampf um sein Leben, und daß ein solcher Verrat todeswürdig ist; es ist ein Verrat in der Richtung auf Hochverrat, ein Verrat in der Richtung auf Defaitismus, ein Verrat in Richtung auf Feindbegünstigung, ein Verrat, den unser gesundes Volksempfinden für todeswürdig hält (§ 2 StGB). Deshalb mußte Metzger wegen dieses gemeinen Volksverrates auch dann zum Tode verurteilt werden, wenn er nicht mit der Möglichkeit gerechnet hätte, daß sein Schriftstück schon im Kriege in Hände geraten kann, die es gegen uns verwerten.

Metzger versuchte heute in der Hauptverhandlung darzulegen, daß er doch nur aus guter Vorsorge für einen von ihm vorausgesehenen schlimmen Fall gehandelt habe; und auch sein Erzbischof hat ihm in einem Briefe, den er an den Verteidiger gerichtet hat und den dieser verlas, bescheinigt, daß er kein Verbrecher sei, und ihn einen Idealisten genannt. Aber das ist eben eine ganz andere Welt, eine Welt, die wir nicht verstehen. Und bei uns im Großdeutschen Reich kann jeder nur nach den Grundsätzen verurteilt werden, die bei uns gelten, nach nationalsozialistischen Ansichten, die davon so himmelweit entfernt sind, daß über sie eine Diskussion auf nationalsozialistischer Basis überhaupt nicht möglich ist – und das sind die Ansichten, die Metzgers Handlungsweise zugrunde liegen –, kann, darf und will kein deutsches Gericht berücksichtigen. Jeder muß es sich gefallen lassen, nach deutschem, nationalsozialistischem Maßstab gemessen zu werden. Und der sagt eindeutig, daß ein Mann, der so handelt, ein Verräter am eigenen Volk ist.

Metzger, der sich durch seine Handlungsweise für immer ehrlos gemacht hat, mußte also zum Tode verurteilt werden.«

Die Kirche im Überlebenskampf

Der Erzbischof von Freiburg über Pfarrer Metzger:

Eben waren die Verwandten meines Diözesanpriesters Dr. Max Metzger bei mir, um über den Stand der Sache zu berichten. Ich danke Ihnen sehr, daß Sie die Vertretung Metzgers angenommen haben. Ich kenne Metzger schon seit seiner Gymnasialzeit, wo ich sein Rektor in Konstanz Nutzen. Metzger ist ein hochveranlagter Mensch, der der Wirklichkeit immer fremder geworden ist.... Die Seelsorge in der Diözese genügte ihm nicht, er wollte sozial und caritativ wirken und hat ein Unternehmen in Graz gegründet, mit Zielen und Verwirklichungsplänen, wie sie nur ein weltfremder Idealist verfolgen kann. Keine Not war ihm zu groß, die er nicht lindern wollte, und kein Mensch zu lasterhaft, dem er sich nicht wie ein barmherziger Samariter näherte. Unterstützt wurde er durch eine große Sprachengabe und ein sehr beachtliches Organisationstalent... vermochte auch durch sein einfaches, entsagungsreiches, priesterliches Beispiel manche zu beeinflussen und für seine eigenen Ideale zu gewinnen. Auch von Meitingen aus, wo er später sich ansiedelte, setzte er seine sozial-caritativen Pläne fort, es sei durch Vorträge oder durch Schriften oder durch die Formung jener Männer und Frauen, die sich seiner Gesellschaft angeschlossen hatten... Sein Ideal scheint der heilige Franziskus von Assisi gewesen zu sein, der nach dem Wort des hl. Paulus »allen alles werden« wollte und sich selber darüber vergaß... Er erstrebte eine Annäherung und Vereinigung der katholischen und evangelischen Kirche und hielt zahlreiche Vorträge, dadurch ist er noch weiter bekannt geworden als bisher; namentlich in der evangelischen Kirche hat er sich durch sein persönliches Wesen zahlreiche inländische und ausländische Freunde erworben. Schon vorher kam er als Organisator von internationalen Kongressen rein religiös-caritativer Art mit fast allen Ländern Europas in Berührung... Solange ich Metzger kenne, habe ich nie ein politisches Streben an ihm entdeckt... seine verzehrende Leidenschaft war immer die des Helfenwollens. Von einem Revolutionär, der staatsumstürzlerische Pläne hegt, war nie die geringste Spur wahrzunehmen... Ich halte ihn für einen schlechten Menschenkenner, der höchstens dazu geeignet sein kann, einem andern zum Opfer zu fallen und als Werkzeug zu dienen... Ich glaube, daß er bereit wäre, aus Liebe zu Volk und Vaterland ähnliche Opfer zu bringen, wie für seine anderen Ideale... Noch selten habe ich einen Menschen von Format kennengelernt, der so wenig das Zeug hatte, gegen die bestehende Ordnung anzurennen, als gerade er... Ich bin gern bereit, alles für ihn zu tun, was zu seiner Rettung dienen könnte...

Pater Alois Grimm

geb.: 1886
gest.: 1944

Pater Alois Grimm wurde am 24. Oktober 1886 in Külsheim bei Wertheim am Main geboren. Er sollte einmal den elterlichen Bauernhof übernehmen. Doch dazu kam es nicht, denn der Ortskaplan entdeckte die Begabung des Knaben und sorgte dafür, daß Alois Grimm in das Gymnasium von Tauberbischofsheim eintreten konnte. Dort bestand er im Jahr 1907 das Abitur. Die Teilnahme an Exerzitien in Valkenburg/Holland ließ in ihm den Entschluß reifen, Priester zu werden. Im September desselben Jahres noch trat er, gegen den Widerstand seines Vaters, in die Gesellschaft Jesu ein. Nach Beendigung seiner Noviziatszeit war Grimm von 1912–1916 Lehrer an der »Stella Matutina« in Feldkirch. Im Krieg, der seine Studien unterbrach, wurde er Sanitäter des Maltesertrupps in Kriegslazaretten. Im Jahr 1920 wurde Alois Grimm zum Priester geweiht und vervollständigte seine wissenschaftlichen Kenntnisse in Florenz, Wien und Heidelberg. Im Jahr 1926 begann er sein Lehramt für klassische Philologie, Sprache und Deutsch an der »Stella Matutina«.

Bereits zu Beginn der nationalsozialistischen Herrschaft kam es zu Spannungen. Spitzel der Hitlerjugend wurden unter die Schar der Schüler eingeschleust, so daß sich die Lehrtätigkeit für Alois Grimm immer schwieriger gestaltete. Im Frühjahr wurde die Schule St. Blasien, in die Grimm hatte umziehen müssen, geschlossen und Pater Grimm ging als Lehrer in das Noviziat der Jesuiten in Tisis. Im Herbst 1940 wurde das Noviziat geschlossen. Pater Grimm lebte nun im Pfarrhaus von Tisis-Feldkirch, betrieb dort seine Studien und war seelsorgerisch tätig. Von der Kanzel herab stellte er seinen Zuhörern in eindringlichen Worten die Verblendung des Nationalsozialismus dar. So konnte es nicht ausbleiben, daß Spitzel auf den Priester angesetzt wurden, denen er schließlich zum Opfer fiel. Am 14. Oktober 1943 wurde Pater Grimm verhaftet und nach Berlin gebracht. Bezeichnend für den Umgang des Regimes mit Christen war, daß dem Pater erst am 5. Mai 1944 erlaubt wurde, einen Brief nach Feldkirch zu schicken. Die wenigen Besucher, denen es gelang, den Häftling zu sehen, berichten uns erschütternde Dinge. Grimm war völlig abgemagert, seine Haare waren weiß geworden, nach sieben Monaten Haft hatte er seit einer Woche ein Bett. Und trotzdem äußerte er keine Beschwerde, nahm, im

Die Kirche im Überlebenskampf

Vertrauen auf die Kraft des Glaubens, sein Kreuz auf sich. Alois Grimm wurde am 11. September 1944 hingerichtet.

Die Art und Weise, wie christliche Angeklagte vor dem Volksgerichtshof unter Vorsitz des berüchtigten Roland Freisler behandelt wurden, macht uns ein Gedächtnisprotokoll des Verteidigers von Alois Grimm deutlich. Wir haben hier ein einzigartiges Dokument des Hasses vor uns, der den Christen entgegenschlug, die ihrem Glauben treu blieben. Wir sehen, daß der Schuldspruch schon von Anfang an feststand. Dies beweist auch die Tätigkeit der Gestapospitzel, die – wie Alois Grimm selbst schreibt – die Aufgabe hatten, unter dem Schein eines seelsorgerischen Gesprächs politische Äußerungen zu provozieren, die dann gegen den Seelsorger verwendet wurden.

Pater Grimm über die Spitzel:
Die Besprechungen mit L. und T. fanden nicht in einem öffentlichen Raum, nicht in der Pfarrkanzlei, sondern in meinem Privatzimmer, das Wohn-, Arbeits- und Schlafzimmer zugleich ist, statt. Die Anliegen der beiden Besucher waren derart, daß sie jede Beziehung zur Öffentlichkeit ausschlossen, für mich strengstes Secretum commissum waren, und daß ich annehmen mußte, unsere Unterhaltung diene nur dazu, die persönliche seelische Not der Fragesteller zu beheben. L. bat um religiöse Weiterbildung nach seiner vorgetäuschten Konversion und um Mithilfe bei der Bekehrung seiner Frau. In diesem Rahmen äußerte er seine Pein über das Treiben der »Nazis«, was zur Besprechung der Kriegslage führte.

T. quälte angeblich seine innere Sorge um seine Bekenntniskirche und die Furcht, Kirche und Staat und Heimat würden von den bolschewistischen Heeren überflutet.

Die zwei Zeugen, auf deren Aussagen sich die Anklage gegen mich stützte, sind beide sogenannte Spitzel, die, religiöses Suchen und seelische Not bewußt und fortgesetzt vortäuschend, zu mir kamen, von sich aus das Gespräch auf politische Dinge brachten, um mich zu fangen und zu vernichten. Diese Absicht erkannte ich nicht rechtzeitig, weil ich in meiner Einfalt es für unmöglich hielt, daß Bitten um religiöse Förderung und deren opfervolle und zeitraubende Gewährung durch mich so mißbraucht und zu meiner Vernichtung verwendet werden könnten...

L. zeterte wider die Partei und konnte ihren Untergang nicht schnell genug herbeisehnen,... T. wurde zweimal von L. mir zugeführt und kam als Defätist, der die Sowjetheere schon Deutschland überfluten sah. L. bat mich, seinem Freund diese Angst zu nehmen.

Pater Grimms Verteidiger berichtet über den Prozeß:
Über P. Grimms Erörterungen führten die beiden Spitzel Tagebuch. Die Beweisaufnahme in der Hauptverhandlung unter dem Vorsitz Freislers

488

beschränkte sich auf die Anhörung der beiden Spitzel als Zeugen, die bekundeten, daß die dem Gericht vorliegenden Tagebuchnotizen richtig seien. Der Angeklagte, ein großer, schlanker, weißhaariger, ehrfurchtgebietender Priester in hochgeschlossenem schwarzen Gewand, dem die Handschellen nur während seiner persönlichen Vernehmung abgenommen wurden, mußte nachfolgendes Verhör durch den Vorsitzenden über sich ergehen lassen, wobei nachstehend die markantesten Stellen dieses ziemlich einseitigen Dialogs zusammengefaßt werden, den Freisler mit drohender Stimme und furchteinflößender Gebärde in Gegenwart eines größeren, sich vornehmlich aus politischen Führern und Führerinnen aller möglichen NS-Organisationen zusammensetzenden Auditoriums, so führte, daß der Angeklagte kaum zu Wort kam:

Freisler: Angeklagter, was haben Sie zugunsten Deutschlands für den Krieg getan?

Angeklagter: Ich habe ein doppeltes Arbeitspensum auf mich genommen, indem ich einen anderen Pfarrer, der Kriegsgeistlicher ist, vertrete.

Freisler: Machen Sie sich doch nicht lächerlich! Was haben Sie denn dadurch schon zu tun. Einen verhinderten Kollegen müssen wir alle mal vertreten, auch in Friedenszeiten. Das ist doch keine Mehrarbeit. Wie kommen Sie dazu, sich an die deutsche Jugend heranzumachen? Zu deren Erziehung sind Sie völlig ungeeignet. Das überlassen Sie gefälligst uns. Im Diesseits regieren wir, der nationalsozialistische Staat. Erzählen Sie meinetwegen vom Jenseits. Von mir aus können Sie lehren, daß die Engel im Himmel Foxtrott tanzen!

Angeklagter: (mit fester Stimme) Herr Vorsitzender...

Freisler: Seien Sie ruhig, wenn ich spreche. Ich glaube Ihnen schon, daß Sie das nicht gern hören. Das ist mir einerlei. Meinetwegen hoffen Sie, daß ich im Fegfeuer oder in der Hölle braten muß, nicht wahr, Angeklagter, das denken Sie doch?

Angeklagter: (gibt keine Antwort)

Freisler: (brüllend) Das ist typisch! Das traut er sich nicht zu sagen. Dazu ist er wieder zu feige. Aber ich werde Ihnen etwas sagen: Sie können uns allen den Tod wünschen, soviel Sie wollen. Ich weiß, daß Sie den Führer hassen, weil er uns zum Siege führt. Aber vorher werden wir Ihr Leben auslöschen! Sie sind alle Staatsfeinde, die nach Rom schielen und internationalen Geist predigen und dadurch die jüdisch-kapitalistischen Cliquen fördern. Deutschland ist Ihnen ja ganz gleichgültig.

Angeklagter: Ich habe ebensowenig wie meine Kirche jemals die Pflichten verletzt, die ich Deutschland schulde und freudig erfülle.

Freisler: Denken Sie doch nicht, daß Sie jemandem hier im Saale mit Ihrer jesuitischen Verlogenheit imponieren. Ich werde Ihnen sagen, worin Ihre Tätigkeit besteht, die Sie (mit höhnischer Stimme) »für Deutschland freudig erfüllen«: in deutschen Klöstern mit Jugendlichen Unzucht treiben und Ihren perversen Neigungen frönen, das ist das wahre Gesicht der gottgesandten Männer. Aber mit Ihnen werden wir fertig. Sie werden ausgerottet, verstehen Sie das, Angeklagter, ausgerottet, mit Stumpf und Stiel. Während deutsche Männer an der Front bluten und die Frauen im Innern unter Aufbietung aller Kräfte im totalen Kriegseinsatz dem Führer die Waffen schmieden, drücken Sie sich nutzlos herum und stehlen uns das Brot. Angeklagter, warum haben Sie, so Sie für den Krieg nichts leisten, Ihre Wohnung nicht längst einem schwer arbeitenden Rüstungsarbeiter zur Verfügung gestellt und sind statt seiner in eine Baracke gezogen? Antwort!

Angeklagter: (schweigt)

Freisler: Ja, da weiß das sonst so schlaue Jesuitenköpfchen keine Antwort. Auf die Frage sind Sie wohl nicht präpariert? Aber ich werde Ihnen sagen, warum Sie das nicht getan haben: weil Sie wollen, daß wir den Krieg verlieren. Darum verspritzen Sie das schleichende Gift des Defätismus, wie es diese Tagebuchnotizen beweisen. Aber das haben Sie natürlich nicht gesagt, was hier steht, ich weiß, das ist alles erlogen, das war nicht so gemeint, Sie sind falsch verstanden worden, Sie haben die Zeugen gar nicht durch staatsfeindliche Äußerungen beeinflußt.

Verteidiger: Ich bitte den Herrn Präsidenten, die Zeugen zu fragen, ob es sich bei den Tagebuchnotizen um einzelne, über Monate verstreute Äußerungen des Angeklagten handelt und ob die vielen geführten Gespräche im allgemeinen keine destruktive Tendenz hatten.

Freisler: (höhnend) Ich bitte den Herrn Präsidenten! Herr Rechtsanwalt, reden Sie immer in diesem zopfigen Stil? Reden Sie alle Menschen in der dritten Person an? Sie sind hier nicht unter Gardekürassieren auf dem Hofball oder in Potsdam.

Verteidiger: Ich wollte Ihnen nicht zu nahe treten, Herr Präsident.

Freisler: Die Frage wird als völlig überflüssig abgelehnt (sich am Richtertisch nach links und rechts umschauend), nicht wahr, meine Herren (alle nicken pflichtschuldig mit dem Kopf), das Gericht weist die Frage zurück.

Verteidiger: Dann bitte ich die Zeugen noch zu fragen, ob von ihren Gesprächen irgend jemand weiter etwas gehört hat oder überhaupt hätte hören können.

Freisler: Was soll die Frage?

Verteidiger: Ich halte diese Frage für wesentlich, weil nach dem gesetzlichen Tatbestand der Wehrkraftzersetzung erforderlich ist, daß die zersetzenden Äußerungen öffentlich getan werden.

Freisler: Sie scheinen, Herr Rechtsanwalt, die ständige Rechtsspre- chung des Volksgerichtshofes hier nicht zu kennen. Der Angeklagte hat damit rechnen müssen und gerechnet, daß seine defätistischen Äußerungen *weitergetragen werden. Das war ihm ja nur lieb. Als Pfaffe nahm er noch eine besondere Glaubenswürdigkeit für sein dummes Geschwätz in Anspruch. Nein, nein, Herr Verteidiger, nein, kommen Sie uns bloß nicht mit solchen Ausflüchten. Oder, Herr Vertreter der Reichsanwaltschaft, betrachten Sie etwa die Frage für erheblich?*

Rechtsanwalt: (schnarrend) Frage ist völlig irrelevant, beantrage Zurückweisung.

Freisler: Also, Sie sehen ja, Herr Rechtsanwalt, daß Sie lauter überflüssige Fragen stellen. Da Sie offenbar keine rechtserheblichen Fragen stellen könne, betrachte ich Ihre Vorhalte an die Zeugen als abgeschlossen. Ich wende mich nochmals an den Angeklagten. Wollen Sie nun endlich zugeben, daß Sie mit Ihren politischen zersetzenden Äußerungen die Zeugen defätistisch beeinflußten?

Angeklagter: Herr Vorsitzender, diese Gestapobeamten waren ja überhaupt nicht beeinflußbar. Die haben mich ja absichtlich aufs Glatteis geführt und nur darauf gewartet, wie es ihre Spitzelaufgabe war...

Freisler: (mit sich überschlagender Stimme) Ich verbiete Ihnen, Angeklagter, diese Zeugen als Spitzel zu bezeichnen. Sie sind unserer höchsten Anerkennung gewiß. Was sie tun, ist eine national bedeutsame Tat. Die inneren Feinde müssen mit der gleichen Schärfe bekämpft werden wie die äußeren Feinde. Richten Sie Ihre Worte danach.

Angeklagter: Die Zeugen sind aber nicht objektiv. Sie haben nur auf der Lauer gelegen, um irgend etwas von mir zu hören, was sie gegen mich verwerten könnten. Sie sind ja deshalb mit vorgefaßter Meinung an unsere Gespräche herangegangen und waren von vornherein bereit, jede Äußerung gegen mich auszulegen. Man kann mich doch nicht auf Grund von Angaben dieser Männer verurteilen, die mich hereinzulegen versuchten.

Freisler: (mit lächelnder Miene) Ich will Ihnen einmal etwas sagen, Angeklagter. Wenn ich Fische angeln gehe, bediene ich mich verschiedenster Geräte. Ein Hecht wird anders gefangen als ein Karpfen. Und wenn man eine Forelle angeln will, muß man besonders vorsichtig zu Werke gehen. Und wenn es gilt, Jesuiten zu angeln, dann muß man sich ganz besonderer Methoden bedienen. Daß das Angelgerät in diesem Falle das richtige war, haben Sie bewiesen; denn Sie haben diesen Köder geschluckt.

Am Tag seiner Hinrichtung schreibt Pater Grimm:
Brandenburg, den 11. September 1944
Lieber Mitbruder!
Die Stunde ist gekommen, daß ich mich rüste zur Heimkehr in die Ewigkeit. In einigen Stunden stehe ich vor meinem Richter, meinem Erlöser und Vater. Es ist so Gottes Wille, er geschehe in allem. – Seien Sie bitte der Dolmetscher meiner letzten Grüße an alle meine Mitbrüder und

Bekannten. Ich gehe in den Tod als Kind der katholischen Kirche, als Glied der Gesellschaft Jesu. Ich bitte um Verzeihung aller meiner Fehler und Ärgernisse, die ich gegeben habe, und danke der Gesellschaft und allen Mitbrüdern für alles, was ich empfangen habe. Wieviel es ist, fühle ich jetzt, in diesem Augenblick, wo ich Abschied nehme.

Trauert nicht über mich: Ich gehe heim, Ihr müßt noch ausharren. Ich gebe mein Leben für das Reich Gottes, das kein Ende kennt, für die Gesellschaft Jesu, für die Jugend, für die Religion unserer Heimat. Ich bemühe mich, durch mein Sterben den Tod des Heilands zu verherrlichen und ihm ähnlich zu werden. Glaubet nicht, daß ich ein Verbrecher sei, wohl aber bin ich ein Bettler und Sünder vor Gott, ein Nichts, das nur auf Gottes Erbarmen sich stützt. Wollen Sie meinen letzten Dank an meine Obern und Mitbrüder richten. Meinem lieben Hausherrn und seiner Wirtschafterin sage ich herzlichen Dank und bitte um Verzeihung für alles. Bitte, bemühen Sie sich, daß Dr. Faller sich meines Ambrosiasters annehme. Die Handschriften, die Fotos und Notizen müssen beisammen bleiben für die Edition des Ambrosiasters. Letzte Grüße auch an alle Mitbrüder und Bekannten, an Frl. Berta Heinzle und Mutter, Frau von Furtenbach in Levis, die beiden in Maria Ebene, Frl. Nagel und ihre Freundin, Herrn und Frau Förstner. Auf Wiedersehen im Jenseits.

Gelobt sei Jesus Christus!
Alois Grimm S.J.

Provikar Carl Lampert

geb.: 1894
gest.: 1944

Carl Lampert stammte aus einer Bauernfamilie in Vorarlberg und wurde am 9. Januar 1894 in Göfis bei Feldkirch geboren. Nach dem Besuch des Gymnasiums in Feldkirch trat Lampert im Jahr 1913 in das Priesterseminar in Brixen ein. Am 12. Mai 1918 wurde er im Dom von Brixen zum Priester geweiht. Bis zum Jahr 1930 war Lampert Priester in Dornbirn, dann veränderte er sich nach Rom und studierte dort für das Doktorat des Kirchenrechts. Am 30. März 1935 wurde er Advokat der »Sacra Romana Rota«, des höchsten Gerichtshofes der Kirche, und päpstlicher Geheimkämmerer.

Reichsanwaltschaft
beim Volks- ~~gericht~~ shof

— Staatsanwaltschaft —

Geschäftsnummer: 7/8 J 190/43g

Kostenrechnung

In der Straf- Sache ./. Max Josef Metzger
wegen Vorbereitung zum Hochverrat

Lfd. Nr.	Gegenstand des Kostenansatzes und Hinweis auf die angewandte Vorschrift	Wert des Gegenstandes ℳ	Es sind zu zahlen ℳ / ₰
1	2	3	4
	A. Gebühr gemäß §§ 49,52 d.GKG. für Todesstrafe		300 --
	B. bare Auslagen:		
	Postgebühren gemäß § 72¹d.GKG.		- 12
	Haftkosten gemäß § 72⁷ d.GKG für die Zeit vom 29.6.1943 bis 16.4.1944 = 293 Tage à 1.50 =		~~539 50~~
			839 62
	durch eigenes Geld des Verurteilten gedeckt:		368 36
	(s.E.G.St.A Nr.1119/44) Bleiben zu zahlen:		471 26
			371. 26

überw. d. 8.8.44

Postscheckkonto München 36747

Kostenrechnung des Volksgerichtshofs für Haft und Hinrichtung des 1943 wegen Vorbereitung zum Hochverrat zum Tode verurteilten katholischen Priesters Max Joseph Metzger.

Die Kirche im Überlebenskampf

Im Oktober 1935 übernahm Carl Lampert die Leitung des kirchlichen Gerichts in Innsbruck, am 15. Januar 1939 wurde er zum Provikar von Innsbruck berufen. Zu diesem Zeitpunkt hatten bereits massive Einschüchterungsversuche der Nationalsozialisten gegenüber der Kirche eingesetzt. Klöster wurden enteignet, Priestern wurden die Schulbesuche untersagt und sie wurden verhaftet. Als Provikar Lampert eine Todesanzeige für den im Konzentrationslager Buchenwald ermordeten Geistlichen Otto Neururer verfaßte, die den Satz »... nach großem Leid« und den Todesort enthielt, wurde dies vom zuständigen Gauleiter als »Aufwiegelung« des Volkes angesehen. Carl Lampert wurde kurz darauf in das Konzentrationslager Sachsenhausen gebracht und dort in die Strafkompanie eingewiesen. Sein unerschütterlicher Glaube half dem Provikar über alle Erniedrigungen und die Nöte der unmenschlich harten Arbeit im Steinbruch hinweg. Mit der Entlassung aus dem Konzentrationslager im August 1941 war sein Leidensweg aber noch nicht beendet. Er wurde aus dem Bezirk Innsbruck verwiesen nach Pommern-Mecklenburg. Dort fand er in der Propsteigemeinde in Stettin eine neue Wirkungsstätte. Schon bald hatte Lampert die Herzen der Gemeinde gewonnen durch seine unermüdliche Sorge um das Seelenheil besonders der Verwundeten, der Zwangsarbeiter und der Jugend. Auch er wurde schließlich ein Opfer seiner seelsorgerischen Tätigkeit, denn auch zu ihm war ein Gestapospitzel gedrungen, hatte seine Andachtsstunden besucht und unter dem Vorwand seelsorgerischer Beratung dem Arglosen Äußerungen gegen das nationalsozialistische Regime entlockt. Diese waren weitergetragen worden, versehen mit Übertreibungen und Lügen, und reichten im Kampf des Regimes gegen die Kirche hin zu einer großangelegten Vernichtungsaktion gegen die Kirche in Pommern. Unliebsame Prediger der Wahrheit sollten auf diese Weise ausgeschaltet werden und gleichzeitig die Gläubigen eingeschüchtert. Zu diesem Zweck waren nicht nur Spitzel eingeschaltet worden, sondern die Überwachung hatte auch die privaten Bereiche von Briefverkehr und Telephongesprächen erfaßt. Im Februar 1943 begann die Aktion der Gestapo. An verschiedenen Orten wurden Haussuchungen durchgeführt, mit Provikar Lampert noch viele andere Geistliche verhaftet.

Zahlreiche Verhöre und Mißhandlungen sollten die Schuld der Priester erweisen, ehe am 19. Dezember 1943 mit den Prozessen begonnen wurde. Von diesen Prozessen ist uns ein Ausspruch des stellvertretenden Vorsitzenden überliefert, den dieser gegen die Verleumdungen des Anklägers äußerte und der ein Licht der Wahrheit auf die nationalsozialistische »Rechtssprechung« wirft:

»Es handelt sich in diesem Fall weder um Verbrecher noch um asoziale Elemente, ihre einzige Tragik ist es, daß sie katholische Priester sind.«

Die Kirche im Überlebenskampf

Provikar Lampert und die mit ihm ergriffenen Priester Herbert Simoleit und Friedrich Lorenz wurden zum Tod verurteilt. Provikar Lampert wurde am 13. November 1944 enthauptet.

Die letzten Briefe des Provikars an seinen Bischof und an seinen Bruder, geschrieben wenige Stunden vor seiner Hinrichtung, zeigen uns einen Menschen, der im Angesicht des Todes nicht verzweifelt und kraft seines Glaubens sogar noch imstande ist, den Zurückbleibenden Worte des Trostes zuzurufen. Diese Glaubensstärke belegt auch ein Bericht eines Mitgefangenen.

Am 1. November 1944 schrieb Provikar Lampert:

Das Losschälen schmerzt immer, besonders wenn es bei einem armen Todeskandidaten um ein paar letzte gebliebene irdische Freuden sich handelt und wenn diese auch nur »Kamerad in der Zelle« und »Leid« heißen... So pendelt heute Sinn und Gemüt um zwei Pole, freudiges Festgeheimnis und irdische Erdennot, und wäre nicht dies erstere, so wäre das letztere heute einfach trostlos. Da hilft dann nur ein herzhaftes: »Herr Dir zulieb und tut's auch noch so weh!« ... Wahrlich, wäre nicht ein ewiges Leben – ein bloßes irdisches wäre heute unerträglich, so aber überstrahlt die gloria sanctorum das todtraurige »De Profundis« dieser Erde und darin will ich diesen Tag beschließen, wissend, Gott wird abwischen alle Tränen – auch die meinen.

Am Tag der Hinrichtung an Bischof Tschann: »Exzellenz, noch immer zehre ich von der Freude Ihres lieben Besuches und möchte Ihnen dies in tiefer Dankbarkeit noch einmal sagen... Nun habe ich vor letzten Entscheidungen über mein Schicksal den letzten Heimatbesuch erlebt. Die Dinge um mich haben sich nun so entwickelt, daß nur mehr das »Gnade-Stadium« besteht. Letztes Hoffnungsstadium – und irdische Gnade ist derzeit ein sehr fraglicher und dünner Lebensfaden. Um so mehr wende ich mich daher der überirdischen zu, möge sie mir gnädiger sein, damit, wenn hier alles zu Ende ist, ich denken darf: »Gott wird meine Lebensaufgabe als beendet ansehen«... dann bitte ich, Gott sprechen zu dürfen, in Anlehnung an St. Paulus Wort: »Ich habe den guten Kampf gekämpft – ein kleines Krönlein gib auch mir, o Herr!« In Christi Liebe und Kraft grüße ich Sie lb. Exzellenz und sage auf Wiedersehen!
Lampert

Ein Mitgefangener über den Provikar:
Er sagte mir nur, daß dieses Sondergericht ein bloßes Theater war, ein abgekartetes Spiel, denn das Urteil war bereits von vornherein fertig. – Er ist seinem katholischen Glauben bis zum letzten Atemzug treu geblieben und als Märtyrer hingerichtet worden. Er war der edelste Charakter, den

ich in dieser 50monatiger Leidenszeit kennengelernt habe, denn er hat nicht nur das Christentum bloß gepredigt, sondern auch danach gelebt und seine Henkern sogar in der Todesstunde verziehen. Bei der Verhandlung wurde er u.a. auch gefragt, welches Werk er höher schätze, das Evangelium oder das Buch »Mein Kampf« Darauf gab er folgende Antwort: »Das Evangelium ist das Wort Gottes und verkündet die Liebe. Das Buch des Herrn Hitler ist das Werk eines Menschen und predigt nur den Haß.

Ein Zeuge der Hinrichtung berichtet:

Am 12. November 1944 abends um 9 Uhr ging die Kommission nicht an unserer Zellentür vorbei. Es wurde geöffnet: »Carl Lampert, alle Privatsachen herauslegen«, … kurz darauf wird wieder geöffnet – ein Papierhemd wird Carl Lampert übergeben. Er muß sich ausziehen, wir wissen, er lebt morgen nicht mehr. Etwa 11 Uhr nachts am 12. 11. 1944 bringt der Militärgeistliche den Beistand seines Glaubens, die »letzte Ölung«, in der einen Ecke der Zelle – ich kniee in der anderen Ecke und muß erleben – wie Carl, stark, ohne Tränen, religiösen Abschied von dieser Welt nimmt…

Etwa morgens halb 4 Uhr am 13. 11. 1944 kam der Geistliche mit der letzten Begleitmannschaft. Carl Lampert sagte: »Also, so Gott will, soll ich auch mein liebes Tirol nicht mehr sehen.« Ein Muttergottesmedaillon an einem Halskettchen zog er ab. Zur Tür hinausgehend sagte er zu mir: »Sie kann mir jetzt keinen Beistand mehr geben, aber Dich Freund, wird sie wieder zu Frau und Kindern zurückführen.« – Nicht gebrochen, nur todbleich, ja weiß im Gesicht, sehe ich ihn die Zelle verlassen.

Gleich darauf mußte ich mich fertig uniformieren und mit drei anderen Militärs in Ketten, wie auch er gegangen war, ein Auto besteigen, in Halle aussteigen. In einem Kellerraum des Zuchthauses Halle angekommen, angesichts einer Fallbeilmaschine, sehe ich meinen Freund in Ketten mit drei weiteren Geistlichen in Ketten, die ich auch in Togau gesehen hatte, wieder. Diese Zeremonie sollte uns Zwangszuschauern zu einem Bekenntnis verleiten. Ein Generalreichsanwalt Buschenhagen verlas das Vollstreckungsurteil. »Scharfrichter, walte Deines Amtes« – war das letzte dieser Formalität.

Carl Lampert, mit gesenktem Haupt, betend (laut) ging allein zur Maschine. Er betete lauter wie auf einer Kanzel – er wird festgebunden, er ruft laut: »So lasse diesen bitteren Kelch nicht an mir vorübergehen!« – der Tisch der Maschine, bisher wie eine Tür stehend, kippt um, das Beil fällt, er ruft laut: »Jesus-Maria« – und sein Kopf fällt in einen Korb mit Sägemehl.

Ich fand mich später in einem Transportauto, umsorgt von Mit-Todeskandidaten – ich war ohnmächtig geworden.

Pfarrer Max Frammelsberger

geb.: 1880
gest.: 1944

Max Frammelsberger stammte aus dem niederbayrischen Plattling, wo er am 16. November 1880 geboren wurde. Seit 1930 war er als Pfarrer in Oberglaim, Diözese Regensburg, tätig. Pfarrer Frammelsberger hatte von Anfang an die wahren Ziele der NSDAP durchschaut und wurde schon kurz nach der Machtübernahme aus Gründen der Einschüchterung in Schutzhaft genommen. Wieder freigelassen, bekannte er sich wie vorher zur Wahrheit und scheute sich nicht, die Unehrlichkeiten und Lügen des Regimes beim Namen zu nennen. Am 19. Januar 1938 wurde Anklage gegen den Pfarrer erhoben, das Verfahren jedoch auf Grund einer Amnestie eingestellt. Ein abgefangener Feldpostbrief des Geistlichen lieferte der Gestapo im Jahr 1943 den Vorwand, den schwer herzkranken Mann zu verhaften. Die Vernehmungen gestalteten sich für den 63jährigen wie eine Marter. Am 16. Januar 1944 ist er darüber gestorben.

Der Bericht des Oberstaatsanwalts, der zur zweiten Verhaftung Max Frammelbergers führte, entwirft uns ein dämonisches Bild der Verhältnisse, in denen die Menschen damals lebten. Nach Angaben von Denunzianten, die jedes Wort mitschrieben, das Frammelsberger predigte, wurde eine Anklage zurechtgezimmert, die ihn als Gegner des Regimes beseitigen sollte.

»II. Beim Pfarrgottesdienst am 13. 6. 1937 brachte der Beschuldigte in der Predigt u. a. folgendes vor:

I. Der Vierjahresplan muß durchgeführt werden, aber zu allem anderen 'nein' sagen, erst dann wird es besser.

2. Die Mitteilungen über Geistliche und Ordensleute, die von vielen schon verallgemeinert werden, sind ganz erbärmliche Verleumdung.

In Norddeutschland bringt man in dieser Sache Beispiele aus Süddeutschland und umgekehrt. Warum? Weil Nachforschungen hinfällig wären. Warum wird geschwiegen über die Sittlichkeitsverbrechen, die in der Partei vorkommen? Einen Prälaten von Straubing hat man beschuldigt – alles Lüge, es gibt in Straubing keinen Prälaten –, jedoch wird in nächster Zeit ein großer Sittlichkeitsprozeß der anderen kommen (dabei hielt der

497

Pfarrer den Daumen nach hinten und sprach ganz verächtlich und bedeutend leiser, jedoch so, daß man es noch deutlich verstehen konnte 'der Partei'). Es ist uns ein Ekel, daß wir uns gegen die Unehrlichkeiten dauernd wehren müssen.

3. Gemein ist, daß derlei Dinge seitenlang in Zeitungen gebracht werden, noch gemeiner ist, daß die Jugend die Zeitung lesen muß. Die Presse ist heute nicht mehr für denkende Menschen da, sondern für Dumme. Das, was heute die Zeitungen bringen, das haben früher die hundsgemeinsten Winkelblätter gebracht.

4. Wenn der Hitler nach Oberglain kommt – wir krümmen ihm kein Haar –, aber geschlossen treten wir gegen die Gemeinschaftsschule auf. Es haben schon viele Lehrer das Kreuz hingeschmissen, das war schon am Anfang, als sie noch nichts waren – und fügte hinzu: 'Welche, das könnt ihr euch denken.'

Gebt die Unterschrift nicht her – laßt euch nicht zwingen, wie die in Oberbayern, sie werden zu euch ins Haus laufen, weist ihnen die Türe, nächstes Jahr läßt man die Pfarrer überhaupt nicht mehr in die Schule hinein. Ihr könntet euere Unterschrift vor eurem ewigen Richter nicht verantworten und würdet eine große Schuld auf euch laden. – Es hat einmal geheißen, Hitler bürgt für das Konkordat – was ihnen Bürgerschaft heißt, sieht man am Konkordat. –«

Dann hat er noch viel gespöttelt über den Ausspruch des Kultusministers Wagner: I mal I = I und »Wir sind wir«. Er brachte dann noch Dutzende von Beispielen über den Zwang, der auf die Erziehungsberechtigten ausgeübt wird. Verschiedene wären schon ohnmächtig geworden, über dieses gewalttätige Vorgehen der Unterschriftensammler.

Im Zusammenhang mit seinen Ausführungen über die Gemeinschaftsschule führte der Beschuldigte in seiner Predigt folgende Vorfälle an:

a) ein SA-Mann sei zu einer Frau gekommen und habe gesagt, sie müsse für die Gemeinschaftsschule unterschreiben, worauf die Frau gesagt habe, das tue sie nicht. Als dann der SA-Mann die Frage gestellt habe, 'was würden Sie tun, wenn jetzt der Gauleiter zu Ihnen in der gleichen Sache kommen würde?' soll die Frau geantwortet haben, sie würde auch 'nein' sagen. Als dann schließlich der SA-Mann gesagt habe, 'was würden Sie tun, wenn der Hitler selbst kommen würde!' soll die Frau geantwortet haben, 'ich würde ihn erinnern, daß er das Konkordat nicht gehalten hat.'

b) Ein junger Lehrer von Konnersreuth habe, als seinerzeit die Partei ans Ruder gekommen sei, das Kreuz aus der Schule hinaus und auf einen Misthaufen geworfen. Darüber sei dann große Empörung unter den Eltern entstanden, worauf 100 Personen vor das Schulhaus gekommen seien und protestiert hätten. Der Lehrer habe dann die SA und die Polizei alarmiert und hätten diese dann mit den Revolvern herumgefuchtelt, aber nichts ausrichten können,. weil die Männer gesagt hätten: 'Sind wir im Kriege für das Vaterland gefallen, dann sterben wir in der Heimat für das Kreuz'.

Schließlich brachte der Beschuldigte auch noch vor, daß Staatsminister Wagner einmal gesagt habe, daß gegen Klosterschulen bereits hätte eingeschritten werden müssen. Dazu sagte der Beschuldigte: 'Ich erkläre von hier aus, daß das eine ganz erbärmliche Lüge ist.'

Der Beschuldigte machte geltend, daß er in seinem Schreiben an die Gartenbau- und Friedhofsberufsgenossenschaft nur die Dinge habe schildern wollen, wie sie wirklich seien und daß es ihm leid tue, wenn man die Wahrheit nicht mehr sagen dürfe. Er habe nur Kritik an der Erhöhung des Beitrages üben und sich nicht gegen Staat oder Regierung abfällig äußern wollen.

Die unter Ziffer II. angeführten Äußerungen bei seiner Predigt am 13. 6. 1937 gibt er mit einigen Einschränkungen zu; zur Begründung seiner Ausführungen beruft er sich auf die bekannten, in zahlreichen Predigten immer wiederkehrenden Fälle angeblich unrichtiger Presseberichte über Verhaftungen von Ordensangehörigen in Rosenheim, über Verurteilungen von Benediktinern in Scheyern und über den Fall eines angeblich nicht existierenden Prälaten von Straubing und schließlich darauf, daß es sogar heiße, er selbst sei wegen Sittlichkeitsverbrechen verurteilt worden. Die Beispiele über das Vorgehen bei den Abstimmungen für die Gemeinschaftsschule habe er den Schriften über die Schulabstimmung im Saargebiet und einer Mitteilung des Bischofs von Regensburg entnommen. Er wende sich in keiner Weise gegen den Staat, sondern nur gegen die Angriffe gegen die Kirche.

Ein Vergehen gegen § 1 des Heimtückegesetzes vom 20. 12. 1934 wird dem Beschuldigten nicht nachgewiesen werden können; denn wenn auch einzelne von ihm vorgetragene Tatsachen nicht wahr sein sollten, so wird ihm doch nicht widerlegt werden können, daß er sie auf Grund einer für ihn glaubhaft erscheinenden Information für richtig gehalten hat. Wohl aber erfüllen die Ausführungen des Beschuldigten in seiner Predigt vom 13. 6. 1937 den Tatbestand eines Vergehens gegen § 2 Abs. 1 des Heimtückegesetzes in Tateinheit mit einem Vergehen gegen § 130a StGB, da er durch seine Ausfälle gegen den Führer, gegen die Partei und gegen Staatsminister Wagner, insbesondere auch durch die Form seiner Auslassungen den Boden einer bloßen Abwehr rein religiöser Angriffe verlassen hat. – Den Inhalt seines Briefes vom 2. 1. 1937 halte ich nicht für strafbar.

Der Beschuldigte befand sich nach der Machtübernahme als ehemaliger Funktionär der Bayerischen Volkspartei auf kurze Zeit in Schutzhaft. Er wird als herrschsüchtig bezeichnet. Der NSDAP oder einer ihrer Gliederungen gehört er nicht an. Bei Sammlungen für das WHW hat er stets gespendet und auch den staatlichen Anordnungen über das Beflaggen der

Kirche sich nicht widersetzt. Seit der Anzeigeerstattung hat er nach dem Bericht der Gendarmerie-Station 'sehr schöne nicht politische Predigten gehalten'.

Gegen den Beschuldigten wurde neben 2 anderen nicht einschlägigen Vorstrafen durch Strafbefehl des AG. Landshut vom 3. 10. 1933 wegen übler Nachrede eine Geldstrafe von 50,– RM ersatzweise 10 Tage Gefängnis festgesetzt, weil er in einem Brief von der 'zerreißenden Tätigkeit eines Prominenten der NSDAP' geschrieben hatte (Akten des AG Landshut).

Wenn dem Beschuldigten auch zuzubilligen ist, daß er geglaubt hat, gegen einzelne Auswirkungen der damals bestehenden Spannungen zwischen der Kirche und ihren Gegnern auftreten zu müssen, so halte ich doch wegen der besonderen Schärfe der von ihm geübten Kritik die Anordnung der Strafverfolgung aus § 2 des Heimtückegesetzes für angezeigt.«

Pfarrer Heinrich Dalla Rosa

geb.: 1909
gest.: 1945

Heinrich Dalla Rosa wurde am 16. Februar 1909 in Lana bei Meran (Südtirol) geboren. Er studierte auf der Hochschule in Graz und wurde am 14. Juli 1935 zum Priester geweiht. Daraufhin wirkte er einige Jahre als Kaplan in der Diözese Seckau und wurde schließlich im Jahr 1939 Pfarrer von St. Georgen bei Obdach. Auch er wurde, wie viele andere Priester, aufgrund einer Denunziation verhaftet und am 23. November 1944 vor das Volksgericht Wien gestellt. Pfarrer Heinrich Dalla Rosa wurde zum Tode verurteilt und am 24. Januar 1945 hingerichtet.

In dem Bericht des Bischöflichen Seckauer Ordinariats ist die Verhandlung vor dem Volksgerichtshof nach Augenzeugen dargelegt.

»Als Zeugen waren geladen: Musiklehrer H. von Knittelfeld, seine Frau, welche in der Pfarrei St. Georgen als Lehrerin angestellt ist, und der Pfarrvikar Pölzl von Judenburg.

Der Oberreichsanwalt brachte gegen den Angeklagten zwei Fakten von Wehrkraftzersetzung und Feindbegünstigung vor, von denen sich das erste schon zu Ostern 1941, das zweite nach Weihnachten 1943 abspielte. Im Jahre 1941 besuchte Pfarrvikar Pölzl von Judenburg den Angeklagten in seiner Pfarrei und bei dieser Gelegenheit gingen beide auch zu Hladnik, der dem Pfarrvikar von früher bekannt war. Damals war Saloniki in Griechenland von den Deutschen erobert worden. Während H. darüber große Freude äußerte, zeigte sich Pfarrer Dalla Rosa davon unberührt, äußerte vielmehr Zweifel an einem guten Ausgang des Krieges. Pfarrvikar Pölzl konnte sich bei der Einvernahme an dieses Gespräch nicht mehr erinnern und erklärte, es müsse sich um völlig belanglose Dinge damals gehandelt haben, da er sich sonst etwas in der Erinnerung behalten hätte.

Hladnik hat auch damals keinen Anstoß daran genommen und keine Anzeige erstattet. Erst Jänner 1944 hat er davon der Gestapo Mitteilung gemacht. Der Volksgerichtshof wertete dieses damalige Verhalten des Pfarrers nicht als Wehrkraftzersetzung, immerhin aber als Illustration der »ultramontanen« Einstellung des Angeklagten.

Das zweite Faktum steht im Zusammenhang mit Weihnachten 1943. H. hatte kurz vorher in einer Arbeitsgemeinschaft der Lehrer einen Vortrag über die deutsche Wehrmacht gehalten und dabei über Christus und Christentum abfällige Äußerungen gemacht. Ein unbekanntes Mitglied dieser Arbeitsgemeinschaft hat über diese sonderbaren Redensarten aus dem Munde eines ehemaligen Klosternovizen, Bezirksführer der VF und Freundes des Landeshauptmannes Dr. Stephan, hinterher gesprochen, und so kamen sie auch zur Kenntnis Pfarrer Dalla Rosas. Auch haben Bauernburschen der Pfarrei St. Georgen, die in der Fortbildungsschule Hladnik als Lehrer hatten, über wegwerfende Bemerkungen gleichen Inhalts, die in dieser Schule sind, Klage geführt. Dadurch sah sich Pfarrer Dalla Rosa veranlaßt, zu H. zu gehen und ihm Vorstellungen zu machen. Als er das Schulhaus betrat, traf er bloß die Frau zu Hause an, die sich, wie dem Pfarrer vorher nicht bekannt war, gerade in anderen Umständen befand und 14 Tage später niederkam. Der Pfarrer brachte sein Anliegen vor, wobei er als Herzleidender in eine gewisse Erregung geriet, die sich glaubhafterweise auch der Frau mitteilte. Nichtsdestoweniger dauerte der Besuch zwei Stunden, und die Frau lud den Pfarrer zu einem neuerlichen Besuche ein. Eine halbe Stunde nach dem Weggang des Pfarrers kehrte Hladnik nach Hause zurück und erfuhr von der Frau vom Besuche und dem Anliegen des Pfarrers...

Bei der Gerichtsverhandlungen wiederholten die beiden Zeugen ihre seinerzeit vor der Gestapo gemachten Aussagen...

Pfarrer Dalla Rosa erklärte mit Entschiedenheit... seine Vorstellungen gegen Hladnik seien keine politischen, sondern religiöse gewesen, und hierzu habe er sich als verantwortlicher Seelsorger verpflichtet gefühlt. Der Gerichtshof schenkte den Darlegungen des Pfarrers leider keinen Glauben, sondern legte sich ausschließlich auf die Angaben der Zeugen vor der Gestapo fest. Die Ausführungen des Verteidigers Dr. Haberl fanden keine Beachtung.

Somit erblickte der Volksgerichtshof in den Worten des Pfarrers politische Einschüchterungsversuche gegenüber einer hochschwangeren Frau und in seinem Defätismus einen schweren Fall von Wehrkraftzersetzung (Kriegsstrafrechtsverordnung § 5 Abs. 1) und sprach gemäß dem Antrage des Oberreichsanwaltes über den Angeklagten lebenslänglichen Ehrverlust und die Todesstrafe aus.

Pfarrer Dalla Rosa nahm das Urteil gefaßt und schweigsam entgegen. Als er sich nach der Verhandlung entfernte und an den Zeugen vorüberging, richtete er die schönen, echt priesterlichen Worte an sie: ›Ich verzeihe Ihnen‹ ... Zum Zeugen Pfarrvikar Pölzl und den andern Anwesenden sagte er: ›Wenn ich sterben muß, weiß ich, daß ich für meine Religion sterbe...‹

Ein Zeugnis der bewundernswerten christlichen Haltung von Pfarrer Dalla Rosa gibt uns der am Tag seiner Hinrichtung geschriebene Brief an seine Schwester:

Alle meine Lieben!

Ruhig und gefaßt, so wie wenn es sich bloß um eine Reise handelt, gehe ich meiner Auflösung entgegen. Eines ist mein großes Geheimnis, nämlich die übliche Gelassenheit. Man hat mir gesagt, ich hätte nicht alles so ruhig geschehen lassen sollen, aber alles ist Gottes Fügung.

Ich bin so der Unbegreiflichkeit Gottes, oder besser gesagt, ich unterliege seiner besonderen Gnadenführung. Das Wörtchen »Warum?« habe ich mir so beantwortet: immer und überall und in allem Gott Dank sagen! Die Gerechtigkeit und Wahrheit suchte ich, und darum wird der Herr mir auch in meinen sonstigen menschlichen Schwächen ein gnädiger Richter sein.

Ich verzeihe allen und bitte alle, mir zu vergeben, die unter meiner Lieblosigkeit zu leiden hatten. »Näher mein Gott zu Dir, wie Du auch führest hier...« Das ewige Heimweh erfüllt mich. Daraus ist vieles verständlich in meinem Leben. »Unruhig ist des Menschen Herz, bis es ruht in Dir, mein Gott über Leben und Tod«, ist mein und Euer Trost. Wenn Euch die Welt haßt, wisset, daß sie mich vor Euch gehaßt hat. Daß ich in der Gnade der Beharrlichkeit sterbe, dies ist mein fester Glaube. Eines möge mein Blut bewirken: daß die beiden Konfessionen einander näherkommen! Beide haben sich unendlich viel zu geben. – Ich sterbe als überzeugter Katholik, ich suchte nur die Wahrheit. Da man aber über die Toten ruhiger denkt als über die Lebenden, so hoffe ich, daß ich später besser verstanden werde.

Wenn Ihr diese Zeilen leset, so segne ich Euch bereits aus der Verklä-
rung, und da will ich nicht viele Tränen sehen. Behaltet mich in gutem
Gedenken.
Betet und opfert für mich!   *Euer dankbarer Heinrich*

Pfarrer Karl Kratina

geb.: 1881
gest.: 1945

Karl Kratina wurde am 15. Februar 1881 im böhmischen Wolownitz
geboren. Nach dem Besuch der Volksschule trat er auf das Gymnasium in
Prag über und machte dort im Jahr 1903 das Abitur. Nach einem vierjähri-
gen Theologiestudium wurde Kratina im Jahr 1907 in Prag zum Priester
geweiht. Bis 1912 in Rakonitz seelsorgerisch tätig, kehrte er darauf als
Religionslehrer nach Prag zurück. Im Jahre 1941 wurde er pensioniert,
übte jedoch seinen Beruf weiterhin aus. Am 15. August 1944 wurde Karl
Kratina wegen angeblicher deutsch- und staatsfeindlicher Äußerungen
festgenommen. Das Protokoll der ersten Vernehmung macht uns vertraut
mit den haltlosen Anschuldigungen, die dem 63jährigen Geistlichen zur
Last gelegt werden. Die weiteren Verhandlungen bis zur Hauptverhandlung am 6. Dezember 1944 stellen dann nur noch weitere Versuche dar,
das von vorneherein feststehende Urteil mit dem Schein einer Begründung
zu versehen. So etwa wird Karl Kratina der Urheberschaft von im Volk
umgehenden Flüsterwitzen bezichtigt oder es wird ihm als Vergehen gegen
den nationalsozialistischen Staat angerechnet, daß er eine Totenmesse für
einen vom Volksgerichtshof zum Tode Verurteilten gelesen habe. Alle
diese Anschuldigungen, von denen wir in den Akten erfahren, machten
nicht einmal nach den Maßstäben nationalsozialistischer Justiz die Todesstrafe unumgänglich notwendig. Karl Kratina wurde am 16. Februar 1945,
wenige Wochen vor der Befreiung Prags, hingerichtet.

Im folgenden geben wir einen Auszug aus dem Protokoll der Vernehmungen, die der Hinrichtung Pfarrer Kratinas vorausgingen.

»Der Grund meiner am 15. August 1944 erfolgten Festnahme ist mir
bekannt. Ich werde beschuldigt, in Gegenwart anderer Personen deutsch-

und staatsfeindliche Äußerungen getan zu haben. Diese Äußerungen werden mir nun vorgehalten und ich erkläre, daß ich bestrebt sein werde, die Wahrheit zu sagen:

1. Im Januar 1944 befand ich mich mit dem Kirchendiener Bartunek auf einem Versehgang. Dabei gelangten wir auch an der Wohnung des Staatsministers Frank vorüber, vor der ein deutscher Wachtposten steht. Hierbei soll ich wörtlich geäußert haben: »Dort wohnt der 'holomek' Frank.« Die deutsche Übersetzung für das tschechische Wort »holomek« bedeutet: »Gauner, Halunke«. Ich soll dann weiter gesagt haben: »Der ist wohl auch im totalen Arbeitseinsatz, täglich fährt er um 10.00 Uhr zur Burg und bereits um 12.00 Uhr wieder nach Hause. Dafür habe er aber genügend Benzin. Der kommt lebend nicht mehr von hier weg.«

Hierzu muß ich erwidern, daß ich diese Äußerungen nicht getan habe. Die Person, die dies also von mir behauptet, bezeichne ich als Lügner.

2. Auf dem Rückwege von einer Beerdigung am 27. 4. 44 soll ich erzählt haben, ein Bekannter habe mir mitgeteilt, er habe erfahren, daß ein im Lager Theresienstadt untergebrachter Jude beim Arbeiten vor Schwäche umfiel und von dem aufsichthabenden Gestapobeamten mit dem Stiefel vor den Kopf getreten worden sei, so daß das Gehirn herausfloß. Hierzu erkläre ich, daß mir der Wortlaut geläufig ist, aber nicht in der Form, wie oben genannt. Mein Verwandter, Josef Kratina, Adjunkt der BMB am Bahnhof Prag-Dewitz, erzählte mir, daß er von einem Bekannten gehört habe, im Lager Theresienstadt wurde ein Häftling vernommen. Da er aber der deutschen Sprache nicht mächtig war, habe ihn der vernehmende Gestapobeamte auf den Fuß getreten und ihm dabei die Zehen verstümmelt. Welche Person dies dem Josef Kratina erzählt hat, weiß ich nicht.

Frage: Wem haben Sie das von Josef Kratina Erzählte weitererzählt? Antwort: Ich habe dies niemandem weitererzählt.

3. Mir wird vorgehalten, daß ich an einem Sonntag in der Sakristei der Kirche St. Gotthart von meinem Bekannten Mach gefragt wurde, ob ich heute eine feierliche Messe halte. Hierauf soll ich geantwortet haben: »Die feierliche Messe werde ich dann halten, wenn wir diese Lumpen von hier weggejagt haben werden.« Weiter wird mir vorgehalten, daß ich die Deutschen schlechthin stets mit dem Ausdruck »Lumpen« belegt habe und obige Äußerung sich nur auf die Deutschen bezogen hat.

Frage: Haben Sie diese Äußerung getan? Antwort: Nein, diese Äußerung habe ich nie gemacht. Auch habe ich die Deutschen niemals mit Lumpen bezeichnet.

4. Weiter soll ich gesagt haben, Adolf Hitler spreche von Lebensraum. Hierbei soll ich auf ein Grab gedeutet und gesagt haben, dieses Grab gebe genügend Raum für Adolf Hitler. Ich gebe zu, etwas Ähnliches gesagt zu

haben. Ich sprach wohl von dem Lebensraum, den Adolf Hitler beanspruche. Indem ich dann auf ein Grab deutete, sagte ich, daß dies als Lebensraum übrig bliebe.

5. Mir wird nun vorgehalten, daß ich vor anderen Personen, mit denen ich einem Wehrmachtsbegräbnis begegnete, wobei der Sarg mit der Reichsflagge bedeckt war, gesagt haben soll, man müsse den Leichnam grüßen, da ja der Sarg mit einem Fetzen bedeckt sei, der die Reichsflagge vorstellen soll. Bei der Begegnung mit dem Wehrmachtsbegräbnis habe ich lediglich gesagt, daß es sich um einen höheren Offizier handeln müsse, da der Sarg mit der deutschen Staatsflagge bedeckt sei. Die Worte, daß dieser »Fetzen« die deutsche Reichsflagge sein soll, bestreite ich gesagt zu haben.

6. Ferner soll ich vor Zeugen Adolf Hitler als einen Narren bezeichnet haben, der die Lage doch nicht mehr halten könne. Im Osten sollen sich bereits »12« ergeben haben.

Frage: Haben Sie den Führer als einen »Narren« bezeichnet, und was meinten Sie mit den »12«, die sich bereits ergeben haben? Antwort: Etwas Derartiges habe ich niemals gesagt.«

Die Begründung des Todesurteils macht auch hier wieder den Unrechtscharakter der damaligen »Rechtssprechung« schlagend deutlich:

»Die Würdigung der Tatumstände und der Persönlichkeit des Angeklagten lassen seine Tat als schweren Fall im Sinne des Gesetzes erscheinen. Dazu ist zunächst festzustellen, daß die Art und Weise, in der der

505

*Angeklagte seine Angriffe gegen das Reich und seine führenden Persön-
lichkeiten vorgetragen hat, besonders gemein ist. Sie stellt nicht nur einen
schweren Mißbrauch des geistlichen Amtes und der Kanzel dar, sondern
wirkt in ihrer Maßlosigkeit besonders gemein und verletzend. Der Angeklagte ist nicht einmal vor der Person des Führers zurückgeschreckt. Seine
Achtung vor der Religion war so gering, daß ihm Kanzel und Sakristei
auch als Mittel zur politischen Verhetzung dienten; die Ehrfurcht vor dem
Tode eines deutschen Soldaten hinderte ihn nicht, die Reichskriegsflagge
zu verunglimpfen; seine Achtung vor dem Tode war so gering, daß er nicht
nur einmal, sondern wiederholt bei Begräbnissen das offene Grab in seine
Taktlosigkeit einbezog.*

*Die Schwere und Verwerflichkeit der Tat des Angeklagten und die
Würdigung seines Persönlichkeit ließen als gerechte Sühne für sein Verhalten nur die Strafe gerecht erscheinen, die das Gesetz für den schweren
Sabotagefall vorsieht, nämlich die Todesstrafe. Politische Brunnenvergif-
ter, die als Geistliche es für richtig befinden, dem Deutschen Reich in einem
Kriege in den Rücken zu fallen, der letzten Endes auch geführt wird, um
die freie Religionsausübung gegenüber der bolschewistischen Gottlosigkeit
zu gewährleisten, haben kein anderes Schicksal als die Ausmerzung aus
der Gemeinschaft ihres Volkes verdient.«*

Pater Alfred Delp

geb.: 1907
gest.: 1945

Alfred Delp wurde am 15. September 1907 in Mannheim geboren. Nach
den Schuljahren trat er am 22. April 1926 in die Gesellschaft Jesu ein.
Während seiner Ausbildung in Feldkirch, St. Blasien, Valkenburg und
Frankfurt am Main war Delp bereits als Autor tätig. 1937 wurde er zum
Priester geweiht und war dann an der Heilig-Blut-Pfarrei in München tätig.
Für einen Gelehrten seines Geistes bestand von Anfang an kein Zweifel
über das wahre Gesicht des Nationalsozialismus und seiner Machthaber. Im
Jahr 1942 wurde Pater Delp Mitglied des Kreisauer Kreises, einer Vereini-
gung von Menschen aus allen Berufsständen und beider Konfessionen, die
es sich zum Ziel gesetzt hatte, für die Erhaltung des Christentums und den

Frieden einzutreten. Im Zuge der Massenverhaftungen nach dem 20. Juli 1944 wurde auch Pater Delp von der Gestapo ergriffen und nach Berlin gebracht. Mißhandelt, hungernd und immer wieder verhört, wartet Alfred Delp auf die Verhandlung. Am 8. Dezember 1944 legt er im Gefängnis sein Ordensgelübde ab; darin findet er die Kraft, alle Entbehrungen gottergeben zu ertragen. Am 9. Januar 1945, also eineinhalb Jahre nach der Verhaftung, findet die Verhandlung statt, in der Alfred Delp zum Tode verurteilt wird. Am 2. Februar 1945 wurde das Urteil vollstreckt.

Aus der Gegenüberstellung eines Prozeßberichts des mit Delp gefangenen Oberkirchenrats Dr. Eugen Gerstenmaier und einiger Ausschnitte aus den Prozeßakten erfahren wir, worum es dem nationalsozialistischen Gericht in Wirklichkeit ging. Einige Zeugnisse von Pater Delp selbst mögen uns ein Beispiel seiner hohen Gesinnung geben.

Dr. Eugen Gerstenmaier berichtet:
»Aufmerksam, ein wenig nach vorn geneigt, die Hände dann und wann ineinandergreifend, stand Alfred Delp am 9. Januar 1945 vor seinem Richter. Der weltoffene, kräftig gebaute Jesuitenpater im schlichten Straßenanzug – der halbkahle Freisler mit fahlen Zügen in roter Robe. Monatelang hatte die Voruntersuchung der Gestapo gewährt. Immer wieder war der Termin zur Hauptverhandlung angesagt und abgesetzt worden...
Aber nun war der Tag des Gerichtes doch, wie erwartet, eher gekommen als die Befreier. Freisler ging ins Zeug. Es ging gegen die »Kreisauer«. Und es begann mit Pater Delp. Die Spuren der blutigen Mißhandlungen, die er auf dem Rücken trug, waren noch kaum vernarbt. In einem Keller der Meinekestraße zu Berlin hatte ihm die Gestapo Schuldbekenntnisse und Belastungen abzupressen versucht. Er wußte, daß er erneut den Gang in jenen Keller riskierte, aber er widerstand. In dem seinem Temperament gar nicht gemäßen, unerhört beherrschten, gleichmäßig zurückhaltenden Ton, ohne Hebung oder Senkung der Stimme parierte er die Ausfälle und Hiebe in der weitausholenden Taktik Freislers, widerstand er der sinnlosen Beleidigung wie dem unversöhnlichen Haß des Mannes in der roten Robe. Freisler hat Delps Verteidigung in der Begründung des zwei Tage später gefällten Todesurteils »wahrhaft überdimensional« genannt. Er hat damit an etwas Wahres gerührt. Denn in jener Begegnung des folgerichtigen Verfechters der Sache Hitlers mit dem Mann aus der Societas Jesu lag etwas die herkömmlichen, auch die vor dem Volksgerichtshof herkömmlichen Dimensionen menschlicher Begegnung und Auseinandersetzung Übersteigendes!
Trotz der mit großem Aufgebot und rücksichtslosem Einsatz auch verbrecherischer Mittel geführten Untersuchung der Gestapo waren die

507

den Kreisauern, insbesondere aber Delp nachgewiesenen Straftatbestände dürftig… In Wahrheit ging es in diesem Prozeß gegen Moltke, Delp und die anderen noch lebenden Kreisauer auch gar nicht um erwiesene oder unerwiesene Straftaten, sondern um die Aburteilung und Vernichtung einer Gesinnung und Haltung, die das Dritte Reich nicht ertragen konnte.

Es war erwiesen, daß Pater Delp den Grafen Stauffenberg noch kurz vor dem 20. Juli in Bamberg gesehen und länger gesprochen hatte. Es war und ist nicht erwiesen, daß in jenem Gespräch unter vier Augen von dem bevorstehenden Staatsstreich die Rede war. Soweit sich das Todesurteil gegen Pater Delp auf eine derartige Schuldvermutung gründet, ist es Mord. Delp hat recht gehabt, wenn er in einem seiner letzten Briefe aus Tegel darauf hinweist, daß all diese amtlichen Begründungen des gegen ihn ergangenen Todesurteils nur »Kulissen« waren, schäbige Flitter, hinter denen der nackte Haß kaum getarnt war. Der Haß gegen wen eigentlich? Nun, der Haß gegen eine andere, weit mächtigere Befehlsinstanz als die Diktatur des totalen Staates. Freisler hat Delp zum Tode verurteilt und hinrichten lassen, weil die reale Anerkennung Gottes als oberste Befehlsinstanz auch für den öffentlichen Bereich schlechterdings untragbar im Staat Adolf Hitlers erschien. Freisler war nicht der Mann, das theoretische oder gefühlsmäßig vage Gottesverhältnis vieler seiner Zeitgenossen wichtig zu nehmen. Daraus folgte im Ernstfall wenig oder nichts.«

Einige Ausschnitte aus den Prozeßakten:
»Einer der aktivsten Verratsgehilfen Helmuth Graf von Moltkes ist der Jesuitenpater Alfred Delp. …Trott zu Solz vermittelte, weil ihm das Gespräch interessant erschien, Delps Bekanntschaft mit dem Grafen Yorck zu Wartenburg. Die Unterhaltung ging über die soziale Frage. Delp trug die bekannte Stellungnahme der Enzyklika »Quadragesimo anno« über die »justitia socialis« vor und erläuterte sie als Bekenntnis zur »Gemeinschaftsvorbelastung des Besitzes«. Graf Yorck zu Wartenburg fragte ihn nun, ob er dem Grafen Moltke seine Gedanken einmal vortragen wolle. Der Jesuitenpater Delp war damit einverstanden. Man ging zu Graf Moltke; dort fanden sich auch Dr. Friedrich (Deckname für Mierendorf), Maaß und Gerstenmaier ein. Mierendorf nahm Delps Ausführungen über die »justitia socialis« mit Mißtrauen auf. Delp versprach, die Enzyklika »Quadragesimo anno« zu beschaffen. Moltke lud ihn ein, nach Kreisau zu kommen, wo solche Fragen von verschiedenen Gesichtspunkten aus besprochen würden.
Der Jesuitenprovinzial für Süddeutschland, Pater Rösch, bat im August 1942 Delp, noch einmal zu Graf Moltke zu fahren und über die staatsrechtliche Kirchenanschauung zu sprechen. Auf Röschs Wunsch fuhr Delp wieder nach Berlin und redete dort entweder in Graf Yorck zu Wartenburgs oder in Graf Moltkes Wohnung im Beisein beider, Gerstenmaiers,

Maaß' und Mierendorfs über die Prinzipien der katholischen Staatslehre etwa dahingehend, daß die katholische Staatslehre von der Staatsform unabhängig sei und unter Umständen in jeder Staatsform verwirklicht werden könne.

…Delp gibt zu, daß Graf Moltke im Frühjahr 1943 nach München kam und bat, ihm ein Gespräch mit Reisert zu vermitteln, und daß, als er mit Graf Moltke sprach, der Jesuitenprovinzial Rösch und der Jesuitenpater König hinzukamen, mit denen sich Graf Moltke dann entfernte.

…Delp gibt zu, daß König für einen Tag im Frühsommer 1943 Reisert, Speer und Fürst Fugger in seine, Delps, Wohnung eingeladen habe und daß er, als alle Herren zusammen gewesen seien, sich entfernt habe, weil die Teilnahme an der Besprechung nicht seine Sache sei, und erst, als die Besprechung beendet gewesen sei, wiedergekommen sei. Es bedarf keiner Begründung, daß dieses Verhalten Delps Schuld nicht mindern kann. Es genügt vollkommen, daß er gewissermaßen der Kuppler der staatsfeindlichen Besprechungen war, selbst wenn er nicht selbst an ihnen teilnahm. Übrigens fand, wie er ebenfalls selbst bekundet hat, bald darauf eine neue Besprechung in seiner Wohnung statt, zu der freilich nicht Graf Moltke, aber dessen Komplicen Steltzer und Mierendorf (Friedrich) kamen und bei der Delp ebenso verfuhr wie das erste Mal…

…Das alles beweist eindeutig, daß Delp sehr aktiv mitten im Hochverrat des Kreisauer Kreises drinstand, ja, daß er das mit Ermächtigung des Jesuitenprovinzials von Süddeutschland, Pater Rösch, tat. Für Delps Verhalten gilt also auch alles, was zur Charakterisierung des Verhaltens Helmuth Graf von Moltkes ausgeführt ist (§§ 83, 91 b StGB, § 5 KSSVO). Sicher gehört Alfred Delp zu denen, die immer wieder behaupten, das Reich ihrer Kirche sei von jener Welt. Das hinderte ihn aber nicht, sich mit lauter Nichtnationalsozialisten, darunter offenkundigen Staatsfeinden, in derartig konspirative Gespräche und Planungen mitten im Kriege einzulassen, sie selbst aktiv vorwärts zu treiben und dabei seine Wohnung sogar als Schlupfwinkel für die Verschwörerbesprechungen zur Verfügung zu stellen. Er tritt tritt mit dem Anspruch auf, ein gebildeter Mann zu sein! Er mußte also die Verpflichtung, die darin liegt, besonders spüren und durch Taten beachten. Wenn er trotzdem im Kriege dieses Verrats sich schuldig gemacht hat, so bezeugt das seine vollkommene Ehrlosigkeit und erzwingt zum Schutze des Reiches das Todesurteil gegen ihn.

Alfred Delp am Tag des Urteils:
Nun muß ich doch einen Abschiedsbrief schreiben. Der Herrgott will anscheinend das ganze Opfer und den anderen Weg. Das Todesurteil ist beantragt, und die Atmosphäre ist voll Haß und Feindseligkeit, daß ich keinen Ausweg mehr sehe. Haß und Feindseligkeit haben die ganze

Verhandlung geführt. In ihren eigentlichen Belastungspunkten kam die Anklage zu Fall. Aber vom ersten Wort an habe ich gewußt, daß das Ergebnis fertig ist. Nun bin ich innerlich in einer ganz eigenen Lage. Obwohl ich weiß, daß ich nach dem normalen Verlauf der Dinge heute abend sterben werde, ist es mir gar nicht so zumute. Vielleicht ist Gott gnädig und spart mir die Todesangst auf bis zu den letzten Stunden. Oder soll ich immer noch an ein Wunder glauben? Adoro und suscipe sind die letzten Worte der Epiphanie Betrachtung, die ich geschrieben habe... Lassen wir es dabei, nicht traurig sein. Betet für mich, und ich helfe Euch auch, Ihr werdet schon sehen. Jetzt muß ich mich ganz loslassen, Dank für alle Liebe und Güte und Treue. Tragt mir meine Launen und Unfertigkeiten und Härten und Bosheiten nicht nach. Grüße an alle Freunde. Was auch kommen mag, es sei gegeben, für Euch und für dieses Volk als Samen und Segen und Opfer.

Pfarrer Johann Bernhard Maier

geb.: 1906
gest.: 1945

Johann B. Maier wurde am 23. Juni 1906 in Berghof (Niederbayern) geboren. Er studierte als Schüler des Knabenseminars Metten am dortigen Benediktinergymnasium von 1918 bis 1927. Vom Mai 1927 bis Juli 1928 studierte er an der philosophisch-theologischen Hochschule in Regensburg und setzte seine Studien an der gregorianischen Universität in Rom fort. Am 29. Okt. 1935 wurde er dort zum Priester geweiht. Als Domprediger in Regensburg bemühte er sich bei einer Volkskundgebung um die friedliche Übergabe der Stadt an die Amerikaner und wurde daraufhin am 24. April 1945 von einem Standgericht zum Tode verurteilt und öffentlich hingerichtet.

Ein Bericht des Bischöflichen Ordinariats Regensburg stellt uns die näheren Umstände des Mordes an Johann Maier dar.

In den frühen Morgenstunden des 23. April 1945 waren feindliche (amerikanische) Panzerspitzen bis auf 20 km an die Stadt herangekommen; es wurde daher »Panzeralarm« gegeben, und im Lauf der Morgen-

*stunden wurden alle Brücken über die Donau und den Regen gesprengt:
nur die Steinerne Brücke blieb tagsüber noch passierbar, um am Abend des
23. April auch gesprengt zu werden. Bei diesen Brückensprengungen
wurden auch die Fenster des Doms fast gänzlich zerstört und die Nieder-
münsterkirche, das Bischöfliche Palais, das Ordinariatsgebäude und mehrere Kanonikalwohnungen wurden schwer beschädigt. Im Laufe des Nachmittags wurde von Mund zu Mund für abends 6 Uhr zu einer Volkskundgebung vor dem Neuen Rathaus oder vor der nahe gelegenen Kreisleitung
eingeladen. Man durfte annehmen, daß das Volk nach dem Wunsch
maßgebender Stellen gerufen wurde, damit die Stimmung und Wille des
Volkes wegen der kampflosen Übergabe der Stadt und damit ihrer Rettung
sich kundtäte. Es haben auch Angehörige der Partei und der Polizei dazu
eingeladen. Neben anderen Priestern der Stadt begab sich auch Herr
Domprediger Dr. Johann Maier zur Kundgebung. Es fand sich eine große
Volksmenge zusammen und rief immer stürmischer nach der kampflosen
Freigabe der Stadt. Da wurde Fliegeralarm gegeben und das Signal
»Akute Luftgefahr«, und bald brauste ein Flugzeug ganz niedrig über die
Köpfe weg. Aber die Frauen mit ihren Kindern wichen nicht vom Platz.
Wider Erwarten ergriff weder von der Wehrmacht noch von der Polizei
noch von der Partei jemand das Wort. SS-Männer versuchten vielmehr die
Menge zurückzudrängen und mit Einzelverhaftungen, Schüssen und Was-
serspritzen einzuschüchtern.*

*Da entschloß sich der Domprediger Dr. Johann Maier, am Haus schräg
gegenüber der Kreisleitung, den Fenstervorbau des Luftschutzkellers zu
erklettern, bat um Ruhe und sprach etwa folgendes: »Wir sind nicht
hierher gekommen, um einen Aufruhr zu machen; wir Christen machen
keine Empörung gegen die gottgesetzte Obrigkeit mit. Wir sind hierhergekommen mit einer Bitte: Wir bitten um die Freigabe der Stadt aus
folgenden vier Gründen…«. Da wurde er mit roher Gewalt am Weiterre-
den verhindert und wie ein Schwerverbrecher vom Platz geschleppt.
Sofort wurde das Standgericht zusammengerufen und noch vor Mitternacht erfolgte die Verurteilung des Dompredigers zum Tod am Galgen.
Vielleicht 1 und ½ Stunde nach Mitternacht wurde das Urteil auf dem
sogenannten Moltkeplatz vor dem Neuen Rathaus vollstreckt; Augenzeugen konnten bisher nicht ermittelt werden. Der Domprediger war noch
gezwungen worden, Laienkleider anzuziehen. Am 24. April verbreitete
sich etwa von 6 Uhr früh an die Schreckenskunde von dem Frevel wie ein
Lauffeuer durch die Stadt; die Leiche blieb den ganzen Tag über am
Galgen hängen mit der Aufschrift vor der Brust: »Hier starb ein Saboteur«.
Nebenan hielt ein Polizist Wache. Wenige Stunden nach der Hinrichtung
verkündete der nordamerikanische Rundfunk das Verbrechen der ganzen
Welt. Am 25. April nachmittags wurde versucht, die Leiche im Oberen*

Katholischen Friedhof Regensburg in aller Stille beizusetzen; der Versuch mußte wegen starken Artilleriefeuers aufgegeben werden. Als dann die Stadt kampflos besetzt war, konnte nachmittags die vorläufige Beisetzung erfolgen. Für den 13. Mai lud dann der Hochwürdigste Bischof die Stadt Regensburg in den Dom ein und hielt vor etwa 6000 Zuhörern eine Ansprache...

Dr. Johann Maier war seit 1. Januar 1939 Domprediger in Regensburg. Wegen seines apostolischen Freimutes und wegen seines eifrigen priesterlichen Wirkens, besonders auch im Beichtstuhl, schätzten ihn die Gläubigen und auch Außenstehende ungewöhnlich hoch. Sein Sterben für die Rettung der Stadt hat auch die Herzen antiklerikaler Kreise gewonnen. Unmittelbar nach der damaligen Festnahme des Dompredigers, als dieser sich bemühte, die erregte Volksmenge, die in immer stärkeren Sprechchören die Freigabe der Stadt forderte, zu beruhigen, aber schon nach ein paar Sätzen von einem Gestapobeamten in Zivil am Weitersprechen gehindert und unter Deckung von SS-Leuten abgeschleppt wurde, wurde auch der Bezirksinspektor Michael Lottner gleich darauf durch Genickschuß »umgelegt«, weil er rief: »Laßt doch den Domprediger reden, Ihr wißt nicht, was er sagen will...

Verfolgte Kirche in Lateinamerika

In unseren Tagen erstrecken sich die Christenverfolgungen nicht nur auf die Gebiete, in denen der Kommunismus herrscht. Immer wieder können wir lesen, daß Priester und Missionare auch in anderen Teilen der Welt verschleppt und getötet werden. Vor allem betrifft dies die lateinamerikanische Welt. Hier läßt sich immer wieder dasselbe Geschehen beobachten.

Ein Herrscher reißt, meist in einem blutigen Aufstand, die Macht an sich und regiert fortan mit allen Mitteln der Gewalt. Die in höchstem Maße ungerechte Verteilung des Landes wird auf diese Weise festgeschrieben. Ein Beispiel mag dies verdeutlichen: in Kolumbien besaßen um das Jahr 1970 4 Prozent der Einwohner mehr als die Hälfte der gesamten Anbaufläche, 96 Prozent der Menschen hatten sich also mit dem Rest zufriedenzugeben. Zu dieser beispiellosen Armut kommt in der Regel noch hinzu, daß ein großer Teil der Bevölkerung weder lesen noch schreiben kann und kaum medizinisch versorgt ist.

Diesen Armsten der Armen hat seit jeher das besondere Mitleid christlicher Missionare gegolten. Und dieses Mitleid blieb nicht tatenlos, sondern wollte mithelfen, die Not zu lindern und für das Seelenheil zu sorgen. In Ländern, in denen die Verteilung von arm und reich so kraß ist wie in den lateinamerikanischen und in denen der Arme, Besitzlose gar nicht als vollwertiger Mensch gilt, sondern als Mittel der Benutzung, wird dann auch die missionarische Hilfe für diese Menschen von den Machthabern oder der führenden Schicht beargwöhnt, wenn nicht mit Mitteln der Gewalt gegen sie vorgegangen. Ein Vorwurf, der oft gegenüber diesen Christen erhoben wird, lautet, sie machten sich, wenn auch unbewußt, zu Helfern kommunistisch gesteuerter Untergrundbewegungen, denen es darum geht, die betreffenden Länder mit einem Umsturz zu überziehen. Dabei wird übersehen, daß es doch gerade die Missionare und Priester sind, die mit ihrem Wirken auf seiten des Volkes dafür sorgen, daß es in all seinem Elend nicht empfänglich wird für die kommunistische Beeinflussung. Diese Entwicklung ist verhängnisvoll. Denn auf der einen Seite werden Christen zu Opfer kommunistischer Untergrundkämpfer, auf der anderen Seite werden sie auch oft von seiten der Regierung verfolgt. Und selbst von offizieller kirchlicher Seite bleibt oft die Unterstützung aus.

Juan Alsina

gest.: 1975

Juan Alsina, ein spanischer Arbeiterpriester, kam unter der Regierung Salvatore Allendes nach Chile. Dort erhoffte er sich, frei und ungehindert für die Armen tätig werden zu können. In den Wirren des Militärputsches von General Pinochet mußte Alsina sein Leben lassen und wurde somit zu einem Opfer des tragischen Mißverständnisses, daß Priester mit ihrem Werk der Nächstenliebe sich zu Helfershelfern der marxistischen Regierung gemacht hätten.

Ein Freund des Priesters schildert uns die Umstände, wie Alsina, der unerschrockene Priester, zu Tode gekommen ist.

Lieber Freund!
Gestern nachmittag beerdigten wir den Leichnam Juan Alsinas. Wir glauben, daß Juan ein Märtyrer unserer Zeit war. Es waren vor allem die Überlegungen, die er in der Nacht seines Todes anstellte, die uns nach-

denklich werden ließen. Wir übersenden hiermit eine Kopie. Wir wollen versuchen, das Original seiner Familie zukommen zu lassen, sobald wir einen sicheren Weg dafür kennen. Es ist gleichermaßen Testament und Abschied. Er erfüllte immer seine Pflicht als Geistlicher und Arbeiter, bis zum letzten Augenblick wollte er bei seinen Arbeitskollegen bleiben.

Dies ist seine Geschichte: In Chile lebte er als Vikar im Hafen von San Antonio. Im Mai siedelte er in den Süden über, nach Santiago, und arbeitete werktags als Personalleiter im Krankenhaus San Juan de Dios. Als Geistlicher stand er den Menschen bei und sonntags half er den anderen Pfarrern der Umgebung, indem er Messen abhielt. Am Tage des Militärputsches befand er sich im Krankenhaus, und da es verboten war, das Gebäude zu verlassen, blieb er dort bis zum Morgen des 14. September, bis die Ausgangssperre aufgehoben wurde. Vom 14. bis 19. September wohnte er bei uns.

Eines Nachts, als er im Krankenhaus war, schoß ein mutiger Schütze vom fünften Stock auf die Soldaten. Es war bewiesen, daß Juan in jener Nacht nicht in jenem fünften Stockwerk war. Er hatte Zeugen dafür, und außerdem waren die Schützen verhaftet worden, darum war er nicht beunruhigt. Er hatte uns erzählt, wie seine Sekretärin und einige Freunde festgenommen worden waren, aber gegen ihn selbst lag nichts vor. Dennoch hatte ihm der Direktor des Krankenhauses geraten, vorsichtig zu sein. Juan dagegen fühlte sich sicher, weil er nie Mitglied einer Partei gewesen, sondern ein einfacher technischer Angestellter war. Doch der Direktor vertraute ihm an, daß während seiner Abwesenheit vom Arbeitsplatz die Militärs schon zweimal dagewesen seien, um ihn zu holen.

Am Nachmittag des 18. September spielten wir Domino, kommentierten die Ereignisse und sahen Nachrichten im Fernsehen. Gegen elf Uhr ging Juan schlafen. Man hörte einige Schüsse, die von patrouillierenden Posten abgefeuert wurden. Zur gleichen Zeit schrieb er seine Abschiedsworte. Ahnte er, was passieren würde? Wenn er von Zwangsgeständnissen und abgekarteten Aussagen spricht, scheint es, als hätte er die Bibel vor Augen gehabt. Bevor er sich am Morgen des 19. September auf den Weg zur Arbeit machte, ging er beim Bischof vorbei, um mitzuteilen, daß er möglicherweise festgenommen würde. Man riet ihm, sich an das spanische Konsulat zu wenden (Alsina war spanischer Staatsbürger). Er kehrte an seinen Arbeitsplatz zurück.

Gegen drei Uhr nachmittags kam eine Militärpatrouille, um ihn zu holen. Wie wir später erfuhren, schlugen sie ihn da schon so, daß er das Bewußtsein verlor, und brachten ihn in eine Schule, die in der Nähe einer Kaserne lag. Anscheinend bat er einen Soldaten, die Pfarrei von seiner Verhaftung zu informieren. Jener überbrachte am selben Abend gegen 22 Uhr telefonisch die Nachricht. Von da ab brach jeder Kontakt zu Juan ab.

Die Kirche im Überlebenskampf

Am 20. September gingen wir morgens zum Konsulat und zum Bistum, um alles zu unternehmen, um seinen Aufenthaltsort zu erfahren. Wir ließen keinen Augenblick ungenutzt verstreichen.

So vergingen die Tage bis zum 26. September. In der folgenden Nacht teilte der Konsul mit, daß der Leichnam Juans im Leichenschauhaus aufgetaucht sei. Dort wurde die Leiche am Morgen des 27. September identifiziert.

Er hatte die Nummer 2731. Der Doktor teilte uns mit, daß auf unser Drängen hin der Konsul eine Autopsie beantragt hatte, bei der mehr als zehn Einschüsse im Rücken festgestellt wurden. Man hatte ihn am Morgen des 20. September um 10.30 Uhr in einem Lastwagen zusammen mit anderen Toten gebracht. Gefunden hatte man ihn im Mapocho-Fluß, der durch Santiago fließt, unter der Bulnes-Brücke. Was war passiert? Man ist auf Vermutungen angewiesen.

Gestern haben wir ihn in der Nische 29-III Nord auf dem Pfarrfriedhof von San Bernardo begraben. Die Totenmesse wurde von mehr als 40 Geistlichen zelebriert. Es ist furchtbar und schwer zu glauben, was da geschah, aber wenn Ihr sein Testament lest, werdet Ihr sehen, daß es etwas Großes und Bedeutendes war, was passierte. Wir haben die Gewißheit, daß er gefaßt und vorbereitet war, als sie an die Tür klopften, bereit, ein Weizenkorn zu sein, das stirbt, um reiche Frucht zu geben.

Wir haben Dir die Ereignisse kurz und bündig dargestellt. Ihr werdet wissen, was Ihr seiner Familie sagen könnt. In dem Brief, den wir ihnen geschrieben haben, wurden keine Details genannt.

Juan, der langjährige Freund, sagte am 18. September: 'In Deine Hände lege ich mein Schicksal...' Es war ohne Zweifel seine letzte Messe. Der Herr möge ihn in sein Reich aufnehmen und ihn an seiner Auferstehung und an seinem Ruhm teilhaben lassen. Adios. Und wie Juan in seinem Testament sagt: Der Herr begleitet uns dorthin, wo er wünscht, daß wir leben.

Die letzten Gedanken des Priesters Juan Alsina

Warum? Wir wollten neuen Wein in alte Schläuche füllen und haben nun weder Schläuche noch Wein.

Wir sind den Weg zu Ende gegangen, wir haben zunächst angefangen, auf einem schmalen Pfad zu schreiten, und sind nun in die Steine geraten. Wir, die wir noch übrig geblieben sind, werden weiter gehen.

Bis wann? Hoffentlich finden wir Bäume, um vor den Kugeln Schutz suchen zu können.

Es gibt keine Propheten mehr unter uns, es gibt nur noch das Goldene Kalb. Seit zwei Tagen gibt es alles (dies bezieht sich auf die ersten Tage

516

nach dem Militärputsch). Und wir können nicht sprechen, wir kauen. Und wir sehnen uns nach dem trockenen Brot, das lächelnd abgeschnitten wird. Wir hatten jenes Pauluswort nicht verstanden: »Wir müssen alle durch das Feuer geläutert werden. Und was Stroh ist, muß verbrannt werden«. Wo sind jene, die bis zu den äußersten Konsequenzen gehen wollten?

Und nun? Viele sind berufen, heißt es im Buch Numeri. Vierzigtausend waren es beim Exodus. Und so war es hier auch. Von verschiedenen Parteien, was macht es? Ist es das Volk, ist es Truppe, es bleibt sich gleich. »Wir werden ein neues, freies, unabhängiges Land schaffen. Andere Stimmen, andere Horizonte«. Nein, die Stimmen sind dieselben.

Es fehlt die innere Verbindung. Nicht zu wissen, wer ich bin, wo ich herkomme, noch wohin ich gehe. Ich werde nach Hause kommen. Dieser blickt mich an. Dieser kann mich verhaften – verstecke dich. Von einem Schlüssel abzuhängen, von einem Willen, von einer Eingebung, von einem erpreßten »Geständnis«. Kalter Schweiß, heiß. Eine kleine Wohnung, allein, kalt. Wer ist am anderen Ende des Telefons? Wer ruft zu dieser Stunde an der Tür? Nicht zu wissen, was ich machen werde, sondern was sie mit mir machen werden. Und das Schmerzlichste: Warum? Das ist die Unsicherheit. Und das Bewußtsein der Unsicherheit ist die Angst. Nun verstehe ich, was Raimon meinte, als er zu uns vom Kampf gegen die Angst sprach.

Und die Schießerei geht weiter, besonders nachts. Wer gegen wen? Volk, Volk, Volk – auf der einen Seite und auf der anderen Seite. Sie: entweder sind sie tot – die, die waren – oder sie flüchten oder sie sind oben. Taktik, Parteien, Erklärungen. Und das Volk liegt am Boden, schlafend oder tot.

Und die Machtlosigkeit. Das Blut, das kocht. Die Worte, die nicht herauskommen. Und zu wissen, daß Worte und Taten verdammt sind zu Staub, zu Blut und zu verstoßenem und mißhandeltem Fleisch. Und unsere Heilige Mutter (die Kirche)?

Man kann nicht improvisieren. Das Gleichgewicht eignet sich nur für die »Friedens«zeiten.

Hoffnungen. Wenn das Weizenkorn nicht stirbt, wird es nie Frucht bringen. Ein abgebrannter Berg ist schrecklich: aber man muß hoffen, daß aus der feuchten, schwarzen, klebrigen Asche neues Leben keimt. Wir entdecken das Leben jeden Tag.

Wir erwarten Eure Solidarität. Verstehst Du nun, was Leib Christi heißt? Wenn wir untergehen, geht etwas von Eurer Hoffnung unter. Wenn wir aus der Asche das Leben zurückgewinnen, wird etwas erneut in Euch geboren. Mit Gott – der uns immer und wo wir auch sein mögen, begleitet.
JUAN

Rudolf Lunkenbein

gest.: 1976

Rudolf Lunkenbein war ein junger Priester aus Deutschland, der im Gebiet des Matto Grosso in Brasilien sich vor allem um die dort ansässigen Indianer kümmerte. Seine Missionsarbeit zeitigte wie er uns in Briefen versichert, gute Früchte. Doch auch hier wurden die Eingeborenen von den weißen Siedlern nur als Mittel und mindere Menschen behandelt, der Priester, der für sie sorgte, demgemäß mit blinden Haß verfolgt. Rudolf Lunkenbein selbst erzählt uns in seinen Briefen von derartigen Vorkommnissen, die schließlich sogar zu seinem Tod führen sollten.

Campo Grande, 29. Januar 1975

Meine Lieben.

Nachdem zu Weihnachten nur ein kleiner Gruß möglich war, muß ich nun doch endlich wieder einmal ausführlicher schreiben. Bin zur Zeit im Campo Grande und nehme am Provinzkapitel unserer Salesianerprovinz teil. Teilnahmeverpflichtet sind sämtliche Direktoren der Provinz und ein gewähltes Mitglied einer jeden Salesianerniederlassung. Es werden wichtige Probleme unserer salesianischen Arbeit in Matto Grosso besprochen.

Im Meruri haben wir sehr turbulente Wochen und Monate hinter uns. Wenige Tage nach meiner Ankunft aus Deutschland haben unsere Indianer beim Indianerschutzdienst offiziell um Erweiterung ihres Referates gebeten. Bei dieser Gelegenheit hat mich der Präsident des Indianerschutzdienstes beauftragt, eine genaue Untersuchung des Gebietes zu machen, um festzustellen, wieviele Farmer aus diesem Gebiet angesiedelt und entschädigt werden müßten. Nach einigen Wochen Arbeit habe ich dann in Brasilia alle Unterlagen dem Präsidenten des Indianerschutzes übergeben. Natürlich haben sich daraufhin viele Farmer gegen uns gestellt, in der Meinung und Behauptung, daß wir diese Grundstücke für uns wollen und die Indianer nur als Vorwand benützen. Das ist natürlich Unsinn, aber es wurde mündlich und schriftlich an den verschiedensten Stellen vorgetragen, selbst bei der brasilianischen Bundespolizei und beim Bundes-Informationsdienst. Da aber der brasilianische Indianerschutzdienst ganz auf unserer Seite steht und die Lage genau kennt, kann uns kaum etwas passieren. Das haben die Farmer gemerkt und versuchen es nun auf

andere Weise. Sie besorgen sich Rechtsanwälte und machen unsere Grund-
stücksdokumente streitig, verletzen unsere Weidezäune, weiden ihr Vieh
auf unserem Gebiet usw., bis jetzt hatten sie aber noch keinen Erfolg.
Unsere Indianer haben einmal sechs Ochsen und zwei Pferde eingefangen
und festgehalten, bis der Besitzer hundert DM Weidegebühren bezahlt hat.
Der Besitzer hat alles mögliche versucht, sogar mit der Polizei ist er
gekommen und hat mir gedroht.

Ich habe dem Polizisten erklärt, daß die Regionalpolizei für diesen Fall
nicht zuständig ist und habe ihn samt dem Farmer nach Hause geschickt.
Ein anderer Farmer hat immer über hundert Stück Vieh auf dem Gebiet
der Indianer. Nach vier Mahnungen der Indianer, eine sogar schriftlich,
hat der Farmer die Sache immer noch nicht für ernst genommen, bis die
Indianer zwei Kühe abgeschossen haben. Natürlich haben sie die Kühe mit
nach Hause genommen und unter allen Indianern aufgeteilt. Der Farmer
kam wütend zu mir, ich solle die Kühe zahlen. Als ich ihm erklärt hatte,
daß ich dazu keine Lust und keine Verpflichtung habe, sagte er wütend,
daß er zur Polizei gehe. Nachdem ich aber den einen Polizisten nach
Hause geschickt hatte und der Polizeichef eingesehen hatte, daß tatsächlich die Regionalpolizei nicht zuständig ist, hat er den Farmer an den
Indianerschutzdienst verwiesen. Da kam er gerade recht, denn diese Leute
stehen ganz auf unserer Seite. Der Regionalchef des Indianerschutzdienstes erklärte dem Farmer, daß er die Kühe nicht bezahlen werde. Eigentlich sollte er sich schämen, dieses Geld überhaupt zu verlangen. Er soll
froh sein, daß die Indianer nur zwei Kühe geschlachtet haben. Wenn es so
weitergeht, werden sie in Zukunft auch auf die Farmer schießen und
niemand wird die Indianer verurteilen, weil sie im Recht sind. Am kommenden Samstag bin ich bei unserem Rechtsanwalt vorgeladen, wo noch
ein Prozeß läuft: über Grundstückspapiere. Es besteht kein Zweifel, daß
wir auch diesen Prozeß gewinnen, da auch der Indianerschutzdienst sich
einschaltet. Bei der Regierung sind wir zur Zeit gut angesehen, besonders
ich habe beim Präsidenten und beim Regionalchef des Indianerschutzdienstes eine sehr gute Nummer. Ein anderer Farmer hat den Indianern mit
Maschinengewehren gedroht, wenn sie eine begonnene Reispflanzung
weiterhin bearbeiten. Jedesmal wenn die Indianer in diese Gegend gehen,
gehe ich mit ihnen, aber es ist bis jetzt noch nichts passiert.

Nach all diesen Drohungen muß man natürlich vorsichtig sein, aber ich
glaube nicht, daß einer so dumm ist und Gewalt anwendet. Es ist klar, daß
unsere Indianer ganz auf unserer Seite sind und uns mit allen Mitteln
schützen und verteidigen. Tag und Nacht stehen zwei unserer Indianer
bewaffnet am Eingang der Mission und untersuchen jeden Besucher nach
Waffen. Nicht jeder darf die Mission betreten. Und all das ist eine
Initiative der Indianer. Sie haben Angst, daß uns etwas passieren könnte.

Diese Befürchtung habe ich jedoch nicht. Oft kommen Farmer, um mit mir über dieses oder jenes Problem zu diskutieren. Wenn so einer kommt, dann rufen die Wachen am Eingang mit Pfeilzeichen alle Indianer zusammen, so daß der Betreffende sofort, manchmal von über hundert Indianern, umstellt ist, noch bevor er zu mir kommt.

Schon vor einigen Monaten habe ich in der Direktion mein Tonbandgerät eingebaut, und zwar so, daß bis jetzt selbst die Indianer noch nichts davon wissen. Vom Schreibtisch aus kann ich es ein- und ausschalten. Habe schon drei Bänder mit wertvollen Aufnahmen. Es kann somit kein Farmer mehr sagen, ich hätte dies oder jenes gesagt, was dann nicht der Wahrheit entspricht. Auf der anderen Seite, in der Hitze des Gefechtes, sagen auch sie Dinge, die gegen sie verwendet werden können. So haben wir also alles gut belegt und haben genügend Mittel, um uns jederzeit zu verteidigen.

Macht Euch also keine Sorgen. Es werden noch schwere Wochen und Monate für uns kommen, aber ich bin sicher, daß alles gut geht. Man sieht immer wieder, daß Gott auf unserer Seite steht, und das ist das Wichtigste. Darum bitte ich auch immer wieder um Euer Gebet.

Colonia Indigena Meruri   *Meruri, 22. Juni 1975*
78.460 General Carneiro-Mt.

Meine Lieben.

In letzter Zeit ging es wieder turbulent zu. Ein Farmer wollte einen Weidezaun im Gebiet der Indianer errichten. Wir gingen hin und haben uns die Sache angeschaut und dabei gemerkt, daß er schon im vergangenen Jahr im Indianergebiet ungefähr 10 Hektar Reis angepflanzt hatte. Als dies die Indianer merkten, fuhren sie mit Lastwagen hin und haben einen Wagen voll Reis geholt und hier gedroschen. Leider hat es nur 15 Sack gegeben. Allerdings mußte ich ausgerechnet in diesen Tagen zu einer Versammlung sämtlicher Direktoren Brasiliens in der Nähe von Rio de Janeiro, also rund tausendvierhundert Kilometer von hier. Es waren 82 Direktoren Brasiliens versammelt. Auch der Generalobere und vier Mitglieder des Generalrates unserer Kongregation aus Rom waren gekommen. Wir waren dort eine ganze Woche lang versammelt und haben vieles über unseren Ordensgeist und über das Ordensleben gelernt. Der Farmer, dem die Indianer den Reis weggenommen haben, hat eine ganze Menge von Telegrammen losgelassen und Militär, Bundespolizei und FUNAI (FUNAI ist die Abkürzung für Bundes-Indianerschutzdienst) in Aufruhr gebracht. Der Text der Telegramme war ungefähr folgender: "P. Rudolf hat Indianer angestiftet, fremdes Eigentum zu betreten und dort zusammen mit den Indianern 200 Sack Reis gestohlen".

C. Hansmann

Außer diesen Fällen haben wir noch einige kleinere, jedoch ähnliche Probleme. Morgen habe ich in Cuiabá eine Audienz beim Justizminister von Mato Grosso. Übermorgen habe ich ein Treffen mit dem Präsidenten des Indianerschutzdienstes, General Ismarth, der mich speziell nach Cuiabá eingeladen hat, wo er einige Tage weilt, um mit mir persönlich alle Probleme zu besprechen. Der Regionalchef des Indianerschutzdienstes und ich werden versuchen, den Präsidenten des Indianderschutzdienstes zu zwingen, daß er bei diesem unseren Treffen all unseren Problemen eine definitive Lösung gibt. Auch unser Indianerhäuptling wird mit mir fahren. Am Mittwoch werde ich mit dem Flugzeug von Cuiabá nach Goiâna fliegen, wo vom Dienstag bis Freitag dieser Woche eine Generalversammlung des Missionsrates ist, bei der ich ja auch nicht fehlen darf.

Ihr seht, es geht wieder einmal drunter und drüber. All das kostet große Anstrengung, viel Geduld und Nerven.

Bei all dem braucht Ihr Euch jedoch keine Sorgen zu machen. Der Indianerschutzdienst, die Bundespolizei und auch andere Behörden stehen auf unserer Seite. Vor allen Dingen aber helfen die Indianer bei all diesen Sachen so gut mit und verteidigen mich mit allen Mitteln, so daß nichts passieren kann. Was aber am schönsten ist, man merkt fast jeden Tag spürbar, daß unser Herrgott auch ganz auf unserer Seite steht und alles wieder zum guten lenkt. Sicher steckt da Euer Gebet und das Gebet so vieler Freunde dahinter. Immer wieder empfehle ich unseren Indianern, für Euch alle in der Heimat zu beten, die Ihr soviel für uns tut.

Ja, das war wieder einiges von hier. Vor einem Jahr hatte ich diese Probleme nicht, jedoch waren es da erst wenige Tage, seit Ernst gestorben war. Habe an seinem Todestag den ganzen Tag an ihn gedacht.

Sicher ist es auch Er, der uns immer wieder hilft.

Colonia Indigena Meruri   Meruri, 11. August 1975
78.460 General Corneiro-Mt.

Meine Lieben.

Auf den Brief von Vater (Ende Mai) habe ich kurz geantwortet, doch ist bis heute von Euch keine Nachricht mehr gekommen. Wie geht es Mutter? Ist die Operation gut vorbei und ist sie wieder zu Hause? Wir haben hier sehr viel für sie gebetet, immer wieder habe ich auch unsere Indianer um ihr Gebet für Mutter gebeten.

Mir geht es hier sehr gut. Gesundheitlich hatte ich noch nicht die geringsten Schwierigkeiten. Schwierigkeiten haben wir jedoch laufend mit unseren Nachbarn. Sie versuchen einfach alles, um den Indianern den letzten Rest ihres Grundstückes wegzunehmen. Doch unsere Bororos lassen sich nichts gefallen. Sie haben inzwischen schon mehr als zehn

Kühne von Farmern abgeschossen und aufgegessen. Auch haben sie schon einige Häuser in Brand gesteckt. Ein Farmer hat auf dem Gebiet der Indianer Reis gepflanzt. Als der Reis reif war, sind die Indianer hingefahren und haben den Reis für sich geerntet. Es ist klar, daß mit solchen Sachen die Farmer furchtbar wild werden und die Polizei alamieren. Doch bis jetzt mußte die Polizei in allen Fällen den Indianern recht geben. Nur ist es halt traurig, daß die Behörden feststellen, daß die Indianer recht haben, auf der anderen Seite aber tun sie nichts, um die Farmer zu bestrafen. Die Regierung müßte besser durchgreifen. Wir werden einen offenen Krieg hier haben, wenn die Sache nicht bald eine andere Richtung einnimmt. In diesem Fall würde dann aber die endgültige Definition des Indianergebietes schneller herbeigeführt. Hoffen wir das Beste.

Am 15. Juli 1976 wurde Rudolf Lunkenbein von weißen Siedlern erschossen.

Erzbischof Oscar Romero

geb.: 1917
gest.: 1980

Oscar Romero, 1917 geboren, war seit 1970 Weihbischof und seit 1977 Erzbischof in El Salvador. In dem Maße, wie er sich mit der Lage des Großteils der Menschen in diesem südamerikanischen Land vertraut machte, wurde aus ihm, dem eher zurückhaltenden Menschen, ein Streiter für die Gerechtigkeit und die Rechte der Armen. Die Verfolgung der Priester und christlichen Landarbeiter durch die Regierung, die in dem Spruch gipfelte, den man allenthalben an Häuserwänden lesen konnte: »Tu etwas für dein Vaterland: töte einen Priester!« tat ein übriges, daß Erzbischof Romero sich verpflichtet fühlte, für seine Gemeinde einzutreten. Die Folge davon waren Verunglimpfungen des Bischofs, die bis zu Morddrohungen reichten. Doch das konnte den Erzbischof nicht von seinem einmal eingeschlagenen Weg abhalten. Am 24. März 1980 erfüllten sich die Morddrohungen. Oscar Romero wurde während einer Eucharistiefeier von Scharfschützen ermordet.

Todesschuß gegen die Stimme der Wahrheit

Dem Attentat fiel ein Mann zum Opfer, der internationale Autorität genoß und wie kein zweiter die Unterdrückung seines Volks anprangerte

Von unserem Korrespondenten Friedrich Kassebeer

Rio de Janeiro, 25. März

Wenn die Sonntagsmesse vorüber war, stand er wie ein einfacher Pfarrer an der Kirchentür, um seine Schäfchen zu verabschieden. Ausgemergelte Frauen und Männer küßten ihm den Bischofsring, und er fing sie meist in einer Umarmung auf, freundlich und etwas scheu, wie es seine Art war. Die Almosen für die Kirche, die sie ihm zusteckten, gab er einem neben ihm stehenden jungen Priester weiter, der das Geld in einen Beutel tat. Oscar Arnulfo Romero, der in der Nacht zum Dienstag während eines Gottesdienstes erschossene Erzbischof von San Salvador, war eine bäuerlich einfache Erscheinung, aber in seinen Predigten verband er auf geniale Weise die uralten Sätze des Evangeliums mit der Anklage gegen die Not und die Unterdrückung des Volkes von El Salvador, der Republik des Erlösers.

Nach seiner Ernennung zum Erzbischof 1977 meinten die herrschenden Großunternehmer und Generäle, in Romero einen Mitstreiter gegen rebellische Priester und linkskatholische Arbeiterorganisationen gefunden zu haben. Aber der Bischof wurde zu einem der glühendsten Verfechter der Befreiungstheologie. Mehrere seiner Priester fielen den Terrorkommandos der Ultrarechten zum Opfer. Auch er selbst erhielt bald Morddrohungen, vor allem nachdem er auf der Lateinamerikanischen Bischofskonferenz in Puebla mit dafür gesorgt hatte, daß die Kirche auf den Kampf mit den Armen gegen Unterdrückung und Ausbeutung verpflichtet wurde. Romero forderte von General Romero, dem Diktator, Gesetzesreformen, die Arbeitern und Bauern erlauben sollten, Gewerkschaften zu organisieren und für ihre Rechte einzutreten. „Die Kapitalisten meines Landes fordern immer wieder Repression von der Regierung", sagte der Erzbischof, als seine Bemühungen gescheitert waren. „Aber es ist nicht nur das Kapital hier im Lande, es hat auch die Unterstützung des internationalen Kapitalismus", fügte Romero hinzu. Für die Oligarchie war er abgestempelt: ein „roter Bischof", ein „Werkzeug der Kommunisten", wie ihn die rechten Propaganda in Pres-

mandos machten die Hoffnungen zunichte. Auch die Junta, welche die Offiziere Anfang Januar nur noch mit den Christdemokraten bilden konnten, brachte nicht den vom Erzbischof und der Mehrheit des Volkes ersehnten Frieden. 600 Menschen waren im Jahre 1979 politischer Gewalt zum Opfer gefallen. Im Januar und Februar 1980 allein waren es bereits wieder 600. Die Terrorkommandos der paramilitärischen Bewegung ORDEN und der „Weißen-Krieger-Union" mordeten und folterten weiter. Die Nationalgarde schoß weiter auf demonstrierende Landarbeiter. Und die Propagandakampagne der Großgrundbesitzer war darauf ausgerichtet, den „Widerstand gegen den Kommunismus" zu rechtfertigen.

Erzbischof Romero warnte in einer Sonntagspredigt die Streitkräfte vor weiterer blinder Gewaltanwendung. „Wir möchten, daß Sie mit gleicher Energie den Aufruhr der Rechten bekämpfen, der viel krimineller ist als jener der Linken und von den Sicherheitskräften viel besser kontrolliert werden kann", erklärte Romero. Nach seiner Überzeugung hatte die Junta, die sich revolutionär nennt, auch nicht alle jene schwerbelasteten Offiziere entfernt, die an den Verbrechen der Diktatur beteiligt gewesen waren. Der Erzbischof verlangte Untersuchungen, Gerichtsverfahren, Entschädigung für die Hinterbliebenen — er verlangte sehr viel. Doch die Offiziere und die Christdemokraten der Junta wirkten

Die Kirche im Überlebenskampf

Um die Lage der Christen in El Salvador darzustellen, können wir uns an die Aussagen des Erzbischofs selbst halten. 1979 entgegnete er auf die Beteuerungen des Präsidenten von El Salvador, in seinem Land werde die Kirche nicht verfolgt:

Heute morgen um 6.00 Uhr überfiel die Guardia Civil unser Kurszentrum El Despertar in der Pfarrei San Antonio Abad. Seit dem Vorabend fand dort das übliche Abschlußwochenende eines Kurses für Jugendliche zur Einführung ins Christentum statt. Die Mehrheit der Jugendlichen schlief noch, einige standen gerade auf, als eine Bombe das Tor aufsprengte, ein Jeep und ein Panzer einfuhren, und eindringende Soldaten zu schießen begannen. Sie töteten zwei Schüler von 15 Jahren, David und Roberto, zwei junge Arbeiter, Angel und Jorge, sowie den geistlichen Leiter, Octavio Ortiz Luna, Diözesanpriester von San Salvador. Alle übrigen Kursteilnehmer und Helfer, einschließlich einer Nonne und einer Postulantin, wurden verhaftet und ins Hauptquartier der Guardia Civil abgeführt.

In seiner Rede anläßlich der Verleihung des Ehrendoktors der Universität Löwen im Jahr 1980 formuliert Erzbischof Romero noch einmal die Aufgaben, die er der Kirche in Südamerika gestellt sieht:

Wir glauben an Jesus, der uns Leben in Fülle brachte, und an einen lebendigen Gott, welcher den Menschen Leben verleiht und will, daß die Menschen in Wahrheit leben. Diese prinzipiellen Glaubenswahrheiten werden zu realen und grundlegenden Wahrheiten, wenn sich die Kirche in die Mitte des Lebens und des Todes ihres Volkes begibt. Hier steht die Kirche, wie jeder Mensch, vor der fundamentalsten Entscheidung ihres Glaubens: für das Leben oder für den Tod zu sein. Wir sehen ganz klar, daß man sich hierbei nicht neutral verhalten kann. Entweder dienen wir dem Leben der Salvadoraner oder wir sind an ihrem Tod mitschuldig.

Dieser Glaube an den Gott des Lebens erklärt das innerste christliche Geheimnis. Um den Armen Leben zu verleihen, muß man vom eigenen Leben, ja, sogar das eigene Leben geben. Der größte Beweis des Glaubens an einen Gott des Leben ist das Zeugnis desjenigen der bereit ist, sein Leben hinzugeben. »Niemand hat eine größere Liebe, als wer sein Leben einsetzt für seine Freunde« (Joh 15, 13). Und dies sehen wir täglich in unserem Land. Viele Salvadoraner und viele Christen sind bereit, ihr Leben zu opfern, damit es ein Leben für die Armen gibt. Hier folgen sie Jesus nach und bezeugen ihren Glauben an ihn. In die Welt eingetreten, wie Jesus, bedroht und angeklagt wie er, ihr Leben hingebend wie er, legen sie Zeugnis ab für das Wort des Lebens.

Anhang

Alphabetisches Verzeichnis der Märtyrer

mit Angabe des jeweiligen Festtages und der Seitenzahl ihrer Darstellung im Buch.

(Fest- und Gedenktage sind in Klammern beigefügt. Zu beachten ist, daß auch die jüngeren Märtyrer unter ihrem Vornamen aufgeführt sind. So etwa ist der heilige Maximilian Kolbe unter M zu finden.)

Verzeichnis der Märtyrer nach Festen und Gedenktagen

533

Chronologisches Verzeichnis der aufgeführten Märtyrer

Die Märtyrer werden in der Reihenfolge des Jahres ihres Martyriums aufgeführt.

35/36	Der heilige Stephanus
44	Der heilige Apostel Jakobus der Ältere
47	Die heiligen Apostel Simon Zelotes und Judas Thaddäus
60	Der heilige Apostel Andreas
62	Der heilige Apostel Jakobus der Jüngere
62	Der heilige Apostel Markus
67	Der heilige Apostel Paulus
67	Der heilige Apostel Petrus
67	Der heilige Apostel Thomas
69	Der heilige Apostel Matthäus
Zwischen 54 und 90	Der heilige Apostel Philippus
106 oder 107	Der heilige Simeon, Bischof von Jerusalem
110 oder 118	Der heilige Ignatius von Antiochien
156	Der heilige Polykarp
165	Der heilige Justin
177	Die Märtyrer von Lyon
180	Die Märtyrer von Scili
Um 185	Der heilige Apollonius
202 oder 203	Die Heiligen Perpetua und Felicitas
202	Die Heiligen Potamiäna und Basilides
250	Der heilige Maximus
250 oder 251	Die Heiligen Lucian und Marcian
Um 250	Die heilige Apollonia
258	Der heilige Cyprianus
287	Der heilige Sebastian
298	Der heilige Marcellus von Tanger
304	Der heilige Irenäus von Sirmium
304	Der heilige Philippus von Heraklea
306	Die Heiligen Phileas und Philorom
308	Der heilige Quirinus von Sciscia

1315/16	Raimund Lullus
1465	Andreas
1535	Der heilige John Fisher
1535	Der heilige Thomas Morus
1572	Die heiligen Märtyrer von Gorkum
1572	Thomas Percy
1578	Johannes Nelson
1581	Edmund Campion
1583	Wilhelm Hart
1583	Rudolf Acquaviva
1593	Die Märtyrer von Aubenas (Jakob Sàles und Wilhelm Saultemouche)
1597	Die heiligen Märtyrer von Japan
1618	Niccolò Rusca
1620	Johannes Sarkander
1622	Der heilige Fidelis von Sigmaringen
1622	Carlo Spinola
1623	Der heilige Josaphat Kuncewicz
1628	Roque Gonzales de Santa Cruz
1631	Johannes von Prado
1638	Dionysius und Redemptus
1638	Agathangelus und Cassian
1648	Francisco Fernandez de Capillas
1649	Jean de Brébeuf und Gabriel Lallement
1657	Andreas Bobola
1693	Johannes de Britto
1707	Gomidias Keumurgian
1711	Eusebius Kühn
1747	Pedro Matyr Sanz
1792	Apollinaris von Posat
1794	Die Karmelitinnen von Compiègne
1840	Jean-Gabrielle Perboyre
1841	Pierre-Louis-Marie Chanel
1860	Engelbert Kolland
Zwischen 1885 u. 1887	Die Märtyrer von Uganda
1900	Die Märtyrer von Südost-Tscheli
1900	Ferdinand Hamer
1900	Die Märtyrer von Hunan
1923	Metropolit Benjamin von Petrograd
Vermißt seit 1941	Eduard Profittlich
1941	Der heilige Pater Maximilian Kolbe
1942	Pater Franz Reinisch

1943	Helene Kafka (Schwester Restituta)
1943	Die Pfarrer von Lübeck
1943	Dompropst Bernhard Lichtenberg
1943	Pater Jacob Georg Gapp
1944	Pfarrer Max Josef Metzger
1944	Pater Alois Grimm
1944	Provikar Carl Lampert
1944	Pfarrer Max Frammelsberger
1945	Pfarrer Heinrich Dalla Rosa
1945	Pater Alfred Delp
1945	Pfarrer Johann Bernhard Maier
1953	Erzbischof Meĉislovas Reinys
1973	Sergej Kourdakov
1975	Ivan Wassiljewitsch Biblenko
1975	Juan Alsina
1976	Rudolf Lunkenbein
1980	Erzbischof Oskar Romero

Quellen und Literatur

BADER, H., Alle Heiligen und Seligen der römisch-katholischen Kirche. 1956.

BAMM, P., Welten des Glaubens. München Zürich 1959.

BAUMANN, F., Die seligen Märtyrer von Südost-Tscheli. Wien 1955.

BEER, L., Heiligenlegende für alle Tage des Jahres. 1928.

BENZ, F., Russische Heiligenlegenden. 1953.

BITSCHNAU, O., Das Leben der Heiligen Gottes. Einsiedeln/Köln 1902.

BRIEM, E., Kommunismus und Religion in der Sowjetunion. Basel 1948.

BROX, N., Zeuge und Märtyrer. München 1961.

BUTLER, A., Leben der Väter und Märtyrer. Mainz 1838.

COCHEM, M., Verbesserte Legende der Heiligen. Seehausen 1745.

Die katholischen Missionen. Nr. 62. Freiburg 1934.

Die katholischen Missionen. Nr. 69. Freiburg 1950.

DONIN, L., Leben und Thaten der Heiligen Gottes. Graz 1882.

DÖRING, H., Der selige Johannes de Britto. Freiburg 1920.

EBELING, H., Deutsche Geschichte. Braunschweig Berlin Hamburg 1950.

FURGER, J., Eucharistische Heiligenlegende auf jeden Tag des Jahres. 1923.

GOSWIN, G., Wunder und Taten der Heiligen. 1964.

GRUBER, H., Der selige Rudolf Acquaviva und seine Gefährten. Regensburg 1894.

HAGEMEYER, O., Ich bin Christ. Frühchristliche Märtyrerakten. Düsseldorf 1961.

HAMBURGER, G., Glaube hinter Gittern. Wien München 1979.

HAMANN, A., Das Heldentum der frühen Märtyrer. Aschaffenburg 1958.

HANOZIN, P., Helden der Urkirche. Urkunden, Berichte, Akten. Graz Wien Leipzig 1938.

HÜMMLER, H., Helden und Heilige. 1959.

HUONDER, A., Deutsche Jesuitenmissionare des 17. und 18. Jahrhunderts. Freiburg 1899.

HUONDER, A., Bannerträger des Kreuzes. Freiburg 1913.

KEMPNER, B. M., Priester vor Hitlers Tribunalen. München 1966.

KESSLER, J. A., Agathangelus und Cassian. Altötting 1905.

KISCHKOWSKI, A., Die sowjetische Religionspolitik und die Russische Orthodoxe Kirche. München 1960.

KLEISER, A., Die Märtyrer von Aubenas. Freiburg 1926.

KNOPF, R., Ausgewählte Märtyrerakten. Leipzig 1901.

LANGE, M., Christenverfolgung in Südamerika. Freiburg 1980.

MANNS, P., Die Heiligen in ihrer Zeit. Mainz 1967.

MASER, W., Genossen beten nicht. Kirchenkampf des Kommunismus. Köln 1963.

MELCHERS, Das große Buch der Heiligen. München 1978.

MEYER, O. E., Die kanadischen Märtyrer. Freiburg 1935.

MINICHTHALER, J., Heiligenlegenden. 1935.

MOSER, B., Das christliche Universum. München 1981.

MÜLLER, A., Allgemeines Martyrologicum. Regensburg 1860.

MUSCHICK, S., Unsere Vorbilder. Heilige, Helden, Namenspatrone. 1964.

NIGG, W., Maximilian Kolbe. Freiburg 1980.

OLPERT, L., Von unseren lieben Heiligen. 1949.

PATISS, G., Märtyrer der Gesellschaft Jesu. Wien 1868.

PETERSEN, E., Zeuge der Wahrheit. Leipzig 1937.

POPP, G., Die Großen der Kirche. Würzburg 1946.

RAHNER, H., Die Märtyrerakten des 2. Jahrhunderts. Freiburg 1941.

RATHGEBER, A., Heiligenlegende. 1936.

SCHAMONI, W., Märtyrer der Frühkirche. Berichte und Dokumente des Eusebius von Caesarea. Düsseldorf 1964.

SCHÜTTE, A., Handbuch der deutschen Heiligen. Köln 1941.

STADLER, J., Vollständiges Heiligenlexikon oder Lebensgeschichten aller Heiligen. Augsburg 1856–58.

STHELE, E., Zeugen des Glaubens in Lateinamerika. Mainz 1980.

STOLZ, A., Legende oder der christliche Sternhimmel. 1865/66.

SPILLMANN, J., Geschichte der Katholikenverfolgungen in England. Freiburg 1905.

THRASOLD, E., Martyrologium Germaniens. 1939.

VAURIS, F., Leben und Martertod des seligen Jean-Gabrielle Perboyre. Regensburg 1890.

WILK, K., Führende Gestalten. Eine Kirchengeschichte in Heiligenleben. Paderborn 1935.

WITTRAM, R., Baltische Kirchengeschichte. 1956.

WOLPERS, Th., Die englischen Heiligenlegenden des Mittelalters. 1964.

ZIERER, O., Bild der Jahrhunderte. Gütersloh.

ZÜRCHER, H., Märtyrerschicksale. 1943.

Bildnachweis

ADHÉMAR, J., Europäische Graphik im 18. Jahrhundert. 411, 413.

BEER, L., Heiligenlegende für alle Tage des Jahres. 75.

BUTLER, A., Leben der Väter und Märtyrer. 320.

CALLOT, J., Das gesamte Werk. 360.

COSTANZA, M. S., Bilder der Apokalypse. 505.

CRANACH, L., Das gesamte graphische Werk. 23, 25, 27, 30, 39, 42, 45, 47, 35.

DONIN, L., Leben und Thaten der Heiligen Gottes. 21, 59, 72, 78, 95, 132, 136, 141, 148, 150, 165, 193, 196, 198, 204.

EBELING, H., Deutsche Geschichte. 267, 420.

FURGER, J., Eucharistische Heiligenlegende auf jeden Tag des Jahres. 56, 82.

GRUBER, H., Der selige Rudolf Acquaviva und seine Gefährten. 349.

HUONDER, A., Bannerträger des Kreuzes. 289, 351, 377.

KINDER, H., dtv-Atlas zur Weltgeschichte. 215.

LEHMANN, J., Grundzüge der Geschichte. 346, 443, 336, 411.

MENZEL, A., Das graphische Werk. 15, 125, 216.

NIGG, W., Maximilian Kolbe. 450.

PLETICHA, H., Kolumbus. Person, Zeit, Nachwelt. 341.

PUTZGER, F. W., Historischer Weltatlas. 342/43, 513.

RICHTER, L., Das Ludwig Richter Album. 118, 119, 200.

SCHONGAUER, M., Druckgraphik, Handzeichnungen. 106, 152.

STOLZ, A., Legende oder der christliche Sternhimmel. 182, 188, 280.

VAURIS, F., Leben und Martertod des seligen Jean-Gabrielle Perboyre. 379.

ZIERER, O., Bild der Jahrhunderte. 10, 272.

Archiv für Kunst und Geschichte Berlin: 20, 84, 261, 265, 269, 272, 275, 294, 302, 305, 307, 310.

Archiv Gerstenberg: 426, 445, 480, 493.

Kulturgeschichtliches Archiv Claus und Liselotte Hansmann: 521.

Nachweis der Farbtafeln

Nach Seite 96

Apostel Judas Thaddäus. Skulptur von Thomas Schaidhauf, Klosterkirche Fürstenfeld in Fürstenfeldbruck.

Apostel Jakobus d. Ä., Judas Thaddäus und Simon, aus einem Hochaltarflügel in Mörlbach bei Icking.

Apostel Paulus, Matthäus und Bartolomäus, aus einem Hochaltarflügel in Mörlbach bei Icking.

St. Appolonia. Ostermünchen bei Rosenheim.

(Fotos: Dr. Winfried Bahnmüller, 8192 Geretsried).

Nach Seite 192

Die Steinigung des hl. Stephanus. München, Alte Pinakothek.

Das Martyrium des hl. Andreas. Frankfurt, Städelsches Kunstinstitut.

Das Martyrium des hl. Philippus. Frankfurt, Städelsches Kunstinstitut.

(Fotos: Jürgen Hinrichs, 8033 Planegg).

St. Markus, Schloßkapelle St. Sigismund, in Obermenzing bei München. (Foto: Bahnmüller).

Nach Seite 352

Der hl. Apostel Jakobus. Sakristei der Kings Chapel, Cambridge. (Foto: Claus Hansmann, 8035 Stockdorf).

Szenen aus dem Leben des hl. Apostels Paulus.

Staatsgalerie Augsburg. (Foto: J. Hinrichs).

Martyrium des hl. Sebastian. Morter in Südtirol. (Foto: Bahnmüller).

Die Kreuzigung Petri. Christgartner Altar, München, Bayerische Staatsgemäldesammlung. (Foto: J. Hinrichs).

Nach Seite 448

Sir Thomas Morus. Nach einer Miniatur von Hans Holbein d. J. (Foto: Historia-Photo Hamburg).

Der hl. Bonifatius. Staatsbibliothek Bamberg.

(Foto: Staatsbibliothek Bamberg).

Die hl. Ursula. (Foto: Bildarchiv Foto Marburg).

Die Märtyrer von Sebaste. (Foto: Galey, J., Sinai. Belserverlag Stuttgart 1979).